O PLURIVERSO DOS DIREITOS HUMANOS

A DIVERSIDADE DAS LUTAS PELA DIGNIDADE

ORGANIZADORES
BOAVENTURA DE SOUSA SANTOS
BRUNO SENA MARTINS

O PLURIVERSO DOS DIREITOS HUMANOS
A DIVERSIDADE DAS LUTAS PELA DIGNIDADE

1ª reimpressão

autêntica — EPISTEMOLOGIAS DO SUL

Este livro foi elaborado no âmbito do projeto de investigação "ALICE – Espelhos estranhos, lições imprevistas", coordenado por Boaventura de Sousa Santos no Centro de Estudos Sociais da Universidade de Coimbra. O projeto foi financiado pelo Conselho Europeu de Investigação no âmbito do 7.º Programa-Quadro da União Europeia (FP/2007-2013)/ ERC Convenção de Subvenção n.º [269807] (alice.ces.uc.pt). Esta publicação se beneficiou também do apoio financeiro da Fundação Portuguesa para a Ciência e Tecnologia, ao abrigo do programa estratégico UID/SOC/50012/2019.

EDITORAS RESPONSÁVEIS
Rejane Dias
Cecília Martins

REVISÃO
Victor Ferreira
Mariana Faria

CAPA
Diogo Droschi

DIAGRAMAÇÃO
Waldênia Alvarenga

Dados Internacionais de Catalogação na Publicação (CIP)
(Câmara Brasileira do Livro, SP, Brasil)

O pluriverso dos Direitos Humanos : a diversidade das lutas pela dignidade / Boaventura de Sousa Santos, Bruno Sena Martins (organizadores). -- 1. ed.; 1. reimp. -- Belo Horizonte : Autêntica, 2021. -- (Epistemologias do Sul ; 2)

Vários autores.
Bibliografia.
ISBN 978-85-513-0482-2

1. Democracia 2. Diferenças culturais 3. Diversidade cultural 4. Direitos das mulheres 5. Epistemologia 6. Movimentos sociais 7. Mudança social 8. Política I. Santos, Boaventura De Sousa. II. Martins, Bruno Sena. III. Série

18-23155 CDD-303.4

Índices para catálogo sistemático:
1. Democracia intercultural : Transformações sociais : Sociologia 303.4

Iolanda Rodrigues Biode - Bibliotecária - CRB-8/10014

GRUPO **AUTÊNTICA**

Belo Horizonte
Rua Carlos Turner, 420
Silveira . 31140-520
Belo Horizonte . MG
Tel.: (55 31) 3465 4500

São Paulo
Av. Paulista, 2.073 . Conjunto Nacional
Horsa I . Sala 309 . Cerqueira César
01311-940 . São Paulo . SP
Tel.: (55 11) 3034 4468

www.grupoautentica.com.br
SAC: atendimentoleitor@grupoautentica.com.br

SUMÁRIO

Prefácio

Boaventura de Sousa Santos
Bruno Sena Martins

O impasse que os direitos humanos atualmente atravessam enquanto linguagem capaz de articular lutas pela dignidade é, em larga medida, um espelho da exaustão epistemológica e política que assombra o Norte Global. Tal impasse não é separável do modo como as agendas imperialistas fragilizaram a credibilidade dos direitos humanos na arena internacional, evidente no sistemático uso de duplos critérios para justificar as guerras pelos recursos ou nos movimentos táticos no xadrez económico[1] ou geopolítico. A situação atual resulta igualmente do estreitamento do âmbito dos direitos humanos, de tal modo que estes se converteram num mínimo denominador comum de direitos, passíveis de serem mobilizados, porventura, para enfrentar o cerceamento de certos direitos civis e políticos ou para as situações de emergência que reclamam por intervenções humanitárias, mas pouco tidos em conta nas lutas contra as sistémicas opressões impostas no mundo pelo capitalismo, pelo colonialismo e pelo patriarcado.

Da perspetiva das epistemologias do Sul, a superação do impasse que hoje se abate sobre os direitos humanos implica, pois, enfrentar a exaustão epistemológica política que permeia o pensamento crítico e as narrativas emancipatórias do Norte Global. Trata-se de reconhecer e superar o preconceito colonial que impede que o mundo eurocêntrico aprenda com as experiências daqueles e daquelas que, nas diferentes regiões do mundo,

[1] Na edição dos livros desta coleção em Portugal se manteve a grafia e a sintaxe dos capítulos dos autores brasileiros. Optou-se, na edição brasileira, por fazer o mesmo, tanto com os textos de autores portugueses quanto com os textos traduzidos por tradutores portugueses. (N.E.)

resistem às iniquidades de um quadro global fortemente constituído pelos termos das ambições universalistas da modernidade ocidental. Reconhecendo, contudo, o protagonismo que os direitos humanos convencionais, eurocêntricos, assumiram, e ainda assumem, como linguagem hegemónica de dignidade humana, neste livro propõe-se, por um lado, identificar os seus limites e impossibilidades e, por outro lado, convidar a um diálogo criativo entre os direitos humanos, tidos como universais, e o pluriverso de lutas e saberes que, um pouco por todo o mundo, através de perspetivas interculturais e antissistémicas, desenham horizontes emancipatórios ancorados em reivindicações de dignidade humana.

O presente livro reúne 21 textos que retratam o diálogo de investigadores e investigadoras de todos os continentes que nos confrontam com temas e realidades sociais que, de diferentes formas, nos convidam a pensar o lugar dos direitos humanos nas Epistemologias do Sul. Esta obra, assim como os capítulos que a compõem, resulta do trabalho de troca e aprendizagem promovido a partir do projeto ALICE.[2] Este é o segundo volume da coleção "Epistemologias do Sul", onde se revelam os resultados das investigações e debates que tiveram lugar ao longo do projeto ALICE e que continuam a alimentar o programa de pesquisa "Epistemologias do Sul", dinamizado a partir do Centro de Estudos Sociais da Universidade de Coimbra, sob coordenação de Boaventura de Sousa Santos.

Como todas as obras coletivas são produto de saber partilhado, cabe agradecer a todas as pessoas, movimentos e organizações que tornaram possível a concretização do projeto e do programa de investigação centrado nas Epistemologias do Sul. Agradecemos, desde logo, a todas as pessoas e movimentos que aceitaram participar nas várias iniciativas realizadas, desde Universidades Populares dos Movimentos Sociais, Conversas do Mundo, fóruns de discussão, entrevistas individuais e coletivas. Também agradecemos aos ativistas e académicos de todo o mundo que colaboram nos vários volumes que compõem a coleção Epistemologias do Sul, respondendo ao desafio de uma ciência emancipadora capaz de defender a dignidade e de restituir a esperança.

Cabe uma especial referência ao Centro de Estudos Sociais, por ser o espaço institucional em que o projeto ALICE esteve sediado, mas sobretudo pelo generoso apoio das estruturas científicas e administrativas

2 *ALICE – Espelhos estranhos, lições imprevistas; definindo para a Europa um novo modo de partilhar as experiências do mundo*, coordenado por Boaventura de Sousa Santos, com financiamento do European Research Council e realizado entre 2011 e 2016 no Centro de Estudos Sociais da Universidade de Coimbra: <www.alice.ces.uc.pt>.

que contribuíram para o sucesso do projeto e para a sua posterior materialização enquanto programa de investigação. Neste âmbito, há que destacar a colaboração dedicada da Inês Elias e o incansável trabalho da Rita Kácia Oliveira, que se entregou de alma e coração à filosofia do projeto. Por último, uma palavra de agradecimento ao trabalho diligente do Victor Ferreira pela revisão dos textos e verificação das referências bibliográficas e ao labor dos tradutores para português dos originais noutras línguas: Ana Saldanha, Carina Correia, Carla Lopes, Eduardo Basto, Paulo Rocha, Rita Caetano, Samuel Alexandre e Sara Reis.

Introdução: o pluriverso dos Direitos Humanos

Boaventura de Sousa Santos
Bruno Sena Martins

A conceção hegemónica, nortecêntrica, dos direitos humanos está hoje num impasse enquanto linguagem de transformação emancipatória das sociedades. A estreiteza e a seletividade dos seus propósitos mostram-se incapazes de confrontar as sistemáticas injustiças e opressões causadas pelo capitalismo, pelo colonialismo e pelo patriarcado. Ao mesmo tempo, considerando-se depositária privilegiada de uma intocável conquista civilizacional, a universalidade abstrata dos direitos humanos hostiliza quaisquer conceções contra-hegemónicas decorrentes de perspetivas insurgentes, revolucionárias ou simplesmente não-eurocêntricas. Os direitos humanos hegemónicos ou convencionais são-no, a nosso ver, por resultarem da sua origem monocultural ocidental, sem que isso ponha em causa a sua ambição universal, por terem estado ao serviço dos duplos critérios e das justificações imperialistas na arena geopolítica, e por se constituírem hoje como denominadores mínimos de direito congruentes com a ordem global individualista, neoliberal, colonial e nortecêntrica. São-no igualmente porque assentam numa conceção de natureza humana como sendo individual e qualitativamente diferente da natureza não humana, por se fundarem na ideia de que o que conta como violação de direitos humanos está definido nas declarações internacionais, instituições multilaterais e organizações não-governamentais.

Considerando que a hegemonia global dos direitos humanos como linguagem de dignidade humana é hoje incontestável, permanece a questão de saber se estes poderão ser usados de um modo contra-hegemónico (Santos, 2015). Instigados pelas lutas que um pouco por todo o mundo expõem as possibilidades e, sobretudo, os limites dos direitos humanos, neste livro ensaiamos uma resposta fortemente condicional. Ou seja, os direitos humanos hoje vigentes, como linguagem hegemónica de dignidade humana, só poderão ressignificar-se a partir de respostas a perguntas simples: Por que há tanto sofrimento humano injusto que não é considerado uma violação dos direitos humanos? Que outras linguagens de dignidade humana existem no mundo? Essas outras linguagens são ou não compatíveis com a linguagem dos direitos humanos? Estas questões, como se imagina, só poderão ser respondidas de modo satisfatório se conseguirmos imaginar uma radical transformação daquilo que hoje reconhecemos como direitos humanos.

Condenados à irrelevância ou a uma instrumentalização cínica, a consequência mais perniciosa de uma cristalização ou celebração acrítica dos direitos humanos seria a desvalorização das lutas e dos saberes que, nas mais diversas regiões do mundo, resistem contra as desigualdades do presente e as injustiças do passado. Forjadas nessas lutas e saberes emergem conceções de dignidade humana que se poderiam articular com a linguagem dos direitos humanos se estes fossem concebidos como elementos constitutivos de uma ecologia intercultural e emancipatória de ideias de dignidade humana. Aqui reside o paradoxo que nos deve interpelar. Potencialmente, os direitos humanos revelam uma plasticidade que lhes permitiria serem parte de agendas radicais de resistência no seio de lutas contra-hegemónicas. No entanto, têm estado reféns da razão metonímica que os mantém cativos de uma compreensão do mundo reduzida à compreensão ocidental do mundo. Ao procurar superar a razão metonímica da modernidade ocidental ao encontro de narrativas contra-hegemónicas, filiamo-nos nas epistemologias do Sul. As epistemologias do Sul, conforme formuladas por Boaventura de Sousa Santos, são um conjunto de procedimentos investidos na produção e validação de conhecimentos nascidos das lutas daqueles que têm resistido às sistemáticas opressões do capitalismo e do patriarcado (Santos, 2014).

Imaginar os direitos humanos com uma linguagem contra-hegemónica implica perceber porque é que tanto sofrimento injusto e tantas violações à dignidade humana não são reconhecidas como violações de direitos humanos. Não só a vulnerabilidade da vida está desigualmente distribuída através do globo como persistem lógicas de empatia e de reconhecimento de humanidade que impedem que determinadas vidas e sofrimentos se qualifiquem como "passíveis de luto" (Butler, 2004). Nesse mesmo sentido, Njabulo Ndebele, referindo-se ao racismo como definidor crucial de fronteiras no contexto da África do Sul, denuncia o que diz ser a "santidade global do corpo branco" (2007: 137), um corpo ao qual se atribui um estatuto de inviolabilidade que é diretamente proporcional à vulnerabilidade do corpo negro. Nesta leitura, deparamo-nos com a necessidade de confrontar a relação problemática entre uma linguagem hegemónica dos direitos humanos e a permanência de hierarquias entre humanos: em função das diferenças dos seus corpos, das suas formas de sustento, dos seus ancestrais, dos seus deuses, dos seus desejos e paixões, das suas memórias, e dos territórios que habitam. Deparamo-nos ainda com o modo como determinadas violações à dignidade humana são reconhecidas e valorizadas dentro de esquemas interpretativos e de ação marcados pelo realismo geopolítico e pelo imperialismo (Falk, 2009), pelas lógicas de visibilidade intermitente do humanitarismo (Agier, 2010; Barnett, 2011), ou pela construção de vítimas vulneráveis destituídas de saberes e de agência (Das, 2007; Merry, 2007). Estes quadros de inteligibilidade permitem mostrar como as violações de direitos humanos são registadas (mas não reconhecidas enquanto tal) sem que as forças do "nunca mais" sejam convocadas para uma transformação efetiva das estruturas que distribuem a precariedade na dignidade humana.

Imaginar os direitos humanos como parte de um encontro de linguagens de dignidade implicaria partir de um profundo conhecimento das vozes (gritos e murmúrios), das lutas (resistências e levantes), das memórias (traumáticas e exaltantes), e dos corpos (feridos e insubmissos) daqueles e daquelas que foram subalternizados pelas hierarquias modernas baseadas no capitalismo, no colonialismo e no patriarcado. Trata-se de produzir uma sociologia das ausências (Santos, 2006, 2014), desocultar como existentes os habitantes das "zonas de não ser" (Fanon, 1952), zonas simultaneamente despojadas e passíveis de um ressurgimento singular. Só assim será possível compreender as gramáticas de dignidade a partir dos diferentes sentidos do humano que emergem dos contextos em que são vividos. Falamos, no fundo, da inesgotável experiência do mundo em que radicam as "epistemologias do Sul" (Santos, 2014) e que nos aproxima da realidade daqueles que lutam pelo direito a serem considerados humanos (Baxi, 1986).

Como aquilo que melhor define o Sul é o facto de ter sido silenciado, a escuta profunda dessas resistências e desses ressurgimentos é um desafio mais difícil do que possa parecer e é muito provável que alguns desses silenciamentos estejam reproduzidos nas páginas deste livro. A tarefa a que este livro se propõe é exatamente a de pensar criticamente sobre as ausências, as emergências e as possíveis traduções interculturais que poderemos empreender para além dos direitos humanos convencionais. A partir daí avançamos com uma cartografia provisória daquilo que designamos por dignidades humanas pós-abissais, necessariamente constituídas a montante daquilo que entendemos ser a genealogia abissal dos direitos humanos. Para tal, importa começar com um olhar sobre o passado e o presente dos direitos humanos convencionais.

Os direitos humanos hegemónicos ou convencionais

A busca de uma conceção contra-hegemónica dos direitos humanos deve começar por uma compreensão do itinerário histórico de como são convencionalmente entendidos e defendidos, isto é, das conceções hoje dominantes, vinculadas à sua matriz liberal, individualista e ocidental e ao predomínio das liberdades de primeira geração (direitos cívicos e políticos). A hegemonia global dos direitos humanos como linguagem de dignidade humana convive com a perturbadora constatação de que a maioria da população mundial não é sujeito de direitos humanos, mas objeto dos seus discursos. Nesse sentido, o modo como o discurso dos direitos humanos se solidificou, apartando sujeitos e objetos, é bem captada por Makau Mutua (2001) quando defende a existência de uma metáfora fundadora constituída pela tríade "salvadores, selvagens, e vítimas", à luz da qual se estabelecem as práticas e os discursos hegemónicos dos direitos humanos.

Muitos dos limites que encontramos nas possibilidades emancipatórias dos direitos humanos convencionais prendem-se com uma teleologia triunfalista que consiste em conceber a ideia de dignidade humana veiculada pelos direitos humanos como um produto singular da história e da cultura ocidental que deve ser universalizado enquanto bem humano incondicional. Esta teleologia assume que todas as outras gramáticas de dignidade humana que competiram ao longo da história com a dos direitos humanos eram inerentemente inferiores em termos éticos ou políticos.

Esta "ilusão teleológica" (Santos, 2015) incorre, em primeiro lugar, na tentação de convocar uma narrativa linear que estabelece os seus próprios precursores. Assim, como refere Samuel Moyn, é comum encontrarmos narrativas históricas que definem como diretos precursores do atual regime internacional de direitos humanos elementos tão distintos como o direito natural de Aristóteles e os filósofos estoicos, o universalismo cristão, o direito natural, a Declaração da Independência dos Estados Unidos (1776), a Declaração dos Direitos do Homem e do Cidadão (1789, França) e a Declaração Universal dos Direitos do Homem (1948) (Moyn, 2010).

Esta narrativa linear resulta do viés introduzido por uma leitura da história da frente para trás, de tal modo que o passado é construído a partir da hegemonia atual da conceção eurocêntrica de direitos humanos. Temos defendido (Santos, 2015) que esta linearidade não é plausível, dado que em cada momento histórico estiveram em competição diferentes ideias de dignidade humana, e a vitória de uma delas, no caso os direitos humanos, é um resultado contingente que pode ser explicado *a posteriori*, mas que não poderia ser deterministicamente previsto. Assim, a vitória histórica dos direitos humanos traduziu-se muitas vezes num ato de violenta reconfiguração histórica: as mesmas ações que – vistas da perspetiva de outras conceções de dignidade humana, eram ações de opressão ou dominação – foram reconfiguradas como ações emancipatórias e libertadoras se levadas a cabo em nome dos direitos humanos. Esta reconfiguração é característica de um processo mais amplo inerente à modernidade ocidental: por um lado, reclama-se a inequívoca superioridade das tradições ocidentais, depurando-as da matriz colonial-racista, por outro, oculta-se o facto de que na base da afirmação monocultural do Ocidente está a continuada apropriação de tradições e saberes de outros continente e lugares do mundo[1] tornada possível pela empresa colonial. Como Aníbal Quijano (2005) e Enrique Dussel (2000) mostraram, a arrogância epistemológica da modernidade ocidental é a outra face da arrogância da conquista colonial moderna.

Um bom exemplo desta construção de uma narrativa linear no que se refere aos direitos humanos é a precedência que tem sido estabelecida entre as declarações que resultaram da independência dos Estados Unidos da América e da Revolução Francesa e o regime de direitos humanos que se estabeleceu após a Segunda Guerra Mundial.[2] Na verdade, não fosse a Segunda Guerra Mundial e o impacto do Holocausto, nada faria supor a emergência dos direitos humanos. Primeiro, porque os valores em que assentam não se encontravam minimamente disseminados ou incorporados nas opiniões públicas. Segundo, porque os direitos humanos são o subproduto de um sistema tradicional de política intergovernamental (Falk, 1999). Apenas um encontro entre má consciência, indiferença e cinismo dos líderes estatais e a ação idealista de alguns diplomatas de segunda linha permitiu a ratificação internacional da Declaração Universal dos Direitos Humanos (Falk, 2000, 2009; Glendon, 2001; Moyn, 2010).

Na verdade, até à década de 1970, o impacto dos direitos humanos nas lutas pela dignidade humana foi irrisório, quase se limitando às denúncias estratégicas esgrimidas entre os Estados Unidos e a União Soviética no quadro da Guerra Fria. Aí se convencionou proclamar a precedência dos direitos civis e políticos sobre os direitos económicos e sociais. Na década de 1970, os direitos humanos viriam a assumir de facto um insuspeito protagonismo na cena internacional. Foram-se assumindo como a única narrativa emancipatória disponível ante a aparente falência da utopia socialista combinada com a crise da ideia do Estado-nação (Moyn, 2010). O facto de os direitos

[1] Ver, por exemplo, Bernal (1987).

[2] Ver, por exemplo, Hunt (2007).

humanos se alicerçarem internacionalmente numa matriz liberal, que os concebe como direitos individuais e privilegia os direitos civis e políticos, não é de forma alguma separável do modo como se impuseram sobre os escombros da utopia socialista.

De facto, como muitos autores têm notado, a emergência dos direitos humanos como linguagem de dignidade a partir da década de 1970 coincide com a inquestionada hegemonia do neoliberalismo na cena mundial perante a derrocada dos regimes socialistas. Os termos desta convergência histórica são, aliás, alvo de interessantes discussões. Veja-se, por exemplo, o debate entre Susan Marks e Samuel Moyn. Debruçando-se sobre a leitura histórica dos direitos humanos produzida por Moyn em *The last utopia* (2010), Susan Marks (2013) acusa o autor de negligenciar o quanto a consolidação do movimento dos direitos humanos a partir da década de 1970 foi instrumental para a instauração e disseminação de um regime neoliberal caracterizado pela prescrição de políticas de privatização, desregulação e destruição do Estado social. Nesse sentido, Susan Marks salienta, por exemplo, o modo como essa relação surge na obra de Naomi Klein (2007), para quem a emergência do movimento dos direitos humanos é uma condição relevante para a consolidação do neoliberalismo. Em causa estaria o modo como, perante o agravamento do neoliberalismo, os direitos humanos teriam criado uma cultura de denúncia dos abusos do neoliberalismo sem confrontar as condições estruturais que tornaram esses abusos possíveis.

A réplica de Moyn reitera a simultaneidade histórica, já por si identificada, na emergência dos direitos humanos e na consolidação do neoliberalismo, e identifica o que diz serem condições negativas partilhadas, a saber: ênfase em Estados pós-coloniais e desenvolvimentistas; um compromisso prioritário com o indivíduo e com as liberdades individuais; e uma suspeição em relação ao Estado, mesmo se ambos os projetos dependem do mesmo Estado para cumprir as suas agendas (Moyn, 2014: 155-156). No entanto, para Moyn as relações entre neoliberalismo e direitos humanos cessam na partilha dessas condições negativas e na simultaneidade temporal da sua instauração hegemónica, considerando excessivo, com os dados existentes, que se possa falar numa interdependência ou numa sinergia (por outro lado, Moyn considera que o vínculo de interdependência entre imperialismo e direitos humanos é mais forte, ainda que intermitente). Mesmo recusando uma densa relação de cumplicidade ou codependência com o neoliberalismo, Moyn reconhece que os direitos humanos têm sido uma linguagem impotente para uma crítica sistémica às relações socioeconómicas crescentemente marcadas por uma desigual distribuição da riqueza. Mais do que criticar os direitos humanos, segundo Moyn, os críticos do neoliberalismo deveriam reconhecer a falta de vocação destes, enquanto linguagem apolítica, para contrariar as desigualdades económicas, estruturais e sistémicas, sugerindo a necessidade de outras linguagens oposicionais mais vocacionadas para esse efeito.

Independentemente de como cada qual perceba a relação entre direitos humanos e neoliberalismo, e a despeito das possibilidades que encontre nos direitos humanos como parte de lutas com dimensão sistémica e anticapitalista, este debate é suficientemente revelador do imperativo de uma hermenêutica da suspeita em relação àquilo a que chamámos direitos humanos convencionais. O triunfalismo teleológico é assim insustentável, tanto pela arbitrariedade na definição dos precursores dos direitos humanos, pelo óbvio caleidoscópio das linearidades forjadas, como pela evidência de um presente impassível de ser celebrado. Não é possível conceber um itinerário emancipatório, celebrando-o, sem ousar confrontar as sistemáticas "expropriações de dignidade"[3] (Atuahene, 2014) concertadas pelo capitalismo, pelo colonialismo e pelo patriarcado.

O segundo problema da teleologia triunfalista, a nosso ver, é que ela não leva em devida consideração as diferentes conceções de humano que foram sendo constituídas naquilo que se reivindica ser a genealogia histórica dos direitos humanos. Poderíamos falar, claro, do modo como Aristóteles defendia a servidão natural ou como muitos dos entusiastas das revoluções do final do século XVIII puderam aclamar valores inalienáveis do homem sem alguma vez equacionarem que eles se poderiam aplicar aos negros, aos escravizados e às mulheres. Mas considerando apenas a emergência do regime internacional de direitos humanos no século passado, Balakrishnan Rajagopal (2009) afirma que estes foram criados com um "defeito de nascença" pelo facto de terem sido constituídos numa gritante ausência da contribuição de certas culturas e comunidades, não ocidentais. No mesmo sentido, Boaventura de Sousa Santos (1999) havia proposto a necessidade de um guião intercultural dos direitos humanos. Até hoje, afirma Rajagopal, os direitos humanos jamais se refizeram desse defeito de nascença, muito pelo modo como fracassaram em responder à questão política mais importante do século XX, o colonialismo – uma narrativa vasta na qual a Guerra Fria foi apenas um dos enredos. Também por aqui se percebem as debilidades antissistémicas do regime internacional de direitos humanos.

De facto, não pode deixar de ser considerada significativa a deliberada omissão na Declaração Universal dos Direitos do Homem (DUDH) da referência à autodeterminação dos povos num momento em que metade do

[3] No original: *dignity takings*.

mundo estava sob o jugo colonial, como não pode ser ignorada a irrelevância da linguagem dos direitos humanos, até muito tarde, na maioria das lutas anticoloniais. Nesse sentido, a "Declaração aos povos coloniais do mundo", apresentada em 1945 por Kwame Nkrumah (1973) no encerramento do Congresso Pan-africano, que teve lugar em Manchester, prefigura de forma categórica a omissão que marcaria a DUDH, que seria aprovada três anos depois. No entanto, a questão não é denunciar o quanto o humano que jaz no alicerce dos direitos humanos convencionais foi, até muito recentemente, ostensivamente excludente de uma parte significativa da humanidade. Essa leitura pode, até, eventualmente ser contraposta com a alegação de uma abertura progressiva que deve ser celebrada. O que cabe compreender é o modo como os direitos humanos se alicerçam num regime de valores matricialmente anti-humanistas no modo como estabelecem hierarquias e formas de sub-humanidade. O mesmo é dizer que os direitos humanos têm uma genealogia abissal (Santos, 2015). Alguns dos processos centrais que estruturam as desigualdades na realidade contemporânea (como o racismo, o sexismo ou a opressão das pessoas com deficiência) e as violências fundadoras da modernidade eurocêntrica (como o colonialismo político-militar, a escravatura, o genocídio indígena) remetem, de diversos modos, para as políticas ontológicas que naturalizam corpos e essencializam hierarquias, numa distribuição diferencial das prerrogativas do humano.

Direitos humanos e pensamento abissal

A uma leitura crítica dos direitos humanos convencionais não escapará o reconhecimento de que as suas condições de possibilidade estão inscritas no quadro paradigmático do pensamento moderno ocidental. Em certa medida, como temos alegado (Santos, 1995), é possível perceber a modernidade ocidental como um paradigma fundado na tensão entre regulação e emancipação social. No entanto, essa tensão fracassa em considerar a realidade daqueles que são considerados menos humanos e cuja existência é marcada, outrossim, pela dicotomia apropriação/violência. A questão é que o pensamento moderno ocidental se baseia na distinção invisível entre as sociedades metropolitanas e os territórios coloniais (Santos, 2007, 2014). De facto, a dicotomia regulação/emancipação apenas se aplica a sociedades metropolitanas. Seria impensável aplicá-la aos territórios coloniais, uma vez que estão do outro lado da linha. O pensamento moderno ocidental é, assim, um pensamento abissal profundamente marcado pela criação de dois universos distintos: o universo "deste lado da linha" e o universo "do outro lado da linha". Esta divisão, ainda que invisível, é tão consistente que "o outro lado da linha" desaparece enquanto realidade. Nas sociedades coloniais, sempre operou a dicotomia apropriação/violência, no entanto, a força atuante desta tensão pôde permanecer invisibilizada exatamente por ter lugar do outro lado da linha, num espaço feito inexistente e, por isso, incapaz de comprometer as alegações ocidentais sobre a universalidade da dicotomia regulação/emancipação, ou seja, as alegações sobre a universalidade das possibilidades emancipatórias dos direitos humanos.

Enquanto discurso de emancipação, os direitos humanos foram historicamente concebidos para vigorar apenas do lado de cá da linha abissal, nas sociedades metropolitanas. Tal acontece porque ao centro da imaginação modernista está a ideia de que a humanidade se constitui de um projeto comum: direitos humanos universais. Esta imaginação humanista foi incapaz de entender que, uma vez combinado com o colonialismo, o capitalismo seria incapaz de abandonar o conceito de sub-humano como parte integral da humanidade. Existe no nexo colonial-racista uma íntima relação entre epistemologia e ontologia, bem sublinhada por Nelson Maldonado-Torres (2007) quando propõe o conceito de colonialidade do ser juntamente com a colonialidade do saber e do poder. Esta sensibilidade às exclusões abissais deverá conferir um lugar central em relação ao modo como, ao longo da história, as mulheres enfrentaram de forma cumulada as opressões patriarcais e heterossexistas juntamente com as exclusões da racialização e da hierarquização colonial (Spivak, 1999; Lugones, 2007).

A zona colonial constitui-se, pois, como o território social da modernidade sumamente criado e mantido por uma ordem violenta, mas, ao mesmo tempo, suficientemente demarcado pelas linhas abissais para que a violência ali praticada fosse estruturalmente invisível ou irrelevante na zona metropolitana. As linhas abissais da modernidade ajudam-nos a pensar os abismos que, ainda hoje, expõem vastas populações do Sul Global à vigência do colonialismo e seus legados, e às assimetrias de um sistema-mundo moderno definido a partir da expansão oceânica dos povos ibéricos no final do século XV. No entanto, as linhas abissais, no seu poder para separarem realidades e pessoas, operam não apenas pelas fronteiras geopolíticas e pelos mares e muros que dividem mundos, mas também, de modo intersticial, separando de forma subtil realidades contíguas, às vezes na mesma rua de uma mesma cidade.

De facto, se considerarmos, por exemplo, as "pequenas europas" que, um pouco por todo mundo, definiram o privilégio do colonizador nos territórios coloniais, ou a forte presença de sujeitos escravizados africanos na Europa colonial desde o século XV, temos uma antiquíssima contiguidade, racialmente vigiada, em espaços de franca "intimidade" entre o metropolitano e o colonial.[4] Herdeiros que somos das muitas experiências coloniais no mundo, incluindo os colonialismos internos, cientes dos fluxos da globalização económica e das migrações que marcam o presente, teremos de entender a linha abissal a partir de uma sensibilidade capaz de a perceber tanto no "Sul Imperial" como na experiência de um imigrante, sem papéis, que trabalha clandestino nas cidades do Norte Global. Assim, o colonial constituído pelas linhas abissais da modernidade surge como uma metáfora para aqueles que percebem as suas experiências de vida como tendo lugar no outro lado da linha.

Em grande medida, o que melhor distingue as linhas abissais da modernidade, nas palavras de Boaventura de Sousa Santos, é o seu poder de criar inexistência:

> A divisão é tal que "o outro lado da linha" desaparece enquanto realidade, torna-se inexistente, e é mesmo produzido como inexistente. Inexistência significa não existir sob qualquer forma de ser relevante ou compreensível. (Santos, 2007: 45)

Os direitos humanos convencionais, enquanto parte da modernidade ocidental, têm como limite ontológico a impossibilidade de reconhecer a plena humanidade dos sujeitos que se encontram abissalmente excluídos. Isto porque ser entendido de forma relevante ou compreensível significa, antes de mais, ter o poder de representar o mundo como seu, nos seus termos. A compreensão ocidental da universalidade dos direitos humanos não consegue conceber que existam princípios diferentes sobre a dignidade humana e a justiça social. Portanto, temos de enfrentar a evidência de que os seres humanos não compreendidos pelos direitos humanos jamais os vão entender como seus, assim se instaurando, para grande parte do mundo, a irrelevância destes como linguagem contra-hegemónica ou pós-abissal. Aí reside o desafio epistemológico de conciliar os direitos humanos com as diferentes linguagens e saberes que nascem das lutas pela dignidade humana. Eis porque a linha abissal é uma ideia tão central às epistemologias do Sul.

Dignidades pós-abissais e epistemologias do Sul

Ao mesmo tempo que o legado dos direitos humanos convencionais mostra o quanto têm sido limitadas as suas possibilidades emancipatórias, tal não impede, a nosso ver, que possa ser ressignificado a partir de outros saberes e lugares de enunciação. Nesse sentido, cabe reconhecer que os direitos

[4] Ver, por exemplo, Stoler (2002).

humanos são uma linguagem que tanto pode ser de poder ou resistência, de hegemonia como de contra-hegemonia (Santos, 1995, 1999). Reconhecendo as muitas lutas em que os direitos humanos cumpriram agendas emancipatórias, contra o desperdício da experiência, procuramos alargar os seus horizontes e infiltrar a estreiteza das certezas que os constituíram, tentando perceber em que medida podem ser contestados e mobilizados para dignidades pós-abissais a partir das epistemologias do Sul.

Dessa perspetiva, os direitos humanos terão de ser reinventados, em diálogo com outras gramáticas de dignidade, para a superação das exclusões abissais instauradas pela arrogância monocultural do paradigma ocidental moderno que os concebeu. Tal implica dar centralidade à distinção entre exclusões abissais e exclusões não-abissais, conferindo primazia às últimas. A prioridade dada pelas epistemologias do Sul às exclusões abissais e às lutas que se lhes opõem deve-se ao facto de o epistemicídio causado pelas ciências modernas eurocêntricas ser muito mais devastador do outro lado da linha abissal. Deve-se ainda ao facto de que nas epistemologias do Norte – mesmo no seio das perspetivas críticas animadas por ideais emancipatórios, como aquelas que frequentemente se articulam com os direitos humanos convencionais – se desconhece o vasto universo de extermínios, saberes e lutas que foi colocado do outro lado da linha. No entanto, tal prioridade não quer dizer que as exclusões não-abissais não sejam importantes; são-no e a luta global contra a dominação moderna jamais será cumprida se não contar com as lutas contra as exclusões não-abissais. Procuramos, sim, criticar a ciência moderna e a legalidade eurocêntrica por ter ocultado que a humanidade governada pela tensão entre regulação e emancipação (sociabilidade metropolitana) só é possível nas sociedades capitalistas, coloniais e patriarcais mediante a persistente reprodução da des-humanidade, o conjunto dos corpos racializados e sexualizados governados pela tensão entre apropriação e violência (sociabilidade colonial). O pluriverso do humano de que este livro procura dar conta tem por utopia mobilizadora a superação das linhas abissais da modernidade.

De entre os procedimentos das epistemologias do Sul que nos instam a ampliar o presente e a contrair o futuro, definimos como fundamentais para um deslocamento pós-abissal dos direitos humanos a "ecologia dos saberes" e a "tradução intercultural" (Santos, 2007, 2014). A ecologia dos saberes consagra uma perspetiva dos direitos humanos construída a partir das epistemologias do Sul que se funda, antes de mais, numa categórica recusa das alegações universalistas da ciência e da legalidade moderna ocidental. No entanto, ao defender que os critérios de validação de conhecimento não podem ser externos aos conhecimentos que validam, as epistemologias do Sul também recusam um relativismo a-histórico, neutral e absolutista que não permita uma perspetiva ancorada numa realidade situada.[5] Deste modo, na luta contra a opressão e na busca de alternativas, os conhecimentos deverão ser validados em função da sua utilidade para maximizarem as possibilidades de sucesso das lutas contra a opressão. Portanto, os direitos humanos nem têm precedência sobre outros saberes e narrativas de dignidade, nem devem ser aprioristicamente invalidados. Mesmo que saibamos que os direitos humanos têm dificuldade em confrontar as exclusões abissais, que muitas vezes assumem a forma de arrogância civilizacional, e que na sua presente forma têm um caracter humanitarista e paliativo, não cabe invalidar sem mais as lutas em que estes se possam mostrar úteis.

Destituídos da arrogância universal que os fez nascer, os direitos humanos poderão ser parte de uma ecologia de saberes acerca da luta contra a opressão e pela afirmação de diversas narrativas de dignidade humana. Essa ecologia dos saberes deve articular-se, primeiro, com uma "sociologia das ausências" (Santos, 2014), através da qual serão visibilizadas e amplificadas as violações de dignidade humana que não são conhecidas e reconhecidas como tal à luz dos quadros epistemológicos, ontológicos, empáticos, históricos e mediáticos que resultam da consciência global de matriz ocidental. Em segundo lugar, a ecologia dos saberes nutre-se de uma "sociologia das emergências" (Santos, 2014) a partir da qual se desenha um futuro de possibilidades concretas. Trata-se de reconhecer as lutas que dão vida e significado aos direitos humanos e que os vernacularizam nas práticas.

Em segundo lugar, propomos, uma tradução intercultural. Retomamos a ideia de que as possibilidades emancipatórias dos direitos dependem crucialmente da sua reinvenção intercultural (Santos, 1999). No mesmo sentido, Rajagopal afirma que "as linguagens da emancipação são múltiplas e têm uma relação contraditória e, por vezes problemática, com aquilo a que chamamos 'direitos humanos internacionais'" (Rajagopal, 2009: 59). Através da tradução intercultural, os direitos humanos são convocados para um diálogo com culturas, teologias e agendas políticas que os tiram do lugar, aproximando-os do Sul e das lutas pela existência, reconstituindo-os a partir de humanidades emergentes que visem desalojar os lugares-comuns das narrativas da emancipação social e reconstruir os horizontes. A proposta de um movimento para Sul capaz de ressignificar as fronteiras da humanidade, conforme constituídas pelos direitos humanos convencionais, não cumpre um mero desígnio de um descentramento para conceções mais inclusivas. Trata-se de um repto que faz depender a justiça social global da justiça cognitiva

[5] Ver a este respeito o debate levado a cabo por Abdullahi A. An-Na'im (1987), entre outros.

global, e que reconhece a evidente miniaturização da Europa como resultado de uma manifesta exaustão política que no presente não lhe permite produzir um pensamento de alternativas (Santos, 2017). Este movimento para Sul justifica-se igualmente por os eventos e conflitos globais no Sul anteciparem muitas vezes os que ocorrem mais tarde no Norte global, conforme defendido, entre outros, por Jean Comaroff e John Comaroff (2012). Em causa está o modo como os efeitos da voragem capitalista global se fazem sentir primeiro no Sul Global, onde acabam por se prefigurar as opressões e as lutas de resistência que mais tarde visitarão a realidade do Norte Global.

No nosso entender, uma conceção contra-hegemónica de direitos humanos terá sempre que ser intercultural, na medida em que se produza através de traduções entre diferentes ontologias políticas (Mol, 1999, 2002) que em cada lugar e tempo, na contingência das lutas, redefinem e alargam as gramáticas de dignidade humana. Aproximamo-nos do modo como Ian Hacking entende a ontologia à luz de um processo de "nominalismo dinâmico" (Hacking, 2002: 26), para referir que aquilo que se torna existente resulta das dinâmicas históricas da nomeação e dos subsequentes usos do nome. A noção de dignidade humana, nesse sentido, constituir-se-á decisivamente nas lutas históricas que a reclamem e a nomeiem. As humanidades emergentes, aquelas que deverão confrontar os direitos humanos ocidentais, instando-os a um diálogo, são emergentes não porque sejam novas, na verdade muitas delas articulam-se decisivamente com a ancestralidade. Como diria James Clifford referindo-se ao ressurgimento da identidade indígena nas américas, "a resiliência cultural é um processo de se tornar em" (2013: 7), ou seja, a resiliência cultural produz, muitas vezes, a ontologia do ser na luta que lhe dá sentido, criando-a e recriando-a. Novos terão de ser, esses sim, os diálogos há muito adiados. Neste sentido, é importante, por um lado, fomentar conhecimento mútuo entre as lutas que visam eliminar ou reduzir relações desiguais de poder e transformá-las em relações de autoridade partilhada, mediante discursos e práticas que fomentem articulações tendentes a um "cosmopolitismo subalterno" (Santos, 2018). O continuado trabalho de tradução a partir das lutas concretas pela dignidade é certamente mais pós-abissal do que qualquer ilustre teoria geral sobre o que possa ser a dignidade humana.

Num momento em que os desafios democráticos, económicos e ecológicos reclamam por políticas renovadas da existência e gramáticas de bem viver, a vitalidade das lutas anticoloniais, antipatriarcais e anticapitalistas conferem hoje à modernidade ocidental a única possibilidade de se reinventar, ironicamente, a partir das formas de humanidade que tão avidamente subjugou.

O pluriverso de Alice

Este livro e os textos que o compõem resultam em grande medida do trabalho de troca e aprendizagem engendrado a partir do projeto ALICE. Além dos estudos de caso que resultaram do projeto, reunimos trabalhos de investigadores e investigadoras que, um pouco por todo o mundo, acompanham as lutas e as resistências daquelas e daqueles que quotidianamente reinventam as gramáticas da dignidade.

Por meio dos textos aqui reunidos, comparece nas páginas deste livro um pluriverso de linguagens, geografias e corpos em luta: as mulheres muçulmanas na Europa, as populações alvo de intervenções humanitárias pelo mundo, as vítimas do *apartheid* na África do Sul, as populações deslocadas pelo direito ao desenvolvimento, as memórias incorporadas dos sobreviventes do desastre de Bhopal, as alianças das mulheres indígenas pelo mundo, as populações das periferias das cidades brasileiras, os membros do movimento muçulmano Pasmanda na Índia, as vítimas da violência política na África pós-colonial, as demarcações territoriais das populações indígenas e afrodescendentes na América Latina, as histórias esquecidas das mulheres no período colonial em Moçambique, os diálogos contra os fundamentalismos do nosso tempo, as lutas contra a violência sexual na Índia, os migrantes e refugiados ante a fronteira do Mediterrâneo, as lutas feministas no Tribunal Interamericano de Direitos Humanos, o racismo institucional na academia em Portugal, a experiência dos católicos na Índia, a antiquíssima colonização interna do povo Roma na Europa e os refugiados em campos de confinamento na Dinamarca.

A primeira parte, "As fronteiras do humano", de cariz mais teórico, reúne os capítulos que se dedicam a pensar como a ideia de humanidade depende crucialmente de fronteiras que, embora contingentemente definidas, recolhem centralidade no modo como definem os termos das diferentes lutas por dignidade. Os cinco capítulos que a compõem debruçam-se sobre os regimes históricos, religiosos e teleológicos que estabelecem hierarquias entre humanos; que definem os critérios de pertença à humanidade e de sub-humanidade; e que estabelecem as relações entre o humano, o divino e a natureza.

A segunda parte, "Lutas e emergências", reúne quinze capítulos cujas reflexões se inscrevem em realidades empíricas concretas de lutas pela dignidade humana. A ordenação dos capítulos da segunda parte obedece a uma separação regional/continental. Os capítulos 6, 7, 8 e 9 referem-se a quadros sociais do subcontinente indiano; os capítulos 10, 11 e 12 referem-se a realidades do continente africano; os capítulos 13, 14, 15 e 16 dedicam-se a contextos da América Latina; e os capítulos 17, 18, 19, 20 e 21 têm as reflexões ancoradas a lutas situadas na Europa.

Parte I – As fronteiras do humano

No capítulo 1, "Direitos Humanos, democracia e desenvolvimento", Boaventura de Sousa Santos analisa as tensões e assimetrias que os direitos humanos terão de considerar para se constituírem enquanto uma efetiva gramática de contra-hegemonia. O texto analisa, em particular, a necessidade de uma tradução intercultural entre valores de matriz ocidental e princípios não-ocidentais de dignidade humana. Trata-se de convocar diferentes cosmovisões que permitam, por um lado, ressignificar o humano como parte da biodiversidade e a natureza como condição de uma pluralidade de ontologias, articuladas com encantamentos e reconhecimentos ancestrais, muito além das visões modernas ocidentais que a materializaram como coisa. Nesse sentido, o autor estabelece um diálogo crítico com as cosmologias, direitos não humanos emergentes e lutas (dos povos indígenas, afrodescendentes e camponeses) que expõem as maciças violações de dignidades, resultantes quer do capitalismo extrativista, quer do modo como o direito ao desenvolvimento se tem sobreposto, no Norte Global e no Sul Imperial, à urgência de inverter a devastação ecológica.

No capítulo 2, "'Um ser que não foi feito para sofrer': da diferença do humano e das diferenças dos humanos", João Arriscado Nunes, a partir de uma genealogia do humanitarismo, analisa como as políticas securitárias e humanitárias de matriz ocidental são colocadas em prática em "situações humanitárias de emergência" e as resistências que as confrontam. Esta abordagem é um ponto de entrada privilegiado para investigar como as fronteiras e atributos do humano são articulados por diferentes conceções de dignidade humana, bem como as diferenças entre humanos, incluindo a negação e a atribuição condicionada de humanidade. A partir das epistemologias do Sul, o autor propõe um olhar para o sofrimento que seja capaz de o perceber enquanto condição da existência, mas também como resultado de formas distintas e mutuamente constituídas de opressão, diferentemente nomeadas e reconhecidas. Para este argumento, é revelador o modo como as situações de emergência humanitária, ao serem mobilizadas pela luta contra formas particulares de sofrimento e ameaças à vida, produzem, muitas vezes, uma suspensão local e temporária da demarcação, no humano, entre ser e não-ser.

No capítulo 3, "Da colonialidade dos Direitos Humanos", Nelson Maldonado-Torres explora as implicações de uma conceção moderna hegemónica ocidental e colonial de humano. Numa leitura decolonial, o discurso de direitos humanos é entendido na sua relação com a "cadeia do ser", que definiu o entendimento ocidental dos seres humanos e da sua relação com Deus. Nesse sentido, a afirmação dos "direitos do homem" no século XVIII, ainda que aparentemente exprima a emergência e a expansão do secularismo, preserva um vínculo a uma conceção teológica ocidental do humano que representa uma conceção marcada pela colonialidade eurocêntrica. Na opinião do autor, esta genealogia define a desumanidade do humanismo eurocêntrico e o modo como a partir dele se define a linha colonial e as hierarquias entre humanos.

No capítulo 4, "Apologia do diálogo perante os fundamentalismos", Juan José Tamayo mostra como as possibilidades de diálogo no mundo contemporâneo estão ameaçadas por diversas formas de fundamentalismos. O autor começa por analisar como os fundamentalismos operam de forma particular nas três religiões monoteístas, que partilham a ideia de um Deus e um projeto de salvação para toda a humanidade, revelado através de um profeta. Após analisar os fundamentalismos também em algumas religiões orientais, o autor mostra como o conceito tem sido usado com pertinência fora do âmbito religioso em campos como o da política e o da economia. O texto termina com a enunciação das condições necessárias para que a apologia do diálogo, intercultural e inter-religioso, se constitua como alternativa às diferentes formas de fundamentalismo e integrismo que ensombram o tempo presente.

No capítulo 5, "Viver como um Ser social – a interligação do Ser", Arzu Merali discute como as conceções ocidentais de direitos humanos fracassam em reconhecer os muçulmanos como inteiramente humanos. A controvérsia do véu islâmico em França é invocada como uma expressão no modo como decisões judiciais estabelecem hierarquias entre o ser individual e o ser na comunidade. A autora defende que a noção europeia de humano e de direitos humanos impede uma efetiva conversa entre diferentes tradições e culturas, reduzindo os muçulmanos a espectadores da violenta extinção das suas culturas, heranças e valores. Exemplificando, Arzu Merali explica como a palavra que no *Alcorão* tem sido vulgarmente traduzida para um discurso colonial como homem ou humanidade, *Insaan*, significa na verdade um ser social que se familiariza ao outro e que, portanto, não pode ser reduzida ao significado ocidental, tendencialmente individualista, de humano.

Parte II – Lutas e emergências

No capítulo 6, "Direitos humanos e a memória abissal: o Desastre de Bhopal", Bruno Sena Martins, com base num trabalho de campo realizado na cidade de Bhopal, Índia, mergulha nas vívidas memórias dos sobreviventes do maior desastre industrial da história. Esta abordagem pretende convocar leituras sobre o tempo, a violência e as demarcações de humanidade que definem a memória social. Em particular, pretende-se questionar os processos pelos quais algumas vidas são desproporcionadamente expostas à violência e fracassam em receber justa compensação, bem como os itinerários pelos quais alguns sofrimentos são tendencialmente elididos da memória social do Ocidente. Estamos perante "exclusões abissais" engendradas por um nexo colonial-capitalista cujo poder, ligado às hierarquias de religião e casta que desqualificam muçulmanos e Dalit, se revela na denegação do valor da vida dos sobreviventes de Bhopal. Finalmente, analisa-se a forma como a vulnerabilidade biográfica e corpórea imposta pelo desastre criou espaços de enunciação, narrativas de resistência e de comunidades de "memória pós-abissal".

No capítulo 7, "O pluralismo e a condição pós-minoritária: reflexões em torno do discurso 'muçulmano pasmanda' no Norte da Índia", Khalid Anis Ansari reflete sobre as ruturas instauradas pelo movimento Pasmanda no espaço das minorias na Índia. O autor mostra como o movimento Pasmanda se inscreve simultaneamente no âmbito mais amplo das lutas das castas subordinadas e da defesa da mais significativa minoria religiosa na Índia, a muçulmana. Com base numa perspetiva de casta, o movimento baralhou o duopólio maioria-minoria (hindu-muçulmano) e desestabilizou outras associações conceptuais. Dessa forma, o autor mostra como este movimento constitui um importante desafio para a imaginação vigente no espaço das minorias e para o seu campo discursivo do secularismo, direitos e reformas culturais.

No capítulo 8, "Em defesa das escalas de subalternidade: a razão pela qual Goa é importante para a teoria", Jason Keith Fernandes parte da análise da experiência de católicos goeses na Índia. Analisando as dinâmicas históricas específicas de Goa, um território de colonização portuguesa anexado pela União Indiana em 1961, e as diferentes hierarquias inscritas na relação com os diferentes colonialismos, o autor defende que uma visão binária elite-subalterno fracassa em forjar uma teoria sensível à natureza das lutas no terreno. Não recusando a noção de "subalternidade abjeta", associada à resoluta impossibilidade de representação e autorrepresentação, o autor defende uma conceção de subalternidade que considere gradientes e posições relativas no contexto de uma cadeia de subalternidades, uma rede de relações.

No capítulo 9, "A representação da lei, da reforma e da violência sexual: notas sobre os protestos de Deli em 2012 e 2013", Pratiksha Baxi analisa as representações, lutas e dinâmicas sociolegais que se seguiram à brutal violação em grupo e consequente morte de uma mulher de 23 anos num autocarro de Deli, a 16 de dezembro de 2012. Em particular, a autora analisa o impacto jurídico e discursivo dos protestos públicos inéditos e significativos que vieram reivindicar a necessidade de se fazer justiça ante o "segredo público" da violação. Um dos aspetos abordados prende-se com a cobertura mediática global dos protestos e do modo como esta reiteradamente isolava e distinguia a Índia como um antro de violência sexual, numa óbvia alterização cultural e racialização da violação e do abuso sexual. Por outro lado, a autora analisa as *nuances* dos diferentes discursos feministas antiviolação, a emergência de uma sede vingadora que apelava à pena de morte, ao linchamento e à castração, e as linhas de permanência falocêntrica e colonial que compareceram nas diferentes representações da violação e dos protestos que se seguiram.

No capítulo 10, "A justiça de transição como epistemicídio: sobre a coexistência pluralista 'após' o conflito de Steve Biko", Tshepo Madlingozi, reconhecendo o notável incremento dos processos de justiça de transição, analisa o impacto daquilo a que poderíamos chamar de Projeto Global de Justiça de Transição (PGJT). O autor defende que o PGJT conduz à imposição de epistemologias ocidentais produzindo uma reinferiorização de epistemologias e formas de estar no mundo não-ocidentais. O impacto do processo de justiça de transição na África do Sul é analisado em particular. Em causa está o modo como naquele contexto a justiça de transição agilizou a passagem da dominação dos colonizadores para a hegemonia dos colonizadores. Numa crítica aos processos de reiteração de uma dominação branca através da justiça de transição, o autor convoca a obra de Steve Bantu Biko, ativista e filósofo do Movimento da Consciência Negra da África do Sul, que se notabilizou na década de 1970, para pensar os termos não coloniais de uma coexistência plural de epistemologias e de formas de refazer o mundo.

No capítulo 11, "Violência política e formação estatal na África pós-colonial", Mahmood Mamdani reflete sobre a crise política da África pós-colonial. Considerando diversas historicidades no contexto africano, o autor procura analisar a relação entre justiça social e justiça política no contexto pós-colonial a partir da herança instrucional do colonialismo, nomeadamente no modo como as distinções jurídicas entre raças e etnias, lei civil e lei consuetudinária, direitos e tradição se comportam depois do colonialismo. Assim, tentando confrontar o exacerbamento de conflitos étnicos, o autor defende que o antídoto não se encontra no espírito de cultura, mas no espírito da lei e da política. O projeto nacionalista em África deve, como refere Mahmood Mamdani, confrontar a necessidade de criação de uma cidadania única baseada numa única lei substantiva fundamentada nas fontes pré-coloniais, coloniais e anticoloniais.

No capítulo 12, "Mulheres e violência em massa em Moçambique no período colonial tardio", Maria Paula Meneses convoca Moçambique como estudo de caso para confrontar os silenciamentos apostos sobre as experiências de muitas mulheres africanas no período colonial, vítimas que foram das opressões cumuladas do capitalismo, do colonialismo e do patriarcado. Em causa está, por um lado, a necessidade de um justo reconhecimento de como as mulheres vivenciaram formas particulares de sofrimento e violência sob o jugo colonial e, por outro, das suas narrativas de resistência. Neste sentido, tendo em conta o longo conflito armado (1964–1974) que opôs o exército português aos nacionalistas moçambicanos, o contexto em Moçambique expõe de forma particularmente evidente a centralidade dos sofrimentos e lutas das mulheres. A autora identifica em Moçambique uma radical disjunção ente o modo como as mulheres se mobilizaram e se sacrificaram nas linhas da frente da luta anticolonial e o parco reconhecimento conferido, no período pós-colonial, ao seu papel na luta nacionalista. O lugar das mulheres no contexto da luta de libertação nacional, enquanto vítimas de massacres, enquanto guerrilheiras e protagonistas do apoio logístico essencial ao esforço da guerrilha, convoca, afirma a autora, a necessidade de transformação das lógicas patriarcais entranhadas na vida social, bem patentes nas histórias nacionalistas androcêntricas.

O capítulo 13, "Direitos Humanos das mulheres: mobilização do direito e epistemologias do Sul", de Cecília MacDowell Santos, tem por base a investigação realizada em casos de violação dos direitos das mulheres apresentados contra o Brasil à Comissão Interamericana de Direitos Humanos por ONG de direitos humanos, ativistas de movimentos sociais e por vítimas. A autora analisa as estratégias e os discursos formulados pelos litigantes e o impacto local dessas práticas de mobilização legal internacional. Em particular, à luz de casos concretos, são identificados os diferentes tipos de conhecimentos convocados na mobilização jurídica transnacional, a saber: o conhecimento jurídico de direitos humanos, o ativismo jurídico feminista, o conhecimento popular feminista e, finalmente, aquilo que a autora designa por conhecimento corpóreo.

No capítulo 14, "Direitos Humanos e justiça étnico-racial na América Latina", César Rodríguez Garavito e Carlos Andrés Baquero Díaz analisam as disputas jurídicas em torno do multiculturalismo e da justiça étnico-racial que têm marcado os debates políticos e económicos nos últimos anos um pouco por toda a América Latina. Estas contendas, que convocam de igual modos os direitos dos povos indígenas e das populações afrodescendentes, ilustram de forma clara como as demandas por justiça, centradas no reconhecimento, se articulam com reivindicações vinculadas na redistribuição. Nesse sentido, os autores oferecem um retrato de como as desigualdades raciais e as diferenças culturais têm assumido protagonismo político-jurídico em países como a Argentina, o Brasil, a Bolívia, o Chile, a Colômbia, o Equador, a

Guatemala, o México e o Peru. No que concerne aos percursos nacionais em relação ao constitucionalismo multicultural, os autores distinguem três aproximações: a liberal-integracionista, a multicultural hegemónica e a multicultural contra-hegemónica.

No capítulo 15, "Existindo, resistindo e reexistindo: mulheres indígenas perante os seus direitos", Begoña Dorronsoro analisa, através das epistemologias do Sul, as diferentes estratégias que os povos indígenas, e em especial as mulheres, desenvolveram para sobreviver, individual e coletivamente. Considerando diversos contextos nacionais da luta dos povos indígenas, a autora analisa como as suas resistências se articulam tendo por base tanto o direito indígena como o direito hegemónico. A autora procura ainda dar centralidade ao modo como as mulheres indígenas, além de participarem juntamente com os homens indígenas nos processos de criação de legislação a nível estatal, regional e internacional, procuram criar espaços para exercer os seus direitos como mulheres.

No capítulo 16, "O direito à cidade perante as epistemologias do Sul: reflexões sobre o processo brasileiro de construção do direito à cidade", Eva Garcia Chueca confronta o cenário da crescente hiperurbanização do planeta, salientando o modo como este processo surge associado a formas de segregação e divisão das cidades entre zonas selvagens e civilizadas. A autora analisa como na América Latina, e muito particularmente no Brasil, o direito à cidade surgiu no final da década de 1980 como uma importante bandeira política que articulou a voz de um conjunto diverso de agentes da sociedade civil reivindicando uma reforma urbana. Pulsando o impacto do legado de Henri Lefebvre acerca do direito à cidade, a autora procura analisar como ele pode ser mobilizado noutras latitude a partir de uma visão crítica que considere, também, as dimensões coloniais e patriarcais, conforme articuladas na relação entre as lutas contemporâneas no Sul Global e as leituras teórico-políticas formuladas por Boaventura de Sousa Santos.

No capítulo 17, "O poder do racismo na academia: produção de conhecimento e disputas políticas", Marta Araújo e Silvia R. Maeso questionam a conceção dominante de racismo que circula na academia e na discussão política ao mesmo tempo que consagra relações de poder específicas. As autoras examinam como as propostas de uma análise sistemática e profunda do racismo não têm sido cumpridas ao passarem ao lado de um efetivo confronto com os legados de uma governamentalidade racial, herdados dos projetos imperais europeus e institucionalizados nas democracias contemporâneas. Considerando os debates internacionais na sua relação com o contexto português, mostram como a hegemonia de uma conceção particular de racismo, intimamente ligada à preocupação política e académica com o fascismo e o antissemitismo, e pouco afeita a considerar o racismo estrutural, resulta cúmplice da proteção e reprodução do privilégio racial na academia. Considerando as divergências fundamentais que atravessam o antirracismo enquanto campo político, as autoras defendem uma leitura que reconheça o racismo como um fenómeno político, articulado com a noção de racismo institucional, a partir do qual os preconceitos e atitudes deverão ser entendidos apenas como a ponta do icebergue.

No capítulo 18, "Para uma perspetiva descolonial romanichel", o coletivo "Kale Amenge" analisa o racismo em relação ao povo Roma como uma dimensão doméstica da colonialidade do poder, do saber e do ser, que se começa a institucionalizar no Norte Global a partir do fim do século XV. O facto de o texto ser assinado por um coletivo procura sublinhar a importância da autoria não individual nas lutas sociais. No texto, salienta-se que os quase 500 anos de opressão legal sistemática sobre as comunidades Roma, pelo emergente Estado espanhol, têm início apenas sete anos depois da conquista do Al Andaluz. Através de uma incursão histórica são sinalizadas as afinidades entre os processos coloniais iniciados com a expansão oceânica e as formas de exclusão e perseguição a que os romanichéis foram sujeitos um pouco por toda a Europa. Defende-se, portanto, um olhar para a romafobia na Europa contemporânea que a contemple como produto da modernidade e como dimensão da colonialidade do poder praticada no interior da Europa.

No capítulo 19, "Direitos, confinamento e libertação: a teoria da retaguarda e a Freedom of Movements", Julia Suárez-Krabbe defende que a globalização hegemónica reproduz as lógicas do tempo colonial e a ideia de que o racismo é um sistema globalizado de opressão intimamente ligado ao capitalismo. A autora parte do caso específico dos requerentes de asilo do campo de deportação de Sjælsmark, a norte de Copenhaga, Dinamarca. Ao analisar as estruturas legais que se aplicam às pessoas confinadas no campo, a autora apreende o que diz serem os contornos de um "projeto de morte" levado a cabo pelas elites globais e que na Europa se materializa na relação com as populações imigrantes. A autora dialoga com a ideia de necropolítica de Achille Mbembe e com o trabalho de Boaventura de Sousa Santos no campo da sociologia do direito. Por fim, defende que as desigualdades no acesso ao poder legal do direito revelam linhas abissais e a urgência de desmantelar um sistema de jurisdições diferenciadas estruturadas pelo racismo.

No capítulo 20, "Desalinhar abismos no reverso do moderno: perspetivas feministas pós-coloniais para um 'pensamento alternativo das alternativas'", Catarina Martins estabelece um diálogo com o conceito de "linha abissal" de Boaventura de Sousa Santos. A autora convoca as teorias feministas e a crítica de género para analisar as complexas dinâmicas de emancipação e regulação, apropriação e violência que operam dos dois lados da linha. Em particular, a autora procura superar um olhar dicotómico para considerar o androcentrismo intrínseco à dimensão colonial do pensamento ocidental moderno, através do qual se produzem outras camadas de invisibilidades que atravessam fronteiras abissais.

No capítulo 21, "Fronteiras à Humanidade: o nosso Mediterrâneo comum construído como limite dos Direitos Humanos na UE", Angeles Castaño Madroñal discute a persistência no século XXI da "colonialidade" e do "pensamento abissal" a partir do espaço europeu. A autora analisa, em particular, como a fronteira estabelecida no Mediterrâneo, uma separação simbólica e física, tem constituído, na história recente, uma vala comum que deverá ser vista como parte das violências genocidas perpetradas pela Europa. Um olhar para os termos da constituição do espaço único europeu expõe a periferia mediterrânica construída como uma fronteira sul perante as migrações, fluxos e tráfegos que atravessam o Sul globalizado. A partir da leitura proposta, a problemática da migração e as políticas europeias, a autora confronta-nos com a solidez das "linhas colonias abissais" e com os vínculos, persistentes, entre as formas racializadas de constituição de fronteiras e os termos do colonialismo interno na Europa. Recorrendo ao imaginário da banda desenhada, são-nos mostradas as semelhanças entre uma determinada "Europa dos Povos" e os contingentes de inumanos nos fluxos interplanetários imaginados nas distopias da Marvel.

Referências bibliográficas

Agier, Michel (2010), "Humanity as an Identity and its Political Effects (A Note on Camps and Humanitarian Government)", *Humanity*, 1(1), 29–45. DOI: <https://doi.org/10.1353/hum.2010.0005>.

An-Na'im, Abdullahi A. (1987), "Religious Minorities under Islamic Law and the Limits of Cultural Relativism", *Human Rights Quarterly*, 9(1), 1–18. DOI: <https://doi.org/10.2307/761944>.

Atuahene, Bernadette (2014), *We want what's ours: learning from South Africa's land restitution program*. Oxford: Oxford University Press.

Barnett, Michael N. (2011), *Empire of humanity: a history of humanitarianism*. Ithaca, NY: Cornell University Press.

Baxi, Upendra (1986), "From Human Rights to the right to be Human: Some heresies", *India International Centre Quarterly*, 13(3/4), 185–200.

Bernal, Martin (1987), *Black Athena*. Londres: Vintage.

Butler, Judith (2004), *Precarious Life: The powers of mourning and violence*. Londres e Nova Iorque: Verso.

Clifford, James (2013), *Returns: Becoming Indigenous in the Twenty-First Century*. Cambridge, MA: Harvard University Press.

Comaroff, Jean; Comaroff, John (2012), *Theory from the South: Or, how Euro-America is evolving toward Africa*. Boulder, CO: Paradigm Publishers.

Das, Veena (2007), *Life and words: violence and the descent into the ordinary*. Berkeley, CA: University of California Press.

Dussel, Enrique (2000), "Europe, Modernity and Eurocentrism", *Nepantla. Views from South*, 465–478.

Falk, Richard (1999), *Predatory Globalization: A Critique*. Cambridge: Polity Press.

Falk, Richard A. (2000), *Human Rights Horizons: The Pursuit of Justice in a Globalizing World*. Londres: Routledge.

Falk, Richard A. (2009), *Achieving human rights*. Nova Iorque: Routledge.

Fanon, Frantz (1952), *Peau noire, masques blancs*. Paris: Seuil.

Glendon, Mary Ann (2001), *A world made new: Eleanor Roosevelt and the Universal Declaration of Human Rights*. Nova Iorque: Random House.

Hacking, Ian (2002), *Historical ontology*. Cambridge, MA: Harvard University Press.

Hunt, Lynn (2007), *Inventing human rights: a history*. Nova Iorque: W. W. Norton.

Klein, Naomi (2007), *The shock doctrine: the rise of disaster capitalism*. Nova Iorque: Metropolitan Books/Henry Holt.

Lugones, María (2007), "Heterosexualism and the Colonial/Modern Gender System", *Hypatia*, 22(1), 186–209. JSTOR: <https://www.jstor.org/stable/4640051>.

Maldonado-Torres, Nelson (2007), "On the Coloniality of Being: Contributions to the Development of a Concept", *Cultural Studies*, 21(2–3), 240–270. DOI: <https://doi.org/10.1080/09502380601162548>.

Marks, Susan (2013), "Four Human Rights Myths", *in* David Kinley, Wojciech Sadurski e Kevin Walton (orgs.), *Human Rights: old problems, new possibilities*. Cheltenham: Edward Elgar, 217–235.

Merry, Sally Engle (2007), "Introduction: conditions of vulnerability", *in* Mark Goodale e Sally Engle Merry (orgs.), *The practice of human rights: Tracking law between the global and the local*. Cambridge: Cambridge University Press, 1–38.

Mol, Annemarie (1999), "Ontological politics: a word and some questions", *in* John Law e John Hassard (orgs.), *Actor network theory and after*. Boston: Blackwell, 74–89.

Mol, Annemarie (2002), *The Body Multiple: Ontology in Medical Practice*. Durham, NC: Duke University Press.

Moyn, Samuel (2010), *The last utopia: human rights in history*. Cambridge, MA: Belknap Press of Harvard University Press.

Moyn, Samuel (2014), "A Powerless Companion: Human Rights in the Age of Neoliberalism", *Law and Contemporary Problems*, 77(4), 147–169. Disponível em: <https://scholarship.law.duke.edu/lcp/vol77/iss4/7>.

Mutua, Makau (2001), "Savages, Victims, and Saviours: The Metaphor of Human Rights", *Harvard International Law Journal*, 42(1), 201–245. Disponível em: <https://ssrn.com/abstract=1525547>.

Ndebele, Njabulo S. (2007), *Fine lines from the box: further thoughts about our country*. Roggebaai: Umuzi.

Nkrumah, Kwame (1973), "Declaration to the Colonial Peoples of the World", *Revolutionary Path*. Nova Iorque: International Publishers.

Quijano, Aníbal (2005), *Colonialidade do poder, Eurocentrismo e América Latina*. Buenos Aires: CLACSO.

Rajagopal, Balakrishnan (2009), "The International Human Rights Movement Today", *Maryland Journal of International Law*, 24(1), 56–62. Disponível em: <https://digitalcommons.law.umaryland.edu/mjil/vol24/iss1/8/>.

Santos, Boaventura de Sousa (1995), *Towards a New Common Sense: Law, science and politics in the paradigmatic transition*. Nova Iorque: Routledge.

Santos, Boaventura de Sousa (1999), "Toward a Multicultural Conception of Human Rights", *in* Scott Lash e Mike Featherstone (orgs.), *Spaces of Culture: City, Nation, World*. Londres: Sage, 214–229. DOI: <https://doi.org/10.4135/9781446218723.n12>.

Santos, Boaventura de Sousa (2006), *A gramática do tempo: para uma nova cultura política*. Porto: Afrontamento.

Santos, Boaventura de Sousa (2007), "Beyond abyssal thinking: From global lines to ecologies of knowledges", *Review (Fernand Braudel Center)*, 30(1), 45–89. JSTOR: <http://www.jstor.org/stable/40241677>.

Santos, Boaventura de Sousa (2014), *Epistemologies of the South: Justice Against Epistemicide*. Boulder, CO: Paradigm Publishers.

Santos, Boaventura de Sousa (2015), *If God were a human rights activist*. Stanford, CA: Stanford University Press.

Santos, Boaventura de Sousa (2017), "Para uma nova visão da Europa: aprender com o Sul", *in* Boaventura de Sousa Santos, José Manuel Mendes (orgs.), *Demodiversidade. Imaginar novas possibilidades democráticas*. Lisboa: Edições 70, 55–80.

Santos, Boaventura de Sousa (2018), *The end of a cognitive empire: the coming of age of epistemologies of the south*. Durham, NC: Duke University Press.

Spivak, Gayatri Chakravorty (1999), *A critique of postcolonial reason: Toward a history of the vanishing present*. Cambridge, MA: Harvard University Press.

Stoler, Ann Laura (2002), *Carnal knowledge and imperial power: Race and the intimate in colonial rule*. Berkeley, CA: University of California Press.

PARTE I

As fronteiras do humano

CAPÍTULO I

Direitos Humanos, democracia e desenvolvimento

Boaventura de Sousa Santos

Introdução

A constelação dos direitos humanos vive hoje um momento de turbulência. Esta turbulência revela-se sobretudo como um impasse, em que ficam evidentes os limites dos direitos humanos convencionais, uma linguagem de dignidade cuja hegemonia é hoje incontestável. Na medida em que recuso uma visão monolítica dos direitos humanos, reconhecendo as diferentes relações de poder e instâncias que os mobilizam, cabe explicar o que tenho em mente quando me refiro à versão hegemónica ou convencional dos direitos humanos. Considero um entendimento convencional dos direitos humanos como tendo as seguintes características: os direitos são universalmente válidos independentemente do contexto social, político e cultural em que operam e dos diferentes regimes de direitos humanos existentes em diferentes regiões do mundo; partem de uma conceção de natureza humana como sendo individual, autossustentada e qualitativamente diferente da natureza não humana; o que conta como violação dos direitos humanos é definido pelas declarações universais, instituições multilaterais (tribunais e comissões) e organizações não-governamentais (predominantemente baseadas no Norte); o fenómeno recorrente dos duplos critérios na avaliação da observância dos direitos humanos de modo algum compromete a validade universal dos direitos humanos; o respeito pelos direitos humanos é muito mais problemático no Sul global do que no Norte global (Santos, 2015).

A turbulência hoje vivida pela constelação dos direitos humanos também permite entrever horizontes promissores para as agendas emancipatórias apostadas em superar os entendimentos convencionais dos direitos humanos. Estes horizontes, que se vão desenhando em várias regiões do mundo, apontam para um efetivo reconhecimento da inesgotável experiência do mundo à luz das epistemologias do Sul, na persuasão de que a compreensão do mundo excede em muito a compreensão ocidental do mundo. As epistemologias do Sul, conforme as tenho formulado, são um conjunto de procedimentos investidos na produção e validação de conhecimentos nascidos das lutas daqueles que têm resistido às sistemáticas opressões do capitalismo, do colonialismo e do patriarcado (SANTOS, 2014). Em consonância, tenho defendido uma conceção intercultural, à luz da qual os direitos humanos podem e devem ser repensados a partir das experiências que nos confrontam com o pluriverso constituído pelas cosmovisões que a um tempo extravasam e permeiam as fronteiras da razão moderna ocidental (SANTOS, 1999).

Como bem aponta Arturo Escobar (2016: 13), ao tomarem como premissa a inesgotável experiência do mundo, as epistemologias do Sul invocam uma inequívoca dimensão ontológica. Nesse sentido, considero que os ativistas e pensadores que ainda reconhecem possibilidades emancipatórias nos direitos humanos deverão considerar o desafio trazido por lutas sociais, epistemologias e ontologias políticas através das quais diferentes populações e coletividades vêm reclamando como seu o mundo em que vivem. Muitas das apropriações de dignidade humana que hoje configuram desígnios emancipatórios mais promissores ao encontro de uma legalidade cosmopolita subalterna (SANTOS e RODRÍGUEZ GARAVITO, 2005) estão ligadas às conceções não eurocêntricas que, aliando cosmovisões ancestrais e ontologias políticas interculturais, expõem o profundo vínculo entre humanidades pós-abissais e as naturezas não humanas.

Identifico três tensões que, ao mesmo tempo, são constitutivas da presente turbulência e representam um desafio para uma ressignificação emancipatória dos direitos humanos à luz das epistemologias do Sul. A primeira diz respeito à tensão entre o direito ao desenvolvimento e a incessante devastação ambiental do planeta. A segunda refere-se à tensão entre as aspirações coletivas de povos indígenas, afrodescendentes e camponeses e o individualismo que marca o cânone originário dos direitos humanos. A terceira refere-se à tensão que resulta da inadequação da linguagem de direitos, e em particular dos direitos humanos, para reconhecer a existência de sujeitos não humanos.

As três tensões identificadas expõem a genealogia abissal dos direitos humanos (SANTOS, 2015), produto de um itinerário caracterizado pela precedência e ambição universalista das cosmovisões de matriz liberal que se tornaram hegemónicas na modernidade ocidental. Conforme tenho referido, as versões dominantes da modernidade ocidental são construídas a partir de um pensamento abissal, um pensamento que dividiu abissalmente o mundo entre sociedades metropolitanas e coloniais (Santos, 2007, 2014). Dividiu-o de tal modo que as realidades e práticas existentes do lado de lá da linha, nas colónias, não podiam pôr em causa a universalidade das teorias e das práticas que vigoravam na metrópole, do lado de cá da linha. Ora, enquanto discurso de emancipação, os direitos humanos foram historicamente concebidos para vigorar apenas do lado de cá da linha abissal, nas sociedades metropolitanas. Tenho vindo a defender que esta linha abissal, que produz exclusões radicais, longe de ter sido eliminada com o fim do colonialismo histórico, continua sob outras formas (neocolonialismo, racismo, xenofobia, permanente estado de exceção na relação com terroristas, trabalhadores imigrantes indocumentados, candidatos a asilo ou mesmo cidadãos comuns vítimas de políticas de austeridade ditadas pelo capital financeiro). O direito internacional e as doutrinas convencionais dos direitos humanos têm sido usados como garantes dessa continuidade. Nesse sentido, é decisivo distinguir entre o que são hoje os direitos humanos convencionais e a possibilidade, a que aponto neste texto, de os direitos humanos serem constituídos como parte de uma ecologia de dignidades pós-abissais.

Direito ao desenvolvimento *versus* degradação ambiental

Na maioria dos países, a história dos diferentes tipos de direitos humanos é uma história muito contingente, acidentada, cheia de descontinuidades, com avanços e recuos. Mas é evidente que a consagração dos diferentes tipos de direitos humanos põe em movimento processos políticos diferentes. No centro da teoria liberal estiveram sempre os direitos cívicos e políticos, direitos conquistados contra o Estado com o objetivo de limitar o autoritarismo estatal. Ou seja, na origem dos direitos humanos está uma pulsão anti-Estado e essa pulsão teve ao longo dos últimos duzentos anos significados políticos contraditórios. Ao contrário dos direitos cívicos e políticos, os direitos económicos e sociais consistem em prestações do Estado, pressupõem a cooperação ativa deste e assentam numa luta política pela apropriação social dos excedentes captados pelo Estado através dos impostos e de outras fontes de receita. A efetivação destes direitos humanos depende totalmente do Estado e por isso implica uma transformação na natureza política da ação do Estado. Esta transformação ocorreu na passagem do Estado liberal ou de direito para o Estado social de direito, para o Estado de bem-estar, no Norte global, ou para o Estado desenvolvimentista ou neodesenvolvimentista do Sul global. Trata-se de processos políticos muito distintos, mas podemos dizer em geral que, enquanto o campo conservador democrático continuou a defender uma postura anti-Estado e a privilegiar uma conceção liberal dos direitos humanos, dando especial atenção aos direitos cívicos e políticos, o campo progressista dos nacionalismos anti-neocoloniais ou das várias esquerdas democráticas defendeu, com vários matizes, uma atitude de defesa da centralidade do Estado na construção da coesão social e tendeu a privilegiar a conceção social-democrática ou marxista dos direitos humanos, dando mais atenção aos direitos económicos e sociais. Ao longo dos anos, foi conquistando aceitação – mais teórica do que prática – a ideia da indivisibilidade dos direitos humanos e, portanto, a ideia de que só o reconhecimento dos diferentes tipos de direitos humanos garante o respeito de qualquer um deles individualmente.

O direito coletivo ao desenvolvimento, particularmente reivindicado pelos países africanos, só muito tardiamente foi reconhecido, e mesmo assim de forma muito parcial. A consagração do Direito ao Desenvolvimento deu os primeiros passos com a Declaração sobre o Progresso Social e Desenvolvimento (1969) e a Carta Africana de Direitos Humanos e dos Povos (1981), ganhando destaque com a Declaração do Direito ao Desenvolvimento das Nações Unidas (1986) e com as Conferências Mundiais das Nações Unidas realizadas na década de 1990. O direito ao desenvolvimento teve na sua base ideias semelhantes às que viriam a ser consagradas na teoria da dependência. A filosofia do movimento dos não-alinhados veio a frutificar na reivindicação dos países do então Terceiro Mundo para verem internacionalmente garantidas as condições indispensáveis ao seu desenvolvimento. Tratava-se basicamente de uma contestação dos termos de troca desiguais no mercado internacional. Uma tal troca desigual condenava os países do Terceiro Mundo a exportar matérias-primas cujos preços eram fixados pelos países que delas precisavam, e não pelos países que as exportavam. Era também uma emergência da guerra fria. O direito ao desenvolvimento em contexto de guerra fria significava a possibilidade da opção entre o capitalismo em processo de globalização e a alternativa socialista, sempre latente, de um desenvolvimento socialista. Essa reivindicação veio a traduzir-se, em meados dos anos 1970, no movimento para uma Nova Ordem Económica Internacional, a que os países desenvolvidos, com os EUA na liderança, fizeram uma oposição frontal e inequívoca. Intensificada depois do colapso do bloco soviético, a resposta do Norte global foi o neoliberalismo, com o qual o direito ao desenvolvimento se tornou no dever de desenvolvimento. Uma vez neutralizadas as possibilidades de desenvolvimento que se não pautassem pelas normas do Consenso de Washington, cuja obediência era garantida pelo Fundo Monetário Internacional, Banco Mundial e mais tarde a Organização Mundial do Comércio, o desenvolvimento capitalista passou a ser uma condicionalidade ferreamente imposta.

Na centralidade ambivalente que o Estado sempre ocupou como ameaça e garante dos direitos humanos, e não obstante as versões liberais e progressistas consagradas, parece-me importante salientar como o desenvolvimento, seja enquanto celebração civilizacional do Norte Global seja enquanto aspiração anti-imperialista do Sul Global, permanece em pleno século XXI como invariável filigrana de projetos políticos estatais, mesmo daqueles que no Sul Global dizem visar a justiça social face às heranças coloniais e aos imperialismos. De facto, uma das heranças coloniais mais persistentes, numa clara genealogia das conceções ocidentais, é exatamente a representação da Ásia, da África e da América Latina como continentes do Terceiro Mundo, subdesenvolvidos, e a criação do desenvolvimentismo como um campo discursivo estruturante da realidade social e política do pós-Segunda Guerra Mundial (Escobar, 1995).

A ubiquidade do desenvolvimentismo fica bem patente no modo como, no início do século XXI, em muitos Estados do Sul Global, em particular na América Latina, chegaram ao poder governos progressistas que abraçaram o desenvolvimentismo e viram no *boom* dos recursos naturais a grande oportunidade para se libertarem para realizar políticas sociais e redistribuição do rendimento. Este modelo, que alguns têm designado de neodesenvolvimentismo ou de neoextrativismo,[1] permitiu sem dúvida importantes políticas de redistribuição e de combate à pobreza. No entanto, apesar do seu perfil próprio, mais nacionalista e estatista, tendo como base o neoextrativismo, este modelo corresponde a uma lógica neoliberal que em nada contraria as lógicas globais de acumulação capitalista. As fragilidades deste modelo enquanto proposta política ficam facilmente expostas com as dificuldades económicas que imediatamente resultam da oscilação internacional dos recursos naturais.

O modelo neodesenvolvimentista inscreve-se numa conceção de progresso que tem na devastação ambiental uma das suas consequências mais fatais. As locomotivas da mineração, do petróleo, do gás natural, da fronteira agrícola são cada vez mais potentes e tudo o que lhes surge no caminho e impede o trajeto tende a ser trucidado enquanto obstáculo ao desenvolvimento. De tão atrativas, estas locomotivas são exímias em transformar os sinais cada

[1] De acordo com Alberto Acosta, "o extrativismo é um modo de acumulação que se estabeleceu numa escala maciça há 500 anos. Usaremos o termo extrativismo para referir as atividades que removem grandes quantidades de recursos naturais que não são processados (ou que são processados até um dado limite), especialmente para exportação. O extrativismo não se limita a minérios e petróleo, está presente na agricultura, na silvicultura e até na pesca" (2013: 62).

vez mais perturbadores do imenso débito ambiental e social que criam num custo inevitável do "progresso". A avaliação política deste modelo de desenvolvimento torna-se difícil porque a sua relação com os direitos humanos é complexa e facilmente suscita a ideia de que, em vez de indivisibilidade dos direitos humanos, estamos perante um contexto de incompatibilidade entre eles. Ou seja, segundo o argumento que se ouve frequentemente, não se pode querer o incremento dos direitos sociais e económicos, o direito à segurança alimentar da maioria da população ou o direito à educação sem fatalmente ter de aceitar a violação do direito à saúde, dos direitos ambientais e dos direitos ancestrais dos povos indígenas e afrodescendentes aos seus territórios. Só seria possível mostrar que a incompatibilidade esconde uma má gestão da indivisibilidade se fosse possível ter presente diferentes escalas de tempo, o que é virtualmente impossível dadas as premências de curto prazo. Nestas condições, torna-se difícil acionar princípios de precaução ou lógicas de longo prazo. E quando o *boom* dos recursos naturais termina? Quando se tornar evidente que o investimento nos recursos naturais não foi devidamente compensado com o investimento em recursos humanos? Quando não houver dinheiro para políticas compensatórias generosas e o empobrecimento súbito criar um ressentimento difícil de gerir em democracia? Quando os níveis de doenças ambientais forem inaceitáveis e sobrecarregarem os sistemas públicos de saúde a ponto de os tornar insustentáveis? Quando a contaminação das águas, empobrecimento das terras e a destruição das florestas forem irreversíveis? Quando as populações indígenas, afrodescendentes e ribeirinhas expulsas das suas terras deambularem pelas periferias de cidades reclamando um direito à cidade que lhes será sempre negado?

Num quadro epocal em que a luta contra o aquecimento global e a devastação ambiental, que desproporcionadamente afetam as populações do Sul global, se impõe enquanto agenda que forçosamente nos levará a questionar o sistema de acumulação capitalista (ver, por exemplo, Klein, 2014), parece fazer pouco sentido a defesa da narrativa sacrificial que marca a ideologia do progresso. Na verdade, o pensamento moderno eurocêntrico está fundado na ideia de que o progresso impõe justos sacrifícios a bem de um futuro marcado pelo alargamento dos benefícios que dele decorrem. A questão é que a justeza desses sacrifícios foi defensável pela existência de uma linha abissal que permitia reconhecer os benefícios produzidos nos espaços da sociabilidade metropolitana ao mesmo tempo que minimizava os sacrifícios produzidos no lado das sociedades e sociabilidades coloniais, realidades em que a perda do presente nunca teve por contraponto um benefício futuro. Deste modo, a ideologia do progresso teve duas faces: a face da relativa simetria entre sacrifício e benefício e a face da incomensurabilidade entre sacrifício e benefício. A linha abissal impediu que estas duas faces se vissem ao espelho.

A conceção ocidental, capitalista e colonialista de humanidade não é pensável sem o conceito de sub-humanidade. Na medida em que sejam considerados como inteiramente humanos os deslocados dos desastres ambientais, dos megaprojetos, da mineração e desmatamento, bem como as vítimas do agronegócio e dos agrotóxicos, reconhecidas as suas vidas, os seus saberes e as suas relações deferentes com a natureza não humana, estaremos em condições de fazer frente à insustentabilidade do desenvolvimentismo e de reverter a incomensurabilidade de benefícios e sacrifícios imposta pelas linhas abissais da modernidade. Num momento em que se impõe um crescente consenso sobre as catastróficas consequências do aquecimento global e da depredação de recursos do planeta, os custos sociais e ambientais do desenvolvimento tornaram-se mais e mais evidentes. O atual padrão de desenvolvimento toca os limites de carga do planeta Terra. As vozes discordantes continuaram a propor conceções alternativas de desenvolvimento, mas a verdade é que o desenvolvimento passou a ser mais antissocial, mais vinculado do que nunca ao crescimento, mais dominado pela especulação financeira, mais predador do meio ambiente.

Pela primeira vez na história, o desenvolvimento capitalista está a comprometer seriamente a capacidade da natureza para restaurar os seus ciclos vitais, atingindo limites ecológicos reconhecidos por peritos independentes e das Nações Unidas e por diversos comités como as linhas vermelhas além das quais o dano é irreversível, colocando a vida da Terra em risco. Em 2017, o ano mais quente já registado, diversos recordes de perigo climático foram ultrapassados nos EUA, na Índia, no Ártico, e os fenómenos climáticos extremos repetem-se com cada vez maior frequência e gravidade. Aí estão as secas, as inundações, a crise alimentar, a especulação com produtos agrícolas, a escassez crescente de água potável, o desvio de terrenos agrícolas para os agrocombustíveis e o desmatamento das florestas. Paulatinamente, vai-se constatando que os fatores de crise estão cada vez mais articulados e são afinal manifestações da mesma crise, a qual, pelas suas dimensões, se apresenta como crise civilizatória. Tudo está ligado: a crise alimentar, a crise ambiental, a crise energética, a especulação financeira sobre as *commodities* e recursos naturais, e a concentração de terras, a expansão desordenada da fronteira agrícola, a voracidade da exploração dos recursos naturais, a escassez de água potável e a privatização da água, a violência no campo, a expulsão de populações das suas terras ancestrais para abrir caminho a grandes infraestruturas e megaprojetos, as doenças induzidas pelo meio ambiente degradado, dramaticamente evidentes na incidência de cancro mais elevada em certas zonas rurais do que em zonas urbanas, os organismos geneticamente modificados, os consumos de agrotóxicos, etc.

A Cimeira da Terra, Rio+20 (2012) bem como o Acordo de Paris (2015) (entretanto abandonado pelos EUA), foram um fracasso rotundo devido à cumplicidade mal disfarçada entre as elites do Norte global e as dos países emergentes para dar prioridade aos lucros das suas empresas à custa do futuro da humanidade. A presente ameaça exprime bem como os quadros de ação social nas nossas sociedades estão divididos entre duas temporalidades extremas: a temporalidade da urgência e a temporalidade da mudança paradigmática, a primeira reclama por ação imediata uma vez que amanhã pode ser tarde de mais, a segunda reclama por mudanças de produção e consumo, de relações sociais e conceções de natureza que provavelmente levarão gerações a concretizar-se. Como nenhuma dessas temporalidades coincide com a temporalidade que domina a ação política democrática (o ciclo eleitoral), e como o extrativismo capitalista é hoje mais voraz pelos recursos naturais do que alguma vez foi, a destruição da natureza parece igualmente imparável, sendo trivializada pelo cinismo público, pela negação ou por pseudorremédios, como é o caso do capitalismo verde.

Cosmovisões coletivas *versus* direitos individuais

A articulação entre neoliberalismo, progresso e desenvolvimento convoca a busca de um cosmopolitismo subalterno, construído a partir de baixo nos processos de troca de experiências e de articulação de lutas entre os movimentos e organizações de excluídos e seus aliados de várias partes do mundo. A modernidade eurocêntrica, incluindo muitas das suas tradições críticas, assenta na "monocultura do tempo linear" (Santos, 2006), a ideia de que a história tem sentido e direção únicos e conhecidos. Esse sentido e essa direção têm sido formulados de diversas formas nos últimos duzentos anos: progresso, revolução, modernização, desenvolvimento, crescimento, globalização. Comum a todas estas formulações é a ideia de que o tempo é linear e que na frente do tempo seguem os países centrais do sistema mundial e, com eles, os conhecimentos, as instituições e as formas de sociabilidade que neles dominam. Esta lógica produz não-existência, declarando atrasado tudo o que, segundo a norma temporal, é assimétrico em relação ao que é declarado avançado. É nos termos desta lógica que a modernidade ocidental produz a não-contemporaneidade do contemporâneo, a ideia de que a simultaneidade esconde as assimetrias dos tempos históricos que nela convergem.

A ideia do tempo linear produz uma desqualificação e invisibilização das formas de existência tidas como atrasadas ou fora do tempo (moderno), promovendo a marginalização das culturas e ontologias que mais persuasivamente se opõem ao desenvolvimento ou a desenvolvimentos alternativos, aproximando-nos do imperativo das alternativas ao desenvolvimento, como os seguintes exemplos o provam.

Em outubro de 2012, num grito de desespero, a comunidade Guarani-Kaiowá de Pyelito Kue/Mbarakay-Iguatemi-Mato Grosso do Sul (MS) enviou uma carta ao Governo e à Justiça do Brasil em reação à reintegração de posse decretada pela justiça federal de Navirai (MS). Depois de recitarem um rosário cruel de ameaças, mortes expulsões, pistoleiros, "numa comunidade indígena cercada de soja, cana e ódio", como referia Egon Heck, coordenador do CIMI (Conselho Indigenista Missionário), diziam:

> queremos ser mortos e enterrados junto aos nossos antepassados aqui mesmo onde estamos hoje, por isso, pedimos ao Governo e Justiça Federal para não decretar a ordem de despejo/expulsão, mas solicitamos para decretar a nossa morte coletiva e para enterrar nós todos aqui. Pedimos, de uma vez por todas, para decretar a nossa dizimação e extinção total, além de enviar vários tratores para cavar um grande buraco para jogar e enterrar os nossos corpos. Esse é nosso pedido aos juízes federais. Já aguardamos esta decisão da Justiça Federal. Decretem a nossa morte coletiva Guarani e Kaiowá de Pyelito Kue/Mbarakay e enterrem-nos aqui. Visto que decidimos integralmente a não sairmos daqui com vida e nem mortos.[2]

Quando li esta carta recuei quinze anos, quando o povo Uwa da Colômbia ameaçou com suicídio coletivo se a exploração de petróleo nos seus territórios sagrados avançasse. Nessa altura, eu fazia um estudo na Colômbia e acompanhei de perto o caso. Embora defender as terras com a vida – e foi esta a mensagem dos Guarani-Kaiowá – não seja o mesmo que considerar a hipótese de suicídio coletivo, é impossível não estabelecer uma relação, já que os Uwa também lutavam para que os seus territórios não fossem contaminados pela ganância do Ocidente.[3] O povo Uwa conseguiu o apoio nacional e internacional para travar a exploração nos termos em que tinha sido proposta. A sorte destes e de outros povos indígenas, afrodescendentes e camponeses em luta pela defesa dos seus direitos coletivos está firmemente ligada à do planeta como um todo, e convoca-nos a entender estas populações

[2] Texto da carta disponível na íntegra no blogue da Articulação dos Povos Indígenas do Brasil (APIB) <http://blogapib.blogspot.pt/2012/10/carta-da-comunidade-guarani-kaiowa-de.html>.

[3] Ver Beatriz Eugenia Sánchez (2001: 5–142).

como vozes centrais e privilegiadas para pensarmos alternativas no mundo contemporâneo.

A questão que nos deve interpelar é a de saber em que medida os direitos humanos constituem uma linguagem capaz de conferir o devido reconhecimento às vozes e existências longamente empurradas para as margens da modernidade. Também aqui os limites dos direitos humanos hegemónicos resultam evidentes para alguns dos desafios mais decisivos do nosso tempo. A Declaração Universal dos Direitos Humanos das Nações Unidas, que é a primeira grande declaração universal do século passado, à qual se seguiriam várias outras, só conhece dois sujeitos de direito: o indivíduo e o Estado. Os povos só são reconhecidos na medida em que são transformados em Estados. É importante recordar que em 1948, à data da adoção da declaração, existiam muitos povos, nações e comunidades que não tinham Estado. Vista a partir das epistemologias do Sul, a declaração não pode deixar de ser considerada colonialista (Burke, 2010; Moyn, 2010; Terretta, 2012). Quando se fala em igualdade perante o direito, temos de ter em conta que, no momento em que a declaração foi escrita, indivíduos de vastas regiões do mundo não eram iguais perante o direito por estarem sujeitos a uma dominação coletiva e, sob sujeição coletiva, os direitos individuais não oferecem qualquer proteção. Isto não foi contemplado pela declaração num momento alto do individualismo burguês, num tempo em que o sexismo era parte do senso comum, em que a orientação sexual era tabu, em que a dominação classista era um assunto interno de cada país e em que o colonialismo ainda tinha força como agente histórico, apesar do profundo abalo sofrido com a independência da Índia. Com o passar do tempo, também o sexismo,[4]

[4] Em 1979, a Assembleia Geral das Nações Unidas adotou a Convenção sobre a Eliminação de Todas as Formas de Discriminação contra a Mulher (CEDAW) para implementar legalmente a Declaração sobre a Eliminação da Discriminação contra a Mulher. Descrita como a Magna Carta dos Direitos das Mulheres, entrou em vigor em 3 de setembro de 1981. A Convenção define "discriminação contra as mulheres" (art.º 1.º) como qualquer distinção, exclusão ou restrição baseada no sexo que tenha como efeito ou como objetivo comprometer ou destruir o reconhecimento, o gozo ou o exercício pelas mulheres, seja qual for o seu estado civil, com base na igualdade dos homens e das mulheres, dos direitos do homem e das liberdades fundamentais nos domínios político, económico, social, cultural e civil ou em qualquer outro domínio. A resolução "Direitos Humanos, orientação sexual e identidade de género" foi aprovada pelo Conselho de Direitos Humanos das Nações Unidas em 14 de junho de 2011. A declaração proposta inclui uma condenação da violência, assédio, discriminação, exclusão, estigmatização e preconceito baseado em orientação sexual e identidade de género.

o colonialismo[5] e outras formas mais cruas de dominação de classe foram sendo reconhecidos como dando azo a violações dos direitos humanos. A partir da década de 1960, as lutas anticoloniais tornaram-se parte da agenda das Nações Unidas.[6] Contudo, tal como era entendida nesse tempo, a autodeterminação dizia apenas respeito aos povos sujeitos ao colonialismo europeu. O exercício da autodeterminação assim entendida deixou muitos povos na condição de internamente colonizados. Os povos indígenas de vários continentes são uma boa demonstração disso. Foram precisos mais de trinta anos para que finalmente fosse reconhecido o direito à autodeterminação dos povos indígenas, com a Declaração das Nações Unidas sobre os Direitos dos Povos Indígenas, aprovada na Assembleia Geral das Nações Unidas de 2007. E, antes dela, foram necessárias prolongadas negociações para que a Organização Internacional do Trabalho aprovasse, em 1989, o Convénio 169, o convénio sobre povos indígenas e tribais.

Porque os direitos coletivos não entram no cânone originário dos direitos humanos, a tensão entre direitos individuais e direitos coletivos decorre da luta histórica dos grupos sociais que, por serem excluídos ou discriminados enquanto grupos, não podiam ser adequadamente protegidos por direitos humanos individuais. As lutas das mulheres, dos povos indígenas, dos povos afrodescendentes, dos grupos vitimizados pelo racismo, dos *gays* e das lésbicas marcaram os últimos cinquenta anos do processo de reconhecimento dos direitos coletivos, um reconhecimento sempre muito contestado e sempre em vias de ser revertido. Não existe necessariamente uma contradição entre direitos individuais e direitos coletivos, mais que não

5 Na Declaração das Nações Unidas sobre a Eliminação de Todas as Formas de Discriminação Racial (1963), lê-se: "Considerando que as Nações Unidas condenaram o colonialismo e todas as práticas de segregação e discriminação a ele associadas, e que a *Declaração sobre a Concessão de Independência aos Países e Povos Coloniais* proclama nomeadamente a necessidade de trazer o colonialismo a um fim rápido e incondicional...".

6 Na esperança de acelerar o processo de descolonização, a Assembleia Geral das Nações Unidas adotou em 1960 a resolução 1514, também conhecida como "Declaração sobre a Concessão da Independência aos Países e Povos Coloniais" ou simplesmente "Declaração sobre a Descolonização". Afirma que todos os povos têm direito à autodeterminação proclamando solenemente a necessidade de pôr fim rápido e incondicional ao colonialismo em todas as suas formas e manifestações. O Comité Especial de Descolonização (também conhecido por Comité dos 24 para a Descolonização, Comité dos 24, ou simplesmente Comité para a Descolonização) foi criado em 1961 pela Assembleia Geral das Nações Unidas com o propósito de monitorizar a implementação da Declaração e fazer recomendações quanto à sua aplicação.

seja pelo facto de existirem muitos tipos de direitos coletivos. Por exemplo, podemos distinguir dois tipos de direitos coletivos, direitos primários e derivados. Falamos de direitos coletivos derivados quando, por exemplo, os trabalhadores se auto-organizam em sindicatos e conferem a estes o direito de os representar nas negociações com os empregadores. Quando uma comunidade de indivíduos é titular de direitos independentemente da sua organização ou da decisão dos seus integrantes de renunciarem aos seus direitos individuais para fazer valer o direito da comunidade, estamos perante direitos coletivos primários.

Os direitos coletivos existem para minorar ou eliminar a insegurança e a injustiça de coletivos de indivíduos que são discriminados e vítimas sistemáticas de opressão por serem o que são e não por fazerem o que fazem. Muito lentamente, os direitos coletivos têm sido incluídos na agenda política, quer nacional, quer internacional. De qualquer maneira, a contradição ou tensão *vis-à-vis* às conceções mais individualistas de direitos humanos está sempre presente. Em tempos recentes, o reconhecimento dos direitos coletivos dos povos indígenas e afrodescendentes tem tido especial visibilidade política, sobretudo na América Latina, e torna-se particularmente polémico sempre que se traduz em ações afirmativas, em revisões profundas da história nacional, dos sistemas de educação e de saúde, em autonomias administrativas, em direitos coletivos à terra e ao território (ver, por exemplo, Rodríguez Garavito, 2015).

A hegemonia de uma conceção universal de dignidade humana subjacente aos direitos humanos, baseada em pressupostos ocidentais, reduz o mundo ao entendimento que o ocidente tem dele, ignorando ou trivializando deste modo experiências culturais e políticas decisivas em países do Sul global. Este é o caso dos movimentos de resistência contra a opressão, marginalização e exclusão que têm vindo a emergir nas últimas décadas e cujas bases ideológicas pouco ou nada têm que ver com as referências culturais e políticas ocidentais dominantes ao longo do século XX. Estes movimentos não formulam as suas demandas em termos de direitos humanos, e, pelo contrário, frequentemente formulam-nas de acordo com princípios que contradizem os princípios dominantes dos direitos humanos. Estes movimentos encontram-se frequentemente enraizados em identidades históricas, como é o caso dos movimentos indígenas e afrodescendentes, particularmente na América Latina, e dos movimentos de camponeses em África e na Ásia. Apesar das enormes diferenças entre eles, estes movimentos comungam do facto de provirem de referências políticas não-ocidentais e de se constituírem, em grande medida, como resistência ao domínio ocidental. Ao pensamento convencional dos direitos humanos faltam instrumentos teóricos e analíticos que lhe permitam posicionar-se com alguma credibilidade em relação a estes movimentos e, pior ainda, não considera prioritário fazê-lo. Tende a aplicar genericamente a mesma receita abstrata dos direitos humanos, esperando, dessa forma, que a natureza das ideologias alternativas e universos simbólicos sejam reduzidos a especificidades locais sem qualquer impacto no cânone universal dos direitos humanos.

Direitos humanos *versus* direitos da natureza

A cartografia abissal é constitutiva do conhecimento moderno e nela a zona colonial é, *par excellence*, o universo das crenças e dos comportamentos incompreensíveis que de forma alguma podem considerar-se conhecimento, estando, por isso, para além do verdadeiro e do falso. A desqualificação das realidades e dos saberes não metropolitanos fazia supor que do outro lado da linha não haveria conhecimento real; existiriam crenças, opiniões, magia, idolatria, entendimentos intuitivos ou subjetivos, que, na melhor das hipóteses, poderiam tornar-se objetos ou matéria-prima para a inquirição científica. A completa estranheza de tais saberes e práticas conduziu à própria negação da natureza humana dos seus agentes. As teorias do contrato social dos séculos XVII e XVIII dizem-nos que os indivíduos modernos, ou seja, os homens metropolitanos, entram no contrato social abandonando o estado de natureza para formarem a sociedade civil. O estado de natureza é então entendido como condição primordial em relação à qual se constitui a legalidade moderna, que se quer universal, e simultaneamente instrumentalizado como zona colonial, invisibilizada pela linha abissal, onde as conceções de direitos e legalidade não se aplicam. Com base nestas conceções abissais de epistemologia e legalidade, a universalidade da tensão entre a regulação e a emancipação, aplicada deste lado da linha, não entra em contradição com a tensão entre apropriação e violência aplicada do outro lado da linha.

Para reconhecermos o vínculo de sentido entre a as humanidades emergentes, as humanidades pós-abissais, e naturezas não humanas, temos de entender que a universalidade dos direitos humanos conviveu sempre com a ideia de uma "deficiência" originária da humanidade, a ideia de que nem todos os seres com um fenótipo humano são plenamente humanos e não devem por isso beneficiar do estatuto e da dignidade conferidos à humanidade. De outro modo, não poderíamos entender a ambiguidade de Voltaire sobre a questão da escravatura ou o facto de o grande teorizador dos direitos humanos da modernidade, John Locke, ter feito fortuna à custa do comércio de escravos. É possível defender a liberdade e a igualdade de todos os cidadãos, e, ao mesmo tempo, a escravatura porque subjacente aos direitos humanos está a linha abissal que referi acima por via da qual é possível definir quem é verdadeiramente humano e é, por isso, sujeito de direitos humanos e quem o não é e, por isso, não tem esses direitos. Esta é a inversão dos direitos humanos, aliás, brilhantemente analisada por Franz Hinkelammert (2004): o caráter supostamente originário dos direitos humanos assenta na negação da humanidade imposta a certos grupos de seres humanos. Como fica bem demonstrado no limitado alcance das declarações que no final do século XVIII proclamaram os direitos inalienáveis de todos os homens (ver, por exemplo, Hunt, 2007), a exclusão de humanos subjaz ao conceito moderno de humanidade. A conceção ocidental, patriarcal, capitalista e colonialista da humanidade não é pensável sem o conceito de sub-humanidade. Ontem como hoje, mesmo que sob formas distintas.

Do caráter seletivo das atribuições de humanidade, estrutural nos direitos humanos de raiz ocidental, decorre igualmente o limite posto a um alargamento: é que mesmo quando imaginaram incluir todos os humanos, os direitos humanos convencionais sempre imaginaram não acolher mais do que os humanos. Os sujeitos modernos de direitos são exclusivamente os humanos. Ao contrário, para outras gramáticas de dignidade, os humanos estão integrados em entidades mais amplas – a ordem cósmica, a natureza – que, se não forem protegidas, de pouco valerá a proteção concedida aos humanos. Disto mesmo nos fala Marisol de la Cadena (2015) quando analisa a rica e complexa relação de interdependência estabelecida na cosmologia e ecologia andinas com as entidades não humanas, os "seres-terra".

A perspetiva que percebe a ideia ocidental de natureza como um "localismo globalizado"[7] (Santos, 2001: 71) revela o caráter singular da conceção de humano dominante na modernidade eurocêntrica, constituída numa extraordinária disjunção entre o sentido da existência humana e a ordem cósmica e natural.[8] De facto, o pensamento ocidental cartesiano sobre

7 O localismo globalizado "consiste no processo pelo qual determinado fenómeno local é globalizado com sucesso, seja a actividade mundial das multinacionais, a transformação da língua inglesa em língua franca, a globalização do *fast food* americano ou da sua música popular, ou a adopção mundial das mesmas leis de propriedade intelectual, de patentes ou de telecomunicações promovida agressivamente pelos EUA. Neste modo de produção de globalização o que se globaliza é o vencedor de uma luta pela apropriação ou valorização de recursos ou pelo reconhecimento da diferença. A vitória traduz-se na faculdade de ditar os termos da integração, da competição e da inclusão. No caso do reconhecimento da diferença, o localismo globalizado implica a conversão da diferença vitoriosa em condição universal e a consequente exclusão ou inclusão subalterna de diferenças alternativas" (SANTOS, 2001: 71).

8 A própria noção de um "indivíduo biológico" é passível de ser problematizável, na própria ciência moderna ocidental, à luz das vitais relações simbióticas que as plantas

a natureza é tão dominante quanto excecional. Todas as culturas com que a expansão colonial europeia se encontrou a partir do século XVI tinham da natureza uma conceção mais próxima da de Baruch Espinosa (1632–1677), a natureza como ser vivo (a *natura naturans,* em latim, por oposição à *natura naturata*) a que pertencemos e cujo bem-estar é condição do nosso próprio bem-estar; a natureza não nos pertence, nós é que pertencemos à natureza. Esta visão de Espinosa, em que deus e a natureza são coextensivos, *Deus sive Natura*, foi sujeita à Inquisição sob acusações de panteísmo. A conceção que prevaleceu na modernidade eurocêntrica é a de Descartes, a natureza como *res extensa*¸ uma natureza-coisa, marcada pelo dualismo cartesiano, despojada de subjetividade e de sentido espiritual. Não sendo a modernidade ocidental monolítica nas suas ontologias, a conquista colonial teve o efeito de reduzir ou mesmo eliminar a diversidade interna da modernidade ocidental. Todas as conceções de modernidade ocidental que não serviam a conquista foram colocadas de lado ou eliminadas; foi pela mesma razão que Pascal, Montaigne e Espinosa foram eliminados. Não eram benéficos para os missionários nem para a conquista. Não admira, pois, que a conceção de direitos humanos que se pretendia universal fosse, na verdade, muito particular. E esse caráter particular torna-se muito evidente quando se confronta com outras conceções de dignidade e de natureza. Trata-se, pois, de perceber as diferenças culturais no modo como as diferentes populações concebem relações com a natureza, com o tempo e com o transcendente em termos próximos das "ontologias políticas" (ver, por exemplo, Blaser, 2013; Cadena, 2015; Escobar, 2016), através das quais são analisadas "as estratégias políticas para defender ou recrear os mundos que mantêm importantes dimensões comunais, particularmente da perspetiva das múltiplas lutas territoriais do presente" (Escobar, 2017: 1616–1620).

A dicotomia ocidental natureza-sociedade esconde uma hierarquia nos termos da qual tudo o que é natural ou está mais próximo da natureza é considerado inferior, falho de cultura e de conhecimento válido. No entanto, o que a realidade recente insiste em nos mostrar é que só poderemos salvar o planeta e preservar a vida digna se nos dispusermos a aprender com os conhecimentos excluídos e oprimidos. Graças à luta das populações mais excluídas pelo desenvolvimento capitalista (povos indígenas, afrodescendentes, mulheres, camponeses), está a emergir uma nova geração de direitos humanos centrada na ideia de que seres não humanos, mas essenciais à vida

e animais mantêm com uma infinidade de micro-organismos vitais aos processos metabólicos e às funções fisiológicas (ver, por exemplo, GILBERT *et al.*, 2012).

dos humanos, têm direitos em nome próprio, com uma lógica específica e uma abrangência mais ampla do que a dos seres humanos, sejam eles indivíduos ou coletividades. Pelo seu âmbito, pode considerar-se pioneiro neste domínio o artigo 71 da Constituição do Equador de 2008, um artigo vinculado à filosofia da natureza dos povos indígenas. Para os povos andinos, a natureza, longe de ser um recurso natural incondicionalmente disponível e apropriável, é a terra mãe (*pachamama* em quéchua), origem e fundamento da vida e, por isso mesmo, centro de toda a ética de cuidado. Diz o art.º 71:

> A natureza, ou Pacha Mama, onde se cria e realiza a vida, tem direito a que lhe seja integralmente respeitada a existência, a manutenção e regeneração dos seus ciclos vitais, bem como a sua estrutura, funções e processos evolutivos. Qualquer pessoa, comunidade, povo ou nacionalidade poderá exigir das autoridades públicas o cumprimento dos direitos da natureza. Os procedimentos para interpretar e aplicar tais direitos estarão de acordo com os princípios estabelecidos pela Constituição. O Estado incentivará as pessoas naturais e jurídicas, e bem assim os coletivos, a protegeram a natureza, e promoverá o respeito por todos os elementos que constituem um ecossistema.[9]

Do mesmo modo, a mesma Constituição do Equador inclui o conceito de *Sumak kawsay*, uma expressão quéchua correspondente ao castelhano *buena vida* (boa vida, bom viver). O mesmo se passa com a Constituição da Bolívia, de 2009, que inclui os conceitos de *pachamama* e que, no seu art.º 8, faz referência ao *suma qamaña* (palavra aimará para designar o castelhano *vivir bien*).[10]

Trata-se de um exemplo de grande alcance do que designo por "sociologia das emergências" (Santos, 2006). É sabido que este preceito constitucional tem sido sistematicamente desrespeitado na última década em nome do objetivo de sempre (desde o século XVII): os imperativos do desenvolvimento capitalista. Trata-se, no entanto, de uma inovação jurídica e constitucional que está inscrita na luta da humanidade porque corresponde a um espírito do tempo insurgente, anticapitalista, anticolonialista e antipatriarcal que está a emergir nas margens das ideias e políticas dominantes, e que vai aflorando noutros lugares e noutros contextos.

9 Disponível em: <https://www.asambleanacional.gob.ec/sites/default/files/documents/old/constitucion_de_bolsillo.pdf>.

10 Existe hoje uma vasta bibliografia sobre o conceito de *sumak kawsay*. Ver, entre outros, Chancosa (2010), Gudynas (2011: 441–447), Walsh (2010: 15–21), Tortosa (2011), Acosta (2013: 61–86; 2014: 93–122), Giraldo (2014), Hidalgo Capitán *et. al.* (2014: 17–21), Unceta (2014: 59–92) e Waldmüller (2014).

O caso mais recente e notável é o da concessão de direitos humanos ao rio Whanganui (também chamado Te Awa Tupua), um rio sagrado para os povos indígenas Maori da Nova Zelândia porque considerado seu antepassado. Ao fim de 140 anos de negociações, o rio é reconhecido pelo Estado como uma entidade viva que deve ser protegida de modo a garantir a continuidade da sua existência em plenitude. O ministro que conduziu as negociações, "as mais longas da história da Nova Zelândia", afirmou no final delas: "Te Awa Tupua terá a sua própria identidade jurídica, com todos os direitos, deveres e responsabilidades de qualquer pessoa jurídica".

Reconhecendo a inovação jurídica e política, o ministro acrescentou: "A decisão de conceder personalidade jurídica a um rio é singular [...] e conforme à conceção que os iwi têm do rio Whanganui, desde sempre reconhecendo Te Awa Tupua nas suas tradições, costumes e práticas". Este reconhecimento de um pluralismo jurídico e da necessidade de tradução intercultural entre várias conceções de direito constituindo um ser vivo enquanto titular de direitos não é uma mera declaração vazia, como de algum modo acabou por acontecer com o art.º 71 da Constituição do Equador. Pelo contrário, os acordos incluíram uma indemnização ao povo Maori pelos danos causados ao rio, no valor de 80 milhões de dólares neozelandeses, e 1 milhão para estabelecer o quadro legal do rio. Como tem sido notado, a decisão de atribuir personalidade jurídica ao rio Whanganui reconhece as injustiças da história colonial da Nova Zelândia, estabelece um pluralismo legal face à herança do direito colonial e pode ser um instrumento valioso no enfrentamento dos desafios ambientais que resultam da exploração de recursos (Charpleix, 2017; Rodgers, 2017). Por outro lado, por contraponto, expõe como

> os fundamentos ontológicos das abordagens ocidentais ao direito, à sociedade e à geografia, se baseiam na hierarquia natureza/cultura em que os humanos têm assumido supremacia e em que o ambiente natural é percebido através de uma ótica utilitária, centrada em recursos e economicista. (Charpleix, 2017: 27)

Poucos meses depois, e com base nos mesmos argumentos, a Nova Zelândia concedeu personalidade jurídica e direitos humanos autónomos à montanha Taranaki. Nos termos da lei,

> as oito tribos Maori locais e o governo serão os guardiães da montanha sagrada [...] num reconhecimento da relação dos povos indígenas com a montanha, que eles consideram um antepassado e membro da família.

O novo estatuto jurídico da montanha implica que qualquer abuso ou dano causado à montanha é considerado um abuso ou dano à própria tribo.[11]

Longe de ser uma idiossincrasia neozelandesa, também na Índia[12] (ver, por exemplo, O'Donnell, 2017) e noutros países estão a surgir lutas jurídicas para conceder estatuto de ser vivente e titular de direitos humanos a entidades não humanas, consideradas pela cultura ocidental como parte do mundo natural,[13] *Res extensa*, na terminologia de Descartes.

Esta inovação de legalidade intercultural não poderia deixar de provocar a resistência de políticos conservadores e de juristas. Um dos políticos da oposição interpelou a primeira-ministra neozelandesa com sarcástica ironia: não será absurdo atribuir personalidade jurídica e direitos humanos a algo que não tem cabeça, nem membros nem sexo? A resposta não se fez esperar: "e uma empresa ou corporação tem cabeça, membros e sexo?" Mas a resistência está longe de resultar apenas de conceções convencionais do direito e da natureza. Esta nova geração pós-humana de direitos humanos altera completamente os termos e os montantes de indemnização a pagar por danos causados ao bem-estar destes seres vivos agora titulares independentes de direitos. Por exemplo, a indemnização a pagar por uma empresa que contamina um rio não se pode limitar ao valor do peixe que se deixou de poder pescar porque o rio morreu. Tem de envolver a restauração de todos os ecossistemas ligados ao rio e suas margens, e com isso a indemnização a pagar aumenta exponencialmente. Já em 1944, Karl Polanyi (2012) demonstrava no seu livro *Grande transformação* que as empresas capitalistas que causam danos irreparáveis à natureza seriam inviáveis financeiramente se tivessem de indemnizar adequadamente.

No seu conjunto, estas inovações apontam para um projeto de sociedade que segue caminhos muito diversos daqueles seguidos pelas economias capitalistas, dependentes e extrativistas. Estas cosmovisões privilegiam um

[11] *The Guardian*, de 22.12.2017. Disponível em: <https://www.theguardian.com/world/2017/dec/22/new-zealand-gives-mount-taranaki-same-legal-rights-as-a-person>.

[12] A abertura legal na Índia, entretanto revertida pelo Supremo Tribunal, resultou de uma decisão do tribunal superior de Uttarakhand, datada de março de 2017, segundo a qual eram atribuídos direitos legais aos rios Ganges e Yamuna e aos glaciares Gangotri e Yamunotri. À luz desta decisão, aos referidos rios e glaciares deveria ser conferido o estatuto legal de menores legais, sendo atribuída a correspondentes tutela a diversos indivíduos no Estado de Uttarakhand.

[13] No mesmo sentido, cabe considerar o modo como Godfrey Museka e Manasa Madondo (2012) dão conta, no contexto da África austral, da potência de uma pedagogia ambiental ancorada na cosmologia Shona/Ndebele e nos valores da filosofia ubuntu.

modelo de economia social (ACOSTA, 2009: 20; LEÓN, 2009: 65) baseado numa relação harmoniosa com a natureza. Na formulação de Gudynas (2009: 39), a natureza deixa de ser capital natural para se tornar um património natural. Esta perspetiva não impede a economia capitalista de ser aceite, mas opõe-se a que as relações capitalistas globais determinem a lógica e o ritmo da transformação. A complexidade destes novos direitos reside no facto de que mobilizam não apenas diferentes identidades culturais e cosmogonias, mas também novas economias políticas fortemente ancoradas no controlo dos recursos naturais.

Conclusão

A articulação entre os diferentes fatores de crise do presente deverá levar urgentemente à articulação entre os movimentos sociais que lutam contra eles. É um processo lento em que o peso da história de cada movimento conta mais do que devia, mas são já visíveis articulações entre lutas pelos direitos humanos, soberania alimentar, contra os agrotóxicos, contra os transgénicos, contra a impunidade da violência no campo, contra a especulação financeira com produtos alimentares, pela reforma agrária, direitos da natureza, direitos ambientais, direitos indígenas e quilombolas, direito à cidade, direito à saúde, economia solidária, agroecologia, taxação das transações financeiras internacionais, educação popular, saúde coletiva, regulação dos mercados financeiros, etc.

A atribuição de direitos humanos a um rio ou o reconhecimento constitucional dos direitos da natureza constituem formas de valorização de povos e lutas cujos saberes representam exterioridades críticas aos valores modernos eurocêntricos, que estão na base dos direitos humanos convencionais, ao encontro de dignidades pós-abissais alicerçadas na relação com a natureza e com o cosmos. No quadro de uma resistência ao desenvolvimentismo extrativista de matriz colonial e neoliberal, representam igualmente um diálogo perspicaz com a centralidade que a linguagem dos direitos adquiriu nas gramáticas de dignidade de origem eurocêntrica. De facto, focando as emergências constitucionais da América Latina como exemplo, a ideia dos direitos da natureza/*pachamama* é em si uma conceção intercultural. Na cosmovisão indígena, *pachamama* é a provedora e protetora da vida. Portanto, faz tão pouco sentido falar dos direitos da natureza como dos direitos de Deus na cosmovisão cristã. "Direitos da natureza" é um híbrido que articula a conceção eurocêntrica de direitos com a conceção indígena de natureza. Trata-se, a meu ver, de uma contribuição para fazer face à perda de substantivos críticos na teoria eurocêntrica que tenho defendido no meu trabalho anterior (SANTOS, 2014: 33–34).

O reconhecimento dos direitos da natureza não humana é, nas primeiras décadas do século XXI, um dos exemplos mais instrutivos de dois procedimentos que se encontram na base das epistemologias do Sul, a ecologia dos saberes e a tradução intercultural. A ecologia dos saberes parte da ideia de que as diferentes formas de saber são incompletas de diferentes modos e que a criação de consciência acerca dessa incompletude recíproca é a pré-condição para que se alcance a justiça cognitiva. A tradução intercultural é a alternativa tanto ao universalismo abstrato na base das teorias gerais eurocêntricas como à ideia da incomensurabilidade entre culturas. O trabalho de tradução tanto pode ocorrer entre saberes hegemónicos e saberes não-hegemónicos como pode ocorrer entre diferentes saberes não-hegemónicos. A importância deste último trabalho de tradução reside em que só através da inteligibilidade recíproca e consequente possibilidade de agregação entre saberes não-hegemónicos é possível construir a contra-hegemonia. A tradução intercultural pressupõe a existência de diferenças culturais, mas não a polaridade entre entidades pristinas, incontaminadas. O facto de as conceções, cosmovisões ou filosofias indígenas serem reconhecidas por um documento hipermoderno (a constituição política de um país) é em si uma expressão de tradução intercultural entre saberes ancestrais orais e o saber eurocêntrico escrito. Estamos perante formas de hibridação criadoras de novos fenómenos que não podem ser reduzidos às partes que os compõem. Esta perspetiva pragmática, não essencialista que visa fortalecer as lutas sociais abre novas possibilidades para a tradução intercultural, envolvendo lutas e movimentos de diferentes partes do mundo. Emerge uma possibilidade de mudança paradigmática que nos permite passar de uma visão antropocêntrica para uma conceção biocêntrica dos direitos humanos, à luz de ontologias e cosmogonias colonizadas, longamente desqualificadas. Nada pode fazer mais sentido na medida em que vivemos num mundo que nos coloca problemas modernos para os quais não há soluções modernas. A partir de conceções de humanidade que têm tanto de emergências como de ancestralidades, recolhemos um sinal de futuro para a mais que urgente reconstrução intercultural e pós-abissal dos direitos humanos.

Referências bibliográficas

Acosta, Alberto (2009), "Siempre más democracia, nunca menos", *in* Alberto Acosta e Esperanza Martínez (orgs.), *El Buen Vivir: una vía para el desarrollo.* Quito: Abya-Yala, 19–30. Disponível em: <http://base.socioeco.org/docs/acosta-martinez-el_buen_vivir.pdf>.

Acosta, Alberto (2013), "Extractivism and neoextractism: two sides of the same curse", *in* Miriam Lang e Dunia Mokrani (orgs.), *Beyond Development. Alternative Visions from Latin America*. Quito: Fundación Rosa Luxemburg, 61–86. Disponível em: <https://www.tni.org/files/download/beyonddevelopment_complete.pdf>.

Acosta, Alberto (2014), "Post-crecimiento y post-extractivismo: dos caras de la misma transformación cultural", *in* Gustavo Endara (org.), *Post–Crecimiento y Buen Vivir. Propuestas globales para la construcción de sociedades equitativas y sustentables*. Quito: Friedrich Ebert Stiftung (FES-ILDIS), 93–122.

Blaser, Mario (2013), "Ontological Conflicts and the Stories of Peoples in Spite of Europe: Towards a Conversation on Political Ontology", *Current Anthropology*, 54(5), 547–568. DOI: <https://doi.org/10.1086/672270>.

Burke, Roland (2010), *Decolonization and the Evolution of International Human Rights*. Philadelphia: University of Pennsylvania Press.

Cadena, Marisol de la (2015), *Earth beings: ecologies of practice across Andean worlds*. Durham, NC: Duke University Press.

Chancosa, Blanca (2010), "Sumak Kawsay desde la visión de la mujer", *in* Antonio Hidalgo-Capitán, Alejandro Guillén e Nancy Deleg (orgs.), *Sumak Kawsay Yuyay: Antología del Pensamiento Indigenista Ecuatoriano sobre Sumak Kawsay*. Huelva e Cuenca: FIUCUHU, 221–227. Disponível em: <http://dspace.ucuenca.edu.ec/bitstream/123456789/21745/1/Libro%20Sumak%20Kawsay%20Yuyay.pdf>.

Charpleix, Liz (2017), "The Whanganui River as Te Awa Tupua: Place-based law in a legally pluralistic society", *The Geographical Journal*, 184(1), 19–30. DOI: <https://doi.org/10.1111/geoj.12238>.

Escobar, Arturo (1995), *Encountering development: the making and unmaking of the Third World*. Princeton, NJ: Princeton University Press.

Escobar, Arturo (2016), "*Sentipensar* con la Tierra: Las Luchas Territoriales y la Dimensión Ontológica de las Epistemologías del Sur", *Revista de Antropología Iberoamericana*, 11(1), 11–32. DOI: <https://doi.org/10.11156/aibr.110102>.

Escobar, Arturo (2017), *Designs for the Pluriverse: Radical Interdependence, Autonomy, and the Making of Worlds (New Ecologies for the Twenty-First Century)*. Durham, NC: Duke University Press [versão Kindle].

Gilbert, Scott F.; Sapp, Jan; Tauber, Alfred I. (2012), "A Symbiotic View of Life: We Have Never Been Individuals," *The Quarterly Review of Biology*. 87(4), 325–341. DOI: <https://doi.org/10.1086/668166>.

Giraldo, Omar (2014), *Utopías en la era de la supervivencia. Una interpretación del buen vivir*. México: Editorial Ítaca, Universidad Autónoma de Chapingo.

Gudynas, Eduardo (2009), *El mandato ecológico. Derechos de la Naturaleza y políticas ambientales en la nueva Constitución*. Quito: Abya Yala.

Gudynas, Eduardo (2011), "Buen Vivir: Today's tomorrow", *Development*, 54(4), 441–447. DOI: <https://doi.org/10.1057/dev.2011.86>.

Hidalgo-Capitán, Antonio; Guillén, Alejandro; Deleg, Nancy (2014), "El indigenismo ecuatoriano y el *Sumak Kawsay*: entre el buen salvaje y la paja del páramo", *in* Antonio Hidalgo-Capitán, Alejandro Guillén e Nancy Deleg (orgs.), *Sumak Kawsay Yuyay: Antología del Pensamiento Indigenista Ecuatoriano sobre Sumak Kawsay*. Huelva e Cuenca: FIUCUHU, 17–21. Disponível em: <http://dspace.ucuenca.edu.ec/bitstream/123456789/21745/1/Libro%20Sumak%20Kawsay%20Yuyay.pdf>.

Hinkelammert, Franz (2004), *Crítica de la Razón Utópica*. Bilbao: Desclée de Brouwer.

Hunt, Lynn (2007), *Inventing human rights: a history*. Nova Iorque: W.W. Norton.

Klein, Naomi (2014), *This changes everything: capitalism vs. The Climate*. Nova Iorque: Alfred A. Knopf Canada.

Léon, Irene (org.) (2009), *Sumak Kawsay/Buen Vivir y cambios civilizatorios*. Quito: FEDAEPS.

Moyn, Samuel (2010), *The last utopia: human rights in history*. Cambridge, MA: Belknap Press of Harvard University Press.

Museka, Godfrey; Madondo, Manasa Munashe (2012), "The quest for a relevant environmental pedagogy in the African context: Insights from unhu/ubuntu philosophy", *Journal of Ecology and the Natural Environment*, 4(10), 258–265. Disponível em: <https://academicjournals.org/journal/JENE/article-stat/8802CA611407>.

O'Donnell, Erin L. (2017), "At the Intersection of the Sacred and the Legal: Rights for Nature in Uttarakhand, India", *Journal of Environmental Law*, 30(1), 135–144. DOI: <https://doi.org/10.1093/jel/eqx026>.

Polanyi, Karl Paul (2012), *A Grande Transformação: as origens políticas e económicas do nosso tempo*. Lisboa: Edições 70.

Rodgers, Christopher (2017), "A new approach to protecting ecosystems: The Te Awa Tupua (Whanganui River Claims Settlement) Act 2017", *Environmental Law Review*, 19(4), 266–279. DOI: <https://doi.org/10.1177/1461452917744909>.

Rodríguez Garavito, César (org.), (2015), *Human Rights in Minefields. Extractive Economies, Environmental Conflicts, and Social Justice in the Global South*. Bogotá: Dejusticia. Disponível em: <https://www.dejusticia.org/en/publication/human-rights-in-minesfields/>.

Sánchez, Beatriz Eugenia (2001), "El reto del Multiculturalismo jurídico. La justicia de la sociedad mayor y la justicia indígena", *in* Boaventura de Sousa Santos e Mauricio Garcia Villegas (orgs.), *El Caleidoscopio de las Justicias en Colombia*, Tomo II. Bogotá: Ediciones Uniandes, 5–142.

Santos, Boaventura de Sousa (1999), "Towards a Multicultural Conception of Human Rights", *in* Mike Featherstone e Scott Lash (orgs.), *Spaces of Culture: City, Nation, World*. Londres: Sage, 214–229. DOI: <https://doi.org/10.4135/9781446218723.n12>.

Santos, Boaventura de Sousa (2001), "Os Processos de Globalização: Introdução", *in* Boaventura de Sousa Santos (org.), *Globalização: Fatalidade ou Utopia?* Porto: Afrontamento.

Santos, Boaventura de Sousa (2006), *A gramática do tempo: para uma nova cultura política*. Porto: Afrontamento.

Santos, Boaventura de Sousa (2007), "Beyond abyssal thinking: From global lines to ecologies of knowledges", *Review (Fernand Braudel Center)*, 30(1), 45–89. JSTOR: <http://www.jstor.org/stable/40241677>.

Santos, Boaventura de Sousa (2014), *Epistemologies of the South: Justice Against Epistemicide*. Boulder, CO: Paradigm Publishers.

Santos, Boaventura de Sousa (2015), *If God were a human rights activist*. Stanford, CA: Stanford University Press.

Santos, Boaventura de Sousa; Rodríguez Garavito, César (2005), "Law, politics, and the subaltern in counter-hegemonic globalization", *in* Boaventura de Sousa Santos e César Rodríguez Garavito (orgs.), *Law and Globalization from Below: Towards a Cosmopolitan Legality*. Cambridge: Cambridge University Press, 1–26.

Terretta, Meredith (2012), "'We had been fooled into thinking that the UN watches over the entire world': human rights, UN trust territories, and Africa's decolonization", *Human Rights Quarterly*, 34(2), 329–360. DOI: <https://doi.org/10.1353/hrq.2012.0022>.

Tortosa, José (2011), *Maldesarrollo y mal vivir: pobreza y violencia a escala mundial*. Quito: Abya-Yala.

Unceta, Koldo (2014), "Post crecimiento y desmercantilización. Propuestas para el Buen vivir", *in* Gustavo Endara (org.), *Post-Crecimiento y Buen Vivir: Propuestas globales para la construcción de sociedades equitativas y sustentables*. Quito: Friedrich Ebert Stiftung (FES-ILDIS).

Waldmüller, Johannes (2014), "Buen Vivir, Sumak Kawsay, 'Good Living': An Introduction and Overview", *Alternautas*, 1(1), 17–28. Consultado a 5.12.2017. Disponível em: <http://www.alternautas.net/blog/2014/5/14/buen-vivir-sumak-kawsay-good-living-an-introduction-and-overview>.

Walsh, Catherine (2010), "Development as *Buen Vivir*: Institutional arrangements and (de)colonial entanglements", *Development*, 53(1), 15–21. DOI: <https://doi.org/10.1057/dev.2009.93>.

CAPÍTULO 2

"Um ser que não foi feito para sofrer": da diferença do humano e das diferenças dos humanos

João Arriscado Nunes

A dominação hegemónica assenta
na naturalização do sofrimento humano
enquanto fatalidade ou necessidade.
Boaventura de Sousa Santos (2014a: 225)

Introdução

No início do século XXI, a tensão entre a afirmação de uma humanidade comum como protagonista dos direitos humanos e a recorrente criação de novas discriminações e exclusões que negam essa pertença comum à humanidade continua a marcar os debates em torno das conceções da dignidade humana e do que significa ser humano, reiterando, em diferentes versões, o problema de como afirmar, simultaneamente, a igualdade e o reconhecimento da diferença (Santos, 2004). A dignidade humana é pronunciada e afirmada em idiomas e gramáticas diferentes, que não se reconhecem na linguagem dos direitos em que se plasma a conceção ocidental dos direitos humanos, ou que apresentam modulações particulares desta. Um desses idiomas é o do humanitarismo.

Neste capítulo, seguindo uma pista apontada por Françoise Vergès (2001), procura-se, num primeiro momento, identificar no humanitarismo atual os traços do legado dos movimentos que, no século XIX, lutavam pela abolição da escravatura, com fortes vinculações a diferentes confissões e correntes religiosas. Esse legado contribui para elucidar o modo como o humanitarismo, nas diferentes formas que assumiu ao longo da sua história, se caracteriza por formas de produção de diferenças entre humanos que correspondem a uma distribuição de atributos de humanidade a partir da alegação de uma experiência comum do sofrimento. Nas suas versões recentes, a delegação na medicina da tarefa de responder a um sofrimento identificável com a ameaça à integridade e à vida de corpos define uma gramática das atribuições de humanidade legitimada por uma certa forma de saber e de prática – a medicina –, e estabelecendo uma "hierarquia do sofrimento" que define urgências e prioridades (Farmer, 2005: 29–30), uma versão secularizada das orientações humanitárias herdadas do século XIX ou vinculadas a diferentes conceções teológicas do sofrimento e do cuidado (Santos, 2014a). A partir dessa exploração, propõe-se um outro olhar sobre o sofrimento, construído a partir das epistemologias do Sul e com uma passagem por Fanon, que reconhece a sua condição de experiência comum, mas também as diferentes formas como se sofre, não enquanto fatalidade ou necessidade, mas como resultado de formas distintas e mutuamente constituídas de opressão, e como elas são nomeadas, narradas e enfrentadas quando se encontram "o sofrimento humano injusto e o *pathos* da vontade de a ele resistir" (Santos, 2014a: 225).

Na cosmovisão europeia em que se funda a formulação dos direitos humanos, no século XVIII, os homens nascem livres e iguais. O ser humano autónomo e dotado de razão é reconhecido como o sujeito desses direitos. Mas esta conceção é marcada, desde a sua origem, pelas exclusões de uma parte da humanidade dessa condição de sujeitos de direitos. Às mulheres, às crianças, aos escravos, aos povos colonizados, àqueles que são declarados como privados da capacidade para a autonomia e a razão, essa igualdade criada pelo nascimento foi negada ou condicionada. O século XX trouxe o reconhecimento da humanidade de muitas das pessoas, grupos ou comunidades excluídas, e chegou mesmo a suscitar a discussão sobre a ampliação dos direitos humanos a entidades não-humanas. Mas esse reconhecimento resultou, invariavelmente, de prolongadas e duras lutas.

Desde a década de 1970, e também a partir do Ocidente, uma gramática da humanidade comum ganhou visibilidade e relevância. Essa gramática assenta matricialmente na ideia de uma humanidade definida pela pertença a uma espécie comum, unida por uma experiência partilhada, a do sofrimento inscrito nos corpos. As violações dos direitos humanos e da dignidade humana passam a ser expressas como ameaças à vida ou à integridade dos corpos sujeitos a violência ou sofrimento desnecessários. A resposta é a intervenção destinada a salvar vidas e aliviar o sofrimento, suspendendo a referência às diferenças e desigualdades, para tratar cada ser humano como um ser vulnerável ao sofrimento, ameaçado pela violência, seja ela decorrente da ação humana ou de desastres imputados à natureza.

As suas manifestações exemplares são as operações das organizações dedicadas à medicina humanitária de emergência, configurando um regime de cuidado particular, baseado numa distinção explícita entre quem sofre e quem cuida, e, mais recentemente, em distinções entre as vítimas inocentes de sofrimento desnecessário e os perpetradores das situações de violação da dignidade humana centrada na ameaça à integridade física e na privação de condições básicas de sobrevivência. Nessas operações, a linha abissal parece momentaneamente colocada em suspensão, num espaço circunscrito, cuja realização exemplar é o campo de refugiados.

Se, como nota Boaventura de Sousa Santos, a trivialização do sofrimento está ligada a uma "desclassificação e desorganização do corpo", que separa a "alma do corpo" e desvaloriza a "dimensão visceral do sofrimento, a sua marca visível de experiência vivida na carne" (Santos, 2014b: 103), a medicina humanitária parece resgatar essa dimensão vivida da experiência incorporada do sofrimento. Mas esta é agora mediada pelos saberes e práticas da medicina, sujeita, por isso, às limitações de um acesso ao sofrimento "constituído por distância epistemológicas (sujeito/objecto), categoriais e profissionais" (Santos, 2014b: 104). Um dos seus efeitos é o de, através dessas intervenções, (re)criar divisões e separações que redistribuem atributos e capacidades, traçando novas linhas visíveis – pela organização espacial e material das intervenções e pelos espaços que estas criam – e invisíveis – por exemplo, através da suspensão da referência à experiência existencial e formas de sociabilidade daquelas e daqueles que são objeto de assistência –, instituindo e reproduzindo as separações e exclusões que perpetuam a divisão abissal entre sociabilidades metropolitanas e coloniais, e entre sujeitos e objetos de direitos humanos (Santos, 2014a).

Como sofrem os humanos? Uma genealogia do humanitarismo

"Um ser que não foi feito para sofrer": Rony Brauman, um dos líderes históricos da organização Médicos Sem Fronteiras, afirmava assim, numa entrevista, a razão do compromisso da sua organização, e da forma de humanitarismo que protagoniza, como alívio do "sofrimento desnecessário" (Brauman, 2004). Nesta declaração, a humanidade, enquanto espécie, aparece exposta a formas de sofrimento que exigem resposta pela intervenção em situações em que a vida ou a integridade física de seres humanos se encontra em perigo iminente. A intervenção humanitária, porém, exige escolhas entre o sofrimento que, em determinado momento, merece uma resposta e aquele que é excluído dessa resposta. Algumas situações de sofrimento merecem respostas de urgência. Outras exigem respostas a médio ou longo prazo. Outras, ainda, são secundarizadas ou invisibilizadas, muitas vezes pela dificuldade ou incapacidade de a elas responder. Algumas dessas situações, como mostra (neste volume) Bruno Sena Martins para o desastre de Bhopal e as suas consequências, concentram formas extremas e duráveis, que persistem por gerações, de sofrimento causado pela confluência das opressões capitalista, colonial e patriarcal. Mas a intervenção humanitária é frequentemente o outro lado da intervenção militar, também ela realizada em nome da defesa da dignidade humana, gerando contudo mais sofrimento e eliminação de seres humanos (James, 2010). A humanidade "que não foi feita para sofrer" inclui, de facto, várias humanidades, diferentes na definição do que conta como o sofrimento que merece intervenção urgente. Como sublinha Paul Farmer, "a capacidade de sofrer é, claramente, uma parte do que é ser humano. Mas nem todo o sofrimento é equivalente" (2005: 50). E nem todas as vidas, confrontadas com o sofrimento, são tratadas com a mesma dignidade e reconhecimento, mesmo na morte (Butler, 2004, 2010).

Manifestam-se, aqui, as tensões que perpassam a genealogia do humanitarismo contemporâneo. Estas são indissociáveis do que Maldonado-Torres descreve (neste volume) como o processo de secularização que enforma a conceção moderna e ocidental dos direitos humanos. Essas tensões remetem para as que marcaram iniciativas e campanhas como as que foram conduzidas no século XIX pela abolição da escravatura, mas também as discussões sobre as diferenças entre "civilizados" e "selvagens", as origens da espécie humana e as diferenças entre raças, que alimentaram o que veio a ser designado, a partir das décadas finais do século XIX, de racismo científico. Para os defensores da abolição, o sofrimento era considerado como marca da humanidade e dignidade das pessoas submetidas à escravatura. Mas não qualquer sofrimento. Como acontecia com a pobreza, aqueles que sofriam podiam ser merecedores ou não da atenção e do cuidado desses movimentos. O escravo violento e revoltado – como os que haviam proclamado unilateralmente a abolição da escravatura no Haiti (então parte da colónia francesa de Saint-Domingue) nos anos finais do século XVIII, apropriando os princípios proclamados pela Revolução em curso na metrópole francesa, e que viriam a proclamar a primeira nação independente governada por escravos e descendentes de escravos – era comparado com a figura pacífica e merecedora de reconhecimento dos émulos de Pai Tomás, figura exemplar do sofrimento "merecedor" ou "legitimador" da atenção dos defensores da abolição da escravatura (Vergès, 2001; Desmond e Moore, 2009).

Charles Darwin, em *The Descent of Man* – o livro publicado em 1871 em que explorava as implicações, para a origem e evolução da espécie humana, da sua conceção da evolução como descendência com modificação –, apresentou uma das primeiras discussões, apoiada numa exaustiva revisão do que sobre o tema havia sido publicado, dos méritos comparados das teses monocêntrica e policêntrica sobre a origem dos seres humanos e das suas diferenças, expressas nas características das várias raças humanas.

Darwin defendia vigorosamente, na base do conhecimento científico da época, que os seres humanos constituíam uma única espécie, um dos ramos de uma linhagem de grandes primatas, que se distinguiam das espécies próximas por características únicas que seriam, elas próprias, resultado do processo evolutivo. A segunda parte do mesmo livro era dedicada à discussão do que Darwin designava de seleção sexual, uma terceira forma de seleção, coexistindo com a seleção natural e a seleção artificial. Ambos os temas eram assunto de intensa controvérsia na sociedade vitoriana e as posições de Darwin viriam a ter considerável influência nas décadas seguintes, para além das polémicas iniciais que opunham evolucionistas e criacionistas.

O primeiro tema abriu um debate, que durou várias décadas, sobre a existência de diferentes subespécies de humanos, correspondentes a raças distintas, com características e capacidades diferenciadas, e que poderiam ser localizadas numa hierarquia caracterizada por posições em momentos distintos de um processo evolutivo do estado selvagem à civilização, um processo que teria culminado na afirmação da superioridade da raça branca. A obra de Darwin constituiu um dos primeiros momentos de crítica sistemática ao que mais tarde viria a ser designado de racismo científico. Às posições longamente apresentadas e discutidas por Darwin na primeira parte de *The Descent of Man* não era estranha a sua convicção de que todos os seres humanos eram membros de uma mesma espécie, sendo indiscutível a sua qualidade de humanos, sem exceções, independentemente das diferenças inscritas nos fenótipos que levavam à sua identificação com raças distintas. É esta convicção que encontramos também associada à oposição de Darwin à escravatura e ao seu apoio à causa abolicionista. Mas é importante notar que a existência de raças era, na época, aceite mesmo por aqueles que proclamavam a unicidade da espécie e as iguais capacidades de todo os seres humanos. O intelectual e político haitiano Anténor Firmin (1850–1911), escrevendo em 1885 sobre a "igualdade das raças", definia a Antropologia como "o estudo do homem do ponto de vista físico, intelectual e moral, *através das diferentes raças que constituem a espécie humana*" (Firmin, 1885: 15; itálico acrescentado). As diferenças entre raças eram consideradas, nessa perspetiva, como o resultado de processos evolutivos e históricos.

A discussão da diferença e da seleção sexual suscitou outro tipo de discussões, sendo saudada por movimentos feministas e sufragistas nos

Estados Unidos como a demonstração de que, como postulava a teoria da evolução, as mulheres não estavam condenadas a posições e papéis na sociedade fixados por uma natureza imutável ou por uma imposição do Criador (Hamlin, 2014). Na Inglaterra vitoriana, em contrapartida, a obra de Darwin apareceu como uma contribuição durável para a afirmação e consolidação das desigualdades entre os sexos e a legitimação da dominação patriarcal, assim como para a persistência, no próprio campo da biologia, de estereótipos heteropatriarcais (Roughgarden, 2005).

Uma questão abordada por Darwin na mesma obra tem sido raramente comentada, mas assume particular interesse para o tema aqui tratado. O Capítulo 4 do Livro I é dedicado ao "sentido moral" da espécie humana e à sua "origem e natureza". Segundo a visão de Darwin, este corresponde ao que revela o exame da "condição inicial e subdesenvolvida dessa faculdade na humanidade" (2004: 141). As virtudes consideradas mais importantes são reconhecidas entre os homens [*sic*] com uma existência rude quando procuram associar-se, mas são

> praticadas quase exclusivamente em relação aos homens da mesma tribo; e os seus opostos não são considerados como crimes em relação aos homens de outras tribos. Nenhuma tribo poderia manter-se unida se o assassínio, o roubo, a traição, etc., fossem comuns; consequentemente, dentro dos limites da mesma tribo, esses crimes "são marcados com infâmia eterna", mas não suscitam esses sentimentos para além desses limites. (Darwin, 2004: 141)

Darwin cita a seguir um conjunto de práticas, encontradas entre populações de diferentes regiões do mundo, consideradas como aceitáveis ou mesmo encorajadas e celebradas, como o escalpamento dos inimigos entre os povos nativos norte-americanos, a decapitação entre os Dayaks – população da ilha de Bornéu –, a prática comum do infanticídio, o suicídio entendido como um ato de coragem – e não como crime –, ou ainda a aprovação, como ato honroso, do assalto a estranhos.

A escravatura é longamente discutida, definida como um "grande crime", ainda que não tivesse sido considerada como tal em tempos passados "mesmo pelas nações mais civilizadas", e podendo mesmo ter sido "de alguma forma benéfica em tempos antigos" (Darwin, 2004: 141–142). A explicação estaria na pertença dos escravos, em geral, a raças diferentes das dos seus senhores. E acrescenta: "como os bárbaros não têm consideração pela opinião das suas mulheres, as esposas são geralmente tratadas como escravas".

A maioria dos "selvagens" – incluindo os negros, os índios norte-americanos e outros "primitivos" – seria indiferente ao sofrimento de estranhos, "ou deliciam-se mesmo em testemunhá-lo", uma afirmação corroborada pela observação de que as "mulheres e crianças dos índios norte-americanos ajudavam a torturar os seus inimigos", e acrescenta: "Alguns selvagens obtêm um horrendo prazer da crueldade para com animais, e a humanidade é uma virtude desconhecida" (Darwin, 2004: 142).

Mas, apesar destas manifestações de indiferença ao sofrimento e de prazer associado à crueldade,

> além do afeto familiar, a gentileza é comum, especialmente durante a doença, entre membros da mesma tribo, e por vezes é alargada para além dos limites desta. É bem conhecido o comovente relato de Mungo Park sobre a gentileza, para com ele, das mulheres negras do interior. Muitos exemplos poderiam ser dados da nobre fidelidade dos selvagens entre si, mas não para com estranhos; a experiência comum justifica a máxima dos espanhóis, "Nunca, nunca confies num Índio". Não pode haver fidelidade sem verdade; e não é rara esta virtude fundamental entre os membros da mesma tribo: Mungo Park ouviu as mulheres negras ensinar as jovens a amar a verdade. Mais uma vez, esta é uma das virtudes que se tornam tão profundamente enraizadas na mente que ela é por vezes praticada por selvagens em relação a estranhos, mesmo que o custo seja elevado; mas mentir ao inimigo raramente foi considerado um pecado, como a história da diplomacia mostra de maneira demasiado clara. A partir do momento em que uma tribo tem um chefe reconhecido, a desobediência torna-se um crime, e mesmo a submissão abjeta é olhada como uma virtude sagrada. (Darwin, 2004: 142)

Para Darwin, em suma, o sofrimento aceite voluntariamente para servir o bem-estar da tribo ou do grupo pode ser associado a uma virtude altamente valorizada, a coragem e a capacidade de sacrifício, mesmo quando, como diz Darwin acerca dos faquires indianos, tal decorre de um "tolo motivo religioso" (Darwin, 2004: 143).

Darwin conclui que

> as ações são consideradas pelos selvagens, e provavelmente eram assim consideradas pelo homem primitivo, como boas ou más somente na medida em que afetavam, de maneira óbvia, o bem-estar da tribo – não o da espécie, não o de um membro individual da tribo. Esta conclusão está de acordo com a crença de que o chamado senso moral deriva aboriginalmente dos instintos sociais, pois ambos se relacionam, inicialmente, de maneira exclusiva com a comunidade. (Darwin, 2004: 143)

Ou, como acrescenta mais adiante, por confinarem a simpatia à mesma tribo.

Mesmo considerando, então, a existência de uma única espécie humana, esta parece apresentar diferenças na relação com o sofrimento, tanto sentido como infligido, e com a capacidade de sentir simpatia por aqueles que não pertencem ao que Darwin chama a "tribo". Mas as mulheres negras, segundo testemunhos da época, seriam capazes da maior gentileza e de ensinar às suas crianças virtudes como o valor da verdade.

Contudo, a relação com o sofrimento e, em particular, a (in)capacidade de reconhecer o sofrimento de outros além da tribo, assim como a capacidade de infligir sofrimento cruel a inimigos, estranhos e animais, é explicitamente apontada como uma linha que separa os "selvagens" dos "civilizados".

Vale a pena contrastar a posição de Darwin com a que é defendida, na mesma época, por Anténor Firmin (1885), na sua já citada obra sobre a igualdade das raças. Firmin menciona – para logo a descartar – a ideia defendida por alguns de que

> a insensibilidade do negro é um carácter especial que o distingue da raça branca, do ponto de vista da sua constituição nervosa. Nada está menos demonstrado. Esse juízo terá sido formulado em relação a negros embrutecidos por um tratamento infernal e que se tornaram insensíveis por terem sido frequentemente flagelados. Outras vezes deparamos com verdadeira coragem, levando o orgulho e o estoicismo ao ponto de dominarem a dor e a roerem em silêncio para não passarem por cobardes. E muitas vezes será um caso de fanatismo ou de alguma forma de exaltação. (Firmin, 1885: 92)

Firmin (1885: 93–94) comenta estes casos comparando-os com exemplos históricos e da mitologia, com os exemplos dos mártires cristãos, e com os casos de homens negros que recusavam anestesia em intervenções cirúrgicas, procurando assim mostrar a sensibilidade ao sofrimento e à dor para além das diferenças de raça. Mas essa afirmação de uma sensibilidade comum à dor parece temperada, no caso dos homens negros, pela necessidade de afirmação de coragem e estoicismo, como desafio à sua inferiorização:

> Conheço muitos homens negros que mostraram uma coragem espantosa, durante operações cirúrgicas a que se submeteram sem anestesia, suportando as dores horríveis que lhes apertavam o coração apenas para não passarem por cobardes. Como o cirurgião pergunta sempre ao doente se pode ser submetido à operação sem o uso de anestésicos, eles julgariam estar a ceder, recuando perante a prova.

> Será talvez uma bravura tonta, mas que permite ver quão orgulhosa e corajosa é essa natureza do negro etíope, sempre preparado para tudo enfrentar de modo a inspirar uma ideia elevada de si mesmo. (Firmin, 1885: 94)

A questão das diferenças entre humanos tende, aqui, a deslocar-se para a dimensão moral, interferindo com as explicações assentes na diferença biológica, ela própria entendida, por Darwin e pela sua descendência intelectual, como diferença dentro de uma mesma espécie. Mas a ênfase no sentido moral e nas capacidades intelectuais virá a criar o novo solo sobre o qual, ao longo do século XX, irá edificar-se uma outra forma de afirmar as diferenças como hierarquia. Nestas, o sofrimento virá a ocupar um lugar peculiar.

O movimento abolicionista, como foi já notado, irá infletir noutro sentido a relação com o sofrimento. É na sua ação que tomará forma uma noção que assume um lugar central na política humanitária de finais do século XX, a de "sofrimento moralmente legítimo".

O "novo" humanitarismo e o sofrimento humano

O humanitarismo, inspirado inicialmente pela criação da Cruz Vermelha, no século XIX, assumiu um novo perfil e uma nova face a partir da década de 1970, através de uma posição que postulava passar por cima do respeito pela soberania dos Estados para responder a crises reconhecíveis pela ameaça à vida e à integridade física de populações ou grupos humanos, que exigiriam alguma forma de intervenção orientada para o alívio do sofrimento e para a necessidade de salvar vidas em perigo. Esta forma de ação seria legitimada pela referência aos direitos humanos, ainda que, por vezes, de maneira indireta. Alguns dos protagonistas desse novo humanitarismo, como Bernard Kouchner, um dos fundadores da organização Médicos Sem Fronteiras (a que voltaremos mais adiante), viriam a propor a ideia de um "direito de ingerência", implicando ir muito além da assistência humanitária baseada numa estrita neutralidade em relação às partes envolvidas nas situações em causa (especialmente situações de guerra), defendida pela Cruz Vermelha, e problematizando, assim, um dos mais antigos e problemáticos princípios em que assentava o humanitarismo.

Um aspeto polémico na história do novo humanitarismo, sobretudo a partir do final da Guerra Fria, foi a sua estreita relação com intervenções militares, alegadamente lançadas com o intuito de proteger populações ou comunidades ameaçadas e garantir a proteção dos direitos humanos. A intervenção humanitária serviu, assim, de justificação ou caução a ações militares, como mostrou o caso da intervenção da NATO no Kosovo em 1999 (Fassin, 2010: 281). Mas as alegações morais das intervenções humanitárias viriam a ser postas à prova, posteriormente, noutras situações, geralmente associadas às grandes deslocações de populações afetadas por guerras, desastres ou perseguições.

Um olhar mais próximo sobre a prática da intervenção humanitária mostra que, para além das suas diferenças em relação a ações explicitamente orientadas para a denúncia de violações dos direitos humanos, o humanitarismo atua em nome da defesa da "dignidade" (Redfield, 2013). Como observa Fassin (2010: 277), as diferenças entre essas formas de entender a defesa da dignidade humana tendem a ser menos marcadas no terreno, especialmente quando a intervenção humanitária inclui testemunhos de violações da vida e integridade das pessoas, grupos, comunidades ou populações afetadas pela situação de crise que justifica essa intervenção. Mas essas convergências tornam-se mais claras quando a relação entre o humanitarismo e os direitos humanos, hoje constituídos em corpos normativos e inspirando modos de intervenção distintos, são considerados sob o ponto de vista da sua filiação comum numa genealogia que procurou compatibilizar a dignidade de todos os seres humanos enquanto membros de uma humanidade comum, radicada na pertença a uma espécie única, e alegadas diferenças no seio da humanidade comum, que justificariam a sua condição de inferioridade e a recusa do reconhecimento da sua plena humanidade. Mulheres, crianças, povos colonizados, "selvagens", loucos eram assim colocados sob suspeita no respeitante à plenitude da sua humanidade. Nas versões recentes do humanitarismo, uma outra forma de estabelecer e legitimar diferenças entre seres humanos tem vindo a ocupar um espaço crescente.

A organização Médicos Sem Fronteiras (MSF) viria a tornar-se a manifestação exemplar desse novo humanitarismo, alimentado, num momento inicial, pela crítica do "terceiromundismo", pela alegada demonstração dos impasses políticos, económicos sociais e éticos a que este teria conduzido e por uma adesão aos usos do discurso dos direitos humanos contra os totalitarismos. A intervenção médica de emergência em situações de ameaça à vida e integridade de seres humanos ameaçados por desastres, guerras ou perseguições permitiu uma identificação da violação da dignidade humana com a ameaça à integridade de corpos que sofrem. Enquanto outras organizações e movimentos que defendiam os direitos humanos entendiam a saúde como acesso a um direito e a condições da sua realização por via da universalização dos cuidados de saúde, as organizações de medicina humanitária iam ao encontro das vidas humanas em perigo, onde e quando estas eram ameaçadas. A justificação filosófica desta diferença podia ser encontrada na recuperação de uma distinção aristotélica por Hannah Arendt – e, posteriormente, por Giorgio Agamben –, entre a "vida nua" (*zoe*) e a vida humana propriamente dita (*bios*), sendo a primeira aquela que estava em risco nas situações de emergência, para além de distinções de história, classe, raça, etnia, género, orientação sexual, idade ou religião (Redfield, 2013). As situações de emergência seriam assim reveladores da condição comum de uma humanidade exposta ao sofrimento, configurando um modo de intervenção com uma escala e temporalidade próprios, incompatíveis com o envolvimento de longo prazo que caracterizava as iniciativas de promoção do acesso à saúde como direito.

Uma marca do "novo" humanitarismo é o seu foco em intervenções que mobilizam os saberes e práticas médicas, mais precisamente aqueles que permitem fazer frente a situações de emergência, de vida ou de morte ou que ameacem a integridade corporal, conferindo assim um protagonismo decisivo, sobretudo, aos médicos e às organizações que irão fundar, como os Médicos Sem Fronteiras ou os Médicos do Mundo (Redfield, 2013; Fox, 2014). O objetivo já não é a defesa em geral dos direitos humanos ou a tentativa de contribuir para melhorar a condição humana em situações que ofendem a dignidade humana, mas aliviar o sofrimento onde e quando este ocorrer, assim como salvar vidas, através de intervenções de emergência (Ticktin, 2011: 17). As vítimas de violações de direitos humanos são assim convertidas em doentes afetados por alguma forma de dano físico, sendo a sua condição de seres humanos que sofrem ou têm a vida ou a integridade física em risco o critério para a prestação de assistência. A "verdade universal da humanidade" passa assim a ser inscrita em corpos que sofrem (Ticktin, 2011: 15), uma "nova humanidade" que é reconhecida pela violência ou dano infligido de modo reconhecível nos corpos.

Uma observação mais precisa das práticas humanitárias permite verificar que termos como "dignidade" – frequentemente utilizado na medicina humanitária – permitem uma convergência com os discursos e práticas de defesa dos direitos humanos e de denúncia das suas violações. No terreno, como foi já mencionado, a distinção tende a ser pouco marcada, especialmente quando as intervenções humanitárias incluem testemunhos sobre violações da vida humana e da integridade física de seres humanos (Fassin, 2010: 277).

A medicina humanitária de emergência, contudo, enfrenta, na sua prática, dilemas e situações problemáticas que tornam bem visíveis as tensões, não só com outras formas de intervenção legitimadas pela referência aos direitos humanos, mas com conceções da dignidade humana e do sofrimento humano que não cabem nos limites da sua política. Estas tensões alimentam uma dinâmica crítica no interior de algumas das organizações de medicina humanitária, com realce para os Médicos Sem Fronteiras (Rambaud, 2015). Um exemplo desse debate aparece num relatório da secção holandesa dessa organização, a respeito da resposta ao surto de ébola no Uganda, em 2001:

> A resposta da saúde pública estava provavelmente a ser dada da forma tradicional (local) de encerrar pessoas num barracão, sem as alimentar ou sem cuidar delas. Uma resposta dessas, tradicionalmente, teria provavelmente quebrado a epidemia tão rapidamente quanto qualquer coisa que fizéssemos, mas a motivação, para os MSF, era o alívio do sofrimento individual, e morrer com dignidade era muito importante. Sabemos que salvámos muito poucas vidas. (*apud* Redfield, 2015: 39)

Procurava-se mostrar a preocupação central da organização em aliviar o sofrimento das pessoas atingidas pela doença, contrastando-a com as medidas "tradicionais" de saúde pública. Mas afirma-se também a importância de garantir dignidade na morte a quem não podia ser salvo.

São conhecidos os conflitos e tensões que surgem entre a necessidade de garantir a viabilidade das intervenções de emergência da organização com o objetivo explícito de salvar vidas e as respostas de saúde pública que visam preservar condições coletivas de sobrevivência e, eventualmente, a sua ampliação e consolidação, como acontece com algumas intervenções em saúde orientadas para os direitos humanos. Recorrendo aos princípios da Teologia da Libertação, Paul Farmer (2005) procurou mostrar a possibilidade e a obrigação de compatibilizar as duas orientações em situações de emergência através do que chamou o dever de solidariedade pragmática. Mesmo que esta signifique apenas salvar algumas vidas, ela é tratada como um imperativo ético associado ao alívio do sofrimento e ao valor de todas as vidas, mas sempre considerando as condições para além da situação de emergência. Não será surpreendente, por isso, que esta defesa da solidariedade pragmática tenha sido por vezes criticada como um exercício que pode levar a efeitos perversos, descredibilizando intervenções em saúde pública, na medida em que a intenção de salvar vidas em condições de emergência poderá, quando muito, ser realizada de maneira parcial e limitada, gerando expectativas irrealistas sobre a capacidade de intervenção dos atores humanitários.

Tanto no caso das intervenções de emergência de organizações como os MSF como no de organizações ou projetos comprometidos com a solidariedade pragmática no quadro de um compromisso mais amplo com o desenvolvimento e consolidação de estruturas de saúde pública, encontra-se uma referência comum ao respeito pela vida humana, em particular quando a vida de seres humanos específicos em situação de emergência é ameaçada, e pela dignidade dos seres humanos que sofrem, mesmo quando essa dignidade é respeitada através do modo como morrem.

A semelhança é extensiva às tensões que surgem entre a intervenção de emergência e a promoção da saúde pública. No caso dos MSF, como comenta Redfield (2015), podemos encontrar uma expressão dessa tensão quando é suspenso o juízo da organização sobre o rigor da representação das "práticas locais" e reconhecida a "possibilidade de dano iatrogénico, uma possibilidade sombria que se estendia para além do próprio cuidado" (Redfield, 2014: 39). Redfield continua citando a discussão, durante a reunião anual dos MSF (em 2005, em França), da abordagem da organização ao tratamento do surto do vírus de Marburg que tinha ocorrido há pouco em Angola. Nessa discussão, foi apontada a necessidade de uma mudança no modo estabelecido de intervenção em emergências médicas, que, como se verá mais adiante, podem contribuir para a erosão da alegação de respeito pela dignidade dos seres humanos que sofrem e que os MSF se comprometem a assistir. Um participante afirmaria, assim, que a organização estaria a ficar reduzida a uma "polícia da saúde", e outro lamentaria a "atitude remota e paranoica da maioria dos cuidadores", alargando a distância já existente entre médicos e doentes.

> A maioria acabou por concordar que *a brutalidade da operação era lamentável*, concluindo que, no futuro, deveria haver um maior grau de envolvimento de antropólogos e de psicólogos nessas circunstâncias, uma vez que *as ações dos cuidadores, aqui, consistem, em particular, em apoiar os doentes e os seus entes queridos ao longo do processo de morte.* (*apud* Redfield, 2015: 39; itálicos no original)

Redfield acrescenta o seguinte e esclarecedor comentário: "Em operações posteriores, os MSF tentaram de alguma maneira *reconhecer a humanidade* dos seus doentes" (Redfield, 2015: 39, itálicos acrescentados).

Por outras palavras, paira a dúvida sobre se as intervenções que têm como propósito responder ao sofrimento em situações de emergência médica estariam, de facto, a reconhecer o que torna corpos que sofrem em seres humanos, merecendo um tipo de tratamento capaz de os reconhecer e tratar como seres humanos. Mas onde encontrar essa humanidade? Estaria a própria prática da medicina de emergência a contribuir para a erosão da diretiva primeira de salvar vidas e aliviar o sofrimento? Mais uma vez, Redfield faz um comentário pertinente, desta vez acerca do rescaldo do surto de ébola de 2014:

> Quando o vírus apareceu, inesperadamente, na África Ocidental, a humanidade passou para segundo plano em relação à segurança.

> A rutura na membrana social mais ampla, porém, ampliou-se mais depressa e de maneira mais profunda do que qualquer falha no equipamento de proteção. (Redfield, 2015: 39)

Ao tentar propor uma moral a propósito do surto de Ébola, Redfield parece aproximar-se de Farmer: "Não há qualquer pacote de substituição para um sistema de saúde eficaz" (Redfield, 2015: 41).

Fanon: o corpo que sofre e a crítica do neo-hipocratismo

Em 1952, Fanon publicou o seu primeiro e marcante livro, *Peau noire, masques blancs*. Esse foi também o ano da publicação do primeiro de um conjunto de artigos que discutiam a condição dos imigrantes de origem magrebina que eram tratados nas unidades de saúde em França. Enquanto psiquiatra, e tendo adquirido uma parte crucial da sua formação através das abordagens inovadoras propostas por François Tosquelles e pelos pioneiros da psiquiatria institucional, Fanon manifestou um interesse, que viria a ter continuação, posteriormente, no seu trabalho na Argélia e na Tunísia, pela diversidade de experiências do sofrimento humano, em particular as que estavam associadas ao racismo e ao colonialismo (Fanon, 2011, 2015: 135-446). A contramão da maioria dos seus colegas franceses, Fanon estava atento aos modos como a violência colonial se impunha mesmo através de práticas que tinham como propósito declarado lidar com o sofrimento e trazer alívio e cura. As contribuições de Fanon, ao longo dos anos seguintes, abordaram temas como a elucidação das condições e determinações de diferentes formas de psicopatologia associadas às várias formas de violência constitutivas da dominação colonial – e afetando, ainda que de maneiras diferentes, quer os colonizados, quer os colonos e agentes da colonização – como os efeitos, tanto de dominação como de libertação, das emissões de rádio e das "vozes" radiofónicas (Fanon, 2011: 322 ss.).

O interesse de Fanon pela diversidade de experiências e de idiomas do sofrimento em contexto colonial e de guerra de libertação e pelo modo como quer colonizados, quer colonizadores eram afetados pela violência do colonialismo, e pela violência da resposta a este, permitia, por um lado, o reconhecimento da sua humanidade, mas também daquilo que os dividia, exigindo compreensões distintas de como uns e outros sofriam e partilhavam esse sofrimento. O debate sobre a atribuição de legitimidade moral a certas formas de violência que procuravam responder à violência colonial não impedia que Fanon procurasse lidar com a identificação e compreensão das formas de sofrimento que a violência gerada pelo colonialismo e pela resposta a este criava entre aqueles que a sofriam e, em certas condições, entre aqueles que a perpetravam contra os colonizados, e que tinham como fonte comum o colonialismo.

Fanon descreveu as queixas dos doentes norte-africanos em hospitais em França como "dor sem lesão, [...] doença repartida no e por todo o corpo, [...] sofrimento contínuo", e como elas levavam os médicos à atitude (diagnóstica) "'fácil' de negação de qualquer morbidez" (Fanon, 2011: 694). Essa negação do sofrimento "real" com que eram confrontados os clínicos seria, assim, o resultado esperado do que Fanon descreve como uma "orientação médica" particular, a que chama "neo-hipocratismo", ou seja, a preocupação de produzir, perante um doente que sofre, um "diagnóstico de órgão", em vez de um "diagnóstico de função", então ainda longe de ser dominante no estudo da patologia. Fanon rotula essa orientação de "vício de construção no pensamento do clínico", um "vício extremamente perigoso" (2011: 695). Este assentaria no pressuposto, na maneira de pensar médica, de que se deve caminhar do sintoma para a lesão, dado que "cada sintoma pede a sua lesão". Mas, em certos doentes, parece haver algo de errado: eles manifestam os sintomas, mas não as lesões para que deveriam apontar os sintomas. O doente é, pois, tido como "indócil, indisciplinado", ignora "a regra do jogo" (2011: 696–697). Na ausência de lesão, o diagnóstico será... "síndrome norte-africana"! (2011: 697):

> O pessoal médico descobre a existência de uma síndrome norte-africana. Não experimentalmente, mas segundo uma tradição oral. O norte-africano é colocado nessa síndrome assintomática e situa-se automaticamente num plano de indisciplina (cf. disciplina médica), de inconsequência (em relação à fé: todo o sintoma supõe uma lesão), de insinceridade (ele diz que sofre, quando nós sabemos que não existem *razões* para sofrer. (Fanon, 2011: 697)

Está-se perante uma conceção do sofrimento "real" ou "legítimo", sancionado pela ciência médica. Iremos encontrá-lo, em versões renovadas, na medicina humanitária: é aquele que permite a convergência do sintoma e da lesão, marcada nos corpos de forma identificável por via dos procedimentos de diagnóstico, e que definem a ameaça que deve ser tratada por via da intervenção clínica. O corpo que sofre (legitimamente) é o corpo danificado ou ameaçado na sua integridade por uma lesão, que deve ser identificada através de sintomas compatíveis com a definição biomédica que estabelece a ligação entre sintoma(s) e lesão. Não surpreende, por isso, que a medicina humanitária e, em particular, a sua versão mais poderosa e visível, a medicina de emergência, se encontre fora do seu terreno quando enfrenta formas de sofrimento que não cabem nessa relação entre sintomas e lesões. Compreende-se melhor, assim, a resistência que marcou certos momentos da história das organizações dedicadas prioritariamente à medicina humanitária de emergência a ampliar a sua intervenção a problemas associados à saúde mental e com expressão no que, na linguagem desta, é descrito como "trauma". Uma das consequências dessa dificuldade é que, em certas situações, manifestações frequentes de sofrimento associadas a formas de violência que não são diretamente inscritas nos corpos através de lesões ou carências diagnosticáveis podem encontrar resistência a serem reconhecidas como sofrimento "real" e "legítimo" tal como a intervenção humanitária o define enquanto marca comum de humanidade.

Recusando cedências ao "neo-hipocratismo" e aos seus citérios de identificação de sofrimento "real", Fanon segue a pista aberta pelos pioneiros da medicina psicossomática, por via do "diagnóstico de situação". Este inclui a indagação sobre o ambiente próximo da pessoa doente, as suas "ocupações e preocupações", sexualidade, "tensão interna", sentimento de segurança ou insegurança, ameaças, evolução e história de vida (Fanon, 2011: 697–702). Os limites desta abordagem viriam a ser identificados por Fanon durante a sua experiência argelina, através de um envolvimento intenso com as condições do colonialismo e com a diferença cultural. Tornou-se assim possível denunciar a força desumanizadora do racismo e o reforço do estigma associado ao "Árabe", reconhecendo as formas através das quais o sofrimento se expressa e procurando caminhos apropriados para cuidar desse sofrimento. Nesse processo, são trazidos para o centro do cuidado tanto a humanidade comum como as diferenças em que ela se manifesta através das formas diversas de nomear e dar expressão ao sofrimento.

Na última parte do capítulo de *Les Damnés de la Terre*, em que trata da doença mental e da guerra colonial, Fanon (2011: 660–672) discute as teorias colonialistas que retratavam os norte-africanos como constitutivamente propensos ao crime e à violência, e reagindo a situações de pressão infligindo violência a outros. Segundo uma dessas teorias, um dos traços do Norte-Africano seria, alegadamente, a sua escassa ou inexistente "emotividade" ou, segundo outro comentador, o seu estado de "lobotomizados naturais" – que explicaria a sua indiferença em relação ao sofrimento de outros... (Fanon, 2011: 659).

Fanon mostra que formas específicas e severas de distúrbios identificados como psicossomáticos aparecem em condições de extrema vulnerabilidade, como a guerra, a perseguição, a tortura, a violência física, a deslocação forçada, a privação de condições básicas de existência... Descreve certos distúrbios como "cortico-viscerais", relacionando-os com os efeitos da guerra, mesmo na ausência de exposição direta a combates ou a atos de violência infligidos diretamente às pessoas que apresentam esses distúrbios (Fanon, 2011: 657–659). E suscita a questão da possível existência de formas comuns de experiência geradoras de distúrbios associados à exposição à violência e à guerra em situação colonial.

Os distúrbios que Fanon reúne num dos grupos (o grupo g) da sua classificação levam-no a considerar esse grupo como o único que pode ser especificamente relacionado com a situação de dominação colonial e guerra anticolonial na Argélia. É interessante notar que, nos seus comentários, surge já a sugestão de que pode haver formas comuns de experiência e de manifestação de distúrbios que emergem em "estados de emergência" permanentes, associados ao que Boaventura de Sousa Santos chama a condição abissal (Santos, 2014a).

Fanon formula uma crítica severa da conceção colonialista dessas condições de saúde e formas de sofrimento como um "estigma congénito do indígena", alegadamente decorrente do "predomínio, no colonizado, do sistema extrapiramidal", o que, segundo eminentes autoridades da psiquiatria da época, seria a prova de um estado neurológico característico dos povos colonizados e, consequentemente, condição natural de uma inferioridade que, por isso, seria inultrapassável ou incorrigível. Essas descrições eram comuns muito antes do início da Revolução Argelina e da guerra pela independência (Fanon, 2011: 658–659).

A obra de Fanon teve uma influência decisiva na etnopsiquiatria crítica e nas abordagens que esta mobiliza para abrir espaços que permitam, a quem tem experiências de vida e proveniências socias e culturais distintas e que se encontram em território cultural e social que não lhes é familiar, expressar, nos seus termos e idiomas, o modo como sofrem (Beneduce, 2007). Isto exigiu um trabalho intenso sobre temas que foram explorados por Fanon, como a cultura e a memória. Mas aquilo que Fanon legou à etnopsiquiatria crítica a partir do seu trabalho é crucial para lidar com a dinâmica do sofrimento, entendido como o resultado das intersecções e condicionamentos mútuos do que designou de filogénico, ontogénico e sociogénico. Este resultado inclui não apenas as forças amplas que condicionam os processos sociais e as formas de opressão, mas também o fazer e desfazer das conexões e relações de cuidado que moldam a singularidade do ser. A suspensão parcial da referência à dimensão sociogénica é comum em abordagens ao sofrimento hoje postuladas pela medicina humanitária de emergência (e frequentemente objeto de crítica em debates internos de organizações humanitárias) e condição da sua viabilidade. Fanon convida, assim, a considerar as condições estruturais e históricas do sofrimento associado às diferentes formas de opressão que convergem tanto nas situações coloniais como pós-coloniais. Mas essa consideração resiste à operação de objetivação sob a forma de "determinantes", descritos e identificados como influências discretas que afetam as trajetórias causais que levam à violência, à opressão e ao sofrimento. Os processos de determinação aparecem, antes, na sua constituição mútua e na sua expressão incorporada enquanto violência e sofrimento, perturbação e doença, sem que possam ser confundidas com, ou reduzidas à sua tradução para, as categorias biomédicas (incluindo as da psiquiatria) da doença, do distúrbio ou do trauma (Farmer, 1993; Kleinman *et al.*, 1997; Das *et al.*, 2000, 2001; Lovell *et al.*, 2014; Das, 2015; Nunes e Siqueira-Silva, 2016). Fanon dá conta não só da diversidade de experiências incorporadas de sofrimento, mas vincula-as às formas de cuidado então disponíveis. As suas descrições parecem antecipar formulações que iremos encontrar mais tarde, na epidemiologia social e na Saúde Coletiva latino-americana, sobre a imbricação, num só processo, da saúde, da doença e do cuidado.

Ticktin (2011) e Giordano (2014) mostraram como uma abordagem influenciada pelos trabalhos de Fanon oferece um ponto de entrada importante para lidar com a condição de imigrantes e refugiados na Europa (em França e em Itália, neste caso). Torna-se possível conceber uma abordagem diferente das formas oficiais de triagem baseadas na avaliação médica e moral do sofrimento ou do trauma como justificação para pedidos de residência ou de asilo. Como mostraram, entre outros, Fassin e Rechtman (2011), esses modos de avaliação tornaram-se rotineiros também para intervenções humanitárias no Sul global, e contribuem, muitas vezes, para reafirmar a ideia da incapacidade de defesa e da falta de capacidade de ação de populações, comunidades, pessoas e grupos identificados com o Sul global, incluindo imigrantes e refugiados, convertendo-os em objetos do discurso humanitário e dos direitos humanos.

O que está em causa é a compreensão das expressões e dos idiomas em que se mostra e diz um sofrimento que não encontra espaço nas categorias nosológicas da biomedicina (e da psiquiatria em particular). Só assim podem ser reconhecidos os limites de qualquer abordagem do sofrimento e do cuidado que não considerem a necessidade de ampliar o espaço em que ocorrem as intersecções entre os processos que condicionam a saúde, a doença e o cuidado. Essa é uma condição para que seja possível levar a luta pela dignidade humana e pelos direitos humanos para além da resposta humanitária de emergência à "vida em crise", e rumo à noção de que o ser humano é ser "mais do que um corpo" (Fanon, 2011: 703), mas sempre conservando no centro a afirmação da dignidade que se inscreve em corpos vulneráveis, feitos das relações com outros corpos ao longo de um processo coletivo de devir, de uma existência humana que é relacional e processual.

A desnaturalização do sofrimento humano

A construção de uma fenomenologia existencial do sofrimento no âmbito das epistemologias do Sul não pode reduzir-se às expressões que o encerram nas versões renovadas de um neo-hipocratismo já criticado por Fanon, nem na proliferação da noção de trauma como modo de situar o sofrimento no espaço em que ele "pertence" aos saberes e práticas da biomedicina e da biomedicalização da saúde. Essa fenomenologia terá de dar conta do sofrimento como encontro situado das opressões do capitalismo, do colonialismo e do (hetero)patriarcado. Ela deverá procurar, como postula Gordon (2015), as dimensões que escapam às reduções convencionais das versões eurocêntricas da experiência e dos modos de dela dar conta. Ela deve radicar no reconhecimento dos modos de sofrer como expressão de uma condição característica dessa convergência de opressões, na sua experiência vivida e situada, que é também a condição da libertação das formas injustas de sofrimento. Mas a distribuição dos modos de sofrer é também marcada pelo traçar da linha abissal que demarca as zonas do ser e do não-ser, da existência e da não-existência (Santos, 2014a, 2014b). A distribuição, no entanto, parece atravessar essa linha nos múltiplos pontos em que emergem as situações de emergência humanitária, aquelas em que ocorre uma suspensão local e temporária da demarcação entre ser e não-ser, que não abole a demarcação, mas cria nas zonas de não-ser espaços de reconhecimento de uma humanidade que é definida pela sua condição de ameaça à vida e à integridade dos corpos que sofrem. Essa forma de reconhecimento dura o tempo da emergência e é geralmente confinada a espaços que são organizados e geridos para responder à emergência. A sua manifestação mais visível é o *campo*, ordenado e governado de acordo com as necessidades da intervenção médica de emergência, mas também com uma existência condicionada por dinâmicas para além do controlo das organizações que a protagonizam. Esse espaço é também uma suspensão temporária da história, das relações, das formas de sociabilidade, da experiência e da memória daqueles e daquelas para quem a sobrevivência passa pela adesão explícita à disciplina do campo (Agier, 2008, 2010; Redfield, 2013). Os seres humanos acolhidos nos campos manifestarão a legitimidade do seu sofrimento através da submissão à sua disciplina, mas a sua condição existencial continua a ser marcada por uma experiência vivida para além da passagem pelo campo. O campo assume, assim, a condição liminar de um espaço em que a possibilidade de existência futura depende da aceitação de uma situação temporária de suspensão do ser para além do ser-corpo, cujo sofrimento é uma marca de humanidade reconhecível através dos saberes e práticas da medicina de emergência. Não é de espantar, por isso, que as organizações de medicina humanitária sejam recorrentemente atravessadas por debates e deliberações de ordem política e ética acerca do modo como reconhecem a humanidade daqueles e daquelas com quem trabalham. Mas, para quem vive nos campos, em situações em que a emergência se transforma em condição permanente, as expressões e nomes do sofrimento serão, cada vez mais, as da sua existência enquanto seres cuja humanidade é sequestrada pela condicionalidade da aceitação da condição de vítimas incapazes de garantir o cuidado que outros terão de trazer do lado "de lá" da linha abissal.

Para Boaventura de Sousa Santos, os discursos sobre os direitos humanos – e, como vimos, as posições e políticas que invocam o humanitarismo – convergem com as teologias políticas progressistas no sentido da denúncia do sofrimento injusto e da libertação deste pelos próprios oprimidos. Diferentes versões das teologias da libertação privilegiam, segundo o mesmo autor, diferentes formas de sofrimento, em diferentes situações, momentos e fases da sua história. Essas formas de sofrimento – afirmando a dignidade daqueles e daquelas que sofrem, enquanto pessoas, mas também como coletivos, povos, comunidades, etnias ou grupos caracterizados pela partilha de características que os tornam alvos de diferentes formas de opressão e violência – reconhecem a diversidade e as configurações que elas assumem, assim como os próprios corpos que sofrem como lugares de inscrição das diferentes formas de opressão e de violência (Santos, 2014b: 106–114). Quando o sofrimento se manifesta na sua dimensão corpórea como "desclassificação e desorganização do corpo" (Santos, 2014b: 115), a política humanitária e as formas de intervenção de emergência que lhes dão forma tendem a privilegiar a identificação da humanidade comum como uma vulnerabilidade que se manifesta nas situações de crise, em que aliviar o sofrimento e salvar vidas através da intervenção médica aparece como uma manifestação salvífica do poder da medicina moderna ocidental e da necessidade de uma reafirmação da linha que separa os que sofrem e os que, reconhecendo esse sofrimento, dispõem do saber, das capacidades e dos meios para o aliviar. O humanitarismo e as suas políticas encontram, assim – na sua afirmação simultânea de compromisso com o alívio do sofrimento e o salvar vidas, e de neutralidade perante as causas desse sofrimento e das ameaças a essas vidas –, a legitimação de uma forma de intervenção que não demorou em abrir crises e tensões que persistem no seio de algumas das organizações que, com inegável coragem, generosidade e abnegação, procuram dar resposta às existências precárias de seres humanos que, enquanto pessoas e coletivamente, são vítimas de formas extremas de opressão e de violência. Ao receber o Prémio Nobel da Paz atribuído aos Médicos Sem Fronteiras em 1999, James Orbinski definiu o "ato humanitário" como "procurar aliviar o sofrimento, procurar restabelecer a autonomia, testemunhar a verdade da injustiça, e insistir na responsabilidade política".[1] Esta problematização (parcial) da neutralidade como marca do humanitarismo, no entanto, não chega a identificar explicitamente a opressão capitalista, colonial e patriarcal que alimenta esse sofrimento desnecessário ou injusto.

O sofrimento humano é aquilo que é "comum entre as vítimas das várias formas de discriminação e opressão" (Santos, 2014b: 90). O cosmopolitismo insurgente em que se funda a luta pela dignidade humana, seja ela dita no idioma dos direitos humanos ou noutros idiomas, é fundado no carácter "global e multidimensional do sofrimento humano", e na "imagem desestabilizadora do sofrimento multiforme, causado pela iniciativa humana", que é tão esmagador quanto desnecessário (2014b: 90–91) um sofrimento postulado como "uma fatalidade ou necessidade" (2014b: 225). Mas esta conclusão deve levar mais longe do que a política humanitária postula, além da tarefa, sem dúvida fundamental, de salvar vidas e aliviar o sofrimento que afeta os corpos, de afirmar a humanidade comum definida pela pertença a uma espécie comum, pois "não é a natureza humana, mas a iniciativa humana que nos une" (2014b: 91). Se uma experiência de décadas permitiu às organizações fundadas sobre as premissas do humanitarismo abrir internamente debates sobre o sofrimento e a dignidade humanas para além do espaço definido pela herança neo-hipocrática e pela captura por aqueles que causam o sofrimento, é a experiência histórica e persistente da discriminação e da opressão a que têm sido sujeitos povos, comunidades, grupos sociais e pessoas que funda a exigência de enfrentar e eliminar as formas injustas de sofrimento, as que decorrem de discriminações, opressões e violências múltiplas, nomeadas, narradas, denunciadas e combatidas por aqueles que as sofrem, da "contradição entre as experiências de vida dos oprimidos e a ideia de uma vida decente" (Santos, 2014b: 225).

O enfrentamento do sofrimento injusto assenta, seguindo um caminho apontado pelas teologias progressistas, na articulação "entre a ligação visceral de um gesto assistencial, de um cuidado incondicional, e a luta política contra as causas do sofrimento como parte da tarefa inacabada da divindade", vinculando "a intersubjectividade visceral e a vontade radical [...] de lutar por uma sociedade mais justa" (Santos, 2014b: 117, 119), pela

[1] Disponível em: <http://www.nobelprize.org/nobel_prizes/peace/laureates/1999/msf-lecture.html>.

justiça cognitiva, social e histórica e por uma dignidade humana radicada nos saberes e experiências de quem sofre a opressão e a injustiça.

Referências bibliográficas

Agier, Michel (2008), *Gérer les indésirables. Des camps de réfugiés au gouvernement humanitaire*. Paris: Flammarion.

Agier, Michel (2010), "Humanity as an Identity and Its Political Effects (A Note on Camps and Humanitarian Government)", *Humanity: An International Journal of Human Rights, Humanitarianism and Development*, 1(1), 29–45. DOI: <https://doi.org/10.1353/ hum.2010.0005>.

Beneduce, Roberto (2007), *Etnopsichiatria. Sofferenza mentale e alterità fra Storia, dominio e cultura*. Roma: Carocci Editore.

Brauman, Rony (2004), "From Philanthropy to Humanitarianism: Remarks and an Interview", *South Atlantic Quarterly*, 103(2–3), 397–417. DOI: <https://doi.org/10.1215/00382876-103-2-3-397>.

Butler, Judith (2004), *Precarious Life: The Powers of Mourning and Violence*. Londres: Verso.

Butler, Judith (2010), *Frames of War: When Is Life Grievable?* Londres: Verso.

Darwin, Charles (2004), *The Descent of Man, and Selection in Relation to Sex*. Londres: Penguin [2.ª ed. 1879; ed. orig. 1871].

Das, Veena (2015), *Affliction: Health, Disease, Poverty*. Nova Iorque: Fordham University Press. DOI: <https://doi.org/10.5422/fordham/9780823261802.001.0001>.

Das, Veena *et al.* (orgs.) (2000), *Violence and Subjectivity*. Berkeley, CA: University of California Press.

Das, Veena *et al.* (orgs.) (2001), *Remaking a World. Violence, Social Suffering and Recovery*. Berkeley, CA: University of California Press.

Desmond Adrian; Moore, James (2009), *Darwin's Sacred Cause. How a Hatred of Slavery Shaped Darwin's Views on Human Evolution*. Nova Iorque: Houghton Mifflin Harcourt.

Fanon, Frantz (2011), Œuvres. Paris: Éditions La Découverte.

Fanon, Frantz (2015), Écrits sur l'aliénation et la liberté. Paris: Éditions La Découverte.

Farmer, Paul (1993), *AIDS and Accusation: Haiti and the Geography of Blame*. Berkeley, CA: University of California Press.

Farmer, Paul (2005), *Pathologies of Power: Health, Human Rights, and the New War on the Poor*. Berkeley, CA: University of California Press.

Fassin, Didier (2010), "Heart of Humaneness: The Moral Economy of Humanitarian Intervention", *in* Didier Fassin e Mariella Pandolfi (orgs.), *Contemporary States of Emergency. The Politics of Military and Humanitarian Interventions*. Nova Iorque: Zone Books, 269–293.

Fassin, Didier; Rechtman, Richard (2011), *L'empire du traumatisme. Enquête sur la condition de victime*. Paris: Flammarion.

Firmin, Joseph-Anténor (1885), *De l'égalité des races humaines (Anthropologie Positive)*. Paris: Librairie Cotillon.

Fox, Renée C. (2014), *Doctors Without Borders: Humanitarian Quests, Impossible Dreams of Médecins Sans Frontières*. Baltimore, MD: Johns Hopkins University Press.

Giordano, Cristiana (2014), *Migrants in Translation. Caring and the Logics of Difference in Contemporary Italy*. Berkeley, CA: University of California Press.

Gordon, Lewis R. (2015), *What Fanon Said. A Philosophical Introduction to His Thought*. Londres: Hurst.

Hamlin, Kimberley A. (2014), *From Eve to Evolution. Darwin, Science, and Women's Rights in Gilded Age America*. Chicago: University of Chicago Press. DOI: <https://doi.org/10.7208/chicago/9780226134758.001.0001>.

James, Erica Caple (2010), *Democratic Insecurities. Violence, Trauma, and Intervention in Haiti*. Berkeley, CA: University of California Press.

Kleinman, Arthur; Das, Veena; Lock, Margaret (orgs.) (1997), *Social Suffering*. Berkeley, CA: University of California Press.

Lovell, Anne M.; Pandolfo, Stefania; Das, Veena; Laugier, Sandra (2014), *Face aux désastres. Une conversation à quatre voix sur la folie, le care et les grandes détresses collectives*. Montreuil-sous-Bois: Ithaque.

Nunes, João Arriscado; Siqueira-Silva, Raquel (2016), "Dos 'abismos do inconsciente' às razões da diferença: criação estética e descolonização da desrazão na Reforma Psiquiátrica Brasileira", *Sociologias*, 18(43), 208–237. DOI: <https://doi.org/10.1590/15174522-018004308>.

Rambaud, Elsa (2015), *Médecins sans frontières, sociologie d'une institution critique*. Paris: Dalloz.

Redfield, Peter (2013), *Life in Crisis: The Ethical Journey of Doctors Without Borders*. Berkeley, CA: University of California Press.

Redfield, Peter (2015), "Where there is no kit", *Limn*, 5, 36–41. Disponível em: <http://limn.it/medical-vulnerability-or-where-there-is-no-kit/>.

Roughgarden, Joan (2005), *Evolution's Rainbow. Diversity, Gender, and Sexuality in Nature and People*. Berkeley, CA: University of California Press.

Santos, Boaventura de Sousa (org.) (2004), *Reconhecer para Libertar*. Porto: Afrontamento.

Santos, Boaventura de Sousa (2014a), *Epistemologies of the South. Justice Against Epistemicide*. Boulder, CO: Paradigm Publishers.

Santos, Boaventura de Sousa (2014b), *Se Deus fosse um activista dos Direitos Humanos*. Coimbra: Almedina.

Ticktin, Miriam (2011), *Casualties of Care. Immigration and the Politics of Humanitarianism in France*. Berkeley, CA: University of California Press. DOI: <https://doi.org/10.1525/california/9780520269040.001.0001>.

Vergès, Françoise (2001), *Abolir l'esclavage: une utopie coloniale. Les ambiguités d'une politique humanitaire*. Paris: Éditions Albin Michel.

CAPÍTULO 3

Da colonialidade dos Direitos Humanos*

Nelson Maldonado-Torres

Introdução

Os direitos humanos são geralmente considerados dos contributos mais importantes do mundo ocidental para a política global, destinando-se a proteger a individualidade e a soberania. Apesar da sua utilidade, há um limite fundamental ao que conseguem alcançar: é que os direitos humanos pressupõem, em vez de estabelecer ou provar, a humanidade de todos os que são abrangidos por eles. Por isso, na melhor das hipóteses, podem apenas ambicionar a uma ação eficaz num contexto que não só conceda a humanidade a todos, mas o faça equitativamente. No entanto, a mesma modernidade ocidental que produziu o discurso hegemónico dos "Direitos do Homem" é também o epistema global responsável pela visão das diferenças ontológicas coloniais entre seres humanos. Estas diferenças não só tornam uns mais humanos do que outros como também estabelecem relações hierárquicas de poder entre eles.

A natureza hierárquica das relações ontológicas que se tornaram centrais na modernidade ocidental tende para uma estrutura colonial, no sentido em que divide inequivocamente as populações e os grupos dentro delas em termos que adquiriram legitimidade e uma aura de aparente normalidade nos empreendimentos coloniais modernos. A descoberta, a conquista, a colonização, a violação e a escravatura tornaram-se algumas das práticas dominantes que adquiriram um novo sentido ou forma neste contexto, sendo geralmente vistas como normais, especialmente quando os alvos

* Tradução de Sara Reis.

dessas práticas não são brancos nem europeus. O termo "colonialidade" é aqui usado para referir a normalização das relações ontológicas coloniais, bem como as práticas, as instituições e as estruturas culturais, sociais e epistemológicas às quais dão origem.[1]

Seria fácil concluir que as noções de direitos humanos e colonialidade se encontram em oposição simples e direta, o que demonstra a complexidade e pluralidade da modernidade ocidental. Alguns consideram a colonialidade a doença que os direitos humanos vieram curar. Contudo, algumas diferenças podem ser mais superficiais do que aparentam e aquela oposição pode servir um objetivo maior. Para entender esta situação, é necessário proceder a uma análise profunda e investigar a raiz da questão. Neste capítulo, pretendo levar a cabo um exame radical de algumas das relações primárias entre os direitos humanos e a colonialidade.

O meu argumento principal é de que o discurso dos direitos humanos, como é geralmente conhecido, desempenha um papel crucial na compreensão ocidental do ser humano e da sua relação com Deus, uns com os outros e com a natureza, contribuindo para a transição de um sistema baseado na "cadeia dos seres" com Deus à cabeça para um "sistema da natureza" e para um humanismo desumanizante e marcadamente eurocêntrico. Esta transição implica o deslocamento da centralidade da noção de uma relação vertical entre Deus e os seres humanos, aumentando e reforçando as diferenças verticais entre aqueles que são claramente vistos como seres humanos e muitos outros cuja humanidade é questionada. No fundo, o discurso dos direitos humanos procurou implementar a igualdade entre aqueles que eram reconhecidos como plenamente humanos. Se a relação vertical entre Deus e a humanidade se expressava através do conceito de "cadeia dos seres", então as relações verticais ontológicas entre seres humanos podem ser designadas por colonialidade. O discurso dos direitos humanos desempenha um papel importante no desafio à ordem do mundo refletida no conceito de "cadeia dos seres" e, apesar de não aparentar, antecipa o discurso da colonialidade.

Começo por contextualizar o surgimento das declarações dos "Direitos do Homem" em finais do século XVIII, no âmbito de um processo histórico contingente que levou à formação de uma linha secular no Ocidente moderno. Esta linha secular, aliada à linha ontológica colonial, fornece as bases para uma reconceptualização do sentido de humanidade na era moderna. As declarações dos "Direitos do Homem" constituem uma parte fundamental desta redefinição, tendo como objetivo assegurar um determinado grau de

[1] Para definições relativas à colonialidade, ver Quijano e Wallerstein (1992), Mignolo (2000), Quijano (2000), Wynter (2003).

igualdade entre os que se encontram no topo da hierarquia ontológica e naturalista da espécie humana. Com a transição, no século XX, dos "Direitos do Homem" para os direitos humanos, pode observar-se mais claramente até que ponto esses direitos constituem um apelo à assimilação do humano e das formações sociopolíticas por parte do ideário ocidental, assim como substitutos de uma efetiva descolonização. Tal como outros conceitos ocidentais utilizados para enquadrar as condições de vida e as liberdades de quem se encontra no topo da hierarquia ontológica, também os direitos humanos foram exigidos pelos desumanizados e descolonizados, particularmente em contextos nos quais as instituições dominantes e com influência numa dada situação são de natureza liberal e as lutas revolucionárias praticamente impossíveis de acontecer. Porém, uma luta significativa pela descolonização pressupõe frequentemente um desafio ao quadro abrangente das linhas seculares e ontológicas da modernidade ocidental, em vez da sua assimilação pelas mesmas através do apelo a conceitos como o de direitos humanos. Isto resulta numa transcendência da modernidade/colonialidade ocidentais, e não numa inclusão nas mesmas (ou nas suas instituições), através do apelo a direitos específicos ou ao reconhecimento da importância da diversidade.

Os "Direitos do Homem" e a linha secular: uma perspetiva genealógica

Os "Direitos do Homem" proclamados em finais do século XVIII podem ser entendidos como fazendo parte de uma revolta contra a monarquia hereditária, a nobreza e as hierarquias medievais. Esta revolta não teve início durante o Iluminismo, tal como o capitalismo e outras instituições e ideias modernas também não começaram nessa altura (Wallerstein, 1991). Na sua base, esta luta política e teórica integrou uma discussão mais alargada, ocupando todo o século XVI, a respeito da relação entre a humanidade (*humanitas*) e o divino (*divinitas*) que vinha já, pelo menos, do Renascimento europeu. O que teve lugar no contexto do Iluminismo não foi propriamente a criação, mas a aceitação generalizada de certas distinções formais entre Deus, a humanidade e o mundo animal. Era o estabelecimento destas distinções formais – mais do que a antecipação dos "direitos politicamente relevantes, como o da liberdade de expressão e o da participação política" – que estava em causa nas conceções inglesa e francesa de direitos humanos e dos "Direitos do Homem", no século XVIII (Hunt, 2007: 23).

Em suma, a exploração filosófica dos "Direitos do Homem" integra o grande projeto humanístico e progressivamente secular da criação de linhas claras para a distinção entre o divino, o humano e o mundo animal.

Já anteriormente se referiu este facto no contexto da produção da linha secular na modernidade ocidental (Maldonado-Torres, 2015). Vale a pena analisar a produção desta linha mais aprofundadamente.

Se uma das características distintivas do mundo medieval ocidental consistiu na tentativa de destacar o Cristianismo enquanto religião única de entre um conjunto de formações religiosas consideradas falsas, que designei de diferença teológica, a revolução humanística do Renascimento europeu centrou-se na criação de linhas de distinção entre o divino (*divinitas*), a humanidade (*humanitas*) e o chamado mundo natural e animal (Maldonado-Torres, 2014, 2015). Este outro conjunto de linhas pertence à ordem da diferença secular, na qual o ser humano é o referente central.

A diferença entre Deus, a humanidade e os animais era geralmente interpretada, no mundo medieval cristão e no Renascimento, como sendo uma "grande cadeia dos seres" – um conceito presente nas obras de Aristóteles e de neoplatónicos como Plotino, que influenciou a teologia cristã. Na obra de Aristóteles, a cadeia dos seres tem a função de princípio regulador segundo o qual todas as criaturas do universo podem ser classificadas quanto às suas ligações graduais, que variam do nível mais alto ao mais baixo. Na obra de Plotino, a noção de uma hierarquia dos seres é ainda mais desenvolvida e oferece uma justificação para a existência do mal, apesar da bondade absoluta de Deus. Plotino defende que a "bondade" do universo consiste na sua plenitude, ao encerrar uma diversidade infindável de elementos, o que significa que o melhor dos universos teria de incluir uma abundância tanto de bem como de mal.

Os cristãos adotaram abertamente a noção de cadeia dos seres e consideravam o Deus cristão o ser mais perfeito, ocupando o topo da hierarquia, seguido dos seres celestiais, dos seres humanos, dos animais e da matéria inorgânica. Os seres humanos desempenhavam um papel fundamental na narrativa da salvação, sendo não só considerados a forma mais elevada de vida orgânica, como também aqueles por quem Deus se sacrificara. A humanidade era a forma mais elevada da criação divina, mas a sua grandeza estava intrinsecamente ligada à graça do próprio Ser Supremo. Neste sentido, tudo o que era humano adquiria valor na sua relação com o divino. Do mesmo modo, as ordens social, política e económica estavam todas relacionadas e pretendiam espelhar a própria cadeia dos seres. Portanto, tal como existia um Deus no topo de toda a criação, também havia um rei à cabeça do reino, e assim sucessivamente. O edifício do cosmos servia de modelo para a construção das ordens social, política e económica.

Nunca houve um consenso total relativamente a esta conceção da cadeia dos seres, mas ela tornou-se uma metáfora dominante no mundo cristão medieval no que toca à compreensão da natureza da criação e da ordem do mundo. Fundamentada na filosofia "antiga" e nas escrituras, foi disseminada pela teologia, pelos ensinamentos da Igreja e por rituais, leis e práticas diárias, entre outros meios. A declaração dos "Direitos do Homem" do século XVIII é o testemunho de um longo processo de discussão sobre a caracterização da cadeia dos seres e o lugar que "o Homem" aí ocupa. Trata-se de uma discussão que remonta às obras artísticas e literárias dos séculos XII a XVI que começaram a expressar a ideia de que havia algo de intrinsecamente valioso na atividade e produção humanas. Se tivessem surgido obras semelhantes no passado, seria no momento presente que teriam, ou estariam destinadas a ter, no seu conjunto, um impacto considerável no que se tornaria mais tarde a consciência "ocidental".

Talvez o texto que procurou mais claramente uma conceção alternativa do "Homem" tenha sido a *Oração sobre a Dignidade do Homem*, de Pico della Mirandola (1956, originalmente publicada em 1486 com o título *Oratio de hominis dignitate*), frequentemente referido como um manifesto do Renascimento europeu. Na sua *Oração*, Pico della Mirandola conta a história cristã da criação do mundo posicionando o "Homem" entre Deus e os animais. O "Homem" é retratado como um ser dotado de um conjunto ilimitado de possibilidades comparativamente à natureza e aos animais, a quem o Criador atribui apenas um sentido ou função. A *Oração* é um ensaio com conteúdo filosófico, embora não seja um tratado filosófico no sentido tradicional. Pico della Mirandola faz uso de ferramentas literárias como a narração para transmitir um conceito e uma imagem do ser humano que os artistas, cientistas e filósofos renascentistas também apresentavam nas suas obras.

É bastante elucidativo o facto de a *Oração* conter a declaração inicial mais direta e influente da dignidade do "Homem", enquanto o argumento mais explícito e talvez mais duradouro dos "Direitos do Homem" venha a ser encontrado depois em "Declarações". Trata-se de dois géneros muito diferentes com pressupostos e implicações distintas. A palavra latina *oratio* significa "discurso", bem como "oração", que também está presente na conclusão do texto: "que esta oração traga um desfecho feliz e favorável; ao som das trompetas, vamos ao combate" (Pico della Mirandola, 1956: 69). A afirmação da dignidade do ser humano é, ao mesmo tempo, um discurso e uma oração dirigidos aos pares e também a alguém que se encontra para além dos limites dos nossos horizontes. A oração é, pelo menos retoricamente, um humilde reconhecimento de que existe algo transcendente. Isto é diferente de uma declaração, na qual há sempre um sentido de criação de um novo começo ou, pelo menos, a pressuposição de um estatuto já gozado, mas não totalmente entendido ou adotado. É como se, com a profissão dos "Direitos do Homem", pelo menos alguma dimensão do sentido de dignidade que fora inicialmente expresso sob a forma de oração se afirmasse vigorosamente como "declaração". Esta nova pressuposição sob a forma de "declaração" serve de base não só para alegar a independência de um território em relação a um império europeu, como no caso dos EUA, mas também, e sobretudo, para uma aceitação mais completa da independência da humanidade relativamente à *autoritas* divina e às tradições existentes que condicionam a expressão de uma ordem política secular. Esta ordem política secular não deveria ser baseada em Deus, mas em "nós, o povo". Os "Direitos do Homem" referem-se aos direitos dos indivíduos que fazem parte deste "nós".

Por muito que a filosofia e a teoria política tenham aberto caminho às revoluções políticas e declarações de finais do século XVIII, e à sua afirmação dos "Direitos do Homem", a ideia destes direitos provavelmente não teria sido bem-sucedida sem aquilo que ajudou a fazer da *Oração* de Mirandola uma obra tão influente: o poder da narração e da literatura. Lynn Hunt sublinha o papel da literatura no desenvolvimento da ideia de "Direitos do Homem" durante o século XVIII. Nessa altura, a literatura tornou-se um instrumento de apoio ao desenvolvimento de um sentido de "empatia" com outras pessoas. Esta empatia trouxe uma camada emocional que se revelou crucial para conceber ou imaginar uma comunidade com base numa humanidade partilhada e não numa origem ou criação divina partilhada. Segundo Hunt,

> No séc. XVIII, os leitores de romances aprenderam a alargar o seu espectro de empatia. Através da leitura, as pessoas quebravam barreiras sociais tradicionais, criando empatia com nobres e camponeses, senhores e servos, homens e mulheres, talvez até adultos e crianças. Consequentemente, passaram a ver outras pessoas, que não conheciam na realidade, como a eles próprios, com as mesmas emoções íntimas. Sem este processo de aprendizagem, a "igualdade" não poderia ter tido um significado profundo nem, especialmente, qualquer consequência política. A igualdade das almas no Céu é diferente da igualdade de direitos na Terra. Até ao séc. XVIII, os cristãos aceitavam prontamente a primeira sem assegurar a segunda. (Hunt, 2007: 40)

Hunt enfatiza o papel do romance, em especial dos romances psicológicos, no século XVIII. As três grandes obras deste género – *Pamela* (1740) e *Clarissa* (1747–1748), de Richardson, e *Julie* (1761), de Rousseau – foram todas publicadas durante o período imediatamente anterior ao aparecimento do conceito de "direitos do Homem" (Hunt, 2007: 39). Segundo Hunt, estes romances epistolares e descrições de tortura surtiam "efeitos físicos que se traduziam em alterações cerebrais, transformando-se em novos conceitos de organização da vida social e política" (Hunt, 2007: 33).

Por mais importante que a literatura fosse a suscitar um sentimento de empatia que ajudava a estabelecer a base emocional para a igualdade e a criar uma noção de humanidade partilhada, esta forma de empatia e igualdade enfrentava dois grandes desafios. O primeiro estava relacionado com o género, o colonialismo e a escravatura. Será que a ideia e o sentimento de igualdade se aplicavam também a mulheres, povos colonizados e escravos? Em caso afirmativo, quais seriam as consequências disso e o que seria preciso para que tal acontecesse? O segundo desafio prendia-se com o próprio desenvolvimento dialético da noção de "direitos do Homem" aliada à ideia de Estado-nação e de cidadania. Se o conceito de "direitos do Homem" abalou (ou renovou noutros termos) a noção de privilégios da nobreza e ajudou a criar uma organização sociopolítica enraizada na ideia de cidadania, o próprio conceito de cidadania num Estado-nação delimitava ou modificava o sentimento de empatia. No fundo, as pessoas eram chamadas a ser, em concreto, cidadãs de um Estado-nação com uma determinada língua, religião, tradições, etc. Assim, os seus deveres e responsabilidades diretos eram extensíveis a outros cidadãos dentro do Estado-nação, mas não necessariamente fora dele. Podem interpretar-se estes dois desafios como dificuldades práticas enfrentadas aquando do desenvolvimento da linha secular e das suas formas básicas de diferenciação, mas também como indicações da existência de uma outra linha, igualmente constitutiva da modernidade ocidental. Não se trata de uma linha teológica que distingue uma religião de outras, ou uma linha secular que diferencia o espaço secular dos espaços religiosos, mas uma linha que distingue diferentes formas de ser, diferentes essências, por assim dizer, e que pode tomar a forma de uma divisão maniqueísta entre bem e mal. Trata-se de uma linha ontológica que define e delimita um espaço de verdadeira humanidade e o separa de formas menores dessa humanidade. A revolução humanista do Renascimento, a literatura psicológica do século XVIII, as declarações de independência e os "Direitos do Homem" deverão ser entendidos em relação à emergência e expansão do secularismo, bem como a esta linha ontológica e à colonialidade. Esta contextualização e explicação da linha ontológica levará à identificação da colonialidade dos direitos humanos.

Para uma crítica à ordem do "Homem": a linha secular e a linha ontológica colonial ou linha de condenação

Como se viu, é possível considerar o Renascimento europeu uma revolta humanista que almejou proclamar a dignidade do "Homem" face a Deus e ao mundo animal. Estes são os termos que Lynn Hunt realça ao discutir a invenção dos "Direitos do Homem" no século XVIII. Inseri esta invenção no âmbito mais alargado daquilo a que chamei a produção da linha secular na modernidade. Todavia, os desafios enfrentados pela noção emergente de "direitos do Homem" e pela literatura de empatia com a qual podemos relacionar-nos indiciam uma visão mais complexa do Renascimento europeu e das revoltas humanistas europeias modernas. A modernidade europeia envolve não só a produção de uma linha secular, mas também a de uma linha colonial, sendo esta o referente central para se poder entender devidamente a complexidade dos desafios enfrentados pelos "Direitos do Homem" e as ligações entre as declarações dos direitos humanos e a colonialidade. A linha colonial é fundamental para as modalidades específicas de género e diferenças raciais na modernidade ocidental (primeiro desafio) e contribui para dar corpo aos conceitos de nação e de Estado-nação (segundo desafio).

A linha colonial é a expressão mais básica e primária da colonialidade, entendida como a produção de diferenças ontológicas organizadas hierarquicamente em formas coloniais que integram a ordem civilizacional moderna. Neste sentido, a linha colonial pode também ser designada linha moderna/colonial. Esta é responsável pela divisão do mundo em zonas mais claras, situadas mais perto da civilização, e zonas mais escuras, mais próximas do contexto caracterizado pela morte prematura e tortura, sendo esta última pior que a própria morte. Assim, tanto o Renascimento europeu como o Iluminismo, geralmente identificados com a civilização, também tiveram o que Walter Mignolo chamou de "lado negro", o que questiona a própria definição de civilização (Mignolo, 2003).

Para Mignolo, o "lado negro" da modernidade é produzido pelo que o autor chama de "diferença colonial" (Mignolo, 2000). Para ele, a diferença colonial é um espaço físico e imaginário no qual "dois tipos de histórias locais" – uma cada vez mais global e imperial, e a outra colonial – se confrontam (Mignolo, 2000: ix). A diferença colonial pode ser entendida (nos termos usados neste capítulo) como o resultado das linhas de demarcação de espaços e histórias, mas também de saberes e experiências. Deste modo, podem apontar-se várias formas de diferença colonial, incluindo a epistémica e a ontológica, como faz Mignolo (2011: 88). O meu argumento genealógico é o de que a transição de uma cosmovisão cristã, que concebeu o mundo através da diferença teológica, para outra cada vez mais classificada por princípios de diferença secular teve lugar num contexto que substituiu a centralidade da crença pelas distinções ontológicas e, logo, a teologia pela modernidade/colonialidade. Ou seja, na modernidade ocidental, o que é mais importante para o objetivo da classificação dos povos não são as suas crenças, mas o tipo de seres que são. A classificação é essencial para determinar a possibilidade de reivindicar ou desfrutar dos privilégios reconhecidos na civilização moderna.

A linha ontológica moderna/colonial tem sido teorizada de variadíssimas formas. Está, obviamente, associada ao conceito de colonialidade de Aníbal Quijano e Immanuel Wallerstein (Quijano e Wallerstein, 1992), à colonialidade do poder (Quijano, 2000), ao "lado negro" e à modernidade/colonialidade, de Mignolo (Mignolo, 2000, 2003), à colonialidade do género, de Lugones (Lugones, 2007), à genealogia do humanismo e negritude, de Sylvia Wynter (1984, 1991), bem como ao que Boaventura de Sousa Santos denomina "linha abissal" – um abismo que vem romper com a cadeia dos seres (Santos, 2007). Acompanho Sylvia Wynter e Lewis Gordon, seguindo as pisadas de Frantz Fanon, que explorou a diferença ontológica colonial nos termos de uma condenação e depois analisou a sua relação com a descolonização, o que ajuda a determinar com mais precisão a colonialidade dos direitos humanos (Wynter, 2001; Gordon, 2005; Gordon, 2015).

Um facto essencial para se entender a emergência da diferença ontológica colonial é que parte do Renascimento europeu coincidiu com a "descoberta" e invenção do "Novo Mundo", o que levou ao aparecimento de um novo conjunto de questões que alteraram o modo como se afirmava a dignidade humana. Neste contexto, o desafio para os humanistas europeus passou a ser não só o de afirmar a dignidade do "Homem" com relativa autonomia face a Deus, mas também o de explicar e justificar a diferença hierárquica percecionada entre os europeus e, por um lado, os povos aparentemente descobertos, e os povos africanos negros, por outro, escravizados pouco tempo depois. Isto significa que a modernidade ocidental envolveu não só a criação de uma linha secular que oferecia mais autonomia ao "Homem" em relação a Deus, mas também uma linha de desumanização, demarcando a diferença entre a humanidade e as novas criaturas da modernidade, vistas como se existissem para ser violadas, escravizadas e colonizadas. Num contexto onde a modernidade se posiciona nos termos de uma narrativa secular de salvação, os povos colonizados só podem ser vistos como condenados.

Os condenados são os que se situam abaixo da linha ontológica moderna/colonial. São seres cujo estatuto ontológico é considerado incerto, na melhor das hipóteses. Embora esse estatuto seja considerado incerto, o mesmo não acontece necessariamente com a afirmação dessa incerteza. Isto é, o modo como a incerteza ontológica é identificada é normalmente direto e claro, já que é orientado pela presença de informação sensorial, especialmente visual. Esta é a razão pela qual a cor se torna tão significativa enquanto forma de identificação da incerteza ou inferioridade ontológica na modernidade. Daqui decorre que a linha colonial também seja identificada como uma linha de cor (Du Bois, 1999). Aquilo a que se chama raça é uma das mais sistemáticas tentativas de identificar com certeza e prontidão a condenação: ou seja, de identificar quão longe estão certos seres de corresponder à ideia do "Homem".

A condenação é uma forma de diferenciação ontológica que inclui diferença racial, embora a transcenda. A linha ontológica colonial ou linha de condenação cria duas zonas: a de salvação, onde se entende que o mundo e os seus recursos existem "para nos servir" (*propter nos*; ver Wynter, 1991), e a de condenação, povoada por entidades cuja existência é vista como problemática e perigosa. Uma vez que, idealmente, o mundo estaria melhor sem essas entidades, elas desaparecem após os seus corpos serem usados para construir a civilização e satisfazer as necessidades das gentes civilizadas. Na pior das hipóteses, os condenados continuam vivos e têm de ser controlados de modo a permanecer fora da zona da civilização ou, então, a ter um acesso limitado à mesma. A tarefa de controlar a linha moderna/colonial a fim de determinar como e com que frequência podem os sujeitos condenados ter acesso a cada uma das duas áreas de civilização é aquilo que hoje se entende por diversidade (ao nível da sociedade civil e do Estado-nação) e desenvolvimento (ao nível geopolítico).

O condenado ou, citando Fanon, o *damné,* é visto enquanto ser ontologicamente inferior ou como modo de subjetividade criado pelo colonialismo moderno, que implicava a naturalização da escravatura. Os *damnés* do mundo são os que estão encurralados na existência infernal da plantação, da colónia ou de outras formas modernas de vigilância, controlo, exploração, violência e aniquilação. Estar condenado é viver em condições caracterizadas não só pela falta de inclusão e pela indiferença, mas, mais precisamente, pela expropriação, exterminação e várias formas de morte; é viver em condições consideradas, em certos casos, piores do que a própria morte, como a violação e a tortura. Em segundo lugar, é viver em condições que não são passíveis de mudar porque os condenados nunca serão completamente admitidos na zona de civilização, ou porque qualquer tipo de admissão será sempre baseado na afirmação da diferença entre o "Homem" e os condenados. Por outras palavras, a linha de cor e outras formas da linha moderna/colonial não são linhas de exclusão, mas linhas de condenação, o que significa que se trata de um erro categórico tentar combater a colonialidade com a inclusão. De facto, apelar à inclusão nas instituições e projetos modernos num contexto marcado pela linha colonial (contextos onde a raça e outras formas de discriminação se tornaram sistemáticas) não só perpetua a colonialidade como também contribui para o envolvimento ativo dos *damnés* na estrutura que sustenta a sua própria condenação. Diversidade, inclusão e desenvolvimento são termos-chave no evangelho da modernidade/colonialidade, particularmente nas suas aceções liberais e neoliberais. Centram-se na assimilação pela ideia moderna de civilização e na inclusão seletiva e limitada em esferas que não só a da exploração desumana e moderna do trabalho ou a dos elementos "mais negros" da modernidade, necessários aos poucos que são aparentemente selecionados para desfrutar dos privilégios da salvação.

Os *damnés* não são "o Homem" nem animais inocentes. Em termos existenciais, os *damnés* vivem numa zona de condenação abaixo das zonas de existência (facticidade) e não-existência (liberdade), onde a humanidade se define e o "Homem" está enraizado. Neste sentido, e segundo Fanon, o *damné* não é "Homem". Se o "Homem", nas palavras de Jean-Paul Sartre, está "condenado a ser livre" (Sartre, 1966: 186), os *damnés* estão condenados a permanecer narcisicamente aprisionados numa condição na qual a imagem que prevalece é a da sua inferioridade, o que os obriga a procurar na "brancura" a sua salvação. Nesta condição, o inferno não são "os outros", como diz Sartre (ver *Entre Quatro Paredes, in* Sartre, 1989), mas o próprio "eu" e a zona de condenação sociogénica. Aqueles que encarnam completamente a humanidade ou os que se situam na zona de salvação podem tornar-se indivíduos autênticos no encontro com a morte (Heidegger) ou na realização da liberdade absoluta (Sartre). No entanto, na zona de condenação a individualidade é banida, já que se considera que os indivíduos não são dissociáveis do seu passado e do coletivo ao qual se diz pertencerem (Fanon, 2008). Também a possibilidade da sua morte não constitui um evento extraordinário, mas apenas parte da sua experiência quotidiana.

Dada a natureza da colonialidade e da "antinegritude", esta situação é particularmente dramática para os indivíduos negros colonizados, razão pela qual Fanon dedica o seu primeiro livro ao estudo da população negra (Fanon, 2008). Nessa obra, Fanon faz notar que o branco não é apenas outro, mas um amo, e que o seu olhar é já parte do próprio conceito e da experiência vivida da negritude. Independentemente do seu presumível estatuto social e económico, os indivíduos negros situam-se, portanto, na zona de condenação e de paralisia, onde o ato de usar máscaras brancas prevalece sobre o que é suposto ser uma dialética entre o ser e o não-ser da qual, como diz o autor, a autenticidade pode surgir. Isto significa que, na modernidade ocidental, até a dialética entre o ser e o não-ser é deslocada e, por assim dizer, colonizada por uma forma de negrofobia que encontra normalmente expressão na divisão entre o preto e o branco. Isto faz parte da colonialidade do ser na modernidade, na qual o próprio ser é sobredeterminado a partir de fora. A modalidade de existência do negro ocorre abaixo da dialética entre o ser e o não-ser, na qual o seu único destino não é a existência plena, mas antes a "brancura".

A autenticidade não consegue responder à crise – isto é, tomar uma decisão – da era moderna/colonial no sentido em que não reconhece nem reage bem à produção de uma zona de condenação. A produção desta nova zona não é senão uma catástrofe metafísica, rompendo com uma realidade humana definida pelo ser e o não-ser, e construindo outra sob a forma de estrutura maniqueísta na qual as noções de bem e de mal absolutos substituem o poder da divisão entre o ser e o não-ser. Neste sentido, a civilização moderna não deve ser entendida como a revelação das distinções ontológicas entre o ser e o não-ser, mas como a criação catastrófica de um mundo maniqueísta dividido entre as noções de bem essencial e de mal essencial. A linha ontológica moderna/colonial é maniqueísta, transferindo a bondade e a maldade do domínio da ética para o da ontologia, no qual se tornam essências intransponíveis. Esta relação maniqueísta funciona como referência principal para definir a realidade; desloca e reconstrói o papel do ser e do não-ser; e bloqueia qualquer sentido de dialética.

Dado este estado de coisas, os apelos à diversidade e à inclusão, ao progresso e ao desenvolvimento, à autenticidade e à empatia na abordagem a esta situação são, na melhor das hipóteses, ingénuos e, na pior, usados para reforçar ainda mais a colonialidade. Em qualquer dos casos, estes apelos servem para combater a única ação que, por si só, pode desafiar esta ordem: a descolonialidade. A descolonialidade está longe de ser apenas uma questão de revolução política ou um apelo à independência; é, antes de mais, uma forma de insurreição metafísica que procura pôr um fim à catástrofe metafísica da colonialidade. Esta insurreição metafísica está relacionada com a emergência de um apelo a um bem para lá do bem maniqueísta do sistema moderno/colonial. Este bem estilhaça a colonização do ser e do não-ser pelo maniqueísmo e pode resultar no início de uma dialética que, a partir desse momento, deixa de ser vista como definitiva ou autossuficiente. Ou seja, se a colonialidade ontologizou o bem e o mal, a descolonialidade desontologiza e descoloniza-os, levando-os de volta à esfera da existência e práxis humanas com implicações éticas, políticas e metafísicas. A descolonialidade é, em suma, uma luta ético-política, epistémica e simbólica que pretende criar uma realidade de inter-relações humanas para além da palavra e do "Homem".

A descolonialidade desafia a verticalidade da linha ontológica colonial. Isto é diferente da empatia, que tem lugar no espaço de diferenças horizontais entre aqueles que alegam ser humanos. Em face da colonialidade do ser – entendida como a produção de uma esfera de existência abaixo das zonas do ser e do não-ser – a empatia está limitada aos que se situam na zona da humanidade plena, sendo extensível aos que se situam na zona de condenação de forma parcial, seletiva e temporária, desde que estes demonstrem sinais inquestionáveis de respeito e assimilação da palavra e dos critérios de ação legítima que é normativa no mundo do "Homem". Este tipo de empatia reforça a divisão entre o "Homem" e os *damnés*, exprimindo simplesmente um impulso de inclusão, que só pode ser um imperativo implícito de assimilação. Trata-se de um ciclo vicioso que perpetua a realidade e o sentido do ser-condenado.

As declarações dos "Direitos do Homem" e os apelos à empatia entre os que são reconhecidos como seres humanos pressupõem uma descrição distorcida da modernidade baseada em visões limitadas que apenas se focam em certos aspetos da linha secular. As declarações ocultam a relevância da linha colonial e do seu entrosamento na linha secular. Os *damnés* eram, de forma avassaladora, mortos, violados e escravizados nas colónias, enquanto o Deus cristão era empurrado do domínio público para o privado no seio dos impérios europeus. Os "Direitos do Homem" estão, em grande medida, envolvidos em ambos os processos: na diferenciação e proteção da ordem humana face a pretensões de autoridade divina em qualquer estrutura política; e na manutenção dos *damnés* no seu lugar, seja ele a plantação, a colónia, a periferia, as áreas inurbanas, suburbanas ou rurais do Estado-nação, ou em espaços domésticos, especialmente de violência.

A colonialidade continuaria a desenrolar-se ao longo dos séculos XVIII e XIX. Durante esse período, ao passo que a secularidade dos direitos humanos contribuiu para se imaginar o "Homem" como um ser distinto e independente de Deus, a colonialidade dos direitos humanos – isto é, a rejeição da humanidade ou a expetativa de assimilação na narrativa da civilização ocidental através de apelos aos direitos humanos – legitimou a diferença entre a ordem humana e a zona de condenação. Não faltaria muito mais tempo, porém, para que a colonialidade afetasse diretamente aqueles que se encontram na zona da salvação. O fascismo do século XX, em particular o nazismo, levaria o imperialismo e a limpeza étnica a um nível que obrigaria finalmente os europeus a vê-los como um problema: a agressão imperial da Alemanha no próprio continente europeu e a eliminação sistemática e legitimada pela ciência de judeus, ciganos, eslavos e de vários outros grupos étnicos considerados indesejáveis ou perigosos. O fascismo introduziu e desenvolveu ideias e práticas da zona de condenação na zona de salvação moderna. Isto levaria a um compromisso renovado com os direitos humanos e, de facto, a uma nova declaração. A questão era se a nova formulação dos direitos humanos romperia ou continuaria sob uma forma diferente de colonialidade dos "Direitos do Homem" dos séculos XVIII e XIX.

A colonialidade dos direitos humanos do século XX

A oposição à arrogância do nacional-socialismo – uma arrogância antecipada pelo crescimento do imperialismo e do racismo no século XIX, resultando em mais de 60 milhões de mortes na Segunda Guerra Mundial – levou a uma ressurgência dos discursos dos direitos humanos e à sua consagração numa nova declaração: a *Declaração Universal dos Direitos Humanos*. Como indica Lynn Hunt, esta declaração alargou o número de direitos inalienáveis normalmente reconhecidos ao ser humano,

> proibindo a escravatura e garantindo o sufrágio universal e igual através do voto secreto. Além disso, apelava à liberdade de circulação, ao direito à nacionalidade, ao casamento e, controversamente, ao direito à segurança social; apelava também ao direito ao trabalho, com remuneração digna e igualitária para as mesmas funções, ao direito ao descanso e ao lazer, e ao direito à educação, que deveria ser gratuita ao nível básico. (Hunt, 2007: 204)

Para Hunt, isto representava um regresso triunfante do discurso dos direitos humanos, agora alicerçado institucionalmente no Estado-nação e, para lá dele, nas Nações Unidas e nos tribunais internacionais de justiça.

Hunt conclui o seu livro sobre a invenção dos direitos humanos com a ideia de que,

> o quadro dos direitos humanos, com os seus organismos, tribunais e convenções internacionais, pode ser desesperantemente lento na sua resposta ou constante incapacidade para alcançar os seus objetivos últimos; mas a verdade é que não há outra estrutura melhor e disponível para lidar com estes problemas. (Hunt, 2007: 213)

Segundo a autora, uma particularidade da *Declaração Universal dos Direitos Humanos* é centrar-se principalmente nas questões a resolver e não no seu objetivo mais geral de assegurar a singularidade e autonomia do humano face ao divino e ao mundo animal, como acontecera, até certo ponto, com as declarações anteriores. Na minha opinião, isto acontece em parte devido ao facto de, em meados do século XX, a capacidade do "Homem" para criar um governo assente nos direitos do cidadão já ter sido concretizada.

As monarquias e a perspetiva imposta pela cadeia dos seres deixaram de constituir um desafio à organização mais secular do mundo social. O espaço secular do Estado-nação já tinha sido criado e as linhas teológicas entre uma religião presumivelmente verdadeira e outras falsas reposicionaram-se no âmbito dos códigos normativos do Estado-nação. Na maioria dos casos, o que era definido como religião passou a ser visto como parte da natureza dos Estados-nação. Ao mesmo tempo, as diferenças religiosas, dentro de um Estado e entre Estados, confundiram-se com características nacionais e diferenças raciais, conferindo novas dimensões a conflitos religiosos. Os nazis, tal como outros impérios que povoaram o século XIX, mobilizaram a ciência e a religião no seu entendimento racial do mundo.

O discurso dos direitos humanos do século XX procurou responder a um conjunto de problemas convenientemente delimitados que a modernidade ocidental tinha criado. Estes problemas manifestaram-se no extermínio de milhões de pessoas e na devastação interna da Europa. A questão é se esta resposta seria o resultado de um profundo reconhecimento de uma humanidade comum para além do que o conceito de cidadão e a estrutura do Estado-nação tinham permitido ou se seria uma oposição à soberba imperialista e colonialista suscitada pela natureza escandalosa do nazismo, e não uma oposição ao imperialismo e ao colonialismo propriamente ditos. Ou seja, até que ponto reagiam os europeus e outros povos contra o excesso de imperialismo e racismo – traduzidos num genocídio em massa, na criação de campos de extermínio, na devastação da Europa e na dizimação de milhões de europeus – sem se oporem ao imperialismo e ao racismo enquanto tais e nas suas várias manifestações. Por outras palavras, até que ponto o discurso dos direitos humanos emergiria para proteger a ordem do "Homem" do caos ao mesmo tempo que se desconsiderava a zona de condenação e o projeto de descolonização.

Antes de declarar o regresso aparentemente triunfante do discurso dos direitos humanos à consciência e teoria políticas modernas dominantes e antes de celebrar as suas conquistas, como faz Hunt, é necessário explorar mais detalhadamente os problemas que o discurso dos direitos humanos veio ajudar a resolver e o modo como eram entendidos em meados do século XX. Pouco tempo após a publicação da *Declaração Universal dos Direitos Humanos*, Aimé Césaire, intelectual, poeta e pensador político martinicano, conduziu uma análise incisiva sobre o nazismo e a mudança em direção aos direitos humanos. Para Césaire, a mudança rumo aos direitos humanos era uma resposta limitada a um problema mal formulado. O problema, até àquele momento, atribuía-se ao nazismo e ao antissemitismo, e não ao colonialismo e ao racismo, em termos mais gerais. Quando os europeus foram obrigados a pensar na questão do colonialismo, a resposta que Césaire encontrou foi a de que o colonialismo era diferente do nazismo porque o primeiro era uma forma de civilizar os povos colonizados. Assim, Césaire concluiu que, se "a burguesia mais cristã e humanista do séc. XX" protestou contra Hitler, foi pela sua inconsistência; no fundo, o que ela não poderia

> perdoar a Hitler não era o *crime* em si, *o crime contra a humanidade, a humilhação do homem enquanto tal*, mas o crime contra o homem branco, a humilhação do homem branco e o facto de Hitler ter aplicado à Europa procedimentos colonialistas que, até à data, tinham estado reservados exclusivamente aos árabes da Argélia, aos cúlis da Índia e aos negros de África. (Césaire, 2000: 36)

Césaire viu nesta ideia traços daquilo a que chama de "pseudo-humanismo", uma forma de humanismo que, "durante demasiado tempo, diminuiu os direitos do homem e cujo conceito tem sido, e continua a ser, restrito e fragmentário, incompleto e tendencioso e, acima de tudo, sordidamente racista" (Césaire, 2000: 37).

Se, por um lado, Hunt vê a *Declaração Universal dos Direitos Humanos* como um regresso a um discurso de igualdade após a arrogância nacionalista do nazismo, Césaire, por outro, defende que ela surge na continuidade de uma longa tradição de pseudo-humanismo "sordidamente racista". De facto, enquanto Hunt e outros pensadores entendem a emergência dos direitos humanos em 1948 como uma oposição ao nazismo, Césaire realça que o nazismo permanece escondido no seio da burguesia liberal europeia e que, sem se aperceber, "cada burguês distinto, humanista e cristão do séc. XX [...] tem um Hitler dentro de si; esse Hitler *habita-o*, esse Hitler é o seu *demónio*" (Césaire, 2000: 36). Se há uma relação próxima entre o liberalismo e o nacional-socialismo hitleriano, ao contrário do que Hunt defende, o liberalismo ocidental pós-iluminista e o etnonacionalismo não estão assim tão afastados, o que nos leva a pensar se o liberalismo não poderia ser definido como uma forma menos acentuada de fascismo, ou se o fascismo não será uma forma mais acentuada de liberalismo. Apesar de estar mais inclinado para a primeira ideia, as ligações entre o liberalismo e o fascismo são inegáveis de um ponto de vista cesairiano. Césaire sugere não só que a proximidade entre o liberalismo e o fascismo é preservada no rescaldo da versão hitleriana de nacionalismo, mas também que algo próximo do hitlerianismo fortalece a consciência e os projetos da burguesia "muito humanista" (com e sem tendências liberais fortes) e "muito cristã" (com e sem tendências nacionalistas e conservadoras fortes).

Se o liberalismo e o nacionalismo não estão tão distantes, como sugere Césaire, pode ser pelo facto de, subjacente a eles, se encontrar uma burguesia racista e colonialista. Fazemos uma avaliação errada das questões ao assumir que o liberalismo e o nacionalismo são duas ideologias separadas de cuja dialética resulta uma forma muito superior de pensar os direitos humanos internacionais. Foi a mesma burguesia racista e colonialista que proclamou vitória nas revoluções francesa e norte-americana, e que reclamou a posição privilegiada que declarou os "Direitos do Homem" em nome de "nós, o povo" e dos cidadãos. As declarações podem ter sido consequência do pseudo-humanismo da burguesia racista e colonialista. Os constantes apelos à descolonização por parte dos movimentos indígenas e da juventude negra, entre outros setores, parecem indicar que se trata da mesma burguesia racista, colonialista – apesar de a sua natureza ser, até certo ponto, mais multicultural e "inclusiva da diversidade" – e patriarcal que influencia a maioria dos projetos nacionalistas e corporativos globais hoje em dia. Não se trata apenas da burguesia, mas também das classes e indivíduos que aspiram ao estatuto burguês, bem como grupos marcadamente nacionalistas e conservadores que prefeririam ver o mundo organizado pelas linhas étnicas e, principalmente, cristãs de diferenciação e demarcação que já existem há muito tempo na era moderna/colonial. O desafio maior aos discursos dos direitos humanos não é, portanto, o modo como é feita a abordagem aos excessos de violência dos Estados-nação, mas o modo como progridem os seus movimentos de descolonização. A descolonização remete para a insurgência daqueles que povoam a zona de condenação com o objetivo de destruir as linhas coloniais ontológicas que os transformam em algo inferior ao ser humano.

Ao contrário da *Declaração Universal dos Direitos do Homem e do Cidadão*, a *Declaração Universal dos Direitos Humanos* não assenta especialmente em argumentos metafísicos relativos à natureza do "Homem". Trata-se, primeiro e principalmente, da expressão de um acordo internacional relativo a um número mínimo de normas para um tipo de convivência que evitaria os excessos vividos durante a Segunda Guerra Mundial. O que normalmente se esquece neste contexto é que, enquanto as potências europeias, os EUA e vários outros países se envolviam na luta com ou contra Hitler, outros territórios e colónias debatiam-se pela descolonização. As principais potências imperiais europeias do século XIX estavam a ser atacadas a partir de dentro pelo hitlerismo e a partir de fora pelas colónias. Estas potências estavam, obviamente, interessadas em fazer todos os possíveis para estabelecer um limite para o tipo de violência que poderia resultar na desestabilização da supremacia europeia e ocidental. O conceito de Estado-nação teria de ser vigiado e controlado, de modo a evitar os excessos do nazismo. Ainda assim, os interesses colonialistas e as perspetivas racistas dos Estados-nação europeus estavam tão profundamente enraizados que estes "tinham de ser incentivados e pressionados a incluir os direitos humanos na sua agenda política" quando planeavam fundar as Nações Unidas (Hunt, 2007: 202). Por exemplo, Hunt constata que

> a Grã-Bretanha e a União Soviética tinham ambas rejeitado propostas para incluir os direitos humanos na Carta das Nações Unidas [...]. Além disso, os Estados Unidos tinham-se oposto inicialmente à sugestão da China de incluir na Carta uma declaração sobre a igualdade entre todas as raças. (Hunt, 2007: 202)

As potências ocidentais, incluindo a União Soviética, temiam que algo no conceito de direitos humanos e na declaração da igualdade entre as raças pudesse pôr em causa os seus interesses. No entanto, podiam usar o mesmo conceito de direitos humanos em seu próprio benefício. Enquanto os povos colonizados podiam usar a noção de direitos humanos para denunciar o colonialismo – mesmo sendo, normalmente, num quadro que os comprometia estritamente ao objetivo de terem o seu Estado-nação –, as potências colonizadoras do Ocidente podiam usar a mesma terminologia para desviar o foco da descolonização para a observância dos direitos humanos. Segundo Samuel Moyn, este foi um dos principais interesses que levaram à declaração internacional dos direitos humanos por parte das potências ocidentais. Para Moyn, mais importante para compreender a natureza do discurso dos direitos humanos do século XX do que a dos presumíveis antecedentes do século XVIII

> era o facto de os direitos humanos terem sido introduzidos em plena Segunda Grande Guerra, em substituição da independência em relação ao império, como a maioria sonhava – uma espécie de prémio de consolação anteriormente recusado. No final do conflito, grande parte do mundo permanecia ainda colonizada, mas muitos deram por terminada a era imperial. Porém, além de os direitos humanos não terem implicado o fim da era imperial (efetivamente, as potências imperiais eram as suas maiores defensoras), muitos pensaram que os Aliados na sua Carta do Atlântico tinham prometido a descolonização, retirando depois a promessa quando surgiu a questão dos "direitos humanos". (Moyn, 2014: 138–139)

Para Moyn, a diferença fundamental entre a anterior declaração dos "Direitos do Homem" e a *Declaração Universal dos Direitos Humanos* é a seguinte: enquanto a primeira fez parte de uma luta revolucionária, a segunda serviu para reprimir lutas revolucionárias. Esta tendência já se mostrara anteriormente como resposta à Revolução Haitiana. É como se o caráter revolucionário dos "Direitos do Homem" desaparecesse não só quando os interesses económicos da burguesia estavam em risco mas, sobretudo, quando os indivíduos racializados reivindicavam uma atitude revolucionária – qualquer tipo de ação significativa. Portanto, não é estranho que, como menciona Moyn, "o anticolonialismo do séc. XX [...] tenha evitado frequentemente a linguagem dos direitos humanos, até quando a *Declaração Universal* foi proposta" (Moyn, 2014: 19). O compromisso com o colonialismo e o racismo que Césaire detetou na burguesia humanista e cristã continuou claramente pelo século XX, ao ponto de usar o discurso dos direitos humanos para desviar a atenção da luta revolucionária e do questionamento radical do capitalismo e do socialismo, reduzindo a questão à tentativa de evitar os excessos de violência nos Estados-nação, particularmente quando tinham lugar na Europa ou eram por ela considerados legítimos.

Os "Direitos do Homem" estavam limitados por um excesso de dependência de uma conceção abstrata de humanidade que era sobredeterminada, a um nível concreto, por visões relativas à diferença qualitativa entre um conjunto de seres humanos, cada vez mais entendidos como brancos, civilizados e de origem europeia, e outro não civilizado, selvagem e inferior. Esta sobredeterminação continuou a afetar os direitos humanos internacionais, encontrando expressão na diferença entre o que era retratado como o mal absoluto da Segunda Guerra Mundial e do Holocausto, por um lado, e formas de violência consideradas menores que tinham por objetivo civilizar e não exterminar populações, como era o caso, alegadamente, do colonialismo.

Perante o colonialismo e o legado da escravatura racista, os colonizadores só consideravam importante a Segunda Guerra Mundial e o Holocausto. À ideia de Europa como expressão máxima da civilização que existia no século XIX, juntava-se a ideia de Europa como expressão máxima do mal, no século XX. Neste contexto, o colonialismo viria a ser interpretado não como um mal a ser enfrentado, mas como algo demasiado humano que, independentemente da sua negatividade, devia ser considerado um veículo de transmissão da civilização. A Europa monopoliza o lado positivo do cultivo e difusão da civilização, bem como o uso da categoria de mal, agora ligado ao Holocausto fascista. Os direitos humanos são o resultado do lado positivo da civilização europeia que evita a ameaça do mal do fascismo à integridade dos Estados-nação "desenvolvidos". Este entendimento do bem e do mal procurou esconder ou tornar irrelevante a estrutura maniqueísta do mundo moderno/colonial, transformando os direitos humanos num outro veículo de colonialidade.

A colonialidade dos novos termos do bem do colonialismo e do mal fascista decorreu do modo que se apresenta de seguida. Por um lado, se se aceitasse a premissa do colonialismo como veículo de civilização, então o futuro das colónias teria de ser definido por uma tentativa constante de adotar as normas europeias de civilização. Ou seja, as colónias estariam à beira de rejeitar o colonialismo e continuariam a abraçar a civilização europeia. Por outro lado, se não se estivesse inclinado a ver nada de especialmente bom no colonialismo, poderia se supor que o Holocausto fascista e os campos de extermínio teriam sido o único mal verdadeiro, ao qual nada é comparável. Esta é a principal razão pela qual a noção de "campo de extermínio" continua a inspirar a filosofia e a teoria política europeias, enquanto a colonização é normalmente considerada um assunto dos estudos pós-coloniais e do pensamento descolonial. Ao apelar a esta interpretação do Holocausto, os europeus podiam desembaraçar-se mais facilmente do colonialismo e avançar com críticas profundas à modernidade ou ao Iluminismo sem nunca levar o colonialismo a sério. Enquanto pensadores que teorizavam sobre as expressões mais profundas do mal, também se posicionavam como líderes. Apesar de não terem de se envolver seriamente na questão do colonialismo, o resto do mundo teria, supostamente, de seguir a sua liderança teórica no modo de perspetivar a modernidade e o Holocausto. Além disso, uma vez que o Holocausto teve lugar em território europeu e afetou a população europeia, faz sentido que a Europa e os seus povos mantenham esta centralidade histórica e teórica. Segundo esta visão, a política da Europa enquanto expoente máximo da civilização uniu-se à política da Europa enquanto expoente máximo do sofrimento. Não haverá, portanto, nada a procurar fora do espaço europeu.

É fundamental que, neste contexto, se tenha tornado importante para os europeus rejeitar o antissemitismo e qualquer tipo de expressão vulgar e explícita de racismo, ao mesmo tempo que se incluiu, pelo menos retoricamente e em alguns círculos importantes, os judeus na raça branca. A emergência do Estado de Israel e o crescente branqueamento de alguns judeus nos EUA fazem parte de uma narrativa religiosa e secular de redenção que demonstra a relação contínua entre o Cristianismo e o Estado-nação secular. Deste modo, o antissemitismo dificilmente desaparece. Por detrás da inclusão cristã dos judeus subjaz sempre a noção de que o judeu é inferior ou está em menor sintonia com o Estado-nação do que o cristão branco. Apoiar o Estado de Israel é tanto uma questão de estratégia geopolítica em benefício dos países ocidentais, quanto uma questão de destino cristão. A linha secular e a teológica aliam-se estrategicamente, funcionando num campo largamente definido pelas linhas coloniais ontológicas.

Neste processo, a exigência da descolonização adquire cada vez menos peso e legitimidade; os direitos humanos tornam-se mais abstratos e distantes, servindo apenas para traçar fronteiras de violência na nova ordem mundial. Esta ordem é moderna/racista, patriarcal e capitalista, entre outras características, o que se traduzirá numa diferenciação entre várias formas de violência. A violência que ameaça esta ordem será considerada excessiva e requererá ação imediata; por outro lado, a violência e o sofrimento que são o resultado, intencional ou não, dos esforços para maximizar a eficácia ou o avanço dos objetivos principais do sistema, serão vistos como necessários ou não-substanciais. Poder-se-ia interpretar esta resposta à maneira leibniziana: um dos tipos de sofrimento faz parte de um mal necessário característico do melhor dos mundos possíveis, enquanto o outro é um mal excessivo que pode e deve ser enfrentado. Os direitos humanos devem, pois, tornar-se parte daquilo a que Lewis Gordon se referiu como a teodiceia do mundo moderno/colonial (Gordon, 2013). Mas este é outro aspeto da colonialidade dos direitos humanos.

Tanto a identificação da violência como a determinação do sofrimento são seletivas e desempenham o seu papel na manutenção da ordem. Dito francamente, em vez de prevalecer uma empatia universal, parece que o sofrimento dos europeus brancos e dos seus descendentes é visto como mais angustiante do que o sofrimento de outros povos. Simultaneamente, o sofrimento dos negros e dos indígenas costuma permanecer indetetável, de tal forma que a identificação da negritude ou da indigenidade, em qualquer contexto, levará à determinação desse sofrimento como mais natural ou menos problemático que noutros casos. Há também o que se pode chamar de hermenêutica moderna do sofrimento, que faz parte da colonialidade dos direitos humanos, carecendo de uma investigação minuciosa. Não se trata apenas de falta de empatia, mas de uma certa manipulação da empatia, de sentimento e formas particulares de raciocínio que operam num sistema que é, entre outras características, capitalista, racista e patriarcal no seu cerne. Este é o "demónio" que Césaire identificou na "burguesia muito humanista e cristã" e que acreditava continuar a justificar o colonialismo após a Segunda Guerra Mundial.

Neste contexto, os direitos humanos internacionais permanecem seriamente desligados da reivindicação de descolonização e podem até ser usados contra as lutas descoloniais. Outro exemplo disto é a primazia dos apelos aos direitos individuais sobre as lutas para mudar as instituições e as estruturas. Neste e noutros casos, os direitos humanos internacionais podem facilmente operar num ambiente que não só é capitalista, mas também colonialista, sexista e racista. Esta é também uma versão dos direitos humanos internacionais feita à medida do Estado-nação, mesmo quando este geralmente limita os direitos de quem reconhece como seus cidadãos e populações normativas. No máximo, os direitos humanos servem para identificar algumas das expressões de violência mais explícitas e, como se viu anteriormente, até a interpretação dessa violência parte normalmente de uma ótica colonialista e racista ocidental.

Conclusão

Tanto os "Direitos do Homem" como os direitos humanos internacionais têm desempenhado um papel ativo no quadro moderno/colonial. Põe-se, portanto, a seguinte questão: os direitos humanos podem ser descolonizados? Faria sentido referirmo-nos à descolonização dos direitos humanos e, em caso afirmativo, o que significaria isso exatamente? Neste capítulo, concentrei-me na análise do lugar que ocupam os direitos humanos na economia conceptual do mundo moderno/colonial, com o objetivo de pensar a colonialidade dos direitos humanos. Ter-se-ia de explorar o modo como os discursos dos direitos humanos têm sido usados por outros grupos nas suas lutas pela descolonização. A minha perceção é de que qualquer uso que se lhes dê será sempre limitado, como indica Moyn, além de estratégico. Os direitos humanos podem ser considerados um espaço de luta onde a colonialidade se cruza com uma atitude descolonial que procura fazer deles uma oportunidade para desafiar a ordem humana (Maldonado-Torres, 2015). É este desafio maior à catástrofe metafísica e à linha colonial – mais do que o esforço para pactuar com os imperativos e perspetivas da linha secular – o foco das lutas descoloniais. Este desafio ocorre mais profundamente quando é parte integrante de um movimento abrangente de descolonização, e não quando se compromete discretamente com os direitos humanos.

Referências bibliográficas

Césaire, Aimé (2000), *Discourse on Colonialism*. Nova Iorque: Monthly Review Press.

Du Bois, W.E.B. (1999), *The Souls of Black Folk. Authoritative Text. Contexts. Criticism*. Nova Iorque: W.W. Norton [editado por Henry Louis Gates Jr. e Terri Hume Oliver].

Fanon, Frantz (2008), *Black Skin, White Masks*. Nova Iorque: Grove Press [edição Kindle].

Gordon, Lewis R. (2005), "Through the Zone of Nonbeing: A Reading of *Black Skin, White Masks* in Celebration of Fanon's Eightieth Birthday", *The C.L.R. James Journal*, 11(1), 1–43. DOI: <https://doi.org/10.5840/clrjames20051111>.

Gordon, Lewis R. (2013), "Race, Theodicy, and the Normative Emancipatory Challenges of Blackness", *South Atlantic Quarterly*, 112(4), 725–736. DOI: <https://doi.org/10.1215/00382876-2345252>.

Gordon, Lewis R. (2015), *What Fanon Said: A Philosophical Introduction to his Life and Thought*. Nova Iorque: Fordham University Press.

Hunt, Lynn (2007), *Inventing Human Rights: A History*. Nova Iorque: W.W. Norton.

Lugones, María (2007), "Heterosexualism and the Colonial/Modern Gender System", *Hypatia*, 22(1), 186–219. DOI: <https://doi.org/10.1111/j.1527-2001.2007.tb01156.x>.

Maldonado-Torres, Nelson (2014), "Religion, Conquest, and Race in the Foundations of the Modern/Colonial World", *Journal of the American Academy of Religion*, 82(3), 636–665. DOI: <https://doi.org/10.1093/jaarel/lfu054>.

Maldonado-Torres, Nelson (2015), "Transdisciplinariedad y decolonialidad", *Quaderna*, 3. Disponível em: <http://quaderna.org/transdisciplinariedad-y-decolonialidad>.

Mignolo, Walter (2000), *Local Histories/Global Designs: Coloniality, Subaltern Knowledges, and Border Thinking*. Princeton, NJ: Princeton University Press.

Mignolo, Walter (2003), *The Darker Side of the Renaissance: Literacy, Territoriality, and Colonization*. Ann Arbor, MI: The University of Michigan Press [2.ª ed.]. DOI: <https://doi.org/10.3998/mpub.8739>.

Mignolo, Walter (2011), *The Darker Side of Western Modernity: Global Futures, Decolonial Options*. Durham, NC: Duke University Press. DOI: <https://doi.org/10.1215/9780822394501>.

Moyn, Samuel (2014), *Human Rights and the Uses of History*. Londres: Verso.

Pico della Mirandola, Giovanni (1956), *Oration on the Dignity of Man*. Chicago: Gateway Editions [orig. 1486].

Quijano, Aníbal (2000), "Coloniality of Power, Eurocentrism, and Latin America", *Nepantla: Views from South*, 1(3), 533–580. Disponível em: <https://muse.jhu.edu/article/23906/summary>.

Quijano, Aníbal; Immanuel Wallerstein (1992), "Americanity as a Concept, or the Americas in the Modern World-System", *International Social Science Journal*, 44, 549–557. Disponível em: <http://www.javeriana.edu.co/blogs/syie/files/Quijano-and-Wallerstein-Americanity-as-a-Concept.pdf>.

Santos, Boaventura de Sousa (2007), "Beyond Abyssal Thinking: From Global Lines to Ecologies of Knowledges", *Review*, 30(1), 4589. 45–89. JSTOR: <https://www.jstor.org/stable/40241677>.

Sartre, Jean-Paul (1966), *Being and Nothingness: A Phenomenological Essay on Ontology*. Nova Iorque: Washington Square Press, Pocket Books.

Sartre, Jean-Paul (1989), *No Exit and Three Other Plays*. Nova Iorque: Vintage International.

Wallerstein, Immanuel (1991), *Unthinking Social Science: The Limits of Nineteenth-Century Paradigms*. Cambridge: Polity Press.

Wynter, Sylvia (1984), "The Ceremony Must be Found: After Humanism", *Boundary 2*, 12(3), 19–70. DOI: <https://doi.org/10.2307/302808>.

Wynter, Sylvia (1991), "Columbus and the Poetics of the *Propter Nos*", *Annals of Scholarship*, 8(2), 251–286.

Wynter, Sylvia (2001), "Towards the Sociogenic Principle: Fanon, Identity, the Puzzle of Conscious Experience, and What it is like to be 'Black'", *in* Mercedes F. Durán-Cogan e Antonio Gómez-Moriana (orgs.), *National Identities and Sociopolitical Changes in Latin America*. Nova Iorque: Routledge, 30–66.

Wynter, Sylvia (2003), "Unsettling the Coloniality of Being/Power/Truth/Freedom: Towards the Human, After Man, Its Overrepresentation – An Argument", *The New Centennial Review*, 3(3), 257–337. DOI: <https://doi.org/10.1353/ncr.2004.0015>.

CAPÍTULO 4

Apologia do diálogo perante os fundamentalismos*

Juan José Tamayo

Um fantasma percorre o mundo: o fundamentalismo!

A tolerância, o diálogo e a não-violência não são exatamente valores que tenham caracterizado as religiões, ou pelo menos os seus dirigentes, nem no comportamento com as pessoas crentes, nem na sua atitude perante a sociedade. A maioria das religiões impôs um pensamento único e perseguiu, castigou e expulsou do seu seio os crentes considerados dissidentes e heterodoxos. Invadiram espaços civis que não eram da sua competência e impuseram as suas crenças, muitas vezes pela força e recorrendo à violência. Pela mesma razão, o diálogo brilhou pela sua ausência. Impôs-se antes o anátema, a condenação, a exclusão. O mesmo se pode dizer da não-violência e das mensagens de paz que estão presentes nas mensagens originárias da maioria das religiões e, com frequência, ausentes nas suas práticas, que costumam ser violentas.

O que, com grande lucidez, dizia dos cristãos Baruch Spinoza, que tinha sofrido na pele a exclusão da comunidade judia, aplica-se a muitos crentes de outras religiões:

> Fiquei frequentemente surpreendido ao ver homens que professam a religião cristã, religião de paz, de amor, de continência, de boa-fé, lutar uns contra os outros com tanta violência e perseguir-se com tão terríveis ódios, que mais parecia que a sua religião se distinguia por este caráter do que pelo que antes assinalava. Indagando a causa deste mal, descobri que provém, sobretudo, da colocação das funções

* Tradução de Carla Lopes.

do sacerdócio, das dignidades e dos deveres da igreja na categoria das vantagens materiais, e em que o povo imagina que toda a religião consiste nas honras que tributa aos seus ministros. (Spinoza, 1986: 66)

Uma das práticas mais generalizadas da religião foi a intolerância, que atualmente adota a forma extrema de "fundamentalismo". Hoje, poderíamos dizer do fundamentalismo o que Marx e Engels afirmaram do comunismo no *Manifesto comunista* de 1848: um novo fantasma ou, melhor, uma nova realidade percorre o mundo, e não só a Europa, o fundamentalismo. E fá-lo de maneira galopante e sem travão. É como um furacão que destrói o mais sagrado das religiões e constitui uma ameaça para a convivência entre os seres humanos, sobretudo quando desemboca em terrorismo.

"Fundamentalismo" é uma palavra erudita do mundo das religiões que define um fenómeno religioso muito concreto, o pentecostalismo nascido nos EUA durante a segunda década do século XX. Hoje, continua vivo e ativo. Tem cerca de setenta e cinco milhões de seguidores – quase um terço da população norte-americana – e exerce uma importante influência em todos os âmbitos da vida: político, religioso, educativo, económico, cultural, militar, judicial, relações internacionais, etc.

A palavra passou para outros âmbitos, como acontece com a "globalização", que originariamente pertence ao âmbito económico e se usa noutros contextos. O termo "fundamentalismo" aplica-se a pessoas e coletivos fanáticos das diferentes religiões, sobretudo, aos judeus ultraortodoxos, aos muçulmanos integristas e aos cristãos tradicionalistas. O fenómeno fundamentalista costuma ocorrer – embora não exclusivamente – em sistemas rígidos de crenças religiosas que se sustentam, por sua vez, em textos revelados, definições dogmáticas e magistérios infalíveis.

O fundamentalismo ocorre especialmente nas três religiões monoteístas, que se caracterizam pela crença num só e único Deus, considerado universal, que tem um projeto de salvação para toda a humanidade e revela a sua vontade a um profeta. Essa revelação consta de um livro sagrado, que é a palavra de Deus e, portanto, inerrante e verdadeira, sempre e em todos os âmbitos. Algumas religiões monoteístas contam com um magistério e intérpretes oficiais que fixam o verdadeiro e único sentido dos textos, que não é outro senão o literal, e exclui qualquer interpretação que não seja a oficial.

Estes intérpretes transformam a linguagem simbólica dos textos sagrados, que é a mais apropriada às religiões, em fórmulas dogmáticas que as pessoas crentes têm de acatar não só no seu conteúdo mas também na sua formulação. Quem ousar fazer interpretações que se distanciem do sentido fixado pelas autoridades doutrinais é acusado de herege ou heterodoxo e, com frequência, excluído da comunidade religiosa (Tamayo, 2009: 73-98).

Também existem tendências fundamentalistas nas religiões orientais como o hinduísmo, o siquismo e o budismo (Bruce, 2003: 17-18). Temos várias manifestações disso nas últimas décadas. Hindus radicais saquearam em 1992 a mesquita Babri Masjid, de Ayodhya, construída em 1528 com fundos do primeiro imperador mongol, Babar. Posteriormente, os hindus situaram nesse lugar o nascimento do deus Rama. O siquismo demonstrou o seu caráter fundamentalista violento com o assassinato da primeira-ministra Indira Gandhi, em 1984, levado a cabo por um soldado da sua guarda pessoal, e seguidor dessa religião, para se vingar do ataque das tropas governamentais ao Templo Dourado de Amritsar.

O budismo, filosofia que se caracteriza pelo pacifismo, pela tolerância e pela compaixão, não está isento de atitudes fundamentalistas nem de práticas violentas. Vejamos dois exemplos: Sri Lanka e Myanmar. O Sri Lanka tem uma maioria budista cingalesa (83%), uma minoria tâmil hindu (9%) e o resto são cristãos e muçulmanos. Antes da criação do Estado cingalês em 1948, os monges budistas exerceram todo o tipo de pressões junto das autoridades britânicas para que se reconhecesse a primazia do budismo no país. Depois de constituir o Estado, exerceram a sua influência para que se negassem certos direitos de cidadania à minoria tâmil, que foi alvo de marginalização e perseguição sistemática. Posteriormente, durante a luta do povo tâmil pela sua independência e a reivindicação da zona nordeste do país, os monges budistas participaram na violência e na brutal repressão contra esse povo, acreditando que, assim, contribuíam para a defesa da integridade cultural e religiosa do Sri Lanka, até ao esmagamento da etnia tâmil em 2009, com uma grande destruição material e um elevado custo em vidas humanas, na sua maioria dessa etnia.

Em Myanmar, o monge budista Ashin Wirathu, autoproclamado Bin Laden birmanês, incita os budistas à violência contra os muçulmanos. O resultado tem sido a queima e o saque de mesquitas, casas e estabelecimentos comerciais de muçulmanos e o deslocamento de milhares de pessoas seguidoras do Islão para acampamentos de refugiados onde vivem em condições infra-humanas.

Contudo, o fundamentalismo não é inerente às religiões. Pelo contrário. A experiência religiosa autêntica está tão distante do fundamentalismo como da idolatria. Idólatras e fundamentalistas são dois dos piores inimigos de todas as religiões. A experiência religiosa caracteriza-se pela relação gratuita com o divino, o respeito pelo mistério, a experiência do encontro com a transcendência na história, o reconhecimento da dignidade dos outros e das outras. O fundamentalismo encontra-se, portanto, nas antípodas da experiência religiosa.

A experiência que melhor e mais autenticamente reflete a vivência religiosa é a mística, valorizada por crentes e não crentes. Para Henri Bergson, é a essência da religião; para William James, a raiz e o centro da religião; para Albert Einstein, a mais bela emoção do ser humano e a força da ciência e da arte. É, por sua vez, o melhor antídoto contra o fundamentalismo. A mística constitui um dos lugares privilegiados da experiência religiosa e o lugar de encontro das religiões.

Porém, e contraditoriamente, foi no interior das religiões que se fomentaram as manifestações fundamentalistas mais radicais, os dogmatismos mais irracionais, os integrismos mais beligerantes, as posições mais intransigentes e os mais cegos fanatismos, que desembocaram com frequência em choques entre culturas e guerras de religiões.

Hoje, o termo fundamentalismo associa-se mimeticamente e quase instintivamente ao Islão. Dizer Islão remete diretamente ao fundamentalismo e vice-versa; falar de fundamentalismo leva as pessoas a pensar no Islão. Essa associação está muito presente no imaginário social e religioso. Dela faz eco o próprio Dicionário da Real Academia Espanhola, na sua 22.ª edição – nas edições anteriores não aparecia a palavra –, que define o fundamentalismo, na sua primeira aceção, como "movimento religioso e político de massas que pretende restaurar a pureza islâmica pela aplicação estrita da lei corânica à vida social". Na sua segunda aceção, apresenta-o como "crença religiosa baseada numa interpretação literal da Bíblia, nascida na América do Norte simultaneamente com a Primeira Guerra Mundial". A terceira aceção é "exigência intransigente de submissão a uma doutrina ou prática estabelecida". Aqui, a ordem de fatores altera o produto e não para bem do Islão, mas para o seu desprestígio e demonização. Estamos perante um mau trato semântico da linguagem que – ironias da língua! – pode fomentar a islamofobia.

Fundamentalismos em fragmentação

Atualmente, o uso do termo "fundamentalismo" generaliza-se além do campo religioso e tem uma presença universal. Existe o "fundamentalismo político", que é a religião monoteísta do Império: este converte-se em Absoluto, ao qual se submetem as nações da terra e lhe prestam culto. Esse fundamentalismo chegou ao seu extremo durante a presidência de George W. Bush, que se arrogou a autoridade de Cristo e, num ato de suplantação de personalidade, se apropriou das suas palavras e as aplicou à sua pessoa: "quem não está comigo, está contra mim". Anteriormente, tinha dividido o mundo em dois eixos: o do bem e o do mal, colocando do lado deste quem se opunha à sua política terrorista e invasora. Justificou a invasão do Iraque como resposta a um mandato divino.

Há um "fundamentalismo económico", que é a religião do Mercado. Joseph Stiglitz, prémio Nobel da Economia em 2001, falava de "fundamentalismo neoliberal", referindo-se ao Fundo Monetário Internacional, cuja pretensão é apresentar-se como a interpretação autorizada e única do fenómeno da globalização com base em pressupostos puramente "ideológicos" apresentados sob a cobertura de "científicos" (Stiglitz, 2002, 2006).

Creio que essa atribuição tem de ser dada também a outras organizações, como o Banco Mundial e a Organização Mundial do Comércio, aos encontros de Davos, onde se reúnem os globalizadores hegemónicos, e, em geral, à economia neoliberal seguida pela maioria dos governos. A aplicação das receitas unívocas destes organismos nos países do Sul global remeteu-os para a ruína ao mesmo tempo que implicou a imolação de milhões de seres humanos no altar do fanatismo neoliberal.

Encontramos um precedente desta abordagem no lúcido artigo *El capitalismo como religión*, escrito por Walter Benjamin na década de 1920 (Benjamin, 1985: 100-103).[1] Nele, o autor considera o capitalismo como um fenómeno essencialmente religioso. A sua tese é que o Cristianismo não favoreceu em tempos de reforma o aparecimento do capitalismo, como tentou demonstrar Max Weber, mas, antes, transformou-se em capitalismo, cujas características fundamentais são as seguintes:

a) É uma religião de culto, talvez a mais extrema, que nunca tinha existido (utilitarismo).
b) A duração do culto não se reduz a um dia por semana, é permanente. Há uma autoveneração do êxito, uma ébria celebração dos balanços e benefícios e uma orgia do consumo. A laboriosidade cúltica do capitalismo não conhece limites.
c) O culto capitalista não liberta da culpa, mas, antes, culpabiliza por si mesmo até tornar universal a culpa e a culpabilização de Deus, provocando um estado geral de desespero.
d) Na religião capitalista, Deus deve ser ocultado para a religião aparecer como secularizada.

Com a metamorfose da religião em capitalismo, aquela deixa de ser a reforma do ser para se tornar na sua transferência. Essa metamorfose, segundo H. Scheppenhäuser, coeditor de *Gesammelte Schriften* de Walter Benjamin, tem esta consequência:

[1] O texto foi publicado pelo diário *El País*, num suplemento dedicado a "Walter Benjamin na 'época do inferno'", em 20 de setembro de 1990.

Todos os que falam da salvação da civilização cristã, todos os que apelam à defesa do Ocidente contra os poderes das trevas têm em mente o capital, e todos os que roçam o capitalismo ou simplesmente o mencionam pelo seu verdadeiro nome experimentam a sensação de estar a tocar nos valores mais santos. (Scheppenhäuser, 1990: 4)

O neoliberalismo nega qualquer fundamentação antropológica dos direitos humanos, priva-os da sua universalidade, que se converte em mera retórica atrás da qual se esconde a defesa dos seus interesses, e estabelece uma base e uma lógica puramente económica para o seu exercício: a da propriedade, da acumulação e do poder de compra. Na cultura neoliberal, os direitos humanos tendem a reduzir-se ao da propriedade. Só quem é proprietário, quem detém o poder económico, tem direitos.

Existe o "fundamentalismo patriarcal", que é a religião do Patriarcado e que estabelece como cânone do humano os atributos e valores viris e recorre sistematicamente à violência contra as mulheres e as crianças como instrumento de domínio. O fundamentalismo patriarcal não reconhece as mulheres como sujeitos éticos, políticos e sociais e, como consequência, priva-as do exercício dos seus direitos. Considera-as inferiores, defende a elaboração de leis de desigualdade sexual e é partidário de um processo de socialização com diferentes papéis em função do sexo (De Miguel, 2015).

O fundamentalismo patriarcal é legitimado pela religião patriarcal. Como afirma a filósofa e teóloga feminista norte-americana Mary Daly, "se Deus é homem, então o homem é Deus" (Daly, 1973: 19). Efetivamente, o patriarcado religioso legitima e reforça o patriarcado político, social, familiar, laboral, etc. A ideia de Deus como Pai patriarcal fixa-se no imaginário social, consolida o *statu quo* da sociedade patriarcal e torna-se na base do domínio dos homens sobre as mulheres como corresponde ao plano divino. Dessa maneira, a estrutura patriarcal da sociedade, inclusive em sociedades secularizadas, é sacralizada.

Há um "fundamentalismo cultural ocidental", que qualifica infundadamente a cultura ocidental como superior e considera que as restantes culturas – tidas por inferiores enquanto não atingirem os níveis de "progresso" da cultura que detém a hegemonia – a ela se devem submeter e adaptar. O exemplo mais humilhante do comportamento cultural fundamentalista é o desprezo por parte da cultura ocidental dos saberes dos povos originários.

Há que falar também de um "fundamentalismo estatal", que consiste em dar prioridade à estabilidade institucional, à normatividade e utilidade em relação à justiça, à equidade e à defesa dos direitos humanos. No caso dos imigrantes, por exemplo, a atitude fundamentalista consiste na sua assimilação por parte da nossa cultura, impondo-lhes os nossos costumes, exigindo-lhes a aceitação da nossa cosmovisão, valorizando-os em função do seu rendimento e da sua rentabilidade, aceitando-os como mão-de-obra enquanto forem necessários e prescindindo deles quando já não forem precisos, considerando-os mercadoria, não os reconhecendo como seres humanos com dignidade e direitos inalienáveis (Zapata-Barrero, 2000).

A ciência não está isenta do fundamentalismo, e incorre nele quando se pretende converter numa "nova religião", quando se considera a candidata exclusiva à verdade das coisas, quando absolutiza o seu método de aproximação à verdade e o impõe ao resto dos campos do fazer e do saber e se apresenta como o mapa único da cartografia do real. A comunidade científica torna-se fundamentalista quando se autocompreende como casta sacerdotal que administra o poder sagrado do conhecimento científico (Bermejo, 2008).

O fundamentalismo não é uma derivação necessária da ciência, mas, sim, uma patologia que pode e deve ser erradicada. Como e em que condições? Quando descobre a complexidade que a rodeia, toma consciência da complexidade intrínseca à sua própria disciplina e assume ser um mapa, não o único, dentro da pluralidade cartográfica dos saberes e da interpretação do real. A transdisciplinaridade, pluralidade e complexidade constituem o melhor antídoto contra o fundamentalismo científico. Diego Bermejo afirma acertadamente: "A ciência deixa-se reconhecer nos 'muitos rostos' que a configuram, quando se vê refletida no poliedro especular das outras criações-visões humanas da experiência: filosofia, história, sociologia, psicologia, ética, estética, género..." (Bermejo, 2008: 8).

Existe inclusive um "fundamentalismo democrático", que consiste na absolutização e imposição, até violenta, de um determinado modelo de democracia "que se distancia com perigosa insistência dos trilhos da dúvida para se revestir de certezas cada vez mais ressonantes: mercado, globalizações, competência" (Cebrián, 2003: 20).

Fala-se também, ainda que impropriamente, na minha opinião, de "fundamentalismo laicista", dando à palavra "laicismo" um significado inadequado: o de perseguição contra a religião, discriminação dos crentes na vida pública e reclusão das manifestações religiosas na esfera privada. Mas esse não é o significado de "laicismo".

Julgo que há aqui uma confusão de conceitos: tende a identificar-se laicismo com ateísmo e Estado laico com Estado ateu. O Estado laico não persegue as crenças religiosas, mas, antes, defende a autonomia das realidades temporais e a liberdade de consciência, reconhece e respeita o direito de acreditar ou não acreditar e mostra-se neutro em matéria de crenças e descrenças. Estabelece a separação entre religião e política, ética religiosa e ética cívica, comunidade política e comunidade religiosa. Se o laicismo desemboca em fundamentalismo, trata-se de uma patologia e deixa de ser laicismo.

Os diferentes fundamentalismos descritos caracterizam-se por uma série de elementos que os tornam reconhecíveis: "absolutização" do relativo, que desembocar em idolatria e fetichismo; "universalização" do local, que desemboca em imperialismo; "generalização" do particular, que desemboca em pseudociência; elevação do que é opinável à categoria de ortodoxia, que desemboca em dogmatismo; "simplificação" do complexo, através do género literário do catecismo, que desemboca em respostas elementares a perguntas complexas; "eternização" do temporal, que desemboca em teologia perene; "redução" do múltiplo e plural a um e uniforme, que desemboca em pensamento único; "sacralização" do secular, que se traduz em confessionalismo.

O mais preocupante do fenómeno fundamentalista não é estar localizado em grupos extremistas mais ou menos reconhecidos ou reconhecíveis, mas, sim, estar instalado na cúpula das diferentes instituições, e muito especialmente das religiosas. Dir-se-á que também as comunidades religiosas são fanáticas e fundamentalistas. E é verdade, mas a maioria das vezes trata-se de fanatismos e fundamentalismos induzidos.

Eu penso que:

- nem o choque civilizacional é a lei da história;
- nem as guerras religiosas são uma constante na vida dos povos;
- nem os fundamentalismos pertencem à essência das religiões;
- nem os confrontos entre as diferentes etnias estão na sua natureza;
- nem as diferenças culturais têm que desembocar em conflitos entre elas;
- nem as diferentes disciplinas têm de ser confrontadas por defender zelosamente o seu campo de estudo;
- nem os povos têm de resolver os seus problemas e conflitos violentamente;
- nem as identidades são construídas impondo-se e destruindo-se umas às outras;
- nem a submissão das mulheres perante o império do patriarcado constitui o princípio de organização da sociedade, nem o modelo de relações humanas.

O choque civilizacional, os fundamentalismos, os confrontos étnicos, os conflitos identitários e o patriarcado são construções ideológicas dos poderes políticos, económicos, militares, religiosos e culturais hegemónicos que estabelecem alianças entre si para manter o seu poder sobre o mundo e sobre as consciências dos cidadãos. São construções ideológicas que manipulam as culturas, pondo-as ao serviço de projetos imperialistas opressores; manipulam Deus, que invocam como seu aliado; manipulam as religiões, consideradas expressa ou tacitamente como sanção moral dos seus comportamentos, inclusive violentos.

Apologia do diálogo

As religiões e as culturas não podem cair na armadilha colocada pelos poderes hegemônicos. Não podem continuar a ser fontes de conflito entre si nem continuar a legitimar os choques de interesses espúrios das grandes potências. A alternativa ao choque civilizacional, ao conflito entre culturas, às guerras religiosas e aos confrontos étnicos é o *diálogo político, intercultural, intrarreligioso, inter-religioso e interdisciplinar e o trabalho para a paz, que têm de se tornar hoje no imperativo categórico das diferentes cosmovisões,* quero dizer, *tradições filosóficas, morais, culturais, religiosas e espirituais da humanidade,* se não se querem ancilosar, ignorar ou, ainda pior, destruir umas às outras.

O diálogo deve ser entendido como forma de vida, talante, imperativo ético e método para a busca da verdade e para a resolução pacífica dos conflitos. E isto por uma série de razões antropológicas, epistemológicas, filosóficas, políticas, interculturais, religiosas e teológicas, que justificam a "apologia do diálogo" que exponho de seguida.

1. O diálogo *faz parte da estrutura do ser humano.* Este, mais do que um lobo para os seus semelhantes, é um ser social, e a sociabilidade implica criar espaços de comunicação, cenários de encontro, lugares de diálogo. Por isso, a incomunicação, o desencontro e o monólogo constituem a mais crassa negação e são os maiores inimigos da sociabilidade e transformam o ser humano em lobo de estepe, pior ainda, em destruidor de si mesmo. A própria existência do ser humano não se entende sem referência ao outro, aos outros com quem se comunica. Expressava-o acertadamente Desmond Tutu, conforme a antropologia *ubuntu*: "Eu só sou se tu também fores". A maturidade e a realização integral da pessoa requerem um âmbito de referência: a proximidade.

   A pessoa como ser moral implica a alteridade e não se entende sem a mediação dialógica: a ética começa quando os outros entram em cena, diz certeiramente Umberto Eco. A sociabilidade não é um acidente nem uma contingência; é a própria definição da condição humana, afirma Tzvetan Todorov, que cita o *Essai sur l'origine des langues*, de Rousseau: "Aquele que quis que o homem fosse sociável tocou com o dedo o eixo do globo e inclinou-o sobre o eixo do universo" (ROUSSEAU *apud* TODOROV, 2008: 33).

2. O diálogo faz parte, igualmente, da *estrutura do conhecimento e da racionalidade*. A razão é dialógica, não autista; intersubjetiva, não puramente subjetiva. O autismo constitui uma das mais graves patologias da epistemologia. Ninguém pode afirmar que possui a verdade em exclusivo e na sua totalidade. Menos ainda dizer, imitando o Rei Sol: "A razão sou eu". Pelo contrário. É melhor seguir a consigna de Antonio Machado que convida a procurar a verdade: "A tua verdade? Não, a Verdade, e vem comigo procurá-la. A tua, guarda-a para ti."
3. O diálogo requer *argumentação* como passo necessário em toda a busca e momento vital no debate; caso contrário, não se dá avanço nenhum e está-se sempre no mesmo sítio. Pois bem, a argumentação exige dar razões e expô-las com rigor, mas também ouvir as razões do outro e mudar de opinião se estas forem convincentes.
4. O diálogo é *uma das chaves fundamentais da hermenêutica*. É a porta que nos introduz na compreensão dos acontecimentos e dos textos de outras tradições culturais e religiosas ou dos acontecimentos e dos textos do passado da nossa própria tradição. Que mais é a hermenêutica senão o diálogo do leitor com esses textos e acontecimentos em busca de significado, de sentido? Graças a ele, podemos superar a distância, por vezes abissal, de todo o tipo – cronológica, cultural, antropológica – entre os autores e protagonistas de ontem e os leitores de hoje.

Sem diálogo com os textos e os acontecimentos, estes não passam de restos arqueológicos do passado ou objetos de curiosidade sem significado nenhum. A conversa, acredita David Tracy, pode funcionar como modelo de toda a interpretação. Por sua vez, a religião constitui a realidade mais plural e ambígua, ao mesmo tempo que é a mais difícil e, por isso, a melhor prova para qualquer teoria da interpretação (TRACY, 1997).

O ser humano vive e age, pensa e delibera, compreende e crê, julga e experimenta, sob o signo da interpretação. Concordo com Tracy que "ser humano é agir reflexivamente, decidir deliberadamente, compreender inteligentemente, experimentar plenamente. *Quer o saibamos ou não, o ser humano é um hábil intérprete*" (TRACY, 1997: 23-24, itálico acrescentado).

Qualquer ato de interpretação implica três realidades: um fenómeno a interpretar, pessoas que o interpretem e a interação entre ambas. O fenómeno a interpretar pode ser uma lei, uma ação, um símbolo, um texto, um acontecimento, uma pessoa. A pessoa que o interpreta pode ser individual ou coletiva. O diálogo entre ambos é precisamente o ato hermenêutico por excelência.

5. O diálogo constitui uma *alternativa ao fundamentalismo* e ao integrismo cultural, religioso e étnico. É um antídoto contra a ideologia do "choque" ou o confronto entre culturas e religiões e contra qualquer ameaça totalitária. A força do diálogo impõe-se a qualquer outro mecanismo de poder, incluindo o militar, ao qual se recorre com frequência para impor modelos políticos e condições absolutas que dificultam ou impossibilitam a convivência.
6. A favor do diálogo fala a *história das religiões*, que mostra a riqueza simbólica da humanidade e a pluralidade de manifestações do sagrado, do divino, do mistério na história humana, da diversidade de mensagens e de mensageiros nem sempre coincidentes e, por vezes, confrontados, e as múltiplas e diferenciadas respostas às várias perguntas em torno da origem e do futuro do cosmos e da humanidade, do sentido e do sem sentido da vida e da morte. A uniformidade constitui um empobrecimento do mundo religioso. Deve reconhecer-se e afirmar-se, consequentemente, a pluralidade e a diferença como amostras da riqueza desse mundo. Pluralidade e diferença que não podem desembocar em desigualdade.

   Quiçá o frequente recurso ao anátema dos crentes perante os não-crentes e dos crentes de religiões contra os de outras se deva à ausência de uma disciplina de história das religiões nos currículos escolares e à apresentação de cada religião como única, verdadeira e como único caminho de salvação, com a exclusão das outras (Filoramo *et al.*, 2000; Filoramo, 2001).

   É uma incoerência manter o ensino confessional da religião na escola num Estado não-confessional. A isto soma-se o fracasso desse ensino. A solução está, na minha opinião, na inclusão nos planos de estudos escolares de uma disciplina de história das religiões no contexto da história da cultura ensinada com rigor científico, com sentido crítico e a partir de uma perspetiva laica.
7. A *verdade* não se impõe pela força da autoridade, mas é *fruto do acordo entre os interlocutores* após uma longa e árdua procura, onde tem de se combinar o consenso e a discórdia. Isto é aplicável também ao conhecimento teológico. Assim se operou nos momentos mais brilhantes e criativos do debate doutrinal dentro da maioria das religiões. A metodologia dialógica substitui a imposição

autoritária das opiniões por decreto e quebra os estereótipos do verdadeiro e do falso estabelecidos pelo poder dominante, neste caso, pela religião dominante.

É verdade que esta metodologia pode desembocar em ruturas, mas estas respondem muitas vezes à pressa na hora de tomar decisões e à intransigência de quem fixa as regras do jogo. Em todo o caso, deve evitar-se sempre tanto a ingerência de instâncias de poder alheias ao âmbito religioso, que tendem a manipular as religiões e pô-las ao seu serviço, como a ingerência de instâncias religiosas na investigação científica.

8. Também a interculturalidade defende o diálogo inter-religioso (Fornet-Betancourt, 2001). Nenhuma cultura ou religião pode ser considerada em posse única da verdade como se se tratasse de uma propriedade privada recebida como herança ou através de uma operação mercantil. Tal como também uma só religião ou cultura não tem a resposta única para os problemas da humanidade ou a força libertadora exclusiva para lutar contra as opressões. A verdade, a resposta aos problemas humanos e a libertação estão presentes em todas as religiões e culturas, ainda que misturadas com desvios e patologias epistemológicas. E é preciso procurá-las constantemente!
9. O diálogo intrarreligioso e inter-religioso constitui um *imperativo ético* para a sobrevivência da humanidade, da paz no mundo e da luta contra a pobreza. Cerca de cinco mil milhões de seres humanos estão vinculados a alguma tradição religiosa e espiritual. Se entrarem em guerra, o mundo irá tornar-se num colosso em chamas com uma capacidade destrutiva total. Primeiro, todos os crentes se unirão para lutar contra os não crentes até à sua eliminação. Depois, os crentes das diferentes religiões irão enfrentar-se entre si até à sua destruição reeditando as velhas guerras religiosas. Muito diferente será o cenário se as religiões dialogarem e se comprometerem com o trabalho pela paz, a luta pela justiça, a defesa da natureza como lar dos seres humanos, o êxito da igualdade e o reconhecimento da diversidade (Küng, 1990).
10. Concordo com a ideia de Raimon Panikkar de que, sem diálogo, o ser humano se asfixia e as religiões ancilosam-se e tornam-se monolíticas (Panikkar, 1993: 1149). Ideia que é inseparável do respeito pela *diversidade,* como afirma o filósofo iraniano Ramin Jahanbegloo: "Sem diálogo, a diversidade é inalcançável; e, sem respeito pela diversidade, o diálogo é inútil" (Jahanbegloo, 2007:

23). A interdependência dos seres humanos, a diversidade cultural, a pluralidade de cosmovisões e inclusive os conflitos de interesses exigem uma cultura do diálogo, como reconhecia Dalai Lama no discurso pronunciado no Fórum 2000, em Praga, em setembro de 1997:

> Haverá sempre nas sociedades humanas diferenças de opiniões e de interesses, mas a realidade atual é que somos todos interdependentes e temos de coexistir neste pequeno planeta. Portanto, a única forma sensata e inteligente de resolver as diferenças e os choques de interesses, seja entre indivíduos ou entre países, é pelo diálogo. A promoção de uma cultura do diálogo e da não-violência para o futuro da humanidade é uma importante tarefa da comunidade internacional. (Dalai Lama *apud* Jahanbegloo, 2007: 21–22)

11. A busca da verdade é a grande tarefa e o grande desafio do diálogo inter-religioso e intercultural. E isso sabendo que nunca chegaremos a tê-la na totalidade e que só conseguiremos aproximar-nos dela. O caráter inesgotável da Verdade – com maiúscula – dissuade-nos de qualquer tentativa de a apressar a fórmulas rígidas e estereotipadas. A profundidade da verdade – com minúscula – dissuade-nos de acreditar que chegámos a tê-la. Pelo contrário, quanto mais procuramos a verdade, menos a podemos apressar.

    O diálogo tem de partir de relações simétricas entre as religiões e da renúncia a atitudes arrogantes por parte da religião que está mais arraigada ou é maioritária num determinado território. Todas as religiões são respostas humanas à realidade divina que se manifesta através de diferentes rostos. Todas elas formam um "pluralismo unitário" ao mesmo tempo que cada uma possui uma "singularidade complementar" aberta às outras (Knitter, 1985).

    As religiões não se podem isolar no seu próprio mundo, na esfera da privacidade e do culto, como se os problemas da humanidade não lhes dissessem respeito. Pelo contrário, têm de ativar as suas melhores tradições para contribuir para a construção de uma sociedade intercultural, inter-religiosa, interétnica, justa, fraterna e sororal.
12. O diálogo não pretende vencer e derrotar, ou convencer e obrigar o interlocutor a mudar de opinião, mas, antes, procurar elementos de encontro a partir das diferentes posições culturais e religiosas. Tão-pouco procura chegar a sínteses irénicas, mas pode, sim, criar uma nova linguagem partilhada para ser entendida e alguns

mínimos éticos de convivência consensuais. Não se trata de criar grandes teorias universais nem uma superestrutura cultural, mas, antes, de favorecer relações e entendimentos mútuos, onde *todos* tenham lugar e possam participar em pé de igualdade. O cenário do diálogo pode proporcionar um processo de mútua aprendizagem uns com os outros.

13. O diálogo tem de ser: *inclusivo* de todas as culturas, etnias, civilizações, espiritualidades e religiões perante a tendência generalizada de excluir tradições religiosas, culturais e espirituais minoritárias e ancestrais por as considerar atrasadas e irrelevantes; *contra-hegemónico*, havendo que, para isso, evitar a hierarquização entre culturas desenvolvidas e subdesenvolvidas, grandes religiões e religiões minoritárias, que converte as grandes religiões em hegemónicas e as minoritárias em subalternas, assim como questionar a legitimação que as grandes religiões fazem dos poderes hegemónicos; *libertador* das estruturas opressoras e alienantes.
14. O *diálogo intercultural* requer a aliança na *luta contra a pobreza e contra as desigualdades*. O diálogo de culturas sem diálogo de religiões é ineficaz, já que muitas culturas têm a sua matriz nas religiões. O diálogo entre religiões sem diálogo entre culturas é uma operação endogâmica. O diálogo entre religiões sem diálogo com a sociedade torna-se socialmente irrelevante. O diálogo, qualquer diálogo, sem luta pela justiça é vazio. O encontro de religiões e o diálogo de culturas sem a aliança contra a pobreza torna-se estéril e não passa de uma divertida conversa de café, que pode desembocar em verborreia, sobretudo se estiver regada de muito líquido etílico.
15. Muitas religiões, muitas manifestações da marginalização, muitos rostos da pobreza, todos eles condicionados, de uma forma ou de outra, pela situação económica, agudizados pela economia neoliberal, radicalizados pela ditadura impiedosa dos mercados e desamparados com frequência pelas religiões. Continentes inteiros, regiões, países, setores sociais imersos na pobreza estrutural em prol do neoliberalismo: no total, mais de dois terços da humanidade – a maioria no Sul global, mas também com grandes bolsas de pobreza no Norte global. Mulheres dupla ou triplamente oprimidas e discriminadas: por serem mulheres, por serem pobres e por pertencerem a etnias marginalizadas. Comunidades indígenas subjugadas, comunidades negras submetidas a um regime de *apartheid* realmente existente, jovens sem trabalho, idosos na solidão e

sem assistência social, seis milhões de desempregados e um milhão e setecentas mil famílias com todos os membros no desemprego em Espanha, um aumento cada vez maior das desigualdades, etc.

As religiões não podem ignorar os diferentes rostos da pobreza e dos pobres e, neste momento, as vítimas da crise. Têm de mostrar sensibilidade com elas e comprometer-se na luta contra as causas que as provocam: discriminações de género, opressão política, exploração económica, intolerância religiosa, marginalização étnica, domínio colonial... Como?

- Pessoalmente, vivendo sem ostentação, com austeridade.
- Comunitariamente, através da prática da partilha, experiência comum às religiões.
- Socialmente, comprometendo-se com os movimentos que lutam por outro mundo possível.
- Teologicamente, através da elaboração de uma teologia intercultural e inter-religiosa da libertação ou, se se preferir, de uma aliança entre a teologia das religiões, a teologia feminista, as teologias da libertação e as teologias decoloniais.
- Ecologicamente, trabalhando para um desenvolvimento sustentável e para uma relação não opressora dos seres humanos com a natureza.
- Economicamente, construindo um modelo alternativo ao capitalismo neoliberal.
- A partir da perspetiva de género, com a prática da *democracia paritária* com igual representatividade de homens e mulheres nas organizações religiosas; o reconhecimento das mulheres como sujeitos éticos, religiosos, capazes de tomar as suas decisões livremente e em consciência, sem interferência das hierarquias religiosas patriarcais; o respeito escrupuloso pelos direitos sexuais e reprodutivos das mulheres enquanto direitos humanos; a inclusão das mulheres no espaço sagrado, do qual foram separadas por leis de pureza e impureza irracionais; a devolução do protagonismo que lhes foi negado no exercício do poder; o reconhecimento de responsabilidades diretivas em igualdade de condições com os homens; a participação na elaboração da doutrina moral, até agora imposta pelos homens; a interpretação dos textos das religiões a partir da perspetiva de género; a eliminação da linguagem patriarcal, em si mesma discriminatória e, com frequência, legitimadora da desigualdade e da violência contra as mulheres.

16. O diálogo não deve ser entre os apologistas das suas próprias culturas e religiões, mas, sim, entre os críticos das mesmas a partir dos pressupostos críticos que existem em cada tradição cultural e religiosa. É um diálogo que não pode dar por suposta uma simetria entre as culturas que não existe na realidade. Trata-se de um "diálogo crítico intercultural com intenção de *trans*modernidade" (Dussel, 2015: 284 e ss.). Dussel dá como exemplo desse diálogo o filósofo marroquino Mohamed Ábed Yabri nas suas obras *Crítica de la razón árabe* e *El legado filosófico árabe* (Yabri, 2001, 2010; Tamayo, 2012: 95-112).
17. Este diálogo transversal – observa Enrique Dussel –, que vai da periferia à periferia, "deve partir de outro lugar que não do mero diálogo entre os eruditos do mundo académico ou institucionalmente dominante" (Dussel, 2015: 284). Um exemplo desse diálogo entre cientistas sociais e movimentos sociais foi o Congresso Internacional "Tecendo Vozes para a Casa Comum", celebrado em diferentes cidades do México, de 12 a 20 de novembro de 2015.
18. A alternativa aos fundamentalismos deve ser um diálogo radical, ou seja, que vá à raiz dos problemas e que se desenvolva em torno das agressões mais dramáticas que a humanidade e a Terra vivem. Um diálogo entre saberes e sabores, viveres e sofreres, crenças e descrenças, pensamentos e sentimentos, éticas plurais e estéticas, dos povos originários e dos povos com menor história; de conhecimentos e ignorâncias; de experiências e inexperiências (Santos e Meneses, 2009).

Dignidade, indignação e libertação: Deus, ativista dos direitos humanos

A apologia do diálogo leva diretamente à defesa dos direitos humanos e, especialmente, dos direitos das pessoas, dos grupos humanos, das classes sociais e das comunidades originárias a quem sistematicamente são negados. Nessa negação, as religiões desempenham um papel importante, que, com a desculpa de defender a dignidade e os direitos de Deus, tendem a não reconhecer a dignidade e os direitos da natureza e dos seres humanos, tão-pouco os dos seus seguidores, que não são considerados sujeitos de direitos, mas, sim, pecadores que se devem arrepender.

Deus aparece com frequência nas religiões como rival, pior ainda, como vampiro que chupa o sangue ao ser humano, esvazia-o da sua dignidade e apropria-se das suas qualidades e dos seus atributos elevando-os à categoria de absolutos, como já o demostrara o filósofo alemão Ludwig Feuerbach na sua obra *A essência do cristianismo*, com a qual começa propriamente o ateísmo moderno. A negação de Deus por parte do ateísmo moderno radica precisamente na salvaguarda da dignidade do ser humano. Esse é o sentido originário do ateísmo humanista de Feuerbach, que se vê obrigado a negar a Deus para defender a liberdade do ser humano.

É frequente as religiões colocarem as leis acima da liberdade e a obediência aos preceitos divinos acima da consciência. Inclusive, a vida torna-se num valor relativo perante o valor absoluto da lei religiosa. O cumprimento desta tende a colocar-se acima e diante da vida humana, até ao ponto de exigir, por vezes, a entrega da própria vida por um bem maior e o uso da violência contra os "inimigos" em nome de Deus. O Deus da vida em quem se crê obriga os crentes a matar. Como disse José Saramago, matar em nome de Deus é torná-lo num assassino. Que contradição!

Mas há outra orientação da religião: a defesa da dignidade dos seres humanos e da Terra, e a indignação quando a dignidade lhes é negada a todos. Essa orientação constitui o fio condutor que passa pela religião bíblica, pela história do cristianismo, pelas religiões em geral e por alguns dos principais marcos de referência do pensamento teológico: o que situa a relação entre Deus e o ser humano no ponto de encontro onde convergem ética, libertação e dignidade humana. Esta não fica no plano da privacidade e interioridade, como tem a sua disseminação sociopolítica através de diferentes processos de libertação.

As teologias contra-hegemónicas da libertação não ficam nas declarações solenes – mais ou menos retóricas – da dignidade e dos direitos que emanam dessa dignidade, defendem antes a dignidade e os direitos humanos das pessoas e dos coletivos a quem o sistema nega esses direitos. Nesse sentido, mantêm uma fecunda relação de cumplicidade com a teoria crítica dos direitos humanos, tal como é formulada por Boaventura de Sousa Santos na sua obra *Se Deus fosse um activista dos direitos humanos* (Santos, 2013).

Cumplicidade mutuamente enriquecedora que ocorreu também na prática revolucionária durante as décadas de 1960, 1970 e 1980 na América Latina, com a presença do Cristianismo nos movimentos de libertação nos seus diferentes níveis: comunidades de base, cristãos pelo socialismo, cristãs e cristãos envolvidos na luta contra as ditaduras do continente, bispos defensores dos direitos das comunidades indígenas, como Leônidas Proaño em Riobamba (Equador), Samuel Ruiz em Chiapas (México), Pedro Casaldáliga em Mato Grosso (Brasil), teólogos, teólogas, sacerdotes, religiosos e religiosas mártires em prol da justiça, como monsenhor Enrique Angelelli em La Rioja (Argentina), o jesuíta Rutilio Grande, monsenhor Óscar A. Romero, Dorothy Kasel, Ita Ford, Maura Clarke e Jean Donovan em El Salvador, etc. (Tamayo e Alvarenga, 2014; Tamayo, 2015).

> Se Deus fosse um activista dos direitos humanos é, evidentemente, uma proposição metafórica à qual só se pode responder metaforicamente. [...] Se Deus fosse um activista dos direitos humanos, Ele ou Ela estariam definitivamente em busca de uma concepção contra-hegemónica dos direitos humanos e de uma prática coerente com ela. Ao fazê-lo, mais tarde ou mais cedo, este Deus confrontaria o Deus invocado pelos opressores e não encontraria nenhuma afinidade com Este ou Esta. (Santos, 2013: 136)

Efetivamente, o Deus ativista dos direitos humanos não tem nenhuma afinidade com o Deus dos opressores; na verdade, enfrenta-o diretamente na prática, como se pode ver nos seguintes exemplos:

- O Deus do mártir monsenhor Romero e Ellacuría, identificado com os crucificados da Terra, enfrenta o Deus "crucificador" do "ditador cristão" Pinochet, a quem o Papa João Paulo II deu a comunhão, e de todos os ditadores do mundo.
- O Deus de Martin Luther King Jr. e de Desmond Tutu, identificado com a luta contra a discriminação racial e o *apartheid*, enfrenta o Deus de Pieter Botha, legitimador do *apartheid* na África do Sul.
- O Deus da experiência mística, do sentido poético da fé e do compromisso revolucionário de Ernesto Cardenal choca com o Deus do ditador Somoza.
- O Deus dos teólogos e das teólogas da libertação entra em conflito com o Deus supostamente apartidário de João Paulo II, que censurou Ernesto Cardenal, ministro cristão da Cultura da Nicarágua, pela sua aposta na revolução e, com o dedo ameaçador, lhe pediu que abandonasse o seu compromisso com o governo sandinista ao serviço da cultura popular.
- O Deus dos pobres e oprimidos e a Trindade como modelo de organização social igualitária de Leonardo Boff entra em conflito com o Deus do cardeal Ratzinger – hoje Papa emérito –, que pôs uma mordaça nos lábios do teólogo brasileiro, como nos bons tempos da Inquisição.
- O Deus como fonte de uma ética da responsabilidade e Jesus como princípio do seguimento em liberdade do teólogo Bernhard Häring enfrentam os "funcionários de Deus", que, apoiando-se num deus repressor da sexualidade humana e inimigo do corpo, o submeteram

a um severo processo e o acusaram de se desviar da doutrina moral do Vaticano. Foi tão degradante o trato recebido por Bernhard Häring, o teólogo moralista católico mais importante do século XX, durante o processo eclesiástico, que chegou a afirmar que "Preferia encontrar-me novamente perante um tribunal de Hitler"; para acrescentar ainda: "Porém, a minha fé não vacila" (Häring, 1989: 123). Soube distinguir entre Deus e os seus representantes, desconfiar deles e confiar no Deus como o seu melhor defensor perante os seus inquisidores.

- O Deus de Pedro Casaldàliga e dos *posseiros* em defesa dos direitos dos camponeses e indígenas, que aposta numa "Terra sem males" e afirma que "O Verbo se tornou índio", fricciona com o Deus dos *fazendeiros*, cúmplice dos múltiplos assassinatos de camponeses, indígenas e ecologistas que se opõem aos megaprojetos, reclamam a terra que lhes é roubada e denunciam a depredação da natureza em prol do paradigma de desenvolvimento científico-técnico da modernidade.
- O Deus do teólogo mártir Dietrich Bonhoeffer, identificado com as vítimas do Holocausto e, ele próprio, vítima nos campos de concentração, enfrenta o Deus nazi de Hitler, defensor da pureza da raça ariana e legitimador do Holocausto.
- O Deus das místicas e das mulheres que lutam pela igualdade e contra a violência de género entra em conflito com o Deus patriarcal que, ao longo da história, justificou os feminicídios ou guardou silêncio perante os mesmos.
- O Deus Pai e Mãe das teólogas e dos teólogos feministas entra em conflito com o Deus patriarcal e androcêntrico que assume traços viris e legitima os comportamentos opressores e violentos dos homens contra as mulheres.
- O Deus em comunhão com a *Pacha Mama* das comunidades indígenas, que vivem a ética do *Sumak Kawsay* (= Bom Viver) em harmonia com a natureza, considerada sagrada, é contrário ao Deus predador da natureza e aliado dos proprietários de terras, que nega à terra os seus direitos e às comunidades originárias o direito ao território, à consulta e ao consentimento prévio, livre e informado.

Outro Deus, outra Deusa, outros Deuses, outras Deusas são possíveis. Bom, para não presumir a sua existência e situando-me no tempo condicional e no género literário metafórico de Boaventura, prefiro dizer: outra imagem de Deus, da Deusa, dos Deuses e das Deusas é possível, pelo menos a partir das epistemologias do Sul e das teologias contra-hegemónicas da libertação.

Referências bibliográficas

Benjamin, Walter (1985), *Gesammelte Schriften. Band IV*. Frankfurt: Suhrkamp.

Bermejo, Diego (org.) (2008), *En las fronteras de la ciencia*. Barcelona: Universidad de la Rioja/Anthropos.

Bruce, Steve (2003), *Fundamentalismo*. Madrid: Alianza.

Cebrián, Juan Luis (2003), *El fundamentalismo democrático*. Madrid: Taurus.

Daly, Mary (1973), *Beyond God the Father: Toward a philosophy of women's liberation*. Boston: Beacon Press.

De Miguel, Ana (2015), *El neoliberalismo sexual*. Madrid: Cátedra.

Dussel, Enrique (2015), *Filosofías del Sur. Descolonización y transmodernidad*. Madrid: Akal.

Filoramo, Giovanni (org.) (2001), *Diccionario Akal de las religiones*. Madrid: Akal.

Filoramo, Giovanni; Massenzio, Marcello; Raveri, Massimo; Scarpi, Paolo (2000), *Historia de las religiones*. Barcelona: Crítica.

Fornet-Betancourt, Raúl (2001), *Transformación intercultural de la filosofía*. Bilbao: Desclée de Brouwer.

Häring, Bernhard (1989), *Mi experiencia con la iglesia. Diálogos con G. Licheri y documentos de un proceso*. Madrid: PS.

Jahanbegloo, Ramin (2007), *Elogio de la diversidad*. Barcelona: Arcadia.

Knitter, Paul (1985), *No other Name. A critical survey of Christian attitudes toward the world religions*. Maryknoll, NY: Orbis Books.

Küng, Hans (1990), *Proyecto de ética mundial*. Madrid: Trotta.

Panikkar, Raimon (1993), "Religión (Diálogo intrarreligioso)", *in* Casiano Floristán e Juan José Tamayo (orgs.), *Conceptos fundamentales del cristianismo*. Madrid: Trotta, 1144–1155.

Santos, Boaventura de Sousa (2013), *Se Deus fosse um activista dos Direitos Humanos*. Coimbra: Almedina.

Santos, Boaventura de Sousa Santos; Meneses María Paula (orgs.) (2009), *Epistemologias do Sul*. Coimbra: Almedina.

Scheppenhäuser, H. (1990), "Primeras iluminaciones", *El País*, suplemento de 20 de setembro.

Spinoza, Baruch (1986), *Tractatus teológico-político*. Madrid: Alianza.

Stiglitz, Joseph (2002), *El malestar en la globalización*. Madrid: Taurus.

Stiglitz, Joseph (2006), *Cómo hacer que funcione la globalización*. Madrid: Taurus.

Tamayo, Juan José (2009), *Fundamentalismos y diálogo entre religiones*. Madrid: Trotta.

Tamayo, Juan José (2012), "Caminos de Ilustración en Al-Ándalus", *in* Antonio Monclús, José Luis Corral e Juan José Tamayo (orgs.), *711–2011. 1300 aniversario del 711. Choque, síntesis y diálogo de las culturas cristiana e islámica en la España medieval. El surgimiento de Al-Ándalus*. Granada: GEU, 95–112.

Tamayo, Juan José (org.) (2015), *San Romero de América, mártir de la justicia*. València: Tirant Lo Blanch.

Tamayo, Juan José; Alvarenga, Luis (orgs.) (2014), *Ignacio Ellacuría. Utopía y teoría crítica*. València: Tirant lo Blanch.

Todorov, Tzvetan (2008), *Vida en común*. Madrid: Taurus.

Tracy, David (1997), *Pluralidad y ambigüedad. Hermenéutica, religión, esperanza*. Madrid: Trotta.

Yabri, Mohamed Ábed (2001), *El legado filosófico árabe. Alfarabi, Avicena, Avempace, Averroes, Abenjaldún. Lecturas contemporáneas*. Madrid: Trotta.

Yabri, Mohamed Ábed (2010), *Crítica de la razón árabe. Nueva visión del legado filosófico andalusí*. Barcelona: Icaria.

Zapata-Barrero, Ricard (2000), *Multiculturalidad e inmigración*. Madrid: Síntesis.

CAPÍTULO 5

Viver como um Ser social – A interligação do Ser*

Arzu Merali

Wa laqad karamna bani Adam[1]
(Quran al-Kareem, Surah al-Isra 17:70)[2]

Introdução

A fim de concretizar o objetivo deste capítulo – isto é, problematizar a questão do que significa ser humano –, e de seguida encontrar uma oportunidade para um diálogo entre diferentes tradições fora da hegemonia, gerando justiça baseada neste diálogo, há que aplicar o pressuposto de que o discurso atual sobre os direitos humanos não é apenas problemático, mas também uma ferramenta de opressão. Não se trata unicamente de os países ocidentais serem hipócritas nas suas críticas às violações dos direitos humanos, ou de também abusarem dos direitos humanos, mas de os termos, as ideias inerentes e também a maleabilidade das condições obtidas das mãos das classes dominantes violarem qualquer reivindicação de resultados justos.

É frequente, na qualidade de ativistas pela justiça, querermos tornar os direitos humanos uma realidade e arrancá-los da hipocrisia dos poderosos sem nos apercebermos que muitos, se não todos, os problemas dessa hipocrisia não assentam na sua má aplicação, mas na determinação do que é um "direito" e também do que é um "humano".

Para salientar isto, podemos dar muitos exemplos. Um deles é a decisão de 2015 do Tribunal Europeu dos Direitos Humanos de apoiar a proibição

* Tradução de Rita Caetano.

1 Tradução: Honrámos os filhos de Adão (Asi, 2012).

2 *Alcorão*, Capítulo 17, "A Viagem Noturna", versículo 70.

do governo francês de as mulheres usarem *niqab* (véu para o rosto) em locais públicos. Enquanto tribunal com jurisdição pan-europeia, a sua deliberação, em particular sobre questões relacionadas com as chamadas minorias, é indicativa de como esses Estados dentro da sua jurisdição constituem o "sujeito" das suas leis. Note-se: sujeito, não cidadão. Antes da cidadania vem a humanidade e, como as leis e normas de direitos humanos sublinham, o sujeito da lei é um "indivíduo".[3]

Os tribunais, e as leis que criam e deliberam, são um ponto de referência na determinação do significado do que é ser humano. Não estão apenas a aplicar leis igualitariamente – apesar de qualquer objetivo declarado ou implícito – entre todas as pessoas ou até todos os "indivíduos". Controlam quem é passível de ser considerado pessoa na lei, e quem é um indivíduo titular de direitos humanos.

S.A.S. *vs*. França, 1 de julho de 2014

> A requerente é de nacionalidade francesa, nasceu em 1990 e vive em França. Vive enquanto muçulmana devota e nas suas declarações afirmou usar a burca e o *niqab* de acordo com a sua fé religiosa, cultura e convicções pessoais. Como explicou, a burca tapa completamente o corpo e inclui uma rede sobre o rosto, e o *niqab* é um véu que cobre totalmente o rosto, com uma abertura somente para os olhos. A requerente também realçou que não foi pressionada nem pelo marido nem por qualquer outro membro da família para se vestir desta maneira. Acrescentou que vestiu o *niqab* em público e em privado, mas não de forma sistemática. Gosta, portanto, de não usar o *niqab* em determinadas circunstâncias, mas desejava poder usá-lo quando escolhesse fazê-lo. Concluindo, o objetivo dela não era incomodar os outros, mas sentir-se em paz interior consigo mesma.
> [...]
> Baseando-se em particular no Artigo 8.º (direito de respeito pela vida privada e familiar), 9.º (liberdade de pensamento, consciência e religião) e 10.º (liberdade de expressão) [da Convenção Europeia dos Direitos Humanos], a requerente queixou-se de ter sido impedida de usar o véu total de rosto em público. Por fim, de acordo

[3] Direitos Humanos de primeira geração são os considerados sociais e políticos, de segunda geração, os sociais e económicos, de terceira geração, os ambientais, e por aí em diante (ver MERALI, 1999). Embora nenhuma hierarquia seja explicitamente citada, é normalmente entendido na sociedade civil relevante e nos círculos jurídicos que os direitos de primeira geração ultrapassam todos os restantes.

> com o Artigo 14.º (proibição de discriminação), queixou-se de que a proibição levou a discriminação baseada em género, religião e origem étnica, em detrimento de mulheres que, como ela, usavam o véu total de rosto. (TEDH, 2014: 1)

O tribunal considerou que

> a proibição imposta pela Lei de 11 outubro de 2010 teve reconhecidamente efeitos negativos específicos na situação das mulheres muçulmanas que, por motivos religiosos, desejavam usar o véu total de rosto em público. Contudo, essa medida teve uma justificação objetiva e razoável pelas razões previamente indicadas. Não houve, portanto, uma violação do Artigo 14 em conjunto com os Artigos 8 ou 9.
>
> O tribunal também considerou que nenhuma questão em separado foi suscitada sob o Artigo 10 da Convenção, em separado ou em conjunto com o Artigo 14. (TEDH, 2014: 4)

O texto citado acima, retirado do sumário do julgamento, sublinha a hierarquia do indivíduo sobre a comunidade. Uma norma não escrita, mas aceite nos instrumentos de direitos humanos e, portanto, nos tribunais e organismos que os implementam – ou julgam apelos sobre eles, ou estabelecem precedentes baseados neles –, é que os direitos civis e políticos têm precedência em relação aos direitos sociais e económicos. É por isso que prisioneiros individuais de consciência (não-violentos) são o objeto de campanhas da Amnistia Internacional e não o complexo prisional industrial. Mas é também por isso que uma mulher que se sentiu no direito de cobrir o rosto com um *niqab* teve a possibilidade de recorrer, e assim fez, ao Tribunal Europeu dos Direitos Humanos da proibição de cobrir o rosto, possibilidade essa instituída em França em 2010. Deliberando contra ela, o tribunal considerou que o governo francês conseguiu invocar a ideia de que mulheres muçulmanas que optam individualmente por usar o *niqab* desrespeitam os sentimentos da maioria. Para determinar os sentimentos da maioria, o governo francês conseguiu alegar que os indivíduos da maioria sentiram que tinham de ver o rosto destas mulheres para terem a possibilidade de proceder a uma comunicação interpessoal caso quisessem. Isto preencheu o critério da "vida em conjunto" que o tribunal considerou ser competência do governo francês estabelecer.

Por outras palavras, a requerente individual e as utilizadoras individuais do *niqab*, provavelmente alguns milhares, são reduzidas a uma massa e desprovidas de entidade individual por força da lei; ao passo que a massa da comunidade, sem qualquer rosto individual legalmente discernível, é considerada individual e detentora de sentimentos que podem ser violados. A (assumida) maioria branca é portanto o modelo do cidadão francês e a violadora da proibição é considerada uma criminosa com necessidade de castigo em forma de multa e/ou lições de cidadania.

Não há acesso aos termos de significado para grupos marginais, mesmo enquanto indivíduos. São de facto desprovidos de individualidade e, neste caso, simultaneamente acusados pelas elites políticas de comunitarismo e, ainda assim, de incapazes de possuir o estatuto de indivíduo perante a lei pela elite jurídica europeia, ao apoiar as medidas punitivas do governo francês. Trata-se de uma acusação simultânea de pertença e recusa de identidade de grupo e respetivas pretensões e, portanto, todos nós – grupos marginais – ficamos reduzidos a uma massa impotente, cuja existência tem de ser moderada, controlada, assimilada, ou então excluída. Como Razack (2008) afirma, os muçulmanos são excluídos pela lei.

Neste cenário, os muçulmanos, façam o que fizerem, não são considerados como (inteiramente) humanos num discurso que se baseia nos termos da racionalidade cartesiana e em todos os problemas que isto suscita. A visão de Deus do sujeito cartesiano (Grosfoguel e Mielants, 2006), do homem europeu que desumaniza todos os outros, determina que, por exemplo, as mulheres têm de defender separadamente os direitos das mulheres para que estes sejam entendidos como direitos humanos (Merali, 1999), ou reduz os outros "racializados" a espetadores da violenta extinção das suas culturas, património e valores.

Também houve um critério discordante neste caso, mas tal não ajudou esta causa tanto quanto inicialmente se poderia pensar. No entanto, antes disso, vou abordar a ideia de direitos humanos tal como a conhecemos e onde radica o problema.

Porque se chamam "direitos humanos"?

Se é um facto que para se ser humano num discurso de direitos humanos eurocêntrico tem de se ser um homem europeu com um complexo de Deus, como pode alguém escapar?

Para começar, vamos dispensar o termo humano. Partir desse termo é sabotar a discussão. Fazê-lo é uma limitação que assombra o sujeito colonial, mesmo quando tem acesso a outra língua não eurocêntrica. Para um muçulmano, isto pode ser exemplificado pelas traduções do *Alcorão* que são lidas hoje em dia. Como muitos ulemas (clérigos/académicos; dilemas vocabulares) apontaram, nas traduções que lemos estão inerentes as crenças islâmicas e os significados de "humano" que são usurpados e ensinados de volta aos muçulmanos através de um quadro de referência que existe fora da tradição, que os socializa com a norma hegemónica ou que repetidamente demoniza muçulmanos/islão/grupos marginais como aberrantes, ou que faz ambas simultaneamente sem qualquer contradição.

Os direitos humanos devem conter os erros humanos

Asi (2012) afirma que não há uma linguagem equivalente a direitos humanos na terminologia islâmica porque o conceito de direitos humanos assenta na ideia de erros humanos – este conceito não existe num quadro de referência islâmico. Michael Ignatieff (2000), na sua surpreendentemente franca polémica sobre os direitos humanos enquanto política e idolatria, confirma a premissa de que o homem é suscetível de cometer atos malvados e tenebrosos e que os direitos humanos, como o seu antecessor euro-cristão, são estabelecidos devido à necessidade de contrabalançar os mais horrendos excessos dessa propensão.

Este humano – nascido para o desvio – é também o humano que se considera ser entendido na totalidade apenas por uma teleologia europeia da razão. Na sua essência, a crise ontológica dos direitos humanos provém do humano[4] complexo de Deus – europeu, iluminado e supostamente esclarecedor, que se senta no final da história à espera que todos o acompanhem ou morram (ou sejam mortos) a tentar.

Os direitos humanos existem não como resultado da dignidade inerente ao homem (Ignatieff argumenta que as ações dos homens contrariam a sua belicosidade inata e não a sua beneficência), mas como conceitos regulamentares, acidentais no seu conceito, porém imutáveis na sua aplicação. Pode argumentar-se que isto obvia o choque de relativismos culturais na definição do que é o bem (os direitos humanos são conceitos funcionais que simplesmente previnem o mal). Contudo, o resultado desta funcionalidade é a reafirmação da sua raiz ontológica – a de que o humano é mau no seu âmago, e que aqueles que controlam o discurso dos direitos humanos controlam o universo moral, incluindo a inferiorização dos que não entendem as coisas desta forma.

É este controlo de termos, e até de palavras, e o poder da moralidade que exigem que estas palavras deixem de ser usadas. Controlar o universo moral não é um processo teórico; confere poder militar e controlo político. Tudo o resto, isto é, o restante discurso, é um desvio e portanto deve ser apagado em nome da moralidade.

Uma alternativa "islâmica" não é necessariamente uma alternativa nova, mas uma que foi redescoberta.

[4] No original em inglês: *huMAN.* (N.T.)

Wa la qad karramnal bani Adam – de facto, nós dignificámos os filhos de Adão (quem quer que sejam). Segundo Asi (2012), isto confere um grau mínimo de dignidade a todos que não pode ser violado por ninguém. Enquanto muçulmano, é-se responsável pela dignidade de todos os seres humanos neste mundo.

Mas quem são esses todos e ninguém – de novo, que humano é esse? O mesmo homem que está na essência do mal? *Insaan* é o termo do *Alcorão* que tem sido vulgarmente traduzido (pelo menos durante os últimos séculos) ou retraduzido para um discurso colonial como homem ou humanidade, mas *Insaan*, na sua essência, transforma radicalmente o significado ou, aliás, estabelece um mundo paralelo de significado que alegadamente precisa de ser tornado real no pensamento e na prática islâmica. *Insaan* é normalmente mal traduzido como homem ou humanidade. Porém, a ideia de direitos e igualdade existe na própria palavra, porque significa um ser social. Significa que há uma espécie de afinidade entre a pessoa e o outro. Na verdade, aqui não há "outro", só há interligação. As violações de direitos humanos vêm da ideia do "eu" e do "nós" contra o "outro". Está interiorizada a justificação ou racionalização de que "nós" estamos a fazê-lo ao "outro".

A raiz da palavra *insaan* significa familiarizar, darmo-nos a conhecer ao outro. É o oposto da segregação das sociedades do modelo cartesiano, do *apartheid*. Derruba o conceptual e consequentemente as barreiras físicas entre as pessoas.

Se não podemos existir isolados uns dos outros, se de facto não houver "outro", então os processos intrínsecos ao processo colonial de controlo de significado não são apenas quebrados, mas abrem o caminho para um diálogo que existe fora da estrutura colonial e sobre o qual podemos criar significado e estrutura.

Criar um Novo Mundo de Significado

Para isto, ver o versículo crucial sobre "diferença".

> Ó humanidade! Atentai! Criámos-vos machos e fêmeas e dividimos-vos em nações e tribos para que vos conhecêsseis uns aos outros. Aos olhos de Alá, o mais nobre entre vós é o mais piedoso. Alá é informado e atento.[5]

[5] Tradução para o português a partir da tradução para o inglês do *Alcorão* por Mohammed Marmaduke Pickthall, Capítulo 49, The Chambers (*al-Hujarat*), versículo 13. Disponível em: <http://www.sacred-texts.com/isl/pick>.

Esta tradução orientalizada é reproduzida vezes sem conta, a de que vos fizemos de um homem e de uma mulher em tribos e nações para que se pudessem conhecer uns aos outros.

Asi foca-se em quatro traduções-chave erradas (há muitas mais) para (a) mostrar a lacuna de significados e (b) facultar um percurso conceptual para um controlo colonial do significado, que são as seguintes:

Tribos e nações: *Shuub* significa expandir-se. (Vós – nós – fostes criados de um homem e de uma mulher – fomos criados, não houve escolha – mas existe escolha em *shuub* e *qabail*.) A família humana tem duas componentes: *shuub* (*shuba*, algo que sai de outra coisa, algo que provém de uma fonte) e *qabail* (algo que corre em paralelo). Não significam nações nem povos ou tribos – esses são termos coloniais orientalistas/euro-americanos. Há um sentido de dignidade, igualdade e partilha em ambos os conceitos. São descritivos da família humana e sublinham a diferença e a igualdade, a variedade e a paridade. Esta linguagem não confere autorização militar ou filosófica para forçar ou ter supremacia.

Lee ta'arafu: traduzido como "saber". Segundo Asi (2012), neste contexto, *lee ta'arafu* está imbuído da ideia de compreensão, não apenas de conhecimento. E esse processo de compreensão é recíproco e baseado na mutualidade; é uma relação de entendimento mútuo (não consigo entender-te sem tu seres capaz de me entender a mim, tu não consegues entender-me se eu não te entender a ti). Isto vai além do indivíduo, refere-se às concentrações de pessoas, de maneira que reciprocamente se entendam umas às outras. Assim que as barreiras forem transpostas, aprendemos que os mais honrados são os que têm maior *taqwa*. *Taqwa* é frequentemente traduzido como piedade, mas não é semelhante à palavra piedoso veiculada pela Igreja. É mais próximo de temente a Deus, porém, não há um termo prático que consiga expressar em inglês pelo menos as dimensões do termo. Por exemplo, *taqwa* também engloba a ideia de evitar (o castigo de) Alá.

Justiça e justiça social: al-adl and al-qist

Então, se não há uma estrutura chamada direitos humanos, o que há? Neste caso, há *al-adl* e *al-qist*: justiça e justiça social. *Al-adl* é simplesmente a palavra justiça, ou equidade. *Al-qist* fica um passo acima disso, significa justiça social ou institucionalizada.

No discurso de despedida aos muçulmanos do Profeta Maomé (que a paz e as bênçãos de Alá estejam com ele e a sua prole), são dadas muitas instruções aos crentes (Asi, 2012). Estas instruções incluem muitas referências a questões de "direitos humanos". Uma das declarações era referente a *Anisaa*, isto é, às mulheres: "as Mulheres são a equivalência gémea dos homens". Segundo Asi (2012), trata-se de uma declaração absoluta de igualdade. O Profeta (*ppbuh*) continua: "Só uma pessoa de honra ou dignidade as dignifica e só uma pessoa de perfídia as desonra ou humilha."

Retrocedendo – neste caso, no contexto do processo interpretativo do Islão, que pretende entender uma linguagem no seu próprio contexto e não através de uma visão eurocêntrica –, o diálogo deixa de ser refém dos cruéis e poderosos que consideram aqueles que falam incapazes de discursar.

Surgem duas questões: de que modo este processo se tornou central no diálogo? E, talvez mais importante, se estivermos a falar de desvios islâmicos, que pode impedir que este se torne mais um discurso de exclusão?

Citando o versículo 6:108 do *Alcorão*, "em todas as nações fizemos os seus atos parecerem justos", Murtada Mutahhari afirma que:

> todas as nações desenvolvem a sua própria consciência particular, os seus próprios padrões e a sua própria forma de pensar. A consciência, compreensão e perceção de cada nação tem um caráter específico e distinto.
> Todas as nações julgam as coisas de acordo com os seus próprios padrões (pelo menos em questões que envolvem noções e valores práticos). Todas as nações têm a sua maneira especial de perceção e compreensão. Há muitos atos que são "bons" aos olhos de uma nação e "maus" aos olhos de outra. É o ambiente social que molda os gostos e perceções dos indivíduos de uma nação de acordo com o seu sistema de valores. (Mutahhari, 1985: 14)

Mas também:

> O *Alcorão* apresenta a ideia de uma história em comum, um destino comum, um registo comum de ações, uma consciência comum, compreensão, sensibilidade e uma conduta em comum para as sociedades. (Mutahhari, 1985: 13)

Contudo, este universalismo – no qual se engloba a ideia de diferentes viagens para esse fim – é estreito porque posiciona o Islão como uma viagem para se conhecer o projeto de Deus para a humanidade, não como um estado de coisas estático para ser aplicado num tempo imemorial devido ao ponto de revelação (ou outro ponto qualquer; por exemplo, uma linha arbitrária do ponto ideal na linha do Estado-nação [i]liberal que marca o fim da história). Ao mesmo tempo que o crente tem um papel especial dentro desse universalismo – por exemplo, a responsabilidade de dignificar tudo, como enunciado no início –, também reconhece a variada subjetividade das pessoas ou, melhor dizendo, das *shuabaais* e *qabails*. As sociedades estão em movimento e as pessoas que as englobam estão num estado de subjetividade universal, mas diversificada.

Em segundo lugar, embora o Islão tenha um panorama universal, e o seu objetivo final seja a união da sociedade mundial na futura Era Messiânica, proíbe o constrangimento na religião. O *Alcorão* dita estritamente que não há nenhuma compulsão na fé.[6] Oferece livre escolha à humanidade para optar pela crença e pela prática, enquanto retém uma visão do mundo que permite a qualquer indivíduo optar sem restrições. Esta última característica é uma crítica antecipada ao chamado processo do Iluminismo – e teste do Iluminismo –, em que o não-Ocidente tem de se secularizar antes de poder optar por entrar ou não na modernidade. Um exemplo deste tipo de teoria pode ser ilustrado pela defesa de Sandra Harding de feminismo universalizante, em que afirma:

> É prematuro para as mulheres desistirem daquilo que nunca tiveram. Devem as mulheres – independentemente da sua raça, classe ou cultura – achar razoável desistir do desejo de, *pela primeira vez*, conhecer e entender o mundo através da perspetiva das suas experiências? Como vários críticos literários feministas têm proposto, talvez apenas quem teve acesso a todos os benefícios do Iluminismo possa "desistir" desses benefícios. (Harding, 1987: 189; itálicos no original)

Desta forma, a autora postula, inadvertidamente, uma inversão alarmante: as feministas provêm de uma única raça, classe e cultura.

Ao optar pela fé e as suas várias disposições morais, jurídicas, sociais e políticas, um crente não tem de passar por um "teste do Iluminismo". Ao juntarem-se a uma comunidade ou a um diálogo com a comunidade enquanto processos interculturais ou mesmo processos de comunicação intercultural de crentes no Islão – *o ummah* –, as pessoas tornam-se parte de uma comunidade que é ao mesmo tempo universal e particular. É particular porque os crentes têm claramente um papel especial dentro do quadro conceptual da fé, mas este particularismo reforça um universalismo estreito.

Reitero, universalismo e particularismo são palavras de devoção de outrem, contudo, a natureza da discussão académica significa que os autores são forçados a recorrer a elas. Para definir os erros humanos, é necessário renunciar aos códigos políticos e civis individuais, que excedem tudo o resto, a favor de definições que usem a estrutura como o ponto de origem dos erros humanos. O indivíduo, um grupo ou uma sociedade enquanto um todo podem ser vítimas desse erro (e também um sujeito nos termos da lei), mas os problemas

[6] *Alcorão*, 2:256.

propriamente ditos não são inerentes, em primeira instância, aos indivíduos. Estes problemas – sejam o patriarcado, o capitalismo, o racismo – também são termos descritivos que se encontram em movimento.

Aqui ficam alguns exemplos de como funciona. Para definir a luta pela justiça social – *al-adl* e *al-qist* –, temos de derrubar o sistema de *taghut*. *Taghut* é a injustiça sistematizada, é a ideia e as ideias que englobam todos os conceitos supracitados e mais. Enquanto o racismo é designado como sendo todos os preconceitos estruturais que definem as relações de poder na era atual, o *Taghut* tem *asabiyya*, que opera ao nível estrutural, mas que também encontra uma forma de germinação no coração dos indivíduos. Não se dá o caso de o preconceito de uma pessoa oprimida não ter poder por não existir uma força estrutural a sustentá-lo. Acreditar em algo contrário à bondade inata e à interligação de uns com os outros é um pecado grave. Essa violação do ser social, essa *asabiyya*, apresenta uma reflexão interiorizada de *Taghut*. Esta interiorização tem de ser erradicada para o processo do ser social se tornar uma realidade, em vez de permanecer numa tentativa de nomear o que está errado e o que causou o erro.

Ritos sociais

Se a característica da existência social for reconhecida, então cabe-nos a "nós" agir para assim fixar essa crença e cumprir o seu potencial. Os ritos sociais são o que pode ser feito para garantir que permanecemos bons e melhoramos, e que nos dignificamos sempre uns aos outros. É esta a forma de falar e agir como alternativa ao discurso de contenção que o atual discurso de "direitos humanos" postula. Trata-se de uma intervenção em que as tradições têm muito para oferecer. Enquanto os "direitos humanos" previnem, limitam ou punem, outras tradições pedem atos.

Este é o segundo ponto de divergência com a sentença do Tribunal Europeu de Direitos Humanos (citado no início), desta vez através de critérios discordantes. Ao mesmo tempo que no vernáculo dos direitos humanos se oferece o desfecho "certo" para a vítima, no qual os critérios alegam que o Estado não tem autorização para prescrever as condições de "vida em conjunto", as tradições muito frequentemente fazem algo do género e são alvo de crítica por serem prescritivas e pré-modernas. Mas esse dever de fazer, de agir, é uma imposição em tantas tradições que pode salvar-nos literalmente a todos – quer seja a necessidade de salvar o ambiente evitando o desperdício, ter cuidado com os mais velhos e mantê-los no centro da vida social, ou garantir que a riqueza não fica acumulada, mas é partilhada e novamente partilhada até a injustiça ser erradicada.

O diálogo "descolonial" pode e deve perceber que agir e estabelecer, isto é, não apenas dizer mas fazer o bem, são ferramentas essenciais (no vernáculo islâmico, deveres efetivos) para criar não só compêndios de dignidade mas a garantia da própria dignidade.

Wa laqad karamna bani Adam[7]
(Quran al-Kareem, Surah al-Isra 17:70)[8]

Referências bibliográficas

Asi, Mohammad H. (2012), "Islam and human rights". Comunicação apresentada na *Universal Justice Network Conference*, Kuala Lumpur. Disponível em: <https://www.youtube.com/playlist?list=PL0BCSWzStP7Wwe7Vom0HluHzv9nBd8qGq>.

Grosfoguel, Ramón; Mielants, Eric (2006), "The long-durée entanglement between Islamophobia and racism in the modern/colonial capitalist/patriarchal world system: An introduction", *Human Architecture: Journal of the Sociology of Self- Knowledge*, 5(1), 1–12. Disponível em: <http://scholarworks.umb.edu/humanarchitecture/vol5/iss1/2/>.

Harding, Sandra (1987), "Conclusion: Epistemological Questions", *in* Sandra Harding (org.), *Feminism and Methodology*. Bloomington, IN: Indiana University Press, 181–190.

Ignatieff, Michael (2000), *Human rights as politics and idolatry*. Princeton, NJ: Princeton University Press. JSTOR: http://www.jstor.org/stable/j.ctt7s610

Merali, Arzu (1999), *Other voices in the garden: Why don't Muslim women have human rights?* Londres: Islamic Human Rights Commission.

Mutahhari, Murtada (1985), *Society and history*. Teerão: Islamic Propagation Organization.

Razack, Sherene (2008), *Casting out: The eviction of Muslims from Western law and politics*. Toronto: University of Toronto Press.

TEDH – Tribunal Europeu dos Direitos Humanos (2014), "French ban on the wearing in public of clothing designed to conceal one's face does not breach the Convention", *Press Release issued by the Registrar of the Court*, ECHR 191, de 1 de julho. Disponível em: <http://hudoc.echr.coe.int/app/conversion/pdf/?library=ECHR&id=003-4809142-5861661&filename=003-4809142-5861661.pdf>.

[7] Honrámos os filhos de Adão (Asi, 2012).

[8] *Alcorão*, Capítulo 17, "A Viagem Noturna", versículo 70.

PARTE II
Lutas e emergências

CAPÍTULO 6

Direitos Humanos e a memória abissal: o Desastre de Bhopal

Bruno Sena Martins

Introdução

O acidente na fábrica da Union Carbide India Limited (UCIL),[1] filial da empresa estadunidense Union Carbide Corporation (UCC), instalada em Bhopal, na Índia, viria a desencadear o maior desastre industrial da história. As estimativas fazem supor que milhares de pessoas tenham morrido entre aquela noite e as semanas seguintes ao acidente, vinte e cinco mil nos anos subsequentes, e que existam atualmente mais de cem mil pessoas com importantes sequelas permanentes (BMA e BGIA, 2012). Perante a dimensão do acidente e a magnitude das suas consequências, não deixa de ser surpreendente a escassa representação que o desastre de Bhopal detém na memória do Norte global. Esta perplexidade, creio, é indicativa dos processos radicalmente diferenciais pelos quais se constitui a ideia de humano e dos sofrimentos merecedores de luto e revolta. Tal reflexão remete, por um lado, para uma gramática ampla das distinções histórica, cultural e politicamente engendradas, através das quais as diferenças no valor da vida foram sendo constituídas e significadas. Conforme refere Judith Butler, "o humano é entendido diferentemente dependendo da sua raça, a legibilidade da sua raça, do seu sexo, a verificabilidade precetiva desse sexo, da sua etnicidade, a compreensão categorial dessa etnicidade" (Butler, 2004a: 2).

[1] A UCIL foi estabelecida em 1934. Esta filial, embora contando com participação de investidores indianos a partir de 1956, incluindo do próprio Estado indiano, manteve-se sempre na propriedade maioritária da UCC.

Esta denúncia, a partir da qual a hierarquia na definição do humano é exposta, em favor da ideia de que há sujeitos e grupos que têm de lutar pelo direito a serem vistos como humanos (Baxi, 1986; Fanon, 2004), não só visibiliza as desigualdades no estatuto ontológico produzidas em todas as sociedades, como exprime as assimetrias constituídas a nível planetário:

> As vidas são defendidas e mantidas diferencialmente, e existem formas radicalmente *diferentes* através das quais a vulnerabilidade é distribuída através do globo. Algumas vidas serão bastante protegidas, e a revogação das suas alegações à santidade será suficiente para mobilizar as forças da guerra. Outras vidas não encontrarão uma defesa tão rápida e furiosa e nem sequer se qualificarão como vidas "passíveis de luto".[2] (Butler, 2004b: 32)

Desde a implantação da fábrica de Bhopal, em 1969, até à negligência que continua afetando as vítimas do desastre nos dias de hoje, compõe-se uma trama de eventos que, como procurarei mostrar, dá pujante testemunho de um nexo colonial-capitalista cujo poder se revela na desqualificação do valor da vida dos sobreviventes de Bhopal.

No diálogo que procuro desenvolver neste texto, os sobreviventes do desastre de Bhopal e as suas experiências requerem um esforço analítico de superação de duas formas de silenciamento. Em primeiro lugar, o silenciamento que resulta das hierarquias que naturalizam a subalternidade das vivências e das reflexões ontológicas dos sobreviventes, aí se definindo os termos de uma voz sumamente silenciada. Em segundo lugar, procuro superar o silenciamento que resulta da dificuldade em apreender um desastre industrial numa temporalidade longa; refiro-me ao modo como as décadas que se seguiram ao desastre dão conta de uma "violência lenta" (Nixon, 2011), uma violência que continuou ocupando os cotidianos daqueles que sobreviveram à madrugada de 3 de dezembro de 1984.

Bhopal: a presença de lugares distantes

O presente texto resulta de um trabalho etnográfico que realizei entre dezembro de 2013 e fevereiro de 2014, na cidade de Bhopal, em estreita articulação com a organização não-governamental (ONG) Sambhavna Trust (ST), cuja clínica, situada nas imediações da fábrica onde se desencadeou o desastre, presta até hoje cuidados de saúde aos sobreviventes do desastre de Bhopal. Durante o período em que vivi em Bhopal, fiquei a residir

[2] No original, *grievable*.

na clínica da ST, onde, de segunda a sábado, 180 sobreviventes recebem cuidados médicos (são atendidos por profissionais de medicina convencional e de medicina ayurveda). Fui acolhido na ST como um académico interessado em fazer uma pesquisa sobre o desastre de Bhopal, tendo-me sido providenciadas as mesmas condições oferecidas aos voluntários de todo o mundo que queiram participar nas atividades da organização, bem como o apoio de um assistente de pesquisa para as minhas itinerâncias fora da clínica. Através dessa situação de proximidade privilegiada com as sequelas do desastre – acordava todos os dias com o som do altifalante que chamava os utentes para os consultórios –, pude recolher o tempo longo em que se inscrevem as sequelas do desastre Bhopal: o continuado sofrimento inscrito nos corpos; a luta por compensações e cuidados de saúde; a exposição diária aos efeitos da contaminação; e o impacto das malformações congénitas das novas gerações. Durante a estadia em Bhopal, visitei as casas das comunidades situadas nas circunscrições mais afetadas pelo desastre, pude estabelecer diálogos e entrevistas com sobreviventes, ativistas, pessoal médico e jornalistas. Além das múltiplas conversas que a vivência quotidiana permitiu, realizei um total de 35 entrevistas mais formais, consistindo estas de um guião semiestruturado de perguntas, normalmente cruzado com a recolha de histórias de vida dos interlocutores (as entrevistas foram gravadas em áudio), sempre com o consentimento informado dos entrevistados. Tive o apoio de um intérprete nas entrevistas sempre que a barreira entre o hindi e o inglês não pôde ser superada sem esse expediente. Procedi ainda à análise documental na biblioteca da ST, onde se situa o mais completo arquivo documental e bibliográfico sobre o desastre de Bhopal e sobre as lutas que se lhe seguiram.

Para um pesquisador português, nascido seis anos antes do desastre, com um percurso pessoal que a fortuna e o privilégio colocaram a salvo das asperezas da vida, aceder à realidade dos sobreviventes de Bhopal trouxe consigo o desafio de complexas travessias: linguísticas, geográficas, culturais, memorativas e subjetivas.

As mais de três décadas que nos separam do desastre de Bhopal colocam ao centro o desafio para uma apreensão de um tempo distendido, em que as implicações do desastre foram incessantemente vividas pelos sobreviventes de Bhopal. Cabe assim

> perceber como é que a dispersão temporal da violência lenta condiciona o modo como aprendemos e respondemos a uma variedade de flagelos sociais [...]. Um desafio importante é representacional: como conceber histórias, imagens e símbolos cativantes adequados à violência disseminada mas elusiva de efeitos deferidos. (Nixon, 2011: 3)

Num trabalho em que avulta um presente ainda marcado pela madrugada de 3 de dezembro de 1984 – "aquela noite", como todos a referem em Bhopal, a noite da perda de familiares, vizinhos e outras pessoas queridas, e que em tantos instaurou uma vida de dores físicas, doenças e memórias traumáticas –, tomei contacto com a necessidade de mergulhar nos mundos locais da experiência, conforme Arthur Kleinman refere: "Para uma etnografia da experiência, o desafio é descrever a elaboração processual da exposição, da resistência, do suporte da dor (ou perda ou outra tribulação) no fluxo vital dos engajamentos intersubjetivos num mundo local particular" (Kleinman, 1992: 191).

Kleinman defende que, se por um lado as leituras eminentemente biomédicas do sofrimento fracassam em aceder às questões teleológicas e existenciais que este coloca, por seu lado, as interpretações mais "culturalistas" tendem a fechar-se numa leitura estritamente intelectualista do sofrimento. Isso, sobretudo pelo facto de, na esteira de Max Weber, se ter colocado no centro das abordagens do sofrimento a produção de discursos que fazem supor respostas límpidas no seio de narrativas coerentes da existência (Kleinman, 1992: 189–190). A ideia de que o sofrimento constitui um itinerário a que os sujeitos procuram resistir elaborando perspetivas de sentido, culturalmente informadas pelos mundos locais particulares, que necessariamente convivem com o caos, com o indizível e destituído de sentido, concilia-nos com uma leitura em que o corpo, os valores culturais e a autorreflexividade, constituída nos vagares da biografia, se podem encontrar, sem contradição ou agonismo.

Nesta perspetiva, ensaiei uma pesquisa que se pode entrever em duas linhas distintas e complementares. Por um lado, perseguir o sentido aposto pelos sujeitos a eventos desestruturantes que, às vezes, de tão inscritos na incomunicabilidade de uma subjetividade ferida, lutam para encontrar lugar na linguagem. Deste modo, aproximo-me do que Boaventura de Sousa Santos designa por "sociologia das ausências", cujo objetivo é "transformar objectos impossíveis em objectos possíveis e com base neles transformar as ausências em presenças" (Santos, 2002: 246). Por outro lado, cabe perceber como da luta contra a tribulação emergem "novas linguagens", narrativas de resistência que, entre a subjetividade ferida e uma insurgência partilhada, elaboram propostas de justiça e transformação social. Nesta perspetiva, inscrevo-me numa "sociologia das emergências", cujo objetivo é "conhecer melhor as condições de possibilidade da esperança definindo princípios de acção que promovam a realização dessas condições" (Santos, 2002: 256). Veena Das fala da "incorporação de eventos de violência" (2010: 144) para referir como há testemunhas incorporadas cujas vidas escapam ao modo como a exposição à violência extrema corteja a incomunicabilidade. Nesse sentido, a incorporação da violência assume a forma de uma resistência e de um luto que é também uma declaração do que pode ser a inviolável força da memória nos "mundos locais" da existência.

"Aquela noite": história e histórias

Bhopal é a capital do Estado de Madhya Pradesh (literalmente, a província do meio), e está situada no Centro da Índia, contando, segundo dados dos Censos de 2011, com um total 1 798 218 habitantes. A moderna cidade de Bhopal foi fundada no século XVIII, por Dost Mohammad Khan, um soldado afegão, e viria a tornar-se um principado semiautónomo do império mongol (organização política cujo líder se designava *nawab*, no caso de ser homem, ou begum no caso de ser mulher). Com a colonização britânica, o Estado de Madhya Pradesh adquiriu o estatuto de *Princely State,* na prática, tornou-se um protetorado governado por monarcas locais, descendentes do império mongol, através de uma aliança (*subsidiary alliance*) que implicava a subscrição das condições impostas pelo poder colonial britânico. Curiosamente, Madhya Pradesh foi governado por 4 mulheres (Beguns) de 1819 a 1926, e o principado só se desfez em 1949, passando a integrar a União Indiana, já após a independência da Índia, ocorrida em 1947. Esta situação fez com que o Estado de Madhya Pradesh fosse o segundo maior Estado indiano a ser governado por monarcas muçulmanos até ao século XX, o que explica que, num país maioritariamente hindu, o distrito de Bhopal tenha, ainda hoje, uma significativa percentagem de população muçulmana (em 2001, 73,05% da população era hindu e 22,8% muçulmana, quando na Índia era de 80,5% e 13,4%, respetivamente[3]).

Foi ainda sob o governo das Beguns que o Estado de Madhya Pradesh iniciou o estabelecimento de ligações ferroviárias com o resto da Índia, elemento que, associado a uma situação geográfica central, contribuiu para que Bhopal se viesse a tornar num importante entroncamento ferroviário ao longo da primeira metade do século XX. Quando os dirigentes da Índia independente decidiram apostar no crescimento do setor industrial doméstico, as ligações ferroviárias privilegiadas com o resto do território foram cruciais para que Bhopal se tornasse um lugar adequado para o estabelecimento de indústrias. A estes fatores acresceram os incentivos fiscais resultantes do facto de o Estado de Madhya Pradesh ter sido classificado como de baixo desenvolvimento.

3 Conforme <http://www.icssr.org/Baseline%20Survey%20of%20Bhopal%20District.pdf>.

No entanto, a instalação de uma fábrica da UCIL na cidade de Bhopal no ano de 1969 não é separável das transformações impostas pelo que então se designou de "revolução verde". Na primeira metade do século XX, principalmente na década de 1920, a Índia viveu uma marcada situação de fome e precariedade alimentar. Perante igual cenário nos anos 1950, o governo indiano lançou a "revolução verde", um programa alargado que visava a autossuficiência alimentar através da introdução de tecnologias agrónomas. As medidas adotadas incluíam o uso de maquinaria na agricultura, alargamento das estruturas de irrigação, introdução de sementes de alta produtividade e – dado crucial para o tema em análise – o aumento exponencial do uso de pesticidas na produção agrícola (D'Silva, 2006: 29–34). No caso particular dos pesticidas, entre 1966 e 1979, a Índia aumentou a sua produção doméstica de pesticidas de 50 000 toneladas para 65 000 (D'Silva, 2006).

Foi neste contexto que se tomou a decisão da instalação, em Bhopal, de uma fábrica que permitisse a produção de carbaril, um pesticida da família dos carbamatos, patenteado pela UCC, vendido comercialmente como Sevin. A fábrica começou a sua atividade em 1969. No momento inicial, o plano era que a fábrica se limitasse a diluir os compostos vindos da fábrica produtora, situada nos Estados Unidos da América (EUA), com ingredientes inertes locais. No entanto, por razões económicas, foi posteriormente definido que a fábrica de Bhopal deveria produzir o carbaril localmente, misturando isocianato de metila (MIC) com alfa-naftol (a produção local de MIC iniciou-se em 1980). A fábrica foi instalada na zona norte de Bhopal, a 3 km do hospital Hamidia e a 1,5 km da estação ferroviária de Bhopal. A fábrica foi instalada numa zona densamente ocupada por construções precárias, definindo-se um anel habitacional em torno do perímetro fabril que, inclusive, foi sendo crescentemente povoado ao longo dos anos de funcionamento. Nestas casas, viviam setores profundamente desfavorecidos e marginalizados da sociedade, trabalhadores do mercado informal (mas também da própria fábrica e ferroviários), muçulmanos e hindus de baixa casta.

Após a meia-noite do dia 3 de dezembro de 1984, uma reação num dos tanques (E-610) onde se reservava o MIC provocou a libertação de uma nuvem de gases tóxicos que, levada pelo vento, se espalhou nas áreas circundantes. As populações das zonas afetadas, sentindo no ar algo parecido com pimenta, e que provocava ardor nos olhos e uma enorme dificuldade em respirar, começaram a correr em pânico, procurando salvar-se da nuvem invisível de gás, procurando chegar ao hospital, num cenário convulso com gente semidespida acabada de acordar, em que familiares se iam chamando e perdendo no meio da confusão. O dia 3 de dezembro amanheceu com um cenário apocalíptico de pessoas temporariamente cegas, vomitando, tossindo, em agonia para respirar, com uma imensidão de corpos de pessoas e animais a serem pisados pelas ruas, e de gente em busca de tratamento junto ao hospital Hamidia, lado a lado com as pilhas de cadáveres que ali se iam acumulando a cada hora.

Na noite do desastre, Gangaram vivia a poucas centenas de metros da fábrica, junto à Oriya Basti Colony. Conta assim a memória da noite do desastre:

> Por volta da meia-noite e meia, estávamos a dormir em casa. Nessa altura, ouvimos um som e toda a gente começou a gritar: "Corram! Corram!" Saímos de casa e já não voltámos para dentro. Éramos quatro na família: eu, a minha mulher e os nossos dois filhos. Nós não conseguíamos ver bem. Toda a gente saiu de suas casas, toda a comunidade. Do outro lado da linha férrea existia um barracão do caminho-de-ferro, uma área ampla, e toda a gente estava a correr para lá e nós também fomos. E, quando chegámos à linha férrea, vimos 9 familiares que não estavam mortos, mas desmaiados. Entrámos e vimos os outros, as famílias que também estavam desmaiadas. Então o meu filho disse-me: "Pai, corre porque eu não me estou a sentir bem!" Então fomos para Bhairpur[4] (entrevista pessoal [EP]).

Gangaram caminhou para Bhairpur juntamente com a família e um vizinho. Pelo caminho encontrou água que usou para lavar os olhos da esposa que tinha ficado cega. Ao chegar a Bhairpur diz ter encontrado cerca de 2000 famílias que fugiam igualmente dos gases. Entre as pessoas que ali estavam fugidas, não se registaram mortes, a queixa mais premente eram as dores nos olhos e a incapacidade de ver. Nessa noite, nasceram duas crianças no meio do caos. Quase ninguém conseguia ver. Ainda no dia 3, apareceu pessoal médico com a polícia, pedindo a todos que fossem para Bhopal, para o hospital, mas o receio de voltar falou mais alto. A cegueira foi paulatinamente dando lugar a visão enevoada e, no dia 4, a polícia voltou dizendo que era seguro voltar para Bhopal. Ao regressar, Gangaram dirigiu-se ao hospital onde recebeu gotas para os olhos. Assim me descreveu o cenário com que se deparou no regresso a Bhopal:

> Toda a gente estava morta. Após algumas horas... a 4 de dezembro. Vimos na altura, as plantas não tinham folhas, os frutos estavam rebentados. E, à medida que continuávamos, víamos à esquerda e à direita cadáveres, as pessoas a andar sobre cadáveres por todo o lado.

[4] Localidade situada a cerca de 16 km de Bhopal.

> Fiquei perturbado. Não havia ninguém para recolher os cadáveres, milhares de cadáveres. Gatos, cães, pessoas, gado por todo o lado. [...] Até que os militares começaram a levar os cadáveres de camião para o hospital Hamidia. Não se sabia se eram hindus ou muçulmanos (EP).

No hospital Hamidia, alguns dos corpos que iam sendo recolhidos foram identificados pelas famílias de modo a receberem as devidas exéquias, de acordo com os preceitos religiosos respetivos: cremados se hindus, enterrados se muçulmanos. No entanto, e como referiu Gangaram, além de toda a consternação, a confusão criada e a indistinção entre muçulmanos e hindus[5] implicou ainda que muitos corpos tivessem recebido exéquias desadequadas às da sua religião, ou seja, muitos muçulmanos foram cremados e hindus enterrados.

A exposição ao gás levaria a que a esposa de Gangaram, grávida de 6 meses na altura do desastre, tivesse um aborto espontâneo. Para a família de Gangaram, essa foi apenas mais uma consequência do desastre. Para Gangaram, persistem as memórias traumáticas do pânico e mortandade que testemunhou, além de problemas de saúde crónicos, mormente problemas respiratórios, que afetam a sua família.[6] Após o desastre, Gangaram regressou para a sua habitação nas cercanias da fábrica. Como quase todos os afetados pelo desastre, Gangaram continuou a viver junto à fábrica da UCIL, numa zona fortemente afetada pelo desastre. Ficou por falta de alternativa, mas também por uma pertença forte à comunidade.

O horror e o caos de que Gangaram me deu conta, foram-me sendo diferentemente descritos por todos os sobreviventes que, na noite do desastre, tinham idade suficiente para os guardar na memória. O confronto com sucessivos testemunhos de perda e resiliência, quase invariavelmente arrancados a memórias difíceis de revisitar, a lágrimas inadvertidas, e a silêncios não partilháveis, apenas sublinha o imenso magma de dor que jaz nas histórias de tantos habitantes de Bhopal, mormente as famílias mais pobres, aquelas que ainda habitam as favelas em torno de uma fábrica de pesticidas em ruínas.

Noor Jehan era uma menina quando se mudou com os pais e avós para Bhopal, mais exatamente para a Jai Prakash Nagar Colony, uma das

[5] Neste particular a indistinção é mais forte nos homens, já que a roupa das mulheres, sobretudo os saris hindus, permite frequentemente saber que religião professam.

[6] O legado da fábrica de pesticidas deixou na população afetada pelo gás um quadro de doenças crónicas permanentes, onde pontificam os problemas pulmonares, oftalmológicos, ginecológicos, mentais, dores musculares e de cabeça. Um retrato testemunhado diariamente pelos médicos da clínica da ST e que se encontra confirmado por estudos clínicos (cf., por exemplo, CULLINAN *et al.*, 1996; ECKERMAN, 2005: 107-117).

áreas residenciais que, pela proximidade da fábrica e pela direção do vento (de Noroeste para Sudeste), foi mais afetada pela nuvem de gás. Na madrugada de 3 de dezembro, Noor, com 12 anos, acordou com os gritos do tio anunciando que havia um incêndio na fábrica, até que se espalhou a notícia de que havia uma fuga de gás. Foi então que a família de Noor tentou fugir:

> As pessoas foram para a beira da estrada e viram o fumo da fábrica, algumas diziam: "isto é nevoeiro". Também diziam que tinha havido uma explosão no contentor de gás. Começou tudo a fugir de camião ou noutros veículos; mas nós não tínhamos nenhum veículo, então ficámos ali duas horas. Após duas horas, o meu tio disse que deveríamos sair dali e levar todos os membros da família. Eu agarrei na filha do meu tio – ela tinha um ano e meio. O meu tio, a minha tia e eu fugimos, caminhámos uns três ou quatro quilómetros quando o meu tio se lembrou que se tinha esquecido de fechar a casa. Então voltámos e ficámos a dormir debaixo dos cobertores (EP).

Com alguma fortuna, ao voltarem para casa, Noor e os tios acabaram por adotar uma das estratégias com que se poderiam ter protegido do gás:[7] ficar em casa tentando isolar a circulação de ar do exterior, aplicando, se possível, toalhas molhadas sobre os rostos. No entanto, o pânico e a total desinformação em relação ao perigo levou a que a resposta esmagadora das populações fosse sair de casa, muitas vezes correndo, o que potenciava a aspiração da nuvem de gases tóxicos, onde pontificava o MIC. A família de Noor, tal como muita gente que vivia na vizinhança da fábrica, nem sequer fazia ideia de que esta se destinava à produção de pesticidas – muitos simplesmente ignoravam ou julgavam que se tratava de uma fábrica de baterias, produto pelo qual a UCIL era conhecida na Índia.

No entanto, a fuga de Noor continuou. Quando o tio acordou, a família dirigiu-se à plataforma junto à ferrovia, onde muitas pessoas estavam reunidas, sentindo-se ali mais seguras. Mas, quando os tios procuraram sair dali, Noor anunciou que não conseguia ir a lado nenhum, acabando por ser achada na carga de um camião que transportava cadáveres:

> Disse à minha tia que não queria ir, porque estava incapaz de respirar, e as pessoas estavam incapazes de respirar. Disse à minha tia: "não

7 Um guião de emergência que teria minimizado os danos do desastre teria em conta as seguintes medidas: um alarme de aviso, o uso de tecidos molhados para cobrir a cara, a permanência em casa sempre que a estrutura permitisse o isolamento do exterior, a opção de caminhar em vez de correr, e a escolha de um percurso que permitisse evitar seguir na direção do vento (ECKERMAN, 2005: 103).

> vou a lado nenhum, vou ficar aqui e vou morrer aqui. [...] Não conseguia respirar e o meu corpo não se estava a aguentar, então caí para a ferrovia. Eu tinha caído e a polícia municipal estava a recolher os cadáveres. Não sei porque o faziam, talvez os estivessem a recolher para levar para o hospital ou para os atirarem para algum lado. Então recolheram-me e colocaram-me no camião, mas o marido da minha irmã reconheceu-me e disse: "ela é da nossa família". Foi então que me tiraram dali e me levaram ao hospital onde me deram injeções e comprimidos (EP).

Como no caso de Noor, não são infrequentes as histórias de pessoas que acordaram vivas sob cadáveres que estavam a ser preparados para cremação ou enterro, expressão do caos instalado. Noor só encontrou os pais e os irmãos 10 dias depois, quando já os julgava mortos e estes já a julgavam morta. Muitas foram as famílias que jamais se reencontraram. A indemnização que Noor recebe, 200 rupias mensalmente, diz-me, não é suficiente para cobrir idas ao médico e, sempre que pode, tenta juntar algum dinheiro para ir ao médico privado onde pode encontrar um atendimento mais dedicado. Além dos problemas de saúde que a acompanham e que lhe debilitam fortemente a capacidade de trabalho, explica o estigma que recai sobre as populações que se sabe afetadas pelo gás. Conforme me explicou e pude dar conta em muitos outros testemunhos, esta menorização social percebe-se crucialmente aquando do casamento:

> Eu casei-me dois anos e meio após o desastre, mas é uma situação difícil. As pessoas de fora não querem casar com pessoas afetadas pelo gás. A verdade é que eu tive problemas porque, dois anos após o meu casamento, o meu filho teve doenças de pele. As pessoas normais pensam que, se casarem com uma mulher ou um homem de uma família afetada pelo gás, os seus filhos também vão ser afetados pelo gás (EP).

É, pois, muito frequente que as pessoas afetadas pelo gás acabem por desposar indivíduos em igual circunstância. Numa sociedade em que a escolha de noivo tem uma forte dimensão de compromisso familiar, marcado pela casta e pelo estatuto socioeconómico, as pessoas afetadas pelo gás estão cingidas a uma espécie de endogamia, numa generalizada desconfiança de que o gás que se instalou nos seus corpos possa ser passado às gerações seguintes.

Quando me ia despedir, antes de desligar o gravador, Noor, reparando que me tinha esquecido de perguntar pelo destino dos seus companheiros de fuga na noite do desastre, chamou-me e disse-me:

> A menina do meu tio morreu um mês depois do desastre; o meu tio morreu após três anos; e a minha tia morreu também três anos após

> o desastre – os três morreram. E o meu outro tio também morreu, em poucos anos, por causa da situação das doenças (EP).

Como podemos perceber, o impacto imediato do desastre nas famílias foi muito variável, dependendo sobretudo da área de residência e das estratégias de proteção adotadas perante perigo de contornos e implicações desconhecidas. Poucas famílias, no entanto, terão sido tão afetadas como a de Sanjay Verma. Nascido em 1984, Sanjay não tem memórias pessoais do desastre, mas conheceu as suas implicações através da irmã e do irmão mais velhos (respetivamente, 9 e 19 anos, aquando do desastre) e pelo seu envolvimento como ativista dos sobreviventes: "Depois daquela noite, o meu irmão Sunil, a minha irmã Mamta e eu fomos os únicos três sobreviventes. Três irmãs, dois irmãos e os meus pais morreram naquela noite." Sanjay sobreviveu graças à irmã, que lhe haveria de contar a história anos depois:

A minha irmã envolveu-me no cobertor, uma vez que eu era um bebé. O meu irmão e a minha irmã correram juntos – eu ia ao colo da minha irmã. Depois, o meu irmão teve que urinar [...], foi quando se separaram. Mas, ainda assim, de algum modo, a minha irmã sobreviveu e, uma vez que me tinha nos braços, eu também sobrevivi e acabámos por encontrar o meu irmão na manhã seguinte ou assim (EP).

Tanto quanto o impacto da noite do desastre, a história de Sanjay é instrutiva das sequelas do desastre. O facto de Sanjay não ter memórias da família que perdeu permitiu-lhe ter uma infância relativamente feliz no orfanato onde viveu com a irmã. O mesmo não aconteceu ao irmão de Sanjay, Sunil. Se, por um lado, Sunil canalizou a revolta pelo acontecido para se tornar um dos mais importantes ativistas nos anos subsequentes ao desastre, acabaria por soçobrar à dor, com sérias perturbações psicológicas, muito comuns entre os sobreviventes (BMA e BGIA, 2012: 121), que o levariam a suicidar-se em 2006. Conforme me disse Sanjay, foi no luto pela morte do seu irmão que ele pôde estabelecer, enfim, um conhecimento mais aproximado do impacto subjetivo do desastre nos sobreviventes. Trata-se de um "saber" imposto pelo confronto com a morte de entes próximos no contexto de um desastre coletivo, um dado da experiência que, conforme pude perceber pelas entrevistas que recolhi, perpassa esmagadoramente pelos que sobreviveram àquela noite. Foi nesse momento que Sanjay compreendeu o quanto de dor tiveram de carregar os seus dois irmãos que, no dia 4 de dezembro de 1984, acordaram para a perda de sete membros da família nuclear.

O contacto com testemunhos do desastre de Bhopal, recolhidos mais de trinta anos depois, mostra, por um lado, como as memórias são sempre profundamente individuais. Trata-se de experiências recapituladas, a partir de uma pletora de afetos e traumas que pertencem à singularidade de cada percurso biográfico. A isto acresce o forte peso das doenças, dores crónicas e deficiências que desproporcionadamente afetam os sobreviventes de Bhopal, algo que nos remete seja para a centralidade do corpo vivido na experiência (Merleau-Ponty, 1999; Csordas, 1990), seja para a incomunicabilidade suscitada pela dor física e pela angústia existencial de um corpo vulnerabilizado (Martins, 2006; Das, 1997). Por outro lado, estas narrativas carregadas de histórias dolorosas e potencialmente disruptivas levam a que a sua evocação, como pude perceber na marcação e no rescaldo das entrevistas, obedeça a óbvios cuidados de autopreservação: a avaliação da prontidão emocional para um exercício memorativo difícil; a escolha da audiência respeitosa e empática, e a ponderação sobre a bondade do destino das histórias contadas. Analisando o desastre do Bhopal, Veena Das (1995: 138–174) analisa como a experiência das vítimas foi mobilizada para discursos profissionais – da administração burocrática, da medicina, do direito – de tal modo que a dor e o sofrimento são tendencialmente elididos em narrativas de legitimação da ordem social e das instituições modernas. Como referia Shiv Visvanathan, pouco tempo após o desastre: "[a] burocratização da catástrofe trouxe consigo o reinado do Certificado. Só um certificado governamental determina o que é real. Os decretos de indemnização do governo tornaram-se doações, transformando as vítimas em pedintes" (1986: 149).

Assim, mais do que uma análise imersa nas teodiceias que Max Weber e – na sua esteira – Clifford Geertz (1973) pertinentemente analisaram para sublinhar o papel das cosmologias religiosas na explicação do sofrimento e da dissolução do sentido da vida, a leitura do rescaldo do desastre de Bhopal não pode ser separada de uma perspetiva crítica em relação aos mecanismos pelos quais as comunidades e os sujeitos violentados pelo desastre têm de resistir aos mecanismos que os procuram reinscrever como "corpos dóceis": "Nós temos de examinar os mecanismos pelos quais a fabricação da dor, por um lado, e das teologias do sofrimento, por outro, se convertem em formas de legitimar a ordem social e menos em ameaças a essa mesma ordem" (Das, 1995: 138).

Veena Das considera que o desastre de Bhopal – tendo sido entendido, desde o início, como um evento coletivo e, portanto, claramente apartado da força das leituras rigidamente individuais do sofrimento – teve como sequela a negação das dimensões subjetivas e intersubjetivas da dor. Tal fenómeno deveu-se, a seu ver, ao poder multinacional da indústria de químicos, à escassez de recursos dos grupos de vítimas e à aplicação de lógicas burocráticas na definição de doença, em processos que fizeram do sofrimento um discurso, um tropo verbal, que acabou dissolvendo a realidade existencial dos sobreviventes (Das, 1995: 138–174).

Ao mesmo tempo que são individuais, as memórias de Bhopal, como pude perceber, estão profundamente dependentes, se não de uma memória coletiva, de histórias partilhadas que reescrevem o passado ao mesmo tempo que inscrevem os sujeitos nos sucessivos presentes de onde falam. Kirmayer refere com argúcia que

> [o] trauma partilhado por uma comunidade inteira cria um espaço público potencial para reenunciação. Se uma comunidade concorda que os eventos traumáticos aconteceram e incorpora este facto na sua identidade, então a memória coletiva sobrevive e a memória individual pode encontrar um lugar (ainda que transformado) dentro dessa paisagem. (Kirmayer, 1996, 189-190)

No entanto, o contexto de Bhopal e as enunciações que pude recolher têm menos que ver com a validação da experiência individual ou com a criação de espaços de enunciação – importantes como são – do que com uma declarada luta por justiça e por uma vida melhor. Esta dimensão é particularmente forte em Bhopal, face a uma situação de injustiça e precariedade que, após 1984, tem sido ostensiva e incessantemente reproduzida, e que remete para o que muitas organizações locais designam como "o segundo desastre de Bhopal".

Os sujeitos da "violência lenta"

O elenco dos eventos e das decisões que culminaram no desastre de 3 de dezembro de 1984 revela a abissal negligência em relação às vidas das populações que viviam nas habitações precárias do norte da cidade de Bhopal.

Em primeiro lugar, está a própria decisão de instalar uma fábrica de pesticidas numa zona que já era densamente povoada, sem que, ao longo dos anos, alguma medida tenha sido tomada para impedir novas construções nas zonas circunvizinhas, ou para levar a cabo um plano de segurança que passaria pela elementar informação das populações sobre os perigos a que estavam sujeitos e por um plano de evacuação.

Em segundo lugar, porque a tecnologia usada para a produção de carbaril em Bhopal assentava em tecnologia não comprovada: devido à eventual não adaptação às especificidades do solo e do clima locais; pela adoção de um método de reação mais barato, mas que comportava riscos acrescidos; pelas restrições existentes à importação de tecnologia ao abrigo de legislação protecionista indiana; e por um generalizado improviso e facilitismo que levaram ao uso de tecnologia obsoleta, estabelecendo um abismo entre as tecnologias e padrões de segurança usados nas fábricas de Bhopal e na sua congénere nos EUA.[8]

Em terceiro lugar, porque houve um acentuado desinvestimento, com sérias implicações de segurança, à medida que a rentabilidade da fábrica de Bhopal foi sendo posta em causa. O esforço para maximizar os lucros, primeiro, e para reduzir os prejuízos a partir de 1981, terá decorrido de vários fatores: das dificuldades técnicas para produzir o alfa-naftol localmente, projeto nunca realizado, o efeito negativo de anos de seca na procura de pesticidas; e a introdução na Índia de novos pesticidas, mais eficazes e mais baratos do que o carbaril (D'Silva, 2006: 66–67). A situação levou a que, em 1984, ano do desastre, estivesse a ser seriamente equacionado o desmantelamento da fábrica para ser reinstalada em unidades separadas na Indonésia e no Brasil (2006: 88). Os sucessivos cortes no funcionamento e nos funcionários levaram a que operações sensíveis fossem executadas por pessoal sem experiência, que cessassem operações de manutenção e reparação e a que fossem cortados custos em áreas cruciais. Para que se tenha uma ideia mais exata do impacto destes cortes, convém frisar que a refrigeração dos tanques que armazenavam o MIC (onde se iniciou a reação que desencadearia o desastre), cuja função era prevenir reações endotérmicas, encontrava-se desligada (2006: 90). Do mesmo modo, a torre de queima de gás, a que caberia destruir os gases de uma eventual fuga de MIC, estava inoperacional na noite do acidente (2006: 90).

O modo como as vidas dos habitantes de Bhopal foram desconsideradas no itinerário que tornou possível o desastre de Bhopal dá conta de um processo meticuloso de subalternização, que consente na reiteração da categoria de sub-humano. Esta categoria sedimenta-se, a nível local, pelo modo como a destituição económica e cultural dos habitantes das favelas é congruente com classificações racistas e religiosas, num país em que os muçulmanos e hindus de baixa casta se encontram entre os mais excluídos. De uma perspetiva mais vasta, pelo facto de a Índia pertencer, ainda, a um espaço marcado pelas lógicas de desigualdade planetária do sistema-mundo, forjadas na divisão entre colónias e metrópoles. A Índia pertenceu ao espaço colonial, exterioridade não europeia ainda cristalizada na sensibilidade do Ocidente através da permanência do nexo colonial-racista que nasceu com a expansão europeia oceânica, a partir do final século XV (Bethencourt, 2013). As colónias, mais exatamente os territórios outrora coloniais, nesse sentido, correspondem ao que a sensibilidade anticolonial de Frantz Fanon

8 Ingrid Eckerman (2005: 28-29) oferece um exaustivo inventário das deficiências de tecnologia e planeamento da fábrica de Bhopal.

designou por "zonas de não ser" (Fanon, 1967). Nestas demarcações de humanidade, denota-se, como refere Boaventura de Sousa Santos, que a conceção moderna ocidental, capitalista e colonialista da humanidade não é pensável sem o conceito de sub-humanidade (Santos, 2014).

Se se tiverem em conta as irrisórias compensações financeiras, as insuficientes estruturas para atender às necessidades médicas e a poluição que ainda marca a envolvência da área em que se situava a fábrica da UCC/ UCIL (BMA e BGIA, 2012; Elliot, 2014), pode dizer-se que as três décadas que se seguiram ao desastre exprimem, singularmente, o descaso a que tem estado votada a população marcada pelo impacto do desastre de Bhopal. As vidas perdidas em Bhopal, bem como as dos sobreviventes, emergem, assim, como representações proverbiais das vidas não passíveis de luto:

> As vidas não passíveis de luto são aquelas que não podem ser perdidas, e que não podem ser destruídas. Porque habitam uma zona perdida e destruída; elas são, ontologicamente, desde o início, perdidas e destruídas. (Butler, 2010: xix)

Assim se explica que, após o desastre, nenhuma comoção pelos mortos ou reconhecimento do sofrimento instaurado às vidas achadas entre os despojos do desastre tenha mobilizado um efetivo ânimo de justiça, fosse da parte do Estado Indiano, da UCC, dos EUA, ou das instituições internacionais. As tribulações que se seguiram ao desastre são expressivas disso mesmo.

Em primeiro lugar, a luta por compensações por parte dos sobreviventes de Bhopal esbarrou num acordo estabelecido, sob os auspícios do Supremo Tribunal da Índia, entre o governo indiano e a UCC. Segundo este acordo, a UCC pagou 470 milhões ao governo indiano, que recebeu o montante em nome das vítimas – sem que estas tenham alguma vez sido consultadas. Com o acordo, foram dados como nulos quaisquer outros processos cíveis ou criminais contra a UCC/UCIL. Face aos danos já conhecidos, o acordo estabeleceu uma verba insignificante que permitiu à UCC continuar a sua atividade económica sem danos de maior. O governo Indiano redistribuiu o dinheiro às vítimas de tal modo que cerca de 94% das vítimas receberam menos de 500 dólares, que foram sendo pagos ao longo dos anos em prestações mensais de 200 rupias. Uma quantia, conforme pude perceber, manifestamente insuficiente para fazer face aos mais elementares problemas de saúde que afetam os sobreviventes. Ao optar por um acordo tão desfavorável, fica claro que a principal preocupação do governo indiano foi a de não hostilizar o investimento internacional. Boaventura de Sousa Santos refere que os Estados operam segundo três estratégias: acumulação, hegemonia e confiança (2000: 279). Nesse sentido, perante o acordo estabelecido, parece lícito concluir que o Estado indiano claramente privilegiou o princípio da acumulação em detrimento da confiança dos cidadãos que alegou representar.

Em segundo lugar, as responsabilidades criminais apuradas foram-no tardia e escassamente, revelando um quadro de impunidade. Em 1991, respondendo a um recurso, o Supremo Tribunal Indiano revogou a cessação das acusações criminais estabelecidas. No entanto, o diretor executivo da UCC, Warren Anderson (falecido em 2014) nunca compareceu na Índia para responder por homicídio culposo, e o pedido de extradição, só emitido em 2003, foi sempre recusado pelos EUA. Em 2010, oito altos funcionários indianos da filial indiana da UCC (UCCIL) foram acusados com multas e penas de prisão até dois anos, sentenças que geraram a indignação pública pela sua insignificância em face do desastre.

Em terceiro lugar, desde o dia do desastre, a área da fábrica e a envolvente permanecem fortemente contaminadas. Em particular, o solo e as águas subterrâneas que ao longo das últimas décadas serviram para o consumo das populações das áreas envolventes contêm elevados níveis de toxicidade. Isto mesmo ficou comprovado por um estudo da Greenpeace em 1999:

> De modo geral, a pesquisa conduzida pela Greenpeace International demonstrou uma grave contaminação do solo e da água das reservas de água de consumo com metais pesados e contaminantes orgânicos persistentes tanto dentro como na envolvência da antiga fábrica de produção de pesticidas da UCIL. (Greenpeace, 1999: 4)

Perante este quadro, a exigência da limpeza da área contaminada (que inclui reservas de compostos que continuam perigosamente armazenadas na antiga área de produção dos pesticidas) estabeleceu-se como uma etapa crucial das reivindicações de ativistas e sobreviventes (BMA e BGIA, 2012: 136-137). Em 2001, a UCC foi adquirida pela Dow Chemical, passando a ser a esta empresa que cabem as responsabilidades pendentes da UCC. Apesar dos continuados apelos dos ativistas de Bhopal, até hoje a Dow Chemical continua a recusar-se a assumir a limpeza da área contaminada.

Vitimados por um desastre continuado, que se apôs ao desastre de 1984, os sobreviventes de Bhopal encontram-se perante um quadro profundamente marcado por doenças crónicas debilitantes da qualidade de vida e da aptidão para o trabalho, recebendo compensações que nem lhes conferem os recursos adequados para receberem cuidados médicos condignos. Por outro lado, sem que alguma vez tenham visto alguém ser responsabilizado pela magnitude do desastre que se interpôs nas suas vidas, as novas gerações estão sofrendo com malformações genéticas e doenças que resultam do consumo de água contaminada.

A oportunidade de tomar contacto com a comunidade afetada pelo desastre, mais de 30 anos depois, colocou-me perante a força descritiva daquilo a que Rob Nixon designa por "violência lenta"[9] (Nixon, 2009, 2011) e que entende como a violência que ocorre gradualmente e longe da vista, uma violência da destruição diferida que está dispersa pelo tempo e pelo espaço, uma violência de atrito que normalmente nem sequer é entendida como violência (Nixon, 2011: 2).

Trata-se, pois, de uma forma de violência que escapa às apreensões correntes e que reclama por uma renovada sensibilidade crítica:

> A violência é habitualmente entendida como uma ação que é imediata no tempo, explosiva e espetacular no espaço, e que eclode com uma visibilidade instantânea. Precisamos, creio, de nos ocuparmos de um tipo diferente de violência, a violência que não é espetacular nem instantânea, mas gradual e cumulativa, cujas repercussões calamitosas se movem através de uma série de escalas temporais. (Nixon, 2011: 2)

De facto, tanto o caráter insidioso da violência lenta como a invisibilidade potenciada pelos regimes hierárquicos que se concertam na desqualificação social daqueles que foram e são as vítimas de Bhopal concorrem para um quadro em que, como se pôde perceber, os "direitos do poder" se sobrepõem ao "poder dos direitos" (Falk, 2009: 25). Esta conclusão, sendo expressiva de uma pujante assimetria de poder que tende a perpetuar as condições de desamparo dos sobreviventes, fracassa em valorizar as conquistas e ensinamentos produzidos pelas histórias de luta de insurgência. É nesse sentido que me parece importante pensar as histórias de Bhopal na perspetiva das "epistemologias do Sul" (Santos, 2014).

As "epistemologias do Sul": resistências e aprendizagens

Numa reflexão que se vem sedimentando em estreita articulação com os conceitos de "sociologia das ausências", "sociologia das emergências", "ecologia dos saberes" (Santos, 2002) e "tradução intercultural" (Santos, 2014: 238), Boaventura de Sousa Santos define as epistemologias do Sul como "o conjunto de procedimentos dirigidos à validação de conhecimentos

[9] Não é uma casualidade que o desastre de Bhopal, por via do romance de Indra Sinha, *Animal's People*, tenha sido um dos casos a partir do qual Rob Nixon aprofundou e materializou o conceito de "violência lenta".

nascidos na luta, de formas de saber desenvolvidas por grupos sociais como parte da sua resistência contra as injustiças sistémicas causadas pelo colonialismo, pelo capitalismo e pelo patriarcado" (2014: x).

De facto, a partir de uma perspetiva atenta às resistências que se engendraram a partir do desastre de Bhopal, é também possível entrever um fôlego contraparadigmático com que os poderes do colonialismo,[10] do capitalismo e do patriarcado foram sendo combatidos pelos sobreviventes. Sem recursos ou influência política, a história da luta dos sobreviventes de Bhopal merece ser assinalada e pode ser dividida em três formas de ação centrais. Em primeiro lugar, as manifestações públicas. Estas têm consistido em manifestações de rua, marchas, greves de fome, vigílias, seja para colocar na agenda reivindicações específicas ou para contestar decisões dos governantes ou dos tribunais, seja ainda para assinalar o dia do desastre de Bhopal ou outras datas relevantes. Neste particular, cabe salientar as importantes *padyartas* – longas marchas de protesto a pé – de importância e visibilidade crucial na história da luta. A primeira *padyarta* aconteceu em 1989 e foi decisiva para encetar uma cultura de resistência: 75 mulheres acompanhadas de 30 crianças (seus filhos), caminharam mais de 700 km para reunir com o primeiro-ministro, em Nova Deli. A segunda *padyarta* aconteceu em 2008, também de Bhopal para Deli. Cabe ainda salientar o jejum levado a cabo em novembro de 2014, em Deli, por 5 mulheres sobreviventes.

Uma segunda dimensão da resistência tem sido o uso da lei, dos tribunais e do escrutínio da documentação política. Seja interpondo processos e recursos ou usando as prerrogativas do direito à informação, o ativismo de Bhopal tem tido uma atividade frenética, explorando todas as possibilidades emancipatórias do Direito e exercendo um apertado escrutínio das decisões políticas a diferentes escalas. A capacidade de intervenção das organizações de Bhopal, além da dedicação dos sobreviventes, tem sido crucialmente beneficiária da presença de ativistas idos de lugares e quadros biográficos mais privilegiados, que têm emprestado o seu capital académico e social à causa de Bhopal.[11]

Finalmente, cabe salientar a ação solidária de ONG que se mobilizam para prestar serviços aos sobreviventes. Neste particular, é de destacar o papel

[10] Aqui entendido como legado colonial, num sentido próximo do de "colonialidade do poder" (QUIJANO, 2000) ou de "formações imperiais" (STOLER, 2008).

[11] O caso mais saliente é o de Ratinath Sarangi (Sathyu), um engenheiro metalúrgico que, como muitos voluntários, acorreu a Bhopal nos dias seguintes ao desastre. De tal modo abraçou a luta dos sobreviventes que, em função dela, vive em Bhopal desde 1984. É *trustee* da ST e dirigente do Bhopal Group for Information and Action.

da ST e do Chingari Rehabilitation Centre, um centro de reabilitação que garante ensino e reabilitação aos filhos dos sobreviventes que nasceram com malformações genéticas e outras deficiências. Ambas as organizações se situam próximo da fábrica devoluta e fazem visitas ambulatórias às comunidades.

Esta ação concertada, além de permitir atenuar muitas das condições desesperadas que afetam os sobreviventes e suas famílias, tem tido um papel decisivo nalgumas medidas que travaram a injustiça estrutural que recai sobre as vítimas de Bhopal. Cabe destacar algumas conquistas: a revogação, em 1991, do impedimento de processos criminais contra responsáveis da UCC/UCIL; a expedição do pedido de extradição de Warren Anderson; a realização de estudos que permitiram aferir do impacto do desastre na saúde e na poluição ambiental; a ordem do supremo tribunal, em 2004, para que fosse providenciada às populações água não contaminada (resolução só cumprida em 2014, depois de muita insistência); a distribuição às vítimas, a partir de 2010, das taxas de juro relativas à indemnização paga em 1989 pela UCC; e a aceitação pelo governo, em novembro de 2014, da revisão das categorias médicas que estiveram na atribuição das compensações subavaliadas.

A luta dos sobreviventes de Bhopal foi igualmente instrumental para a criação de um imenso espírito de solidariedade entre as comunidades afetadas, facto bem percetível, por exemplo, no modo como a identidade de sobrevivente, criando uma mesma luta, esvazia quaisquer divisões que pudessem existir, ainda que exteriormente potenciadas, entre hindus e muçulmanos.

Cabe ainda destacar o protagonismo que as mulheres assumiram, desde a primeira hora, enquanto protagonistas da luta pelos direitos dos sobreviventes. Tal protagonismo tem longa história, desde a primeira *padyarta*, em 1989, exclusivamente formada por mulheres.[12] Champa Devi Shukla (uma sobrevivente que hoje ocupa as funções de *trustee* do Chingari Rehabilitation Centre) explica as razões desse protagonismo:

> [Nós, mulheres] tivemos que sair de casa, de ganhar dinheiro para as nossas famílias, mas ao mesmo tempo tínhamos de lidar com todo o sofrimento da família, o que provocava imensa raiva, porque nada daquilo era culpa nossa. Costumávamos ir ver os deficientes físicos e mentais, e os bebés que nasciam mortos, fazia parte do apoio dado às vítimas. A minha neta nasceu com uma deficiência, uma fenda palatar. [...] Sim, todas fomos vítimas do desastre de gás. Vi o meu marido sofrer, os meus filhos a sofrer. Depois de ver todo este sofrimento,

[12] Sobre a relevância das mulheres nos primeiros anos da luta dos sobreviventes, ver Kim Fortun (2001: 217-250).

> tive de trabalhar para cuidar de todos os meus familiares. Sofrimento é isto que sentimos. Ainda o ano passado perdi um filho, que deixou um filho e uma filha. Por isso, sinto que tenho de ultrapassar todas as minhas tristezas e ter força para lutar pela vida dos meus netos e da minha nora (EP).

Conforme pude perceber ao longo do trabalho de campo, a resposta de Champa Devi Shukla reflete duas dimensões cruciais para a centralidade adquirida pelas mulheres no ativismo dos sobreviventes. Em primeiro lugar, está o papel que as mulheres ocupam como custódia do bem-estar da família. Expressão disso mesmo são as histórias de Noor Johan e de Mamta, irmã de Sanjay, contadas atrás. Elas dão conta de um detalhe muito significativo, presente igualmente noutras narrativas: na noite do desastre, quase invariavelmente, são as mulheres que carregam as crianças. Este papel social das mulheres, que naquele como noutros contextos marcadamente nutre o cuidado da família (Shiva, 1988), faz com que as mulheres emerjam, nos anos a seguir ao desastre, enquanto representantes do sofrimento que não é apenas o delas: é o sofrimento dos filhos e das filhas, dos maridos e daqueles que morreram. Por outro lado, o desastre transformou o papel tradicional das mulheres fazendo-as assumir um maior protagonismo na vida pública. Se, até ao desastre, era frequente que muitas das mulheres, sobretudo as muçulmanas, se limitassem a trabalhar em casa (tanto no trabalho doméstico como a enrolar *beedis*[13] para fora), depois dele deram-se transformações assinaláveis. Houve, portanto, uma restruturação social a partir da desestruturação trazida pelo desastre. Nessa nova lógica, as mulheres tiveram que assumir um papel complementar ou substitutivo da remuneração dos maridos, tiveram ainda que comparecer nos espaços de intervenção e protesto como forma de ativamente aplacarem as dificuldades vividas a nível pessoal e familiar. Nesta medida, a luta das sobreviventes de Bhopal, além de anticolonial, antirracista e anticapitalista, carrega, também, uma interessante narrativa feminista.

Aprender com a memória de outros lugares, cujas tribulações são menos conhecidas, confere a possibilidade de reconstituição de uma memória social que se não dobre às fronteiras do humano ou às linhas de fronteira que outrora definiram como exploráveis os espaços coloniais. Essas memórias são vitais ensinamentos, também na medida em que seja possível reconhecer que, muitas vezes, "a memória não está ao nível da representação, mas ao nível de um gesto particular com o qual cada um habita o mundo" (Das, 2010: 144).

[13] Um cigarro de tabaco muito comum na índia.

Conclusão

Tanto quanto desprovincializar a narração da modernidade (Chakrabarty, 2000), fazer viajar histórias de resistência, nascidas de situações tão desesperadas como a de Bhopal, pode ser, ironicamente, uma forma de fazer viajar a esperança dos lugares onde ela é ainda, às vezes, tão desesperada. A memória da injustiça e da violência – longamente inscrita nos corpos e nos testemunhos – é crucial para que se edifique a necessidade de alternativas ao modo como a modernidade produziu categorias de humano e sub-humano. A luta pela sobrevivência da memória não é separável da luta dos sobreviventes que, no presente, inventam gramáticas de dignidade e reconhecimento.

Acredito que, mais de trinta anos depois, as vidas e as vozes dos sobreviventes de Bhopal podem oferecer temporalidades emancipatórias. Em primeiro lugar, na medida em que estas vozes se interpõem ante a "monocultura do tempo linear" (Santos, 2002: 247). Falo do modo como as suas narrativas se opõem à celebração de um progresso inevitável, bem representado, por exemplo, pela ideologia modernista na base da "revolução verde",[14] ou pelo necessário clima de inimputabilidade empresarial mantido para que o capital internacional, tido como o motor do futuro, se não iniba.

Em segundo lugar, essas vozes exaltam-se para colocar na memória coletiva um desastre que, apesar de fulminante e espetacular, aconteceu numa parte do mundo em que o tempo do esquecimento sobre o sofrimento humano tende a correr mais veloz. A atualidade de um desastre acontecido há mais de 30 anos na Índia como que permite calibrar a lonjura do tempo, sincronizando a memória do desastre humano nas diferentes latitudes.

Em terceiro lugar, as vozes de Bhopal reinventam o tempo ao trazerem a violência lenta para uma linguagem passível de ser apreendida pela velocidade da informação mediática. Falo dos protestos públicos, ponderosamente afeitos a serem representados pelos média, ora porque convocam a superação ou o aniquilamento do ser, como os jejuns ou as *padyartas*, ou porque criam, através das manifestações e comemorações, realidades mais cinemáticas e fotogénicas do que a realidade dos seus sofrimentos, lentos, interiores e invisíveis.

Recrutando para os usos do tempo aquilo que Boaventura de Sousa Santos define como pensamento abissal (2014: 118-135), creio ser

[14] A revolução verde na Índia e a sua estreita relação com o desastre de Bhopal espelha bem como, crescentemente, as sociedades se têm confrontado com os riscos produzidos através da ação humana, ideia celebremente sintetizada naquilo que Ulrich Beck designou de sociedade de risco (1992).

possível dizer que as vidas de Bhopal, naquilo que têm de emancipatório e contra- hegemónico, comportam a força de uma memória pós-abissal. A memória pós-abissal, defendo, é aquela que identifica a memória abissal enquanto um segundo fôlego da violência colonial. Uma memória pós-abissal da violência terá que ser capaz de conter as vastas latitudes da experiência moderna, os vastos suis, carregando corpos e violências, mortos e sobreviventes, reconhecendo, como promessa de novos saberes, o tempo testemunhado por aqueles que melhor conheceram os escombros da modernidade.

Referências bibliográficas

Baxi, Upendra (1986), "From Human Rights to the Right to be Human: Some heresies", *India International Centre Quarterly*, 13(3/4), 185–200. JSTOR: <http: www.jstor.org/stable/23001445>.

Beck, Ulrich (1992), *The Risk Society. Towards a New Modernity*. Londres: Sage.

Bethencourt, Francisco (2013), *Racisms: from the Crusades to the Twentieth Century*. Princeton, NJ: Princeton University Press.

BMA; BGIA – Bhopal Medical Appeal; Bhopal Group for Information and Action (2012), *The Bhopal Marathon*. Brighton: Bhopal Medical Appeal. Disponível em: <http://www.bhopalmarathon.org/cryforbhopal/files/1.html>.

Butler, Judith (2004a), *Undoing Gender*. Nova Iorque: Routledge.

Butler, Judith (2004b), *Precarious Life: The powers of mourning and violence*. Londres: Verso.

Butler, Judith (2010), *Frames of War: When is life grievable?* Londres: Verso.

Chakrabarty, Dipesh (2000), *Provincializing Europe: postcolonial thought and historical difference*. Princeton, NJ: Princeton University Press.

Csordas, Thomas (1990), "Embodiment as a Paradigm for Anthropology", *Ethos*, 18(1), 5–47. DOI: <https://doi.org/10.1525/eth.1990.18.1.02a00010>.

Cullinan, P.; Acquilla, S. D.; Dhara, V. R. (1996), "Long term morbidity in survivors of the 1984 Bhopal gas leak", *The National Medical Journal of India*, 9(1), 5–10. Disponível em: <http://archive.nmji.in/approval/archive/Volume-9/issue-1/original-articles-1.pdf>.

Das, Veena (1995), *Critical Events: An anthropological perspective on contemporary India*. Delhi: Oxford University Press.

Das, Veena (1997), "Language and Body: Transactions in the Construction of Pain", *in* Arthur Kleinman, Veena Das *et al.* (orgs.), *Social Suffering*. Berkeley, CA: University of California Press.

Das, Veena (2010), "Listening to Voices: An interview with Veena Das" (entrevistada por Kim T. DiFruscia), *Altérités*, 7(1), 136–145.

D'Silva, Themistocles (2006), *The Black Box of Bhopal: A Closer Look at the World's Deadliest Industrial Disaster.* Victoria, BC: Trafford.

Elliott, John (2014), "India: After 30 years, Bhopal is still simmering", *Newsweek*, 12 de janeiro. Disponível em: <http://www.newsweek.com/india-after-30-years-bhopal-still-simmering-288144>.

Eckerman, Ingrid (2005), *The Bhopal Saga: Causes and consequences of the world's largest industrial disaster.* Hyderabad: Universities Press.

Falk, Richard (2009), *Achieving human rights.* Nova Iorque: Routledge.

Fanon, Frantz (2004), *The wretched of the earth.* Nova Iorque: Grove Press.

Fanon, Frantz (1967), *Black Skin, White Masks.* Nova Iorque: Grove Press.

Fortun, Kim (2001), *Advocacy after Bhopal: Environmentalism, disaster, new global orders.* Chicago: University of Chicago Press.

Geertz, Clifford (1973), *The Interpretation of Cultures: Selected essays.* Nova Iorque: Basic Books.

Greenpeace (1999), *The Bhopal Legacy.* Consultado a 1.10.2014. Disponível em: <http://www.greenpeace.org/international/Global/international/planet-2/report/1999/10/the-bhopal-legacy-toxic-cont.pdf>.

Kirmayer, Laurence (1996), "Landscapes of memory: trauma, narrative, and dissociation", *in* Paul Antze e Michael Lambek (orgs.), *Tense past: cultural essays in trauma and memory.* Nova Iorque: Routledge.

Kleinman, Arthur (1992), "Pain and Resistance: the Delegitimation and Relegitimation of Local Worlds", *in* Mary-Jo Good e Paul Brodwin *et al.* (orgs), *Pain as Human Experience: Anthropological Perspective.* Berkeley, CA: University of California Press.

Martins, Bruno Sena (2006), *E se eu fosse cego: narrativas silenciadas da deficiência.* Porto: Afrontamento.

Merleau-Ponty, Maurice (1999), *Fenomenologia da Percepção.* São Paulo: Martins Fontes.

Nixon, Rob (2009), "Neoliberalism, slow violence, and the environmental picaresque", *Modern Fiction Studies*, 55(3), 443–467. DOI: <https://doi.org/10.1353/mfs.0.1631>.

Nixon, Rob (2011), *Slow violence and the environmentalism of the poor.* Cambridge, MA: Harvard University Press.

Quijano, Anibal (2000), "Colonialidad del poder y clasificación social", *Journal of World-Systems Research*, 6(2), 342–386. DOI: <https://doi.org/10.5195/JWSR.2000.228>.

Santos, Boaventura de Sousa (2000), *Crítica da Razão Indolente: Contra o Desperdício da Experiência.* Porto: Afrontamento.

Santos, Boaventura de Sousa (2002), "Para uma Sociologia das Ausências e uma Sociologia das Emergências", *Revista Crítica de Ciências Sociais*, 63, 237–280. DOI: <https://doi.org/10.4000/rccs.1285>.

Santos, Boaventura de Sousa (2014), *Epistemologies of the South: Justice against Epistemicide*. Boulder, CO: Paradigm Publishers.

Shiva, Vandana (1988), *Staying alive: women, ecology, and development*. Londres: Zed Books.

Shiv, Visvanathan (1986), "II. Bhopal: The imagination of a disaster", *Alternatives*, 11(1), 147–165. DOI: <https://doi.org/10.1177/030437548601100106>.

Stoler, Ann Laura (2008), "Imperial Debris: Reflections on ruins and ruination", *Cultural Anthropology*, 23(2), 191–219. DOI: <https://doi.org/10.1111/j.1548-1360.2008.00007.x>.

CAPÍTULO 7

O pluralismo e a condição pós-minoritária: reflexões em torno do discurso "muçulmano pasmanda" no Norte da Índia[*,1]

Khalid Anis Ansari

Introdução

A visão modernista de nação e democracia – juntamente com a respetiva ambição teleológica de uma comunidade política territorial e homogeneizada – tem vindo a ser cada vez mais problematizada na era do capitalismo tardio, na qual o elemento social sofre de enormes pressões no sentido da pluralização. De facto, a partir da década de 1990 verificou-se um enorme interesse pelas ideias de cidadania, multiculturalismo e direitos das minorias, sobretudo no que se refere à produção académica ocidental na área da teoria política. Este interesse foi estimulado pela situação empírica dos movimentos nacionalistas étnicos na Europa de Leste e por diversas preocupações relacionadas com as populações de imigrantes localizadas sobretudo no Ocidente. No centro deste "debate liberal-comunitário" está o questionamento da ortodoxia liberal do pós-guerra, que se focava diretamente nos direitos e prerrogativas individuais na conceptualização da cidadania, num contexto em que as subjetividades de grupo iam ganhando importância. Naturalmente, colocavam-se novas questões relativamente à

* Tradução de Samuel Alexandre.

1 Agradeço ao Professor Sitharamam Kakarala e à Doutora Caroline Suransky por serem uma fonte de contínua inspiração e orientação para o meu trabalho. As discussões com Mohd Sayeed foram uma ajuda preciosa para que conseguisse dar forma, ainda que imperfeita, ao meu argumento.

natureza da comunidade política e da solidariedade dentro do Estado-nação, numa era em que crescentes fluxos internacionais de capital, mão-de-obra e produtos culturais ameaçavam as fronteiras vigentes.[2]

Neste contexto, "as questões da etnicidade e dos direitos das minorias" têm sido discutidas "com um entusiasmo e ardor cada vez maiores" e "uma grande parte desta discussão tem-se centrado particularmente nos méritos, ou deméritos, do multiculturalismo enquanto política pública (estatal)" (May *et al.*, 2004: 3). Historicamente, a categoria "maioria" tem sido ocupada pela coletividade cultural dominante no território nacional, ao passo que a noção de "minoria" tem carregado conotações de alteridade, sofrimento, subordinação ou desvantagem. A cultura da maioria – que muitas vezes se faz passar por cultura nacional ou por secularismo – define frequentemente o centro a partir do qual outras culturas são avaliadas e abordadas (Connolly, 1996), evocando deste modo o medo da assimilação cultural ou da subordinação económica nas minorias oficialmente reconhecidas. Nas últimas décadas, a Índia tem sido palco de um debate enriquecedor sobre estes traços dos direitos das minorias.[3]

Contudo, embora a discussão sobre os direitos das minorias tenha passado para a linha da frente, é impressionante constatar como o aprofundamento do pluralismo e da democracia fez surgir novas subjetividades políticas subterrâneas que têm abalado seriamente os discursos oficiais sobre as minorias (Eisenberg e Spinner-Halev, 2005). Algumas destas minorias internas, que estão agora a lutar por se inscreverem nas páginas da justiça, podem passar por cima da dicotomia maioria-minoria e vê-la como profundamente limitadora na resposta às suas preocupações. Está-se então a atingir os limites dos discursos dominantes sobre as minorias? Será o espaço das minorias verdadeiramente capaz de responder às questões emergentes em torno da justiça, da diferença e da desigualdade, que as minorias internas colocam sobre a mesa? Embora até ao momento o género tenha dominado as discussões sobre minorias internas na Índia, neste capítulo reflete-se sobre as ruturas discursivas dentro do espaço das minorias na Índia representadas pelo movimento pasmanda, um movimento de castas subordinadas dentro da maior minoria religiosa – os muçulmanos. Com recurso à análise de castas, o movimento tem complexificado o duopólio maioria-minoria (hindus-muçulmanos) e desestabilizado outros conjuntos conceptuais com ele relacionados. Por um lado, defendo que a desestabilização simbólica iniciada pelo movimento pasmanda representa um enorme desafio para a imaginação vigente no espaço das minorias e para o seu

[2] Para uma síntese desta matéria, ver Kymlicka e Norman (1994).

[3] Para uma síntese desta matéria, ver Robinson (2012).

campo discursivo do secularismo, direitos e reformas culturais. Por outro lado, tenho reservas quanto à própria semântica da expressão "minoria dentro das minorias". Ao romper com os modelos políticos de articulações comunitárias, o movimento, em vez de reclamar um espaço enquanto "minoria dentro da minoria", dá origem a novos conjuntos de solidariedades políticas, ruturas discursivas, inversões simbólicas e críticas sociais. Na minha opinião, as novas circunstâncias sociopolíticas que inspiram o esforço democrático do movimento pasmanda podem, provisoriamente, ser designadas de "pós-minoritárias".

A topografia da "minoria" na Índia

A maioria das categorias contemporâneas de governação surgiu com a chegada da modernidade e das correspondentes reconfigurações de sociabilidade em diversas jurisdições. Embora na imaginação dominante impere o suposto modelo ocidental de uma transição linear da tradição para a modernidade, enquadrando desse modo outras experiências de modernidade nos termos de carência/diferença, Sudipta Kaviraj rejeita este ponto de vista e sugere que "devemos esperar que a modernidade não seja homogénea e que não se traduza no mesmo tipo de processo social e de reconstituição de instituições em todos os contextos históricos e culturais" (Kaviraj, 2010: 15). Acima de tudo, para compreender contextos pós-coloniais como o da Índia, "é necessário destacar as especificidades do colonialismo [...] precisamente porque o projeto colonial implicou a construção de tipos muito particulares de instituições estatais, alianças políticas e formas de conhecimento" (Witsoe, 2011: 621). Por conseguinte, a visão teórica liberal da modernização – que implicava, no essencial, a transição de coletividades imputadas para a preferência de uma maximização da individualização, do associacionismo tradicional para a burocratização despersonalizada e da fé para a secularização – foi dificultada por pelo menos três trajetórias-chave que se implantaram durante a vigência do regime colonial na Índia.

Em primeiro lugar, o regime colonial privilegiava os "números" e a "comunidade" em detrimento do indivíduo aquando das negociações pelo poder e pelo governo (Cohn, 2009). Particularmente, a modernidade colonial e as operações de recenseamento decenal introduziram uma nova definição de comunidade através dos seus esforços no sentido da enumeração e classificação da população-alvo.

> Em termos gerais, devido a mudanças nas comunicações, na política e na sociedade, as novas "comunidades" tornaram-se muitas vezes mais difusas territorialmente, menos presas às pequenas localidades e menos provincianas. Ao mesmo tempo, estavam historicamente

> mais conscientes de si mesmas e muito mais conscientes das diferenças entre elas próprias e os outros, das distinções entre "Nós" e "Eles". A nova "comunidade" ou "comunidade recenseada" [...] também se foi tornando parte de um discurso racionalista, preocupado acima de tudo com a força numérica, as fronteiras bem definidas, os "direitos" exclusivos e, não menos importante, a capacidade da comunidade para organizar ações dedicadas à defesa desses direitos. (Pandey, 1997: 305-306)

Assim, de um modo astucioso, o sistema de conhecimento colonial esboçou "enredos etnográficos" que muitas vezes "encorajaram os recenseadores a transferir a autoridade da autoclassificação dos seus sujeitos para si próprios" (Viswanathan, 1998: 161).

Em segundo lugar, o processo de reforma foi inspirado pela intervenção de interlocutores nativos da elite, pertencentes sobretudo às castas superiores, o que deu azo a uma versão distinta da sociedade civil colonial e do associacionismo, na qual a filiação não era universal mas, sim, segmentada (Kaviraj, 2010: 27–29). Neste contexto, a abordagem à política e legislação estatal não teve como prioridade satisfazer as escolhas de sujeitos individuais, sendo antes uma "estratégia" para alcançar interesses identitários delimitados pelos esforços coloniais de consolidação do regime seguindo a máxima "dividir para reinar". Numa economia política mergulhada em desenvolvimento desigual, tal gerou uma diferenciação social e uma forte competição pelos recursos escassos (Sarkar, 2005: 55).

Em terceiro lugar, houve alguma ambiguidade na abordagem à secularização da vida social ou do Estado. Embora um pequeno setor apoiasse a secularização segundo o tipo ideal modernista, a opinião dominante comparava o Ocidente materialista, secularizado e individualizado com o Oriente espiritual e comunitário como forma de refutar a acusação de inferioridade cultural imputada a este último. Neste sentido, embora fosse reconhecida a necessidade de reformar as tradições religiosas, existia um sentimento de que a religião oferecia os recursos e a profundidade cultural, difíceis de descartar, que o Ocidente não possuía (Chatterjee, 1998a). Se, por um lado, "as sociedades ocidentais se encontravam secularizadas a um nível considerável", por outro, na sociedade indiana, "a religião servia de base às identidades de grupo primárias e dominantes" (Kaviraj, 2010: 22). Por conseguinte, dentro do contexto do Estado, a variante indiana do secularismo foi criativamente definida não em termos de oposição à religião por si só, mas como tratamento homogéneo de todas as religiões pelo Estado e pela política pública (Bhargava, 2000). É dentro deste intercâmbio de contaminação entre tradição e modernidade que o caráter de exceção pós- colonial quanto às normas liberais se pode situar de forma rigorosa.

Assim, no caso da Índia, as técnicas de governabilidade já tinham classificado/enumerado as populações nativas e estabelecido as categorias-chave de governação muito antes da criação da Nação independente. Um dos efeitos mais penetrantes dos esforços etnográficos coloniais verificou-se na homogeneização e categorização das identidades sociais, sobretudo no que respeita à religião e à casta (Dirks, 2001: 7).[4] Mesmo na era pré-colonial, a fidelidade a determinadas comunidades era vista como valiosa, embora estas comunidades fossem difusas, ambíguas e fluidas. A sistematização de identidades e o regime de favoritismo diferencial geraram um conjunto de tensões que se desenrolariam de modos variados na articulação do nacionalismo secular e hegemónico ou dos subnacionalismos religiosos/de casta. O alargamento dos eleitorados separados (1909) e das reservas de emprego para muçulmanos (1925) imposto pelo regime colonial contribuiu decisivamente para fomentar forças de nacionalismos religiosos competitivos, tanto hindus como muçulmanos. Estas forças acabariam por gerar o holocausto da partição indiana devido à deficiente transferência de populações aquando da criação do Estado separado "muçulmano" do Paquistão, em 1947 (Aloysius, 1997; Anderson, 2012). O facto de a distância entre o nacionalismo secular e a maioria hindu não ser tão grande como o imaginado contribuiu para agravar a situação (Upadhyaya, 1992).

Na verdade, tendo como pano de fundo esta herança colonial de antagonismos competitivos, uma das tarefas mais urgentes com que os decisores políticos do recém-formado Estado-nação indiano depararam foi a gestão da enorme diversidade do contexto social indiano e a resposta às várias reivindicações das minorias pelo reconhecimento no âmbito do regime de

4 Por exemplo, Pandey afirma que "A 'comunidade hindu' indiana (e, em grande medida, também a 'comunidade muçulmana' indiana) foi uma criação colonial para [...] as mudanças sociais e económicas resultantes do colonialismo, os esforços indianos para defender as religiões e a cultura indígenas dos ataques dos missionários ocidentais, o impulso 'unificador' do Estado colonial [...]. Apesar de um sentimento generalizado de 'hinduidade' e 'muçulmanidade', julgo que, até ao século XIX, as pessoas sempre tiveram que lidar com a casta, a seita e outros fatores para alcançar as unidades implicadas na conceção de 'comunidade hindu' e de 'comunidade 'muçulmana'" (PANDEY, 1997: 316). Por sua vez, Mushirul Hasan considera que "a lei de 1909 (Reformas Morley-Minto) foi um golpe de mestre premeditado. Eleitorados separados, juntamente com reservas e quotas, geraram um sentimento de que os muçulmanos constituíam uma entidade político-religiosa segundo a imagem colonial – uma entidade unificada, coesa e segregada dos hindus. Os muçulmanos foram homogeneizados" (M. HASAN, 1998: 15).

cidadania.[5] Embora a cidadania universal e igualitária fosse defendida como o ideal constitucional, abriram-se exceções para abranger as minorias – sobretudo grupos religiosos, linguísticos, de casta e de tribos indígenas. Curiosamente, o enquadramento dos direitos das minorias foi inscrito na constituição indiana em 1947, muito antes das discussões sobre multiculturalismo se tornarem comuns nas academias ocidentais (Kaviraj, 2010: 36-37). Na verdade, as minorias foram subdivididas em secções às quais se atribuíram "direitos culturais" (no que se refere a grupos religiosos e linguísticos) e "direitos políticos" (no que se refere a grupos de castas e de tribos indígenas) (Robinson, 2012: 9-10). Deste modo, a política social na Índia pós-colonial concebeu a identidade religiosa – que também se tornou uma categoria suspeita devido à partição indiana[6] – principalmente em termos culturais, defendendo a sua proteção.

5 Genericamente, e em termos de religião, a população da Índia divide-se entre a comunidade hindu maioritária (cerca de 80% da população) e minorias religiosas, que incluem muçulmanos, siques, cristãos, jainistas e budistas, entre outros, e que formam a restante população. No contexto das minorias, os muçulmanos são o grupo mais significativo em termos numéricos e representam cerca de 14% dos atuais 1210 milhões de habitantes da Índia. Contudo, a comunidade hindu segue um sistema de estratificação social baseado na casta e divide-se internamente em cinco *varnas* ou grupos normativos de casta, baseados no estatuto social. Estes grupos incluem: os brâmanes (sacerdotes), os xátrias (guerreiros), os vaixás (comerciantes), os sudras (trabalhadores/artesãos) e um grupo de párias – os *dalits* (antigos "intocáveis"). As *varnas* estão organizadas de acordo com uma hierarquia baseada nas noções de pureza-poluição, com os brâmanes no topo e os *dalits* na base. As mesmas *varnas* subdividem-se ainda em alguns milhares de subcastas ou *jatis*, que correspondem a grupos profissionais hierarquicamente ordenados e endogâmicos. Na prática, as *jatis* são provavelmente as unidades mais funcionais e mais facilmente identificáveis, mesmo quando a sua hierarquia textual é muitas vezes complexificada, subvertida e redefinida na política quotidiana (para uma boa introdução a este tema, ver Jodhka [2012]). Na verdade, o "Projeto Povo da Índia" identificou cerca de 4635 comunidades na Índia (K.S. SINGH, 1995).

6 Importa notar que um número considerável de muçulmanos contestou a teoria das duas nações formulada pela Liga Muçulmana, preferindo permanecer na Índia. De facto, nas eleições de 1946, vencidas de forma clara pela Liga Muçulmana e também conhecidas como o "consenso sobre o Paquistão", apenas uma elite muçulmana muito reduzida, composta na sua maioria por muçulmanos de castas superiores, foi autorizada a votar devido a limitações legais do direito de voto. Sumit Sarkar refere "as grandes limitações do direito de voto (apenas cerca de 10% da população nas províncias poderia votar e menos de 1% podia votar para a Assembleia Central) [...]. A Liga conseguiu ver atendida a sua reivindicação pela criação do Estado do Paquistão sem que a sua alegação de representar a maioria dos muçulmanos tivesse sido verdadeiramente testada, quer em eleições plenamente democráticas ou [...] em contínuos movimentos de massas face à repressão oficial" (SARKAR, 2005: 427). Além disso, apesar de os eleitorados separados ou as reservas para muçulmanos terem sido anulados após a independência

Neste sentido, as religiões minoritárias como o Islão ou o cristianismo foram instituídas como minorias permanentes e tornaram-se um assunto de "direitos das minorias".[7] Por outro lado, os grupos tribais indígenas e de castas foram conceptualizados em termos de hierarquia, desvantagem ou estigma e, portanto, a necessitar de serem destruídos. Deste modo, as castas e as tribos tornaram-se um assunto de "justiça social" e beneficiaram de políticas de discriminação positiva (reservas ou quotas) em instituições parlamentares, no emprego e na educação (Mahajan, 2002: 42-43; Z. Hasan, 2009). A Constituição instituiu então as categorias oficiais de castas catalogadas (*Scheduled Castes* ou SC), tribos catalogadas (*Scheduled Tribes* ou ST), outras classes atrasadas a nível social e educativo (*Other Socially and Educationally Backward Classes* ou OBC) e minorias (religiosas e linguísticas), de modo que fosse possível captar esta realidade complexa para efeitos de política. No entanto, enquanto as SC se referiam aos *dalits* (antigos "intocáveis"), as ST diziam respeito às tribos indígenas, e as minorias incluíam as coletividades religiosas e linguísticas, a categoria OBC permaneceu curiosamente ambígua e desprovida de referentes claros (Zwart, 2000: 35-36).

Genericamente, importa destacar dois aspetos importantes nesta questão. Em primeiro lugar, embora todas as tradições religiosas na Índia se encontrem profundamente divididas a nível interno com base na casta, seita ou língua, entre outros fatores, as categorias "maioria" e "minoria" foram posteriormente definidas em termos religiosos e progressivamente construídas como categorias limitadas e indiferenciadas através da intervenção do direito e da política estatal. Através da repressão da casta e de outras diferenciações internas, a religião foi redefinida como categoria principal e orientadora. Em segundo lugar, a estrutura maioria-minoria ou a ideologia do secularismo, ainda que articuladas como mecanismos constitucionais para garantir a defesa e segurança dos muçulmanos que escolheram permanecer na Índia após a partição, pode ter preservado o vasto território discursivo de onde o "comunalismo" – visto como violência inter-religiosa ou reivindicações políticas segmentárias e competitivas – retira a sua força enquanto ideologia. Na prática, a Índia pós-colonial continua a ser atormentada por confrontos

por ameaçarem a unidade nacional, é curioso constatar que a categoria "casta" foi eliminada do censo oficial, enquanto a categoria "religião" foi mantida.

7 A Constituição defende os direitos das minorias religiosas e linguísticas nos artigos 25 (liberdade de praticar e disseminar a própria religião), 26 (direito a conservar as instituições religiosas), 29(1) (preservação cultural), 29(2) (direito à educação), 30(1) (direito a fundar e gerir estabelecimentos de ensino) e 30(2) (direito a receber ajudas estatais para estabelecimentos de ensino).

discursivos e violentos entre a maioria e as minorias,[8] tanto que "*Muçulmanos* e *minorias* [se tornaram] quase sinónimos nos discursos políticos" (Robinson, 2012: 32; itálico no original). Neste sentido, a *minoria não é apenas uma categoria oficial do Estado mas antes uma categoria política de pleno direito.*

É no âmbito da trajetória conceptual supracitada que os elementos-chave dos discursos maioria-minoria se formam e são postos em prática quotidianamente. O discurso muçulmano (minoria) tem sido fundamentalmente estruturado com base em aspetos emotivos, religiosos e culturais, à custa de questões relacionadas com a equidade. A comunidade maioritária é frequentemente acusada de imperialismo cultural, estereotipagem e estigmatização. Além da presença constante de episódios de violência comunal e de um sentimento profundo de perseguição, as polémicas em torno da língua (*urdu*), dos estabelecimentos de ensino para as minorias (Universidade Muçulmana de Aligarh) ou das leis pessoais têm frequentemente atraído a atenção do público (A. Alam, 2003). Durante a última década, os ataques islamofóbicos e as alegadas detenções de jovens muçulmanos inocentes em casos de terrorismo também têm sido alvo de destaque (Hashmi, 2011). Os supracitados elementos do discurso das minorias contrastam fortemente com o discurso maioritário dos revivalistas hindus (*hindutva*), que muitas vezes levantam a questão do favorecimento dos muçulmanos por parte do Estado. Os muçulmanos são vistos como potenciais quintas-colunas e enxovalhados pelo seu suposto papel no desencadear da tragédia da partição indiana. Dentro do discurso *hindutva* existem também preocupações demográficas relacionadas com práticas de conversões e de proselitismo levadas a cabo por missionários muçulmanos e cristãos, com a luta pela supressão do artigo 370, a proibição do abate de vacas e a promulgação do Código Civil Uniforme (Robinson, 2012: 18-21). Estas mútuas contestações discursivas e o compromisso entre comunidades maioritárias e minoritárias têm dominado a cena política na Índia desde a independência, gerando um profundo descontentamento entre outros círculos eleitorais marginalizados que, deste modo, veem as suas reivindicações por justiça ou a sua chegada à política serem constantemente abandonadas e adiadas.

Ruturas: O aparecimento do discurso "muçulmano pasmanda"

O consenso político – religião enquanto "diferença", casta enquanto "desigualdade" – expresso, respetivamente, na política dos "direitos das

[8] Ver Graff e Galonnier (2013).

minorias" e da "justiça social" começou a ser seriamente abalado por novas mobilizações sociais[9] e por importantes acontecimentos da década de 1990, de onde se destacam a demolição da Mesquita Babri,[10] a aprovação do Relatório da Comissão Mandal[11] e as reformas económicas neoliberais.[12] Estes

[9] Por exemplo, a categoria das castas catalogadas, referente aos *dalits*, está a sofrer a pressão da promulgação da identidade *mahadalit* (maioritariamente *dalit*) na Índia do Norte e da rivalidade entre as castas *maala* e *madiga* em Andhra Pradesh. A maioria dos grupos minoritários também está a assistir ao aparecimento de movimentos de casta ou género a partir de dentro, e que estão a desestabilizar o discurso dos direitos minoritários. Devido a estas pressões, as ideias feitas sobre a definição de cultura ou de marginalização socioeconómica tornaram-se uma questão controversa na Índia contemporânea.

[10] A polémica da Mesquita Babri diz respeito à mobilização "religiosa" da extrema-direita em torno da Mesquita Ramjanambhumi-Babri. Esta mobilização procurava demolir uma mesquita do século XVI que se acreditava ter sido construída pelo governante muçulmano Babur após a demolição de um templo hindu situado no suposto local de nascimento da divindade hindu Rama. A mesquita foi demolida em 1992 na sequência de uma mobilização nacional da comunidade hindu, a que se seguiram tumultos violentos entre hindus e muçulmanos nos principais centros urbanos da Índia (BASU *et al.*, 1993; JAFFRELOT, 1996; HANSEN, 1999). Este conflito gerou polarizações "comunais" (um termo usado para designar os confrontos inter-religiosos na Índia) e teve uma influência significativa na paz social, na tolerância e na questão do pluralismo (designada na Índia como "secularismo" e que se refere essencialmente ao tratamento homogéneo de todas as religiões [SEN, 1993]).

[11] O governo central aceitou as recomendações expressas no Relatório da Comissão Mandal em 1990. O relatório propunha a inclusão de secções destinadas aos sudras – a casta inferior – para efeitos de quotas/reservas através de uma leitura especial (em termos de casta) da ambígua expressão constitucional "Classes Atrasadas a Nível Social e Educativo" (popularmente conhecidas como OBC). Isto gerou uma mobilização em larga escala em torno da questão da casta. A garantia de discriminação positiva para as OBC no acesso ao emprego público perturbou consideravelmente as relações de poder e deu origem a uma transição na democracia indiana (FRANKEL, 1990; Engineer, 1991). Esta transformação gradual foi definida de modo sintético por Jaffrelot (2003) na expressão "a revolução silenciosa da Índia".

[12] As novas reformas económicas, habitualmente designadas de reforma neoliberal na literatura progressista, tiveram início em 1991 (CHANDRASEKHAR e GHOSH, 2002). Esta importante decisão política, popularmente designada pela sigla LPG (liberalização, privatização, globalização), interrompeu a longa tradição indiana de socialismo de Estado e planeamento centralizado e assistiu ao mesmo tempo à emergência conflituosa das classes médias, ao crescimento das desigualdades e à crise de subsistência que afetou as classes trabalhadoras (DAS e DESAI, 2004). A crescente corporativização e controlo da indústria indiana pelas grandes empresas, o aumento do consumismo, o abandono das competências tradicionais e o afastamento do Estado do setor social, a crescente urbanização e a valorização da economia do conhecimento, entre outros fatores, levaram ao surgimento de novas ansiedades e protestos em torno da noção de desenvolvimento (ALTERNATIVE SURVEY GROUP, 2004; GANGULY-SCRASE e SCRASE, 2009).

acontecimentos decisivos produziram efeitos perturbadores no imaginário social indiano e os elementos-chave da ideologia indiana oficial, em especial a articulação dos direitos das minorias (e do secularismo), a justiça social (política de quotas) e o socialismo de Estado, foram desestabilizados (MENON e NIGAM, 2007). No quadro teórico-discursivo proposto por Laclau e Mouffe, os acontecimentos perturbadores geram uma certa desorganização simbólica que torna cada vez mais difícil aos discursos existentes atribuir aos sujeitos sociais uma ideia estável de identidade. A rutura de estruturas consolidadas resultou então na abertura de "novos espaços de representação" (mitos) que procuram "ocultar" perturbações. Impõe-se também uma decisão política (identificação) por parte de sujeitos que tendem a construir e a identificar-se com novos projetos, discursos e antagonismos sociais (HOWARTH, 2002). Deste modo, estas ruturas geraram uma crise aguda de identidade social e abriram o espaço para o aparecimento de novas subjetividades políticas na Índia. Além disso, as novas mobilizações de setores marginalizados durante este período podem também ser vistas como uma resposta às limitações da própria política modernista liderada pela elite.[13]

No que se refere ao espaço das minorias, o aparecimento do movimento pasmanda teve uma importância decisiva porque ativou as segmentações baseadas na casta que estavam reprimidas entre os indianos muçulmanos e

[13] Por exemplo, Partha Chatterjee estabelece uma distinção analítica entre "sociedade civil" e "sociedade política" para registar este processo. A sociedade civil engloba associações auto-organizadas e organizações de movimentos que se estabeleceram no auge da modernidade colonial e que são normalmente geridas por classes de elite que gostariam de ver a Índia fazer parte do clube das nações altamente desenvolvidas. Por outro lado, a sociedade política engloba formações políticas contingentes e fluidas, tais como grupos de pressão comunitários, ou quaisquer outros candidatos ao poder, geralmente caracterizados pela sua capacidade de representar e lutar pela concretização das reivindicações populares dos grupos subalternos na sua luta pela sobrevivência. Assim, o primeiro grupo pode ser visto como um espaço para a "modernização", ao passo que o último representa um espaço para a "democratização", no qual podemos identificar a criatividade política subalterna contemporânea (CHATTERJEE, 2001). Ao discutir a relação entre a sociedade civil e a democracia na Índia, também Javeed Alam afirma que "a elite, o núcleo da sociedade civil, foi criando profundas reservas sobre o funcionamento dos processos democráticos na Índia [...]. A sociedade civil pode ter uma presença limitada na sociedade indiana. Aqueles que possuem educação e cultura, capazes de exercer os seus direitos, constituem os membros-chave da sociedade civil; carregam a cruz para os outros insistindo que os outros são capazes de agir como eles. A perda de importância social dos pressupostos da cosmovisão de elite e o declínio destes no âmbito do processo político foram bastante acentuados. Foi por esta razão que aqueles que subscrevem convictamente os valores consagrados na sociedade civil se afastaram dos processos que sustentam a democracia" (J. ALAM, 2004: 122-124)

questionou os principais motivos do discurso sobre as minorias. *Pasmanda*, um termo persa que significa "aqueles que ficaram para trás", refere-se aos muçulmanos que pertencem a grupos de castas subordinadas e que correspondem, em termos demográficos, a cerca de 80% da população dos indianos muçulmanos. Em 1998, no Estado indiano de Bihar, a identidade pasmanda foi aprovada pela organização All India Pasmanda Muslim Mahaz (doravante designada por Mahaz), liderada por Ali Anwar (Ghosh, 2007). Ali Anwar também promoveu a primeira grande verbalização da política pasmanda no seu livro *Masavaat Ki Jung* (*A Luta pela Igualdade*) (Anwar, 2001). Grosso modo, é possível identificar três tipos de estatuto nos grupos de muçulmanos: primeiro, aqueles que têm as suas origens em terras estrangeiras e os convertidos de castas hindus superiores (os *ashrafs*); segundo, os convertidos de castas profissionais limpas (os *ajlafs*) e, por último, os convertidos das antigas castas intocáveis (*dalits*) (os *arzals*). Além do mais,

> Os *ashrafs* formam o estrato mais alto dentro desta estrutura. O seu estatuto e nível hierárquico dentro do sistema de castas muçulmano é quase idêntico ao que é conferido em conjunto aos brâmanes e xátrias dentro da hierarquia de castas hindu. Assim, os *sayyads* e os *shaikhs*, enquanto padres e pedagogos religiosos qualificados, ocupam quase a mesma posição dos brâmanes; ao passo que os mogóis e os pastós, ambos famosos pela sua cavalaria, parecem ocupar o mesmo lugar dos xátrias. (G. Ansari, 1960: 40)

Os *ashrafs*, *ajlafs* e *arzals* diferenciam-se ainda internamente em diversos grupos hierarquizados, profissionais e endogâmicos, como os *julahas* (tecelões), os *mansooris* (cardadores de algodão), os *telis* (lagareiros), os *saifis* (carpinteiros) e os *bakhos* (ciganos), entre outros. Os muçulmanos utilizam habitualmente o termo *zaat* ou *biradari* para se referirem à casta e, de acordo com o projeto "Povo da Índia", existem cerca de 705 grupos deste tipo (Jairath, 2011: 20). A Mahaz procurou mobilizar os muçulmanos "*dalits*-desfavorecidos" ao promulgar a pasmanda como identidade oposta à dos muçulmanos *ashrafs*, de castas superiores e hegemónicas, e incutiu uma negatividade profunda dentro do campo da política minoritária através do uso da análise de castas.[14]

De passagem, importa notar que a disponibilidade da casta enquanto categoria usada pelos muçulmanos pasmandas para fazer política pode

[14] Uso o termo "análise de castas" para designar os recursos conceptuais desenvolvidos por radicais anticastas como Jyotiba Phule, Periyar E. V. Ramasamy e o doutor B. R. Ambedkar, entre outros, e genericamente rotulados de discurso "*dalit-bahujan*" (RODRIGUES, 2008).

explicar-se no contexto mais alargado do *ethos* dos movimentos anticastas e da democratização na Índia. As coletividades de casta têm reiterado as suas reivindicações sociais, económicas e políticas pelo menos desde o final do século XIX. Esta "política dos números" caracterizou-se pela integração e diferenciação em blocos de casta – foi simultaneamente "agregadora e desagregadora" (Kothari, 1997: 62). Contudo, os dados globais sugerem que o número de castas foi diminuindo gradualmente em todo o país: as castas mais pequenas fundiram-se para formar grupos maiores (Shah, 2002: 393). Este processo de interação da casta com a política eleitoral tem sido visto como a democratização da casta (Jodhka, 2010). Porém, embora a história das associações e movimentos muçulmanos baseados na casta remonte às primeiras décadas do século XX (Ghosh, 2010), o reconhecimento pelo Relatório Mandal de cerca de oitenta grupos de castas subordinadas muçulmanas enquanto OBC, para efeitos de atribuição de quotas para emprego público, deu um impulso recente a estes grupos. Esta aposta política foi verdadeiramente decisiva na politização da casta muçulmana e deu azo ao que tem sido designado como a "mandalização" da política muçulmana (Upadhyay, 2012). Dentro do imaginário dominante existia a opinião generalizada que enquanto a instituição/hierarquia de casta fosse normativamente sancionada pelo hinduísmo, as religiões supostamente igualitárias, como o Islão ou o cristianismo, não a aceitariam. Embora este argumento possuísse alguma validade normativa/teológica, os indícios sociológicos/empíricos sugeriram o contrário. Muitas obras recentes referem a casta como modo de estratificação social (ou sistema de exclusão social e de poder) no Sul da Ásia, indo além da categoria da cultura/religião (Ahmad, 1978; Fuller, 1996; Sharma, 1999). Deste modo, apesar de religiões como o Islão, o cristianismo ou o siquismo fazerem diferentes leituras interpretativas da questão de casta, tornou-se cada vez mais difícil ocultar este assunto no seio destas tradições religiosas.[15]

As narrativas pasmandas viam a política de minorias como um "regime" que garantia os interesses da microscópica elite *ashraf* à custa da vasta maioria de muçulmanos.[16] O discurso contra-hegemónico pasmanda questionava a

[15] Sobre os movimentos de castas dentro do siquismo e do cristianismo, ver Jodhka (2004) e Japhet e Moses (2011).

[16] "Na verdade, as disposições constitucionais para a discriminação protetora das minorias em certas áreas foram usadas pelo Estado – que se mostrava apreensivo perante a sua incapacidade de controlo de tal discriminação – para silenciar uma secção da elite minoritária através de privilégios e de regalias simbólicas [...], os muçulmanos, por exemplo, podiam alegar justificadamente serem desfavorecidos e vítimas de discriminação

ideia dominante de que o Islão era uma religião igualitária e de que os muçulmanos indianos, no seu todo, constituíam uma comunidade marginalizada. No que respeita à hermenêutica teológica, a obra *Hindustan Mein Zaat-Paat aur Musalman*, de Masood Alam Falahi, demonstrou convincentemente de que modo o conceito de *kufu* (regras sobre possíveis relações de casamento entre grupos) era visto pelos ulemás (académicos religiosos) de casta e como foi implementado um sistema paralelo de desigualdade hierarquizada[17] no Islão indiano (Falahi, 2007). No que respeita à esfera sociopolítica, a obra *Masawat*, de Ali Anwar, regista o ostracismo de casta sofrido pelos muçulmanos pasmandas às mãos de autodenominados líderes *ashrafs*, em organizações comunitárias como madrassas, comités de direito pessoal, instituições (Parlamento e Assembleias Estaduais) e departamentos representativos, ministérios e instituições que dizem trabalhar em prol dos muçulmanos (assuntos das minorias, comités *waqf*, academias urdu, as universidades AMU e Jamia Millia Islamia, etc.) (K. A. Ansari, 2013). Anwar chama também a atenção para histórias de humilhação, discriminação e violência baseadas na casta vividas diariamente por várias comunidades pasmandas (Anwar, 2001).

Acima de tudo, o discurso pasmanda procurou desestabilizar a imagem monolítica da comunidade muçulmana indiana, que foi construída da era colonial em diante, através da exposição das diferenças internas em termos de casta e de poder. Por conseguinte, a área da política de minorias, que até agora se tem limitado a levantar questões simbólicas e emocionais, tem sido questionada por não ter conseguido responder às preocupações essenciais dos muçulmanos pasmandas, os quais provêm maioritariamente de *biradaris* profissionais e de prestação de serviços e que, pode dizer-se, constituem a "maioria dentro da minoria" em termos demográficos. Entre os muçulmanos indianos, o movimento de castas está agora a consolidar-se com o surgimento de várias organizações espalhadas por várias jurisdições.[18]

sistemática, ao passo que os hindus ressentidos também podiam apontar vantagens relativas atribuídas pelo Estado às elites minoritárias" (KAVIRAJ, 1997: 22).

17 A referência diz respeito à conceptualização do sistema de castas como instituição exclusivamente indiana e que acarreta "uma gradação oficial pré-estabelecida, fixa e permanente, *com uma escala ascendente de reverência e uma escala descendente de desprezo*", tal como proposta por B. R. Ambedkar (*apud* Jaffrelot, 2003: 20). Ambedkar formulou o princípio da "desigualdade hierarquizada", segundo o qual cada casta se situa simultaneamente acima e abaixo de outros grupos de castas, de modo que o sistema de castas não é uma simples divisão do trabalho mas antes uma "divisão dos trabalhadores" (RODRIGUES, 2002: 263).

18 Por exemplo: as organizações All India Pasmanda Muslim Mahaz (AIPMM) e All India United Muslim Morcha (AIUMM) em Bihar, a Pasmanda Front em Uttar

As estratégias contra-hegemónicas pasmandas

A identidade pasmanda como assunto político: A reconfiguração da identidade e da solidariedade

De uma maneira geral, os construtivistas sociais têm sublinhado a natureza contingente e relacional das identidades (Gilroy, 1987; Giroux, 1992; Hall, 1992). No que respeita às identidades políticas, Mouffe sugere que "uma identidade só pode existir quando for concebida enquanto diferença e toda a objetividade social é construída através de atos de poder" (Mouffe, 2013: 4). Segundo este ponto de vista, não existem identidades naturais e todas as identidades políticas se formam efetivamente no âmbito de um conflito com os "outros" numa arena enredada em antagonismo social. No contexto das relações sociais assimétricas, a dominação é normalmente mantida através da reprodução da servidão e da negação de autenticidade aos sujeitos marginalizados. A identidade de um sujeito depende tanto da atribuição externa como da definição interna. Guru observa que "um indivíduo sem respeito por si próprio, e que não o procure obter, não pode ser humilhado" e "a luta contra a humilhação e a sua contestação tornam-se mais violentas nas circunstâncias modernas" (Guru, 2009: 10). A formulação da identidade pasmanda enquanto assunto político pode também ser encontrada na sua tentativa de ressignificar o seu "eu" marginal perante o "outro" *ashraf*, dentro do espaço discursivo hegemónico da minoria.

As narrativas pasmandas colocam em primeiro plano casos de discriminação e opressão infligidas a muçulmanos de castas inferiores pelos seus congéneres de castas superiores. A maioria das comunidades pasmandas é vítima de uma cultura complexa de humilhação através da divulgação de diversas histórias e piadas feitas pelas castas superiores, em que os próprios títulos das castas inferiores são usados em termos pejorativos e, muitas vezes até, como palavrões.[19] Usman Halakhor, antigo vice-presidente da organização Mahaz, recorda um incidente no qual alguns varredores muçulmanos vindos de Gorakhpur visitaram Deli para se encontrarem com um ministro muçulmano e discutirem os seus problemas. O ministro respondeu: "*Kya makhmal mein*

Pradesh, a Uttar Bango Anagrasar Muslim Sangram Samiti em Bengala Ocidental, e a All India Muslim OBC Organization (AIMOBCO) em Maharashtra. Além disso, algumas destas organizações têm filiais em Jharkhand, Karnataka e Madhya Pradesh, entre outros locais (VORA, 2008).

[19] Para um relato sociológico mais enriquecedor acerca deste fenómeno, ver Anwar (2001: 37-70).

taat ka paiband lagana hai?"[20] Halalkhor observa que isto espelha a mentalidade perversa e hierárquica dos atuais líderes muçulmanos *ashrafs* (Halalkhor, 2004). Outro tema recorrente é a existência de cemitérios independentes para muçulmanos de várias castas (sobretudo de castas superiores) e os confrontos decorrentes das tentativas de lá enterrar muçulmanos de castas inferiores (Anwar, 2003). Em diversas localidades, não é permitido aos muçulmanos de castas inferiores ocupar as filas da frente das mesquitas durante as orações (Anwar, 2001: 64-68). Na sua vida quotidiana, os muçulmanos que no passado se converteram de castas *dalits* continuam a ser vistos como intocáveis pelas castas superiores muçulmanas e hindus (Deshpande e Bapna, 2008). Existem também indícios de boicote social, atrocidades relacionadas com a casta e vinganças excessivas perpetradas por muçulmanos de castas superiores (K. A. Ansari, 2009). Os grupos de castas muçulmanas desfavorecidas procuraram ultrapassar esta cultura de aviltamento e humilhação ao criar uma nova identidade que se pudesse tornar um veículo de divulgação de experiências de falso reconhecimento, permitindo combatê-lo.

Deste modo, procura criticar-se o confinamento à solidariedade vertical com base na religião, preferindo uma "solidariedade horizontal" entre grupos de castas de várias religiões e que ocupem posições hierárquicas semelhantes. O mote pasmanda "*Dalit-pichda ek saman, Hindu ho ya musalman*" (Todos os *dalits* desfavorecidos são iguais, quer sejam hindus ou muçulmanos) capta de forma sucinta esta noção radical de solidariedade. Genericamente, o movimento tem chamado a atenção para o facto de os muçulmanos pasmandas representarem uma "maioria dentro da minoria". Poderá este desejo de ser maioria levar à criação de uma nova ortodoxia? É um cenário pouco provável, visto que o princípio de desigualdade hierarquizada encarnado pela política anticastas age contra a construção de identidades solidárias numa fase de diferenciação democrática aguda. Por exemplo, os "muçulmanos *dalits*" mostraram-se preocupados com a possibilidade de virem a ser dominados pelos "muçulmanos desfavorecidos" dentro do próprio espaço do movimento pasmanda (Azad e Ansari, 2011). Contudo, mesmo quando mostra reservas sobre a possibilidade de divisões internas, Azad mantém-se otimista e afirma:

> Mudámos significativamente as formas de olhar a identidade muçulmana. No passado, a questão era saber se estes indivíduos eram ou não muçulmanos, ao passo que agora a questão é sobre se são ou não

[20] "Querem que costure um remendo de juta num pano de musselina?" (A aspereza da juta representava os muçulmanos pasmandas e a delicadeza da musselina aludia aos muçulmanos de castas superiores).

muçulmanos pasmandas. Graças a esta nova identidade, conseguimos abordar os problemas específicos dos muçulmanos de castas inferiores. (Azad e Ansari, 2011)

A questão da Reforma Comunitária

Desde o seu início, o movimento pasmanda tem encarado com seriedade a questão da reforma social e lançado uma série de críticas às práticas sociais de casta, às tecnologias interpretativas aplicadas a textos religiosos, aos conflitos *maslaqi* (sectários) e até às práticas patriarcais. Estas críticas sublinham frequentemente o fosso entre o Islão normativo e a verdadeira prática social.

> Não têm ocorrido muitas mudanças na sociedade muçulmana, ainda que estejamos à beira do século XXI [...]. A percentagem de casamentos intercastas sancionados pela religião nem sequer chega a 1% [...]. Nos casos em que a discriminação com base na casta não está prevista no Islão nem no Corão, a sua presença na prática é ainda mais perigosa. Quem deve ser responsabilizado pelos males da sociedade muçulmana? Como podemos pôr fim a esta situação? Em vez de realizar um debate aprofundado sobre esta questão, a maioria dos muçulmanos regozija-se com esta situação. Esta fuga a uma discussão saudável só tem contribuído para agravar o mal-estar. (Anwar, 2005a: 9)

Mais uma vez, "o falso orgulho da suposta inexistência de discriminação de casta e intocabilidade na sociedade muçulmana impediu que se desenvolvessem esforços no plano religioso e não-governamental no sentido de uma reforma social (*islah muasshrah*)" (Anwar, 2001: 23). Falahi procurou, em particular, historiar o Islão indiano, proporcionando uma primeira interrogação sobre o suposto igualitarismo do Islão textual na Índia. A sua obra é um compêndio rico em *fatwas* (pareceres religiosos) e opiniões de ulemás de várias escolas do Islão e expõe o preconceito de casta existente nos seus esforços interpretativos.

Além disso, a natureza complexa da casta, do género e da fé é claramente expressa em vários registos da literatura pasmanda. Na obra *Masawat*, todo o capítulo "*Pyar Nikah par Zaat ki Pahredaari*" (Controlo de Castas nos Casamentos por Amor) coloca em primeiro plano as questões do patriarcado de casta, da honra e do controlo, através da análise de vários relatos/casos de tensões em torno de casamentos por amor realizados no seio da comunidade muçulmana (Anwar, 2001: 159-166). A *Pasmanda Awaaz*, a revista da organização Mahaz, levantou questões relacionadas com o dote, a condição das mulheres pasmandas na Índia e o fosso entre a teoria e a prática das instâncias representativas muçulmanas como o *All India Muslim Personal Law Board* (AIMPLB) no que toca a questões relacionadas com as mulheres muçulmanas. Numa carta ao editor desta publicação, Kahkashan Ahmad Hawari, membro da casta dos *dhobi* (lavadeiras e lavadeiros), recorda uma experiência enquanto estudante na madrassa, no quinto ano de escolaridade, em que o professor expressou abertamente o seu desagrado em relação à amizade dela com uma aluna de uma casta superior – *sheikh* (Hawari, 2004). Numa outra carta, Shabana Azmi critica fortemente o uso do véu, considerando-o um obstáculo para as raparigas que procurem frequentar o ensino superior (Azmi, 2005). Embora algumas cartas contestem fortemente a endogamia entre castas e as restrições à comensalidade entre muçulmanos (M. Alam, 2005), existem críticas constantes à prática discriminatória do *triple talaq* (divórcio instantâneo) e sobretudo ao AIMPLB que o legitima (Nadwi, 2005; M. Sultana, 2005). Na verdade, Jameela Bano mostra-se a favor da criação de um Comité de Direito Pessoal dedicado especificamente aos pasmandas:

> Se olharmos atentamente para a origem social da liderança desta divisão quadripartida no AIMPLB, feita com base na seita e no género, verificamos que todos os seus líderes provêm de secções *ashrafs*. Não há qualquer representação de homens ou mulheres das comunidades pasmandas. No futuro, é muito provável que os homens e mulheres destas comunidades tenham de criar outro comité de direito pessoal para eles próprios. (Bano, 2005: 7)

Existe também preocupação com os antagonismos baseados nas *maslaq* (traduzido livremente por "seitas") dentro do Islão indiano (xiitas-sunitas, *deobandis-barelvis*, etc.). Estes conflitos são muitas vezes vistos como sendo instigados pelos muçulmanos da elite, de modo a comprometer os esforços dos muçulmanos de castas inferiores para organizar e melhorar a sua situação. Shaheen Sultana refere a sobrerrepresentação das castas superiores em todas as *maslaqs*, tecendo o seguinte comentário:

> Os confrontos sectários têm sido deliberadamente instigados para afastar das pessoas o pensamento sobre o movimento dos [...] muçulmanos pasmandas na Índia contemporânea [...]. Estes ulemás dividem o povo em nome de várias seitas mas juntam as hierarquias para efeitos de negociação política. [...] Eles são um todo quando se trata de manipular as situações a favor das castas superiores. (S. Sultana, 2005: 14)

Suheil Waheed também considera que, "na verdade, o problema não é o da oposição xiitas-sunitas ou *barelvis-deobandis*. O problema resume-se à questão da casta e à divisão entre castas 'superiores' e 'inferiores'" (Waheed, 2005: 18). Quando perguntaram a Noor Hasan Azad se o urdu era a língua materna dos muçulmanos, ele respondeu:

> Mencionou o urdu. Eu pergunto-lhe se o urdu é um problema dos muçulmanos *dalits*... Claro que não! A(s) língua(s) maternas(s) dos muçulmanos *dalits* têm um caráter regional. Eu fui a Darbangha, um distrito do Estado de Bihar. Todos os diálogos se passaram em *maithili*, embora as pessoas soubessem que eu falo urdu. Do mesmo modo, as pessoas falam *bhojpuri* ou bengali consoante a região. É falso afirmar que o urdu é a língua materna dos muçulmanos. A sua língua materna não é nem o urdu nem o hindi. *Unki matra bhasha to kshetriya hai* (a sua língua materna tem um caráter regional). (Azad e Ansari, 2011)

À luz do acima exposto, é possível sugerir que as recentes discussões geradas dentro da comunidade muçulmana devido ao desafio lançado pelo movimento pasmanda dão espaço para que o processo de reforma da tecnologia interpretativa teológica e das práticas comunitárias seja posto em prática. Este tipo de críticas sociais mostra que o domínio social e interpretativo islâmico é contestado enquanto oposição às estruturas conservadoras que apresentam uma versão reificada do Islão ou uma comunidade muçulmana monolítica.

Compromissos com a dicotomia secularismo-comunalismo

Como vimos anteriormente, a variante indiana do secularismo, por oposição às formulações ocidentais, foi criativamente definida não nos termos de uma oposição à religião em si mesma mas antes enquanto tratamento homogéneo de todas as religiões por parte do Estado e política pública. Neste sentido, o secularismo dizia respeito à tolerância ou à coexistência plural e foi conceptualizado em oposição ao comunalismo, o qual aludia a reivindicações segmentárias ou à violência baseada na identidade religiosa. Deste modo, o nacionalismo secular foi concebido pela elite indiana como sendo contrário às forças dos nacionalismos/comunalismos hindus ou muçulmanos. Contudo, recentemente, esta dicotomia secular-comunal já consolidada tem sido fortemente criticada nos círculos académicos e *dalits-bahujans*. De um modo geral, a violência comunal é vista nestas discussões como um instrumento reparador usado pelas castas hindus de elite para reprimir as aspirações democráticas das comunidades subalternas[21] (Basu, 1997). O modelo binário secular-comunal é também criticado por ser dominado pelas castas mais altas e por ter "deslegitimado todas as outras aspirações que começavam a ser postas em primeiro plano, incluindo as aspirações dos *dalits*" (Nigam, 2006: 233).

No discurso pasmanda, embora o secularismo seja abraçado como uma norma desejável, existe também uma consciência de que a verdadeira política secular é dominada por grupos de castas poderosas. No primeiro número da *Pasmanda Awaaz*, a revista da organização Mahaz, proclama-se: "O secularismo é não só o nosso lema como também o nosso credo" (AIPMM, 2004: 2). Contudo, este entusiasmo inicial esmorece noutros textos: "Não podemos continuar a reafirmar o secularismo dia após dia. Também teremos de ser democráticos. Algumas pessoas só sabem como conseguir os nossos votos. Agora vão ter de aprender a dar-nos votos" (Anwar, 2005b: 4). Noutra ocasião, durante um período pré-eleitoral, a

[21] No discurso *dalit-bahujan*, a "casta" surge como a contradição central da sociedade indiana e o comunalismo religioso é frequentemente visto como a arma empregada pelas castas/classes privilegiadas para conter a afirmação dos subalternos (Ilaiah, 1998; Teltumbde, 2002; Rajshekar, 2007). A política em torno do Relatório Mandal funciona normalmente como forma de validar a afirmação anterior. O Momento Mandal, que desafiou o monopólio das castas superiores no setor do emprego público e aprofundou a democracia, foi seguido da controvérsia Babri Masjid, que gerou violência comunal em larga escala por todo o país. "Mandal" tornou-se uma metáfora para o elo entre democratização e comunalismo na Índia. Na verdade, em 2001, no seu depoimento perante a Comissão Liberhan, V. P. Singh afirmou claramente: "A meu ver, foi a implementação do Relatório Mandal que gerou a marcha político-religiosa *ram rath yatra*. Foi nesta altura que o BJP abandonou a posição de que a questão Ayodhya não fazia parte da sua agenda e que foi para combater o relatório Mandal que o partido integrou essa questão na sua agenda" (*apud* KAUR, 2001). Segundo Dilip Menon, "A violência interna dentro do hinduísmo explica em grande parte a violência dirigida para o exterior contra os muçulmanos assim que admitirmos que a primeira é historicamente mais antiga. A questão tem de ser a seguinte: de que modo o uso de violência contra um outro interno – o *dalit*, definido sobretudo em termos de desigualdade intrínseca – se transformou, em certos contextos, em agressão contra um outro externo – o muçulmano, definido sobretudo em termos de diferença intrínseca? Será o *comunalismo um desvio em relação à questão central da violência e do desigualitarismo na sociedade hindu*?" (D. M. MENON, 2006: 2) De certo modo, nesta leitura, o comunalismo tem uma relação próxima com as histórias reprimidas de casta. Esta ideia é corroborada pelo facto de, entre 1850 e 1947, a violência comunal se ter sempre seguido a períodos de mobilidade e afirmação por parte dos *dalits* e de outras castas subordinadas (D. M. MENON, 2006: 8). Um estudo recente também validou esta ideia para o pogrom em Gujarate (2002) ao remontar as raízes históricas desta violência às revoltas antirreservas que tiveram lugar em Gujarate na década de 1980 (SHANI, 2007).

Mahaz pediu aos eleitores pasmandas que não se deixassem enganar pelo secularismo, aconselhando-os a considerar as qualidades de cada candidato individual em vez de votarem simplesmente com base em declarações de secularismo. Além disso, pediu-lhes também que tivessem cuidado com as tentativas de aliciar votos tendo apenas como base a identidade "muçulmana" (*Pluralism.in*, 2004). Contudo, no que toca à questão da ideologia comunal, embora as articulações *dalits-bahujans* tenham contestado fortemente as forças do "nacionalismo hindu", parece haver pouco envolvimento com o "nacionalismo muçulmano" propriamente dito. A natureza simbiótica e coconstitutiva destes dois comunalismos rivais parece ainda não ter sido suficientemente discutida. O discurso pasmanda procura preencher esta lacuna chamando a atenção para a cumplicidade da elite muçulmana de castas superiores na manutenção e reprodução do discurso comunal, que é muitas vezes fundamental para a legitimação de episódios de violência comunal. Na verdade, coloca-se a ênfase na relação dialética entre os fundamentalismos maioritários e minoritários. O movimento pasmanda propõe combater o fundamentalismo minoritário a partir de dentro, de modo a travar uma batalha decisiva contra o fundamentalismo maioritário no contexto nacional (A. ALAM, 2003). Ali Anwar considera que:

> a política do comunalismo alimentada pelas elites hindus e muçulmanas tem como objetivo dividir-nos e fazer-nos lutar entre nós mesmos, de modo que as elites continuem a governar-nos tal como têm feito ao longo de séculos. É por isso que temos procurado dentro da Mahaz desviar o nosso grupo da política emocional para uma política focada em questões de sobrevivência, de existência quotidiana e de justiça social. Por essa mesma razão, temos trabalhado com movimentos e grupos não-muçulmanos de *dalits* e castas atrasadas numa luta conjunta pelos nossos direitos e contra *a política do comunalismo alimentada pelas elites hindus e muçulmanas das castas "superiores"*. (ANWAR e SIKAND, 2005; itálico acrescentado)

Waqar Hawari, ativista pasmanda, afirma também que:

> Enquanto políticos muçulmanos como Iman Bukhari e Syed Shahabuddin acrescentam o *jodan* [fermento do iogurte], a tarefa de preparar o iogurte do comunalismo é deixada aos fundamentalistas hindus. Ambas as partes têm responsabilidades. Opomo-nos à política do fanatismo hindu e muçulmano.[22]

[22] Entrevista pessoal, em 29 de maio de 2013, em Azamgarh (Uttar Pradesh).

Há também uma consciência de que os muçulmanos pasmandas são as principais vítimas de violência comunal ou de falsas acusações contra jovens muçulmanos em casos de terrorismo (Pasmanda Kranti Abhiyan, 2013: 11). Só recentemente os académicos e os média deram alguma atenção à casta a que pertencem as vítimas de violência comunal. Devido à influência do discurso pasmanda, pelo menos dois artigos recentes sobre as revoltas em Muzaffarnagar usaram a categoria casta na sua análise. Por exemplo, Hilal Ahmed afirma que:

> As questões da diversidade de castas e da presença pública muçulmana são aspetos igualmente importantes para compreender a vitimização dos muçulmanos nestas revoltas (*embora este ponto tenha sido quase completamente ignorado na maioria das discussões*).
> [...] Segundo uma estimativa não-oficial, a maioria dos muçulmanos que morreram na violência dos últimos tempos pertencia a classes atrasadas. [...] Os muçulmanos que pertencem a setores marginalizados, pobres e desfavorecidos são os alvos fáceis da violência comunal. (Ahmed, 2013: 11; itálico acrescentado)

Do mesmo modo, Jagpal Singh considera que "a grande maioria das vítimas de revolta pertence à classe mais pobre dos muçulmanos pasmandas, a qual geralmente se dedica a atividades não-agrícolas" (J. Singh, 2016: 94). Por fim, durante alguns dos mais recentes episódios de violência comunal em Dadri, Bijnor e Jharkhand, entre outras localidades, alguns setores dos média sublinharam o facto de as vítimas muçulmanas pertencerem a castas inferiores (Naqvi, 2016; Sajjad, 2016).

Reivindicações pela redistribuição e pelo reconhecimento

Nas últimas décadas, os direitos "culturais" (reconhecimento) e "económicos" (redistribuição) dos setores marginalizados têm sido teorizados de diversas maneiras. A maioria das obras que a isso se dedica tem criticado as abordagens à cidadania que ignoram a diferença e tem defendido uma igualdade concreta por oposição a uma igualdade formal (Markell, 2006). Na Índia, além da proteção cultural dada às minorias religiosas e linguísticas (reconhecimento) ou das reservas/quotas para as classes subordinadas (representação), o Estado também tomou medidas em prol do bem-estar geral (distribuição) e direcionadas a diferentes populações-alvo (habitação social, sistema público de distribuição, políticas agrárias de pequena escala, bolsas de estudo para alunos pobres, etc.).[23] Neste contexto, o movimento

[23] Ver Jayal (2013).

pasmanda tem preferido trabalhar num quadro de justiça social em vez de num de direitos das minorias. Nos seus esforços em prol da democratização, o movimento tem-se focado na desigualdade intragrupo que muitas vezes é elidida devido ao foco na desigualdade intergrupo no quadro dos direitos das minorias. Existe um sentimento de que os *ashrafs* estão sobrerrepresentados nas instituições políticas e no emprego público, em contraste com a gritante sub-representação dos pasmandas.

Ao classificar 82 castas muçulmanas inferiores de "atrasadas", o Relatório da Comissão Mandal despertou o debate há muito reprimido sobre se as reservas de emprego público para muçulmanos indianos deviam ser estabelecidas com base na religião ou na casta. Os que defendiam o critério da religião, na sua maioria muçulmanos de castas superiores, sublinhavam a ética igualitária do Islão e viam as reservas baseadas na casta como geradoras de desagregação e perturbação da unidade dos muçulmanos enquanto "comunidade". Defendiam reservas para os muçulmanos no seu conjunto, ou "reservas para todos os muçulmanos", como viriam a ser designadas no discurso político pasmanda. Por sua vez, os que defendiam o critério da casta, na sua maioria muçulmanos de castas inferiores, sublinhavam que a realidade social dos muçulmanos indianos era moldada pela casta, pelo que as reservas se deviam basear nesse critério. Defendiam que a ideia de "reservas para todos os muçulmanos" era uma manobra dos setores *ashrafs* avançados – que representavam apenas 15% da população muçulmana e já estavam sobrerrepresentados nas estruturas estatais e comunitárias – para controlar os benefícios das reservas. A tentativa *ashraf* de exercer pressão para a criação de uma quota com base na religião foi denominada de "quota comunal", tendo sido destacado o perigo de polarização religiosa que dela poderia advir (Anwar, 2004: 3). A batalha entre estas duas posições foi posta em evidência nos debates que resultaram de vários relatórios governamentais que se seguiram ao Momento Mandal.[24]

Além disso, um número muito considerável de muçulmanos pasmandas trabalha no "setor informal" da economia indiana como mão-de-obra especializada ou braçal, tendo uma relação ambivalente ou até, em muitos casos, hostil ao processo de globalização. As etapas críticas para globalizar e privatizar a economia indiana desde o início das reformas económicas de 1991 caracterizaram-se pela erosão massiva do emprego tradicional e por perturbações nas empresas artesanais sem verdadeiramente criarem novas oportunidades ou caminhos comensuráveis para a requalificação de mão-de-obra especializada nos setores modernos (ou

[24] Para uma síntese desta matéria, ver K. A. Ansari (2016).

pós-modernos) da "nova economia". Esta exclusão reflete-se de um modo claro no discurso pasmanda:

> A nossa política está ligada à economia. Os nossos artesãos estão a morrer à fome. Muitos têm-se suicidado. Alfaiates, tintureiros, vendedores de vegetais, carniceiros, trabalhadores do algodão [...] se o colchão e a colcha forem feitos de espuma como é que o trabalhador de algodão ganha o seu sustento? Se importarmos vegetais e fruta como é que os vendedores vão ganhar a vida? Em Seelampur disseram-nos que até os bordados estão a ser feitos por computadores... A indústria dos saris em Varanasi e em Mau está em crise. Os fios vêm da China... Não temos eletricidade. Em Bihar, aldeias inteiras ficaram desertas. Em Deli há uma colónia de habitantes de Sitamarhi e outra de habitantes de Nalanda. Emigramos porque os nossos meios de subsistência estão a desaparecer. (Anwar, 2005c)

Para uma condição pós-minoritária

Na secção anterior, vimos de que modo o discurso pasmanda procurou romper com os elementos-chave do discurso convencional muçulmano ou das minorias através do uso da análise de castas. Recorrendo a uma inversão simbólica, este discurso deu preferência à casta em detrimento da religião e procurou retirar a esta última o seu estatuto de fator central da noção de comunidade. Além disso, o mesmo discurso tem desenvolvido laços com outras identificações dentro do espaço das minorias, como o género, a língua ou a seita, redefinindo a inter-relação entre as mesmas por meio de reapreciações críticas. Nas narrativas pasmandas, as dicotomias "maioria-minoria" e "secular-comunal" são vistas como construções das castas superiores e têm um papel fulcral na ocultação do sofrimento e do estatuto marginal das coletividades de castas subordinadas pertencentes a várias religiões. A tentativa das castas muçulmanas subordinadas estabelecerem uma nova identidade e, desse modo, classificarem a identidade muçulmana convencional (minoritária) pode ser lida como um exemplo daquilo a que Connolly chama "a turbulenta política de vir a ser, através da qual os novos movimentos empurram e perturbam um padrão pré-estabelecido de diversidade enquanto procuram um lugar num novo registo de legitimidade e justiça" (Connolly, 2011: 652). Do ponto de vista da experiência pasmanda, a dinâmica entre maioria e minoria (ou o secularismo) não conseguiu travar a violência inter-religiosa nem garantir a justiça para a grande maioria das castas marginalizadas. Logo que se recorre ao princípio da casta, a distinção entre maioria e minoria, feita sobretudo com base na religião, é destruída e o que surge é uma elite "minoritária" de castas dominantes de várias religiões agindo de forma condescendente para com a "maioria" das castas oprimidas. Visto que os movimentos de castas estão a descentralizar categorias consolidadas que agem segundo os interesses das castas de elite, a persistência de violência comunal e de trajetórias fundamentalistas nas tradições religiosas pode também ser interpretada como violência reparadora usada para travar a afirmação democrática dos grupos de castas socialmente excluídas. Se for esse o caso, e alguns indícios recentes chamam a nossa atenção para o grande número de vítimas (na sua maioria muçulmanos pasmandas) das revoltas comunais e de outras formas de violência islamofóbica, então talvez tenhamos subestimado o papel da casta muçulmana como um fator a ter também em conta na análise da violência inter-religiosa. A violência crescente dá indícios de que a política feita em torno da categoria das minorias tem resultado, por um lado, numa gritante sub-representação dos muçulmanos pasmandas no poder e, por outro lado, na sua sobrerrepresentação nos números de vítimas das revoltas.

Contudo, ao mesmo tempo que o aprofundamento da democracia tem claramente questionado a estrutura vigente das minorias e alguns elementos do discurso muçulmano dominante na Índia, também se repercute em experiências noutras partes do mundo. Partindo de um ponto de vista afroamericano, Wilkinson pede um "questionamento sistemático de palavras atrativas enraizadas e de construções baseadas no valor, como é o caso de 'minoria'" e, de um modo drástico, sugere que os "investigadores, médicos e professores devem encontrar formas de incorporar a raça e a etnicidade em todos os contextos relevantes, omitindo completamente o conceito de 'minoria'" (Wilkinson, 2000: 124-125). Uma obra muito discutida usou a expressão "minorias dentro de minorias" para se referir à situação em que "os esforços para encontrar motivos pelos quais as relações políticas entre maiorias e minorias convencionais deviam ser renegociadas tendem a referir interesses opostos como se estes fossem unânimes dentro dos grupos que os defendem" (Eisenberg e Spinner-Halev, 2005: 3). A mesma obra descreve as dificuldades em reconciliar as desigualdades intergrupos com as desigualdades intragrupos.

Mahajan refere que de entre as três sugestões genéricas que têm sido propostas para responder às preocupações das minorias internas, nomeadamente "(i) estabelecer os limites da diversidade permissível apelando para uma universalidade histórica ou política comum; (ii) oferecer opções de saída para os membros da comunidade; e (iii) procurar um consenso deliberativo dentro da comunidade" (Mahajan, 2005: 95), a última é a que tem recebido maior aceitação entre os comentadores indianos. Partha

Chatterjee, por exemplo, é um dos principais representantes da abordagem das "reformas a partir de dentro". Chatterjee manifesta-se contra reformas da comunidade muçulmana conduzidas pelo Estado e propõe uma "política estratégica de tolerância" baseada no princípio de que "se a luta é por uma mudança progressiva nas práticas sociais sancionadas pela religião, então essa luta deve ser iniciada e vencida dentro das próprias comunidades religiosas" (Chatterjee, 1998b: 377). Por outras palavras, Chatterjee deposita a sua esperança numa "reforma interna" executada pelas próprias instituições comunitárias e que "deve satisfazer os mesmos critérios de publicidade e representatividade que os membros do grupo exigem a todas as instituições públicas que exercem funções reguladoras" (Chatterjee,1998b: 376). Além disso, a representatividade das instituições comunitárias "só poderia atingir a sua verdadeira configuração através de um "processo político" desenvolvido principalmente dentro de cada grupo minoritário" (Chatterjee, 1998b: 376). Podemos justamente supor que esta fórmula de "uma luta dupla – a resistência à homogeneização externa e o ímpeto interno pela democratização" (Chatterjee, 1998b: 378) – juntamente com outras articulações-chave relacionadas com as minorias no contexto indiano se limitam a uma acomodação às minorias e ao consenso dominante no quadro da maioria-minoria.

Trata-se, para mim, de um desfecho, acima de tudo, porque o espaço minoritário vigente pode não estar a fazer justiça à imensa escala e à profunda diversidade de novas identificações e espaços de transformação social na Índia. Partindo do ponto de vantagem da experiência sul-africana pós- colonial, Jean Comaroff e John Comaroff apercebem-se da hiperpolitização e fragmentação de identidades e sugerem que "o termo 'multicultural(ismo)' não chega para descrever a turbulenta heterogeneidade das pós-colónias" (Comaroff e Comaroff, 2003: 456). Os mesmos autores propõem os termos "ID-ologia" e "policulturalismo" como substitutos pós-coloniais para os termos ideologia e multiculturalismo. Enquanto "ID-ologia" se refere à "procura de um bem coletivo – ou bens – aprovado por e em nome de uma identidade partilhada", o prefixo "poli-", em "policulturalismo", "assinala duas coisas ao mesmo tempo: pluralidade e a sua politização" (Comaroff e Comaroff, 2003: 456). Por exemplo, no caso da casta, embora a sua "politização" já tenha sido bastante discutida, indícios recentes sugerem também a sua crescente "culturalização" (Natrajan, 2012). Cada vez mais, grupos de castas subordinadas de várias religiões estão a desenvolver as suas mitologias de origem, substituindo simbolismos de humilhação por outros de orgulho, identificando os seus próprios heróis/ícones e redefinindo as práticas/normas comunitárias. Neste caso, a casta é reinventada enquanto identidade estimada, representando verdadeiramente uma comunidade de pleno direito e com todas as suas aceções holísticas implícitas, deixando de ser uma marca que, no essencial, sugeria sofrimento. Como mencionado anteriormente, existem cerca de 705 coletividades muçulmanas baseados na casta, as quais estão cada vez mais a passar por um processo de politização e culturalização. Será o espaço das minorias capaz de acomodar as aspirações simbólicas e materiais de um número tão grande de grupos? Será um sistema de janela única aplicado à religião a melhor forma de abordar as preocupações emergentes relacionadas com a diferença cultural? Perante a crescente culturalização da casta será necessário repensar o consenso dominante que vê a religião como diferença e a casta como desigualdade?

Embora seja necessário testar empiricamente a articulação discursiva do movimento pasmanda para uma avaliação mais fundamentada do movimento ou da eficácia do espaço minoritário no acolhimento criterioso das reivindicações das comunidades pasmandas, é tentador afirmar que a categoria "minoria" provavelmente oculta mais do que revela no que se refere a formas de falso reconhecimento e exclusão sistemática. Visto que a "questão demográfica ocupa um lugar central na política de minorias" (Robinson, 2012: 32) e que os pasmandas são basicamente uma "maioria dentro de uma minoria", parece que a expressão "minoria dentro da minoria" talvez não seja adequada para retratar a experiência pasmanda de sofrimento e desfavorecimento. Assim, julgo que as condições sociopolíticas vigentes que limitam as aspirações democráticas dos muçulmanos pasmandas provavelmente ultrapassaram o contexto que legitimava as antigas noções de espaço minoritário, pelo que o conjunto de conflitos – ou reformas – emergentes em torno dos duopólios reconhecimento/justiça social, maioria-minoria e secular-comunal pode ser provisoriamente denominado de "pós-minoritário". Tal não implica necessariamente a negação das preocupações anteriores centradas no comunalismo religioso ou na assimilação maioritária, e que definiam por excelência o espaço das minorias, representa antes um reconhecimento da natureza dinâmica do espaço social e das possibilidades democráticas oferecidas pelas recentes inversões normativas/simbólicas iniciadas pelos movimentos subalternos.

Referências bibliográficas

Ahmad, Imtiaz (1978), "Introduction", *in* Imtiaz Ahmad (org.), *Caste and social stratification among Muslims in India*. Nova Deli: Manohar, 17–32.

Ahmed, Hilal (2013), "Muzaffarnagar 2013: Meanings of violence", *Economic & Political Weekly*, 48(40), 10–13. Disponível em: <https://communalism.blogspot.com/2013/10/muzaffarnagar-2013-meanings-of-violence.html>.

Ahmad, Imtiaz (1978), "Introduction", *in* Imtiaz Ahmad (org.), *Caste and social stratification among Muslims in India*. Nova Deli: Manohar, 17–32.

AIPMM – All India Pasmanda Muslim Mahaz (2004), "Pasmanda Awaaz Kyon?", *Pasmanda Awaaz*, dezembro.

Alam, Anwar (2003), "Democratisation of Indian Muslims: Some reflections", *Economic & Political Weekly*, 38(46), 4881–4885. Disponível em: <http://www.epw.in/journal/2003/46/special-articles/democratisation-indian-muslims.html>.

Alam, Javeed (2004), *Who wants democracy?* Nova Deli: Orient Longman.

Alam, Mahfooz (2005), "Roti-Beti ka Mamla: Shaitani Zehan Aaj Bhi Qayam", *Pasmanda Awaaz*, março, 10–12.

Aloysius, G. (1997), *Nationalism without a nation in India*. Nova Deli: Oxford University Press.

Alternative Survey Group (2004), *Magnifying mal-development: Alternative economic survey, India*. Nova Deli: Rainbow.

Anderson, Perry (2012), *The Indian ideology*. Nova Deli: Three Essays Collective.

Ansari, Ghaus (1960), *Muslim caste in Uttar Pradesh: A study of culture contact*. Lucknow: Ethnographic and Folk Culture Society.

Ansari, Khalid Anis (2009), "A tale of two mosques", *Himal Southasian*, janeiro. Disponível em: <http://himalmag.com/a-tale-of-two-mosques/>.

Ansari, Khalid Anis (2013), "Muslims that 'minority politics' left behind", *The Hindu*, de 17 de junho. Disponível em: <http://www.thehindu.com/opinion/lead/muslims-that-minority-politics-left-behind/article4820565.ece>.

Ansari, Khalid Anis (2016), "The Muslim affirmative action debate: Post-Sachar reflections", *in* Murzban Jal e Zaheer Ali (orgs.), *What ails indian muslims?* Nova Deli: Aakar, 147–166.

Anwar, Ali (2001), *Masawaat ki Jung* [A batalha pela igualdade]. Nova Deli: Vani Prakashan.

Anwar, Ali (2003), "Kabristaan Mein bhi Zaat-Paat" [A casta até nos cemitérios], *Prabhat Khabar*, de 3 de março.

Anwar, Ali (2004), "Muslim Arakshan Ghate ka Sauda", *Pasmanda Awaaz*, dezembro.

Anwar, Ali (2005a), *Masawat ki Jung*. Nova Deli: Indian Social Institute.

Anwar, Ali (2005b), "Mahapanchayat ke Baad ab Chunawi Jung", *Pasmanda Awaaz*, janeiro.

Anwar, Ali (2005c), "The Dalit Mussalman wants to be named", de 13 de janeiro. Consultado a 15.05.2011. Disponível em: <http://www.mail-archive.com/zestcaste@yahoogroups.com/msg00016.html>.

Anwar, Ali; Sikand, Yoginder (2005), "Ali Anwar's struggle", *Countercurrents.org*, de 5 de outubro. Consultado a 15.05.2011. Disponível em: <http://www.countercurrents.org/dalit-anwar051005.htm>.

Azad, Mohammad Noor Hasan; Ansari, Khalid Anis (2011), "'Backward Muslims are not creating any new caste divisions': Pasmanda Muslim Mahaz", *Countercurrents.org*, de 3 de janeiro. Consultado a 19.11.2016. Disponível em: <http://www.countercurrents.org/ansari030111.htm>.

Azmi, Shabana (2005), "Phir Zamana Humein Sarahega", *Pasmanda Awaaz*, janeiro.

Bano, Jameela (2005), "Talaaq par Siyasi Tikram: Tab Pasmanda Muslim Personal Law Board bhi Banega", *Pasmanda Awaaz*, março.

Basu, Amrita (1997), "Reflections on community conflicts and the state in India", *The Journal of Asian Studies,* 56(2), 391–397. DOI: <https://doi.org/10.2307/2646243>.

Basu, Tapan; Datta, Pradip; Sarkar, Sumit; Sarkar, Tanika; Sen, Sambuddha (1993), *Khaki shorts and saffron flags: A critique of the Hindu right.* Nova Deli: Orient Longman.

Bhargava, Rajeev (2000), "Democratic vision of a new Republic: India, 1950", *in* Francine R. Frankel, Zoya Hasan, Rajeev Bhargava e Balveer Arora (orgs.), *Transforming India: Social and political dynamics of democracy.* Nova Deli: Oxford University Press, 26–59.

Chandrasekhar, C. P.; Ghosh, Jayati (2002), *The market that failed: A decade of neoliberal economic reforms in India.* Nova Deli: Leftword.

Chatterjee, Partha (1998a), "Community in the East", *Economic & Political Weekly*, 33(6), 277–282. Disponível em: <http://www.epw.in/journal/1998/6/special-articles/community-east.html>.

Chatterjee, Partha (1998b), "Secularism and tolerance", *in* Rajeev Bhargava (org.), *Secularism and its critics.* Nova Deli: Oxford University Press, 345–379.

Chatterjee, Partha (2001), "On civil and political society in post-colonial democracies", *in* Sudipta Kaviraj e Sunil Khilnani (orgs.), *Civil Society: history and possibilities.* Nova Deli: Cambridge University Press, 165–178.

Cohn, Bernard (2009), "The Census, Social Structure and Objectification in South Asia", in *The Bernard Cohn omnibus.* Nova Deli: Oxford University Press. 224–254.

Comaroff, Jean; Comaroff, John (2003), "Reflections on liberalism, policulturalism, and ID-ology: citizenship and difference in South Africa", *Social Identities*, 9(4): 445–473. DOI: <https://doi.org/10.1080/1350463032000174632>.

Connolly, William Eugene (1996), "Pluralism, multiculturalism and the nation-state: Rethinking the connections", *Journal of Political Ideologies*, 1(1), 53–73. DOI: <https://doi.org/10.1080/13569319608420728>.

Connolly, William Eugene (2011), "Some theses on secularism", *Cultural Anthropology*, 26(4), 648–656. DOI: <https://doi.org/10.1111/j.1548-1360.2011.01117.x>.

Das, Maitreyi Bordia; Desai, Sonalde; (2004), "Is employment driving India's growth surge? A reality check", *Economic & Political Weekly*, 39(27), 3045–3051.

Deshpande, Satish; Bapna, Geetika (2008), *Dalits in the Muslim and Christian communities: A status report on current social scientific knowledge.* Nova Deli: National

Commission for Minorities Government of India. Disponível em: <http://ncm.nic.in/pdf/report%20dalit%20%20reservation.pdf>

Dirks, Nicholas (2001), *Castes of mind: Colonialism and the making of modern India*. Nova Deli: Permanent Black. JSTOR: <http://www.jstor.org/stable/j.ctt7rq9d>.

Eisenberg, Avigail; Spinner-Halev, Jeff (orgs.) (2005), *Minorities within minorities: Equality, rights and diversity*. Cambridge: Cambridge University Press.

Engineer, Asghar Ali (org.) (1991), *Mandal Commission Controversy*. Deli: Ajanta.

Falahi, Masood Alam (2007), *Hindustan Mein Zaat Paat aur Musalman* [Casta e Muçulmanos na Índia]. Nova Deli: Al-Qazi.

Frankel, Francine R. (1990), "India's democracy in transition", *World Policy Journal*, 7(3), 521–555. JSTOR: http://www.jstor.org/stable/40209159

Fuller, Christopher J. (1996), *Caste today*. Nova Deli: Oxford University Press.

Ganguly-Scrase, Ruchira; Scrase, Timothy J. (2009), *Globalisation and the middle classes in India: The social and cultural impact of neoliberal reforms*. Nova Iorque: Routledge.

Ghosh, Papiya (2007), "Pasmanda Politics in Bihar", *Khuda Bakhsh Library Journal*, 149.

Ghosh, Papiya (2010), *Muhajirs and the nation: Bihar in the 1940s*. Nova Deli: Routledge.

Gilroy, Paul (1987), *There ain't no black in the Union Jack*. Londres: Hutchinson.

Giroux, Henry A. (1992), *Border crossings*. Londres: Routledge.

Graff, Violette; Galonnier, Juliette (2013), "Hindu-Muslim communal riots in India I (1947–1986)", *Online Encyclopedia of Mass Violence*, de 15 de julho. Disponível em: <http://www.sciencespo.fr/mass-violence-war-massacre-resistance/en/document/hindu-muslim-communal-riots-india-i-1947-1986>.

Guru, Gopal (2009), "Introduction: Theorizing humiliation", *in* Gopal Guru (org.), *Humiliation: Claims and context*. Nova Deli: Oxford University Press, 1–19.

Halalkhor, M. U. (2004), "Makhmal par Taat ki Paiband", *Pasmanda Awaaz*, dezembro.

Hall, Stuart (1992), "The questions of cultural identity", *in* Stuart Hall, David Held e Anthony McGrew (orgs.), *Modernity and its futures*. Cambridge: Polity Press, 274–316.

Hansen, Thomas Blom (1999), *The Saffron Wave: Democracy and Hindu nationalism in modern India*. Princeton, NJ: Princeton University Press. JSTOR: <http://www.jstor.org/stable/j.ctt7s2fq>.

Hasan, Mushirul (1998), "Introduction", *in* Mushirul Hasan (org.), *Islam, communities and the nation: Muslim identities in South Asia & beyond*. Nova Deli: Manohar, 7–24.

Hasan, Zoya (2009), *Politics of inclusion: Castes, minorities, and affirmative action*. Nova Deli: Oxford University Press.

Hashmi, Shabnam (org.) (2011), *What it means to be a Muslim in India today*. Nova Deli: Anhad.

Hawari, K. A. (2004), "Kahan Woh Sheikh, Kahan Tum Dhobi", *Pasmanda Awaaz*, dezembro.

Howarth, David (2002), *Discourse*. Nova Deli: Viva Books.

Ilaiah, Kancha (1998), "Towards the Dalitisation of the nation", *in* Partha Chatterjee (org.), *Wages of freedom: Fifty years of the Indian nation state*. Nova Deli: Oxford University Press, 267–291.

Jaffrelot, Christophe (1996), *The Hindu nationalist movement in India*. Nova Iorque: Columbia University Press.

Jaffrelot, Christophe (2003), *India's silent revolution: The rise of low castes in North Indian politics*. Nova Deli: Permanent Black.

Jairath, Vinod K. (2011), "Introduction: Towards a framework", *in* Vinod K. Jairath (org.), *Frontiers of embedded Muslim communities in India*. Nova Deli: Routledge, 1–25.

Japhet, S.; Moses, Y. (2011), "The unending struggle of Dalit Christians and Dalit Muslims for equality", *Kafila.org*, de 28 de julho. Consultado a 22.01.12. Disponível em: <https://kafila.online/2011/07/28/the-unending-struggle-of-dalit-christians-and-dalit-muslims-for-equality-s-japhet-and-y-moses/#more-8549>.

Jayal, Niraja Gopal (2013), *Citizenship and its discontents: An Indian history*. Nova Deli: Permanent Black. JSTOR: <http://www.jstor.org/stable/j.ctt2jbw3x>.

Jodhka, Surinder S. (2004), "Sikhism and the caste question: Dalits and their politics in contemporary Punjab", *in* Dipankar Gupta (org.), *Caste in question: Identity or hierarchy?* Nova Deli: Sage, 165–192.

Jodhka, Surinder S. (2010), "Caste and politics", *in* Niraja Gopal Jayal e Pratap Bhanu Mehta (orgs.), *The Oxford companion to politics in India*. Nova Deli: Oxford University Press, 154–167.

Jodhka, Surinder S. (2012), *Caste: Oxford India short introductions*. Nova Deli: Oxford University Press.

Kaur, Naunidhi (2001), "Of Ayodhya and the congress", *Frontline*, 18(25). Disponível em: <http://www.frontline.in/static/html/fl1825/18251180.htm>.

Kaviraj, Sudipta (1997), "Introduction", *in* Sudipta Kaviraj (org.), *Politics in India*. Nova Deli: Oxford University Press, 1-36.

Kaviraj, Sudipta (2010), *The trajectories of the Indian state: Politics and ideas*. Ranikhet, Índia: Permanent Black.

Kothari, Rajni (1997), "Caste and modern politics", *in* Sudipta Kaviraj (org.), *Politics in India*. Nova Deli: Oxford University Press, 57–70.

Kymlicka, Will; Norman, Wayne (1994), "Return of the citizen: A survey of recent work on citizenship theory", *Ethics*, 104(2), 352–381. DOI: <https://doi.org/10.1086/293605>.

Mahajan, Gurpreet (2002), *The multicultural path: Issues of diversity and discrimination in democracy*. Nova Deli: Sage.

Mahajan, Gurpreet (2005), "Can intra-group equality co-exist with cultural diversity? Re-examining multicultural frameworks of accommodation" *in* Avigail Eisenberg e Jeff Spinner-Halev (org.), *Minorities within minorities: Equality, rights and diversity*. Cambridge: Cambridge University Press, 90–112. DOI: <https://doi.org/10.1017/CBO9780511490224.005>.

Markell, Patchen (2006), "Recognition and redistribution", *in* John Dryzek, Bonnie Honig e Anne Phillips (orgs.), *The Oxford handbook of political theory*. Oxford: Oxford University Press, 450–469.

May, Stephen; Modood, Tariq; Squires, Judith (2004), "Ethnicity, nationalism, and minority rights: Charting the disciplinary debates", *in* Stephen May, Tariq Modood e Judith Squires (orgs.), *Ethnicity, nationalism, and minority rights*. Nova Iorque: Cambridge University Press, 1–24. DOI: <https://doi.org/10.1017/CBO9780511489235.002>.

Menon, Dilip M. (2006), *The blindness of insight: Essays on caste in modern India*. Madrasta: Navayana.

Menon, Nivedita; Nigam, Aditya (2007), *Power and contestation: India since 1989*. Londres: Zed Books.

Mouffe, Chantal (2013), *Agonistics: Thinking the world politically*. Londres: Verso.

Nadwi, A. K. (2005), "Ashraf Muslim Personal Law Board Se Nijaat Zaroori", *Pasmanda Awaaz*, junho.

Naqvi, Saeed (2016), "Why Bijnor communal villainy did not spread", *The Citizen*, de 24 de setembro. Consultado a 15.11.2016. Disponível em: <https://www.thecitizen.in/index.php/en/NewsDetail/index/4/8802/Why-Bijnor-Communal-Villainy-Did-Not-Spread>.

Natrajan, Balmurli (2012), *The culturalization of caste in India: Identity and inequality in a multicultural age*. Londres e Nova Iorque: Routledge.

Nigam, Aditya (2006), *The insurrection of little selves: The crisis of secular-nationalism in India*. Nova Deli: Oxford University Press. DOI: <https://doi.org/10.1093/acprof:oso/9780195676068.001.0001>.

Pandey, Gyanendra (1997), "Communalism as construction", *in* Sudipta Kaviraj (org.), *Politics in India*. Nova Deli: Oxford University Press, 305–317.

Pasmanda Kranti Abhiyan (2013), "Pasmanda Kranti Abhiyan Pamphlet (Hindi): First Phase (Uttar Pradesh)", Pasmanda Kranti Abhiyan (Campanha pela Revolução Pasmanda).

Pluralism.in (2004), "Pasmanda Dharmnirpekshta ke Jhaanse mein Nahin Ayein", *Pluralism.in*.

Rajshekar, V.T. (2007), *Caste: A nation within the nation*. Bangalore: Books for Change.

Robinson, Rowena (2012), "Introduction", *in* Rowena Robinson (org.), *Minority studies*. Nova Deli: Oxford University Press, 1–48.

Rodrigues, Valerian (org.) (2002), *The essential writings of B. R. Ambedkar*. Nova Deli: Oxford University Press.

Rodrigues, Valerian (2008), *Dalit-Bahujan discourse in modern India.* Nova Deli: Critical Quest.

Sajjad, Mohammad (2016), "The communal mood in UP is turning ugly", *Rediff News*, de 13 de outubro. Consultado a 15.11.2016. Disponível em: <http://www.rediff.com/news/column/the-communal-mood-in-up-is-turning-ugly/20161013.htm>.

Sarkar, Sumit (2005), *Modern India: 1885–1947.* Nova Deli: Macmillan.

Sen, Amartya (1993), "The Threats to Indian secularism", *New York Review of Books*, de 8 de abril. Disponível em: <http://www.nybooks.com/articles/1993/04/08/the-threats-to-secular-india/>.

Shah, Ghanshyam (2002), "Social backwardness and the politics of reservations", *in* Ghanshyam Shah (org.), *Caste and democratic politics in India.* Nova Deli: Permanent Black, 388–412.

Shani, Ornit (2007), *Communalism, caste and Hindu nationalism: The violence in Gujarat.* Cambridge: Cambridge University Press. DOI: <https://doi.org/10.1017/CBO9780511607936>.

Sharma, Ursula (1999), *Caste.* Nova Deli: Viva Books.

Singh, Jagpal (2016), "Communal violence in Muzaffarnagar: Agrarian transformation and politics", *Economic & Political Weekly*, 51(31), 94–101. Disponível em: <http://www.epw.in/journal/2016/31/special-articles/communal-violence-muzaffarnagar.html>.

Singh, Kumar Suresh (org.) (1995), *People of India.* Calcutá: Anthropological Survey of India.

Sultana, M. (2005), "Model Nikahnama Banam Teen Talaq: Personal Law Board Ka Irada, Jod Kam Ghatao Zyadah", *Pasmanda Awaaz*, abril, 9–10.

Sultana, Shaheen (2005), *Pasmanda Awaaz*, fevereiro.

Teltumbde, Anand (2002), "Damning the Dalits for the Bania-Brahmin crimes in Gujarat", *Ambedkar.org*, de 8 de agosto. Disponível em: <http://www.ambedkar.org/vivek/DamningtheDalits.pdf>.

Upadhyay, Rajiv (2012), "Mandalisation of Muslim Politics in India: A shift from religious identity to caste identity?" *Eurasia Review*, de 28 de março. Disponível em: <http://www.eurasiareview.com/28032012-mandalisation-of-muslim-politics-in-india-a-shift-from-religious-identity-to-caste-identity-oped/>.

Upadhyaya, Prakash Chandra (1992), "The politics of Indian secularism", *Modern Asian Studies*, 26(4), 815–853. DOI: <https://doi.org/10.1017/S0026749X00010088>.

Viswanathan, Gauri (1998), *Outside the fold: Conversion, modernity and belief.* Nova Deli: Oxford University Press.

Vora, Rajendra (2008), "Multiple identities of backward-caste Muslims in India", *in* Manu Bhagavan e Anne Feldhouse (orgs.), *Claiming power from below: Dalits and the subaltern question in India.* Deli: Oxford University Press, 41–57.

Waheed, S. (2005), "Musalmanon mein Oonch-Neech", *Pasmanda Awaaz*, fevereiro.

Wilkinson, Doris (2000), "Rethinking the concept of 'minority': A task for social scientists and practioners", *Journal of Sociology and Social Welfare*, 27(1), 115–132. Disponível em: <http://scholarworks.wmich.edu/jssw/vol27/iss1/7>.

Witsoe, Jeffrey (2011), "Rethinking postcolonial democracy: An examination of the politics of lower-caste empowerment in North India", *American Anthropologist*, 113(4), 619–631. DOI: <https://doi.org/10.1111/j.1548-1433.2011.01374.x>.

Zwart, Frank de (2000), "The logic of affirmative action: Caste, class and quotas in India", *Acta Sociologica*, 43(3), 235–249. DOI: <https://doi.org/10.1177/0001 69930004300304>.

CAPÍTULO 8

Em defesa das escalas de subalternidade: a razão pela qual Goa é importante para a teoria*

Jason Keith Fernandes

Introdução

O foco na resistência ao Estado moderno, ao colonialismo e ao capitalismo tem garantido que os debates em torno da subalternidade se tenham limitado a uma relação binária entre as elites, de um lado, e as classes subalternas, do outro (Chandra, 2015). Assim, considero que um binário elite-subalterno não nos vai ajudar a desenvolver uma teoria sensível às lutas no terreno. Pelo contrário, este binário coloca muitas vezes o fardo heroico da emancipação de todos os povos sobre os vários grupos subalternos que lutam por escapar à sua própria posição subalterna. Esta fuga não se concretiza necessariamente por meio da resistência, mas antes através do envolvimento e da negociação com o campo do poder. Além disso, defender tal binário não nos deixa reconhecer que o campo do poder é muito mais complexo do que o que esse mesmo binário admite. Assim, ao longo deste capítulo, sugiro que é preferível pensar a subalternidade como uma cadeia ou teia de relações, em vez de a ver como uma relação binária. À exceção da figura do subalterno abjeto, a maior parte das pessoas situa-se em posições de domínio face a alguns grupos e de subalternidade face a outros.

Apresentação da questão

Embora nos dias de hoje o debate sobre a subalternidade tenha ficado aprisionado dentro de uma relação binária, um dos primeiros textos de Ranajit Guha (2000) propunha um entendimento muito mais profundo da

* Tradução de Samuel Alexandre.

relação entre os subalternos e as elites. Na sua formulação,[1] Guha propunha uma visão das elites enquanto grupos dominantes que incluíam intervenientes estrangeiros e indígenas. Depois de agrupar sumariamente os intervenientes estrangeiros numa categoria única – um erro para o qual chamarei a atenção mais à frente –, Guha dedicava maior atenção às elites indígenas, estabelecendo uma distinção entre aquelas que operavam ao "nível de toda a nação indiana" e as que operavam no "nível regional e no local" (2000: 7). Desenvolvendo a distinção entre estes dois grupos, Guha salientou que as elites nos níveis regional e local não partilham necessariamente os mesmos interesses que as elites pertencentes aos grupos dominantes a nível nacional. Na verdade, estes grupos podem pertencer "a estratos sociais hierarquicamente inferiores aos dos grupos dominantes a nível nacional" (2000: 7), no entanto – e creio que a afirmação seguinte é fulcral para avaliar a diversidade que prevalece quando se analisa o domínio da subalternidade –, "continuavam *a agir de acordo com os interesses destes últimos e não em conformidade com os interesses que verdadeiramente correspondiam ao seu próprio ser social*" (2000: 7). Guha sugeriu que este comportamento se pode dever ao facto de um grupo dominante numa determinada área poder não o ser noutra. Seja qual for a razão para o modo aparentemente errado como estes grupos se autoposicionam, Guha frisou que:

> Isto podia gerar, o que veio efetivamente a acontecer, muitas ambiguidades e contradições nas atitudes e alianças, sobretudo entre os

[1] "O termo 'elites' foi usado nesta afirmação com o sentido de grupos *dominantes*, tanto estrangeiros como indígenas. Os grupos *dominantes estrangeiros* incluíam todos os não-indianos, isto é, na sua maioria, oficiais britânicos do Estado colonial e industriais, mercadores, financeiros, produtores, proprietários e missionários estrangeiros.

Os grupos *dominantes indígenas* incluíam classes e interesses que operavam em dois níveis. No nível *nacional,* estes grupos incluíam os maiores magnatas feudais, os mais importantes representantes da burguesia industrial e mercantil, e os novos membros nativos dos níveis mais altos da burocracia.

No nível *regional* e no *local*, estes grupos representavam aquelas classes e outros elementos que *ou* eram membros dos grupos dominantes a nível nacional, incluídos na categoria anterior, *ou*, se pertencessem a estratos sociais hierarquicamente inferiores aos dos grupos dominantes a nível nacional, ainda assim continuavam *a agir de acordo com os interesses destes últimos e não em conformidade com os interesses que verdadeiramente correspondiam ao seu próprio ser social.*

Vista no seu todo e em abstrato, esta última categoria da elite tinha uma composição *heterogénea* e, graças à natureza desigual dos desenvolvimentos económicos e sociais a nível regional, *variava de área para área.* A mesma classe ou elemento que era dominante numa determinada área, de acordo com a definição acima enunciada, podia pertencer ao grupo dos dominados noutra área" (GUHA, 2000: 7).

> estratos mais baixos da aristocracia rural, dos proprietários pobres e dos camponeses ricos e de classe média-alta, todos eles pertencendo, *em termos ideais*, à categoria do "povo" ou das "classes subalternas", definida mais adiante. Compete ao investigador analisar, identificar e aferir a natureza e o grau *específico* do *desvio* destes elementos em relação ao ideal e situá-lo historicamente. (Guha, 2000: 7)

Acredito que esta observação de Guha abriu um interessante campo para investigação que, todavia, tem permanecido fechado desde que o foco se deslocou para grupos que eram vistos como abjetos ou inquestionavelmente subalternos (Spivak *apud* Beverly, 2001: 51). Embora não rejeite a ideia do subalterno abjeto, que julgo necessária para traçar os matizes neste campo, julgo importante delinear aquilo a que chamo de escala de subalternidades, de modo a que se possam avaliar as "ambiguidades e contradições nas atitudes e alianças" referidas por Guha, juntamente com os tipos de política gerados por elas.

Visto que o conceito de subalterno tem sido definido de múltiplas formas desde o seu surgimento na década de 1980, no contexto da historiografia sul-asiática, e que seria agora impossível vincular este termo ao seu significado original, parece-me pertinente explicitar a definição adotada neste capítulo. Embora a interpretação do conceito de subalterno feita por Spivak tenha dirigido o nosso foco para o abjeto, prefiro a sua leitura segundo a qual a subalternidade se define pela impossibilidade de representação, e em que o surgimento da representação assinala a perda da subalternidade. De facto, é precisamente a ideia do reconhecimento do abjeto e a sugestão paralela de que alguns subalternos podem conseguir escapar à sua condição que considero úteis. Assim, a definição proposta por Spivak para o conceito de subalternidade – enquanto local "onde as linhas de mobilidade social, estando noutro lugar, não permitem a formação de uma base de ação identificável" (Spivak 2005: 476) – é central para o meu argumento. Esta definição permite entender a relacionalidade como a base da subalternidade. Deste modo, um indivíduo pode ser subalterno dentro de um conjunto específico de relações, vendo frustrada a formação de uma base de ação identificável, e, todavia, encontrar espaço de manobra dentro de outro conjunto de relações. A posição que proponho permite não só contornar o perigo de reduzir o subalterno a uma simples questão de política de identidade, mas também ajuda a desenvolver uma visão um pouco mais matizada da ação do poder e da hegemonia. Na verdade, em vez de suavizar o conceito de subalternidade, esta conceptualização permitiria avaliar os matizes nas (im)possibilidades de mobilidade, bem como ter um entendimento mais profundo da posição daqueles que, de facto, são incapazes de escapar à sua condição de subalternos.

Baseado neste entendimento da subalternidade, fortalecido pelas minhas experiências neste campo, que discutirei em seguida, proponho que se encare a subalternidade não como uma relação entre uma elite autónoma e um grupo subalterno claramente definido, mas antes como uma escala ou uma teia.

Na verdade, o conceito de escalas ou teias de subalternidade foi originalmente proposto por Cristiana Bastos (2001, 2005, 2007) no contexto do seu trabalho sobre os nativos[2] que trabalhavam como médicos no sistema de saúde ocidental. O seu trabalho sugere que há vários grupos presos numa posição subalterna face a outros. Cada um destes grupos situa-se numa posição subalterna diferente. De facto, conforme o seu trabalho demonstra, os nativos eram membros de elites locais. É precisamente esta desigualdade que dá lugar a que alguns apoiem grupos de elite da metrópole, enquanto outros são relegados para o espaço da subalternidade abjeta (Bastos, 2005: 29). A sugestão destas escalas ou teias de subalternidade baseou-se no trabalho de Bastos e foi também decisivamente influenciada pela sugestão do líder dalit e pensador sul-asiático Dr. B. R. Ambedkar, segundo a qual a experiência de casta corresponde a uma desigualdade hierarquizada. Segundo a sua definição,

> Dentro do sistema de desigualdade hierarquizada não existe nenhuma classe completamente desprovida de privilégios, exceto aquela que se situa na base da pirâmide social. Os privilégios das restantes classes obedecem a uma hierarquia. Mesmo as classes baixas são privilegiadas quando comparadas com as que se situam ainda mais abaixo na hierarquia. Visto que cada classe se sente privilegiada, todas estão interessadas em manter este sistema. (Ambedkar *apud* Rege, 2013: 139-140)

A visão de Ambedkar sobre o sistema social que prevalece na Ásia Meridional é fulcral para esta discussão da subalternidade porque propõe uma explicação para a situação observada por Guha, na qual, apesar de não partilharem os interesses dos grupos com um estatuto social superior, os grupos intermédios "continuavam *a agir de acordo com os interesses destes últimos e não em conformidade com os interesses que verdadeiramente correspondiam ao seu*

2 Reconheço que o termo "nativos" é problemático. Contudo, uso deliberadamente esta expressão para chamar a atenção para os vários tipos de elites que dominavam a Goa colonial. Ao passo que o primeiro grupo incluía aqueles que provinham da metrópole, o segundo era composto pelos *descendentes* – a comunidade eurasiática em Goa – e o terceiro grupo representava as elites nativas e era formado pelas castas dos brâmanes católicos e dos chardós, e ainda pelas castas hindus dominantes, sobretudo a casta *saraswat*.

próprio ser social" (GUHA, 2000: 7). A explicação para esta ação aparentemente incoerente descrita por Guha reside num aspeto fundamental que caracteriza o campo da política subalterna: o desejo de subir na hierarquia, em vez de criar uma utopia emancipadora. Ambedkar explica que esta incapacidade de unir esforços é uma consequência da ação do sistema de castas, no qual:

> Todos têm razões de queixa contra as classes mais altas e gostariam de provocar a sua queda. No entanto, as classes não se associam entre si. As classes altas estão ansiosas por se livrarem das mais altas de todas, mas não se querem associar às classes médias, às baixas ou às mais baixas de todas para não correrem o risco de ficar ao mesmo nível destas e se tornarem suas semelhantes. As classes médias querem derrubar todas as que estão acima delas, mas não pretendem unir esforços com as classes que estão abaixo para não correrem o risco de estas subirem ao seu nível e alcançarem o seu estatuto. As classes baixas anseiam por derrubar as mais altas de todas, as altas e as médias, mas não unem esforços com as mais baixas de todas para não correrem o risco de estas subirem de nível e as igualarem em estatuto. Dentro do sistema de desigualdade hierarquizada, não existe nenhuma classe completamente desprovida de privilégios, exceto aquela que se situa na base da pirâmide social. Os privilégios das restantes classes obedecem a uma hierarquia. Mesmo as classes baixas são privilegiadas quando comparadas com as que se situam ainda mais abaixo na hierarquia. Visto que cada classe se sente privilegiada, todas estão interessadas em manter este sistema. (AMBEDKAR *apud* JAFFRELOT, 2005: 36)

Segundo a visão de subalternidade que proponho, o grupo na base da pirâmide social é o único subalterno abjeto. Todos os outros grupos de baixo estatuto se encontram de tal modo enredados em escalas de subalternidade que não conseguem corresponder à base de ação socialmente reconhecida.

Terreno pantanoso

Um momento decisivo para esta discussão foi a promulgação da Lei da Língua Oficial (LLO) no que era então o Território da União Indiana de Goa, Damão e Diu.[3] Promulgada em 1987, a LLO decretou a língua concani, escrita no alfabeto devanágari (Nagari), como sendo a língua oficial do território de Goa. Ao aprovar esta lei, o território da União e posterior

[3] Goa tornou-se o vigésimo quinto estado da União Indiana em 1987, alguns meses depois da promulgação da LLO.

Estado federal de Goa identificou o concani como seu elemento unificador, construindo-se como território linguístico, e apontando o falante de concani como cidadão-sujeito ideal do Estado. Na medida em que esta legislação estabelece os limites da cidadania, aqui vista como pertença à comunidade cultural legítima do grupo subnacional, ela também determina os termos da subalternidade no Estado goês.[4] Antes de considerar as implicações desta legislação, é necessário compreender as causas desta situação.

A primeira vez que foi atribuído ao concani o estatuto de língua materna dos goeses deveu-se provavelmente aos esforços de Cunha Rivara, um funcionário público português vindo da metrópole, que chegou a Goa em 1855 na qualidade de secretário-geral do Estado Português da Índia. Na qualidade de funcionário público português a operar na sombra da hegemonia britânica, tanto no continente europeu como na Índia colonial, e aparentemente ciente de que os métodos coloniais britânicos eram a marca do verdadeiro colonialismo, consta que demorou pouco tempo a "conhecer os avanços que os investigadores britânicos tinham realizado no campo dos estudos indianos na vizinha Índia, tendo ficado fortemente impressionado com os esforços desenvolvidos por John Wilson em prol das línguas vernáculas" (SarDessai, 2000: 77).[5] Os seus trabalhos sobre a língua concani são fruto destes esforços comparativos.[6] Agindo sob o peso de reproduzir os perfis das comunidades nativas tal como delineados pelos orientalistas britânicos de acordo com as suas próprias tradições linguísticas e culturais, Cunha Rivara identificou o concani como a língua materna do povo goês e procurou introduzi-la no sistema de ensino público (Cabral, 2013: 88).

Contudo, os seus esforços não foram bem-sucedidos. Na altura, as elites católicas da casta dominante no território privilegiavam o português enquanto língua de comunicação, ficando famosa a forma como denegriram

4 John Beverly indica que "a exclusão ou limitação [da sociedade civil] é o que constitui o subalterno" (2001: 50).

5 Vejam-se também os comentários de Teotónio de Souza sobre Cunha Rivara em Souza (1996).

6 No seu texto sobre a língua concani, José Gerson da Cunha (1881) refere os esforços editoriais de Cunha Rivara, chamando a atenção para a sua publicação de "a Gramática e Dicionário da língua concani, da autoria de um missionário italiano chamado Francis Xavier de Santa Anna [...] publicado com emendas e acrescentos. [...] devemos estar gratos ao saudoso Sr. Rivara e aos seus esforços para publicitar esta obra, evitando que esta permanecesse para sempre um mero manuscrito, obscuro e incompleto" (CUNHA, 1881: 40), e da *Grammatica da Lingua Concani no dialecto do Norte* (*ibid.*, 40), uma obra escrita por um missionário português no século XVII, e publicada pela primeira vez por Cunha Rivara em Goa, no ano de 1858.

o concani ao apelidá-lo de *língua dos criados*.[7] Herdeiras de uma tradição política imperial que procurava incorporá-las no mundo ibérico cristão (Xavier, 2008), estas elites tinham-se tornado falantes de português pelo menos desde o século XVIII, usando o concani para comunicar com os seus subordinados locais.

Por outro lado, as elites hindus do território não viam qualquer justificação para adotar a língua concani. Pelo contrário, a língua concani foi firmemente afastada e o projeto de Cunha Rivara morreu à nascença. A razão para tal oposição tem que ver com o facto de, na altura em que Rivara projetou o concani como língua materna dos goeses, o marati ter acabado de ser considerado uma língua do Estado Português na Índia, após uma intensa luta levada a cabo pela elite hindu. Tal foi conseguido com o apoio da elite católica e com a introdução do marati na imprensa nacional, em 1853 (Pinto, 2007: 101). Posteriormente, o marati foi introduzido no ensino como língua de instrução usada no território das Novas Conquistas (Cabral, 2013: 99, 121). A criação de escolas de marati foi uma vitória importante para os membros das castas hindus dominantes no território das Novas Conquistas, visto que criou maiores oportunidades de trabalho no território vizinho da Presidência de Bombaim da Índia Britânica, em comparação com o leque mais limitado de opções existente na Índia Portuguesa (Pinto, 2007; Kamal, 1986). A imposição do concani como língua de Goa teria ameaçado estas novas oportunidades e todas as ações nesse sentido enfrentaram a firme oposição de figuras tão poderosas no Estado da Índia como Suriaji Rao, tradutor oficial do Estado da Índia, que se esforçou bastante para travar o projeto de introdução do concani no sistema de ensino goês daquele tempo.

As elites hindus também se opunham à língua concani por razões mais particulares, nomeadamente os grupos sociais aos quais esta língua estava associada. Ao passo que a elite católica usava o português na esfera pública e, muitas vezes, na privada, a elite hindu da casta dominante usava o marati na esfera pública, associando-a também a tradições tão prestigiosas como a da Confederação Marata.[8] Por outro lado, o concani era visto como a língua

[7] Esta não era uma circunstância extraordinária, visto que em muitas partes do mundo colonizado os vernáculos locais foram menosprezados até serem apropriados pelos nacionalistas anticoloniais. Ao discutir o lugar do género nos movimentos nacionalistas, Anne McClintock (1991: 106) observa que a mistura de neerlandês e outros dialetos foi inicialmente desprezada enquanto *kombuistaal* (língua da cozinha) dos empregados domésticos, dos escravos e das mulheres até ter sido recuperada como língua materna do povo africânder pelo movimento nacionalista africânder.

[8] Mesmo antes de ser adotado por este Estado, o marati já tinha sido adotado como língua oficial pelo Sultanato de Bijapur, cujos antigos territórios serviram de base à

dos criados, que neste caso correspondiam à classe católica mais baixa deste território. Mais importante ainda, o concani era associado aos católicos, um grupo intocável para os hindus da casta dominante.[9] Embora exista uma variedade de textos contemporâneos que atribuem uma história pré-colonial a esta língua (Pereira, 1992; SarDessai, 2000: 77; Gomes, 2010), o facto é que o concani foi criado a partir das muitas línguas da região, através da intervenção de missionários que elaboraram dicionários e evangelizaram a população usando esta língua recém-codificada. O concani era a língua da Igreja Católica, sendo por isso visto como uma língua católica e, consequentemente, intocável, que os grupos hindus da casta dominante dificilmente poderiam adotar como língua materna.

Apesar deste revés inicial, o concani acabaria por receber o apoio destes dois grupos das elites nativas por razões que sublinham a posição que ocupavam na cadeia de subalternidades. Do século XIX em diante, o concani acabou por ser defendido pela elite católica da casta dominante, assim que os seus membros reconheceram a hegemonia britânica tanto a nível mundial como no subcontinente indiano e começaram a ter consciência de serem cidadãos de um império em declínio. Esta perceção gerou um enorme complexo de inferioridade na forma como a erudição e as práticas administrativas portuguesas eram vistas. Contudo, como assinalou Rochelle Pinto, este discurso do declínio português resultou da autorrepresentação da metrópole portuguesa (Pinto, 2007: 49). Como atrás se referiu, foram oficiais portugueses como Cunha Rivara que aplicaram em Goa políticas estaduais que reproduziam a política imperial britânica. Isto fez com que os antigos modelos de autoformação começassem a ser gradualmente abandonados em benefício de modelos existentes na Índia Britânica. Um dos modelos adotados pela elite católica era um modelo historiográfico que seguia a divisão tripartida do tempo histórico nos períodos antigo, medieval e moderno, interpretados através das categorias religiosas e civilizacionais da antiguidade hindu, da invasão muçulmana e do colonialismo ocidental (Pinto, 2007: 52). Pinto observa que a adoção destes termos do nacionalismo

constituição de grandes extensões da Goa colonial, não só no século XVI mas também muito mais tarde, quando os territórios que constituíam as Novas Conquistas foram adquiridos no século XVIII.

9 Durante o seu domínio da Índia peninsular, os portugueses foram vistos como párias ou intocáveis por um número de grupos locais das castas dominantes (XAVIER e ŽUPANOV, 2015: 120, 130-131). Em Goa, os católicos das castas dominantes eram tratados discretamente como imundos e intocáveis pelos brâmanes hindus que viviam no território, conforme atestado pelo episódio narrado pelo famoso historiador D. D. Kosambi (*apud* HENN, 2014: 174–175).

indiano dominante instituiu noções de cultura e nacionalismo que dificilmente se aplicavam à realidade de Goa. Ainda assim, em resultado desta adoção pela elite católica, este seria o filtro através do qual a história de Goa passaria a ser vista até à Índia pós-independência (PINTO, 2007: 55). Contudo, a adoção desta opção historiográfica pela elite católica não foi completamente injustificada. Vendo-se como uma elite subalterna e com um papel menor dentro do império português do que aquele a que achava ter direito (BASTOS, 2001, 2005, 2007), a elite católica tomou esta opção não só como tática para se alinhar com as epistemologias hegemónicas contemporâneas, mas também como estratégia para se afirmar dentro do império português. Ao associar a história de Goa à historicização britânica da Índia do século XIX, a elite goesa podia lançar uma crítica ao colonialismo português, esperando assim construir as bases para uma maior autonomia na gestão do território. As autonarrativas anteriores das histórias da elite católica, baseadas nas epistemologias portuguesas do início da Idade Moderna que privilegiavam uma cosmovisão católica, tinham integrado estes grupos numa história bíblica. Como é óbvio, faz-se aqui referência a dois textos que receberam muita atenção (CURTO, 1997: 69; MORAES, 1964: 10), *Aureola dos Indios e Nobiliarchia Bracmana. Tractado historico, genealogico, panegyrico e moral* (1702), de António João de Frias, e *Promptuario das difiniçoes indicas, deduzido de varios chronistas da India, graves auctores, e das historias gentilicas* (1713), de Leonardo Pais. No século XIX, as narrativas históricas das elites católicas defendiam formas orientalistas então em voga que encaravam a ação portuguesa como tendo resultado na destruição da cultura nativa e representado uma interrupção da história. Foi neste contexto de adoção de um passado pré-colonial e de construção de uma cultura nativa que as elites católicas goesas abraçaram o concani.

Se, por um lado, a elite católica da casta dominante em Goa obtinha um ganho político claro ao adotar este modelo de historiografia, o reverso da medalha era o facto de o mesmo modelo conceber o hindu da casta dominante como o justo detentor de uma autenticidade indiana sanscrítica. Para os goeses não pertencentes às elites, esta valorização do sanscrítico significava que também eles estavam ligados a um projeto semelhante ao da elite subalterna da Índia Britânica. Na senda da inspiração romântica dos nacionalistas indianos, este foi um projeto no âmbito do qual a renovação cultural liderada pelos literatos da casta dominante acabaria por provocar um despertar político nacional (NAREGAL, 2001: 48), e em que os grupos das castas subalternas seriam vistos como as "classes baixas ignorantes", condenadas "pela sua recusa em corresponder às expetativas dos eruditos" (PINTO, 2007: 60).

Assim, ainda que a elite defendesse o concani, esta língua continuava a ser vista como a mais indicada para educar os católicos trabalhadores. Esta postura nasceu da preocupação das elites católicas quando se aperceberam de que, com a crescente emigração para as possessões britânicas, os camponeses goeses, ao receberem uma educação em português ou em inglês, mostravam uma tendência desagradável para aspirar a uma vida mais desafogada. Assim, estas elites acreditavam que uma educação em concani manteria os camponeses no seu lugar, dotando-os de uma cultura orgânica vibrante (PINTO, 2007: 62-63).

Este é um bom momento para refletir sobre as implicações teóricas desta história. A mudança historiográfica levada a cabo pela elite goesa no século XIX baseava-se na sua perceção da existência de uma hierarquia na ordem global em que os britânicos ditavam as leis. Os modelos portugueses já não eram considerados relevantes e a própria história passaria a ser escrita de um ponto de vista britânico. Assim, embora para este efeito continuasse a ser uma potência colonial que dominava as elites nativas de Goa, Portugal era uma potência subalterna em comparação com os britânicos, que detinham poderes epistemológicos consideráveis. O facto de os próprios portugueses terem reconhecido esta realidade e agido enquanto poder colonial subalterno pode ser visto como uma prova da existência de escalas de subalternidade (SANTOS, 2002). Nesta situação, a elite católica goesa via-se a si própria como duplamente subalterna, isto é, como cidadãos subalternos sob o domínio de um poder colonial subalterno. Contudo, embora a elite católica goesa se visse como subalterna, as opções que tomava para negociar o poder garantiam que a verdadeira identidade goesa que nasceu na Goa do século XIX fosse maioritariamente representada pelas práticas hindus da casta dominante. A sua escolha por esta estratégia em particular é uma prova de que, independentemente dos seus desejos, a influência do orientalismo liderado pelos académicos do norte da Europa estava a deslocar as linhas de mobilidade social na Ásia Meridional no sentido da afirmação da autenticidade nativa enquanto base para a ação. Como se verá, isto acabaria por subalternizar verdadeiramente os grupos não-hindus e por marginalizar ainda mais os grupos das castas subalternas, criando, através desta dupla exclusão, o lugar do subalterno abjeto na Goa contemporânea.

Se a adoção do concani pelas elites católicas teve lugar no contexto de um confronto com o controlo da metrópole sobre Goa, os hindus da casta dominante – e sobretudo os membros dos *jati* ou grupos de castas brâmanes – adotaram o concani no contexto da integração destes vários *jati* na casta *saraswat*, no final do século XIX e início do século XX. Frank Conlon demonstra que esta integração numa única entidade coletiva ocorreu devido à necessidade de os membros destes *jati* se afirmarem em Bombaim, a capital do *Raj* Britânico na costa ocidental do subcontinente indiano (Conlon, 1974, 1977). Embora os membros destes *jati* pudessem ter sido dominantes nas localidades de província de onde haviam migrado, enfrentavam agora desafios consideráveis em Bombaim, uma cidade dominada por outros grupos. Foi também decisivo o facto de, na sequência de conflitos históricos (O'Hanlon e Minkowski, 2008), estes *jati* não serem reconhecidos como brâmanes pelas castas brâmanes dominantes de Bombaim (Parobo, 2015: 22-27). A integração numa casta única implicava a identificação de um conjunto de características-tipo dessa casta, entre as quais a língua.

A defesa do concani como língua materna e de Goa como a terra do concani foi também realizada no âmbito do crescente movimento anticolonial. A partir do início do século XX – sobretudo após a exigência da reestruturação do partido do Congresso Nacional Indiano em função de critérios linguísticos e que teve início em 1917 – tornou-se claro que as castas dominantes de várias regiões estavam a reivindicar o controlo de territórios definidos com base em linhas de fronteira linguísticas (Mitchell, 2010: 38; Nair, 2011: 53-54). Para que não se repetisse a posição subalterna vivida pelos membros da nova casta *saraswat*, e para que estes não fossem ainda mais subalternizados, era imperativo que os mesmos reivindicassem um território que definiriam através do seu controlo sobre a língua por eles identificada como materna nesse mesmo território. Além disso, para que pudessem integrar o consenso nacionalista emergente, era essencial que estas reivindicações fossem expressas em formas reconhecidas pelos nacionalistas indianos da casta dominante.

A reivindicação do concani enquanto língua dos grupos brâmanes, como no caso dos *saraswat*, ou de grupos bramânicos, como as elites nativas católicas, assentava numa redefinição da língua concani, que era associada aos católicos, sobretudo aos das castas mais baixas. Tal redefinição permitiria também garantir que as castas dominantes em Goa seriam capazes de se integrar mais profundamente no projeto nacionalista indiano que então surgia. Para este efeito, o concani foi forjado como língua da casta *saraswat* e, negando às classes e castas católicas trabalhadoras o uso ativo do alfabeto latino, o devanágari foi apresentado como o alfabeto ideal. Graças à política urdu-hindi da Índia Setentrional, o devanágari já tinha passado a ser identificado com um projeto sanscrítico para a definição da Índia (Rai, 2001). Este projeto foi concretizado maioritariamente por estes dois grupos de elite que trabalharam em conjunto – uma característica que marcaria o período da Goa pós-colonial, sobretudo até à promulgação da LLO em 1987.

Goa foi anexada pela União Indiana em 1961. Esta ação pôs termo à soberania portuguesa sobre o território e abriu efetivamente a arena para a política pós-colonial. No período até 1967, a política foi marcada pela afirmação das castas hindus até então dominadas ou subalternas: os *bahujan*. Fazendo referência à casta *saraswat*, os líderes dos *bahujan* defendiam que os últimos dois séculos da presença do Estado da Índia em Goa tinham sido marcados pelo domínio de uma casta de elite "que professava o hinduísmo mas não mostrava qualquer interesse pelo bem-estar das massas" (NARAYAN e D'CRUZ, 2011: 34). Procurando colher benefícios do ruidoso movimento antibrâmane no recém-criado Estado de Maharashtra Hindu, os *bahujan* de Goa exigiram que o seu território fosse integrado no Estado de Maharashtra. Para fundamentar esta reivindicação, alegavam que a sua língua materna não era o concani mas, sim, o marati. Assim, a política interna da Goa pós-colonial foi marcada por duas fações: uma defendia que a sua língua materna era o marati e exigia que o território fosse integrado no Estado de Maharashtra, ao passo que a outra defendia o concani como sua língua materna e exigia que o território mantivesse as suas fronteiras coloniais como entidade autónoma. Em 1967, o Governo Central realizou uma sondagem de opinião que os grupos anti-integração e pró-concani venceram por uma margem mínima.[10]

Se, por um lado, as castas hindus subalternas se mobilizaram contra o concani e a manutenção das fronteiras coloniais do território, por outro lado, as castas católicas subalternas acabaram por apoiar o concani e a preservação da identidade territorial de Goa. Esta pode parecer uma opção bizarra, visto que as castas subalternas católicas teriam a ganhar com a agenda da "terra a quem a trabalha" defendida neste Estado pelo partido político pró-Maharashtra. De facto, a liderança do movimento pró-concani e anti-integração foi conduzida por um partido de católicos da casta dominante e de proprietários hindus. Nesta situação, as identidades concani e goesa serviram em grande medida como eufemismos para o projeto de assegurar o domínio continuado do território por estes proprietários. Devido ao teor nacionalista hindu dos grupos *bahujan* hindus pró-integração, as castas católicas subalternas teriam tido poucas alternativas senão confiar o seu destino aos proprietários. Este foi apenas o primeiro de vários episódios da história pós-colonial de Goa em que as castas católicas subalternas se viram numa posição insustentável em resultado das "linhas de mobilidade social" se localizarem em espaços que não permitiam aos *bahujan* católicos "a formação de uma base de ação reconhecida" (SPIVAK, 2005: 476).

[10] Para uma discussão sobre a política deste período, vejam-se Narayan e D'Cruz (2011), Esteves (1986) e o capítulo 3 de Parobo (2015).

A segunda grande convulsão social relevante para esta história de Goa foi a mobilização da população em meados da década de 1980 de modo a garantir que o concani fosse considerado a única língua oficial de Goa. Esta manobra, destinada a impedir que o marati fosse de alguma forma reconhecido a nível estadual, deu origem a um estado de agitação social que se prolongaria até à promulgação da LLO, em 1987. Mais uma vez, o conflito opunha o concani – apoiado pelos *saraswat*, pelas castas hindus aliadas e pelos grupos sociais católicos – ao marati, apoiado pelos *bahujan* hindus. Se os grupos pró-concani defendiam que apenas esta língua devia ser reconhecida como língua oficial do Estado, a liderança dos defensores da língua marati era mais complexa. Estes líderes alegavam não estar contra o concani mas, sim, a favor de que fosse atribuído ao marati o mesmo estatuto de língua oficial do Estado. Por outro lado, existiam divisões dentro dos grupos pró-concani. Na verdade, o movimento de apoio ao concani era liderado por um grupo de ativistas *saraswat* que não tinha o apoio das massas. O apoio das massas à causa do concani proveio dos católicos *bahujan* em várias partes do Estado. Contudo, estes católicos não se identificavam com o concani escrito no alfabeto devanágari e reiteravam o seu apoio ao reconhecimento do concani escrito em alfabeto latino.[11] No entanto, esta reivindicação não logrou obter apoio por parte dos líderes do movimento, quer hindus, quer católicos. Como se indicou anteriormente, partindo da sua herança do século XIX, que encarava o fenómeno de uma língua indiana escrita num alfabeto não-indiano como uma anomalia perturbadora (Pinto, 2007: 225), e receosos das variantes concani faladas pelos católicos e da complexa história de interação com os portugueses que essa herança representava, ambos os grupos de líderes reiteraram que o alfabeto latino era um sinal de estrangeirização, pelo que não se podia integrar na ordem oficial das coisas. Os líderes das comunidades católicas, sobretudo os católicos *bahujan*, foram levados a abdicar da sua reivindicação pelo reconhecimento do alfabeto latino, uma vez que ela abriria divisões dentro da fação pró-concani e levaria ao reconhecimento do marati. Foi garantido a estes líderes que o alfabeto latino receberia todo o apoio fora da esfera legal. No entanto, para que a língua pudesse ser reconhecida, a versão oficial reconhecida pela lei teria de ser a do alfabeto devanágari.

[11] Numa carta ao editor do *Navhind Times* (datada de 9 de outubro de 1985), B. H. Pai Angle assinala a presença de cartazes numa *yatra* (marcha) pró-concani onde se lia "Nem Hindi, nem Marati, nem Concani Devanágari, queremos o nosso Bhas". Outros líderes do movimento pró-concani recordam que nas reuniões públicas as multidões reclamavam "*Them Marathi Concani amkam naka hanh*" ("Não queremos esse Concani Marati, está bem?").

O facto de estes argumentos terem sido levados em consideração mostra que até a hierarquia católica reconhecia que a "indianidade" era entendida como tendo apenas raízes numa herança sanscrítica. O que talvez não tivessem previsto foi que este reconhecimento também punha em risco a sua identidade católica e que viria a lançar as bases para uma maior subalternização no futuro.

Contudo, antes de analisar este aspeto gostaria de chamar a atenção para a situação da liderança *saraswat* do movimento pró-concani. Tendo em conta a sua situação socioeconómica e política em Goa, é fácil ver esta casta como pertencendo a um grupo de elite. No entanto, é necessário reconhecer que também ela não sabia ao certo onde se situar dentro da nação indiana. Para estes indivíduos, era essencial que a língua que reivindicavam como sua fosse reconhecida enquanto sanscrítica e dentro dos parâmetros do que tinha sido identificado como nacional. Uma prova de tal insegurança pode encontrar-se na declaração de Pundalik Naik, ex-diretor da Goa Konkani Akademi. Ao discursar nas comemorações do Dia de Reconhecimento do Concani, em 2008, Pundalik Naik afirmou que foi a inclusão do concani no oitavo anexo à Constituição Indiana que "nos" tornou (isto é, aos goeses) cidadãos de pleno direito da República.[12] O que isto implica é que até àquele momento decisivo, em que o governo indiano confirmou o reconhecimento do concani enquanto língua independente, Pundalik Naik e, por extensão, outras pessoas que se identificavam com a língua concani se tinham sentido cidadãos de segunda classe. Na mesma linha, Naik afirmou que tinha desejado ver a sua língua impressa no dinheiro indiano. Disse ter-se sentido feliz no dia em que viu o concani impresso nas notas da rupia.

O que este episódio torna claro é a profunda insegurança sentida por estes ativistas Nagari Concani relativamente à sua aceitação dentro da nação indiana. Esta insegurança também advém da história peculiar de Goa, em que, na última fase da sua presença no território e procurando justificar o seu controlo continuado do mesmo, o Estado Novo português insistia que Goa era completamente diferente do resto da Índia.[13] Segundo esta visão, o povo de Goa era ocidentalizado e lusitanizado, não existindo qualquer continuidade cultural relevante entre os goeses e os outros indianos. Como consequência destas afirmações, Goa era, e ainda é, vista como sendo diferente do resto da Índia. A atestar esta diferença, Raghu Trichur defende

[12] É importante frisar que Pundalik Naik não é um brâmane mas antes um membro de uma casta *bahujan*. Contudo, por se ter associado à liderança da casta dominante do movimento Nagari Concani e se ter casado com uma mulher *saraswat*, pode ser visto como veiculando uma posição brâmane.

[13] Para ilustrar este ponto, vejam-se as afirmações de Leo Lawrence (1963: 20–21).

que foi através "do processo de articulação da 'alteridade' ou do distanciamento cultural de Goa, expresso nas práticas e desempenhos sociais que constituem o turismo nesta região", que este Estado foi verdadeiramente integrado na Índia (Trichur, 2013: 16). Nos casos em que a integração indiana de Goa se baseava na diferença goesa, é possível compreender a ansiedade de um grupo intermédio que procurava introduzir-se nas dinâmicas do poder nacional. Esta preocupação é especialmente relevante para a discussão das escalas de subalternidade porque a ideia da diferença goesa, que foi introduzida pelo governo português e até certo ponto continuada pelo governo indiano pós-colonial, se baseava na diferença entre o colonialismo britânico e o português. Os britânicos viam os portugueses como colonizadores ineficazes, precisamente por se terem miscigenado com os nativos (Santos, 2002: 21-23). Os portugueses, sobretudo durante o Estado Novo, aproveitariam esta crítica e fariam dela a pedra angular da sua afirmação ideológica de diferença ao alegarem que esta miscigenação fazia deles colonizadores melhores e mais eficazes – e quiçá mais afetuosos – do que os britânicos, cuja política colonial assentava na diferença racial. Na minha opinião, foi precisamente o poder destes discursos internacionais sobre a natureza do colonialismo que permitiu que o governo indiano integrasse Goa como diferente.[14] Assim, o governo indiano, ao herdar a visão do colonizador britânico, encarava os goeses como radicalmente diferentes. Estamos mais uma vez perante uma diferença entre colonizadores que tem repercussões consideráveis para todos os grupos envolvidos. É por esta razão que defendo que é necessário repensar a proposta de Guha de agrupar as elites estrangeiras numa categoria única. Esta diferença era inaceitável para grupos que procuravam afirmar o seu caráter sanscrítico e bramânico e integrar as fileiras da elite nacional. Deste modo, o concani tinha de ser integrado na estrutura nacional através da rejeição das características híbridas que o ligavam a uma história dentro do colonialismo português. Além disso, a diferença do colonialismo português tinha de ser negada. Assim, por um lado, os colonizadores portugueses e os britânicos foram fundidos no mesmo molde e, por outro, afirmou-se a "lenda negra" dos portugueses como espoliadores cruéis da cultura local. O primeiro ato criou uma paridade entre as elites goesas e as elites indobritânicas, ao passo que o segundo ato garantiu que as elites goesas passassem a ser vistas como vítimas, em vez de representantes dos interesses económicos europeus (Pearson, 1972), e, consequentemente, merecedora de simpatia nacionalista.

[14] Sobre o poder do discurso internacional na determinação do domínio da cidadania, veja-se Hindess (2000).

Tal como já foi referido, a LLO foi promulgada em 1987, atribuindo ao concani o estatuto de única língua oficial em Goa. Contudo, esta lei também estabelecia que o estatuto de língua oficial era atribuído ao concani escrito no alfabeto devanágari. Além disso, o marati também foi reconhecido na LLO, estando o governo autorizado a usá-lo na sua correspondência oficial. Assim, embora o marati não tivesse recebido o estatuto simbólico de língua oficial, começou na prática a ser oficialmente patrocinado pelo governo. O concani escrito no alfabeto latino não recebeu qualquer reconhecimento oficial nem lhe foi dado qualquer apoio, contrariamente às promessas que tinham sido feitas aos líderes dos *bahujan* católicos antes da promulgação da legislação. O reconhecimento explícito do alfabeto devanágari foi até usado como argumento para negar prémios e apoio público a produções culturais que usassem o alfabeto latino. Além disso, o antruzi, uma versão do concani associada à casta *saraswat*, era agora privilegiado enquanto forma falada desta língua, em detrimento de formas usadas por outras castas hindus e católicas. Como facilmente se verá, esta exclusão abriu o caminho para a subalternização de práticas culturais identificadas como católicas.

O próximo ponto decisivo nesta narrativa é o período marcado pela controvérsia do "Meio de Instrução" (MdI). A controvérsia do MdI, que durou de 1990 a 1991, assinala um ponto importante em que, na sequência dos ganhos alcançados no final da convulsão linguística, se implantou firmemente a hegemonia do vernáculo (tanto do concani como do marati) sobre os elementos considerados estrangeiros. Como o próprio nome indica, a controvérsia centrou-se na questão do meio, ou língua, através do qual o ensino deveria ser ministrado aos alunos das escolas primárias financiadas pelo Estado. Depois da integração do território de Goa na nação indiana, a Igreja Católica tinha estado na linha da frente do ensino, abrindo escolas em muitas paróquias, onde o inglês era o meio de instrução. Após uma série de incidentes,[15] o governo estadual impôs em 1990 uma norma que determinava a atribuição de financiamento a todas as escolas primárias desde que o ensino fosse ministrado na língua regional. Deste modo, as escolas onde o inglês era usado como meio de instrução, na sua maioria administradas pela Arquidiocese de Goa, teriam de adotar o marati ou o concani como meio de instrução, sob pena de não receberem ajuda governamental. A falta deste apoio implicaria que estas escolas teriam de cobrar propinas para suportar os seus custos, o que seria incomportável para os setores subalternos da sociedade que frequentavam estas instituições.

[15] Para uma visão geral da controvérsia, veja-se Noronha (1999).

Esta decisão enfrentou a resistência da arquidiocese e de vários segmentos da população. A decisão do governo estadual foi recebida com ruidosas manifestações de massas. Contudo, o governo manteve-se firme e o movimento acabou por definhar após a arquidiocese decidir adotar o concani como meio de instrução. Tendo em conta a identificação dos católicos com o concani, esta situação fez com que grandes grupos de católicos goeses fossem forçados a receber educação na língua oficialmente aprovada (o concani), estando agora o ensino público em língua inglesa apenas disponível após a educação primária, ou através de escolas privadas que usassem o inglês como língua de ensino.

É possível retirar um conjunto de lições deste incidente. Em primeiro lugar, a forma como os grupos "pró-concani" e "pró-marati" se uniram para garantir o sucesso da decisão do governo mostra como só uma língua vernácula indiana podia ser vista como representativa da "indianidade". Se o marati tinha sido em tempos uma ferramenta das massas subalternas, ele tinha-se agora tornado cúmplice da repressão dos *bahujan* católicos que tinham exigido ruidosamente o direito ao ensino em inglês. Contudo, os *bahujan* hindus também não saíram beneficiados. A controvérsia em torno do meio de instrução surgiu numa altura em que as matrículas nas escolas primárias que adotavam o marati estavam a diminuir ao ritmo de mais de 2000 crianças por ano (Botelho, 2011: 11). Isto significava que o marati era agora a única opção economicamente viável para estas escolas educarem os seus alunos. Deste modo, na prática, o fim do apoio governamental ao ensino primário em língua inglesa está muito relacionado com a tentativa protagonizada pelas elites dentro do Estado de fixar os grupos subalternos em locais que acabam por restringir a sua mobilidade social e económica. Ainda assim, o reconhecimento simbólico do marati foi decisivo para um grupo que tinha afirmado o seu direito a definir as políticas de Goa. Daí em diante, só os hindus poderiam ser vistos como a verdadeira encarnação da identidade goesa, ao passo que os católicos, sobretudo os *bahujan*, seriam marcados como intrusos dentro da sociedade civil do Estado de Goa por se recusarem a seguir os padrões do nacionalismo indiano.

Porém, a lição mais importante a retirar é de que a aparente contradição nas ações dos *bahujan* católicos revela a sua posição subalterna. A oposição a um ensino em concani foi organizada pelos mesmos grupos que tinham lutado ruidosamente para garantir que Goa não fosse incorporada no Estado de Maharashtra e que o concani fosse reconhecido como a única língua oficial de Goa. O modo mais convincente de explicar esta contradição é sugerir que o concani nunca foi efetivamente uma verdadeira preocupação dos *bahujan* católicos. Na verdade, as suas ações tinham sido motivadas por outros receios. Contudo, como as linhas de mobilidade social estavam localizadas noutro lugar – no discurso dos grupos das castas dominantes que afirmavam uma herança bramânica ou estritamente delimitadas nas culturas indianas enquanto única base de ação aceitável – e o facto de o secularismo indiano não valorizar a discussão de questões no âmbito das diferenças religiosas não-hindus, o concani era a única forma através da qual podiam expressar as suas preocupações. O que é trágico – e é isto que marca os católicos *bahujan* enquanto subalternos abjetos na Goa pós-colonial – é que, embora tivessem articulado as suas preocupações usando o concani, as suas ações foram usadas em benefício de grupos que consolidaram as suas posições seguindo linhas hegemónicas.

Recentemente, voltou a ser expressa a reivindicação para que os apoios ao ensino sejam concedidos a todas as escolas primárias, independentemente do meio de instrução utilizado. Ao mesmo tempo, tem-se assistido também à reivindicação para que o concani escrito no alfabeto latino seja reconhecido como uma das línguas oficiais do Estado e para que o apoio estadual seja alargado às produções culturais e literárias que usem este alfabeto. Algumas das respostas a estas reivindicações têm afirmado que esta é uma exigência exclusivamente católica e que estas reivindicações são antinacionais ou que os católicos são cidadãos desnacionalizados. Estas afirmações evidenciam o modo como os católicos, sobretudo os *bahujan*, para quem estas reivindicações são decisivas, representam o subalterno abjeto no Estado de Goa. Quando refiro este grupo como sendo o subalterno abjeto, não pretendo sugerir que estes indivíduos são os únicos subalternos em Goa. Pretendo simplesmente indicar o seu caráter abjeto quando comparados com outros grupos subalternos. Não há dúvida de que os *bahujan* hindus são também figuras subalternas. Contudo, na medida em que a identidade goesa e indiana é vista como hindu, eles conseguem ter uma maior participação na narrativa nacional do que os católicos *bahujan*. Existe também a figura do católico da casta dominante que, apesar de não ser hindu, consegue participar na política local e na narrativa nacional através da articulação das histórias da casta dominante e da memória da perda da sua cultura de nascimento. Em virtude da sua longa história de domínio, seria difícil sugerir que a sua identidade religiosa os coloca abaixo dos *bahujan* hindus. Esta não é de todo a minha intenção ao desenvolver a ideia de escalas de subalternidade. O que pretendo é simplesmente chamar a atenção para o modo como vários grupos não-dominantes se relacionam com o poder ou são incapazes de se mobilizar devido à impossibilidade de expressarem os seus problemas numa língua que valorize a sua causa.

Embora o hindu *saraswat* seja social, económica e politicamente dominante na Goa contemporânea, é necessário reconhecer que o espezinhamento dos ativistas católicos *bahujan* não é motivado apenas pelo desejo de manutenção da hegemonia interna por parte dos hindus *saraswat*. Procurei demonstrar que as suas ações são também motivadas por um desejo de participar na narrativa nacional, a qual privilegia uma conceção estreita da autenticidade indígena ou nativista. Deste modo, as reivindicações dos *bahujan* católicos e as realidades do concani terão de ser reprimidas se os grupos hindus em Goa quiserem garantir o seu lugar entre a elite nacional. Por fim, uma boa parte desta política é também o resultado de uma diferença entre as práticas coloniais portuguesas e britânicas, da visão depreciativa dos britânicos face aos métodos coloniais portugueses e ainda do facto de as normas que dominam o nosso mundo pós-colonial terem as suas raízes nas práticas coloniais britânicas.

Conclusão

A proposta para equacionar a existência de uma cadeia ou teia de subalternidades tem encontrado resistências. Fazendo referência ao argumento de Bastos, Parag Parobo (2015: 6-7) alega que esta medida, embora procure introduzir complexidade, exerce uma dose considerável de violência epistémica sobre a ideia de subalterno e, paradoxalmente, acaba por destruí-la. Salienta ainda que esta destruição é feita através de uma elisão da ênfase no abjeto, favorecendo as elites históricas, agora vistas como elites subalternas. "Assim, embora as elites subalternas recebam atenção dentro das 'cadeias de subalternidade', nega-se o subalterno, paradoxalmente, em nome do próprio subalterno" (Parobo, 2015: 7).[16]

Embora sem negar que essas oclusões do abjeto são bem possíveis através da linguagem da subalternidade, defendo que ainda é útil considerar a existência de uma escala de subalternidades. Como procurei demonstrar, uma análise de escalas e teias permite-nos demonstrar os processos através dos quais o abjeto é criado e mantido numa posição subalterna. Concentrar o foco no modo como os grupos intermédios procuram subir a escala social,

[16] É interessante verificar que, embora Parobo privilegie uma localização *bahujan* para o seu trabalho historiográfico sobre a primeira década da Goa pós-colonial, o seu trabalho oculta em grande medida a presença dos católicos *bahujan*, os quais frequentemente desaparecem sob a rubrica de "católicos". É claro que esta oclusão apenas reforça o meu argumento sobre a natureza abjeta dos católicos *bahujan*, sublinhando a necessidade de se estar consciente da existência de escalas de subalternidade.

mesmo que as suas ações marginalizem ainda mais os grupos situados mais abaixo nesta hierarquia, também tem a vantagem de permitir abandonar a obsessão pela resistência e pela criação de utopias de reconhecimento da negociação. É a negociação com o poder, motivada por um desejo de subir na escala e de alargar o poder, que permite a opressão de grupos situados mais abaixo na escala de subalternidades.

Referências bibliográficas

Bastos, Cristiana (2001), "Doctors for the Empire: The medical school of Goa and its narratives", *Identities*, 8(4), 517-548. DOI: <https://doi.org/10.1080/1070289X.2001.9962707>.

Bastos, Cristiana (2005), "Race, medicine and the late Portuguese Empire: The role of Goan colonial physicians", *Journal of Romance Studies*, 5(1), 23-35. DOI: <https://doi.org/10.3167/147335305780953700>.

Bastos, Cristiana (2007), "Subaltern elites and beyond: Why Goa matters for theory", *in* Charles J. Borges, S. J. e M. N. Pearson (orgs.), *Metahistory: History questioning history, Festschrift in honour of Teotónio R. de Souza*. Lisboa: Nova Vega, 129-144.

Beverly, John (2001), "The im/possibility of politics: Subalternity, modernity, hegemony", *in* Illeana Rodriguez (org.), *The Latin American Subaltern Studies Reader*. Durham, NC: Duke University Press, 47-63.

Botelho, Afonso Manuel (2011), *Language and Early Schooling in Goa*. Pangim, Goa: Directorate of Official Language, Government of Goa.

Cabral, Ricardo (2013), *Primary education in Portuguese Goa: A historical perspective*. Nova Deli: Concept Publishing.

Chandra, Uday (2015), "Rethinking subaltern resistance", *Journal of Contemporary Asia*, 45(4), 563-573. DOI: <https://doi.org/10.1080/00472336.2015.1048415>.

Conlon, Frank F. (1974), "Caste by association: The Gauda Sarasvata Brahmana Unification Movement", *The Journal of Asian Studies*, 33(3), 351-365. DOI: <https://doi.org/10.2307/2052936>.

Conlon, Frank F. (1977), *A caste in a changing world: The Chitrapur Saraswat Brahmans, 1700-1935*. Berkeley, CA: University of California Press.

Cunha, José Gerson (1881), *The Konkani language and literature*. Mumbai: For the Bombay Gazeteer.

Curto, Diogo Ramada (1997), "Representations of Goa: Descriptions and Travel Accounts", *in* Rosa Maria Perez, Susana Sardo e Joaquim Pais de Brito (orgs.), *Stories of Goa*. Lisboa: Museu Nacional de Etnologia, 45-85.

Esteves, Sarto (1986), *Politics and political leadership in Goa*. Nova Deli: Sterling Publishers.

Gomes, Olivinho J. F. (2010), *Konkani literature in Roman script – A brief history*. Pangim: Dalgado Konknni Akademi.

Guha, Ranajit (2000), "On some aspects of the historiography of colonial India", *in* Vinayak Chaturvedi (org.), *Mapping subaltern studies and the postcolonial*. Londres: Verso.

Henn, Alexander (2014), *Hindu-Catholic encounters in Goa: Religion, colonialism, and modernity*. Bloomington, IN: Indiana University Press.

Hindess, Barry (2000), "Citizenship in the international management of populations", *American Behavioral Scientist*, 43(9), 1486-1497. DOI: <https://doi.org/10.1177/00027640021956008>.

Jaffrelot, Christophe (2005), *Dr. Ambedkar and untouchability*. Deli: Permanent Black.

Kamal, Jyotsna (1986), "I Will Remain a Labourer", *Economic and Political Weekly*, 21(14), 569.

Lawrence, Leo (1963), *Nehru seizes Goa*. Nova Iorque: Pageant Press.

McClintock, Anne (1991), "'No Longer in a Future Heaven': Women and Nationalism in South Africa", *Transition*, 51, 104-123. DOI: <https://doi.org/10.2307/2935081>.

Mitchell, Lisa (2010), *Language, Emotion, Politics in South India: The Making of a Mother Tongue*. Ranikhet: Permanent Black.

Moraes, George Mark (1964), "Dr. José Gerson Da Cunha 1844-1900", *Journal of the Asiatic Society of Bombay*, 39-40, 1-50.

Nair, Janaki (2011), "The 'Composite' State and Its 'Nation': Karnataka's Reunification Revisited", *Economic and Political Weekly*, 46(47), 52-62. JSTOR: <https://www.jstor.org/stable/41720523?seq=1#page_scan_tab_contents>.

Narayan, Rajan; Sharon D'Cruz (2011), *Triumph of secularism: Battle of the opinion poll in Goa*. Vasco da Gama, Goa: Goa Publications.

Naregal, Veena (2001), *Language, politics, elites and the public sphere*. Deli: Permanent Black.

Noronha, Frederick (1999), "Of forked tongues and the mother tongue: Language in Goan politics", *in* Norman Dantas (org.) *The Transforming of Goa*. Mapuçá, Goa: The Other India Press, 43-52.

O'Hanlon, Rosalind; Minkowski, Christopher (2008), "What makes people who they are? Pandit networks and the problem of livelihoods in early modern Western India", *The Indian Economic & Social History Review*, 45(3), 381-416. DOI: <https://doi.org/10.1177/001946460804500303>.

Parobo, Parag D. (2015), *India's first democratic revolution: Dayanand Bandodkar and the rise of Bahujan in Goa*. Nova Deli: Orient Blackswan.

Pearson, M. N. 1972, "Indigenous Domination in a Colonial Economy: The Goa Rendas, 1600-70", *Mare Luso Indicum*, II, 61-73.

Pereira, José (1992), *Literary Konkani: A brief history*. Pangim: Goa Konkani Akademi [2.ª ed.].

Pinto, Rochelle (2007), *Between Empires: Print and Politics in Goa*. Nova Deli: Oxford University Press. DOI: <https://doi.org/10.1093/acprof:oso/9780195690477.001.0001>.

Rai, Alok (2001), *Hindi nationalism*. Nova Deli: Orient Longman.

Rege, Sharmila (2013), "The 'madness of Manu': Unpacking the riddle of graded violence against women", *in* Sharmila Rege (org.), *Against the madness of Manu: B.R.Ambedkar's writings on Brahmanical patriarchy*. Nova Deli: Navayana Publishing, 137-152.

Santos, Boaventura de Sousa (2002), "Between Prospero and Caliban: Colonialism, postcolonialism, and inter-identity", *Luso-Brazilian Review*, 39(2), 9-43. JSTOR: <http://www.jstor.org/stable/3513784>.

SarDessai, ManoharRai (2000), *A history of Konkani literature*. Nova Deli: Sahitya Akademi.

Souza, Teotonio R. de (1996), "Introduction", in *Goa and the Revolt of 1787*, 9-17. XCHR Studies Series 6. Nova Deli: Concept Publishing Company.

Spivak, Gayatri Chakravorthy (2005), "Scattered speculations on the subaltern and the popular", *Postcolonial Studies*, 8(4), 475-486. DOI: <https://doi.org/10.1080/13688790500375132>.

Trichur, Raghuraman S (2013), *Refiguring Goa: From trading post to tourism destination*. Saligão, Goa: Goa 1556.

Xavier, Ângela Barreto (2008), *A invenção de Goa: Poder imperial e conversões culturais nos séculos XVI e XVII*. Lisboa: Imprensa de Ciências Sociais.

Xavier, Ângela Barreto; Županov, Ines G. (2015), *Catholic orientalism. Portuguese empire, Indian knowledge (16th–18th centuries)*. Nova Deli: Oxford University Press.

CAPÍTULO 9

A representação da lei, da reforma e da violência sexual: notas sobre os protestos de Deli em 2012 e 2013*

Pratiksha Baxi

Introdução

Em 2012 e 2013, tiveram lugar protestos inéditos e prolongados na sequência de um crime brutal em Deli: a violação em grupo e consequente morte de uma mulher de 23 anos num autocarro, em 16 de dezembro de 2012. Estes protestos transformaram o panorama discursivo e jurídico, apontando para a necessidade de se fazer justiça àqueles que expunham o segredo público da violação. Segundo Taussig, um segredo público é "o que é geralmente conhecido, mas que não pode ser expressado" (1999: 6). No entanto, o segredo público é objeto de particular exposição em julgamentos por violação na Índia, o que, em vez de trazer justiça a quem sobrevive à violação, envolve e reforça noções falocêntricas de "justiça" profundamente enraizadas (P. Baxi, 2014). Neste capítulo, destacarei momentos, alianças e diálogos específicos que tiveram lugar durante os protestos de 2012 e 2013, com o intuito de descrever a ténue relação entre a propaganda, o segredo público e a lei. Sublinho que a crítica do feminismo à lei não se limita a combater a astúcia da reforma legislativa. Esta descrição parcial dos protestos construída em torno do relato a diferentes vozes e tempos oferece uma leitura particular sobre o modo como a emotividade dos vários públicos foi construída, os desejos carcerários despertados e a violência da lei preservada nos diálogos falocêntricos entre o Estado masculino e os seus súbditos. Ao mesmo tempo, neste capítulo aborda-se o modo como as intervenções feministas interromperam diferentes tipos de diálogo falocêntrico, encenados e realizados

* Tradução de Sara Reis.

em múltiplos locais de protesto e reforma, e em férteis modalidades de testemunho e depoimento. Por último, a insatisfação, a reflexividade e as improvisações dentro da política feminista pintam um retrato complexo da inter-relação das feministas com a lei.

Narrativas de pânico e diferença

Quando os pormenores da brutalidade chegaram aos meios de comunicação, parecia que o limite de tolerância para a violência sexual colapsara. Uma terrível violação em grupo, a mutilação de partes do corpo e uma humilhação sexual intolerável ocorridas na capital nacional, algo que não podia continuar confinado às "zonas de emergência" inscritas nos corpos dos dalit ou de minorias tribais, religiosas ou sexuais, num sítio qualquer onde não doesse. A consciência de que esta "exceção" estava entranhada na cidade produziu uma circulação e manifestação de comoção pública jamais vistas. À medida que o mundo consumia imagens espetacularizadas dos protestos (Roychowdhury, 2013; Belair-Gagnon, Mishra e Colin, 2014), os meios de comunicação ocidentais "isolavam e distinguiam a Índia como um antro de violência sexual, exacerbando as estruturas de poder hierárquicas globais" (Durham, 2015: 185). Estas representações globais mantiveram-se desligadas das histórias dos protestos contra as violações no âmbito dos movimentos feministas e *queer* na Índia. O transe da obsessão global com os protestos em massa que se desenrolaram em Deli durante o inverno de 2012/2013 tinha criado um desejo global de "compreender" a cultura da violação na Índia e de pensar na melhor forma de a transformar (U. Baxi, 2012; Dutta e Sircar, 2013; Sen, 2013; Lodhia, 2015).

Este período foi marcado por um número elevado de visualizações de artigos escritos por estudiosos e ativistas sobre a violação, pela busca frenética de especialistas que discorressem com autoridade sobre a lei da violação e as insatisfações que gerava, por um entusiasmo visível com a participação nos protestos e pela necessidade de conhecimento especializado nacional e internacional que permitisse a compreensão da "cultura de violação" na Índia. Porém, a intensificação da circulação de investigação sobre violência sexual nem sempre foi acompanhada pela exigência de uma reflexão feminista sobre a violência sexual como resposta à crise do direito e da governação. A reforma legislativa também criou novos objetos de criminalização, censura e regulamentação que exigiam investigação. A violação tornou-se objeto de investigação para que se pudessem "compreender" mentalidades, características, culturas, comportamentos judiciais e estatísticas criminais (Verma, Seth e Subramanium, 2013).

A publicidade global ao caso remeteu para uma retórica nacionalista que condenava a má imagem que estava a ser dada do país a nível internacional (Misri, 2014). Os políticos indianos reagiram culpabilizando os média, as feministas e os protestos por sensacionalizarem a violação e causarem um problema de má imagem a uma economia em processo de globalização. Os protestos de Deli tornaram-se também um recurso poderoso para um certo tipo de política sexual racializada. Num dos protestos em que participei, um repórter branco abordou assim uma manifestante: "Estamos a filmar mulheres indianas de todos os tipos. A senhora parece moderna. Poderia dizer, por favor, 'sou filha da Índia'?". Imperturbável pela sua recusa enfurecida, o repórter acabou por encontrar outra pessoa disposta a papaguear aquela deixa em frente à câmara. Afirmar-se que a violência sexual é uma categoria marcada no contexto das "outras culturas" e uma categoria não marcada no Ocidente não é visto como violência cultural (Kapur, 2005; Basu, 2011). As técnicas de alterização – sejam estas relativas a culturas, civilizações ou nações – consideram a violação uma "característica" definidora do outro inferior (Shalhoub-Kevorkian, 1999, 2009).

À medida que o protesto contra a violência sexual encontrava novas formas de exposição, a crítica feminista da violência sexual foi simultaneamente integrada na criação do que Kapur (2013) caracteriza como "regime de segurança sexual". As feministas têm debatido desde então se este momento marcou ou não o surgimento do "feminismo de governação", do "feminismo carcerário" ou do "aparelho de segurança sexual"; ou se excluiu as vozes dos dalit ou das minorias sexuais (Halley *et al.*, 2006; Bernstein, 2007; Xalxo, 2012; Kapur, 2013; Teltumbde, 2013; Agnes, 2015; Misri, 2014). Embora tivesse havido debates sobre a política de localização das feministas de Harvard, que se consideravam especialistas,[1] houve também fortes contestações no seio dos movimentos feministas e *queer* relativamente à melhor forma de reformar a lei da violação (Puri, 2011; Menon, 2014).

A cultura de silêncio e silenciamento deparou-se com um desafio tão radical que as reações sexistas à violação foram visceralmente contestadas, criando as condições que permitiram às sobreviventes de violações dar um testemunho público das suas experiências. Todavia, a crítica mais feroz à

[1] "Dear Sisters (and brothers?) at Harvard" [Caras Irmãs (e irmãos?) de Harvard], carta das feministas indianas Vrinda Grover, Mary E. John, Kavita Panjabi, Shilpa Phadke, Shweta Vachani, Urvashi Butalia e outras às suas irmãs de Harvard, *Kafila*, 20 de fevereiro de 2013. Disponível em: <https://kafila.online/2013/02/20/dear-sisters-and-brothers-at-harvard>.

reorganização do segredo público veio de feministas dalit e de grupos que defendiam que esta exposição pública continuava a relegar a violência sexual sobre as mulheres dalit para lugares de excecionalismo sexual. A discussão sobre a neutralidade de género assinalava os segredos públicos de violação de homens adultos e de minorias sexuais, sublinhando a necessidade de se ultrapassar a tão problemática dicotomia inerente às categorias de "homem" e "mulher".

Os protestos antiviolação por todo o mundo são muitas vezes ajustados a "moldes" políticos consolidados que reconhecem certos tipos de violência sexual e silenciam outras vozes. Por exemplo, Srila Roy (2012) afirma que o movimento revolucionário Naxalbari, em Bengala, politizou a violação como marca da repressão do Estado, embora não construísse a violação no seio desse movimento enquanto produto da sua própria cultura política militarizada. O enquadramento e memorialização da violência insurrecional ou revolucionária na cultura popular apaga os registos da violência sexual perpetrada por aqueles que são celebrados como "libertadores" ou "heróis" das lutas armadas (Mark, 2005; S. Roy, 2012).

Os partidos políticos de direita reagiram à violência sexual exigindo a pena de morte – já que a violação é vista como sendo pior do que a morte – e policiando a sexualidade ou enquadrando a violação no âmbito da ideologia de honra do Estado-nação hindu. O segredo público é usado para normalizar a tolerância a formas específicas de violência sexual contra certos tipos de mulheres, enquanto a violação é condenada como se fosse sempre terrível, independentemente da posição de submissão da vítima sobrevivente. Este tipo de política gera um clima de terror que usa a violação para produzir pânico moral. Este pânico moral dá origem às mentalidades de linchamento e à repressão e censura sexual que alimentam e catalisam a fantasia machista do Estado-nação hindu.

Identificação e falso reconhecimento

Os protestos de Deli em 2012 e 2013 atingiram diversos tipos de público: vingativo, reformador e pornográfico. Da mesma forma, também tornaram visíveis diferentes tipos de corpos masculinos: vorazes, castradores, violados e castrados. Pela primeira vez, muitos amigos progressistas do sexo masculino expressaram a dor que sentiam pelo sucedido. Marcharam contra a violência sexual, escreveram sobre afetos e sobre a vida, e falaram publicamente sobre o que significava ser homem. O caso da violação em grupo de Deli afetou muitos amigos, professores e colegas *progressistas* do sexo masculino. Ainda assim, estes mesmos homens não marcharam connosco nos protestos organizados por nós contra a violência sexual. A complexa história de identificação e falso reconhecimento que se seguiu apresenta muitos desafios.

Afirmou-se ter sido criada uma identificação com a vítima e o seu amigo, Awindra Pandey. Parecia chocante que tamanha violência se tivesse seguido a um ato rotineiro tão comum como ir ao cinema e apanhar um transporte público ao final do dia. Houve uma articulação de um sentido coletivo de choque em relação a uma violação em grupo tão terrível; a mutilação de partes do corpo e a humilhação sexual intolerável em espaços públicos deixaram de permanecer confinadas às zonas de emergência inscritas nos corpos dos dalit e de minorias tribais, religiosas ou sexuais. Dutta e Sircar perguntaram-se se

> este sentimento de luto e revolta coletivos teria surgido do mesmo modo se ela tivesse sido torturada e morta de outra forma e sem ser penetrada pelo pénis; ou seja, se o incidente teria sido igualmente terrível se a violência não tivesse sido de natureza sexual. Esta revolta assinala a primazia constante da violência sexual em geral, e da penetração do pénis na vagina em particular, como a forma máxima de violação. (Dutta e Sircar, 2013: 300)

O luto e a revolta coletivos foram influenciados por questões de género. Porém, segundo Rahul Roy (2012), o caso da violação em grupo de Deli não assinalou uma "crise de masculinidade", como alguns defendiam,[2] "mas apresentou um espetáculo condicente com a própria natureza da masculinidade". Nas suas palavras:

> A violação é a memorialização do que pode ser alcançado através da prática da masculinidade. A incapacidade de o falo corresponder às suas capacidades míticas requer, portanto, o uso de substitutos fálicos – instrumentos metálicos mais duros que sejam mais capazes de realizar proezas que essa masculinidade obriga os homens a conseguir através do seu falo. O uso de barras de metal, de armas enfiadas em bocas, de pedras introduzidas no reto e de facas utilizadas para escavar a pele tem sido erroneamente analisado enquanto resultado de uma crise de masculinidade. Esse uso faz parte da natureza da masculinidade. (R. Roy, 2012)

A opinião pública relegou a masculinidade voraz para o corpo da classe trabalhadora, confinada aos estados de espírito e à degeneração dos corpos que habitam determinadas geografias de pobreza e criminalidade.

[2] Ver Ratna Kapur (2012). Para aceder a uma discussão sobre o assunto, consultar <http://www.jgu.edu.in/sites/default/files/article/policing.pdf>.

Como se esta transação de violência nunca tivesse ocorrido entre homens, ou nunca tivesse sido sobre o que significa usar a violência sexual para "dar uma lição". Segundo Mehta, a "violência pública oferece um dos registos mais poderosos da intimidade entre amigos do sexo masculino – de tal modo que proíbe a democratização do corpo social" (2013: 4).

Isto explica o silêncio em torno das experiências de Awindra Pandey, o amigo da vítima, para lá do seu relato como testemunha ocular, de especulações sobre a natureza da sua amizade com a vítima ou do seu papel como testemunha no julgamento que entretanto se tinha iniciado. Roychowdhury afirma que isto

> ilustra a resiliência e o apelo constantes dos "homens brancos que salvam as mulheres de raça escura dos homens dessa raça", nas palavras de Gayatri Chakravorty Spivak. A teoria de Spivak vem esclarecer a razão pela qual Awindra Pandey, amigo da vítima – Jyoti Pandey – desapareceu das páginas dos média internacionais, enquanto Jyoti e os seus atacantes ocuparam um lugar de destaque na discussão. Os comentadores pareciam esquecer-se de que Awindra seguia no mesmo autocarro e também foi agredido, despido e despejado à beira da estrada. Em primeiro lugar, Awindra desapareceu porque o seu corpo se situava fora do âmbito da assistência internacional: os homens brancos não se dedicam ao salvamento de homens de raça escura de outros homens dessa raça. Também teve de desaparecer porque os homens de raça escura não são geralmente vistos como aliados das mulheres de raça escura. Alguns atos específicos de violência continuam a tornar-se causas internacionais porque apontam a inferioridade de culturas não-ocidentais. (Roychowdhury, 2013: 284)

Se desviarmos a atenção das obsessões previsíveis dos média internacionais, a experiência de violência de Awindra Pandey também permaneceu silenciosa entre os homens. Apesar de Awindra também ter sido agredido e despido, a sua experiência não foi incluída na reflexão sobre a violência sexual e a insatisfação com o discurso sobre a reforma da lei da violação.

Na página de Facebook de Awindra[3] havia publicações de solidariedade que, na sua maioria, o caracterizavam como símbolo de amizade e expressavam admiração pela sua lealdade ao ter permanecido junto da amiga moribunda para tentar salvá-la. Havia outros comentários reveladores que o acusavam de ser um "falhado" por não ter sido capaz de proteger a "sua"

[3] Em <https://www.facebook.com/AwindraPandey>, última consulta em 16 de novembro de 2014.

mulher. A questão da classe também desempenhou um papel importante, como se pode ler na seguinte publicação na página de Facebook criada em nome da vítima, Jyoti Singh Pandey:

> Foi uma pena, mas se ela tivesse escolhido outro tipo, como eu, com carro e mota para a ir buscar e levar, isso não lhe teria acontecido, mas em vez disso escolheu sair com aquele tipo que nem tem carro, bicicleta ou *scooter* e a leva a sair de autocarro, LOL !! :D.[4]

Outros comentários foram mais ofensivos[5] e criaram estigmas ao chamarem-no de emasculado, *Chka*, *hijra* e *na-mard* – categorias desprezadas por "verdadeiros" homens.

O discurso dos média sugeria que Awindra, assombrado pelo que acontecera, terá sentido a necessidade de frisar que tinha feito o possível para salvar a amiga, que lutou contra os agressores no autocarro e impediu que fosse atropelada.[6] A ideia da sua culpa ao sobreviver para contar algo que poderia perfeitamente ter sido evitado foi reforçada pelos média. O seu trauma enquanto sobrevivente e testemunha de um crime foi usado por um público agitado e com sede de vingança para arrancar dele a defesa da pena de morte. Além disso, a estrutura do julgamento estabeleceu a forma como a sua história foi contada pelos média. Foi significativo que o facto de ele ter sido despido não tivesse sido interpretado como uma forma de humilhação sexual; nem o facto de ter testemunhado tamanha violência sexual foi considerado traumático. Awindra foi também vítima de uma pedagogia da violência, codificada na violenta expressão "dar uma lição". Ainda assim, esta experiência de humilhação sexual permaneceu em segredo público.

Os vários lugares da vingança

As feministas que se opunham à pena de morte também não conseguiram incluir Awindra nas suas políticas contra a vingança masculina. Durante os protestos, houve muitos discursos e publicações contra o surgimento de um público vingativo, cuja exigência pela pena de morte

4 Em <https://www.facebook.com/msjyotisinghpandey>, publicado a 29 de setembro, às 21h30 e consultado a 16.11.2014.

5 Em <https://www.facebook.com/AwindraPandey>, última consulta a 16.11.2014.

6 Em <http://www.spiegel.de/international/world/exploring-the-lives-of-the-rape-victim-and-suspects-in-india-a-879187-2.html>, publicado em 25 de janeiro de 2013 e consultado a 16 de novembro de 2014. Também nunca se soube que região ou casta contribuiu para a reação pública à violência (ver também DUTTA e SIRKAR, 2013).

ou castração se tornara o vocabulário de protesto mais ruidosamente transmitido pelas cadeias noticiosas. A câmara assumia um papel de substituto falocêntrico, procurando restaurar o elo quebrado entre um Estado masculino e os seus súbditos masculinos – a violência do Estado tinha de ser garantida para vingar os sujeitos do sexo masculino (leia-se: indivíduos de casta superior, classe média e socialmente ascendentes), incapazes de proteger as "suas" mulheres.

Os protestos espontâneos centraram-se na ideia de retaliação. Kavita Krishnan (2014) recorda o seguinte a propósito do público vingativo:

> A primeira coisa que fizemos foi tentar encontrar um lema com o qual se identificassem as pessoas que não partilhavam da obsessão com a pena de morte.
>
> Isto porque reparámos que, além de muitos milhares de pessoas com cartazes que defendiam a pena de morte, havia também muitos outros milhares de manifestantes que se insurgiam pela primeira vez – sem terem qualquer conhecimento sobre o movimento das mulheres ou o movimento de esquerda – que seguravam cartazes contra a culpabilização das vítimas.
>
> Esses cartazes diziam: "Não digam às mulheres o que devem vestir, digam aos homens para não violar".
>
> Havia cartazes e pósteres persuasivos e furiosos, incluindo de homens. Vimos um rapaz a fazer um cartaz onde se podia ler: "Nós, homens, podemos usar camisas para exibir os nossos bíceps e ninguém nos vai dizer que corremos o risco de ser violados". (Krishnan, 2014)

Neste sentido, houve muitos tipos de protestos relativos a um só evento.

Parecia ter sido criado um espaço discursivo para os homens reagirem à violência sexual através da confissão, da culpa, da raiva e do prazer. Cada uma destas reações implica formas distintas de identificação e falso reconhecimento. Os homens que reagiram através da confissão reconheceram publicamente terem dúvidas perturbadoras sobre se todos os atos sexuais perpetrados ao longo da vida de um homem têm o consentimento total da outra pessoa. Aqueles que reagiram através da culpa afirmaram ser cúmplices, admitindo terem testemunhado atos de violência sexual ou assédio sem terem feito nada em relação a eles. A reação através da raiva foi dirigida aos acusados da violação pela maneira como o segredo público da mesma foi exposto. A reação através do prazer manifestou-se na formação de um público pornográfico, cujas conversas quotidianas sobre violação se tornaram fonte de prazer.

Passemos agora às discussões exaltadas nos média sobre uma denúncia de abuso sexual contra uma conhecida jornalista – um caso em que a lei da violência sexual, recentemente alterada, foi aplicada. Constatando a "ferocidade" da crítica ao assédio sexual que se seguiu a este caso, Rahul Roy afirmou que os debates mediáticos não provavam uma "tolerância zero à violência sexual e ao assédio a mulheres" (2013). Pelo contrário, "os homens parecem ter certo prazer ao criticar e injuriar" o jornalista acusado (R. Roy, 2013[7]). Com efeito, os comentários dão a entender que os homens usaram este caso para aprender a procurar o prazer e empregaram expressões de raiva profundamente personalizadas, dirigidas ao acusado. O que terá então impulsionado os homens a protestar tão ferozmente ou a identificar-se instantaneamente com o acusado? Sobre esta questão, Roy aventura-se numa explicação:

> Será que, de uma forma curiosa, o caso Tehelka está a tornar-se um espelho para muitos homens e o reflexo que estes veem é tão assustador, próximo e familiar que esta raiva é uma tentativa desesperada de se exorcizarem do fantasma de Tarun Tejpal? Este último é o gémeo que deve ser punido por se ter revelado através do espelho fendido. (R. Roy, 2013)

Por oposição, durante os protestos de Deli, segundo Mehta, o violador era concebido como "um tipo de homem, um corpo, um historial, uma forma de vida quase extraterrestre" (2013: 4). A construção do violador como uma forma de vida extraterrestre – um processo refletido no discurso jurídico que estereotipa os violadores como monstros patológicos – inspirou os homens que reclamam o monopólio da sua atividade jurídica através das Ordens de Advogados masculinas. Várias Ordens de Advogados (as de Saket Bar e Deli, em particular)[8] decidiram boicotar a defesa dos acusados de violação, chegando a ameaçar os advogados que decidissem representá-los. O boicote tornou-se parte da lógica da vingança; no entanto, quando executado por advogados – principalmente do sexo masculino –, esvaziava a lei do seu significado constitucional. Se, por um lado, não havia qualquer prova de que os advogados do sexo masculino tivessem colocado algum desafio feminista à Ordem dos Advogados – a quem apresentámos uma petição na sequência dos protestos de Deli – por outro, os advogados

[7] Ver também Menon (2014).

[8] Consultar <http://www.hindustantimes.com/india/lawyers-boycott-can-help-accused/story-ewO6mUiXO4QiX5t1iTykhK.html>.

procuraram encenar uma paródia do julgamento para o acusado de violação, simulando um boicote sob os holofotes dos média. O boicote tornou-se a única técnica para infligir terror, desviando a atenção do modo como os advogados geriam e construíam os segredos públicos dos julgamentos por violação (P. Baxi, 2014). O terror, a exposição e a vingança gerados pelo boicote intensificaram a concretização da violência que se seguiu.

Os desejos carcerários espalharam-se pela penitenciária, trazendo morte e humilhação aos acusados no caso de violação em grupo de Deli, como observa Roychowdhury:

> A dimensão vingativa do caso Pandey veio à tona logo que começaram as reivindicações dos ativistas pela castração e pena de morte, embora estas tivessem tomado contornos mais concretos e viscerais quando os agressores de Pandey foram presos e aguardavam julgamento na prisão de Tihar. Um dos acusados, Mukesh Singh, foi espancado e forçado a comer excrementos humanos pelos companheiros de prisão a 20 de dezembro de 2012. Alguns meses mais tarde, Ram Singh, seu irmão, motorista do autocarro e líder do grupo que atacou Pandey, terá alegadamente cometido suicídio no dia 11 de março de 2013. (Roychowdhury, 2013: 287)

Em 2013, registaram-se 35 mortes de presos em Tihar: duas por suicídio (incluindo a de Ram Singh), duas por assassinato e as 31 restantes por negligência médica e falta de supervisão.[9] Entre discussões sobre se se tratou de suicídio ou assassinato,[10] Ram Singh foi, em última análise, reduzido a uma estatística na duplicação de mortes de detidos em Tihar, em 2013. Mais recentemente, foi reportada a morte de seis detidos no espaço de 15 dias na prisão central de Cherlapalli, em Hyderabad, normalizando o número de mortes nas prisões.[11]

A morte de Ram Singh foi importante na afirmação do público vingativo ao conjugar o sigilo da punição com o espetáculo do julgamento. O fracasso do sistema jurídico penal favoreceu o clamor coletivo pela imediata condenação à morte dos violadores. A morte de Ram Singh, banalizada

[9] Comparemos estes registos com as 18 mortes de presos em 2012: 2 por suicídio e 16 por causas desconhecidas. Ver <http://www.thehindu.com/todays-paper/deaths-double-inside-tihar-poor-healthcare-to-blame/article5711908.ece>, última consulta a 17.11.2014.

[10] Ver também Menon (2013).

[11] Em <http://timesofindia.indiatimes.com/city/hyderabad/Prisoner-deaths-on-the-rise-in-Cherlapalli/articleshow/45028597.cms>, última consulta a 17.11.2014.

por um inquérito judicial, foi celebrada apesar da relutância do governo em apoiar a vingança. Numa página de Facebook intitulada "I Support Damini, I want to kill the Rapists" ("Eu apoio Damini, quero matar os violadores")[12] foi publicada a notícia da morte de Ram Singh. Os seguintes comentários a esta publicação refletem o desejo de vingança.

Não interessa... a pobre miúda foi brutalmente violada e assassinada e, no entanto, estes palhaços foram levados a julgamento... se eu pudesse, provavelmente tinha-os matado a todos.

Já vais tarde.

Tanto faz, amigos, ramsingh já 'tá morto... Excelentes notícias para o assassinato ou suicídio no caso Nirbhaya Damiani... já vai tarde!!!!... pelo menos sabemos que a sua família vai sentir a mesma dor... o q a família de damini deve estar a passar... e uma morte que faz um país inteiro feliz não pode ser vista como uma má notícia... é uma boa notícia...

A manchete sobre a morte do acusado de violação quase não horrorizou dada a crise que a estrutura legal criminal enfrenta. Em vez disso, deu imediatamente ao público vingativo o desfecho que este procurava – afinal, o julgamento tinha retardado as "boas notícias".

O grupo "16 December Kranti", que tinha batizado de *Damini Chowk* um local de tributo à sobrevivente da violação, em Janpath, exigiu a *Damini Law*, uma nova lei antiviolação.[13] Esta incluía a pena de morte para violadores, incluindo menores, e reivindicava a criminalização da violação em contexto conjugal, bem como a criação de tribunais para julgamentos rápidos, a obrigatoriedade do preenchimento do Primeiro Relatório de Informação (FIR) e uma punição para as mulheres que faziam falsas acusações de violação.[14] Na altura em que o veredicto foi anunciado, o grupo encenou um enforcamento dos acusados no caso da violação de Deli à porta

[12] Em <https://www.facebook.com/woman.in.india/posts/490686230978909>, última consulta a 17.11.2014.

[13] A secção 228(a) do Código Penal Indiano (IPC) decreta que o nome verdadeiro da sobrevivente de violação não pode ser divulgado, a menos que a mesma dê o seu consentimento por escrito; no caso de uma vítima mortal, o consentimento pode ser dado pelo parente mais próximo, sendo que o nome verdadeiro só poderá ser usado por uma instituição social reconhecida pelo governo. À vítima de violação foram dados pseudónimos cinematográficos como "Damini" (em homenagem a uma personagem sobrevivente de violação de um filme hindu) e "Nirbhaya" (que significa "corajosa" em hindu).

[14] Ver <https://www.facebook.com/pages/16-December-Kranti-Official/336117143158590>.

do tribunal de Saket onde decorria o julgamento.[15] A simulação da execução fora do tribunal refletiu a sentença de morte pronunciada dentro do mesmo.

O público castrador

A vingança alicerça-se no efeito mobilizador que a pornografia da violência gera. O conteúdo do relatório forense que descreve o que foi feito ao corpo da vítima também criou um público pornográfico: não só encaminhou o desejo masculino para geografias de colonização sexual como também deu origem a pedagogias de violência sexual. A denúncia da violência sexual tinha um lado negro que funcionou como pedagogia da violação reproduzindo a pornografia da violação.

O público vingativo exigiu a castração como punição pela violação. A gramática da violência subjacente à exigência da pena de morte e castração singulariza o pénis como arma primordial, negando as realidades materiais e simbólicas da violência sexual. Esta gramática da violência apaga o modo como a violência sexualizada é usada para comunicar a mensagem – a todas as mulheres e a alguns homens – violentamente codificada na expressão "dar uma lição". Deepak Mehta defende que o apelo à castração

> se baseia num falso reconhecimento ou, pelo menos, numa incapacidade de reconhecimento. Uma ficção dominante da nossa vida pública apela a que o sujeito masculino se veja a si próprio e a que o feminino o reconheça e deseje somente através das imagens de uma masculinidade irrepreensível. Também incita indivíduos masculinos e femininos a acreditar numa identificação absoluta do pénis com o falo, a tal ponto que um não estaria completo sem o outro. É quase como se a clássica subjetividade masculina repousasse na negação da castração, para além das vicissitudes da ideologia e da história. (Mehta, 2013: 4)

É, portanto, significativo que a castração tenha adquirido um cunho vingativo que não se verificara em protestos anteriores contra a violação. Como localizar o surgimento da castração como uma alternativa à pena de morte ou prisão perpétua sem possibilidade de liberdade condicional ou indulto? Alguns afirmam que tal ideia é alimentada pelos tribunais de justiça cinematográficos, nas palavras de Lawrence Liang (2010), que imaginam essa expressão patológica de poder patriarcal a ser destruída ao cortar-se o pénis voraz, já que a castração é entendida como o estado paradigmático

[15] Ver <http://www.tehelka.com/four-accused-held-guilty-of-rape-murder-in-delhi-gangrape-case-sentencing-tomorrow/>.

da masculinidade mutilada. De facto, era muito comum nos primeiros dias dos protestos em Deli verem-se cartazes mostrando um pénis sangrento, decepado como num ato de vingança.[16]

A propósito do inconsciente político, Sophy Joseph (2013) lembra uma outra genealogia, salientando que a castração enquanto arma de humilhação e punição "possui um legado histórico estigmatizado e desigual".

> De acordo com o *Dharma Shastras* e o *Dharma Sutras*, a castração foi imposta como castigo por crimes como o adultério e a violação. O *Gautama Dharmasutra* (12.2) e o *Manusmriti* (8.374) decretam a punição com castração de um sudra que tenha relações sexuais com uma mulher de casta superior. O *Narada Smriti* (12.72-74) chega ao ponto de punir com a castração os crimes de violação por parte de qualquer pessoa pertencente a uma casta não-bramânica por "poluir" mulheres da casta bramânica. Enquanto os sudras eram punidos por lei com a castração imposta, aos brâmanes era permitida a castração voluntária, caso o homem tivesse tido relações sexuais com a esposa do seu guru ou com uma mulher de certa idade. (Joseph, 2013)

Se recuarmos na genealogia da discussão sobre a castração até a estes textos, encontramos uma clara articulação entre o que a castração significava no âmbito da resposta à violência sexual assente no sistema de castas e no falocentrismo. Para o patriarcado bramânico, usando a expressão de Uma Chakravarti (2003), a regulamentação da sexualidade é fundamental.[17] O inconsciente político da castração como forma de punição num sistema patriarcal assente na casta ganha vida em textos que corroboram e celebram uma ordem falocêntrica de castas.

Embora a reivindicação da castração tenha sido rejeitada pela reforma da lei de 2013, testemunhámos a materialização de um público castrador

[16] Contudo, esta reivindicação da castração de homens acusados de violência sexual não surgiu apenas durante os protestos. No caso do "Estado contra Dinesh Yadav", o juiz Lau afirmou: "A minha consciência, porém, diz-me que isto é um crime que requer um tratamento diferente e neste momento há uma necessidade urgente de uma discussão pública aprofundada relativamente à imposição da castração (tanto cirúrgica como química) enquanto punição alternativa para o crime de violação e abuso sexual" (*in* FIR no. 138/2009, PS Swaroop Nagar, decidido a 30.4.2011, página 58). Ver também o caso "Estado contra Nandan", no. 42/2011, Rohini Court, Deli, 24.1.2012.

[17] Chakravarti argumenta que o "patriarcado bramânico" descreve "um conjunto de regras e instituições [...] nas quais as mulheres são cruciais para a manutenção das fronteiras entre castas. Os códigos patriarcais nesta estrutura garantem que o sistema de castas possa ser reproduzido sem violar a ordem hierárquica dos círculos endógamos fechados" (2003: 21).

que usou o cutelo de um açougue para castrar um homem que abusou de uma jovem em Rajasthan, em outubro de 2014.[18] A circulação pelo ciberespaço das imagens gráficas do corpo castrado publicitou a substituição do nó da forca pelo cutelo, bem como a substituição de uma morte física por uma morte sexual. A vítima do público castrador – duplamente subjugada, primeiro pelo cutelo e depois pela câmara – tornava-se agora uma imagem contemporânea da castração inserida na série de imagens produzidas anteriormente. Durante os protestos de Deli, a justaposição de diferentes tipos de imagens para criar o universo gráfico da castração baseou-se quer em imagens históricas de máquinas de castração do Ocidente medieval como noutros tipos de imagens relativas à punição prescrita nos *Puranas*.[19]

O jornal *Dainik Bhaskar* publicou uma imagem relativa aos protestos de Deli que mostrava uma mulher segurando um cartaz onde se lia "cortem-lhes o instrumento violador", deste modo tornando coevos dois momentos distintos: o da reivindicação e o da sua materialização. As imagens do público castrador que acompanham a reivindicação da castração durante os protestos de Deli são moldadas pela representação cinematográfica da violação e da vingança, na qual o espetáculo da violência, excedendo o horror da violação, é encenado; todavia, em vez de ser a sobrevivente a protagonista, é uma multidão masculina enfurecida com o modo como o segredo público da violação é revelado. O ato da castração torna, portanto, o corpo do violador estranho e danificado. Neste sentido, a violência da multidão castradora é política, inscrevendo o que Mehta (2013) chama de política do falso reconhecimento, quer do pénis, quer do falo.

A origem do desconforto[20]

Que desafio enfrentou a esfera do simbólico durante os protestos? A palavra de ordem *bekhauf azadi* (liberdade destemida) veio substituir o vocabulário vingativo de Deli (P. Baxi, 2016). As linguagens patriarcais da

[18] Consultar <http://daily.bhaskar.com/news/RAJ-OTC-rajasthan-mans-genitals-castrated-by-angry-mob-for-rape-attempt-4772232-NOR.html>.

[19] Imagem dos Garuda Purana que circulam pela internet e que, neste caso, retratam o inferno de Krimibhojana (descrito como "sobrevivência egoísta" / "onde se come o trabalho do outro" e onde a punição é "ser-se devorado por insetos"), tendo sido criada para dar um novo sentido à castração enquanto forma de punição nesse universo de imagens. Ver <http://www.infomedicblogspot.com/2012/06/garuda-puranas-list-of-punishments.html>.

[20] Ver Krishnan (2013).

vergonha e da honra, as estruturas protetoras de "salvamento" e a política carcerária de justiça punitiva foram deixadas para trás, passando a ouvir-se a poderosa palavra de ordem da *azadi* (liberdade). Dos manifestantes faziam parte vozes ruidosas de dissidência, que viam a violação como um ato de poder e não como um ato sexual. Enquanto formas de violência de género e sexualizada, a violação e outros tipos de agressão sexual enfrentaram fortes críticas. O discurso de culpabilização da vítima, segundo o qual as mulheres incitam os homens à violação, enfrentou um desafio visceral – levando à criação de uma série de imagens, manifestações artísticas e performances – que procurou criar visões alternativas do que seria a vida sem medo de se ser violada. Os manifestantes enfatizaram a importância da prevenção e da sensibilização, do orçamento e planeamento urbano sensível ao género, das auditorias de segurança e da tecnologia inteligente na prevenção da violência.

Este foi um protesto que chamou a atenção para a constante violência, desde as formas mais comuns de assédio sexual às mais graves de agressão sexual. Durante os protestos, ressoaram palavras de ordem apregoando a *azadi* do controle patriarcal do pai, do irmão, do marido, da repressão estatal e da imposição da sexualidade (Prakash, 2014). O apelo à *azadi* foi semanticamente rico e capaz de incorporar uma crítica às diferentes formas de violência, controle, humilhação e censura patriarcais. Os manifestantes abordaram a humilhação imposta pela secção 377 do IPC (a lei colonial que criminaliza o "sexo não natural") e a criminalização e medicalização de lésbicas, *gays*, bissexuais, transexuais, *queer*, indivíduos de sexualidade indefinida e intersexuais (LGBTQI); criticaram a violação em contexto conjugal; exigiram a revogação das leis de emergência como a Lei de Poderes Especiais das Forças Armadas e insistiram que se respeitassem as práticas sexuais entre adultos com consentimento mútuo. Por outras palavras, o apelo à *azadi* não só imortalizou narrativas de resistência contra a violência sexual como ofereceu uma visão alternativa de um mundo com maior igualdade de género.

A crítica ao feminismo heteronormativo, que se intensificou durante a forte discussão sobre a questão da neutralidade de género da lei da violação, foi integrada, durante os protestos, no apelo ao fim da heterossexualidade obrigatória (Narrain, 2014; Prakash, 2014). A decisão de substituir a linguagem de vingança, baseada num conjunto de identificações e falsos reconhecimentos, pela linguagem da *bekhauf azadi* (liberdade destemida) foi deliberada (P. Baxi, 2016). Nas suas reflexões sobre os protestos de Deli, Krishnan (2013) discute o modo como a política de produção de desconforto suspendeu o capital político e simbólico que residia no público vingativo.

A palavra de ordem apregoando a *azadi* assinalou o afastamento da *suraksha* (proteção), do salvamento (paternalismo), do policiamento (regulamentação sexual), da patologização (medicalização das sexualidades) e, sobretudo, de uma noção jurídica de justiça punitiva.[21] Não só desafiou a dicotomia do público-privado como tornou visíveis todos os tipos de corpos – infantis, masculinos, femininos, homossexuais, lésbicos, intersexuais, transgéneros e *queer*. Tornou também visível o banal e o extraordinário, o sagrado e o público, o estrutural e o coletivo. Foi possível, especialmente, pela participação de homens que não adotaram a abordagem protecionista através da regulamentação da presença feminina no espaço público, mas que, ao invés, insistiram na liberdade e autonomia das mulheres como condições para a igualdade.[22] Deste modo, os protestos dirigiram-se diretamente à reforma da lei de múltiplas formas.

Epistemologias de solidariedade

Os protestos de 2013 não só produziram performances satíricas que parodiaram a ideia da violação enquanto fonte de prazer ou poder para alguns homens, como também contribuíram para um importante questionamento dos protestos enquanto epistemologias de solidariedade. Recordo aqui as reflexões de Stella James, que realizava um estágio com um juiz durante os protestos, em dezembro de 2012:

> Dezembro passado foi crucial para o movimento feminista no país: quase toda a população parecia insurgir-se espontaneamente contra a violência sobre as mulheres e contra as injustiças de um governo aparentemente apático. Por uma estranha ironia tão comum neste mundo, os protestos foram o pano de fundo da minha própria experiência. Naquela época, estagiária durante as férias de inverno no meu último ano da universidade em Deli, evitei as barricadas da polícia e superei o meu próprio cansaço para prestar assistência a um renomado juiz do Supremo Tribunal recentemente aposentado, sob cuja supervisão eu tinha estado a trabalhar durante o penúltimo semestre. A minha suposta diligência valeu-me uma agressão sexual (não fisicamente danosa mas, ainda assim, um abuso) por parte de um homem com idade para ser meu avô. Não vou entrar em detalhes, já que será suficiente dizer que, muito tempo depois de ter saído

[21] Ver também Krishnan (2014).

[22] Ver Prakash (2014).

> daquela sala, a memória do sucedido permanecia – na verdade, ainda a carrego comigo.[23]

Os protestos colocaram particular pressão sobre as mulheres para que se expressassem com raiva e indignação num tempo em que as instituições e hierarquias permaneciam imutáveis, principalmente nos meandros dos tribunais. James acrescentou ainda:

> Embora o incidente me tivesse afetado profundamente, não senti grande raiva e quase nenhum rancor em relação àquele homem; em vez disso, fiquei chocada e magoada pelo facto de alguém que eu tanto respeitava ter feito tal coisa. A minha reação mais forte foi, na verdade, ter sentido uma tristeza avassaladora. [...].
> Esta reação emocional estava também completamente em desacordo com os poderosos sentimentos de justa raiva que os manifestantes de Deli demonstraram. Não digo que a raiva perante a violência de que as mulheres são vítimas não seja uma reação justa ou verdadeira, mas a polarização das discussões sobre os direitos das mulheres na Índia, juntamente com a sua intensa emotividade, deixava-me a sensação de que as minhas únicas opções seriam condenar veementemente o juiz ou trair os meus princípios feministas. [...] Se as experiências partilhadas das mulheres não podem ser facilmente entendidas através de uma perspetiva feminista, então há claramente um vazio cognitivo que o feminismo não consegue preencher.

Trata-se de uma poderosa crítica ao "vácuo cognitivo" dos discursos feministas, uma vez que os protestos não conseguiram traduzir-se numa epistemologia da solidariedade. É necessário reconhecer a pressão exercida sobre os sobreviventes de violência para se pronunciarem, apresentando queixa à polícia ou no local de trabalho, independentemente de quererem ou não optar por manifestar-se desta forma.

> O incidente foi já ultrapassado e, segundo dizem, o tempo tudo cura. Mas durante os momentos mais difíceis e dramáticos, o que mais me ajudou foi a "insensibilidade" de um amigo próximo, cujo humor descontraído me permitiu rir de um incidente (e de um homem) que tanta dor me causara. Autorizar-me a sentir mais do que simples raiva em relação a um homem que tinha abusado de mim – algo que nunca tinha feito – foi libertador! Por isso, gostaria de vos pedir para

[23] Em <https://jilsblognujs.wordpress.com/2013/11/06/through-my-looking-glass/>, última consulta a 29.02.2016.

pensarem apenas no seguinte: quando lidamos com violência sexual, podemos permitir-nos abraçar sentimentos que não a raiva – ou além dela – e aceitar a complexidade emocional com que nos deparamos perante qualquer experiência traumática?

Ao mesmo tempo que o seu caso seguia finalmente para tribunal, de modo a que se apurassem responsabilidades e chamando a atenção para o assédio sexual nas faculdades de direito, James levantava também questões importantes sobre como as mulheres definem o feminismo. Sublinhou que o riso e a paródia enquanto formas de estar autorreflexivas são tão feministas como participar numa manifestação gritando furiosamente palavras de ordem. As representações do protesto feminista que apontam a raiva como a reação adequada à violência sexual e a queixa-crime como ato de resistência privilegiado deparam-se com uma forte oposição nesta narrativa. O contexto é, portanto, o que o espetáculo do protesto comunicava às mulheres que evitavam as barricadas para irem trabalhar, em 2013.

Durante os protestos, várias manifestantes foram vítimas de assédio sexual por parte de outros manifestantes e da própria polícia. As que trabalhavam nos média contavam que o seu local de trabalho era sexualizado: havia um interesse obsceno e excitante por histórias de violência sexual, bem como comentários e gestos inapropriados dirigidos a jornalistas do sexo feminino. E houve outros casos em que escrever, falar e protestar contra a violação se tornava pretexto para o assédio sexual ou violação. No fim de contas, a vingança apoia-se no efeito mobilizador que a pornografia da violência gera. O conteúdo do relatório forense que descreve o que foi feito ao corpo da vítima também criou um público pornográfico: não só encaminhou o desejo masculino para geografias de colonização sexual como também deu origem a pedagogias de violência sexual (P. Baxi, 2016).

Udwin e a proibição: observações finais

Durante a cobertura televisiva dos protestos, a câmara assumiu um papel de substituto falocêntrico, procurando restaurar a promessa quebrada entre o Estado masculino e os seus súbditos masculinos – a violência do Estado tinha de vingar os indivíduos do sexo masculino (*leia-se*: indivíduos de casta superior, classe média e socialmente ascendentes), incapazes de proteger as "suas" mulheres. A câmara tornou-se o nosso "olho protésico" (Pinney, 2008), definindo o que devemos consumir e de que forma. Foi esta cobertura que trouxe Leslee Udwin à Índia para fazer um documentário para a BBC sobre os acontecimentos de 2012.

No centro da controvérsia em torno da transmissão do documentário da BBC *Filha da Índia*, da autoria de Leslee Udwin, pela Televisão de Nova Deli (NDTV), estava uma entrevista a Mukesh Singh, um dos acusados no caso da violação em grupo de 2012, ocorrida em Deli, e aos seus advogados. Após a indignação ter chegado aos meios de comunicação e, mais tarde, ao Parlamento, a transmissão televisiva do documentário foi proibida.[24] O raciocínio político desta proibição, que foi objeto de declarações veementes no Parlamento, foi condensado no argumento de que o filme não só difamava a vítima, mas era também uma "conspiração" para difamar a Índia. Esta retórica política fundamentou discursos políticos de direita em torno do orgulho nacional, discursos esses que usam o poder soberano para calar a crítica, divergências ou a insurreição, alegando que a exposição da impunidade estatal é difamatória. As vozes que pediram a revogação da proibição da transmissão (e a insidiosa cultura de censura que lhe estava associada) opunham-se à apresentação caricatural da dissensão, da sátira ou crítica como "antinacionais". Se, por um lado, as feministas estavam contra a proibição, por outro, algumas vozes proeminentes dentro do movimento discordavam em duas questões gerais. A primeira questão dizia respeito aos direitos do violador condenado e à justeza do seu julgamento; a segunda prendia-se com a regulamentação do discurso do violador condenado, feita em nome do interesse "público", dado que a sua entrevista tinha sido considerada um incitamento à violência. Enquanto a primeira questão foi abordada através da contumácia, a segunda foi tratada através da lei contra o discurso de ódio como uma concretização da restrição razoável à liberdade de expressão.

Terá Mukesh Singh, o acusado de violação, instruído os espectadores na pedagogia da violação[25] ou tratou-se de uma exposição da sua "mentalidade"?[26] Ambas as posições a favor ou contra a proibição estão retratadas na entrevista *como se* "não fossem necessários mais testemunhos oculares para se estabelecer a veracidade da imagem em si" (Pinney, 2008: 5). O espectador é agora a testemunha e a entrevista é consumida como revelando a "verdadeira" mentalidade de um violador. No documentário, ouvimos que a violação foi usada para "dar uma lição" – uma prática de dominação que é, portanto, reduzida a uma "mentalidade" ou "lógica". Deverão as "práticas" de dominação sexualizada ser remetidas para o campo

[24] Em <http://www.independent.co.uk/news/world/asia/indias-daughter-how-india-tried-to-suppress-the-bbc-delhi-gangrape-documentary-10088890.html>.

[25] Ver Jaising (2015).

[26] Ver Agnes (2015).

da psicologia enquanto "características" pessoais? Se o acusado de violação justifica a violência como um meio de "dar uma lição" – vocabulário que toca a essência da atrocidade –, a violação em grupo foi reduzida à mentalidade de um só violador. Como se as mentalidades fossem todas idênticas e a violação em grupo, enquanto ato de violência coletiva, fosse a soma das mentalidades individuais. Em vez de continuar a explorar esta abordagem, retomo a questão relativa ao modo como os protestos foram representados no documentário.

No documentário de Leslee Udwin, consumimos uma poderosa narrativa visual sobre o que "parece" ser a resistência a um Estado que tolera a violação. Os protestos são retratados como um "acontecimento crítico" (A. Roy, 2014) através de uma espetacularização que constrói estes momentos de identificação de forma profundamente emotiva e subjetiva. Contudo, a identificação mediada por estas narrativas visuais continua dissociada de precedentes de injustiça, à medida que os olhos do espectador percorrem os cartazes exibindo os nomes dos ícones do movimento das mulheres. Enquanto o mundo consumia estas imagens, as reações sucediam-se: algumas em torno de narrativas de salvamento e outras de saudade. Havia quem quisesse educar e transformar; e havia quem quisesse participar e dar o seu testemunho.

"A Índia estava a servir de exemplo ao mundo", disse Udwin, cujo documentário começava por lembrar que tinha sido inspirado pelos protestos de 2012 e 2013 contra a violação. A narrativa de Udwin funcionou numa estrutura dual, segundo a qual se liam os protestos de 2013 como fazendo parte de uma manifestação *mundial*, cuja emoção, empatia e solidariedade tiveram lugar num tempo hiper-realista, dando origem a momentos de identificação e falso reconhecimento. Este último não era apenas uma reivindicação de autenticidade com base na experiência de Udwin enquanto sobrevivente de violação, mas parecia ser também um caminho para trabalhar o *eu* através do envolvimento com o *outro*. O desejo de transformação é associado ao confronto da alteridade de modo consubstancial e emotivo. Estes encontros que visam desvendar a mente do violador para apresentar provas da verdade aos órgãos de poder não conseguiram evitar o fascínio pela imagem congelada que encena a violência gráfica do ponto de vista do perpetrador.

Relembro agora a peça *Nirbhaya*, levada à cena por sobreviventes de violência sexual que, inspiradas pela jovem homónima, representam as suas próprias histórias. No entanto, cada relato de violência funcionava como uma imagem congelada da violência, sem o *antes* ou o *depois*. A encenação mimética da violação em grupo de Deli, representada imagem a imagem, mediatizou os relatos do que foi feito ao corpo. A ligação hiper-realista com os eventos de 16 de dezembro parecia ter criado um contexto que permitia às sobreviventes dar testemunho das suas próprias experiências de violência sexual, como num momento de testemunho coletivo de violência sexual enquadrado num contexto de história e crítica. Todavia, neste caso, o contexto é fornecido pela espetacularização dos protestos, despojando de história o evento (Dutta e Sircar, 2013). Foi dilacerante ver que o significado deste momento de identificação e falso reconhecimento foi menosprezado nos média e mais ainda a dramática caricatura da história de vida de Udwin, após ter sido violada, feita pela atriz-política Jaya Bachchan, numa entrevista para a cadeia noticiosa *Times Now*.

Imaginando que significado teria o ato de pestanejar quando a câmara filmasse o olhar do acusado de violação, Ayesha Kidwai tem uma intervenção poderosamente comovente:

> No meu documentário, não o ia deixar esconder-se por detrás da sua história, não o ia deixar simplesmente afirmar a sua inocência. Não ia ficar tão paralisada pela sua violência que não ousasse colocar-lhe ou aos seus advogados uma só questão que me deixasse antever o que estava reservado para mim. No meu documentário, também não ia ser tão respeitosa para com os grandes protestos indianos. Não ia estar assim tão fascinada com esta revolta em massa que só a usasse pelo seu efeito visual; em vez disso, ia perguntar aos jovens homens e mulheres: o que é que mudou? O que significou a mudança social para eles? Quem foi Soni Sori? Quem foi Manorama Devi? De que modo se identificavam com elas? [...] E porque foram eles para casa após algum tempo? Foram-se embora por terem medo? Ou será que foram mandados embora? Será que foram mesmo para casa, ou estarão ainda lá, a beijar-se à frente do Jhandewalan?[27]

No entanto, Udwin não estava preocupada com o paradeiro dos jovens manifestantes; estava, sim, estupefacta com outra ótica de poder. Quando estava a deixar o país, Udwin olhou diretamente para a câmara e dirigiu- se ao primeiro-ministro, Modi, exortando-o a ver o seu filme.[28] Numa entrevista, Udwin afirmou: "Já nem sei dizer quantas vezes

[27] Facebook, 5 de março de 2015: <https://www.facebook.com/ayesha.kidwai.9/posts/783706481719739?fref=nf&pnref=story>.

[28] Em <http://www.deccanherald.com/content/463553/leslee-udwin-seeks-modis-intervention.html>.

me virei para a câmara em entrevistas para lhe fazer apelos. Só me resta esperar que ele tenha visto pelo menos um desses apelos".[29] Na mesma entrevista, Udwin disse:

> Não passa um dia ou uma noite em que esteja deitada, a tentar adormecer, sem que tenha estes pensamentos que passo a exprimir: este documentário é uma reflexão absoluta sobre todas as coisas admiráveis, eloquentes e agradáveis que já ouvimos por parte do Primeiro-Ministro Modi desde que ele tomou posse. Modi falou sobre a redefinição da bússola moral e fez uma campanha pró-*Beti Bachao, Beti Padhao*. Este documentário é um espelho absoluto dos seus pontos de vista e convicções a este respeito, sendo esta uma oportunidade perfeita para ele e outros líderes e personalidades destacadas a nível mundial abraçarem este filme.

O documentário assume-se como um espelho da cultura de violação na Índia e, ao mesmo tempo, como um espelho "absoluto" dos pontos de vista defendidos pelo primeiro-ministro Modi.

No final da exibição e discussão do filme numa firma de advogados em Londres, a cineasta Sheena Sumaria perguntou a Udwin sobre

> o fundamento para o seu otimismo, dado que houve dezenas de casos de violação e violência contra mulheres muçulmanas em 2002, quando Modi era primeiro-ministro. Udwin fechou os olhos, abanou a cabeça e disse: "Minha senhora, isso já foi há muito tempo. O passado é passado. Temos de pensar no futuro. Não posso fazer nada sobre o que aconteceu".[30]

E à pergunta de Salil Tripathi: "porque confia tanto em Modi, cujo historial de proteção da liberdade de expressão é altamente questionável?", Udwin respondeu:

> "Então o que acha que devo fazer?" – perguntou. Tripathi disse que ela devia ver na sociedade civil indiana uma aliada. Udwin abanou a cabeça e, desvalorizando as nossas preocupações, respondeu: "A senhora é uma pessimista e eu sou uma otimista".

[29] Em <http://www.asianage.com/interview-week/avanindra-wanted-money-give-his-interview-and-i-refused-point-blank-579>.

[30] Salil Tripathi, "The naïveté behind 'India's Daughter", *Livemint.com*, 13 de março de 2015 <http://www.livemint.com/Leisure/bsOJmK1ifPoJU2Vos3kbyJ/The-navet-behind-Indias-Daughter.html?utm_source=copy>.

A visão otimista da cineasta é despojada de História quando convidada a olhar o passado. Contudo, este contraste entre "otimismo" e "pessimismo" é visto de modo bem diferente pelas vítimas de abuso, cujos pesadelos com a violência macabra podem agora reclamar a proibição.

Nos seus pensamentos, enquanto tenta dormir, Udwin apela ao primeiro-ministro Modi para que veja o documentário com os seus próprios olhos e diz-lhe que se identifica com ele – ou com a sua promessa de que o futuro não repetirá os erros do passado. Certamente que Udwin pensa que a *proibição* do seu documentário não faz parte de uma *proibição* geral dos filmes que se recusam a esquecer o passado. O seu documentário é *diferente* uma vez que expõe uma *mentalidade* a-histórica que o primeiro-ministro Modi procurou mudar quando disse que "cada pai e mãe tem a responsabilidade de ensinar aos seus filhos a diferença entre o certo e o errado".[31] Udwin parece sugerir que a narrativa era tanto sua como de Modi – um discurso e um documentário sobre a reforma de mentalidades com base numa ideia partilhada sobre o futuro.

A energia nervosa da proibição ocupa o pensamento de Udwin todas as noites por ela não conseguir reconhecer que os que retratam quem quer esquecer intencionalmente o passado não conseguem, eles mesmos, esquecê-lo. Pelo contrário, a plataforma de transmissão do documentário sensacionaliza a "entrevista" e oferece a narrativa política de base para a consolidação da política de orgulho nacional, tornando desnecessária a visualização do documentário para o proibir. Isto está em linha com a estratégia política de colocação da responsabilidade na reforma das *mentalidades* pervertidas de indivíduos (pais, educadores e criminologistas). Se tal *reforma* falhar, a solução estará na pena de morte. Ao que parece, esta discussão deu origem a uma crise. Esta crise reside no reconhecimento de que o *flash* do olho protésico nos cega em relação à divisão ocular entre o desenvolvimento e a violência; o reconhecimento desta ótica do poder dá origem a uma crise que será depois reintegrada num presente baseado no esquecimento e no sigilo.

Referências bibliográficas

Agnes, Flavia (2015), "Inside the minds of rapists", *Asian Age*, 8 de março.

Basu, Srimati (2011), "Sexual property: staging rape and marriage in Indian law and feminist theory", *Feminist Studies*, 37(1), 185–211. JSTOR: <http://www.jstor.org/stable/23069892>.

[31] Em <http://www.ndtv.com/india-news/pm-modi-on-rape-cases-correct-sons-dont-question-daughters-649181>.

Baxi, Pratiksha (2014), *Public Secrets of Law: Rape Trials in India*. Nova Deli: Oxford University Press.

Baxi, Pratiksha (2016), "Impractical Topics, Practical Fields: Notes on Researching Sexual Violence in India", *Economic and Political Weekly*, 51(18), 80–88. Disponível em: <http://www.epw.in/journal/2016/18/impractical-topics-practical-fields.html>.

Baxi, Upendra (2012), "Because women's rights are human rights", *Indian Express*, 27 de dezembro. Disponível em: <http://archive.indianexpress.com/news/because-women-s-rights-are-human-rights/1051053>.

Belair-Gagnon, Valerie; Mishra, Smeeta; Agur, Colin (2014), "Reconstructing the Indian public sphere: Newswork and social media in the Delhi gang rape case", *Journalism*, 15(8), 1059–1075. DOI: <https://doi.org/10.1177/1464884913513430>.

Bernstein, Elizabeth (2007), "The Sexual Politics of the 'New Abolitionism'", *Differences: A Journal of Feminist Cultural Studies*, 18(3), 128–151. DOI: <https://doi.org/10.1215/10407391-2007-013>.

Chakravarti, Uma (2003), *Gendering Caste: Through a feminist lens*. Calcutá: Stree.

Durham, Meenakshi Gigi (2015), "Scene of the Crime", *Feminist Media Studies*, 15(2), 175–191. DOI: <https://doi.org/10.1080/14680777.2014.930061>.

Dutta, Debolina; Sircar, Oishik (2013), "India's Winter of Discontent: Some Feminist Dilemmas in the Wake of a Rape", *Feminist Studies*, 39(1), 293–306. JSTOR: <https://www.jstor.org/stable/23719318>.

Halley, Janet; Kotiswaran, Prabha; Shamir, Hila; Thomas, Chantal (2006), "From the International to the Local in Feminist Legal Responses to Rape, Prostitution/Sex Work and Sex Trafficking: Four Studies in Governance Feminism", *Harvard Journal of Law and Gender*, 29(2), 335–423. Disponível em: <http://www.law.harvard.edu/faculty/jhalley/cv/HJLG.vol%2029-2.pdf>.

Jaising, Indira (2015), "Documentary violates the Law, does nothing for 'awareness'", *The Huffington Post India*, 14 de março. Disponível em: <http://www.huffingtonpost.in/indira-jaising-/documentary-violates-the-_b_6862010.html>.

Joseph, Sophy (2013), "'Castration' as a hegemonic form of punishment: A Legal History Point of View", *Savari*, 24 de janeiro. Disponível em: <http://www.dalitweb.org/?p=1578>.

Kapur, Ratna (2005), *Law and the New Erotic Justice: Politics of Postcolonialism*. Nova Deli: Permanent Black.

Kapur, Ratna (2012), "Rape and the crisis of Indian masculinity", *The Hindu*, 19 de dezembro. Disponível em: <http://www.thehindu.com/opinion/op-ed/rape-and-the-crisis-of-indian-masculinity/article4214267.ece>.

Kapur, Ratna (2013), "Gender, Sovereignty and The Rise of a Sexual Security Regime in International Law and Postcolonial India", *Melbourne Journal of International Law*, 14(2), 317–345. Disponível em: <http://www.austlii.edu.au/au/journals/MelbJIL/2013/12.html>.

Krishnan, Kavita (2013), "India's anti-rape movement – experiences, reflection and strategies for the future", *Freedom without fear platform*, 7 de dezembro. Disponível em: <http://freedomwithoutfearplatformuk.blogspot.in/2013/12/indias-anti-rape-movement-experiences.html>.

Krishnan, Kavita (2014), "Women's liberation, everyone's liberation", *Green Left Weekly*, 4 de julho. Disponível em: <https://www.greenleft.org.au/node/56790>.

Lodhia, Sharmila (2015), "From 'living corpse' to India's daughter: Exploring the social, political and legal landscape of the 2012 Delhi gang rape", *Women's studies international forum*, 50, 89-101. DOI: <https://doi.org/10.1016/j.wsif.2015.03.007>.

Liang, Lawrence (2010), "Juridical Affect and the Cinematic Courtroom", trabalho apresentado numa oficina intitulada *The Image of Justice in French and Indian Films*, organizada por Antoine Garapon, Maison des Sciences de la Communication, Paris. Disponível em: <http://www.just-india.net/?q=node/171>.

Mark, J. (2005), "Remembering rape: divided social memory and the red army in Hungary 1944-1945", *Past Present*, 188(1), 133-161. DOI: <https://doi.org/10.1093/pastj/gti020>.

Mehta, Deepak (2013), "Crowd, Cop, Camera: Notes on a Pathological Public Space", trabalho apresentado na conferência internacional *Law by Other Means, International Conference*, Centre for the Study of Law and Governance, Jawaharlal Nehru University, Nova Deli, 21 e 22 de fevereiro.

Menon, Nivedita (2013), "Why was Ram Singh Killed in Tihar Jail", *Kafila*, 12 de março. Disponível em: <https://kafila.online/2013/03/12/why-was-ram-singh-killed-in-tihar-jail>.

Menon, Nivedita (2014), "The conundrum of agency", *Seminar*, 653. Disponível em: <http://india-seminar.com/2014/653/653_nivedita_menon.htm>.

Misri, Deepti (2014), *Beyond Partition: Gender, Violence, and Representation in Postcolonial India*. Champaign, IL: University of Illinois Press.

Narrain, Arvind (2014), "Sexual Violence and the Death Penalty", *Economic & Political Weekly*, 49(3), 38-42. Disponível em: <http://www.epw.in/journal/2014/3/perspectives/sexual-violence-and-death-penalty.html>.

Pinney, Christopher (2008), "The prosthetic eye: photography as cure and poison", *Journal of the Royal Anthropological Institute*, 14(S1), S33-S46. DOI: <https://doi.org/10.1111/j.1467-9655.2008.00491.x>.

Prakash, Anant Narayan (2014), *Politics of Anti-Rape Law Reform: A Socio-legal Analysis of the Criminal Law Amendment Act, 2013*. Tese de mestrado, Centre for the Study of Law and Governance, Jawaharlal Nehru University, Nova Deli.

Puri, Jyoti (2011), "Gender Queer perspectives", *in* Arvind Narrain e Alok Gupta (orgs.), *Law like Love: Queer Perspectives on Law*. Nova Deli: Yoda Press, 203–227.

Roy, Anupama (2014), "Critical Events, Incremental Memories and Gendered Violence", *Australian Feminist Studies*, 29(81), 238–254. DOI: <https://doi.org/10.1080/08164649.2014.959161>.

Roy, Rahul (2012), "What Do Men Have to Do with It?" *Kafila*, 28 de dezembro. Disponível em: <https://kafila.online/2012/12/28/what-do-men-have-to-do-with-it>.

Roy, Rahul (2013), "A hunt, the aftermath, angry Indian men and a tragedy", *Kafila*, 4 de dezembro. Disponível em: <https://kafila.online/2013/12/04/a-hunt-the-aftermath-angry-indian-men-and-a-tragedy-rahul-roy>.

Roy, Srila (2012), *Remembering Revolution: Gender, Violence and Subjectivity in India's Naxalbari Movement*. Nova Deli: Oxford University Press. DOI: <https://doi.org/10.1093/acprof:oso/9780198081722.001.0001>.

Roychowdhury, Poulami (2013), "'The Delhi Gang Rape': The Making of International Causes", *Feminist Studies*, 39(1), 282–292. JSTOR: <http://www.jstor.org/stable/23719317>.

Sen, Rukmini (2013), "The Need for an Everyday Culture of Protest", *Economic and Political Weekly*, 48(2). Disponível em: <http://www.epw.in/journal/2013/02/web-exclusives/need-everyday-culture-protest.html>.

Shalhoub-Kevorkian, Nadera (1999), "Towards a cultural definition of rape: dilemmas in dealing with rape victims in Palestinian society", *Women's Studies International Forum*, 22(2), 157–173. DOI: <https://doi.org/10.1016/S0277-5395(99)00004-7>.

Shalhoub-Kevorkian, Nadera (2009), *Militarization and Violence against Women in Conflict Zones in the Middle East: A Palestinian Case Study*. Cambridge: Cambridge University Press. DOI: <https://doi.org/10.1017/CBO9780511626852>.

Taussig, Michael (1999), *Defacement: Public Secrecy and the Labor of the Negative*. Stanford, CA: Stanford University Press.

Teltumbde, Anand (2013), "Delhi Gang Rape Case: Some Uncomfortable Questions", *Economic and Political Weekly*, 48(6). Disponível em: <http://www.epw.in/journal/2013/06/margin-speak-columns/delhi-gang-rape-case.html>.

Verma, J. S.; Seth, Leila; Subramanium, Gopal (2013), "Report of the Committee on Amendments to Criminal Law". Disponível em: <http://www.prsindia.org/uploads/media/Justice%20verma%20committee/js%20verma%20committe%20report.pdf>.

Xalxo, Madhuri (2012), "Delhi Protests and the Caste Hindu Paradigm: Of Sacred and Paraded Bodies", *Round Table India*, 27 de dezembro. Disponível em: <http://roundtableindia.co.in/index.php?option=com_content&view=article&id=6120:delhi-protests-and-the-caste-hindu-paradigm-of-sacred-and-paraded-bodies&catid=119:feature&Itemid=132>.

CAPÍTULO 10

A justiça de transição como epistemicídio: sobre a coexistência pluralista "após" o conflito de Steve Biko*

Tshepo Madlingozi

Introdução

Houve, desde o final da década de 1980, uma explosão de processos de justiça de transição (JT) sob a forma de processos criminais e comissões de verdade. A JT é hoje definida de forma ampla e que transcende as respostas legais e quase-legais, salientado o facto de que os processos de JT chegam a todos os setores da sociedade com a promessa de transformar indivíduos, relações intersubjetivas, estruturas sociais e, por fim, produzir mudanças na redistribuição do poder económico e político. Mais do que simples processos de avaliação do passado, os processos de JT devem legitimar um novo governo, concretizar o processo de construção nacional e estabelecer novas normas e valores para uma nova sociedade. Entendida desta maneira, a JT tornou-se numa forma de poder constitutivo. Salvo algumas exceções, os projetos de JT foram realizados no Sul global.

A tese defendida neste capítulo é que aquilo a que podemos chamar de Projeto Global de Justiça de Transição (PGJT) constitui um dos veículos mais eficazes para a imposição de epistemologias ocidentais e, inversamente, a reinferiorização de epistemologias "não-ocidentais" e formas de estar no mundo. Mais concretamente, defendo que, em última instância, nas antigas colónias de povoamento, o PGJT facilita a transição da dominação dos colonizadores para a hegemonia dos colonizadores. Como tal, este projeto constitui um mecanismo fundamental para a perpetuação daquilo que os teóricos sul-americanos do descolonialismo designam como colonialidade.

* Tradução de Eduardo Basto.

Adiante, irei debruçar-me sobre os conceitos de "epistemologias ocidentais" e "colonialismo"; por agora, falarei do subtítulo deste capítulo.

Pelo lado positivo, neste capítulo defendo a coexistência pluralista "após" o conflito. Por coexistência pluralista entendo, em primeiro lugar, uma coexistência e, portanto, o fim de um mundo onde alguns existem e outros são produzidos como inexistentes. Esse tipo de coabitação é uma afirmação de que todas as maneiras de conhecer, percecionar e (re)fazer o mundo são válidas e que, portanto, existem múltiplas formas de estar no mundo. A coexistência pluralista "após" o conflito é um movimento incessante rumo a uma coexistência que não se baseia na integração no mundo vigente dos beneficiários do conflito.

Este modelo de coexistência é fundamental para os tipos de conflitos a que me refiro. O objetivo *secundário* desses tipos de conflitos é a produção de corpos danificados, corpos sem vida, corpos desnutridos e corpos desaparecidos; em poucas palavras, corpos desperdiçados. O objetivo *principal* desses conflitos é, no entanto, perpetuar o mito das existências hierárquicas em que a violência, em todas as suas manifestações, é mantida como forma de alimentar a ideia falsa segundo a qual alguns seres são dotados de uma ontologia defeituosa, que são sub-humanos. É este objetivo principal que torna possível o objetivo secundário.

Nestes conflitos, a violência é mais produtiva do que destrutiva. Trata-se de uma prática cultural (Mbembe, 2001: 175) que tem como objetivo garantir que, mesmo após o fim dos confrontos físicos, a ordem pós-conflito assegura o objetivo principal e que o grupo dominante continua a sê-lo. A proverbial ponte construída no processo de transição funciona aqui como uma ponte para a assimilação que os executantes da JT habitualmente designam por "integração". Esta é a razão pela qual, escrevendo no início da década de 1970, Steve Bantu Biko, o ativista-filósofo do Movimento da Consciência Negra da África do Sul, se opôs à "integração":

> se, por integração, se entende uma entrada dos negros na sociedade dos brancos, uma assimilação e aceitação dos negros num conjunto já estabelecido de normas e códigos de comportamento definidos e mantidos pelos brancos, então, SIM, estou contra ela. Eu estou contra a estratificação superior/inferior, branca/negra, que torna o branco um professor perpétuo e o negro um pupilo perpétuo. (Biko, 2004: 26; ênfase no original)

Biko e a filosofia da Consciência Negra inspiram a crítica da JT que é adotada neste texto. A partir da citação anterior, pode ver-se como Biko compreendeu que, nos países historicamente dominados pela supremacia branca, o conflito – ou, mais precisamente, o antagonismo estrutural – é tanto epistemológico como ontológico. Isto significa que, nesses países, o pecado original que causou o antagonismo foi o mito segundo o qual o grupo colonizador era o único composto por animais racionais aristotélicos e que tinha, portanto, o direito de subjugar, destituir e governar para sempre aqueles que esse grupo considerava não serem animais racionais (Ramose, 2002: 5-6). A minha opinião é que em certos países – principalmente no Canadá, Estados Unidos da América, Nova Zelândia, Austrália, países latino-americanos e África do Sul – não se verificará uma superação do antagonismo estrutural a menos que a longa história de imposição violenta das epistemologias ocidentais seja interrompida, uma vez que, como demonstrarei adiante, é esse fator que sustenta o persistente ceticismo quanto à humanidade do grupo historicamente vitimizado.

Na secção 1, na senda do trabalho dos teóricos descoloniais, discuto brevemente o surgimento da modernidade-como-colonialidade ocidental com o propósito de localizar o PGJT na atitude historicista – "primeiro na Europa e depois noutros lugares" (Chakrabarty, 2000: 7-8) –, que surgiu pela primeira vez no século XVI. Na parte principal dessa secção, mostro que o conflito ainda não resolvido na África do Sul está relacionado com uma tríade de violência que emana (1) da irrupção da modernidade ocidental, (2) das tentativas institucionais para garantir a hegemonia perpétua dos colonizadores e (3) da "invisibilização" da humanidade dos africanos.

Na secção 2, analiso o projeto de dissociação e (re)criação radical de Biko e dos protagonistas do seu Movimento da Consciência Negra. O objetivo desse projeto consistia, em primeiro lugar, em desconstruir o mundo sul-africano e revelá-lo como um mundo criado de forma que os "não-ocidentais" fossem sempre subservientes com aqueles que se consideravam ocidentais, e, em segundo lugar, em imaginar um mundo onde diferentes modernidades e diferentes formas de estar no mundo fossem afirmadas.

Na secção 3, examino a genealogia do PGJT em detalhe e mostro como este é constituído por uma comunidade epistémica que está comprometida com a disseminação do paradigma da modernidade ocidental sob o pretexto da ajuda aos países "em transição". Nessa secção, também defendo que, uma vez que os "não-ocidentais" nunca podem ser totalmente assimilados e tornar-se ocidentais, o PGJT, tal como outros projetos históricos e contemporâneos de colonização histórica e neocolonização, acaba por produzir países e povos liminares. Nesta situação de liminaridade, a subalternização dos "não-ocidentais" é reproduzida a nível global ao mesmo tempo que a hegemonia dos promotores nacionais da modernidade ocidental é reforçada.

Na secção 4, estimulada pelo 210.º aniversário da invasão britânica e pelo 20.º aniversário do início da Comissão da Verdade e Reconciliação (ambos em 2016), utilizo o estudo de caso da África do Sul para salientar a cumplicidade do PGJT na ausência de coexistência a nível nacional. Nessa secção, mostro como os discursos de reconciliação e perdão do PGJT procuraram aplacar as exigências revolucionárias de desmantelamento da África do Sul, como o colonizador criou a soberania e a descolonização de modo que se pusesse fim ao mito das hierarquias ontológicas e epistemológicas, criando assim uma possibilidade de coexistência pluralista.

Irrupção da modernidade ocidental e do epistemicídio como constitutivos da "África do Sul"

A declaração "penso, logo existo" de René Descartes é amplamente aceite como a pedra angular da produção do conhecimento ocidental (Grosfoguel, 2013: 75). Para o propósito deste capítulo, é importante notar que foi essa a origem daquilo que Biko caracteriza como a posição de "professor perpétuo" por parte dos ocidentais, pois a primeira pessoa, neste caso, era verdadeiramente um "eu imperial". Enrique Dussel (2013: 10) mostrou de forma brilhante que este "eu" europeu foi precedido e tornado possível, 150 anos antes, por outra declaração implícita: "conquisto, logo sou".

A expansão colonial da Europa e a concomitante imposição de modos europeus de ver o mundo são indissociáveis daquilo que Boaventura de Sousa Santos (1996) define como epistemicídio, isto é, a repressão das crenças e formas de conhecimento e, portanto, formas de estar no mundo dos conquistados. Conquista, epistemicídio, genocídio e escravidão são frequentemente indissociáveis (Ngũgĩ, 2009: 82; Santos, Nunes e Meneses, 2007: xxxiii-xxxix). Nelson Maldonado-Torres (2007: 252) resume de forma convincente a formulação historicamente mais precisa, da seguinte forma: "penso (os outros não pensam ou não pensam corretamente), logo existo (os outros não existem, falta-lhes ser, não deveriam existir ou são dispensáveis)". Desta forma, a colonialidade do conhecimento (Dussel, 2013; Grosfoguel, 2013) é, no processo de imposição da modernidade ocidental, indissociável da colonialidade do ser (Maldonado-Torres, 2007). É a partir desta perspetiva que Walter Mignolo (2011), entre outros, defende que a colonialidade é inerente à modernidade ocidental; isto é, do ponto de vista dos "não-ocidentais" conquistados, a modernidade ocidental é "violência originária, constitutiva e irracional" (Dussel, 1993: 76).

Como é sabido, ao ser aplicada no território que foi inventado como África, a segunda fase da colonização, no final do século XIX, representou uma consolidação adicional desse mito da superioridade epistemológica e ontológica dos ocidentais. Na verdade, como V. Y. Mudimbe (1988: 5-16) demonstrou, a interpelação de África e do seu povo como "escuro" foi, antes de mais, o resultado de uma ordem epistemológica nos termos da qual a ideia de África e dos africanos foi produzida como figura negativa do Semelhante. No conflito específico em que me concentro, que resulta da hegemonia dos colonizadores na África do Sul, as ideias dos filósofos do Iluminismo influenciaram, no século XVII, a atitude de "ceticismo misantrópico" (Maldonado-Torres, 2007: 245) de Jan van Riebeeck e sua tripulação em relação aos khoekhoe no Cabo e, posteriormente, a outros povos indígenas no resto do território (Magubane, 2007: 180).[1] Esse momento foi o da inauguração da ausência de coexistência, uma vez que ser negro era ser dotado de irracionalidade e, portanto, ser um não-ser, ser invisível.

A segunda invasão dos britânicos, em 1806, conduziu a uma campanha determinada que teve como objetivo atacar a humanidade e as formas de estar no mundo dos povos indígenas, que desencadeou as guerras de resistência levadas a cabo pelos xhosas na fronteira, que durariam pouco mais de cem anos. A derrota dos povos indígenas pela tecnologia superior dos britânicos reforçou a pretensa superioridade dos conhecimentos ocidentais, bem como a sua pretensa superioridade ontológica. Tal como noutros contextos coloniais, os colonizadores-invasores garantiram a vitória através de tecnologia superior e da supressão e canibalização dos saberes e epistemologias dos conquistados. Mogobe Ramose descreve este momento como a "inauguração do epistemicídio" (2003: 138). Também é importante realçar que a imposição violenta da modernidade, conquista, colonização e epistemicídio ocidental foi constitutiva do constructo espaciotemporal da "África do Sul".

Na Convenção de 1909 sobre a Constituição da África do Sul, bem como nos debates na Câmara dos Comuns do Reino Unido, uma das questões mais incómodas foi como inserir os africanos na "África do Sul". Jan Smuts, o último primeiro-ministro antes da promulgação do *apartheid*, resumiu o objetivo como sendo "para [...] ver se é possível – através da persuasão, em primeiro lugar, através de uma suave coação, se necessário – disciplinar o nativo para que este se torne digno da nossa civilização e sua humanidade" (citado em Magubane, 1996: 287). Desde o início que a inserção dos africanos na África do Sul se baseou na visão ocidental e

[1] Sobre a relação simbiótica entre o projeto do Iluminismo e o colonialismo e a diferença ontológica colonial, ver uma excelente coletânea de textos organizada por Eze (1997).

moderna dos nativos como lacaios dos colonizadores e como ferramentas despersonalizadas do capital branco.

A busca africana por "maturidade", "racionalidade" e direitos civis na África do Sul

As derrotas catastróficas dos povos indígenas obrigaram a que estes assumissem a posição de alunos cuja redenção seria encontrada na renúncia a si mesmos e na conversão aos "caminhos do homem branco". Voltarei ao significado desta conceção adiante, quando discutir algumas das razões que conduziram ao apoio entusiástico por parte do Congresso Nacional Africano (ANC) ao PGJT e à promessa feita por este projeto de permitir que a "nova nação" se tornasse um membro condigno da família das nações civilizadas. Por enquanto, basta ressaltar que a opressão política, a privação socioeconómica, o epistemicídio, a desintegração cultural e a negação dos frutos da modernidade ocidental produziram uma sensação de inferioridade interiorizada em alguns membros da elite africana (Biko, 2004: 111). Importante para a finalidade da tese central deste capítulo – a JT como assimilacionista e instigadora da hegemonia dos colonizadores – é o facto de que, na mente de algumas elites colonizadas, um cenário pós-conflito implicava demonstrar maturidade e racionalidade – os dois índices de se ser humano nos termos da modernidade ocidental – e fazer a transição para uma África do Sul desracializada e não descolonizada. Assim, em 1928, D. D. T. Jabavu afirmou que os africanos com educação ocidental sofreram uma "metamorfose" e fizeram "uma transição consistente do tribalismo comunalista para o individualismo democrático", e que, portanto, deveriam ser-lhes atribuídos na íntegra privilégios políticos na África do Sul branca (1928: 8-9).

A assimilação através dos direitos de cidadania na África do Sul foi, portanto, o principal objetivo dos primeiros nacionalistas africanos, cuja principal visão emancipadora superava aquilo que Jabavu denominava de "a falácia da segregação" (1928: 1).[2] Em 1912, lesados por essa "falácia da segregação", os africanos, sacerdotes e chefes com educação ocidental uniram-se para formar o Congresso Nacional Nativo Sul-Africano (SANNC) – mais tarde designado por ANC –, que pretendia promover não a completa autodeterminação, mas, sim, os direitos civis.

O *apartheid* enquanto última iteração do colonialismo também não teve como objetivo principal a produção de corpos negros desperdiçados;

[2] Ver também de Kock (2004: 126).

teve, sim, o objetivo de manutenção da ordem política sul-africana e garantir o mito da supremacia daqueles que até à segunda metade do século XX se referiam a si próprios como europeus. Para garantir a dominação branca, a supremacia e a pureza da "civilização branca", a legislação do *apartheid* empenhou-se em abolir escolas missionárias e outras entidades coloniais criadas com o objetivo de produzir pessoas miméticas. Simultaneamente, toda a ordem constitucional do *apartheid* se encontrava virada para a opressão dos "não-europeus" e para o acesso brutalmente policiado ao único elemento que parecia produzir uma igualdade ontológica: o acesso aos frutos da modernidade ocidental. Como resposta, a fação dominante do nacionalismo africano fez campanha por uma Constituição que facilitasse a transição para uma África do Sul na qual todos poderiam partilhar igualitariamente os seus frutos, "uma nova democracia não-racial [...] a África do Sul" (Mandela, 1961: s.p.).[3]

Para recapitular, defendi até agora que a maneira correta de caracterizar o conflito na África do Sul passa por entender que a "África do Sul" foi construída sobre o mito originário da diferença ontológica e colonial entre colonizadores-invasores e povos indígenas. No núcleo desse mito está a pretensa superioridade epistémica dos colonizadores. Na próxima secção, analiso a forma como, através de uma política de alteridade e anti-integração, Steve Biko e o Movimento da Consciência Negra (MCN) procuraram descolonizar o mundo sul-africano e criar um mundo novo onde a humanidade de todos poderia ser afirmada.

A desvinculação radical de Biko por uma coexistência radical

Para provar a sua existência, as vítimas de conflitos que visavam a manutenção das existências hierárquicas pareciam ser confrontadas com a escolha entre aceitar a sua própria racialização e inferioridade e a renúncia de si mesmas, tentando integrar-se no mundo do grupo opressor (Biko, 2004: 17; Fanon, 2008: capítulos 1-3; Mignolo, 2011: 275). Se fizessem campanha pela integração, perpetuariam a sua inexistência ao mesmo tempo que reforçariam o mundo do grupo opressor. Biko e os protagonistas do seu MCN procuraram traçar uma terceira via além do *apartheid* e da integração. Escrevendo no final da década de 1960 e início da década de 1970, Biko e os seus colaboradores do MCN defenderam que a política dominante de

[3] Ver também Halisi (1999: 1-5).

não-racialização e integração dos nacionalistas africanos não constituía uma arma poderosa contra o mito da supremacia ontológica e epistémica dos colonizadores ocidentais. O resultado da política integracionista, defendeu Biko, seria a perpetuação dos negros como simples "apêndices" da sociedade dos colonizadores (Biko, 2004: 55), enquanto a África do Sul continuaria a ser – epistemológica, política e culturalmente – uma "província da Europa" (Biko, 2004: 148). Para Biko, a África do Sul integrada, isto é, "nova", continuaria a ser um mundo maniqueísta.

Uma das contribuições excecionais de Biko consistiu na defesa de que o que sustentava o mundo maniqueísta da África do Sul não eram apenas atrocidades contrárias aos direitos humanos e segregação violenta; era, sim, "a totalidade da estrutura de poder branco" (Biko, 2004: 99). Mais importante ainda, Biko afirmou que o objetivo principal desta estrutura de poder era preparar pessoas negras para a subserviência perpétua na África do Sul (Biko, 2004: 30). No contexto da dominação minoritária dos colonizadores e das angústias subconscientes acerca do futuro governo de maioria negra, foi crucial para os colonizadores garantir a sua hegemonia perpétua, não só institucionalizando e tecendo o racismo em todos os setores da África do Sul mas também garantindo que a supremacia branca fosse total, no sentido em que condicionava as respostas "adequadas" a essa supremacia (Biko, 2004: 55). O sucesso da estrutura de poder branco teria lugar quando as respostas que parecessem revolucionárias levassem na verdade à transmutação do domínio dos colonizadores em hegemonia dos colonizadores (indigenizados), em campos tão diversos quanto a economia, a cultura, a estética, o conhecimento-produção e o direito. A expressão de Biko – "a totalidade da estrutura de poder branco" – é o que um grupo de teóricos sul-americanos designa por colonialidade. Maldonado-Torres dá-nos esta valiosa definição:

> A colonialidade é diferente do colonialismo [...]. A colonialidade [...] refere-se aos padrões duradouros de poder que surgiram como resultado do colonialismo, mas que definem a cultura, o trabalho, as relações intersubjetivas e a produção de conhecimento muito para lá dos limites estritos das administrações coloniais. Assim, a colonialidade sobrevive ao colonialismo. (2007: 243)

Na tentativa de garantir que a estrutura de poder branco e o seu *telos* de perpétua subalternidade africana não sobreviveriam ao *apartheid* colonial, Biko e os seus camaradas do MCN lutaram pela completa destruição do constructo chamado África do Sul e pela criação da Azânia, um mundo pós-maniqueísta onde todos os grupos poderiam contribuir igualmente para a construção de uma sociedade verdadeiramente humana (Gerhart,

1978: 276). No entanto, uma vez que aqueles que haviam sido construídos como não-seres não podiam destruir o mundo sul-africano nem construir um mundo novo, era necessário que os povos africanos recuperassem, em primeiro lugar, a sua humanidade. O MCN aconselha a que qualquer agenda pós-conflito comece por aqueles que foram tornados invisíveis e inexistentes e que reivindicam a sua humanidade por e para si, sem nenhuma tutela.

Assim, a práxis da Consciência Negra (CN) consistiu em primeiro lugar numa práxis de alteridade que permitisse a subjetivação dos que tinham sido interpelados como não-seres. A alteridade, enquanto processo para se estabelecer como outro moral e ético, é necessária num mundo antinegro porque, nesse mundo, os negros estão situados "*abaixo* do reino da intersubjetividade humana e das relações éticas" (Gordon, 2011: 74; itálico no original), ou seja, não existem. Pelas razões acima expostas, segundo a perspetiva da CN, a alteridade e a coexistência não poderiam – e não podem – ser alcançadas no mundo sul-africano. O MCN não procurou, portanto, afirmar a existência dos negros face aos desumanizadores e ao seu mundo. O povo branco como conjunto de beneficiários de um crime contra a humanidade optou por sair do mundo humano e, assim, segundo o MCN, os brancos não existiam como grupo político (Khoapa, 1972: s.p.). Da mesma forma, por uma questão de princípio, o MCN não reconheceu o regime do *apartheid* e, portanto, não lhe dirigiu nenhuma queixa. Neste sentido, a práxis da CN partilha do mesmo objetivo que a práxis da descolonialidade conforme foi articulada por Walter Mignolo: "não resistir, mas reexistir" (2011: 90). A reexistência só é possível quando aqueles que foram inseridos como não-seres recusam quaisquer pontes para a integração, em vez de se desvincularem do mundo dos opressores.

O MCN demonstrou que, para ser significativo, qualquer projeto de desvinculação de um mundo opressivo deve enfrentar os problemas de inferioridade interiorizada e de autonegação. A este respeito, os adeptos da CN esforçaram-se por superar a degradação psicológica, exortando os negros "a julgar-se de acordo com os [próprios] padrões e a não serem enganados pela sociedade branca, que se branqueou a si própria e fez dos padrões brancos o critério pelo qual até os negros se julgam mutuamente" (Biko, 2004: 33). Uma rutura epistemológica – um processo que Santos destaca num livro recente cujo subtítulo é "justiça contra o epistemicídio" (2014: viii–ix) – constitui uma condição prévia para este projeto de superação daquilo que W. E. B. du Bois (1986: 364-365) designava como dupla consciência e realização da transformação psíquica. Uma rutura epistemológica é uma tentativa de pôr em prática uma rutura com o mundo do opressor ao recusar as suas premissas e fundamentos epistemológicos. A práxis da CN constituiu, portanto, uma revolta cultural e metafísica (Nolutshungu, 1982: 152–153).

Uma rutura epistemológica e uma revolta contra o "branqueamento" são os primeiros passos para o distanciamento de uma epistemologia que é cética em relação à humanidade dos "não-ocidentais". O segundo passo para a "justiça contra o epistemicídio" consiste em tornar visível e afirmar o quadro de referências e sistemas de conhecimento das vítimas da modernidade-como-colonialidade ocidental (SANTOS, 2004: 164). Para o efeito, o MCN esperava, através de projetos de autossuficiência (clínicas, hortas, projetos de arte e alfabetização, campanhas de memorialização) e da aplicação da metodologia de consciencialização dialética de Paulo Freire (WILSON, 2011: 66), "infundir a comunidade negra com um novo orgulho encontrado em si, nos seus esforços, nos seus sistemas de valores, na sua cultura, na sua religião e nas suas perspetivas de vida" (BIKO, 2004: 53). Esta afirmação e infusão foram possíveis porque, embora o epistemicídio fosse abrangente e generalizado, nem tudo havia sido destruído (BIKO, 2004: 45).[4]

Assim, Biko foi ao início da instalação do mundo maniqueísta e propôs que os povos africanos se recuperassem e exaltassem as civilizações, culturas e tradições africanas e não considerassem a modernidade ocidental como a única forma de ser no mundo (AHLUWALIA e ZEGEYE, 2001: 466). Com esta proposta, Biko enfatizou que o objetivo não consistia em procurar recuperar as tradições africanas pré-coloniais, mas, sim, em revalorizar o espírito ético e epistemológico da humanidade africana (2004: capítulo 8). Biko não afirma que a África pré-colonial era irrepreensível e que nela reinavam eternamente a harmonia e a coexistência. O que ele afirma verdadeiramente é que a colonização interrompeu e deslocou as formas africanas de resolver disputas e alcançar a re-harmonização; e que a descolonização deve ser uma ocasião para reafirmar as formas africanas de resolver disputas, alcançar a cura e procurar a coexistência (BIKO, 2004: 108). A práxis da CN é, em última análise, baseada na filosofia africana do *ubuntu* e nas suas práticas de desalienação e re-harmonização (DU TOIT, 2008: 32, OLIPHANT, 2008: 227). O *ubuntu* é a filosofia ontológica e epistemológica do povo banto que exige a afirmação da dignidade e da humanidade de todos os seres como forma de assegurar a harmonia comunal.

A práxis existencial-fenomenológica da Consciência Negra (nota: não do Nacionalismo Negro ou do Orgulho Negro) não é um objetivo final, mas uma antítese intransigente contra "a totalidade da estrutura do poder branco" e a sua produção de outros como inexistentes. A terceira via de Biko constitui uma tentativa de superação efetiva do antagonismo estrutural e de abertura da possibilidade de uma coexistência verdadeiramente pluralista para lá do

[4] Ver também Cabral (1973: 60–61).

pluralismo racista imposto pelo *apartheid* colonial (L. TURNER, 2008: 73). Esta terceira via dirige-se ao pós-conflito porque pretende implodir o mito da diferença ontológica e epistémica colonial. Garante um movimento incessante em direção a uma coexistência pluralista baseada nos princípios do respeito mútuo, da autodeterminação e da equivalência epistémica. A interculturalidade e o plurinacionalismo estão no centro desta busca pela coexistência. Biko explicou esta visão de coexistência pluralista nos seguintes termos:

> Cada grupo deve ser capaz de atingir o seu estilo de existência sem invadir nem ser impedido por outro. Deste respeito mútuo e da completa liberdade de autodeterminação, surgirá, obviamente, uma verdadeira fusão dos estilos de vida dos vários grupos. Esta é a verdadeira integração. (BIKO: 2004: 22)

É nesse sentido que, no seguimento do pensamento de Lucius Outlaw, Mabogo More (2008: 59) cunha a síntese liberatória de Biko como "integração pluralista". Espero que se tenha tornado claro que por "coexistência pluralista" não me refiro ao modelo frequentemente evocado pelos multiculturalistas liberais para "permitir a assimilação e o esquecimento" (HOOKS, 2009: 105). Na filosofia da CN, não há esquecimento da desapropriação e do tormento. Biko insiste em que nunca haverá coexistência a menos que se opere uma redistribuição radical da economia e se ponha fim à subjugação socioeconómica (entrevista com GERHART, 2008: 34). Biko também deixa claro que a coexistência pluralista só poderia ocorrer após a reconquista das terras, já que a desapropriação de terra em curso e a deslocação de pessoas africanas "põem em causa a nossa existência" (BIKO, 2004: 90). A falta de terra diminui a possibilidade de encontrar espaços para a realização de rituais e ritos que têm como fim alcançar a harmonia cósmica entre os vivos, os mortos-vivos e os nascituros. Uma vez que a humanidade africana é uma busca por essa totalidade, tudo o que interferir com essa busca põe em causa a existência da humanidade africana (RAMOSE, 2002: 45–46).

A demanda pelo que Biko denominou "uma verdadeira humanidade" consistia, em primeiro lugar, na desconstrução e desmantelamento da estrutura de poder branco "invisibilizante" e da sua política, e, em segundo lugar, num movimento incessante rumo à afirmação da humanidade de cada um através do reconhecimento e do respeito da humanidade dos outros. Portanto, possibilitaria a coexistência pluralista quando esta não se baseasse unicamente em ações viradas para a estabilidade e a reconciliação. Essa busca também deve basear-se na busca intransigente de justiça – incluindo a justiça cognitiva, estética, jurisprudencial, a justiça da terra e a justiça reparadora. Esta é a justiça do *ubuntu* tal como o banto Steve Biko a entende.

Em último lugar, Biko entendeu que o conflito entre existência e inexistência na "África do Sul" era apenas um microcosmo da realidade que Aníbal Quijano (2010: 22-23) designa por matriz global da colonialidade, que surgiu no longo século XVI. De acordo com Biko, este conflito foi uma continuação do facto de "os sistemas brancos [modernidade ocidental e civilização] terem produzido em todo o mundo um número de pessoas que não sabem que também são pessoas" (2004: 78, 55-56). O mundo centrado na Europa e na América do Norte a que Biko se refere é atravessado por aquilo que Santos (2007) refere como a linha abissal. Nos termos desta linha, do "outro lado" da linha não há conhecimento ou pensamento real e, consequentemente, quem se encontra do outro lado da linha, os "não-ocidentais", não existem verdadeiramente (Santos, 2007).

Tal como no âmbito doméstico, a demanda pela superação da linha abissal e pela afirmação da humanidade total dos "não-ocidentais" deve começar por uma luta pela desvinculação das formas ocidentais/imperiais de pensar e agir (Mignolo, 2011: 45; Santos, 2007: 22). Desta forma, as epistemologias ocidentais podem ser descentradas (Ngũgĩ, 1993: xvi) e não descartadas. Tal luta criaria a possibilidade de caminhar para um "mundo pluriversal" – um mundo onde os problemas globais são submetidos a soluções globais (Grosfoguel, 2013: 88). Esta tarefa também inclui o reconhecimento de que as ONG, universidades, centros de investigação e outras infraestruturas ocidentais e ocidentalizadas do Centro ainda hegemónico são os principais transmissores das epistemologias ocidentais e dos seus "sistemas brancos". Como forma de assegurar um movimento em direção a um mundo pluriversal, é importante que esta sociedade civil global e hegemónica seja constantemente desafiada e deslegitimada.

Em muitos sentidos, isso já está a acontecer. O mais significativo desses desafios está organizado em torno daquilo que Santos (2008: 9) define como cosmopolitismo insurgente – um movimento global pela justiça social e cognitiva que emergiu para resistir a vários aspetos da matriz colonial de poder. O cosmopolitismo insurgente é uma forma de assegurar um afastamento de um cosmopolitismo formado por ONG ocidentais e ocidentalizadas que estão apostadas em ser as perpétuas salvadoras e professoras "do resto". Para este efeito, é importante notar que essas ONG invocam sempre normas e valores do direito internacional como parte da sua retórica salvacionista.

Neste sentido, os estudiosos da Third World Approaches to International Law [Abordagens do Terceiro Mundo ao Direito Internacional] demonstraram que o direito internacional não é nem neutro nem objetivo. Antony Anghie mostrou que, desde o seu início imperial no século XVI, o direito internacional tentou alcançar um sistema de ordem universal através da superação do fosso cultural – diferença ontológica e colonial escrita em letras gordas – entre o Ocidente e o resto. O objetivo do direito internacional consiste então em assimilar "o incivilizado/aberrante/violento/atrasado/oprimido no domínio da ordem civilizada, universal, regida pelo direito internacional (europeu)" (Anghie, 2006: 742). Makau Mutua e Antony Anghie (2000: 31) defendem que a aplicação de normas e doutrinas de direito internacional resulta muitas vezes na perpetuação de uma hierarquia racializada e, portanto, na manutenção da linha abissal. O cosmopolitismo insurgente, ou o cosmopolitismo descolonial (Mignolo, 2011: 270), busca desafiar esta ordem legal internacional, ilegítima e assimiladora, promovendo uma reconceptualização subalterna do direito internacional e das reformas domésticas que este prescreve como forma de criar possibilidades de coexistência planetária (Santos e Rodríguez Garavito, 2005: 12–18). Na próxima secção, argumento que o Projeto Global de Justiça de Transição é precisamente a antítese dessas possibilidades de pluralismo e coexistência pluralista.

Os promotores da Justiça de Transição como instigadores do epistemicídio

Embora o Sul global tenha estado na linha da frente em termos de aplicação de processos e mecanismos de JT no pós-Guerra Fria, a JT não é um produto das epistemologias do Sul. Começo esta secção com uma breve genealogia da JT para sustentar a afirmação de que, embora a JT seja consumida no Sul global, ela é feita no Norte global e em espaços ocidentalizados. Em segundo lugar, defendo que as posições epistemicidas e integracionistas do PGJT remapeiam a linha abissal e, assim, perpetuam a marginalização de países e povos no Sul global.

Numa revisão da genealogia da JT, Paige Arthur (2009: 325) identifica uma conferência organizada pelo Instituto Aspen em Washington D.C., em 1988, como o momento basilar do enquadramento intelectual da JT. Nesta conferência, bem como noutras conferências relacionadas, ativistas internacionais de direitos humanos adotaram a "transição para a democracia" como a lente normativa através da qual a mudança política desejada passaria a ser vista (Arthur, 2009: 325). Como forma de lidar com as violações em massa cometidas no passado e de promover os processos de construção nacional, os mecanismos de JT do pós-guerra fria evitaram os julgamentos criminais e favoreceram a constituição de comissões de verdade (Teitel, 2003: 79). As comissões de verdade foram consideradas os veículos apropriados para garantir a paz, uma condição prévia para a democratização (Teitel, 2003: 79). Em última análise, os objetivos de alcançar a paz e estabilizar a política interna suplantaram o objetivo de alcançar a justiça (Arthur, 2009: 322; Teitel, 2003: 84). Os discursos da justiça social e da justiça redistributiva tiveram menos apoiantes porque esses projetos de JT coincidiram com o triunfo pós-1989 do liberalismo e da globalização neoliberal.

A partir da conferência do Instituto Aspen e de reuniões relacionadas (ver Arthur, 2009: 329–333), o campo emergente da JT continuou a ser moldado e dominado por uma comunidade epistémica ocidental e ocidentalizada composta por três conjuntos de atores: ativistas dos direitos humanos, funcionários do pós-conflito e do desenvolvimento e investigadores científicos do Norte global; ativistas dos direitos humanos e investigadores do Sul global, mas ao serviço de organizações sediadas no Norte; e atores do Sul que faziam parte desta comunidade epistémica em virtude de concordarem amplamente com o quadro liberal ocidental da JT e que contribuíram ativamente para a sua expansão e aplicação. Até hoje, essa comunidade gerou uma indústria extremamente produtiva. Uma equipa internacional de atores muito viajados teoriza sobre esta área; define a agenda; auxilia os governos; coadjuva e capacita as ONG locais; e acompanha e avalia mecanismos e processos de JT. Esses promotores da JT disponibilizaram no mercado guias e manuais das "melhores práticas internacionais" que tratam de todos os aspetos das transições – dos arquivos aos processos judiciais, passando pela memorialização (Gready, 2011: 5-6).

Em última análise, o PGJT é o marcador da linha abissal. Neste caso, os Estados e as pessoas do outro lado da linha são mais uma vez vistos como conflituosos, não totalmente modernos ou modernizados, intelectualmente deficientes e carentes de salvação por parte de atores que vêm "deste lado" da linha: o lado moderno, civilizado e sem conflitos. O PGJT, sob o pretexto do cosmopolitismo (ocidental), procura refazer e re-humanizar os povos "não-ocidentais" (Neocosmos, 2011: 362-363; Madlingozi, 2010; Mutua, 2002: 28). Contrariamente ao projeto descolonial de desvinculação e distanciamento do mundo centrado na Europa e na América, os protagonistas do PGJT, juntamente com as elites nacionais integracionistas, são fundamentais para a inserção de países e indivíduos do Sul global na matriz de poder global do pós-Guerra Fria. Com esta inserção, os projetos nacionais de reconciliação e construção nacional, juntamente com as reformas institucionais, a inculcação tanto de uma "cultura dos direitos humanos" como de um *ethos* de "boa governação", servem para demonstrar que estas nações chegaram à maturidade e estão prontas a tornar-se membros racionais da "comunidade internacional"; em poucas palavras, estão prontas para transitar para "este lado" da linha abissal – uma aspiração que não é muito diferente das aspirações dos primeiros nacionalistas africanos a que aludi na secção 1.

A questão mais importante consiste em que, embora prometendo o regime de emancipação e regulação – os modos gémeos de governação "deste lado da linha", em contraste com a apropriação e a violência, os maiores indicadores de conflito "do outro lado da linha" (Santos, 2007: 3) –, os mecanismos da JT acabam por se centrar no aspeto da regulamentação social, incluindo reformas do Estado de Direito, "regulação do mercado livre" e responsabilização horizontal e vertical do Estado. Adicionalmente, uma vez que a agenda de democratização e modernização da JT redunda frequentemente em liberalização política seguida de liberalização económica, daqui resulta que, em quase todos os países "pós-conflito", os frutos prometidos da emancipação social continuam a ser uma quimera. Simultaneamente, enquanto a violência do Estado é reduzida, a violência como característica do "outro lado" da linha permanece na maioria dos países "pós-conflito".

Em primeiro lugar, a JT, ao impor uma temporalidade linear, perpetua a violência (Bevernage, 2012: 18). Esta temporalidade é uma característica constitutiva da modernidade-como-colonialidade ocidental, porque suprime e desqualifica práticas que são governadas por outras temporalidades (Santos, 2004: 169). Neste sentido, Victor Igreja (2012: 405–406) mostrou que as práticas de cura "não-ocidentais" operam fora do conceito hegemónico ocidental de tempo exigido pela JT e pelas suas comissões lideradas pelo Estado. Em segundo lugar, e relacionado com o primeiro ponto, os projetos de JT perpetuam frequentemente o epistemicídio ao tornar as práticas "tradicionais" de memorialização coletiva invisíveis ou inferiores (ver, por exemplo, Marschall, 2013). O domínio das formas ocidentais de recordar não só perpetua a deslocação psíquica e a dupla consciência como recentra as formas ocidentais de estar no mundo; e de narrar e imaginar a nova nação. Em terceiro lugar, como veremos na próxima secção, os projetos de JT continuam a violência e a apropriação sob a forma de epistemicídio através da sua propensão para a apropriação de conceitos, valores e práticas centrais nas tradições e culturas dos historicamente oprimidos. Os projetos de JT são, em última instância, uma anticonstrução nacional, uma vez que prolongam a subalternização de culturas e quadros de referência historicamente colonizados. Nestas circunstâncias, uma consciência verdadeiramente nacional nunca pode concretizar-se.

Deste modo, a regulação social e a violência existem lado a lado, resultando não numa entrada "neste lado" da linha, mas na produção de países e seres liminares que não estão "neste lado" nem, realmente, no "outro lado" da linha. O resultado é aquilo a que Biko chamaria de produção de países e pessoas "não brancas" (2004: 86).[5] Incapazes de alcançar o ideal ocidental, os países liminares passam por uma "transição" sem fim, pelo que o trabalho dos executantes da JT nunca termina (Neocosmos, 2011: 362). Por sua vez, isto conduz a uma situação em que a estratificação entre inferior/superior e perpétuos pupilos/perpétuos professores, ela própria indicador de conflito nas antigas colónias de povoamento, permanece porque, como o psicólogo sul-africano da CN temia, a "paternidade branca" continuaria mesmo após uma putativa independência (Manganyi, 1973: 17). Na secção final, centro-me em como o PGJT ajudou a restabelecer o mundo dividido na África do Sul.

Epistemicídio e existências separadas na nova África do Sul

A nova África do Sul é muitas vezes referida como um paradigma da JT. Nesta secção, começo por revisitar os argumentos que sugerem que a "nova África do Sul" não foi uma criação decorrente do trabalho dos colonizados. Pelo contrário, é o resultado de um rearranjo constitucional induzido pelos colonizadores que incorporou o apoio dos integracionistas africanos e que, por fim, contou com o discurso do PGJT para recalibrar a agenda pós-conflito. Em segundo lugar, vou demonstrar que o processo de JT na África do Sul canibalizou o *ubuntu* e, nesse processo, não só facilitou o compromisso da elite e a hegemonia dos colonizadores como continuou a inferiorização das formas africanas de ser no mundo.

Entre o final da década de 1960 e o início da década de 1980, os principais partidos políticos anti-*apartheid* foram ilegalizados e não havia, na prática, nenhuma organização nacional que constituísse um desafio frontal ao regime do *apartheid*. A guerra ideológica que Biko e os seus colegas do MCN haviam iniciado foi suspensa pelo regime do *apartheid* no final da década de 1970, quando Biko foi assassinado e os grupos associados ao MCN foram ilegalizados. Em 1983, surgiu um movimento nacional popular, quando se formou a Frente Democrática Unida (UDF), que era multirracial e multiclassista. A partir de 1984, as organizações de jovens negros que defendiam

[5] Não tenho em mente o tipo de liminaridade autossubjetivadora que pode ser um espaço subversivo capaz de perturbar as pretensões coloniais e neocoloniais. Aplico o conceito de liminar de acordo com a elaboração clássica de Arnold van Gennep no contexto dos ritos de passagem: desapego e marginalidade (*liminen*), mas, também, incapacidade de atingir o terceiro estágio de agregação ou renascimento (V. Turner, 1979: 235–236). A JT é um (estranho) rito de passagem.

o "poder do povo" e as organizações cívicas das *townships*[6] impulsionaram a UDF a partir de baixo, ao promover protestos violentos contra o regime num esforço para tornar a África do Sul "ingovernável" (Lodge, 1991: 55).

Em 12 de junho de 1986, o presidente P. W. Botha decretou o estado de emergência nacional. No final desse ano, milhares de ativistas tinham sido presos e centenas de pessoas mortas ou dadas como desaparecidas. O ano de 1986 foi o ano em que a transição para a nova África do Sul realmente começou. Há dois acontecimentos significativos que podem ser destacados. Em primeiro lugar, em outubro de 1986, o Congresso dos EUA aprovou medidas que impulsionaram campanhas de boicote, desinvestimento e sanções nos EUA e em outros países. Como consequência destas medidas, o extremamente influente Complexo Sul-Africano de Minerais e Energia (MEC) sofreu uma grave crise de acumulação. Na última parte da década de 1980, o MEC começou, por conseguinte, a fazer lóbi pela transformação do capitalismo racial em capitalismo liberal e iniciou negociações secretas com o ANC no exílio (Terreblanche, 2012: 59–63). O MEC também pressionou o governo do *apartheid* a envolver-se de forma construtiva com o ANC (Terreblanche, 2012: 59–63). Confrontado com a deterioração da situação de segurança interna, o fluxo maciço de capital, a alta inflação, os boicotes culturais e desportivos e um reforço do estatuto de pária a nível internacional, o regime do *apartheid* iniciou negociações secretas com o ANC no final da década de 1980.

Em segundo lugar, estes desenvolvimentos motivaram o ANC a iniciar os preparativos para governar a nova África do Sul. Oliver Tambo, então presidente do ANC, decidiu que a Carta da Liberdade (a ferramenta canónica que mobilizava o ANC e os seus aliados) era inadequada e continha muitas formulações vagas. Em setembro de 1986, um comité do ANC, constituído por três juristas no exílio, redigiu um documento preliminar intitulado "Diretrizes Constitucionais". O ANC acabou por adotar essas diretrizes em 1989. As diretrizes idealizavam uma nova África do Sul animada por princípios de sufrágio universal, de governo representativo e de supremacia da Constituição. Em fevereiro de 1990, F. W. de Klerk anunciou a legalização do ANC e de outros partidos e organizações envolvidas na libertação.

Este breve relato contradiz a grande narrativa do ANC segundo a qual a luta entre colonizadores e colonizados "estava empatada [e] então sucedeu que o opressor e os oprimidos se juntaram para traçar o caminho para uma

6 Na África do Sul, o termo *township* geralmente refere-se a áreas urbanas segregadas na periferia das cidades e vilas, muitas vezes subdesenvolvidas, que, sob o *apartheid*, estavam reservadas aos negros, mulatos e indianos. Fonte: Wikipédia <https://pt.wikipedia.org/wiki/Township_(África_do_Sul)>.

África do Sul democrática" (Govan Mbeki, do ANC, *apud* Marais, 2001: 85). Foi o capital branco e o Estado do *apartheid* que iniciaram o processo de democratização. Foi também o Estado do *apartheid* que surpreendeu o ANC, em fevereiro de 1990, quando anunciou a sua legalização e deu início a negociações abertas. Na posse destes factos, pode falar-se de um "rearranjo constitucional induzido por colonizadores". Na senda de Fanon, Mabogo More (2011: 175) não está a ser indelicado quando afirma que o ANC teve um papel passivo. A promoção dos colonizados pelo colonizador, afirmou Fanon (2008: 171), não destrói o mito da diferença colonial porque o colonizado continua a ser considerado inferior. Por que razão as pessoas colonizadas aceitaram a sucessão de governos e não promoveram a descolonização na forma de reconquista da terra, a dissolução da soberania criada pelos colonizadores e a afirmação das modernidades africanas? No centro da legitimação da integração e da democratização esteve, por oposição à descolonização, um discurso de reconciliação estimulado pelo PGJT, bem como a apropriação do discurso do *ubuntu* por parte do ANC integracionista.

O próprio desejo do ANC de criar uma "Constituição transformadora" (em oposição a uma Constituição descolonizadora semelhante às que foram aprovadas no seguimento de reorganizações constitucionais conduzidas pelos movimentos indígenas na Bolívia e no Equador) foi legitimado pelo PGJT, que era composto por organizações da sociedade civil local e internacional. Escrevendo em 1996, Makau Mutua fez a seguinte observação:

> nunca a recriação de um Estado foi, de forma tão exclusiva, o produto de uma defesa tão direcionada e implacável das normas de direitos humanos. [...] o impulso para a mudança política na África do Sul tornou-se num projeto internacional de direitos humanos. (2002: 126)

A adoção de uma Constituição "enfaticamente modernista, eurocêntrica e liberal" (Comaroff e Comaroff, 2004: 521) teve como objetivo indicar que a nova África do Sul estava pronta para fazer parte e tornar-se membro da fraternidade euro-americana de direitos humanos.

Do ponto de vista da CN, esta Constituição é uma Constituição neo-*apartheid* porque viabiliza a hegemonia dos colonizadores de quatro formas diferentes. Primeiro, através da cláusula do direito à propriedade, converteu a terra confiscada em propriedade de direito, legitimando o "direito de conquista" que foi adquirido na colonização (Ramose, 2012: 21-22). O resultado consistiu em que a relação nativo/colonizador subsiste porque o que torna um colonizador-invasor num colonizador-invasor não é simplesmente o ato de emigrar para a terra de outro, mas o ato de destituir e deslocar "os nativos". Em segundo lugar, esta Constituição suprema mantém a subordinação das legalidades africanas. A lei africana só pode ser observada e praticada quando não contraria a Constituição (secção 2 da Constituição). As legalidades e subjetividades indígenas são, portanto, forçadas a reconciliar-se e subordinar-se às normas e valores da modernidade ocidental e às suas instituições da democracia liberal. Contrariamente ao apelo de Biko pela interculturação e o pluralismo jurídico, esta reforma constitucional perpetua a dominação sob o manto de "uma nação, uma lei". Em terceiro lugar, a Constituição conferiu direitos civis a todos, estendendo assim a democracia aos africanos. Isto acaba com a independência da colónia de povoamento e da dominação dos colonizadores, mas não acaba com a hegemonia dos colonizadores. Por último, a Constituição prescreveu a reconciliação e o perdão como condição para a integração na nova comunidade política. Será pertinente citar o posfácio da Constituição provisória de 1994:

> A adoção desta Constituição estabelece o fundamento seguro sobre o qual o povo da África do Sul pode transcender as divisões e os conflitos do passado [...]. Agora, estes problemas podem ser abordados com base na necessidade de compreensão, mas não de vingança, na necessidade de reparação, mas não de retaliação, uma necessidade de *ubuntu*, mas não de vitimização [...]. Com esta Constituição e estes compromissos, nós, o povo da África do Sul, abrimos um novo capítulo na história do nosso país.

Primeiro, como Grunebaum (2011) e Bevernage (2012) demonstram, a adoção de uma temporalidade linear serve para distanciar o passado, abrir um "novo capítulo" e excluir questões sobre a destituição e "subontologização" em curso. Em segundo lugar e mais importante, a nova lei fundamental decreta que aqueles que conseguem ser racionais e maduros e suprimir a sua necessidade de vingança, retaliação e vitimização poderão entrar na ponte histórica que leva a um "novo capítulo" na história da África do Sul.[7] Para ser claro, estes são os termos definidos para a inclusão das vítimas da conquista numa nova África do Sul. Nenhum destes termos e condições foi estabelecido a pensar nos beneficiários do *apartheid* colonial que, logicamente, não podem ter motivos para albergar sentimentos de vingança e vitimização, uma vez que foram eles que, num referendo de 1992 em que só a população branca pôde votar, autorizaram as negociações formais que conduziram à transição para a nova África do Sul.

[7] Ver também AZAPO and others versus The President of South Africa and others, 1996: 18-19 [18]. Disponível em: <azapo.org.za/wp-content/uploads/2018/06/Constitutional-Court-of-South-Africa-Case-CCT-17-of-1996-Judgement.pdf>.

Ao mesmo tempo, os discursos de perdão e reconciliação da JT impedem o desenvolvimento de uma subjetividade da alteridade nos termos propostos por Biko; em vez disso, promovem uma subjetividade ferida por parte dos colonizados que agora são reconstituídos como vítimas a ser reconhecidas por uma forma estatal que ainda não foi descolonizada. Além disso, o discurso da JT vai mais longe e divide os colonizados que ainda estão fraturados em "boas vítimas" e "más vítimas" (Madlingozi, 2007). As "boas vítimas" são os "realistas" que se satisfazem com uma vitória moral e que aceitam os termos da nova ordem – promessas constitucionais de atribuição de direitos civis e socioeconómicos na condição de se reconciliarem com, *inter alia*, a soberania criada com base na subjugação das soberanias africanas, conquista da terra, injustiça económica e a supremacia da modernidade ocidental. Inversamente, a exclusão antecipada de questões de justiça histórica e a adoção de uma temporalidade linear impulsionam os beneficiários do *apartheid* colonial a "sentir-se apenas sortudos", já que a "nova" comunidade política constitui um renascimento e esse renascimento absolve-os da responsabilidade histórica (Meister, 2012: 228–230). Para os beneficiários, a JT é, então, um projeto cosmogénico que limpa o passado e através do qual eles se tornam, sem quaisquer condições, pós-coloniais e já não colonizadores.

Por outro lado, são más vítimas os "radicais" que rejeitam o compromisso da elite e declaram que a verdadeira reconciliação e coexistência não são possíveis até que o poder económico, político, epistémico e cultural tenha sido redistribuído. Estas vítimas que não estão em sincronia são vítimas que rejeitam a temporalidade da JT e declaram, como declaram os membros do Grupo de Apoio Khulumani, que conta com 85 000 apoiantes, que "o passado está no presente" (Madlingozi, 2007: 119). Contrariamente aos grupos valorizados que estão dispostos a fazer a nova África do Sul funcionar – beneficiários e boas vítimas – as más vítimas são acusadas de estragar a paz e a harmonia. Mais precisamente, a acusação implícita que lhes é atribuída é de que eles, na verdade, não estão imbuídos do espírito do *ubuntu*, que, nesta instância, é interpretado como significando ser generoso, compassivo e hospitaleiro (Tutu, 1999: 34). Durante o período de transição, foi este o entendimento dominante do *ubuntu*. A retórica do *ubuntu* demonstrou ser rentável, uma vez que os discursos e práticas do PGJT necessitaram sempre de discurso(s) ou conceito(s) "locais" ou "tradicionais" para se legitimarem ou incorporarem.

O discurso do *ubuntu* operou apenas como retórica para suscitar a compaixão do grupo colonizado e reconciliá-lo com injustiças históricas. Na prática, a Comissão para a Verdade e Reconciliação (CVR) aplicou normas e procedimentos legais ocidentais para decidir quem poderia ser certificado como vítima e quem poderia ser amnistiado. Confirmando esta ideia, Adam

Sitze (2013) mostrou que o processo de amnistia da CVR representa uma continuação da jurisprudência do *apartheid* sobre a amnistia, que contrasta fortemente com os objetivos expressos no posfácio da Constituição provisória de ajudar o país a romper com a jurisprudência do *apartheid*. Para mais, tal como Tutu (1999: 72-73) confirma, a CVR foi fortemente influenciada pela teologia cristã. A teologia cristã e a legalidade ocidental, e não a filosofia do *ubuntu*, foram os quadros normativos que enquadraram grande parte do trabalho da CVR. Assim, em primeiro lugar, o projeto da JT na África do Sul apropriou-se do *ubuntu* para facilitar a integração das boas vítimas na nova África do Sul. Esta exploração e apropriação indevida de um conceito ético-epistemológico que está no cerne da ontologia dos que foram historicamente colonizados concretiza o deslocamento psíquico e a desarmonia cósmica. Em segundo lugar, o projeto da JT na África do Sul violou princípios fundamentais do *ubuntu*: princípios de responsabilidade com a comunidade, fidelidade à verdade e justiça restaurativa.

Sobre este tema, Wole Soyinka (1999: 25-27) defende que o clamor pela harmonização da África do Sul sacrificou, paradoxalmente, a responsabilidade, um dos pilares centrais da construção de uma sociedade baseada na partilha e na coexistência. Podemos entender o argumento de Soyinka como uma afirmação de que a isenção de responsabilidade, mesmo no âmbito da amnistia condicional, vicia um dos princípios centrais do humanismo africano, segundo o qual os deveres do indivíduo para com a comunidade são anteriores aos direitos que o indivíduo pode reivindicar da comunidade. Neste caso, o trabalho de coesão social só pode começar quando os beneficiários do colonialismo e do *apartheid* aceitam a responsabilidade pelos seus privilégios ainda existentes. O ponto fundamental a reter aqui é que uma pessoa que beneficia da exploração e não toma medidas para reverter esse estado de coisas e promover a vida compassiva está, segundo a avaliação decorrente da visão do mundo do *ubuntu*, não a ser *umuntu* (uma pessoa) mas *into* (uma coisa); um ser que não faz parte do domínio das pessoas (Ramose, 2010: 300). Do ponto de vista do principal argumento deste capítulo, a CVR, na sua via para uma existência pluralista, não habilitou os benificiários/colonizadores a ultrapassar a sua existência "à parte". Os beneficiários permanecem assim como colonizadores porque outro indicador de que se é um colonizador é o estado de fazer fisicamente parte de um ambiente para o qual se deslocou, mas no qual não quer coexistir, através da recusa em assumir a responsabilidade social e moral (Mafeje, 1997: 9).

Do lado das vítimas, o problema não se limitou à forma como o projeto de JT sul-africano violou a filosofia vivida do *ubuntu* de re-harmonização coletiva, dividindo-as em boas e más vítimas; o problema também consistiu em que a concentração da CVR em vítimas e agressores individuais exonerou os beneficiários no decurso do processo de individualização do conflito. O tipo de reconciliação individualizada entre vítimas individuais e agressores individuais que a CVR levou a cabo sem sucesso jogou contra a harmonização social e o reequilíbrio da comunidade, que são os objetivos centrais da humanidade africana.

Por fim, Mogobe Ramose argumenta que a CVR estava em consonância com o modelo contabilístico da teologia cristã, nos termos da qual são realizados atos de reconciliação periódicos e calendarizados, que têm como objetivo equilibrar as contas (2012: 33). No final do processo, espera-se que haja um equilíbrio entre deve e haver, após o qual o processo é fechado para sempre (Ramose, 2012: 33). Isso contradiz o princípio fundamental da re-harmonização social através do *ubuntu*, de acordo com o qual o objetivo não é "equilibrar as contas", mas, sim, alcançar a harmonia através de processos contínuos e participativos. É por esta razão que, por oposição à "reconciliação", Ramose (2012: 33) propõe a noção de "reconfiliação", apresentada por Anthony J. V. Apphiah, como uma forma de restaurar um sentimento de reciprocidade.

Resumindo, aqueles que "agiram" sobre o grupo colonizado em busca de "reconciliação" e integração utilizaram o *ubuntu* de forma superficial. Nessa busca, foram excluídas as questões relativas às reivindicações naturais e históricas. A apropriação do *ubuntu* como forma de reforçar a legalidade ocidental e a teologia cristã representou uma forma de continuação do epistemicídio. A definitiva marginalização e subordinação do *ubuntu* também pode ser observada no facto de os mesmos redatores que o mencionaram no posfácio da Constituição provisória o terem omitido na Constituição definitiva. A exclusão do *ubuntu* da putativa lei fundamental constitui a "invisibilização" definitiva dos mundos da vida daqueles que praticam a humanidade africana (Ramose, 2003: 139).

Conclusão

A minha preocupação tem sido defender que a maneira mais produtiva e apropriada para caracterizar o conflito contra as pessoas da "África do Sul" passa por entender que ele tem dois objetivos. O objetivo secundário deste conflito é o de produzir corpos desperdiçados. O objetivo principal é, no entanto, o de manter o mito da supremacia epistemológica e ontológica dos ocidentais. A CVR não foi capaz de cumprir este objetivo principal. A partir da filosofia existencial-fenomenológica da CN, o problema não consistia apenas no facto de a CVR tratar o *apartheid* como contextual e nunca o ter levado a julgamento. Consistia no facto de a CVR rejeitar e elidir os atos de colonização, a saber, a irrupção da modernidade ocidental, o epistemicídio e a supressão das formas africanas de ser no mundo. Se a CVR tivesse enfrentado essas causas principais de conflito (e questionado os termos do acordo posterior a 1990), ter-se-ia envolvido diretamente com a totalidade da estrutura de poder branco e as suas colonialidades; e teria enfrentado a questão de como não passar da dominação dos colonizadores para a hegemonia dos colonizadores. Defendi que isto só dificilmente pode ser caracterizado como um "fracasso", já que (a) os processos de JT fazem parte do PGJT e do seu compromisso com a disseminação da modernidade ocidental e o fortalecimento dos promotores locais dessa modernidade; e (b) o processo de JT na nova África do Sul fazia parte do rearranjo constitucional induzido pelos colonizadores para preservar o mundo branco vigente e reconciliar os povos indígenas com a modernidade ocidental.

Referências bibliográficas

Ahluwalia, Pal; Zegeye, Abebe (2001), "Frantz Fanon and Steve Biko: Towards liberation", *Social Identities*, 7(3), 455-469. DOI: <https://doi.org/10.1080/13504630120087262>.

Anghie, Antony (2006), "The evolution of international law: Colonial and postcolonial realities", *Third World Quarterly*, 27(5), 739-753. DOI: <https://doi.org/10.1080/01436590600780011>.

Arthur, Paige (2009), "'How transition' shaped human rights: A conceptual history of transitional justice", *Human Rights Quarterly*, 31(2), 321-367. DOI: <https://doi.org/10.1353/hrq.0.0069>.

Bevernage, Berber (2012), *History, Memory, and State-Sponsored Violence: Time and Justice*. Londres: Routledge.

Biko, Steve (2004), *I write what I like*. Joanesburgo: Picador Africa.

Cabral, Amílcar (1973), *Return to the source: Selected speeches of Amilcar Cabral*. Nova Iorque: Monthly Review Press.

Chakrabarty, Dipesh (2000), *Provincializing Europe: Postcolonial thought and historical difference*. Princeton, NJ: Princeton University Press.

Comaroff, John; Comaroff, Jean (2004), "Policing culture, cultural policing: Law and social order in postcolonial South Africa", *Law & Social Inquiry*, 29(3), 513-545. DOI: <https://doi.org/10.1111/j.1747-4469.2004.tb00999.x>.

de Kock, Leon (2004), "Sitting for the civilisation test: The making(s) of a civil imaginary colonial South Africa", *in* Leon de Kock, Louise Bethlehem e Sonja Laden (orgs.), *South Africa in the Global Imaginary*. Pretória: UNISA Press, 117-135.

Du Bois, W. E. B. (1986), *W.E.B. Du Bois: Writings*. Nova Iorque: The Library of America College Editions.

Du Toit, Cornel (2008), "Black consciousness as an expression of radical responsibility: Biko an African Bonhoeffer", *Religion and Theology*, 15(1–2), 28-52. DOI: <https://doi.org/10.1163/157430108X308145>.

Dussel, Enrique (1993), "Eurocentrism and modernity (Introduction to the Frankfurt lectures)", *boundary 2*, 20(3), 65-76. DOI: <https://doi.org/10.2307/303341>.

Dussel, Enrique (2013), "Agenda for a South-South philosophical dialogue", *Human Architecture: Journal of the Sociology of Self-Knowledge*, 11(1), 3-18. Disponível em: <https://scholarworks.umb.edu/humanarchitecture/vol11/iss1/3>.

Eze, Emmanuel Chukwudi (org.) (1997), *Race and the Enlightenment*. Oxford: Blackwell.

Fanon, Frantz (2008), *Black skin, white masks*. Londres: Pluto Press.

Gerhart, Gail M. (1978), *Black power in South Africa: The evolution of an ideology*. Berkeley, CA: University of California Press.

Gerhart, Gail M. (2008), "Interview with Steve Biko", *in* Andile Mngxitama, Amanda Alexander e Nigel C. Gibson (orgs.), *Biko Lives! Contesting the Legacies of Steve Biko*. Nova Iorque: Palgrave Macmillan, 21-42. DOI: <https://doi.org/10.1057/9780230613379_2>.

Gordon, Lewis R. (2011), "Fanon and development: A philosophical outlook", *in* Lansana Keita (org.), *Philosophy and African development: Theory and practice*. Dakar: CODESRIA, 69–85. Disponível em: <http://www.codesria.org/spip.php?article1297>.

Gready, Paul (2011), *The era of transitional justice: The aftermath of the Truth and Reconciliation Commission in South Africa and beyond*. Londres: Routledge.

Grosfoguel, Ramón (2013), "The structure of knowledge in westernised universities: Epistemic racism/sexism and the four genocides/epistemicides of the long 16th Century", *Human Architecture: Journal of the Sociology of Self-Knowledge*, 11(1), 73–90. Disponível em: <https://scholarworks.umb.edu/humanarchitecture/vol11/iss1/8>.

Grunebaum, Heidi (2011), *Memoralizing the past: Everyday life in South Africa after the Truth and Reconciliation Commission*. New Brunswick, NJ: Transaction Publishers.

Halisi, C. R. D. (1999), *Black political thought in the making of South African democracy*. Bloomington, IN: Indiana University Press.

hooks, bell (2009), *Belonging: A culture of place*. Nova Iorque: Routledge.

Igreja, Victor (2012), "Multiple temporalities in indigenous justice and healing practices in Mozambique", *The International Journal of Transitional Justice*, 6(3), 404-422. DOI: <https://doi.org/10.1093/ijtj/ijs017>.

Jabavu, Davidson Don Tengo (1928), *The segregation fallacy and other papers A native view of some South African inter-racial problems*. Lovedale, South Africa: Lovedale Institution Press.

Khoapa, Bennie A. (1972), "The new black", *in* Steve Biko (org.), *Black viewpoint*. Durban: SPRO-CAS Black Community Programmes.

Lodge, Tom (1991), "Rebellion: The turning of the tide", *in* Tom Lodge e Bill Nasson (orgs.), *All, Here, and Now: Black Politics in South Africa in the 1980s*. Cidade do Cabo: David Philip, 23-204.

Madlingozi, Tshepo (2007), "Good victims, bad victims: Apartheid beneficiaries, victims and the struggle for social justice", *in* W le Roux, e K. van Marle (orgs.), *Law, memory & apartheid: Ten years after Azapo v President of South Africa*. Pretória: PULP, 107-126.

Madlingozi, Tshepo (2010), "On transitional justice entrepreneurs and the production of victims", *Journal of Human Rights Practice*, 2(2), 208-228. DOI: <https://doi.org/10.1093/jhuman/huq005>.

Mafeje, Archie (1997), *The national question in southern African settler societies*. Harare: Sapes Books.

Magubane, Bernard (1996), *The making of a racist state: British imperialism and the Union of South Africa, 1875-1910*. Trenton, NJ; Asmara: Africa World Press.

Magubane, Bernard (2007), *Race and the construction of the dispensable Other*. Pretória: UNISA Press.

Maldonado-Torres, Nelson (2007), "On the coloniality of being: Contributions to the development of a concept", *Cultural Studies*, 21(2-3), 240-270. DOI: <https://doi.org/10.1080/09502380601162548>.

Mandela, Nelson (1961), *First letter from Nelson Mandela to Hendrik Verwoerd*. Consultado a 10.03.2015 Disponível em: <http://www.sahistory.org.za/archive/document-9-first-letter-nelson-mandela-hendrik-verwoerd>.

Manganyi, N. Chabani (1973), *Being-black-in-the-world*. Joanesburgo: Ravan Press.

Marais, Hein (2001), *South Africa, limits to change: The political economy of transition*. Nova Iorque: Zed Books.

Marschall, Sabine (2013), "Collective memory and cultural difference: Official vs. vernacular forms of commemorating the past", *Safundi: The Journal of South African and American Studies*, 14(1), 77-92. DOI: <https://doi.org/10.1080/17533171.2012.760832>.

Mbembe, Achille (2001), *On the postcolony*. Berkeley, CA: University of California Press.

Meister, Robert (2012), *After evil: A politics of Human Rights*. Nova Iorque: Columbia University Press.

Mignolo, Walter D. (2011), *The darker side of western modernity: Global futures, decolonial options*. Durham, NC: Duke University Press. DOI: <https://doi.org/10.1215/9780822394501>.

More, Mabogo P. (2008), "Biko: Africana existentialist philosopher", *in* Andile Mngxitama, Amanda Alexander e Nigel C. Gibson (orgs.), *Biko lives! Contesting the legacies of Steve Biko*. Nova Iorque: Palgrave Macmillan, 45-68. DOI: <https://doi.org/10.1057/9780230613379_3>.

More, Mabogo P. (2011), "Fanon and the land question in (post)apartheid South Africa", *in* Nigel C. Gibson (org.), *Living Fanon: Global perspectives*. Nova Iorque: Palgrave Macmillan, 173-185. DOI: <https://doi.org/10.1057/9780230119994_15>.

Mudimbe, V. Y. (1988), *The invention of Africa: Gnosis, philosophy, and the order of knowledge*. Bloomington, In: Indiana University Press.

Mutua, Makau (2002), *Human Rights: A political and cultural critique*. Philadelphia: University of Philadelphia Press. DOI: <https://doi.org/10.9783/9780812204155>.

Mutua, Makau; Anghie, Antony (2000), "What is TWAIL?", *Proceedings of the Annual Meeting [American Society of International Law]*, 94, 31-40. JSTOR: <http://www.jstor.org/stable/25659346>.

Neocosmos, Michael (2011), "Transition, human rights and violence: Rethinking a liberal political relationship in the African neo-colony", *Interface: A Journal for and about Social Movements*, 3(2), 359–399. Disponível em: <http://www.interfacejournal.net/wordpress/wp-content/uploads/2011/12/Interface-3-2-Neocosmos.pdf>.

Ngũgĩ, wa Thiong'o (1993), *Moving the Centre: The struggle for cultural freedoms*. Oxford/Nairobi/Portsmouth, NH: James Currey/EAEP/Heinemann.

Ngũgĩ, wa Thiong'o (2009), *Re-Membering Africa*. Nairobi: East African Educational Publishers (EAEP).

Nolutshungu, Sam C. (1982), *Changing South Africa: Political considerations*. Manchester: Manchester University Press.

Oliphant, Andries (2008), "A human face: Biko's conceptions of African culture and humanism", *in* Andile Mngxitama, Amanda Alexander e Nigel C. Gibson (orgs.), *Biko Lives! Contesting the Legacy of Steve Biko*. Nova Iorque: Palgrave Macmillan, 213–232. DOI: <https://doi.org/10.1057/9780230613379_12>.

Quijano, Aníbal (2010), "Coloniality and modernity/rationality", *in* Walter D. Mignolo e Arturo Escobar (orgs.), *Globalization and the Decolonial Option*. Nova Iorque: Routledge, 22-32.

Ramose, Mogobe B. (2002), *African philosophy through Ubuntu*. Harare: Mond Books.

Ramose, Mogobe B. (2003), "Transforming education in South Africa: paradigm shift or change?", *South African Journal of Higher Education*, 17(3), 137–143. DOI: <https://doi.org/10.4314/sajhe.v17i3.25413>.

Ramose, Mogobe B. (2010), "The death of democracy and the resurrection of timocracy", *Journal of Moral Education*, 39(3), 291–303. DOI: <https://doi.org/10.1080/03057240.2010.497610>.

Ramose, Mogobe B. (2012), "Reconciliation and reconfiliation in South Africa", *Journal of African Philosophy*, 5, 20–39. Disponível em: <https://www.africaknowledgeproject.org/index.php/jap/article/view/1649>.

Santos, Boaventura de Sousa (1996), "A queda do *Angelus Novus*: para além da equação moderna entre raízes e opções", *Revista Crítica de Ciências Sociais*, 45, 5–34. Disponível em: <http://hdl.handle.net/10316/10804>.

Santos, Boaventura de Sousa (2004), "A critique of lazy reason: Against the waste of experience", *in* Immanuel Wallerstein (org.), *The modern world-system in the longue durée*. Londres: Paradigm Publishers, 157–198.

Santos, Boaventura de Sousa (2007), "Para além do Pensamento Abissal: Das linhas globais a uma ecologia de saberes", *Revista Crítica de Ciências* Sociais, 78, 3-46. DOI: <https://doi.org/10.4000/rccs.753>.

Santos, Boaventura de Sousa (2008), "Human as emancipatory script? Cultural and political conditions", *in* Boaventura de Sousa Santos (org.), *Another knowledge is possible: Beyond Northern epistemologies*. Londres: Verso, 3-40.

Santos, Boaventura de Sousa (2014), *Epistemologies of the South: Justice against epistemicide*. Boulder, CO: Paradigm Publishers. Disponível em: <http://unescochair-cbrsr.org/pdf/resource/Epistemologies_of_the_South.pdf>.

Santos, Boaventura de Sousa; Nunes, João Arriscado; Meneses, Maria Paula (2007), "Introduction: Opening up the canon of knowledge and recognition of difference", *in* Boaventura de Sousa Santos (org.), *Another Knowledge is Possible: Beyond Northern Epistemologies*. Londres: Verso, xix–lxii. Disponível em: <http://www.boaventuradesousasantos.pt/pages/pt/livros/another-knowledge-is-possible- beyond-northern-epistemologies.php>.

Santos, Boaventura de Sousa; Rodríguez Garavito, César (2005), "Law, politics and the subaltern in counter-hegemonic globalization", *in* Boaventura de Sousa Santos e César Rodríguez Garavito (orgs.), *Law and globalization from below: Towards a cosmopolitan legality*. Cambridge: Cambridge University Press, 1–26. DOI: <https://doi.org/10.1017/CBO9780511494093.001>.

Sitze, Adam (2013), *The impossible machine: A genealogy of South Africa's Truth and Reconciliation Commission*. Ann Arbor, MI: The University of Michigan Press. DOI: <https://doi.org/10.3998/mpub.243251>.

Soyinka, Wole (1999), *The burden of memory, the muse of forgiveness*. Nova Iorque: Oxford University Press.

Teitel, G. Ruti (2003), "Transitional justice genealogy", *Harvard Human Rights Journal*, 16, 69-94.

Terreblanche, Sampie (2012), *Lost in transformation: South Africa's search for a new future since 1986*. Joanesburgo: KMM Review Publishing.

Turner, Lou (2008), "Self-consciousness as force and reason of revolution in the thought of Steve Biko", *in* Andile Mngxitama, Amanda Alexander e Nigel C. Gibson (orgs.), *Biko Lives! Contesting the Legacies of Steve Biko*. Nova Iorque: Palgrave MacMillan, 69-82. DOI: <https://doi.org/10.1057/9780230613379_4>.

Turner, Victor W. (1979), "Betwixt and between: The liminal period in *rites de passage*", *in* William A. Lessa e Evon Z. Vogt (orgs.), *Reader in Comparative Religion. An Anthropological Approach*. Nova Iorque: Harper & Row, 234-243 [4.ª ed.].

Tutu, Desmond (1999), *No future without forgiveness*. Londres: Rider.

Wilson, Lindy (2011), *Steve Biko: A Jacana Pocket biography*. Auckland Park, South Africa: Jacana Media.

CAPÍTULO II

Violência política e formação estatal na África pós-colonial*

Mahmood Mamdani

Introdução

Este capítulo é uma reflexão sobre a crise política da África pós-colonial. É uma reflexão realizada em torno de três questões. A minha primeira preocupação baseia-se na observação de que se deu uma mudança de paradigma na política africana durante o último meio século. A preocupação da política deslocou-se da justiça para a reconciliação. O movimento do pêndulo é claro se compararmos o Ruanda de 1959 com a África do Sul de 1994. O paradigma da justiça preocupava-se com a reparação: a justiça criminal ao nível do indivíduo e a justiça social ao nível do grupo. O paradigma da reconciliação salienta os direitos, o que é visto como constrangimento à busca de justiça social. A viragem foi informada por dois tipos de discussões, cada um salientando uma lição diferente. Por um lado, a lição do Ruanda: quando é que a incansável busca de justiça degenera e acaba em vingança? Por outro lado, a lição da África do Sul: quando é que a busca da reconciliação se torna aceitação do mal?

O paradigma dos direitos incide sobre uma preocupação diferente, a da justiça política. A diferença é esta: se a justiça social se define pela relação com o mercado, a justiça política define-se em relação ao Estado.

A busca de justiça política é, em última análise, a de igualdade na cidadania: direito aos direitos ou, na linguagem de Saddam Hussein, a mãe de todos os direitos.

* Tradução de Rita Caetano.

A minha segunda preocupação é com a violência política, não com a violência individual, mas de grupo, não de terror armado, mas de luta armada. Mais especificamente, preocupa-me sobretudo a natureza desorientadora da luta armada, a maneira como foram traçadas linhas em lutas violentas na África pós-colonial. A visão baseada no mercado esperava que os pobres lutassem contra os ricos; em vez disso, vemos os pobres a lutar contra pobres e os ricos a lutar contra ricos. A diferença entre os que lutam define-se menos pela classe ou pela riqueza e mais pela etnia e religião.

A tendência nas ciências sociais, tanto à esquerda como à direita, tem sido a de ver a etnia e a religião como pertencentes à pré-modernidade. O debate é, portanto, em redor de qual tem maior relevo na explicação da realidade política: a classe ou a etnia e a religião, o moderno ou o pré-moderno? A premissa é de que o pré-moderno é o domínio da cultura (etnia, religião). Irei questionar esta premissa através de uma "historicização" da cultura e centrando-me na "politização" da cultura. Para isso, irei deslocar o meu foco do mercado para o Estado. O meu argumento é que a politização da cultura não é algo que vem da pré-modernidade, mas um processo muito moderno.

Um tópico muito útil para entender a politização da cultura é a crise de meados do século XIX do Império Britânico, que se estendeu de Morant Bay, na Jamaica, à rebelião de 1857 na Índia. Esta última foi a maior rebelião anticolonial na história moderna do império e deu origem a dois debates sobre as causas da rebelião. O debate na Índia centrou-se na tradição e na superstição: alegava-se que os soldados indianos se tinham revoltado porque as balas eram revestidas de gordura de vaca ou porco, um facto que ofendia as sensibilidades religiosas dos soldados hindus e muçulmanos. No parlamento, desenrolou-se um debate diferente, em que a oposição se questionou por que motivo este facto não impediu os mesmos soldados de usar essas mesmas balas para matar os britânicos e as suas famílias.

A rebelião de 1857 marcou uma viragem importante na política colonial britânica. A viragem foi anunciada pela Rainha Vitória: daí em diante o império não iria interferir no domínio da religião. Foi a proclamação de um colonialismo secular. A proclamação suscitou duas questões: quais eram as "fronteiras" da religião que o império não iria atravessar? Quem deveria "definir" essas fronteiras, ou melhor, a verdadeira religião com a qual não se iria interferir? A verdade é que a afirmação de não-interferência deu início à era da mais ativa interferência na religião por parte das autoridades coloniais. No cerne desta interferência estava a construção de uma lei religiosa. Enquanto protetor da tradição, o Estado colonial politizou a tradição, tornando-a num projeto político. O resultado foi um novo modo de governação, baseado numa discriminação aprovada e instituída pelo Estado. Na Índia, essa discriminação baseava-se na raça e na religião; nas colónias africanas do século XX, baseava-se na raça e na etnia.

Quando os economistas querem uma representação sumária do processo de produção e distribuição da riqueza, analisam o Produto Interno Bruto (PIB) ou os gráficos do rendimento nacional. Para os interessados na questão do governo, na forma como os Estados governam, os censos são a melhor forma de facultar essa representação. Para uma representação sumária da tecnologia da governação colonial na África do século XX, sugiro que observemos o censo do Estado do *apartheid*. Mais adiante, explicarei porque pode ser este censo considerado o mais representativo, uma espécie de censo genérico da África colonial. O censo do *apartheid* divide a população em dois grupos. Toda a gente é incluída e classificada como pertencendo a uma raça ou a uma tribo. À medida que se lê o censo, a distinção torna-se mais clara: as raças aplicam-se aos não-indígenas de África, enquanto as tribos se aplicam aos indígenas de África. Aqui, queria fazer o *primeiro* alerta: a distinção jurídica entre raça e tribo não é entre colonizadores e colonizados, mas entre tribos "indígenas" e raças "não-indígenas".

A minha *segunda* observação é a seguinte: que diferença foi produzida pela distinção entre tribo e raça?[1] A consequência imediata foi jurídica, pois raças e tribos eram governadas de acordo com sistemas jurídicos diferentes. As raças eram governadas por um regime que alegava ser cívico; o seu governo era mediado através da lei civil. As tribos, em contraste, eram governadas por um regime consuetudinário que afirmava administrar a lei consuetudinária. A diferença entre os dois é, em primeiro lugar, uma diferença na linguagem. O regime cívico falava uma linguagem de direitos. A sua legitimidade assentava na observação dos direitos dos governados através do estabelecimento de limites ao exercício do poder estatal. Isto não nega a prática de discriminação inerente a este regime: a lei civil discriminava entre diferentes raças, acima de tudo entre a raça dos amos brancos e as raças subjugadas, que incluíam indianos e mestiços, e árabes nalguns locais.

Os regimes consuetudinários falavam uma linguagem diferente e assentavam num tipo diferente de legitimidade. Falavam a linguagem dos costumes e alegavam fazer cumprir a tradição. Uma vez que era um instrumento para o cumprimento de tradições, não estabelecia limites ao poder do Estado; pelo contrário, permitia-o. Isto tinha um efeito dual. O regime

1 Sobre a distinção jurídica e política entre tribos e raças, ver Mamdani (2001).

cívico era organizado na base da "diferenciação" do poder: os sistemas executivo, legislativo, judiciário e administrativo diferenciavam momentos diferentes de poder. Pelo contrário, o regime consuetudinário baseava-se numa "fusão" de poder. Após a chegada ao poder do governo de Museveni no Uganda, em 1986, liderei, durante dois anos, uma comissão de inquérito sobre a relação entre camponeses e o Estado central. Durante as nossas visitas às aldeias e as discussões com os agricultores, fiquei impressionado com o seguinte facto: no início de cada ano, o chefe da aldeia ia a casa de todos os camponeses, enumerava as suas propriedades e calculava que impostos deveriam pagar. Se o camponês considerasse a avaliação injusta, podia recorrer – a esse mesmo chefe, que iria então decidir o resultado do pedido. Se o camponês não pagasse os impostos, o chefe prendia-o; como não havia cadeia nas aldeias, a prisão significava que o chefe podia decidir onde o camponês "preso" iria trabalhar sem direito a pagamento. No final do tempo de prisão, o chefe multava o camponês por não pagamento atempado dos impostos. Este mesmo chefe tinha o poder de aprovar um regulamento – por exemplo, a exigir que cada família contribuísse com uma quantia fixa para o "desenvolvimento" ou com uma galinha como tributo de hospitalidade a um membro do parlamento em visita –, de o fazer aplicar e de prender ou multar qualquer agricultor que não o cumprisse. Portanto, o chefe controlava todas as instâncias do poder: legislativa, executiva, judicial e administrativa. Quando enfrentava um camponês, fechava os dedos e a mão tornava-se um punho cerrado.

Esta fusão de poder conjugava-se com o direito de infligir castigos corporais, pois o castigo corporal era um aspeto central na lei consuetudinária. Quando o Império Britânico aprovou um projeto-lei no final da Primeira Guerra Mundial que proibia os castigos corporais, esta limitação aplicava-se apenas ao regime cívico nas colónias, não ao regime consuetudinário. Da mesma forma, quando a França baniu o uso de força direta nas suas colónias, fez esta mesma distinção entre poder civil e consuetudinário. Dizia-se que o direito de infligir castigos físicos seria limitado aos que puniam por tradição – o chefe tradicional!

Pode ser-se tentado a pensar que o que acontecera se deveu ao facto de os poderes coloniais serem simplesmente permissivos, por razões morais ou pragmáticas, que o consuetudinário representava uma continuidade da tradição africana e que o civil era o princípio da civilização ocidental, e que a passagem do tempo bastaria para corrigir a situação e substituir o poder consuetudinário pelo civil. Mas na realidade, para além de não haver uma tradição africana singular, o consuetudinário também não representava nenhuma tradição importante da África pré-colonial.

Tem sido uma constante no discurso sobre tradição africana e o seu atraso afirmar que não havia Estados absolutistas em África, nenhum Estado cujo decreto fosse lei em todo o território, e que de facto existiam diferentes domínios com diferentes autoridades que definiam regras para cada um: por exemplo, as mulheres no mercado de trabalho, grupos de parentesco em relação à terra, grupos etários no campo de batalha e por aí em diante. Sem dúvida que existia uma tradição de poder administrativo no Estado recentemente centralizado, em que eram nomeados chefes pelo poder central (rei) que não eram hereditários. Mas esta era a tradição com menor profundidade histórica.

Na construção colonial da tradição não havia espaço para tradições contraditórias. A noção colonial era de que a tradição nas colónias era singular, não-contraditória e imposta, se necessário pela força. Esta era uma noção muito diferente da tradição na Europa, pois quando os ingleses falavam de uma tradição liberal ou conservadora ou socialista, estavam a referir-se a uma tradição que evoluía através de debates internos e de divergência, de modo que a história de uma tradição era a história dos debates internos que lhe eram subjacentes. O debate era uma característica fundamental, pois marcava o momento em que as coisas podiam ter sido resolvidas de maneira diferente e colocadas numa trajetória diferente de mudança. Pelo contrário, a tradição colonial era uma antítese à mudança; de facto, qualquer mudança era considerada *a priori* como prova da corrupção de uma tradição. O pressuposto era o de que quanto mais se retrocedia no tempo, mais puro era o entendimento da tradição. Em todo o lado, a lei colonial consuetudinária era baseada em duas premissas: a primeira, de que todos os grupos colonizados têm de viver de acordo com a tradição, e a segunda, de que era responsabilidade da lei (consuetudinária) assegurar o cumprimento da tradição por parte de quem a ela estava subordinado. Estas duas premissas são comuns a todas as formas de fundamentalismo político hoje em dia, quer seja étnico ou religioso.

A minha perspetiva é a de que a diferença entre lei civil e consuetudinária não refletiu histórias ou culturas diferentes. Pelo contrário, refletiu diferentes objetivos políticos na relação entre o poder colonial e as populações definidas como raças e tribos nas colónias. Comecemos pela linguagem do poder colonial, que sempre defendeu que o regime da lei consuetudinária nas colónias era prova de que os poderes europeus estavam empenhados em respeitar a tradição indígena. Mas esse facto não explica a diferença entre lei civil e consuetudinária. Afinal, as raças – europeias, indianas, árabes e mestiças na África do Sul, tutsi no Ruanda e no Burundi, mesmo que as últimas três fossem construídas como não-indígenas – vieram de diferentes partes do mundo, falavam línguas mutuamente ininteligíveis, tinham memórias ancoradas em arquivos históricos em grande medida divergentes. Porém, todas viviam de acordo com uma única lei. Mas as tribos eram vizinhas umas das outras, com histórias partilhadas e línguas similares, daí que frequentemente se conseguissem ouvir umas às outras – e, no entanto, deviam viver de acordo com leis diferentes porque se dizia que tinham culturas diferentes. Quando se tem noção desta diferença, entende-se que o projeto colonial não foi cultural, mas político. Viver de acordo com uma lei comum, independentemente de diferenças históricas, cria as bases para um futuro comum partilhado. Há que aprender a viver numa única comunidade. Viver de acordo com diferentes regimes legais significa que existem diferentes futuros. As raças deviam viver numa única comunidade política, mas não as tribos. As raças deviam ter um futuro comum, mas as tribos deviam ter futuros separados, uma vez que não eram apenas raças sem direitos. As tribos estavam confinadas a uma localidade, a uma pátria, a um costume e a uma autoridade consuetudinária, e isto era verdade mesmo onde não existiam raças, pois, mesmo onde não existiam colonos, o Estado organizou-se enquanto Estado colonizador. O projeto colonial pretendia criar minorias separadas a partir da fratura de uma maioria. Os britânicos costumavam dizer que não havia maioria em África, apenas minorias. E era verdade, embora não fosse uma verdade original, mas uma verdade construída, criada por um conjunto de políticas estatais. Foi por esta razão que a construção das nações nas colónias africanas não começou com o colonialismo; só poderia começar com a independência.

Dilemas pós-coloniais

A minha principal preocupação é a seguinte: como é que esta herança institucional, com as suas distinções impostas juridicamente entre raças e etnias, lei civil e lei consuetudinária, direitos e tradição, raças e etnias subjugadas, resulta depois do colonialismo? Não conheço nenhum governo que tenha chegado ao poder depois da independência que não se tivesse preocupado com a "desracialização", com o fim do privilégio racial. Em todo o lado, o privilégio racial foi desmantelado, mais cedo ou mais tarde. A verdadeira questão que distinguiu os governos na África pós-colonial não foi a atitude para com a raça, mas a atitude para com a etnia e a tradição: consideraram o regime consuetudinário criado sob o colonialismo como uma tradição africana genuína ou entenderam-no como uma construção do projeto colonial e tentaram mudá-lo?

Manutenção do regime consuetudinário

Nigéria

A Nigéria é um bom exemplo dos países que adotaram o regime consuetudinário como tradição genuína. Houve uma guerra civil na Nigéria, uma guerra civil devastadora. Depois da guerra civil, foi elaborada uma constituição, a Constituição de 1979, que pretendia ser um documento para a paz, uma agenda para a vida em conjunto. No cerne da Constituição havia uma cláusula, conhecida como a cláusula de caráter federal. Esta cláusula estipulava que as principais instituições federais deviam refletir o caráter federal da Nigéria. Refiro-me especificamente ao caráter étnico da federação nigeriana, que decorre da Constituição, em que as principais instituições federais – universidades, função pública e até o exército – têm de refletir o "caráter federal" da Nigéria. Isto significa que a entrada para as universidades federais, para a função pública e para o exército é orientada por quotas estabelecidas para cada Estado da federação nigeriana, e para as quais só os indígenas desse Estado se podem qualificar. Isto significa que todos os nigerianos residentes fora da sua pátria ancestral são considerados não-indígenas no Estado em que residem. Os elementos efetivos da federação nigeriana não são nem unidades territoriais chamadas Estados nem grupos étnicos, mas os grupos étnicos que têm os seus próprios Estados.

Isto significa, antes de mais, que um número cada vez maior de pessoas do topo (comerciantes, capitalistas, profissionais) e da base (trabalhadores desempregados, trabalhadores sem terra) são desfavorecidos porque deixam de ter direitos de cidadania efetivos. Também quer dizer há da parte dos que não migram um ímpeto contínuo para tentar criar um Estado deles onde se possam tornar uma maioria indígena. Por isso, foi criada uma dinâmica que partiu de uma Nigéria com 12 Estados, em 1949, para se chegar a uma Nigéria que conta atualmente com mais de 30 Estados. Cada novo Estado que é criado faz aumentar o número de nigerianos que são definidos como não-indígenas em todos os Estados.

Isto acontece porque a dialética do indígena-colono é também realizada ao nível micro, que é o da autoridade indígena. Onde quer que a lei consuetudinária ou a autoridade consuetudinária sejam "etnicizadas", o domínio do consuetudinário é reproduzido acriticamente enquanto tradição autêntica. O dilema aqui é que enquanto a população no terreno é multiétnica, a autoridade, a lei e a definição dos direitos são monoétnicas. A consequência é a divisão da população por etnias, conferindo poder aos que são considerados indígenas e retirando-o aos que são considerados não-indígenas.

A ironia é que esta dialética leva inevitavelmente a um desfazer do movimento construído como nacionalista no período colonial, uma vez que os não-indígenas no período pós-colonial são cada vez menos raciais e cada vez mais étnicos. Também os confrontos sobre direitos são cada vez menos raciais e cada vez mais étnicos. Dito de outra maneira, os confrontos étnicos são cada vez mais sobre direitos, sobretudo o direito à terra e a uma autoridade indígena apta a capacitar os que se identificam com ela na qualidade de etnicamente indígenas. Para corroborar esta situação, veja-se a Nigéria contemporânea, Kivu, no leste do Congo, o Vale do Rift, no Quénia, ou a Costa do Marfim. Houve uma altura em que um confronto deste tipo era prenúncio de êxodo: quem estivesse marcado como não-indígena, partia com os haveres sobre a cabeça e fugia em direção a casa. Agora, a tendência é para lutar. Perante uma autoridade indígena que divide a população residente em duas, colocando os indígenas contra os não-indígenas, a tendência é para que os não-indígenas se armem em legítima defesa. Daí a proliferação de milícias armadas no contexto de confrontos étnicos suscitados pela posse da terra e outros direitos.

O resultado cumulativo é a produção de uma contradição estrutural crescente entre o sistema económico e o político: a economia dinamiza a população, mas o regime político desfavorece os mais dinâmicos, aqueles que se movimentam além da fronteira ancestral, tratando-os como colonos. O impulso de uma economia de mercado é para movimentar os produtos do trabalho – e por vezes os produtores e os próprios distribuidores – de um lado para o outro. O ímpeto da reforma liberal é para remover barreiras internas a esta liberdade de movimento e assim criar um mercado nacional livre. Mas esta reforma económica não se traduz necessária e automaticamente numa reforma política. Um indígena que atravessa uma fronteira administrativa torna-se um colono. Se esta fronteira é entre Estados da união nigeriana, então, a distinção indígena-colono irá provavelmente refletir uma distinção étnica, mas nem sempre é assim: uma vez que os maiores grupos étnicos na Nigéria (os Hausa-Fulani, os Yorubá, os Ibo) têm mais do que um Estado, é possível a uma pessoa de etnia Ibo viver num Estado maioritariamente Ibo e mesmo assim não ser indígena desse Estado, porque emigrou de um Estado vizinho de maioria Ibo. Mas se a fronteira que a pessoa atravessa for entre autoridades locais dentro de um Estado, o que a torna um colono na autoridade local vizinha, então, a distinção indígena-colono é mais provavelmente de natureza intraétnica.

Se uma qualificação essencial para assegurar uma vaga numa escola, um emprego na função pública ou uma comissão nas forças armadas é ser indígena do Estado em questão e se a competição por um lugar numa universidade federal, função pública ou forças de segurança for motivada por quotas, surgem duas questões: como se estabelecem as quotas para cada Estado na federação nigeriana e qual é a definição de indígena? Não é surpreendente que as respostas a ambas as perguntas sejam altamente políticas e controversas. As quotas são definidas centralmente e um critério-chave para essa definição é o peso percentual da população de um Estado na população nacional. É este, e não o processo eleitoral que acontece uma vez a cada vários anos, o que torna o censo na Nigéria um tema com grande carga política, pois os seus resultados definem as oportunidades da vida não só da classe política, mas de todos os aspirantes civis à educação ou a uma carreira. Ao contrário da determinação de quotas federais, a definição de indígena é impulsionada principalmente ao nível local e, portanto, está constantemente sujeita a mudança. A definição de indígena tem variado ao longo do tempo: desde a residência (duas décadas) até ao nascimento e à pertença a uma linhagem (pelo menos um avô tem de ter nascido na localidade em causa). A tendência tem sido para a competição aumentar e a indigeneidade ser definida em termos mais estreitos, desde a residência ao nascimento e à linhagem.

Como resultado, a distinção colono-indígena já não reflete uma distinção raça-tribo, como acontecia no período colonial. A distinção colono-indígena na Nigéria contemporânea não é racial, é étnica, quer entre grupos étnicos, quer dentro do mesmo grupo étnico. A cidadania efetiva na Nigéria contemporânea é local, não é nacional. Como nos EUA pré-guerra civil na altura do caso Dred Scott, um nigeriano é efetivamente um cidadão do Estado federal do qual é indígena e não da união à qual o Estado pertence. A Nigéria contemporânea apresenta o desafio africano em letras gordas: como fazer para desmantelar o regime jurídico da discriminação instituída e sancionada no período colonial como "consuetudinário".

A ironia e a tragédia são que a nossa organização política pós-independência desfavorece as pessoas mais estimuladas pela economia de bens. Assim que a lei faz da identidade cultural a base para a identidade política, é inevitável que a etnia se torne identidade política. A lei então penaliza aqueles que tentam moldar um futuro diferente do passado ao traduzir mecanicamente o cultural para identidades políticas. Temos de reconhecer que o passado e o futuro se sobrepõem, assim como a cultura e a política, mas que não são a mesma coisa. As comunidades culturais enraizadas num passado comum não têm obrigatoriamente um futuro comum. Algumas podem ter um futuro de diáspora. Da mesma forma, comunidades políticas podem incluir imigrantes e, portanto, serem caracterizadas pelas diversidades culturais, mesmo que exista uma cultura dominante que espelha uma história partilhada pela maioria. A questão é que as comunidades políticas são definidas, em última análise, não por um passado comum, mas por uma determinação em forjar um futuro comum sob um único chapéu político, independentemente de quão diferentes ou similares os passados possam ter sido.

De seguida, irei abordar as situações em que existiu uma tentativa de mudar a herança colonial consagrada como tradição. Vou analisar quatro exemplos diferentes do continente africano: Congo, Uganda, África do Sul pós-*apartheid* e Tanzânia.

Países que tentaram reformar a tradição

O desafio africano é o de tentar definir identidades políticas de forma distinta das identidades culturais, sem negar que possa haver uma sobreposição significativa entre as duas. Uma forma de o fazer é acentuando a residência comum em detrimento da ascendência comum – "indigeneidade" – como base dos direitos. Quanto às iniciativas que tentaram fazer esta viragem, há que abordar a variante militante do nacionalismo. Foi o nacionalismo militante que tentou retirar a etnia do legado político colonial e consequentemente repudiar a noção de que a "indigeneidade" deve ser a base dos direitos. As iniciativas nacionalistas militantes foram tomadas por ambos os polos opostos e por quem tinha o poder. As experiências-chave, quanto a mim, foram as do Movimento Nacional de Resistência durante a sua luta de guerrilha no Uganda de 1981 a 1986, e da Tanzânia, sob a liderança de Julius Nyerere.

Congo (Kinshasa)

Contrariamente às noções de "pátria" e "tradição" evocadas pela lei colonial consuetudinária, as populações africanas não têm estado historicamente ligadas ao solo. Dado que a migração – tanto local como regional – foi parte integrante da vida africana, como é que se define quem é indígena e quem não é, tanto ao nível central como local? Dentro do país como um todo havia que decidir quais os grupos étnicos que eram indígenas e quais não o eram, pois apenas os primeiros tinham direito a uma autoridade indígena própria. Localmente, cada autoridade indígena teria de distinguir entre os etnicamente indígenas e os que não o eram, pois apenas os indígenas iriam pertencer etnicamente à autoridade indígena e, portanto, ter direito à tradição.

Em 1997, eu e um colega aceitámos uma missão para o Conselho para o Desenvolvimento da Investigação em Ciências Sociais em África (CODESRIA) na província de Kivu, no Congo. O ponto central da missão era o dilema da cidadania da população falante de kinyarwanda em Kivu. No norte de Kivu, havia dois grupos falantes de kinyarwanda: os banyarutshuru e os banyamasisi. Os primeiros eram considerados indígenas, os segundos não. Questionámo-nos porquê. A resposta foi desconcertantemente simples: ao contrário dos banyarutshuru, cuja presença era anterior à colonização belga, os banyamasisi só tinham vindo para o Congo no período colonial, na qualidade de força de trabalho migrante.

Houve duas respostas ao dilema da cidadania da população falante de kinyarwanda, uma procurando desafiar este legado, a outra pretendendo reforçá-lo. Nas discussões levadas a cabo com intelectuais e ativistas em Kivu, a nossa missão ao Congo tentou obter informações sobre iniciativas que tendiam a desafiar este legado. A indicação mais antiga que obtivemos foi sobre os banyamulenge após 1972. O contexto era o do resultado do genocídio, em 1972, de aproximadamente 200 mil crianças hútu em idade escolar no Burundi. Como consequência, o tutsi tornou-se muito impopular na região. Os banyamulenge, que até à altura eram conhecidos como banyarwanda (aqueles que vinham do Ruanda, ou os falantes da língua kinyarwanda) mudaram de nome para banyamulenge – aqueles que vivem na montanha de Mulenge. A viragem de uma identidade centrada na origem para uma centrada no local foi ao mesmo tempo uma viragem na reivindicação de direitos políticos -- baseada na residência e não na origem nem na identidade cultural. O facto de não ter sido aceite pela conferência nacional soberana em Kisangani e de ter estado no centro da crise política do Congo pós-genocídio não deve desviar-nos da importância de introduzir a questão da cidadania na agenda política.

Vale a pena notar que, ao passo que o Estado mobutista vacilou no tratamento jurídico dos migrantes coloniais, em 1972, chegando inclusivamente ao ponto de passar um decreto que reconhecia como cidadãos todos aqueles que residiam em solo congolês desde 1959, a oposição democrática a Mobutu mostrou pouca inclinação para repudiar o legado colonial sobre esta questão. Sob o nome de Conferência Nacional Congolesa, uma união de mais de quatrocentas organizações da sociedade civil e perto de cem grupos políticos, a oposição democrática passou uma lei, em 1991, que definia como congolês qualquer pessoa que tivesse tido um antepassado a viver no então território demarcado pelos belgas como a colónia do Congo. Analisando o significado desta decisão, verifica-se que o Estado independente do Congo aceita o estabelecimento do Estado colonial do Congo como sua data oficial de nascimento, constituindo esta data a linha de demarcação entre quem seria considerado indígena e quem seria considerado imigrante. O Congo não foi e não é uma exceção. Se examinarmos a definição de cidadania na maior parte dos Estados africanos, chegamos à conclusão de que o Estado colonial perdura, embora com algumas reformas. O meu argumento é o de que ao privilegiarem os indígenas em detrimento dos não-indígenas, virámos o mundo colonial de pernas para o ar sem de facto o mudarmos. Em resultado disso, os indígenas ocuparam o lugar de topo do mundo político concebido pelos colonos. O caráter indígena manteve-se como uma condição de acesso a direitos.

Chegados aqui, sugiro uma pausa para fazer algumas perguntas. A primeira: não será a substituição do desejo de regressar a casa pela vontade de lutar no sítio onde se reside prova suficiente de que a definição de "casa" mudou? A disseminação da violência política neste contexto não sugere que os imigrantes de ontem se tornaram indígenas no presente e que, se não fosse a forma do Estado e a sua definição de indigenidade, os imigrantes de ontem seriam os cidadãos de hoje? Em segundo lugar, qual será o nosso futuro se estas tendências continuarem? Porque, se continuarem, os confrontos vão aumentar, não diminuir. O dilema é o seguinte: a economia de bens movimenta pessoas no topo e na base, comerciantes e capitalistas de todos os tipos no topo, camponeses pobres e trabalhadores desempregados na base. Como já salientei no caso nigeriano, está em construção um dilema estrutural comum transversal à África pós-colonial: quanto mais dinâmica a economia for, maior é a mobilidade entre autoridades indígena; e, quanto maior for esta mobilidade, maior o número de residentes não-indígenas no seio de cada autoridade indígena. Daí o dilema estrutural: a economia de bens dinamiza, mas o Estado penaliza os mais dinâmicos ao defini-los como colonos.

Uganda

A guerra de guerrilha de 1980-1986 no Uganda teve lugar no Triângulo Luwero, em Buganda. Embora o Buganda seja identificado como a pátria do maior grupo étnico no Uganda, os baganda, o Triângulo Luwero é na verdade um local onde mais de 50% da população é constituída por imigrantes. Segundo a lei consuetudinária consagrada no mundo colonial, apenas aqueles que têm antepassados no local podem reclamar direitos consuetudinários. Este legado apresentou um problema ao movimento de guerrilha, o Movimento de Resistência Nacional (NRM). Quando as guerrilhas libertavam uma aldeia da autoridade governamental e reorganizavam um novo poder centrado em novas instituições – um conselho e um comité –, tinham de enfrentar várias questões persistentemente: quem pode votar e quem se pode candidatar a cargos públicos? Para neutralizar a divisão indígena/migrante, que de outra forma os teria paralisado politicamente, chegaram a uma nova solução. Em vez de confirmarem o legado colonial, segundo o qual os direitos da pessoa dependiam da sua origem, substituíram-no por um novo ditame: os direitos de uma pessoa dependem do local onde esta vive. Todos os adultos que viviam numa aldeia tinham o direito de votar na aldeia e de se candidatarem a cargos do comité da aldeia – independentemente da sua origem. Um resultado desta prática modificada foi que os imigrantes – sobretudo os do Ruanda, uma vez que eram os mais numerosos – eram os mais ávidos de se juntarem ao movimento de guerrilha para conferir à nova ordem uma maior esperança de vida.

Quando o NRM chegou ao poder em 1986, a liderança política mudou a lei da cidadania em linha com a prática durante a luta da guerrilha: passou a ser a prova de cinco anos de residência no país, e não a ancestralidade, a nova exigência da lei para a obtenção da cidadania. A oposição uniu-se contra esta lei e teve o apoio dos elementos "indígenas" mais ambiciosos dentro do NRM. Juntos, alegaram que a nova lei fora concebida para entregar o país a estrangeiros. Pressionado por uma coligação poderosa, o presidente foi obrigado a alterar novamente a lei. Com uma ênfase renovada na ancestralidade como base para os direitos – a pessoa tinha de comprovar que pelo menos um avô nascera na terra que se tornara o Uganda – aqueles que tinham emigrado ao longo das duas gerações anteriores, onde se incluíam os combatentes mais experientes do exército da guerrilha, eram desfavorecidos. Estes combatentes formaram o Exército Patriótico do Ruanda (RPA) e invadiram o Ruanda nos meses que se seguiram.

África do Sul

A autoridade consuetudinária estruturada em termos coloniais identifica-se com duas grandes pátrias africanas no período colonial: a Nigéria e a África do Sul. Se a Nigéria foi a pátria do "governo indireto", através do qual Lorde Lugard foi pioneiro na subjugação dos governantes locais ao discurso colonial dominante, alegando estar dessa forma a conservar a tradição indígena, a África do Sul foi o último local onde as lições do governo indireto de estilo britânico foram introduzidas sob a forma do *apartheid*, também na esperança de estabilizar a segregação racial ao reforçá-la com a segregação étnica. Aproximadamente metade da população da África do Sul do *apartheid* vivia em áreas urbanas e a outra metade em áreas rurais. A população africana urbana era administrada de acordo com um conjunto de decretos e as áreas rurais eram governadas pela lei consuetudinária. Depois do *apartheid*, a governação urbana foi desracializada. Mas os governos nas áreas rurais mantiveram-se tradicionais. Enquanto a luta contra o *apartheid* tendia a desmontar a ilusão de democraticidade da autoridade consuetudinária, a transição pós-*apartheid* manteve o consuetudinário intacto em pátrias "consuetudinárias", autoridades "consuetudinárias" e direitos "consuetudinários". Um mandato fundamental da Comissão para a Verdade e Reconciliação foi a criação de um Estado de direito na África do Sul, mas o seu relatório de vários volumes não tinha mais de um parágrafo sobre a lei consuetudinária. Tendo primeiro rejeitado este legado como "antidemocrático", o Congresso Nacional Africano acabou por aceitar o regime consuetudinário como "tradição". Consequentemente, a África do Sul pós-apartheid tem uma estrutura jurídica dual – como tinha o *apartheid* na África do Sul. Embora o novo governo tenha desracializado a lei civil, a sociedade civil e os direitos civis, ainda funciona com base numa lei etnicizada "consuetudinária" aplicada por uma autoridade indígena etnicizada. Se a definição jurídica de não-indígenas fosse a de cidadãos governados sob a lei cívica e a de indígenas a de membros de tribos governados pela lei consuetudinária, seria um exagero dizer que a transição pós-*apartheid* consagrou um *apartheid* não racial?

Tanzânia

O meu último exemplo é o da Tanzânia, a Tanzânia de Nyerere. A Tanzânia continental é o único país nesta região que nunca discriminou nenhum grupo por motivos raciais ou étnicos. Toda a restante região tem um historial de genocídio ou de limpeza étnica. Para entender o motivo deste feito político espantoso, temos de avaliar as conquistas políticas do primeiro presidente da Tanzânia, que também foi quem mais tempo se manteve no cargo, Mwalimu Julius Nyerere.

Nyerere é normalmente conhecido pelas suas políticas económicas e sociais, geralmente referidas como Ujamaa. Sugiro que olhemos para ele como um estadista acima de tudo. A Tanzânia continental foi a única antiga colónia a conseguir arrancar pela raiz o legado colonial da governação consuetudinária, e a conseguir atingir este objetivo de forma pacífica. O seu grande feito foi acabar com o regime de pluralismo jurídico em que o pluralismo não era baseado na descentralização territorial, mas na existência de leis diferentes para grupos diferentes, mesmo se os grupos vivessem no mesmo território. Nyerere conseguiu criar uma legislação única na Tanzânia que decorria de múltiplas tradições: história pré-colonial, todo o sistema jurídico (tanto civil como consuetudinário) e o conjunto de práticas anticoloniais. A criação de um direito comum substantivo, aplicado por uma única hierarquia de tribunais, representou a criação da base jurídica de uma cidadania única.

Conclusão

Sugiro que, como ponto de partida, se distinga entre diferentes tipos de identidades, nomeadamente entre identidades voluntárias e impostas.

Além disso, sugiro que se distingam três tipos de identidades: *económica*, *cultural* e *política*. Se as identidades económicas são uma consequência da história do desenvolvimento dos mercados e as identidades culturais uma consequência do desenvolvimento das comunidades que partilham uma língua e significados comuns, as identidades políticas têm de ser entendidas especificamente como uma consequência da história da formação do Estado.

O Estado moderno inscreve identidades políticas na lei. Na primeira instância, estas identidades são juridicamente aplicadas. Se a lei reconhece alguém como membro de uma etnia e as instituições estatais a tratam como membro dessa etnia em particular, então, torna-se um ser étnico em termos jurídicos. Pelo contrário, se a lei o reconhece como um membro de um grupo racial, então, a sua identidade jurídica é racial. Não só a sua relação com o Estado, mas também a sua relação com outros grupos definidos juridicamente se faz por mediação da lei e é uma consequência da inscrição da sua identidade na lei. Da mesma forma, entende-se a sua inclusão ou exclusão dos direitos ou regalias de acordo com a sua raça ou etnia juridicamente definida e inscrita. Deste ponto de vista, tanto a raça como a etnia têm de ser entendidas como identidades políticas – não como culturais ou mesmo biológicas.

A esquerda tem-se inclinado a pensar na lei como individualizando ou desagregando classes, criando assim falsas identidades. Mas a lei não se limita a individualizar, também agrupa. A lei não se limita a tratar cada pessoa como um ser abstrato – o proprietário de um bem no mercado, um potencial contraente num contrato –, também cria identidades de grupo. Estas identidades são juridicamente inscritas e juridicamente aplicadas. Moldam a nossa relação com o Estado e uns com os outros através do Estado. Nesse processo, também formam o ponto de partida das nossas lutas.

O antídoto para o conflito étnico não se encontra no espírito da cultura, mas no espírito da lei e da política. O desafio da cidadania tem de ser pensado no contexto concreto das antigas colónias com o legado de governação indireta do século XX mediado por um regime de lei consuetudinária aplicada por autoridades consuetudinárias. Estamos habituados a discutir a cidadania num contexto marshalliano universal de três gerações de direitos: civis, políticos e socioeconómicos. A questão relevante deste ponto de vista é: quais direitos? Estou a sugerir que o ponto central no contexto africano pós-colonial não é quais direitos, mas direitos de quem. Quem tem direito aos direitos, ao direito de ser cidadão?

Se a questão era pertinente no dia que se seguiu à independência, tornou-se agora explosiva. Anteriormente, aqueles que eram declarados não-indígenas faziam as malas e partiam. Mas agora já não é assim. Agora, criam a sua própria milícia e combatem. O facto de combaterem significa que a definição deles de pátria está a mudar. O reconhecimento desta realidade tem de ser o ponto de partida de qualquer intervenção.

Já discuti acima a importância da compreensão do legado político do colonialismo, que politizou a diferença cultural tornando-a uma base de discriminação. Também defendi que o fracasso do nacionalismo convencional jaz na incapacidade de despolitizar a diferença cultural através de reformas jurídicas e políticas. Em última análise, o sistema colonial baseava-se numa dupla discriminação em torno de raça e etnia. Teve como consequência uma contradição entre a economia e a política: se a economia levou a locais de comércio, fundamentalmente através do trabalho de migrantes, a política tinha tendência a manter cada um no seu lugar, na sua pátria governada pela sua própria autoridade indígena. Foi a população que atravessou as fronteiras entre diferentes autoridades indígenas que proporcionou as energias e a visão para a revolta nacionalista. Havia os intelectuais e os trabalhadores migrantes, os "Verandah Boys" de Nkrumah e os marinheiros de Cabral. O fracasso do projeto nacionalista – com a exceção parcial de países como a Tanzânia continental e o Senegal – reside na incapacidade para criar uma cidadania única baseada numa única lei substantiva, fundamentada em múltiplas fontes: pré-colonial, colonial e anticolonial. Porque a verdade é que a criação do Estado-nação em África começou com a independência, não com o colonialismo.

Referência bibliográfica

Mamdani, Mahmood (2001), *When Victims Become Killers: Colonialism, Nativism and Genocide in Rwanda*. Princeton: Princeton University Press.

CAPÍTULO 12

Mulheres e violência em massa em Moçambique no período colonial tardio[*,1]

Maria Paula Meneses

Silenciando a representação de género contra a violência em massa

O colonialismo tem que ver com violência e com guerra. A guerra maltrata os corpos e os sentimentos; a guerra destrói as sociedades, física, emocional e mentalmente. O objetivo deste capítulo é dar voz às experiências e memórias das mulheres no âmbito de uma discussão mais ampla acerca da violência em massa sob o domínio colonial europeu em África, tomando Moçambique como caso de estudo. A cultura da evidência defende que tal violência foi, na verdade, uma norma ou uma ameaça latente a uma norma desde a implantação do colonialismo moderno, facto visível nas campanhas de pacificação, que causou milhares de mortos no Congo, Namíbia/Sudoeste de África, Quénia, Moçambique e Argélia. Embora isto seja verdade do ponto de vista epistémico, a verdade escondida é que

* Tradução de Eduardo Basto.

1 Este capítulo baseia-se em diversos projetos de investigação. Agradeço o apoio financeiro da Fundação para a Ciência e a Tecnologia (FCT/MEC) – com fundos nacionais e fundos do FEDER através do Programa Operacional Competitividade e Inovação COMPETE 2020 –, cuja bolsa PTDC/CVI-ANT/6100/2014 – POCI-01-0145-FEDER-016859 financiou parte da investigação. Também beneficiou de um projeto europeu de investigação financiado pela ERC e que foi coordenado por Boaventura de Sousa Santos (FP/2007-2013/ERC Grant Agreement no. [269807]).

Estou particularmente grata às mulheres moçambicanas cujos testemunhos compõem o núcleo do meu texto. O meu agradecimento estende-se às diversas bibliotecas e arquivos que apoiaram a investigação, assim como aos colegas pela leitura atenta e pelos comentários.

as palavras das mulheres acerca da sua experiência de opressão, violência e resistência permanecem enterradas sob camadas ou graus de silêncio. Os papéis das mulheres moçambicanas nas lutas nacionalistas foram únicos a vários títulos, como discutirei neste capítulo, mas as suas experiências partilham pontos em comum com as experiências de mulheres envolvidas noutras lutas nacionalistas na África Austral.

O direito à autodeterminação foi, desde o final da década de 1950, uma reivindicação de um número crescente de moçambicanos, homens e mulheres (Liesegang e Tembe, 2005). O recurso à luta armada enquanto solução revolucionária justificava-se por a maioria da população africana não ser considerada um agente político legítimo. Em 1964, aquando da eclosão da guerra da libertação, a FRELIMO,[2] o principal movimento nacionalista, explicou as suas posições declarando que "a revolução moçambicana é um movimento imenso – tão irreversível como uma força da natureza – com raízes nas vontades e aspirações de cada moçambicano" (FRELIMO, 1977a: 79).

No entanto, a associação perversa entre as autoridades coloniais e as autoridades masculinas "locais" (que encarnavam o *corpus* das "estruturas de poder tradicionais") no Moçambique colonial produziu um nexo de poder/conhecimento preenchido pelo silêncio das exclusões, apagamentos, distorções e ficções arbitrárias acerca das mulheres envolvidas nas lutas contemporâneas por direitos e dignidade. Este nexo tem silenciado ativamente a presença das mulheres na linha da frente, escondendo uma multiplicidade de tensões e antagonismos que atravessaram (e ainda atravessam) a história recente de Moçambique, um período que necessita de ser explorado para que seja possível expor as múltiplas dimensões do envolvimento das mulheres na luta nacionalista, assim como a forma como a sua participação se tornou fundamental para o sucesso desta. Em Moçambique, tal como noutros contextos africanos, o projeto nacionalista incluía identidades de género (McClintock, 1995: 355). Contudo, a forma como as mulheres reivindicaram a sua participação nas lutas nacionalistas ilustra a sua importância e a sua participação e ajuda à compreensão da construção do silêncio em torno da sua presença na linha da frente.[3]

[2] A FRELIMO (Frente de Libertação de Moçambique) iniciou a luta armada contra o colonialismo português em 1964 e subiu ao poder com a independência, em junho de 1975. Transformou-se num partido político em 1977, permanecendo a força política dominante no Moçambique contemporâneo.

[3] Em contexto de guerra de guerrilha, todas as aldeias e comunidades se envolveram no conflito, muitas vezes sem terem outra opção. Uma vez que este tipo de guerra

A luta armada em Moçambique decorreu até setembro de 1974.[4] Esta luta foi mais longa e intensa no norte de Moçambique,[5] região onde o maior fardo da guerra de libertação recaiu sobre as mulheres. Dar forma aos conhecimentos e silenciar realidades são elementos que expressam poder. A literatura militar e os livros de história portugueses raramente documentam o direcionamento estratégico de mulheres e crianças, embora as realidades da linha da frente mostrem amiúde o quão frequentemente estas estratégias eram utilizadas (Meneses, 2013). Um aspeto fundamental tem que ver com os procedimentos metodológicos utilizados no questionamento das mulheres cujos testemunhos fazem parte da história oral da violência de guerra. A minha experiência mostra que, para colocar questões que as mulheres compreendam, a linguagem escolhida tem de ser decifrável por todos quantos tomam parte em cada uma das conversas. Os conceitos utilizados para descodificar as experiências transmitidas pelos testemunhos limitam, mais frequentemente do que o desejável, a sua leitura, devido ao nexo de poder/conhecimento que lhes está associado. A alternativa consiste em explorar o ato de testemunhar enquanto atuação, um posicionamento que requer, inequivocamente, a construção dos sentidos como um processo (Dhada, 2015). Este processo implica envolver conhecimentos preexistentes fruto de experiências e lutas (Santos, 2006: 14-15) e é simultaneamente moldado pelo encontro e envolvimento no momento em que o testemunho é expresso.

O colonialismo patriarcal gerado pela administração portuguesa assegurava a impossibilidade de as mulheres testemunharem, ao reproduzir os silêncios em torno das suas experiências coloniais. Esta situação traduziu-se na falta de credibilidade dos testemunhos das mulheres acerca do seu papel nas lutas nacionalistas. Quando decidi iniciar o estudo das experiências de vida das mulheres na zona de guerra no Norte de Moçambique, bem como das suas memórias, encontrei muito poucos registos em arquivos e bibliotecas. A proposta metodológica apresentada por Boaventura de Sousa Santos (2006: 15-17) – a *sociologia das ausências* – é central neste capítulo, uma vez que procuro dar visibilidade a factos e atores que têm sido ativamente

se desloca facilmente e é muito descentralizada, torna-se difícil distinguir a "frente de batalha" da retaguarda.

4 Estavam envolvidos dois movimentos principais: a FRELIMO e, em menor escala, o COREMO (Comité Revolucionário Moçambicano), que levaram a cabo ações militares principalmente no Norte, na região de Tete.

5 Dois países que fazem fronteira com o Norte de Moçambique – Tanzânia e Zâmbia – apoiaram a luta armada até 1974, tornando-se fundamentais (uma vez que o seu apoio incluía a presença de bases de treino) para o seu resultado vitorioso.

produzidos como inexistentes pelas abordagens históricas dominantes, ou seja, como uma alternativa não credível à narrativa dominante acerca das lutas nacionalistas. Esta linha de investigação tem como objetivo subverter a produção de ausências – neste caso, o papel das mulheres na luta de libertação – ao torná-las sujeitos presentes. Como forma de ultrapassar os silêncios relativos à violência de género, procurei documentar pormenorizadamente o entendimento das mulheres quanto ao seu papel na luta pela liberdade através da combinação de história oral,[6] pesquisa em arquivos e análise dos média (jornais e pesquisa audiovisual).

Conforme analisarei neste capítulo, as mulheres perceberam desde cedo que a sua libertação era essencial à libertação do país e que isso era fundamental para "tomarmos a luta pela libertação nas nossas mãos" (Paulina Mateus *apud* Mussanhane, 2012: 641). Contudo, tal como na Guiné-Bissau (Urdang, 1979: 17), em Angola (Paredes, 2015) ou no Zimbabué (Lyons, 2002), a libertação das mulheres não foi oferecida. As mulheres libertaram-se na luta, combatendo pelos direitos humanos. Foi um direito conquistado através da luta, de tal forma que a libertação também foi delas.

Nos órgãos de comunicação social moçambicanos, logo desde a independência, o projeto político-histórico nacional contém um número diminuto de heroínas, todas elas protagonistas da luta armada. Por oposição, os materiais disponíveis revelaram uma dura realidade – não são as próprias mulheres, mas as instituições e estruturas existentes, fora do controlo das mulheres, que regulam as suas vozes, forçando-as a permanecer em silêncio a respeito das suas experiências e memórias da luta pela liberdade, um silenciamento que continuou após a independência.

Esta realidade está relacionada com os debates sobre objetividade histórica em Moçambique, debates esses que se materializaram num contexto em que as lutas pela libertação estão intimamente associadas a um ambiente político no qual as narrativas orais e escritas da luta liderada pela FRELIMO são vistas como a única fonte legítima de produção de conhecimento sobre o passado recente de Moçambique. A aliança entre política e história produziu uma narrativa histórica oficial acerca da luta nacionalista, uma narrativa que se transformou num instrumento de legitimação da autoridade hegemónica do partido e se tornou inquestionável (Coelho, 2014: 21). Esta estratégia promoveu a glorificação de combatentes maioritariamente masculinos e o silenciamento de outras vozes envolvidas na luta pela independência,

[6] Várias entrevistadas cujos testemunhos integram este capítulo pediram para permanecer no anonimato. Optei por omitir os seus apelidos para proteger as suas identidades.

como os milhares de mulheres e raparigas que foram parte ativa dessa luta (Meneses, 2015).

Ao longo das últimas décadas, a forma como as mulheres moçambicanas sentiram e viveram a guerra colonial foi abordada por estudos interdisciplinares públicos e académicos através da análise, em particular, da participação de mulheres na luta de libertação nacional (West, 2000; Zimba, 2012; Saide, 2014). Consequentemente, a atual historiografia sobre a guerra de libertação (o "outro" lado da guerra colonial em Moçambique) está centrada principalmente na investigação e discussão dos combates entre a FRELIMO e o exército português (e seus aliados).[7]

Neste contexto, as narrativas de história oral representam um elemento precioso para aprofundar a compreensão do passado recente de violência. Estas histórias versam sobre guerra, crimes, atrocidades, atentados à dignidade humana, violações de direitos humanos cometidos por militares e forças de segurança; representam as "histórias por contar" de pessoas cujas vozes e experiências foram excluídas de um debate mais vasto acerca do passado, e é neste contexto que devem ser analisadas, uma vez que nenhuma interpretação pode ser encarada como um instrumento neutro para interpretar o passado. Conhecer, ver, testemunhar, atestar e falar são ações que partem de um determinado corpo, localizado num determinado espaço e tempo, literal e relacionalmente. Do ponto de vista da historiografia, é impossível apreender toda a diversidade de perspetivas acerca de um dado evento. Todos os eventos estão repletos de ausências constitutivas que são parte integrante do processo de construção histórica do próprio evento. No entanto, nestes jogos de poder reside a possibilidade funesta de redução de grandes porções da história ao silêncio, à invisibilidade.

O papel das mulheres moçambicanas na luta clandestina e enquanto militantes políticas contra a opressão e a exploração permanece um assunto pouco estudado (Casimiro, 1986), e a presença de mulheres civis na linha da frente permanece um assunto esquecido. Assim, as vivências e as memórias de guerra das mulheres tornaram-se invisíveis na história oficial. Ouvir algumas destas "pequenas vozes" permitiu-me compreender a multiplicidade de vozes da luta nacionalista em Moçambique, um caminho de duplo questionamento que desafia a hegemonia do discurso "nacional" e reintroduz na narrativa a questão da representação e da instrumentalidade.

[7] A partir de 1970, a FRELIMO (e, em menor escala, o COREMO) tornou-se mais ativa – no centro de Moçambique – no combate ao exército português e às forças que apoiavam os regimes brancos da África Austral. Sobre este assunto, ver Meneses e Martins (2013).

A violência quotidiana no período colonial tardio

O massacre de Wiriyamu, em julho de 1973, um dos episódios macabros que prefiguraram o fim do Império Português em África, chamou a atenção internacional para a violência colonial vivida em Moçambique.[8] Este episódio não foi, contudo, excecional; foi, antes, um símbolo do uso excessivo e indiscriminado de força militar; de violência de género à qual as mulheres foram sujeitas; de tortura psicológica e detenções arbitrárias que tinham como objetivo replicar a submissão que se verificava na linha da frente, um sinal claro de securitização e militarização de Moçambique durante o período colonial tardio (IDAF, 1974).

Os relatos disponíveis sobre as regiões fortemente militarizadas no Norte do país, como Tete,[9] descrevem uma população civil refém da violência, dividida entre os que "permaneciam sob controlo português" e os que estavam "com o inimigo". Esta situação resultou na destruição das bases de subsistência das comunidades e no reagrupamento e cisão violenta de grupos. Uma linha abissal arbitrária dividia dois projetos políticos que se materializavam nos campos de minas que rodeavam os aldeamentos.[10]

Com o alastramento da guerra para Sul, a administração portuguesa obrigou as populações africanas a mudar-se para aldeamentos, povoações de realojamento, numa tentativa de "conquistar os seus corpos e as suas almas", evitando assim que se juntassem ou apoiassem a guerrilha. No início de 1974, mais de 40% da população africana nas províncias em guerra vivia em aldeamentos (Jundanian, 1974: 524), nos quais havia pouca terra disponível e onde os jovens cresciam em condições miseráveis. No entanto, conforme vários autores sublinham, os aldeamentos não evitaram o avanço da guerra. E o apoio das mulheres nas regiões onde se encontrava a linha da frente foi fundamental para superar a repressão crescente.

O envolvimento total das mulheres na luta nacionalista enquanto guerrilheiras ganhou visibilidade internacional a partir do final da década de 1960, pondo em causa a posição subordinada "tradicional" que estava

8 Adrian Hastings, "Portuguese massacre reported by priests", *The Times*, 10 de julho de 1973.

9 Ver Hastings (1974) e Dhada (2015).

10 Arquivo Nacional da Torre do Tombo (ANTT) – PIDE , "Situação no distrito de Tete no período de 1–15 de Janeiro de 1972", AN/TT Processo SC-CI(2) GU, caixa 5; PIDE, "Situação no período de 16-29 de Fevereiro de 1972", AN/TT Processo SC-CI(2) GU, caixa 6; PIDE, "Relatório de Situação n.º 22/72, 16–30 de Novembro de 1972", AN/TT Processo SC-CI(2) GU, caixa 13.

reservada às mulheres. Para a liderança da FRELIMO, a emancipação das mulheres era encarada como "uma necessidade *fundamental* da revolução, garantia da sua continuidade, condição do seu triunfo" (Machel, 1982: 24). Esta proposta ideológica influenciou a forma como as mulheres viam a sua participação na luta, precisamente porque este projeto de libertação lhes dava a capacidade de reclamar um poder político que ia além dos limites dos seus papéis "tradicionais"; paralelamente, o testemunho das mulheres durante a luta nacionalista amplia as possibilidades de interpretação da violência da guerra para lá das propostas políticas apresentadas pela liderança do movimento (Arthur *et al.*, 1992).

As comunidades rurais que não foram realojadas nos aldeamentos eram geralmente tidas como estando sob a influência da FRELIMO e eram alvo de incursões punitivas frequentes. Um relatório de 1972 da PIDE-DGS, a polícia política secreta do Estado português, referia que "as nossas forças detectaram um importante bastião inimigo com a bandeira da FRELIMO. O helicanhão bombardeou o local e as áreas circundantes onde havia muitos campos agrícolas, vitimando fatalmente 17 indivíduos que se supõe serem agricultores inimigos".[11]

As mulheres participavam diretamente na luta, mas destacavam-se no fornecimento de comida, alojamento e roupas aos guerrilheiros. Também desempenhavam um papel importante na atividade de propaganda e contactos e, sempre que possível, na recolha de informações (Zimba, 2012: 32–37). Segundo vários testemunhos recolhidos, as mulheres mais jovens e atraentes abordavam os soldados portugueses com o objetivo de recolher informações que depois passavam aos guerrilheiros. Mas o trabalho nas *machambas* – uma atividade predominantemente feminina – assumia uma importância maior, já que a fome se tornou um assassino invisível. Por um lado, o trabalho nos campos era fundamental para o (r)estabelecimento de relações e mobilização de comunidades. Por outro, fortalecia a contribuição das mulheres para a luta. Para evitarem ser detetadas pelo "inimigo" português, as mulheres cultivavam pequenos terrenos em que tentavam produzir o suficiente para o seu próprio sustento e das suas famílias, dos grupos de guerrilheiros e para compensar os ataques e roubos levados a cabo pelo inimigo:

> as *machambas* na nossa comunidade não eram coletivas, eram individuais. Assim, conseguíamos lidar com a nossa necessidade de apoiar a luta e de não morrer à fome quando os brancos [portugueses] chegavam

[11] AN/TT – PIDE, "Relatório de Situação n.º 23/72, de 1–15 de Dezembro de 1972", AN/TT Processo SC-CI(2) GU, caixa 13.

para queimar os nossos terrenos. Foi por isso que mantivemos as *machambas* pequenas e dispersas.[12]

Para o governo português, a "solução final" foi-se tornando crescentemente na resposta ao apelo nacionalista, que foi definido como o inimigo terrorista. A estratégia de destruição total foi veementemente denunciada pelos movimentos nacionalistas e rejeitada por Portugal.[13] No entanto, uma análise cuidada dos arquivos militares sustenta esta alegação. A terceira dimensão desta guerra, que se soma aos inimigos mortos ou feridos e ao armamento destruído ou capturado, foi a destruição de bases, a queima de campos de cultivo e a destruição de colheitas e celeiros. Os relatórios do exército português descrevem ao detalhe a forma como esta tarefa foi levada a cabo:

> Destruídas várias toneladas de géneros e meios de vida [...] bem como 66 celeiros.[14]
> Destruídos diversos meios de vida (cerca de 300 kg) e material diverso [...] assim como destruídos meios de alimentação e roupa.[15]
> Destruídas cerca de 40 a 50 palhotas [...] e 4 celeiros [...]; destruídas 95 palhotas e 50 celeiros; [...] destruídas cerca de 50 palhotas, 10 celeiros e vários meios de vida [...]; destruídos 11 celeiros repletos de milho.[16]
> Destruídas 160 palhotas; quantidades apreciáveis de farinha de mandioca, arroz, sal, ovos, galináceos e utensílios domésticos destruídos ou inutilizados.[17]
> Destruídos meios de vida do inimigo: farinha, roupas, utensílios, bastante gado [...]; destruição, por pulverização aérea, de duas machambas de milho.[18]

Estes excertos, que exemplificam as constantes referências à destruição nos relatórios das ações militares portuguesas, ilustram a forma como a

[12] Saquina B., entrevistada em Pemba em 2012.

[13] Ver, por exemplo, *O Combatente*, do COREMO, vol. 1(2), 1967.

[14] Arquivo Histórico-Militar (AHM), Fundo da 2.ª Divisão, 7.ª Secção, caixa 62, n.º 4, acerca de Tete, 1972.

[15] AHM, Fundo da 2.ª Divisão, 7.ª Secção, caixa 89, n.º 7, 5.ª Companhia de Comandos de Moçambique, 1973.

[16] AHM, Fundo da 2.ª Divisão, 7.ª Secção, caixa 62, n.º 2, 3.ª Companhia de Comandos de Moçambique, 1971.

[17] AHM, Fundo da 2.ª Divisão, 7.ª Secção, caixa 132, n.º 1, Grupos Especiais – 1973.

[18] AHM, Fundo da 2.ª Divisão, 7.ª Secção, caixa 133, n.º 1, Grupos Especiais – 1972.

administração colonial (civil e militar), quando confrontada com a progressão da guerra nacionalista, optou, ardilosamente, pela solução total. No centro deste "ataque" ao povo moçambicano estavam as mulheres, que eram quem assegurava a produção agrícola e a reprodução social (Meneses, 2013). O resultado foi uma crise alimentar que ceifou a vida de muitas pessoas e deixou a economia local de rastos.

Em dezembro de 1972, 300 mulheres macondes[19] organizaram uma manifestação em frente ao governo de Mueda, onde outro massacre tinha ocorrido em 1960. As mulheres foram muito afetadas pelo colonialismo, uma vez que a maioria trabalhava em pequenas explorações agrícolas e as políticas coloniais restruturaram a economia e introduziram o trabalho agrícola forçado. À medida que a economia colonial-capitalista progredia, o trabalho fundamental das mulheres na produção foi sendo sistematicamente desvalorizado e elas acabaram por perder o acesso à terra.

Num contexto de guerra, estas mulheres atreveram-se a organizar uma manifestação para protestar contra as detenções dos seus maridos e familiares efetuadas pela polícia política. Exigiam que os presos fossem transferidos da prisão de Ibo para Mueda, bem como a restituição do dinheiro e roupas que lhes tinham sido tirados. Atreveram-se a denunciar que "as confissões tinham sido obtidas sob coacção" e ameaçaram não voltar aos campos para trabalhar a terra se os maridos não regressassem.[20] Como o protesto revela, o colonialismo exerce violência física, espiritual e epistémica, e passa pelo não reconhecimento dos africanos como seres humanos.[21]

O Estado colonial impunha a sua soberania sem atribuir qualquer tipo de garantia de direitos de cidadania à larga maioria da população africana; pelo contrário, os habitantes do espaço colonial eram sujeitos ao poder colonial sem beneficiar de proteção legal. No contexto da guerra, os africanos tinham-se tornado, no seu próprio território, os "inimigos" do poder colonial. E a dupla exclusão que visava as mulheres reforçava o seu estatuto subordinado. Ao lutar pela sua liberdade no contexto da sociedade tradicional e do sistema colonial, as mulheres de Moçambique combatiam ao lado dos homens, em frentes diferentes, mas não menos importantes.

[19] Grupo etnolinguístico da Tanzânia e Moçambique que compõe a maioria da população da região do Planalto dos Macondes, em torno a Mueda.

[20] AN/TT – PIDE, "Manifestação de Protesto de Mulheres Macondes", 6 de dezembro de 1972, AN/TT Processo SC-CI(2) GU, caixa 13.

[21] Até hoje, não é conhecido nenhum número credível de vítimas civis, uma vez que os civis só recentemente passaram a ser considerados vítimas da guerra na qualidade de "danos colaterais".

Estas posições evidenciam a representação das mulheres, a sua vontade de tomar decisões sobre as suas próprias vidas, o seu envolvimento com a luta armada. Trata-se de um tema que precisa de ser estudado.

As mulheres e o massacre de Mueda

Um bom exemplo da violência patológica do colonialismo ocorreu na vila de Mueda, em Cabo Delgado, no extremo norte de Moçambique. Em junho de 1960, a administração portuguesa perpetrou um massacre de aldeãos, mulheres e homens desarmados, que se manifestavam em uníssono por reformas urgentes que assegurassem um pagamento justo pelo trabalho e pelos bens produzidos. Em última análise, foi este massacre que esteve na origem da FRELIMO, que por sua vez terá criado as bases para a insurreição armada contra o colonialismo português (Coelho, 1993: 129).

O poder colonial português estabeleceu-se nos territórios do Norte de Moçambique a partir do final do século XIX através de um conjunto de práticas coercivas que transformaram os cidadãos africanos em súbditos nativos com obrigações, mas poucos ou nenhuns direitos. Entre as vicissitudes trazidas pelo poder colonial estava a reconceptualização do trabalho, um processo que revelou as contradições que estão na base do moderno Estado colonial. Acima de tudo, expôs o lado obscuro do projeto civilizacional proposto por Portugal, que se manifestou na oposição entre liberdade e direito ao trabalho – uma ideia central da conceção moderna de cidadania – e no regime de trabalhos forçados como via para a transformação do nativo em cidadão dentro do espaço colonial. Entre várias formas de coação, encontravam-se o trabalho nas prisões, o trabalho subordinado e o trabalho forçado para a administração colonial e para as grandes plantações (Sheldon, 1994: 38). O trabalho forçado incluía a obrigação de plantar arroz, sisal e algodão, sendo este último destinado à exportação para a indústria têxtil portuguesa (CEA, 1981).

A partir do final da Segunda Guerra Mundial, muitos macondes do Norte de Moçambique optaram por emigrar para Tanganica, Zanzibar e Quénia como forma de escapar ao regime de trabalho forçado. Nas colónias vizinhas, apesar de a vida também não ser fácil, era permitido à população africana abrir pequenas lojas, ter carta de condução, etc. No final da década de 1950, estes emigrantes integravam já diversas organizações nacionalistas, associações e clubes, nos quais homens e mulheres participavam (Cahen, 1999: 32). As mulheres africanas tinham menos mobilidade porque tinham as famílias a cargo. Assim, o fardo do trabalho forçado recaía sobre elas, que eram obrigadas a cultivar algodão. Como forma de cumprir as quotas de produção, tinham de negligenciar a produção da sua própria comida (CASIMIRO, 1986: 26–32). Neste contexto, a representação das mulheres na luta contra a opressão colonial assumiu formas diferentes, como a rede de apoio mútuo ao trabalho das mulheres – *ligwilanilo* – e o trabalho em pequenas parcelas de terreno para conseguirem alimentar as suas famílias.

No final da década de 1950, os moçambicanos que viviam no Planalto dos Macondes organizaram uma cooperativa agrícola que foi rapidamente banida pelas autoridades portuguesas, com a justificação de que aquela se tinha tornado um foco de atividades subversivas. Durante a sua curta vida, esta cooperativa desempenhou um importante papel político na história de Moçambique. Entre os seus objetivos, estava o de procurar proteger os seus membros dos abusos laborais inerentes ao sistema de produção forçada de algodão que vigorava na região. A investigação levada a cabo naquela região mostra que esta cooperativa, um movimento de base popular, estava bem implantada entre os camponeses locais e acolhia atividades anticoloniais clandestinas (ISAACMAN *et al.*, 1980). Duas mulheres entrevistadas confirmaram que, no final da década de 1950 e início da década de 1960, quando trabalhavam nas plantações, os mais velhos mobilizavam os mais novos para a luta contra a exploração e pela autodeterminação (*uhuru*[22]).

Na transição das décadas de 1950-1960, vários dos emigrantes no então Tanganica regressaram a Moçambique com o objetivo de expandir as organizações africanas, por se considerar que estas ajudariam a gerir o regresso dos camponeses emigrados. Este processo foi coordenado por vários macondes, incluindo uma mulher, Modesta Neva[23] (COELHO, 1993). Entre fevereiro e o início de março de 1960, no norte de Moçambique, estes migrantes realizaram vários encontros com a população, até que a administração portuguesa em Mueda decidiu pará-los, fazendo várias detenções. Estas detenções causaram alguma agitação e ouviram-se gritos por *uhuru*.

Em 16 de junho de 1960, uma manifestação organizada em Mueda exigiu a libertação dos representantes detidos. Esta manifestação tornou-se violenta e acabou num massacre após a polícia portuguesa ter,

[22] Liberdade para a terra, em língua suaíli.

[23] Também referida como Modesta Yssufo. Além de ter participado na manifestação em Mueda, Modesta esteve envolvida na distribuição de cartões de membro de um dos movimentos que deu origem à FRELIMO, a MANU (Mozambique African National Union [União Nacional Africana de Moçambique], criada em Tanganica em 1959 por emigrantes moçambicanos). Ver Casimiro (1986: 137).

aparentemente, perdido o controlo da situação e, em pânico, ter aberto fogo sobre a multidão.[24] Nas palavras de um dos participantes na manifestação:

> Fui a Mueda para participar nas conversações entre o governo colonial e o Faustino[25]. No dia 16 cheguei a Mueda. Quando lá cheguei as pessoas já se encontravam concentradas. Havia homens, mulheres e algumas crianças. Muitas pessoas estavam bem vestidas. Havia pessoas de diversas raças: indianos, brancos e pretos. Momentos depois os colonialistas içaram quatro bandeiras. O administrador de Mueda pediu à população que fosse participar no içar das bandeiras. Mas a população negou-se a içar [a bandeira] dizendo que tinham ido lá para ouvir as palavras do Faustino e do Kibiriti.[26] O Kibiriti e o Faustino estavam debaixo de uma mangueira. [...] Depois, o governador chamou-os individualmente lá para dentro. Porém, não conseguiram matá-lo [ao Kibiriti] e em seguida chamaram o Faustino Vanomba e tudo se repetiu porque ele não morreu. Os dois saíram amarrados para o carro e nós apanhámos o carro e dissemos que "esse carro não vai avançar. Fizeram isto com os do primeiro grupo, da Modesta, mas hoje isso não vai acontecer". Foi neste momento que a população reclamou, começando a atirar pedras. Então o governador mandou abrir fogo. [...] Quando isto aconteceu, fugimos e eu esqueci-me lá da minha bicicleta. Fiquei durante algum tempo [fora] e voltei mais tarde para ir buscar a bicicleta. Quando lá cheguei, vi por volta de 17 pessoas mortas. Depois do massacre andavam os sipaios[27] de casa em casa a recolher as nossas armas e a mandarem-nos depois para Nangade, para registo das armas. O Faustino e o Kibiriti foram levados para Pemba.[28]

Os excertos e testemunhos deste acontecimento demonstram que as mulheres ocupavam uma posição central na resistência contra o colonialismo, uma tomada de posição política abafada por um pesado manto de silêncio epistémico masculino. Para a grande maioria das mulheres, as exigências de sobrevivência das famílias no dia-a-dia sobrepunham-se a quaisquer outras formas de organização estratégica. As ações e os testemunhos das mulheres

[24] Não há consenso quanto ao número de vítimas mortais, que se situam entre as 30-40 e 600.

[25] Referência a Faustino Vanomba, um dos líderes do processo, que foi detido.

[26] Referência a Kibiriti Divane, outro maconde detido.

[27] Polícias africanos ao serviço da administração local.

[28] Testemunho de Daniel Muilundo *apud* Adam e Duty (1993: 118–119).

que viviam perto da linha da frente realçam que as mudanças foram suscitadas pelo fardo gerado pelo colonialismo e pela guerra. De acordo com testemunhas dos acontecimentos em Mueda, Modesta Neva manteve-se firme no seu protesto durante o encontro com o administrador, pedindo-lhe que concedesse a liberdade aos moçambicanos:

> Modesta empunhava um pau de mandioca, que agitava enquanto falava com o governador Garcia Soares. Foi a atitude particularmente frontal de Modesta que deixou o administrador [português] muito embaraçado; ao mesmo tempo, esta atitude encorajou as pessoas que estavam nas imediações a revoltar-se contra o colonialismo. Modesta chegou a afirmar que o Sr. Garcia Soares, o administrador, devia sair de Moçambique e voltar a Portugal definitivamente, dando-lhe a mandioca como recordação de Moçambique. (Pachinuapa e Manguedye, 2009: 28-29)

Juntamente com os restantes detidos, Modesta foi condenada a uma pena de prisão e enviada para o Sul de Moçambique – um ambiente que não lhe era familiar, visto que ela era maconde –, onde viria a acabar os seus dias (Coelho, 1993: 137).

Uma vez que o massacre ocorreu numa zona remota no Norte de Moçambique, as notícias do sucedido só chegaram à comunicação social dois dias depois.[29] As notícias teimavam em atribuir a autoria do evento a agitadores "estrangeiros", uma interpretação que teve eco na versão da PIDE, que negava aos moçambicanos (especialmente às mulheres) a capacidade para se auto-organizarem na busca pela autodeterminação:

> Estima-se que cerca de 5000 pretos cercaram a administração em Mueda [...]. As tropas aerotransportadas, que foram as primeiras a chegar, depressa controlaram a situação com a primeira explosão de tiros. Os que não caíram, fugiram, uma vez que mais de 2000 bicicletas foram deixadas para trás e cujos donos nunca apareceram. Numa busca exaustiva que se seguiu a esta operação, na selva, só foram encontradas mulheres e crianças e ainda um número considerável de armas modernas de pequeno porte, cuja origem permanece secreta, mas que se diz serem de fabrico russo.[30]

29 "Agitadores estrangeiros nos macondes", *Notícias* (Lourenço Marques), 19 de junho, 1960; "Reunião de indígenas perturbada por agitadores estrangeiros que foram repelidos", *O Século*, 19 de junho de 1960.

30 AN/TT – PIDE, "Informação n.º 340/60–GU, 12 de agosto de 1962, AN/TT Processo AOS/CO/UL–32 A1.

O massacre de Mueda continua a ser um exemplo de operação política e militar do sistema colonial, expondo as suas contradições internas: a utilização da força para disparar sobre uma manifestação pacífica de alguns milhares de camponeses que reivindicavam espaço para desenvolver as suas atividades económicas com maior autonomia. Paralelamente, este massacre deixou clara a natureza violenta do Estado colonial (Adam e Duty, 1993: 118). Durante mais de dois anos, as autoridades coloniais procuraram diligentemente punir os cabecilhas dos acontecimentos que tiveram lugar em Mueda em 16 de junho de 1960; em simultâneo, a administração portuguesa intensificou a repressão, que atingiu de forma dura quer homens, quer mulheres.

> Ambos os meus pais foram presos durante a guerra. O meu pai foi acusado de fazer parte da agitação social que se seguiu aos acontecimentos em Mueda. Ele fazia parte das autoridades locais e não se pôs do lado dos portugueses. [...] A minha mãe foi presa mais tarde [em 1968], acusada de vender cartões da FRELIMO ("chamas"). Ficámos com a minha avó porque a minha mãe foi para a prisão em Ibo, Cabo Delgado.[31]

Dois anos mais tarde, em meados de 1962, numa altura em que o caso de Mueda parecia estar resolvido, foi fundada a FRELIMO, que tinha uma forte base no território, que então se chamava Tanganica. Embora com uma natureza diferente, a resistência na região renasceu, agora organizada sob a liderança de um movimento nacionalista moderno (Liesegang e Tembe, 2005). A eclosão da luta armada, em 1964, colocou as mulheres sob uma pressão ainda maior, uma vez que intensificou ainda mais a devastação das infraestruturas sociais e económicas, causando um enorme sofrimento aos habitantes das regiões em que a guerra se tornou uma realidade, com relatos a darem conta da ocorrência de massacres a um ritmo assustador.

Na última semana de setembro de 1964, foi reportada uma série de massacres na zona de Chai e também em Cabo Delgado, como retaliação contra os primeiros ataques militares da FRELIMO. Uma das poucas sobreviventes, que perdeu o marido e um filho, testemunhou a violência deste massacre:

> Os soldados portugueses começaram a chegar à nossa aldeia pouco depois do meio-dia. Vinham com um sipaio de nome Victor. Traziam com eles mais pessoas de outras aldeias que havia ao longo da estrada principal. [...] Havia muita gente, 100 ou 120 pessoas. Na nossa aldeia havia 9 casas com duas divisões e varandas com telhado

[31] Rabia M., entrevistada em Pemba em 2012.

> de palha. Os soldados começaram a empurrar toda a gente para dentro de três casas que ficavam do outro lado da estrada. Encheram as divisões connosco como se fôssemos espigas. Quem não coube lá dentro ficou na varanda. Depois os soldados começaram a disparar com as metralhadoras e a atirar granadas para queimar a casa...[32]

Os custos em termos de sofrimento não foram provocados apenas pela destruição de bens. O exército português utilizava a violação e outras formas de violência sexual como armas de terror e intimidação, em particular nos aldeamentos perto da linha da frente. Assassinato, violação e mutilação eram levados a cabo em grande escala. As casas eram pilhadas, as terras e as plantações queimadas e o gado morto.

> Fui violada durante a guerra. Foi uma vergonha para nós. Aconteceu quando fomos forçados a vir para Mueda, para o aldeamento. Trouxeram-nos em camiões. No princípio, nem sequer havia casas. Muitas pessoas não queriam ficar, mas não tínhamos opções, porque uma parte da minha família tinha sido presa. Eles [os militares portugueses] estavam armados e em breve todo o aldeamento ficou cercado por arame farpado e minas. Era quase impossível sair daquele lugar; e as pessoas costumavam apontar-nos o dedo, como se tivéssemos gostado de ser violadas. Raramente falo disto, mas aqui as pessoas continuaram a falar mesmo depois do fim da guerra. Algumas até nos acusaram de ser prostitutas. Depois de me terem violado várias vezes, riram-se. Eu trabalhava para o exército, lavava as fardas do exército português. Precisava do dinheiro, uma vez que era difícil atravessar os campos e plantar por causa da guerra, das minas...[33]

O terror instilado nas pessoas comuns e a destruição em massa de casas e terras abalaram o funcionamento de famílias e de comunidades inteiras, levando muitos a procurar refúgio na Tanzânia e no Maláui.

> Ainda era uma criança quando aconteceu o massacre em Mueda. Como resultado, muita gente saiu da zona para se refugiar na Tanzânia, que foi o que fez parte da minha família. Fugimos e tornámo-nos refugiados no campo de Rutamba. As pessoas estavam muito assustadas com a violência.[34]

32 "Chai: o massacre que os colonialistas esconderam", revista *Tempo*, n.º 364, 25 de setembro de 1977, 34-37.

33 Rabia M., entrevistada em Pemba em 2012.

34 Bibiana F., entrevistada em Maputo em 2002.

As mulheres estavam no centro da luta de resistência. No entanto, depois de ter investigado a luta de libertação de Moçambique (Meneses e Martins, 2013; Meneses, 2015), uma questão me perseguia: quais eram os motivos das mulheres, os seus objetivos, quando se dedicavam à luta? Desde há uns anos que ouço as suas histórias, as suas memórias e sonhos não concretizados. Conforme foi sublinhado por uma entrevistada,

> Estou grata à luta de libertação porque ajudou a que fôssemos vistas como seres humanos, a que nos ouvissem e tentassem ter em conta as nossas posições, os nossos objetivos. Antes, éramos vistas pelos nossos homens e pelos portugueses como acéfalas, submissas aos nossos maridos ou pais. A luta fez-me reconhecer que nós, mulheres, somos seres humanos com sonhos. Lutámos, sofremos, mas sonhámos ser livres... lutámos para que tu possas estar aqui hoje, a fazer perguntas sobre o colonialismo. Também foi por isso que lutámos, para fazer a história da exploração e da opressão, mas ainda estamos a lutar.[35]

Moçambique venceu a sua longa luta pela independência em junho de 1975. A participação das mulheres na guerra foi fundamental para este sucesso. Nas zonas rurais, onde a maior parte da atividade de guerrilha teve lugar, as mulheres eram a espinha dorsal da luta, pois forneciam comida, abrigo e roupa aos guerrilheiros, assim apoiando a mobilização e, muitas vezes, arriscando a vida:

> Durante a guerra, estávamos do lado dos que lutavam pela independência. Transportávamos armas à cabeça, dávamos comida, ajudávamos com informações acerca do inimigo... A nossa situação enquanto mulheres, desde a independência, com o fim da guerra de libertação nacional, não se pode dizer que não tenha melhorado; mas ainda temos de lutar pelos nossos direitos, pelo respeito dos homens. Então, a guerra acabou? Naquela altura éramos importantes, mas depois só houve reconhecimento para as guerrilheiras; nós voltámos a ser só mulheres... Afinal, lutámos, mas será que somos respeitadas?[36]

Mulheres e luta nacionalista depois de Mueda

Se é verdade que a condição subalterna das mulheres moçambicanas sob o domínio colonial se tornou, a partir da década de 1960, um elemento

[35] Maria L., entrevistada em Pemba em 2012.

[36] Entrevista realizada em Maputo em 2012.

fundamental da luta nacionalista, esta consciência foi o produto de disputas no interior dos diversos movimentos e organizações nacionalistas envolvidos na luta.[37] Desde a sua fundação que a FRELIMO manifestou a importância que o apoio das mulheres tinha para a causa da libertação.

> As nossas mães, irmãs e filhas são exploradas, oprimidas, impunemente violadas pelos colonos. A dignidade das mulheres moçambicanas é espezinhada. [...] Nas áreas libertadas, a FRELIMO lança as bases para um Moçambique progressista, próspero e democrático [...] promovendo a emancipação política, social, económica e cultural das mulheres moçambicanas, concretizando a igualdade de direitos entre homens e mulheres em Moçambique, apoiando a crescente participação das mulheres na luta nacional de libertação. (FRELIMO, 1977b: 17)

No início da década de 1960, as mulheres que viviam fora de Moçambique, muitas das quais tinham familiares na FRELIMO, decidiram criar uma associação, a LIFEMO (Liga Feminina de Moçambique), para apoiar causas sociais.[38] Grande parte delas tinha abandonado Moçambique há muito tempo e, por essa razão, estavam distantes da realidade que se vivia com o desenrolar da luta no interior do país. Embora os estatutos da LIFEMO referissem que o principal objetivo da organização era o envolvimento das mulheres na luta de libertação, a sua principal atividade consistia em apoiar as mulheres que viviam no estrangeiro, incluindo cuidar de viúvas e refugiadas, apoiar a organização de mulheres no estrangeiro e o trabalho social com órfãos. A conferência em que se constituiu a LIFEMO teve lugar em 1966, em Mbeya, Tanzânia. Dirigindo-se aos conferencistas, a sua primeira presidente, Celina Simango,[39] declarou: "Enquanto falo, centenas de mulheres

[37] Relativamente ao COREMO, os documentos disponíveis nada dizem quanto ao papel das mulheres na causa nacionalista. Embora esta organização viesse a apelar aos "filhos e filhas de Moçambique" para que apoiassem a luta, a emancipação das mulheres e a igualdade de género não fazia parte da sua agenda política.

[38] A LIFEMO permaneceu como grupo autónomo até ser banido no final de 1974.

[39] Celina Simango era esposa do então vice-presidente da FRELIMO, Uria Simango, que foi posteriormente demitido do seu cargo na sequência da crise política que ocorreu neste movimento em 1968/69. Uria Simango juntou-se mais tarde ao COREMO e, em conjunto com outros partidos e organizações, tentou constituir uma frente contra a hegemonia da FRELIMO durante o período de transição para a independência. Foi preso, acusado de traição e, juntamente com outros "traidores", enviado para um "campo de reeducação" onde ele e Celina foram executados.

em Moçambique enfrentam o inimigo de armas nas mãos, defendendo as populações. [...] A mulher moçambicana dedica toda a sua participação à luta, à libertação de Moçambique."[40] Contudo, muitas mulheres envolvidas na luta armada salientaram que a LIFEMO não tinha como prioridade o trabalho no interior das zonas libertadas de Moçambique.

O início da guerra de libertação marcou o início da participação das mulheres na frente de guerra em Moçambique, quer como guerrilheiras, quer como mobilizadoras para a luta.

> Em 1966 recebemos pela primeira vez, na Base Central,[41] o chefe do Departamento de Defesa, Filipe Samuel Magaia, que vinha visitar as bases, verificar o trabalho desenvolvido no interior e compreender a evolução da luta. Foi também neste momento que visitou a nossa base e tomou conhecimento de que, afinal de contas, havia mulheres que estavam a trabalhar como guerrilheiras sem os treinos político-militares. Dado que nessa altura havia um grande segredo na Frente de Libertação em relação às mulheres, [...] tínhamos que ostentar nomes masculinos. [Em 1966] saiu a decisão, na reunião do Comité Central, de as mulheres passarem ao treino político-militar. [...] Mas as contradições existiam. Pela parte da direção da Frente, alguns discordavam com a presença das mulheres com arma na mão na luta contra o colonialismo.[42] Diziam que entrava em contradição com a nossa tradição em Moçambique, porque para eles o lugar da mulher era a cozinha.[43]

O Destacamento Feminino (DF), que fazia parte da FRELIMO, só foi formalmente criado em 1967 (Zimba, 2012: 26-28). A partir dessa altura, a presença de guerrilheiras na FRELIMO ganhou visibilidade internacional, pondo em causa a "tradicional" posição subordinada que lhes estava reservada. Ainda assim, as duas principais organizações femininas – o DF e a LIFEMO – continuaram a funcionar em simultâneo, afirmando representar todas as mulheres de Moçambique. Segundo Paulina Mateus,

[40] "Discurso de abertura da Sra. Selina Simango, Presidente da LIFEMO", *A Voz da Revolução* (FRELIMO), n.º 6, setembro de 1966.

[41] Referência a uma das principais bases militares nas zonas libertadas, no norte de Moçambique.

[42] De acordo com as declarações de diversas mulheres, alguns guerrilheiros eram mais exigentes com as mulheres; como forma de provar a inaptidão delas para o combate, tentavam tornar as guerrilheiras em suas amantes e, quando elas não aceitavam, atribuíam-lhes tarefas mais pesadas. Ver também Casimiro (1986).

[43] Paulina Mateus *apud* Mussanhane (2012: 640–641).

> O Comité Central da FRELIMO chamou Celina Simango, chefe da LIFEMO, para a informar da existência de um grupo de mulheres combatentes da liberdade no interior de Moçambique. Tendo em conta o bom trabalho que estas combatentes estavam a realizar, era importante juntar as lutas. Mas a chefe da LIFEMO não concordou.[44]

Realizaram-se várias reuniões entre membros da LIFEMO e da DF com o objetivo de anular esta divisão, o que tornou possível identificar os problemas que dividiam estas duas organizações femininas: as guerrilheiras afirmavam que não lhes era permitido casar, ao passo que as mulheres da LIFEMO podiam; as mulheres que viviam em Moçambique sentiam que o fardo da guerra era colocado sobre os seus ombros – as tarefas da mobilização; o transporte de material de guerra; o trabalho agrícola nos campos –, ao passo que as mulheres da LIFEMO viviam no estrangeiro, onde apoiavam órfãos, viúvas e refugiados e participavam em congressos e conferências, contribuindo muito pouco para o esforço de guerra. A contradição entre as posições das refugiadas políticas e das guerrilheiras extremou-se rapidamente. A participação de mulheres na luta armada foi um dos motivos para a profunda crise que afetou a FRELIMO em 1968–69, uma vez que a sua participação ativa colocava desafios ao sistema de opressão e exploração que afetava não apenas as mulheres, mas todos os moçambicanos (Casimiro, 1986: 130-131).

Em 1969, na sequência da crise política interna da FRELIMO, o movimento decidiu fundir o Destacamento Feminino com a LIFEMO, o que resultou na consolidação da posição dominadora das guerrilheiras. O passo seguinte nesta fusão deu-se em 1973 com a formação da Organização da Mulher Moçambicana, na sequência de uma decisão tomada pelo Comité Central da FRELIMO em 1972. Ao longo dos últimos anos da luta armada de libertação,[45] a posição da FRELIMO quanto à contribuição das mulheres para a luta continuaria a acentuar o seu papel na mobilização e organização populares, embora os objetivos desta mobilização continuem a ser desconhecidos.

> Quando nós, mulheres, começámos a participar, houve uma forte oposição porque era contrário à nossa tradição. Foi então que iniciámos uma grande campanha para explicar [...] que a luta era, na verdade, uma luta popular na qual toda a gente devia participar

[44] Paulina Mateus *apud* Saide (2014: 595).

[45] A guerra terminou em setembro de 1974, com a assinatura de vários acordos entre o governo português e a FRELIMO.

> e que nós, mulheres, éramos ainda mais oprimidas do que os homens, mas com os mesmos direitos e a mesma determinação em lutar que eles.[46]

Este testemunho, juntamente com muitos outros, sublinha que, para as mulheres, a importância da mobilização representava uma luta pela sua dignidade, pela igualdade, contra os "valores tradicionais" que insistiam em manter as mulheres numa posição subordinada, quer na esfera pública, quer na esfera privada. Quanto à FRELIMO, a luta pela emancipação feminina era considerada secundária, já que o seu principal objetivo era a luta contra a opressão e exploração colonial e imperialista (Meneses, 2015). Esta diferenciação é fundamental, visto revelar uma tensão entre a mobilização das mulheres enquanto mulheres ou enquanto revolucionárias da FRELIMO (Disney, 2008: 51), uma vez que as agendas das duas lutas não eram idênticas. Com a FRELIMO apostada em capitalizar os ganhos resultantes dos avanços na luta armada, verificou-se uma centralidade crescente das guerrilheiras na narrativa nacionalista, ao passo que outras contribuições e formas de participação foram silenciadas.

As trajetórias pessoais das mulheres (moldadas por elementos como idade, classe social, etnicidade, raça) definiram as suas reações à guerra, as suas estratégias de sobrevivência e os seus sucessos. Naturalmente, verificava-se uma contraditória e ambígua luta de género, caracterizada pela provocadora combinação de radicalismo e conservadorismo. Na ausência dos maridos e outros familiares do sexo masculino, as mulheres foram, gradualmente, assumindo mais responsabilidades; simultaneamente, a sua educação política, baseada na experiência que tinham da luta, sinalizava a existência de possibilidades ilimitadas de participação com o objetivo de "derrotar a opressão e a exploração" (Liberation Support Movement, 1977: 5). À medida que a luta avançava, as mulheres foram encontrando novas oportunidades de negociação dos seus papéis tradicionais, especialmente nas zonas de guerra no Norte de Moçambique. Contudo, embora Samora Machel, presidente da FRELIMO, afirmasse que a "libertação da mulher é uma necessidade fundamental da revolução, uma garantia da sua continuidade, uma condição do seu triunfo" (1982: 24), as promessas de igualdade esvaziaram-se perante as tentativas falhadas de contestar as práticas tradicionais e atitudes sexistas, naquela que é uma demonstração clara da ausência de um verdadeiro compromisso com a libertação das mulheres e a construção de uma nova história nacional.

[46] Filomena C., entrevistada em Maputo em 1994.

Conclusão: os problemas de uma narrativa única da libertação

Neste capítulo, procurou-se realçar a possibilidade de uma narrativa alternativa dos acontecimentos e da história de violência sofrida pelas mulheres durante a luta de libertação de Moçambique, bem como exigir mudanças radicais à história nacional. O massacre de Mueda representa um sinal claro de que os Moçambicanos só podiam aspirar à independência através da força das armas; Wiriyamu simboliza o fim do regime colonial português, que se desintegrou em resultado do golpe de Estado de 25 de abril de 1974. Os massacres (Mueda, Chai, Mutanga, Mucumbura, Chiuaio, Wiriyamu e Inhaminga são apenas alguns), juntamente com os vários elementos de violência que fazem parte da guerra (tortura, violação, entre outros), moldaram a experiência da guerra colonial em Moçambique. Episódios de extrema violência, que são geralmente reconhecidos como atos de atrocidade militar e de assassínio em massa, foram perpetrados sobre civis e não-combatentes (Assembleia Geral das Nações Unidas, 1974). Ainda podemos ouvir a voz dos sobreviventes destes momentos de atrocidade em massa a expressar os seus pensamentos privados e a sua dor quase insuportável. Vários dos seus testemunhos e memórias resgatadas constituem o núcleo deste capítulo. As suas vozes dão conta dos desafios com que se defrontaram enquanto criavam a visão de um futuro positivo, documentando a sua participação nas diversas lutas, dando o seu testemunho da opressão e partilhando as suas experiências bem-sucedidas de resistência.

O debate sobre género e emancipação das mulheres na FRELIMO ao longo da guerra sublinha as contradições políticas em torno dos papéis das mulheres. Por exemplo, a luta armada dependia do transporte de armas efetuado por mulheres, que abasteciam as forças da FRELIMO e asseguravam o apoio às comunidades locais através das suas campanhas populares de saúde e educação. Por outro lado, o papel das mulheres nas regiões que se encontravam na linha da frente tem sido subestimado ao supor-se que as suas atividades agrícolas podem ser interpretadas como "papéis de apoio" tradicionais. Contudo, as vozes das mulheres revelam um retrato diferente. Ouvir os episódios de história oral torna possível descobrir a densa textura de relações de guerra e de sociedade, com efeitos de longo alcance, em particular no campo do género. Um retrato mais matizado das mulheres e da guerra emerge, mostrando a persistente invisibilidade da participação das mulheres no esforço de guerra, o seu contributo não reconhecido, na retaguarda, para a independência. No Norte de Moçambique, a presença das mulheres na frente da guerra não pode ser reduzida à sua participação no Destacamento Feminino da FRELIMO.

A guerra mudou radicalmente as vidas das mulheres, não só por causa da morte e da destruição que causou, mas também por ter trazido a possibilidade e a oportunidade para transformar as estruturas sociais estagnadas em que as mulheres rurais viviam. Muitas mulheres viram-se líderes dos seus agregados familiares, adquiriram novos papéis e responsabilidades (Thurshen, 1998: 20). A violência política e policial foi exercida de variadas formas, incluindo a tortura da fome e a destruição total (de habitações, comida, água) como forma de fazer política (Meneses, 2013), algo que afetou especialmente as mulheres, que representavam o principal sustento das famílias. Por outro lado, os novos contextos políticos e económicos e as relações por eles inaugurados, associados ao crescimento da migração dos homens,[47] trouxeram um fardo crescente e uma maior centralidade ao trabalho das mulheres na manutenção e reprodução das suas famílias alargadas.

Para as mulheres moçambicanas, a possibilidade de se libertarem da condição subalterna imposta pelo colonialismo tornou-se, a partir das décadas de 1950 e 1960, um elemento fundamental da luta nacionalista. A luta armada alterou profundamente a geografia do poder e a posição das mulheres na sociedade e introduziu mudanças de longo prazo nas relações sociais. Um bom exemplo desta realidade é a erosão do controlo dos anciãos sobre algumas mulheres jovens nas comunidades rurais do Norte de Moçambique que se juntaram aos nacionalistas (Pachinuapa e Manguedye, 2009).

Há, no âmago das nações modernas, aspetos de extrema violência na definição dos elementos que constituem a narrativa histórica oficial. Neste caso, o papel das mulheres na linha da frente é interpretado como extensão das suas funções femininas – apoiar a família e a comunidade. Assim, a contribuição das mulheres para a luta nacionalista é apresentada como sendo secundária em relação ao evento principal – a guerra. Neste capítulo, procura-se revelar que as mulheres moçambicanas combateram diretamente a tríade da opressão e violência: colonialismo, capitalismo, patriarcado. A continuidade do silêncio em relação à contribuição das mulheres africanas para a dignidade e a liberdade evidencia a herança de um conflito mais vasto que perturbou profundamente os direitos de todos os africanos – as latências do violento encontro colonial –, um conflito que está por abordar em toda a sua complexidade.

A FRELIMO manteve, até 1982, uma série de "Comissões da Verdade" destinadas a lidar com os "erros" da guerra (Meneses, 2015). Porém, a discriminação de género e os danos, as discriminações e violência perpetradas

[47] Incluindo os que se deslocavam para integrar o exército e forças de segurança de ambos os lados da guerra.

por todas as forças militares contra mulheres e crianças nunca foram abordadas nestas reuniões.[48] Esta violência assume diversas formas e constitui um indicador de que as transformações desejadas não foram alcançadas. Tal como Tanya Lyons identifica no Zimbabué, "as promessas de igualdade soavam pouco sinceras quando confrontadas com as tentativas malsucedidas de pôr em causa as práticas tradicionais [... e], ao mesmo tempo, demonstravam a falta de um compromisso efetivo com a libertação das mulheres" (Lyons, 2002: 319). Crenças patriarcais profundamente enraizadas relativas à identidade e ao papel das mulheres em Moçambique constituíram, e ainda constituem, um forte entrave à participação plena e à transformação das relações de género.

Retirar a paz e a igualdade de género do seu lugar androcêntrico só é possível se se aprender com as experiências políticas, bastante subtis, mas complexas, dos grupos subalternos, das vozes em surdina das mulheres que contam outra parte da narrativa da libertação. Ao chamar a atenção para as mulheres subalternas, que permanecem marginalizadas e desinstitucionalizadas, esta análise procura trazer para primeiro plano as conquistas, silenciadas mas inevitáveis, das mulheres comuns na sua participação prolongada, embora bastante atomizada, em ações locais e nalguns episódios de ação coletiva. A perspetiva de Okot p'Bitek é fundamental para a minha compreensão do que se passa hoje em dia. Este autor explora em pormenor a forma como as tradições orais moldam a formação moral dos agentes, bem como o entendimento que fazem do seu lugar na sociedade (p'Bitek, 1986). O seu trabalho acerca da tradição oral enquanto ação social dá-nos uma visão dos microprocessos sociais quotidianos e, tal como os enquadramentos contemporâneos das epistemologias do Sul (Santos, 2006) e as abordagens à performatividade, valoriza os métodos comunitários e baseados nos locais de recuperação pós-conflito e/ou pós-violência. Se a luta pelos direitos humanos e pela dignidade for estudada através de perspetivas descontextualizadas e monoculturais imbuídas de um triunfalismo linear, muitas situações de sofrimento injusto não serão consideradas violações dos direitos humanos, tal como Boaventura de Sousa Santos tem afirmado (2013: 17). Segundo Santos, é fundamental desenvolver uma conceção contra-hegemónica dos direitos humanos que possa subverter a visão hegemónica e que se identifique com as necessidades de quem foi despojado do poder e marginalizado. Se não se compreender a participação ativa das mulheres através das suas próprias vozes, torna-se difícil compreender a razão pela qual muitas mulheres insistem, em Moçambique, em afirmar que "a luta continua", um sinal

[48] Quer por parte dos portugueses, quer por parte das forças nacionalistas.

claro de que a libertação e a dignidade não foram plenamente alcançadas pelas mulheres com a independência.

Referências bibliográficas

Adam, Yussuf; Duty, Hilário A. (1993), "O massacre de Mueda: falam testemunhas", *Arquivo*, 14, 117-128.

Arthur, Maria José; Mpalume, Estevão Jaime; Aquimo, Júlio; Labés, Valeriano (1992), *O estatuto da mulher na luta armada* (mimeo). Maputo: ARPAC – Arquivos do Património Cultural.

Assembleia Geral das Nações Unidas (1974), *Report of the Commission of Inquiry on the reported massacres in Mozambique.* Nova Iorque: UN Official Records – Twenty-Ninth Session Supplement No. 21 (A/9621).

Cahen, Michel (1999), "The Mueda case and Maconde political ethnicity", *Africana Studia*, 2, 29-46.

Casimiro, Isabel (1986), *Transformação nas relações homem-mulher em Moçambique, 1960–1974.* Dissertação de Licenciatura. Maputo: Universidade Eduardo Mondlane.

CEA – Centro de Estudos Africanos (1981), *Cotton Production in Mozambique: a survey (1936-1979).* Maputo: CEA/UEM. Disponível em: <https://sas-space.sas.ac.uk/4506/>.

Coelho, João Paulo Borges (1993), "O Estado Colonial e o massacre de Mueda: processo de Quibirite Divane e Faustino Vanombe", *Arquivo*, 14, 129–154.

Coelho, João Paulo Borges (2014), "Politics and Contemporary History of Mozambique: a set of epistemological notes", *Kronos*, 39, 20-31.

Dhada, Mustafah (2015), *The 1972 Wiriyamu massacre of Mozambique.* Londres: Bloomsbury Academic Press.

Disney, Jennifer Leigh (2008), *Women's activism and feminist agency in Mozambique and Nicaragua.* Filadélfia: Temple University Press.

FRELIMO – Frente de Libertação de Moçambique (1977a), "Proclamação ao povo moçambicano", *in* FRELIMO (org.), *O Processo Revolucionário da Guerra Popular de Libertação.* Maputo: DTI FRELIMO, 75–78.

FRELIMO (1977b), "1.º Congresso da FRELIMO, Declaração Geral", in *Documentos Base da FRELIMO, 1.* Maputo: Tempo.

Hastings, Adrian (1974), *Wiriyamu: My Lai in Mozambique.* Londres: Search Press.

IDAF – International Defence and Aid Fund (1974), *Terror em Tete: Relato documental das atrocidades dos portugueses no distrito de Tete, Moçambique (1971-1972).* Porto: A Regra do Jogo.

Isaacman, Allen; Stephen, Michael; Adam, Yussuf; Homem, Maria João; Macamo, Eugenio; Pililao, Augustinho (1980), "Cotton is the Mother of Poverty: Peasant resistance against forced cotton production in Mozambique, 1938-1961",

International Journal of African Historical Studies, 13(4), 581–615. DOI: <https://doi.org/10.2307/218197>.

Jundanian, Brendan F. (1974), "Resettlement Programs: Counterinsurgency in Mozambique", *Comparative Politics*, 6(4), 519–540. DOI: <https://doi.org/10.2307/421336>.

Liberation Support Movement (1977), *The Mozambican woman in the revolution*. Oakland, CA: LSM Information Center.

Liesegang, Gerhard; Tembe, Joel das Neves (2005), *Subsídios para a Historia da UDENAMO e FRELIMO* (mimeo).

Lyons, Tanya (2002), "Guerrilla Girls and Women", *in* Jean Allman, Susan Geiger e Nakanyike Musisi (orgs.), *Women in African colonial wars*. Bloomington: Indiana University Press, 305-326.

Machel, Samora (1982), *Mozambique: Sowing the seeds of revolution*. Harare: Zimbabwe Publishing House.

McClintock, Anne (1995), *Imperial leather: race, gender and sexuality in the colonial contest*. Nova Iorque: Routledge.

Meneses, Maria Paula (2013), "Para ampliar as Epistemologias do Sul: verbalizando sabores e revelando lutas", *Configurações*, 12, 13-27. DOI: <https://doi.org/10.4000/configuracoes.1948>.

Meneses, Maria Paula (2015), "Xiconhoca, o inimigo: Narrativas de violência sobre a construção da nação em Moçambique", *Revista Crítica de Ciências Sociais*, 106, 9–52. DOI: <https://doi.org/10.4000/rccs.5869>.

Meneses, Maria Paula; Martins, Bruno Sena (orgs.) (2013), *As guerras de libertação e os sonhos coloniais*. Coimbra: CES/Almedina.

Mussanhane, Ana Bouene (2012), "Paulina Mateus Nkunda", *Protagonistas da luta de libertação nacional*. Maputo: Marimbique, 631–648.

P'bitek, Okot (1986), *Artist, the ruler: Essays on art, culture and values*. Nairóbi: East African Educational Publishers.

Pachinuapa, Raimundo; Manguedye, Marina (2009), *A vida do casal Pachinuapa*. Maputo: JV.

Paredes, Margarida (2015), *Combater duas vezes. Mulheres na luta armada em Angola*. Lisboa: Verso da História.

Saide, Alda Saúte (2014), "As mulheres e a luta de libertação nacional", *in* Joel das Neves Tembe (org.), *História da luta de Libertação Nacional* (vol. 1). Maputo: Ministérios dos Combatentes, 553-601.

Santos, Boaventura de Sousa (2006), *The rise of the global left. The World Social Forum and beyond*. Londres: Zed Books.

Santos, Boaventura de Sousa (2013), "Human Rights: a fragile hegemony", *in* François Crépeau e Colleen Sheppard (orgs.), *Human rights and diverse societies: Challenges and possibilities*. Cambridge: Cambridge Scholars, 17-25.

Sheldon, Kathleen (1994), "Women and revolution in Mozambique: a Luta Continua!", *in* Mary Ann Tétreault (org.), *Women and revolution in Africa, Asia, and the New World*. Columbia, SC: University of South Carolina Press, 33-61.

Thurshen, Meredeth (1998), "Women's war stories", *in* Meredeth Thurshen e Clotilde Twagiramariya (orgs.), *What women do in wartime*. Londres: Zed Books, 1-26.

Urdang, Stephanie (1979), *Fighting two colonialisms: Women in Guinea Bissau*. Nova Iorque: Monthly Review Press.

West, Harry G. (2000), "Girls with guns: Narrating the experience of war of Frelimo's 'Female Detachment'", *Anthropological Quarterly*, 73(4), 180-194. DOI: <https://doi.org/10.1353/anq.2000.0015>.

Zimba, Benigna (org.) (2012), *A mulher moçambicana na luta de Libertação Nacional: Memórias do Destacamento Feminino*. Maputo: CPHLLN.

CAPÍTULO 13

Direitos Humanos das mulheres: mobilização do direito e epistemologias do Sul[*,1]

Cecília MacDowell Santos

Introdução

Em 2012, fiz uma apresentação na organização feminista local União de Mulheres de São Paulo (daqui em diante referida como União de Mulheres), sedeada no centro de São Paulo. A minha apresentação baseou-se na pesquisa que levei a cabo sobre mobilização jurídica transnacional e direitos humanos das mulheres no Brasil para o projeto ALICE.[2] De seguida, mostrei

* Tradução de Rita Caetano.

1 Uma versão mais extensa deste texto, com o titulo "Mobilizing Women's Human Rights: What/Whose Knowledge Counts for Transnational Legal Mobilization?", foi publicada em julho de 2018 no *Journal of Human Rights Practice*, 10(2): 191–211. Foram apresentadas versões preliminares do texto no Colóquio Internacional "Epistemologias do Sul: Aprendizagem Global Sul-Sul, Sul-Norte e Norte-Sul", na Universidade de Coimbra, em julho de 2014, e no workshop "Redes Transnacionais de Defesa: Reflexão de 15 Anos de Teoria Evolutiva e Prática", no Instituto de Estudos Internacionais Watson, Universidade Brown, de 30 de abril a 2 de maio de 2015. O capítulo baseia-se em investigação no terreno que contou com o apoio do Fundo de Desenvolvimento da Faculdade da Universidade de São Francisco, dos EUA. Agradeço os comentários de Boaventura de Sousa Santos e dos outros membros do Projeto ALICE. Também agradeço a Peter Evans e a Cesar Rodríguez Garavito pelos seus comentários a uma versão mais curta deste texto. Agradeço aos ativistas dos direitos humanos que me deram entrevistas, informação e documentos sobre as suas práticas jurídicas. Os meus agradecimentos especiais são para Deise Leopoldi e Maria da Penha Maia Fernandes, pela generosidade delas em partilhar comigo o seu conhecimento e os documentos referentes aos respetivos casos jurídicos.

2 O meu projeto de pesquisa, intitulado "Que 'Direitos Humanos das Mulheres'? Como as mulheres brasileiras negras e ONGs Feministas mobilizam o Direito Internacional

uma apresentação em *PowerPoint* que incluía todos os casos de violência e discriminação contra mulheres apresentados contra o Estado brasileiro à Comissão Interamericana dos Direitos Humanos (CIDH). Identifiquei estes casos com base nos relatórios publicados no *site* da CIDH e entrando em contacto com organizações não-governamentais (ONG) de direitos humanos e feministas. No final da minha apresentação, Deise Leopoldi, membro da União de Mulheres, corrigiu o meu gráfico e referiu que a petição do início do caso de Márcia Leopoldi tinha data de 1996, e não de 1998. Deise é a única irmã de Márcia Leopoldi, que foi assassinada pelo ex-namorado no início dos anos 1980. Por não ter havido uma condenação, o caso de Márcia Leopoldi foi remetido para a CIDH pela União de Mulheres e três ONG regionais: Centro para a Justiça e Direito Internacional (CEJIL), Observação/Américas dos Direitos Humanos e o Comité Latino-americano e do Caribe para a Defesa dos Direitos da Mulher (CLADEM/Brasil). Foi o primeiro caso de violência contra mulheres apresentado à CIDH contra o Estado brasileiro!

Porém, até 2012, não houve qualquer informação sobre o caso de Márcia Leopoldi no *site* da CIDH. Consegui descobri-lo porque conhecia a ativista feminista Maria Amélia de Almeida Teles (conhecida por Amelinha), fundadora e líder da União de Mulheres. Amelinha disse-me que a CIDH tinha atribuído um número à petição em 1998. Amelinha não tinha uma cópia da petição e não tinha a certeza da data. O CLADEM/Brasil também não tinha uma cópia da petição. A *Human Rights Watch* tinha encerrado o seu gabinete no Brasil e abandonado o caso. O CEJIL era a única organização que tinha uma cópia desta petição, mas o seu representante no Brasil não queria partilhá-la comigo, alegando que a divulgação desta informação poderia prejudicar o processo de litígio. Como iria ser muito difícil encontrar todas as petições iniciadas por ONG contra o Estado brasileiro, decidi centrar-me apenas nos casos que foram tornados públicos no *site* da CIDH. Consequentemente, não prestei muita atenção ao caso de Márcia Leopoldi e parti do princípio de que este tinha sido iniciado no mesmo ano do caso, bastante conhecido, de Maria da Penha, que eu tinha selecionado para análise.

Para além de corrigir o meu *slide*, Deise deu-me um *pen drive* com cópias de todos os documentos relacionados com o caso de Márcia Leopoldi,

dos Direitos Humanos", faz parte de um projeto de pesquisa mais abrangente: "ALICE – Espelhos estranhos, lições imprevistas: definindo para a Europa um novo modo de partilhar as experiências do mundo", coordenado por Boaventura de Sousa Santos no Centro de Estudos Sociais da Universidade de Coimbra.

incluindo a petição enviada para a CIDH em 1996. Também se disponibilizou para uma entrevista e encorajou-me a escrever sobre este caso. Isso ajudaria a mostrar que o caso existiu. Deise esperava que a minha pesquisa também conferisse visibilidade às dificuldades que as lutas pelos direitos humanos das mulheres têm de enfrentar na sua busca por justiça, tanto a nível nacional como internacional. Algumas dificuldades relacionavam-se com a ausência de acesso, e desigualdade no acesso, à CIDH. O CEJIL e o CLADEM/Brasil foram aliados importantes pelo seu conhecimento da legislação internacional de direitos humanos. Contudo, o atraso da justiça internacional tornou-se uma questão crítica. Além do mais, apesar de estas ONG terem optado por desistir do caso pendente na CIDH quando o assassino de Márcia Leopoldi foi preso, em 2005, a União de Mulheres e Deise tinham uma visão diferente da mobilização jurídica e continuaram a exigir uma resposta da CIDH, com o objetivo de denunciar o Estado brasileiro pela ineficácia do seu sistema judicial.

O caso de Márcia Leopoldi faculta um exemplo do que chamei de "ativismo jurídico transnacional", ou seja, um ativismo levado a cabo a nível transnacional por ONG de direitos humanos e agentes de movimentos sociais que usam os direitos humanos internacionais não só para procurar soluções para as vítimas individuais, mas também para pressionar os Estados a fazer alterações legislativas e políticas, para promover as ideias e culturas dos direitos humanos, assim como fortalecer as exigências dos movimentos sociais (C. M. Santos, 2007). Além de ONG de direitos humanos profissionalizadas, diversas ONG feministas e de mulheres recorreram ao ativismo jurídico transnacional enquanto estratégia para reconstruir e promover os discursos e normas dos direitos humanos das mulheres. Este tipo de mobilização jurídica ilustra claramente o que Keck e Sikkink (1998) chamam "redes para defesa de causas transnacionais" (TAN). De facto, as ONG de direitos humanos e feministas envolvidas no ativismo jurídico transnacional criam redes para comunicar e partilhar conhecimento jurídico e de outros âmbitos, formando alianças transnacionais para "arguir as causas de outros ou defender uma causa ou premissa" (Keck e Sikkink, 1998: 8).

Porém, contrariamente ao conceito original de Keck e Sikkink de TAN enquanto "formas de organização caracterizadas por padrões voluntários, recíprocos e horizontais de comunicação e partilha" (1998: 8), o caso de Márcia Leopoldi indica que a relação entre os intervenientes envolvidos no ativismo transnacional é frequentemente litigiosa e assimétrica, como apontam os investigadores (por exemplo, Mendez, 2002; Farrell e McDermott, 2005; Thayer, 2010; Rodríguez Garavito, 2014).

Os estudos académicos emergentes sobre a mobilização jurídica transnacional tendem, porém, a ignorar a relação entre ONG centradas em áreas de diferentes questões (direitos humanos e redes de ativismo feminista, por exemplo), ou entre as ONG e as vítimas (ou familiares das vítimas) cujo conhecimento e experiência servem de base às práticas de mobilização jurídica transnacional. Por isso, uma análise das formas como os direitos humanos e as ONG feministas, assim como vítimas de violações de direitos das mulheres, interagem entre si pode revelar quem é considerado um ator legítimo no campo dos direitos humanos (e das mulheres) a nível internacional, e quais são as visões estratégicas sobre os direitos humanos, mobilização jurídica transnacional e justiça transnacional que, nesse âmbito, se tornam hegemónicas.

A partir da investigação dos casos de direitos humanos das mulheres apresentados à CIDH contra o Brasil, este capítulo mostra que a prática de mobilização jurídica transnacional é litigiosa e envolve relações de conhecimento/poder desiguais. ONG de direitos humanos internacionais e nacionais especializadas em litigação de direitos humanos transnacionais, ONG de advocacia feminista, ONG de base feminista, e vítimas (ou familiares das vítimas), todas se dedicam à mobilização jurídica transnacional e trocam entre si diferentes tipos de conhecimento. Contudo, o trabalho de traduzir os seus conhecimentos através da mobilização jurídica transnacional tanto pode construir como quebrar alianças. Mais importante ainda, a visão jurídica dos direitos humanos defendida pelas ONG mais profissionalizadas tende a prevalecer sobre outras perspetivas. De seguida, vou basear-me em dois casos de violência doméstica contra mulheres – *Márcia Leopoldi vs. Brasil* e *Maria da Penha vs. Brasil* – para ilustrar estes pontos. Antes de analisar os casos, vou explicar brevemente as abordagens à mobilização jurídica transnacional e aos direitos humanos que enquadram a minha análise.

Mobilização jurídica transnacional enquanto tradução de gramáticas de direitos humanos

A literatura sobre mobilização jurídica transnacional expandiu-se na última década. Este crescimento assenta nos estudos sobre mobilização jurídica, redes de defesa transnacionais, e usos anti-hegemónicos da lei no contexto da globalização. McCann (2008) define de forma abrangente a mobilização jurídica como uma prática da tradução de um mal percecionado, de um desejo ou necessidade numa exigência expressa como reivindicação de direitos. A litigação é uma dimensão específica de mobilização jurídica e refere-se à tradução de um dano numa "queixa" (da violação de uma norma) apresentada em tribunal. Para lá da litigação, a mobilização jurídica pode incluir outras ações, como suscitar consciencialização jurídica, discussão de direitos, campanhas jurídicas para alterar ou criar leis e políticas e por aí em diante.

Indo para lá dos limites do Estado-nação ou dos usos individualistas da lei, Boaventura de Sousa Santos e Cesar Rodríguez Garavito (2005) propõem uma abordagem a que chamam "legalidade cosmopolita subalterna" para se referirem à mobilização transnacional, anti-hegemónica, da lei por intervenientes do movimento social. A "legalidade cosmopolita subalterna" caracteriza-se por quatro expansões do conceito de lei e da política da legalidade. Em primeiro lugar, há que haver uma combinação de mobilização política e jurídica. Com efeito, a legalidade cosmopolita subalterna é uma forma de mobilização política da lei. Pressupõe a politização do uso da lei e dos tribunais. A mobilização jurídica, por sua vez, pode envolver ações legais, ilegais e não-legais. Em segundo lugar, a política de mobilização jurídica tem de ser concebida em três escalas diferentes – a local, a nacional e a global – para que as lutas se mantenham ligadas através das fronteiras. Em terceiro lugar, é necessário um alargamento do conhecimento profissional, da lei do Estado-nação, e do cânone jurídico que privilegia os direitos individuais. Isto não significa que haja um abandono dos direitos individuais em detrimento da política e legalidade cosmopolitas subalternas, embora a ênfase incida sobre os direitos coletivos. Por fim, a janela temporal da luta jurídica tem de ser alargada para incluir a janela temporal da luta social que serve para politizar a disputa jurídica. Isto significa que os conflitos sociais são concebidos como problemas estruturais relacionados com o capitalismo, colonialismo, patriarcado, regimes políticos autoritários, entre outros (B. S. Santos, 2005: 30).

A defesa jurídica de líderes e causas de movimentos sociais pelo "ativismo popular" no Brasil é um exemplo da mobilização política da lei. Isto pode ser ilustrado pelas lutas pela reforma agrária e globalização anti-hegemónica levadas a cabo pelo Movimento dos Trabalhadores Rurais Sem Terra (B. S. Santos e Carlet, 2010). O chamado "litígio estratégico", levado a cabo na América Latina por ONG de direitos humanos especializadas em litigação em favor de uma causa, é também um exemplo da mobilização política da lei que pode ir além dos limites do Estado-nação (Rodríguez Garavito, 2011; Cardoso, 2012). As práticas de "ativismo jurídico transnacional"das ONG e dos intervenientes de movimentos sociais que usam o sistema interamericano dos direitos humanos para pressionarem os Estados a promover alterações jurídicas e políticas ao nível doméstico podem também servir de exemplo de legalidade cosmopolita subalterna (C. M. Santos, 2007).

A mobilização jurídica transnacional dos direitos humanos pode ser vista como uma "política de leitura dos direitos humanos" (Baxi, 2006), ou seja, uma prática discursiva de tradução que simultaneamente inclui e exclui a representação de várias formas de violações de direitos humanos, assim como diferentes ideias e conceções de direitos humanos e justiça. Na sua abordagem à "vernaculização" ou tradução das ideias e enquadramentos globais dos direitos humanos das mulheres em contextos locais, Merry (2006) refere-se aos ativistas transnacionais como "tradutores/negociadores" imersos em relações de poder que abrangem o global e o local. Thayer (2010) também examina o processo transnacional da tradução de discursos de género em práticas imersas em relações de poder, mas vai para lá de uma dicotomia global-local, mostrando que os atores "locais", como mulheres agricultoras no nordeste do Brasil, não são apenas recetores de um discurso global feminista ou de género; já estão imersos nos discursos feministas globais. A partir da perspetiva de Thayer, acrescentaria que as vítimas de violações de direitos humanos não são intervenientes "locais" isolados. Embora as estratégias jurídicas e políticas dos intervenientes "locais" para obter justiça possam diferir das dos juristas e das ONG de direitos humanos profissionalizadas, também integram alguns aspetos de perspetivas legalistas dos direitos humanos e da justiça. Além disso, como notou Hernández Castillo (2016), as vítimas podem tornar-se "defensoras dos direitos humanos" no processo de litigação internacional.

O enquadramento teórico adotado pelas "epistemologias do Sul" (B. S. Santos, 2014) fornece mais ferramentas analíticas para conceber a mobilização transnacional jurídica enquanto prática da tradução de diversas gramáticas dos direitos humanos para lá da divisão global-local. O "Sul" é interpretado tanto no sentido geopolítico como epistémico. Corresponde a diversos tipos de conhecimento produzidos por grupos marginalizados tanto no Sul global como no Norte global (B. S. Santos, 2014). Esta estrutura começa pela premissa de que as ecologias de conhecimento, incluindo diversas gramáticas dos direitos humanos, existem em diferentes locais no mundo inteiro. Reconhecer a existência desta ecologia de conhecimento e aprender com todos os tipos de conhecimento e práticas dos direitos humanos (p. ex., conhecimento jurídico liberal e práticas litigiosas, práticas feministas de direitos humanos, cosmovisões indígenas sobre direitos ambientais e coletivos) pode contribuir para a justiça social global. Nesta perspetiva, o trabalho de justiça transnacional depende da, e inclui a, justiça epistémica.

Para lá do reconhecimento da existência de ecologias de conhecimento, o enquadramento das "Epistemologias do Sul" considera que a tradução intercultural é necessária para superar as relações hierárquicas epistémicas (B. S. SANTOS, 2014). Nesta perspetiva está implícita a ideia de que a tradução intercultural e multidirecional ajudará a construir solidariedades transnacionais entre diferentes grupos que lutam pela justiça global/ local. Assim, é importante questionar que tipos de práticas de mobilização jurídica transnacional correspondem a uma "epistemologia do Sul". Como os seguintes casos de violência doméstica apresentados contra o Brasil à CIDH ilustram, nem todos os atores envolvidos na mobilização jurídica transnacional são vistos como legítimos "ativistas jurídicos transnacionais" nem como estando no mesmo plano enquanto produtores de gramáticas de "direitos humanos das mulheres". O conhecimento jurídico de ONG profissionalizadas de direitos humanos tende a prevalecer em relação ao conhecimento popular feminista e às práticas das organizações de base e às vítimas de violações de direitos humanos.

Mobilizar direitos humanos das mulheres na CIDH: Quem pode atravessar o portão?

O sistema interamericano dos direitos humanos no âmbito da Organização dos Estados Americanos (OEA) inclui um órgão jurídico, a Corte interamericana de Direitos Humanos (Corte IDH) e um órgão parajurídico, a Comissão Interamericana para os Direitos Humanos (CIDH). Apenas a CIDH ou um Estado-membro da OEA podem submeter um caso à Corte IDH. As ONG e as vítimas de violações de direitos humanos podem enviar petições diretamente para a CIDH. Desde o início dos anos 1990, as ONG internacionais e nacionais de direitos humanos têm, cada vez mais, encetado a mobilização jurídica transnacional na CIDH. A adoção nacional de normas de direitos humanos regionais na maioria dos países da América Latina criou oportunidades jurídicas para a "litigação estratégica" transnacional (Cardoso, 2012). As petições denunciam violações das normas dos direitos humanos adotadas e ratificadas pela OEA e seus Estados-membros.

Tal como nas práticas de mobilização de direitos humanos noutros países da América Latina, ONG internacionais e nacionais de direitos humanos enviaram várias petições contra o Estado brasileiro para a CIDH. O Brasil ratificou a Convenção Americana sobre Direitos Humanos em 1992. Três anos depois, o Brasil ratificou a Convenção Interamericana para a Prevenção, Punição e Erradicação da Violência contra as Mulheres (conhecida como a Convenção de Belém do Pará, adotada pela OEA em 1994, na cidade de Belém, capital do Estado brasileiro do Pará). Em 1998, o Brasil reconheceu a jurisdição da Corte IDH.

Tipos de caso

As ONG selecionam "casos paradigmáticos" para mostrar que as violações de direitos humanos são endémicas e exigem tanto soluções individuais como alterações das políticas nacionais. As ONG internacionais e nacionais de direitos humanos formam alianças transnacionais para defender os direitos de vários grupos e indivíduos marginalizados e sujeitos a abusos, incluindo crianças em situações de vulnerabilidade, reclusos, povos indígenas, negros, mulheres, e assim por diante. O seu envolvimento com a CIDH é um exemplo claro de ativismo jurídico transnacional (C.M. Santos, 2007). Entre mais de 300 casos contra o Estado brasileiro no período de 1996 a 2012, os relatórios anuais da CIDH mostram que apenas sete desses casos estão relacionados com os direitos humanos das mulheres, centrando-se particularmente em violência e/ou discriminação contra mulheres. Os requerentes incluem ONG internacionais e nacionais, assim como vítimas. Vários tipos de ONG são parte no processo de mobilização jurídica, tais como ONG de direitos humanos internacionais e nacionais, feministas, ONG de direitos de negros e movimentos de base feministas e organizações dos movimentos sociais tradicionais. Tendo em conta o reduzido número de casos e o ano da primeira petição (1996), torna-se evidente que a CIDH é um território novo de ação para todos estes intervenientes envolvidos na litigação transnacional dos direitos humanos das mulheres.

Tendo por base os tipos de queixas e as normas invocadas pelos litigantes, desenvolvi a seguinte classificação de sete casos de direitos humanos das mulheres: casos de **violência com base no género** (4 casos); casos de **discriminação racial contra mulheres negras** (2 casos); e casos de **violência de classe contra mulheres trabalhadoras rurais** (1 caso). Entre os casos de violência baseada no género, três estavam relacionados com violência doméstica contra mulheres (parceiro íntimo) e um referia-se a violência sexual perpetrada por um médico contra uma adolescente que era sua paciente. A tabela a seguir resume cada caso por ano da petição inicial, nomes de requerentes e normas usadas para estruturar as queixas.

Tabela 13.1. Casos de direitos humanos de mulheres apresentados à CIDH contra o Brasil (1996-2012)

Tipo de caso	Ano da petição	Requerentes	Queixa	Normas
Caso Márcia Leopoldi (violência doméstica)	1996	**CEJIL**, CLADEM, União de Mulheres de São Paulo	Homicídio de Márcia pelo ex-namorado	Convenção Americana sobre Direitos Humanos; e **Convenção Belém do Pará**
Caso Simone Diniz (discriminação racial)	1997	Simone Diniz, **CEJIL**, Subcomissão do Negro da Comissão de Direitos Humanos da Ordem dos Advogados de São Paulo, e Instituto do Negro Padre Batista	Discriminação racial na contratação de empregada doméstica	Convenção Americana sobre Direitos Humanos; Protocolo Adicional à Convenção Americana sobre DH na área dos DH Económicos, Sociais e Culturais; Convenção Internacional para a Eliminação de todas as formas de Discriminação Racial; e Convenção 111 da OIT
Caso Maria da Penha (violência doméstica)	1998	Maria da Penha, **CEJIL**, e CLADEM	Tentativa de homicídio por ex-marido, vítima ficou paraplégica	Convenção Americana sobre Direitos Humanos; e **Convenção Belém do Pará**
Caso Márcia Barbosa de Sousa (violência doméstica)	2000	**CEJIL** e Movimento Nacional de Direitos Humanos	Homicídio de Márcia, executado por ex-amante, um deputado	Convenção Americana sobre Direitos Humanos; e **Convenção Belém do Pará**
Caso Margarida Maria Alves (violência contra mulheres trabalhadoras rurais)	2000	Gabinete de Assessoria Jurídica às Organizações Populares (GAJOP), **CEJIL**, Movimento Nacional de Direitos Humanos (MNDH), Comissão Pastoral da Terra (CPT), Fundação de Defesa dos Direitos Humanos Margarida Maria Alves	Homicídio de Margarida, líder sindical de trabalhadores rurais	Convenção Americana sobre Direitos Humanos
Caso Samanta Nunes da Silva (violência sexual)	2003	Themis	Violência Sexual perpetrada por médico	Convenção Americana sobre Direitos Humanos; e **Convenção do Belém do Pará**
Caso Neusa dos Santos & Gisele Ana Ferreira (discriminação racial)	2003	Geledés – Instituto de Mulheres Negras	Discriminação racial na contratação de empregada doméstica	Convenção Americana sobre Direitos Humanos; Protocolo Adicional à Convenção Americana sobre DH na área dos DH Económicos, Sociais e Culturais; Convenção Internacional para a Eliminação de todas as formas de Discriminação Racial; e Convenção 111 da OIT

Os relatórios da CIDH não referem de que forma os requerentes desenvolveram e negociaram as suas estratégias jurídicas. Qual o papel que cada interveniente desempenha no processo de mobilização dos direitos humanos das mulheres? Serão todos os tipos de ONG, bem como as vítimas, vistas como intervenientes legítimos na prática transnacional da mobilização dos direitos humanos das mulheres? Podem todos ir bater à porta da CIDH? Dois casos de violência doméstica – *Márcia Leopoldi vs. Brasil* e *Maria da Penha vs. Brasil* – ajudam a perceber melhor estas questões.

Conhecimento mobilizado e estratégias de mobilização jurídica

O caso de Márcia Leopoldi, uma jovem que foi assassinada pelo ex-namorado, foi enviado para a CIDH em 1996. Este é o primeiro caso de direitos humanos das mulheres apresentado contra o Brasil, como foi referido no início deste capítulo. A petição foi assinada pelo CEJIL, pelo Human Rights Watch/Américas, pelo Comitê Latino-americano e do Caribe para a Defesa dos Direitos da Mulher (CLADEM/Brasil) e pela União de Mulheres de São Paulo. O caso de Maria da Penha, que sobreviveu a uma tentativa de homicídio por parte do ex-marido, mas que ficou paraplégica na sequência da agressão, é o segundo caso de violência doméstica e foi enviado para a CIDH em 1998. A petição foi assinada por Maria da Penha Maia Fernandes, pelo CEJIL e pelo CLADEM/Brasil. Ambas as petições alegavam violações da Convenção Americana sobre Direitos Humanos e da Convenção de Belém do Pará.

Recorrendo às entrevistas aos representantes das ONG e das vítimas, identifiquei os seguintes tipos de conhecimento mobilizados pelos requerentes: (1) conhecimento jurídico de direitos humanos; (2) conhecimento jurídico de ação feminista; (3) conhecimento popular feminista; (4) conhecimento corpóreo.[3] Há que referir que estes são "tipos ideais" de conhecimento, no sentido weberiano do termo. O conhecimento e práticas que os intervenientes envolveram na mobilização jurídica transnacional não estão claramente separados. Mas é possível identificar algumas formas de

[3] As entrevistas foram feitas ao longo dos últimos dez anos para um programa de pesquisa que desenvolvi sobre o ativismo jurídico transnacional e em casos apresentados contra o Brasil à Comissão Interamericana dos Direitos Humanos. Esta pesquisa beneficiou das múltiplas bolsas atribuídas pelo Fundo para o Desenvolvimento da Faculdade da Universidade de São Francisco. Além de entrevistas a Deise Leopoldi e a Maria da Penha Maia Fernandes, neste capítulo recorre-se a entrevistas levadas a cabo por representantes das seguintes ONG: União de Mulheres de São Paulo, CLADEM/Brasil e CEJIL.

conhecimento que provêm das suas experiências e informam as suas práticas jurídicas e estratégias de mobilização jurídica.

O conhecimento jurídico de direitos humanos baseia-se num enquadramento legalista dos direitos humanos. É usado por ONG profissionalizadas envolvidas em litigação estratégica dentro e fora de fronteiras. O CEJIL representa este tipo de mobilização jurídica, especializada em litigação no sistema de direitos humanos interamericano. Fundado em 1991 por um grupo de defensores de direitos humanos, o CEJIL trabalha com o sistema para o fortalecer e para promover os direitos humanos e a democracia nos Estados pertencentes à OEA.[4] O CEJIL tem um estatuto consultivo perante a OEA, as Nações Unidas, e a Comissão Africana dos Direitos Humanos e dos Povos. A sede fica em Washington D.C., onde também se localiza a CIDH. Mas o CEJIL tem delegações em diferentes países pelas Américas. No Brasil, a delegação do CEJIL fica na cidade do Rio de Janeiro. O gabinete inclui um diretor, um experiente defensor de direitos humanos, e um assistente administrativo. O CEJIL é um interveniente importante nos casos apresentados contra o Brasil pela CIDH. Como se indica na Tabela 13.1, o CEJIL é um dos requerentes em cinco dos sete casos de direitos humanos das mulheres apresentados à CIDH. O CEJIL seleciona e mobiliza os seus casos em parceria com ONG locais. As vítimas também participam na seleção e preparação dos casos. Um dos critérios utilizados pelo CEJIL para selecionar um caso inclui a autorização das vítimas para apresentar queixa e a sua disponibilidade para cooperar com a ação legal, facultando toda a informação necessária para sustentar o caso. É também necessária a colaboração de ONG locais e/ou advogados no acompanhamento do caso no sistema de justiça nacional e para ajudar na mobilização do caso fora dos tribunais. Estas condições são importantes para garantir o "sucesso" do caso. Um "bom caso" é aquele que constitui um exemplo de um padrão de violações de direitos humanos e que pode ser usado para estabelecer um precedente judicial e promover políticas nacionais e/ou mudanças jurídicas. Um caso de sucesso não significa necessariamente que a CIDH publique um relatório sobre os méritos do caso e responsabilize o Estado pelas alegadas violações. Os requerentes e o Estado podem chegar a um acordo durante a disputa legal. Mas é necessário que o caso seja aceite para que possa ser usado como uma arma para pressionar o Estado em questão.[5]

4 Para mais pormenores sobre a história e trabalho levado a cabo pelo CEJIL, ver <https://cejil.org/en/what-we-do> (consultado a 2.06.2016).

5 Outras ONG de direitos humanos sedeadas no Brasil, como a Justiça Global e o GAJOP, que participam no ativismo jurídico transnacional e no sistema interamericano

Por isso, o CEJIL dedica-se a enquadrar os casos nos requisitos normativos processuais e a fundamentar a sua admissibilidade. O uso jurídico estratégico por parte do CEJIL das normas dos direitos humanos internacionais é contra-hegemónico, uma vez que confronta discursos e práticas estatais e não-estatais contrárias aos direitos humanos. Porém, a perspetiva jurídica do CEJIL pode também ser vista como hegemónica quando comparada com práticas ilegais de mobilização subalterna cosmopolita.

O ativismo jurídico feminista assenta sobre o enquadramento jurídico dos direitos humanos. Esse enquadramento é usado tanto por ONG profissionais feministas nacionais e internacionais envolvidas na defesa jurídica com o objetivo de alterar as políticas e as leis nacionais e internacionais de direitos humanos de mulheres, e/ou a disseminar e implementar as normas internacionais de direitos humanos das mulheres ao nível nacional. O CLADEM, uma rede regional de peritos jurídicos feministas, estabelecida em 1987, leva a cabo este tipo de trabalho de defesa feminista transnacional. Como o CEJIL, o CLADEM tem gabinetes em diferentes países da América Latina. No Brasil, o CLADEM tem vindo a rodar as sedes dos gabinetes por diferentes cidades ao longo dos anos, e foi representado por consagrados professores de direito feministas, advogados feministas e/ou ativistas feministas. Contrariamente ao CEJIL, o CLADEM centra-se exclusivamente em direitos humanos de mulheres e procura promover alterações jurídicas às políticas a partir de uma perspetiva de políticas de género. Além disso, o CLADEM não se especializou em litigância transnacional e não se centra exclusivamente no uso do sistema interamericano, embora tenha começado a desenvolver "um programa jurídico global" dedicado à litigação estratégica transnacional, quer no sistema interamericano, quer no comité responsável pela Convenção sobre a Eliminação de Todas as Formas de Discriminação contra as Mulheres (CETFDM).[6] Como o CEJIL, o CLADEM também mobiliza os casos em parceria com ONG locais. Além dos dois casos de violência doméstica apresentados na CIDH, o CLADEM/Brasil apresentou ao Comité CETFDM um caso de violação dos direitos humanos da mulher contra o Estado brasileiro. Tal como o CEJIL, a perspetiva jurídica feminista defendida pelo CLADEM, baseada em defesa de causas e litigância, pode ser vista como contra-hegemónica uma vez que

de direitos humanos, usam os mesmos critérios para selecionar os casos. Na verdade, o GAJOP, uma ONG local de direitos humanos com gabinete no nordeste do Brasil, aprendeu com o CEJIL e criou um programa sobre ativismo jurídico transnacional no início do século XXI.

[6] Para mais pormenores sobre o programa, consultar o *site* do CLADEM: <http://www.cladem.org/en/our-programs/litigation> (consultado a 15.06.2016).

desafia as práticas sexistas e as ideologias promovidas tanto pelo Estado como pelos intervenientes da sociedade civil. Contudo, esta perspetiva jurídica feminista pode também ser vista como hegemónica em relação ao ativismo feminista de base e a formas marginalizadas de ativismo feminista.

O conhecimento popular feminista é mobilizado por organizações de base como a União de Mulheres de São Paulo. Trata-se de associações voluntárias que pretendem instruir as mulheres quanto aos seus direitos, recorrendo ao discurso e às leis dos direitos humanos das mulheres para as capacitar. Pretendem também alterar normas culturais e estereótipos sobre género, bem como promover mudanças nas instituições estatais e culturas políticas. Usam normas dos direitos humanos como ferramenta jurídica e política para fortalecer as suas causas e promover os direitos das mulheres. Trabalham simultaneamente contra e com o sistema judicial, organizando campanhas contra a impunidade e protestos pelo reconhecimento e implementação de políticas e legislação relativas à violência doméstica. Criada em 1981, a União de Mulheres é uma das mais antigas e das mais ativas organizações feministas de base na cidade de São Paulo.[7] Desde 1994, a União de Mulheres ofereceu cursos de educação jurídica popular feminista (*promotoras legais populares*).[8] Professores de direito feministas e profissionais do direito lecionam nestes cursos. Membros do CLADEM/Brasil e de outras ONG feministas também contribuíram para estes cursos. Apesar de a União de Mulheres facultar aconselhamento jurídico e apoio emocional a mulheres vítimas de maus-tratos, esta organização não dá início a casos jurídicos nem a nível local nem internacional. O caso de Márcia Leopoldi é uma exceção. Embora a União de Mulheres partilhe os objetivos do CEJIL e do CLADEM de promover os direitos humanos, mudanças na justiça e nas políticas através da mobilização jurídica transnacional, a sua abordagem ao Estado e ao sistema judicial nacional e internacional não é legalista. A União de Mulheres aborda a mobilização jurídica através de uma perspetiva crítica, antagónica. A mobilização jurídica é uma arma adicional que tem de servir as lutas sociais e políticas. O objetivo não é o de fortalecer o sistema interamericano dos direitos humanos, mas usá-lo para fortalecer as exigências dos movimentos das mulheres. Daí o envolvimento da União de Mulheres com a mobilização

[7] Para mais pormenores sobre a história desta organização, ver União de Mulheres de São Paulo (2011).

[8] Mais pormenores sobre este projeto levado a cabo pela União de Mulheres podem ser consultados em <http://promotoraslegaispopulares.org.br> (consultado a 10.06.2016).

jurídica, tanto a nível local como internacional, poder ser visto como uma prática de legalidade subalterna cosmopolita. E a sua abordagem aos direitos humanos das mulheres ilustra uma epistemologia do sul.

Finalmente, as vítimas de violações de direitos humanos trazem para a mobilização jurídica transnacional uma experiência distinta e tipo de conhecimento a que chamo **conhecimento corpóreo**. Nem todas as vítimas terão adquirido consciência dos seus direitos de lutar por justiça. Mas as vítimas ou famílias das vítimas envolvidas em mobilização jurídica partilham de um conhecimento comum enraizado na sua experiência corporal de maus-tratos físicos, psicológicos e emocionais. A busca pela justiça é incitada por uma experiência distinta de aviltamento que começa pelos atos de violência e que é depois transformada num tipo de conhecimento corpóreo que pode levar a uma reação ou a uma luta por justiça. As sobreviventes de violência doméstica, como a irmã de Márcia Leopoldi e Maria da Penha, ganharam consciência dos seus direitos e obtiveram conhecimentos sobre o sistema jurídico durante o processo da luta por justiça, que começou antes de conhecerem as suas aliadas das ONG. O seu conhecimento corpóreo, a experiência pessoal de aprender sobre leis e de enfrentar um sistema jurídico injusto, a representação delas do duplo ato de violência (interpessoal e institucional) através da narração oral e escrita das suas histórias, todos estes tipos de conhecimento corpóreo e jurídico foram cruciais para as ações jurídicas transnacionais a que deram início em conjunto com as ONG de direitos humanos e ONG feministas com cujos caminhos se cruzaram na busca pela justiça. Estas vítimas tornaram-se sujeitos de direitos, ganharam consciência dos seus direitos humanos enquanto mulheres, ensinaram e aprenderam com as ONG, tornaram-se ativistas e intervenientes no campo dos direitos humanos das mulheres e na mobilização jurídica transnacional, mesmo que na qualidade de intervenientes jurídicos temporários que não integram obrigatoriamente uma ONG de direitos humanos e/ou feminista.

Nesta perspetiva, os casos de Márcia Leopoldi e Maria da Penha demonstram que os intervenientes cosmopolitas e locais aprendem com o conhecimento dos danos alheios, violações de direitos, histórias coletivas e individuais, assim como com reportórios de ação jurídica e política, recursos e estratégias. Estas subjetividades e identidades dos intervenientes podem ser transformadas no processo de mobilização jurídica transnacional. Contudo, este processo está repleto não só de alianças, mas também de tensões e conflitos. Os intervenientes podem produzir o que apelido de uma "tradução convergente" do seu conhecimento, construindo alianças e uma estratégia comum para procurar obter justiça. Porém, uma "tradução divergente" e visões conflituantes sobre o uso da lei podem também levar à quebra de alianças no processo da mobilização jurídica.

Traduções convergentes e divergentes – construir e quebrar alianças

Márcia Leopoldi foi assassinada em 1984 pelo ex-namorado, José Antônio Brandão Lago, na cidade de Santos, perto de São Paulo. Deise Leopoldi, a única irmã de Márcia, começou nessa altura a lutar por justiça. Vinda de uma família de classe alta, Deise conseguiu contratar advogados conhecidos para acompanhar os procuradores públicos encarregados do caso. No segundo julgamento, que teve lugar no início da década de 1990, os jurados consideraram Lago culpado e condenaram-no a 15 anos de prisão. No entanto, ele fugiu e só foi preso pela polícia em 2005. Esta prisão só aconteceu graças à presença de Deise no popular programa de TV *Mais Você*, transmitido todas as manhãs pelo canal de televisão Rede Globo. Deise foi entrevistada sobre violência doméstica neste programa e aproveitou a oportunidade para mostrar a fotografia de Lago na televisão nacional.

Nessa altura, Deise tinha-se tornado ativista feminista e membro da União de Mulheres. Teve conhecimento desta organização através de um dos advogados que a acompanhou.[9] Em 1992, contactou a União de Mulheres em busca de apoio. Nesse mesmo ano, juntou-se à organização. Participou ativamente na campanha "Impunidade É Cúmplice da Violência" criada pela União de Mulheres. O caso de Márcia Leopoldi integrava-se nos objetivos dessa campanha. A União de Mulheres mobilizou-se ativamente neste caso, organizou um protesto frente ao tribunal quando o segundo julgamento foi realizado, fez um *poster* com a fotografia de Lago, publicitou o caso e levou esse poster à 4ª Conferência Mundial sobre Mulheres, em Pequim, em 1995.

Em 1994, as organizações feministas CLADEM/Brasil e União de Mulheres começaram a discutir a possibilidade de enviar este caso à CIDH.

[9] A informação sobre a luta por justiça de Deise Leopoldi é baseada numa entrevista que levei a cabo em São Paulo, a 20 de maio de 2013. A história desta luta e do caso de Márcia Leopoldi é também narrada no livro de Leopoldi, Teles e Gonzaga (2007). A minha versão da trajetória da mobilização jurídica do caso de Márcia Leopoldi é também baseada nas seguintes entrevistas levadas a cabo nas fases iniciais da minha pesquisa sobre ativismo jurídico transnacional: Beatriz Affonso, representante do CEJIL no Brasil nos últimos onze anos (entrevistada no Rio de Janeiro, 17 de agosto de 2006); e Valéria Pandjiarjian, ex-membro do CLADEM/Brasil que participou na maior parte dos esforços de litigação relacionados com os casos de Márcia Leopoldi e de Maria da Penha (entrevistada em São Paulo, 31 de agosto de 2006).

Esta discussão teve lugar quando a União de Mulheres organizou o primeiro curso de educação jurídica para mulheres. No ano seguinte, o Brasil ratificou a Convenção de Belém do Pará, como já referido. Os membros do CLADEM/Brasil consideraram que o caso de Márcia Leopoldi era ideal para testar a aplicação da Convenção e para pressionar o Estado brasileiro a reconhecer leis e políticas para a violência doméstica. Durante essa altura, o Brasil criou mais de 200 esquadras separadas para mulheres no país inteiro. Mas não se formulou legislação abrangente nem política nacional para confrontar com eficácia o problema da violência doméstica contra mulheres. Membros feministas do CLADEM/Brasil elaboraram uma proposta para um decreto referente à violência doméstica contra as mulheres, mas os seus aliados no Congresso não conseguiram levá-lo a discussão (C. M. Santos, 2010). O CLADEM/Brasil e a União de Mulheres procuraram apoio no CEJIL para levar o caso de Márcia Leopoldi à CIDH. O CEJIL não se tinha ainda mobilizado num caso de direitos de mulheres, pelo que esta era uma oportunidade para alargar a sua área de intervenção, utilizando a Convenção de Belém do Pará para provocar um "efeito bumerangue" (Keck e Sikkink, 1998) ao mesmo tempo que abriam um precedente jurídico sobre violência baseada no género para toda a região da América Latina. Desta forma, todos os intervenientes aprenderam e beneficiaram com esta aliança em torno do caso de Márcia Leopoldi. Deise tinha esperança que fosse finalmente alcançada justiça.

Porém, a CIDH não abriu o caso imediatamente. Demorou dois anos a atribuir um número à petição (Petição n.º 11.996). O "caso" não tinha número e a decisão só foi sabida 16 anos depois de a petição ser entregue. Em março de 2012, a CIDH finalmente publicou o relatório sobre o caso em que o considerou inadmissível (Relatório n.º 9/12). A CIDH considerou que o caso estava resolvido e perdera o propósito, pois Lago tinha sido preso em 2005.

O CEJIL e o CLADEM/Brasil concordaram com a posição da CIDH. Na verdade, depois da prisão de Lago, os representantes destas organizações no Brasil tiveram uma discussão e entraram em desacordo com Deise Leopoldi e a União de Mulheres sobre se deveriam continuar a pressionar e pedir à CIDH para abrir o caso. Deise e outros membros da União de Mulheres consideravam que Lago tinha sido preso graças aos seus esforços de mobilização, não devido ao Estado brasileiro. Queriam usar o caso para mostrar que o Estado brasileiro é negligente e não protege as mulheres da violência. Os representantes do CEJIL temiam perder o caso, porque o próprio objeto da queixa – a prisão de Lago – tinha sido concretizada, e não havia quaisquer precedentes jurídicos em que pudessem sustentar a sua exigência da continuação do caso.[10] Os representantes do CLADEM/Brasil também estavam preocupados com a mudança jurídica provocada pelo caso, embora tivessem reconhecido o trabalho de Deise e entendido o quão importante era continuar a lutar para a admissibilidade do relatório da CIDH.[11]

Contudo, o desacordo não se resolveu e culminou na quebra da aliança. Em 2007, Deise e outros líderes da União de Mulheres publicaram UM LIVRO SOBRE O CASO DE MÁRCIA LEOPOLDI (LEOPOLDI, GONZAGA e OLIVEIRA, 2007). Este livro oferece uma história pormenorizada da luta por justiça de Deise e da União de Mulheres. O livro também dá conta das estratégias conflituantes das ONG para obter justiça na CIDH (LEOPOLDI, GONZAGA e OLIVEIRA, 2007: 117). Ultrapassando o CEJIL e a sua função de interlocutor primário com a CIDH, Deise e a União de Mulheres enviaram um exemplar do livro à CIDH em 2010 e requereram que o caso fosse admitido. Foi a manobra final para quebrar a aliança com o CEJIL e o CLADEM/Brasil. A União de Mulheres continuou a trabalhar em colaboração com estas ONG noutras práticas de mobilização. Mas a aliança transnacional que fora construída com a família da vítima estava quebrada na altura em que a CIDH publicou o relatório de inadmissibilidade em 2012.

Apesar da rejeição do caso por parte da CIDH, a subjetividade e identidade da vítima – neste caso, a família da vítima – foram claramente transformadas durante o processo de mobilização jurídica transnacional. Deise mudou-se para a cidade de São Paulo, juntou-se a uma organização feminista de base e tornou-se ativista feminista na luta pela mudança do sistema jurídico e no combate à violência doméstica contra as mulheres. Os membros do CEJIL e do CLADEM/Brasil, contudo, não consideram que este caso tenha sido um "sucesso". Embora seja citado no *site* do CLADEM, nem o CLADEM/Brasil nem o CEJIL revelaram esforço para chamar a atenção do público. O CEJIL omite o caso de Márcia Leopoldi do seu *site*.

O caso de Maria da Penha, por outro lado, encontra-se facilmente nos *sites* do CLADEM/Brasil e do CEJIL. No *site* do CEJIL, o caso de Maria da Penha é um exemplo de litigação de sucesso com "impacto". De facto, a mobilização jurídica neste caso contribuiu para promover mudanças legislativas e políticas internas, consciencialização jurídica dos direitos humanos das mulheres, e consciencialização do público sobre a questão da violência doméstica contra as mulheres no Brasil. Além disso, este caso ilustra uma "tradução convergente" de diferentes tipos de conhecimento e um processo de construção de alianças entre os atores envolvidos do início

[10] Entrevista com Beatriz Affonso, Rio de Janeiro, 17 de agosto de 2006.

[11] Entrevista com Valéria Pandjiarjian, São Paulo, 31 de agosto de 2006.

ao fim do processo de mobilização jurídica. Também contribuiu para tornar a vítima mais forte: tornou-se ativista e juntou-se a uma organização, embora, inicialmente, não a uma ONG feminista ou de direitos humanos.

Maria da Penha é mulher branca, de classe média, com formação académica, incapacitada, que vive na cidade de Fortaleza, no nordeste do Brasil. Foi vítima de tentativa de homicídio em 1983 pelo seu marido da altura, Marco Antonio Heredia Viveros, que foi considerado culpado por um segundo júri e condenado a 10 anos de prisão. Contudo, apresentou recurso. E, até 2001, o caso ficou pendente no Superior Tribunal de Justiça. Como mencionado anteriormente, o caso de Maria da Penha foi enviado para o CIDH em 1998, dois anos depois do caso de Márcia Leopoldi. A petição foi assinada por Maria da Penha, pelo CEJIL, e pelo CLADEM/Brasil.[12] Um sinal de que o CEJIL constituía o único ponto de acesso à CIDH era o facto de apenas esta organização ter uma cópia da petição. Uma representante do CEJIL visitou Fortaleza em 1998 em busca de casos paradigmáticos de violência contra mulheres. Ficou a conhecer o caso de Maria da Penha através do Conselho Cearense dos Direitos das Mulheres. Em 1994, o Conselho tinha publicado a primeira edição do livro de Maria da Penha, *Sobrevivi... Posso Contar* (Fernandes, 1994). O livro narra o conhecimento corpóreo e jurídico de Maria da Penha da violência e da injustiça. Mostra como se tornou uma sobrevivente de violência doméstica, descreve a sua busca por justiça e denuncia a ineficácia do sistema jurídico e a impunidade do agressor.

Quando visitei Fortaleza em 2008 para entrevistar Maria da Penha, fiquei muito impressionada com o seu envolvimento em diferentes atividades relacionadas com a violência doméstica contra as mulheres. Na altura, presidia à ONG Associação de Parentes de Vítimas de Violência – APAVV (Associação de Parentes e Amigos de Vítimas de Violência). Era também membro do Conselho Estadual de Direitos das Mulheres. Tinha acabado de ser indemnizada pelo Estado do Ceará, como recomendado no relatório da CIDH, publicado em 2001, que reconhecia a validade do seu caso. Conhecia todos os intervenientes institucionais que trabalhavam para a rede de serviços que tinha sido criada na cidade de Fortaleza, como estipulado

[12] Como no caso de Márcia Leopoldi, entrevistei todos os requerentes. Além das entrevistas com representantes do CEJIL e do CLADEM/Brasil, citados anteriormente nas notas de rodapé 10 e 11, entrevistei Maria da Penha duas vezes: a primeira entrevista foi conduzida ao telefone a 3 de abril de 2007; a segunda entrevista decorreu em Fortaleza, a 19 de fevereiro de 2008. Também entrevistei o advogado de Maria da Penha em Fortaleza, a 21 de fevereiro de 2008.

pelo então recentemente elaborado estatuto para a violência doméstica, Lei n.º 11340/2006, também conhecida por Lei Maria da Penha. Esta lei foi apelidada de Maria da Penha pelo Presidente Luiz Inácio Lula da Silva, como reconhecimento do sucesso do seu caso. O presidente convidou Maria da Penha para a cerimónia que decorreu a 6 de agosto de 2006, em Brasília, a capital do país, para a promulgação da lei. Esta cerimónia foi bastante publicitada na comunicação social.

Embora o caso de Maria da Penha não tenha sido o único fator a contribuir para a criação da Lei Maria da Penha e para aumentar a consciencialização do público para a violência doméstica, é evidente que a mobilização jurídica transnacional produziu, neste caso, efeitos materiais e simbólicos positivos. Além de ilustrar as alianças entre as ONG feministas e de direitos humanos, a história de Maria da Penha e a sua luta persistente por justiça também serviram de inspiração a Deise Leopoldi. Deise contactou Maria da Penha em meados dos anos 2000 para se aconselhar sobre a melhor abordagem à CIDH. Seguindo as pisadas de Maria da Penha, Deise escreveu um livro sobre a sua luta por justiça. No entanto, de uma perspetiva jurídica, o caso de Márcia Leopoldi não conseguiu produzir os mesmos efeitos judiciais que o caso de Maria da Penha.

Não obstante, estes casos evidenciam que a mobilização jurídica transnacional envolve um trabalho de tradução das diferentes gramáticas de direitos humanos. Embora as ONG internacionais sedeadas no Norte tendam a ter mais conhecimento das normas reguladoras da litigação transnacional e operem como ponto de acesso à CIDH, também partilham este conhecimento jurídico com as ONG de direitos humanos nacionais em processo de mobilização jurídica transnacional. As ONG de direitos humanos também alargaram o âmbito da sua atividade e estabeleceram alianças com ONG feministas internacionais e nacionais. Contudo, ONG "locais" de base e, sobretudo, as vítimas, não são obrigatoriamente vistas como intervenientes legítimos na mobilização jurídica ou como membros de redes de defesa de direitos humanos transnacionais.

Observações finais sobre mobilização de direitos humanos e epistemologias do Sul

A mobilização jurídica transnacional tem o potencial de produzir mais do que os efeitos materiais e diretos na adoção e implementação de leis e políticas nacionais. Como referiu Holzmeyer (2009), aumentar a capacidade organizacional de redes para defesa de causas transnacionais e promover a consciencialização para os direitos dos diversos intervenientes são alguns dos efeitos indiretos que merecem mais atenção da mobilização jurídica transnacional na prática e na teoria. Além disso, como se mostrou neste capítulo, as vítimas são intervenientes importantes de mobilização jurídica transnacional e podem tornar-se ativistas. Por isso, a pesquisa e a defesa de causas de direitos humanos e de direitos humanos das mulheres tem de prestar atenção não só aos impactos materiais da mobilização jurídica, mas também às interações entre os intervenientes envolvidos e às suas experiências subjetivas, alargando a visão geralmente aceite de quem são os defensores dos direitos humanos.

Ignorar e desvalorizar certas formas de conhecimento nas práticas mobilizadoras de direitos humanos põe em risco o próprio trabalho da promoção da justiça global. As linguagens e culturas dos direitos humanos têm de ir mais além da perspetiva legalista quanto às necessidades e direitos dos indivíduos e grupos. Caso contrário, a justiça epistémica não será alcançada e isso irá prejudicar o trabalho da justiça global. Promover os direitos humanos das mulheres através de mobilização jurídica transnacional pode tornar invisíveis as práticas e conhecimento dos intervenientes que também lutam por justiça. Os casos de Márcia Leopoldi e Maria da Penha ilustram que a história das lutas levadas a cabo por organizações de base, como a União de Mulheres e as vítimas (e familiares das vítimas) contra a violência doméstica, como Deise Leopoldi e Maria da Penha, são essenciais para promover a justiça global. Elas não só aprenderam com os ativistas de direitos humanos mais profissionalizados, como também transmitiram conhecimento a partir da sua experiência corpórea e de uma longa história de lutas individuais e coletivas que podem realmente ser vistas como "epistemologias do Sul". Confirmar o conhecimento e as contribuições destes atores para a criação de ecologias de gramáticas de direitos humanos das mulheres faz também parte do trabalho de justiça global que os defensores dos direitos humanos deverão procurar promover.

Referências bibliográficas

Baxi, Upendra (2006), "Politics of Reading Human Rights: Inclusion and Exclusion within the Production of Human Rights", *in* Saladin Meckled-García e Basak Çali (orgs.), *The Legalization of Human Rights: Multidisciplinary Perspectives on Human Rights and Human Rights Law*. Nova Iorque: Routledge, 182–200.

Cardoso, Evorah L. C. (2012), *Litígio Estratégico e Sistema Interamericano de Direitos Humanos*. Belo Horizonte: Editora Fórum.

Farrell, Amy; McDermott, Patrice (2005), "Claiming Afghan Women: The Challenge of Human Rights Discourse for Transnational Feminism", *in* Wendy S. Hesford e Wendy Kozol (orgs.), *Just Advocacy?: Women's Human Rights, Transnational Feminisms, and the Politics of Representation*. New Brunswick, NJ: Rutgers University Press, 33–55.

Fernandes, Maria da Penha Maia (1994), *Sobrevivi... Posso Contar.* Fortaleza: Conselho Cearense dos Direitos da Mulher.

Hernández Castillo, R. Aída (2016), "From Victims to Human Rights Defenders: International Litigation and the Struggle for Justice of Indigenous Women", in *Multiple Injustices: Indigenous Women, Law, and Political Struggle in Latin America.* Tucson, AZ: University of Arizona Press, 163–189.

Holzmeyer, Cheryl (2009), "Human Rights in an Era of Neoliberal Globalization: The Alien Tort Claims Act and Grassroots Mobilization in *Doe v. Unocal*", *Law and Society Review*, 43(2), 271304. DOI: <https://doi.org/10.1111/j.1540-5893.2009.00373.x>.

Keck, Margaret; Sikkink, Kathryn (1998), *Activists beyond Borders: Advocacy Networks in International Politics.* Ithaca, NY: Cornell University Press.

Leopoldi, Deise; Teles, M. Amélia; Gonzaga, Terezinha de Oliveira (2007), *Do Silêncio ao Grito contra a Impunidade: O Caso Márcia Leopoldi.* São Paulo: União de Mulheres de São Paulo.

McCann, Michael (2008), "Litigation and Legal Mobilization", *in* Keith E. Whittington, R. Daniel Kelemen e Gregory A. Caldeira (orgs.), *The Oxford Handbook of Law and Politics.* Nova Iorque: Oxford University Press, 522–540. DOI: <https://doi.org/10.1093/oxfordhb/9780199208425.003.0030>.

Mendez, Jennifer Bickham (2002), "Creating Alternatives from a Gender Perspective: Transnational Organizing for Maquila Workers' Rights in Central America", *in* Nancy A. Naples e Manisha Desai (orgs.), *Women's Activism and Globalization: Linking Local Struggles and Transnational Politics.* Nova Iorque: Routledge, 121–141.

Merry, Sally Engle (2006), *Human Rights and Gender Violence: Translating International Law into Local Justice.* Chicago: The University of Chicago Press.

Rodríguez Garavito, Cesar (2011), "Beyond the Courtroom: The Impact of Judicial Activism on Socioeconomic Rights in Latin America", *Texas Law Review*, 89, 1669–1698.

Rodríguez Garavito, Cesar (2014), "The Future of Human Rights: From Gatekeeping to Symbiosis", *Sur – International Journal on Human Rights*, 11(20), 499–509. Disponível em: <https://sur.conectas.org/home/edicao-20>.

Santos, Boaventura de Sousa (2005), "Beyond neoliberal governance: the World Social Forum as subaltern cosmopolitan politics and legality", *in* Boaventura de Sousa Santos e Cesar Rodríguez Garavito (orgs.), *Law and Globalization from Below: Towards a Cosmopolitan Legality.* Cambridge: Cambridge University Press, 29–63. DOI: <https://doi.org/10.1017/cbo9780511494093.002>.

Santos, Boaventura de Sousa (2014), *Epistemologies of the South: Justice against Epistemicide.* Boulder, CO: Paradigm Publishers.>.

Santos, Boaventura de Sousa; Carlet, Flávia (2010), "Movement of Landless Rural Workers in Brazil and Their Struggles for Access to Law and Justice", *in* Yash Ghai e Jill Cottrell (orgs.), *Marginalized Communities and Access to Justice.* Abingdon, Oxfordshire: Routledge, 60–82.

Santos, Boaventura de Sousa; Rodríguez Garavito, César A. (2005), "Law, Politics, and the Subaltern in Counter-Hegemonic Globalization", *in* Boaventura de Sousa Santos e César A. Rodríguez Garavito (orgs.), *Law and Globalization from Below: Towards a Cosmopolitan Legality*. Cambridge: Cambridge University Press, 1–26. DOI: <https://doi.org/10.1017/cbo9780511494093.001>.

Santos, Cecília MacDowell (2007), "Transnational Legal Activism and the State: Reflections on Cases against Brazil in the Inter-American Commission on Human Rights", *Sur – International Journal on Human Rights*, 4(7), 29–60. Disponível em: <https://sur.conectas.org/home/edicao-07>.

Santos, Cecília MacDowell (2010), "Da Delegacia da Mulher à Lei Maria da Penha: Absorção/Tradução de Demandas Feministas pelo Estado", *Revista Crítica de Ciências Sociais*, 89, 153–170. DOI: <https://doi.org/10.4000/rccs.3759>.

Thayer, Millie (2010), *Making Transnational Feminism: Rural Women, NGO Activists, and Northern Donors in Brazil.* Nova Iorque: Routledge.

União de Mulheres de São Paulo (2011), *União de Mulheres de São Paulo, 30 Anos, 1981-2011.* São Paulo: União de Mulheres de São Paulo.

CAPÍTULO 14

Direitos Humanos e justiça étnico-racial na América Latina[*,1]

César Rodríguez Garavito
Carlos Andrés Baquero Díaz

A juridicização das reivindicações de reconhecimento: argumentos e estrutura do capítulo

O surgimento dos afrodescendentes e dos povos indígenas nos campos jurídicos latino-americanos

As disputas jurídicas relacionadas com o multiculturalismo e a justiça étnico-racial estão hoje no centro dos debates políticos e económicos em toda a América Latina. Os debates abrangem de igual forma os direitos dos povos indígenas e da população afrodescendente.

Do lado dos *direitos indígenas*, uma das polémicas mais acesas no Peru gira em torno da lei e do regulamento de consulta prévia aos povos indígenas, dos quais depende, em grande parte, o futuro do *boom* mineiro-energético do país. Trata-se do mais recente episódio do conflito social que eclodiu em 2009, conhecido como o Baguazo,[2] com a mobilização dos povos indígenas amazónicos contra a exploração comercial dos seus territórios ancestrais, e que cresceu até provocar um confronto público, acerca da lei de consulta,

* Tradução de Carina Correia.

1 Este texto tem por base o livro publicado em 2015: César Rodríguez Garavito e Carlos Andrés Baquero Díaz, *Reconocimiento con redistribución: El derecho y la justicia étnico-racial en América Latina*, Bogotá: Dejusticia.

2 Para mais informações sobre o Baguazo, ver Centro de Información de la Consulta Previa (s/d).

entre o presidente do Peru e o especialista da ONU em povos indígenas (ONU, 2009, 2010).[3]

No Equador, o procedimento da consulta prévia e os direitos indígenas definiram os atuais enquadramentos políticos e jurisprudenciais do país: primeiro, na Assembleia Constituinte (que dividiu o "correísmo" e o confrontou com o movimento indígena) (Santos, 2010), e, depois, no Tribunal Constitucional, cuja adesão ao governo foi marcada pela decisão que apoiou a Lei Mineira de 2009 e rejeitou os argumentos da reivindicação apresentada pela Confederação de Nacionalidades Indígenas do Equador (CONAIE).[4] O debate quanto à exploração da Amazónia alimentou a discussão entre o então presidente Correa, os povos indígenas e os movimentos sociais mistos, como a iniciativa YASunidos.

No Chile, os tribunais, o governo e o movimento indígena continuam imersos numa guerra pelos detalhes jurídicos de implementação da Convenção 169 da Organização Internacional do Trabalho (OIT, 1989), que entrou em vigor, nesse país, em 2009 (Contesse, 2010: 32–33). Após a discussão entre o governo de Piñera e as organizações indígenas sobre a lei da consulta prévia, estas últimas opuseram-se por considerarem que a lei viola o seu direito. Aliás, um grupo de organizações indígenas, representadas por um sindicato de padeiros mapuches, levou a sua reivindicação à OIT.[5]

Na Colômbia, o Tribunal Constitucional, que há duas décadas desenvolve a jurisprudência mais rica da região acerca desta matéria, continua a emitir decisões que deitam por terra leis e projetos económicos que não tenham sido alvo de consulta aos povos indígenas afetados,[6] ao ponto de gerar a ira governamental e a acusação de ter convertido os direitos indígenas no "pau na engrenagem" do desenvolvimento económico. Esta posição progressista do Tribunal Constitucional entra em conflito com a postura do Executivo, que se encarregou de tomar medidas administrativas para flexibilizar a proteção do direito à consulta. No México, a reforma constitucional de 2011 – que incorporou na legislação interna tratados internacionais como a Convenção 169 da OIT (1989) – provocou uma onda de discussões

[3] ONU (2009, 2010). Sobre os direitos indígenas no Peru e na América Latina, ver, em geral, Yrigoyen (2011).

[4] Tribunal Constitucional do Equador, Sentença 001-10-SIN-CC de 2010.

[5] Para conhecer os detalhes do caso, ver Baquero, Kauffman e Rodríguez Garavito (2014).

[6] Tribunal Constitucional da Colômbia, Sentença T-769/09.

semelhante. O debate mexicano tem-se alimentado da reforma energética levada a cabo no país sem que os povos indígenas fossem consultados.

Enquanto isso, a Comissão Interamericana de Direitos Humanos (CIDH) e o Tribunal Interamericano de Direitos Humanos (TIDH) – tradicionalmente centrados nos direitos de primeira geração e com incursões apenas preliminares nos de segunda – abordaram de forma decidida as disputas relativas aos direitos de terceira geração. Nos doze anos que passaram desde o julgamento *Awas Tingni vs. Nicarágua*, o Tribunal emitiu decisões que especificam e reforçam a proteção dos direitos territoriais e culturais indígenas, numa tendência que conduziu ao mais recente julgamento, *Sarayaku vs. Equador*, no qual está em jogo o futuro da Amazónia equatoriana. Nesta decisão, o Tribunal declarou que o direito à consulta é uma parte essencial do direito internacional e, portanto, aplicável a todos os Estados que ratificaram a Convenção Interamericana.

Entretanto, a CIDH tomou medidas controversas, como ordenar à Guatemala que suspendesse a exploração de uma mina de ouro, que havia sido concedida à multinacional Goldcorp, enquanto medida cautelar em caso de violação do direito à consulta, e fez o mesmo com a construção da barragem hidroelétrica de Belo Monte, na Amazónia brasileira. Num gesto que traduz a importância do tema, o governo brasileiro recusou firmemente o cumprimento da medida cautelar em Belo Monte, retirou temporariamente o seu apoio à Comissão Interamericana de Direitos Humanos (CIDH) e ajudou a desencadear um processo de reforma que colocou em xeque a própria existência da Comissão. Por sua vez, num relatório sobre os povos indígenas em isolamento voluntário e contacto inicial, publicado no final de 2013, a Comissão apresentou, como um dos desafios centrais, a garantia do direito à consulta enquanto mecanismo de proteção dos povos indígenas da região.

Uma onda semelhante de debates públicos, legislação e litígios tem girado em torno da discriminação racial e *dos direitos da população afrodescendente*. No Brasil, em 2012, o Supremo Tribunal Federal (STF) deu aval constitucional às ações afirmativas que facilitem o acesso de afro-brasileiros e outros grupos marginalizados às universidades. A decisão do STF pôs fim a um litígio de vários anos que criou uma polémica acerca da identidade nacional e esbateu as fronteiras tradicionais entre progressismo e conservadorismo, visto que as ações afirmativas foram atacadas de igual forma pelos setores de Esquerda e de Direita. O alcance das ações afirmativas endossadas pelo STF foi consideravelmente expandido por uma recente lei federal.

Na Colômbia, entretanto, já se passaram mais de 25 anos desde a entrada em vigor da Lei 70 de 1993, que reconheceu precisamente este tipo de títulos coletivos de terras ancestrais de comunidades africanas e que deu lugar à entrega de mais de cinco milhões de hectares. Juntamente com a Constituição de 1991, essa lei deu origem à inovadora jurisprudência do Tribunal Constitucional, que alargou os direitos étnicos dos povos indígenas (como a consulta prévia) à população afro-colombiana. A etnicização das reivindicações raciais será analisada na última secção deste capítulo.

Ao mesmo tempo, como se verá, as leis penais contra o racismo proliferaram país atrás de país. Desde a Argentina (1988), Brasil (1989), Guatemala (2002), México (2003) e Peru (2006) à Bolívia (2010), Colômbia (2011) e Venezuela (2011), os parlamentos introduziram reformas aos códigos penais – ou mesmo às leis sistemáticas que sancionam os atos de discriminação – que, por vezes, se referem especificamente ao racismo e, outras vezes, a um tratamento discriminatório em função da orientação sexual, do género, da nacionalidade e de outros fatores.

Reconhecimento e redistribuição: para uma expansão do pensamento jurídico crítico no sentido da justiça étnico-racial

Além dos detalhes das normas e trajetórias nacionais, o que nos interessa enfatizar é que estes e outros exemplos ilustram claramente a explosão no campo jurídico latino-americano de *reivindicações de justiça centradas no reconhecimento*, juntamente com as *centradas na redistribuição,* que giram em torno dos direitos sociais. Com base na distinção bem conhecida de Nancy Fraser (2003), entendemos por reivindicações de reconhecimento os litígios, as iniciativas legislativas e demais formas de mobilização do direito que tentam minar as injustiças baseadas no estatuto e estima social, atribuídas a grupos tradicionalmente marginalizados na América Latina, como são os povos indígenas, os afrodescendentes, a população LGBT e os migrantes. Entendemos por reivindicações de redistribuição as diversas formas de ação jurídica que visam minar as injustiças da estrutura económica, que precariza e subordina a grande maioria dos trabalhadores formais e informais da região.

Especificamente, iremos ocupar-nos das reivindicações de reconhecimento baseadas na *etnia* – o sistema assimétrico de estatuto que atribui valores distintos aos grupos sociais, de acordo com as suas características culturais – ou na *raça* – o sistema assimétrico de estatuto que atribui valores distintos aos grupos sociais em função da sua cor de pele e traços fenotípicos. Embora a distinção conceptual entre etnia e raça seja fundamental para a nossa análise, em algumas passagens do texto usamos o adjetivo composto "étnico-racial" para agrupar os dois tipos de reivindicações e discriminações. Este uso não se justifica somente por razões de brevidade, mas também de substância, uma vez que um dos nossos argumentos é que – perante a firme negação das desigualdades raciais em toda a região e o êxito legal das reivindicações indígenas baseadas em diferenças culturais – a luta contra o racismo tem-se expressado, em muitos países da região, em normas e argumentos jurídicos centrados em direitos étnicos. Um exemplo notável é a "etnicização" das demandas das comunidades quilombolas no Brasil, ou das comunidades negras do Peru, Equador e Colômbia (Escobar, 2010). A predominância do termo étnico na equação étnico-racial é visível também na escassa discussão sobre os fatores especificamente raciais que agravam a discriminação contra os povos indígenas em países como o México e a Bolívia (Castellanos e Landázuri, 2012).

Neste contexto, o objetivo geral neste capítulo é indagar de que forma tais reivindicações de reconhecimento têm sido tratadas, transformadas, adiadas ou resolvidas provisoriamente, tornando-se em ações jurídicas. O pensamento jurídico latino-americano tem-se ocupado muito menos deste tipo de reivindicações do que das relativas à redistribuição e, quando o faz – como na notável e crescente bibliografia sobre os direitos dos povos indígenas –, tende a tratar de forma separada as reivindicações étnicas e raciais, e a estabelecer uma divisão do trabalho na qual os estudiosos dos direitos indígenas se ocupam das primeiras, enquanto os (poucos) analistas dos direitos dos afro-latino-americanos se ocupam das segundas.

Tendo em conta este duplo vazio, os objetivos específicos neste texto são dois: um descritivo e outro analítico. O descritivo consiste em documentar as tendências de regulação da diversidade e das reivindicações de reconhecimento na região desde o surgimento do "constitucionalismo multicultural" do início da década de 1990 (Brysk, 2000; Van Cott, 2000; Sieder, 2002). O analítico consiste em criar um quadro conceptual que permita entender os avanços e as omissões destas tendências, as suas conexões com os processos globais e os dilemas teóricos e práticos que suscitam nos campos jurídicos latino-americanos.

Argumentos, metodologia e alcance do estudo

Com base no que foi exposto, apresentamos quatro argumentos. Em primeiro lugar, a partir de um ponto de vista analítico e comparado, argumentamos que a juridicização das disputas étnico-raciais tem raízes em processos jurídicos e políticos globais que, na América Latina, se têm traduzido no surgimento do constitucionalismo multicultural. Em segundo lugar, defendemos que as distintas combinações entre reivindicações de redistribuição e reivindicações de reconhecimento, em diferentes países, permitem entender várias trajetórias nacionais das leis, das políticas e das decisões jurídicas em relação aos direitos dos povos indígenas e das populações afrodescendentes. Para esse fim, propomos uma tipologia de combinações destas reivindicações e uma ilustração de como ela pode iluminar os percursos nacionais no sentido e através do constitucionalismo multicultural. Distinguimos três abordagens: uma, liberal-integracionista; outra, multicultural hegemónica; e outra, multicultural contra-hegemónica.

Em terceiro lugar, com base nesta tipologia, argumentamos que a forma dominante de reconciliação entre os dois tipos de reivindicações consiste em proteger juridicamente a diversidade étnico-racial desde que não implique redistribuição económica a favor de indígenas e afro-latino-americanos. Alguns autores designaram este híbrido de "multiculturalismo neoliberal" (Hale, 2005: 10-28; Sierra, Hernández e Sieder, 2013). Nós preferimos designá-lo de multiculturalismo *hegemónico*, no sentido que Gramsci dá a este adjetivo, para destacar o facto de, hoje em dia, ser praticado tanto por governos próximos do neoliberalismo (por exemplo, o chileno e o colombiano) como por governos críticos do neoliberalismo (por exemplo, o equatoriano e o venezuelano).

Finalmente, argumentamos que este paradigma jurídico é permanentemente contestado pelas outras duas interpretações das reivindicações de reconhecimento e redistribuição. E que os detalhes das regulamentações e debates jurídicos sobre a justiça étnico-racial resultam de combinações e resultados distintos entre as três abordagens nos campos jurídicos nacionais.

Para sustentar esse argumento, nas secções finais do texto, aplicamos o enquadramento analítico ao estudo empírico das instituições mais visíveis nas discussões relativas à justiça étnico-racial. Aí, tentamos mostrar como, ao passar pelo crivo da legislação nacional e internacional, as demandas substantivas indígenas de autonomia, territórios e cultura foram assimiladas sob a forma de instituições processuais relacionadas com a participação dos povos nas decisões que lhes dizem respeito. Alegamos que esta "procedimentalização" dos direitos indígenas está na base da instituição da consulta prévia, livre e informada (CPLI) (Rodríguez Garavito, 2012). De forma semelhante, a luta contra o racismo, ao passar pelo filtro jurídico, foi rapidamente desviada para a criação de tipos penais. Argumentamos que o que existe em comum entre este auge da fuga em direção ao direito penal e ao da consulta prévia é o facto de oferecerem vias intermédias, inteligíveis em termos jurídicos clássicos (a responsabilidade penal individual, no caso da criminalização do racismo, e o processo equitativo, no caso da consulta), dirigidas aos atores dominantes do campo jurídico (por exemplo, governos de orientações muito distintas que têm a sua fé posta na extração de recursos naturais em territórios indígenas, ou que se opõem a programas de ações afirmativas, com a ambição de corrigir injustiças contra a população afrodescendente), e que deixam intactas tanto a estrutura económica (no caso da consulta) como a racial (no caso das ações afirmativas).

Finalmente, para ilustrar ações e instituições que encarnam o tipo de multiculturalismo contra-hegemónico que defendemos, destacamos três instituições emergentes do direito latino-americano: variantes expansivas da consulta prévia que implicam o requisito do consentimento prévio, livre e informado de indígenas e afrodescendentes em casos em que a sua integridade física ou cultural está em jogo; leis e programas de ações afirmativas para promover as reparações históricas e a redistribuição económica a favor dos dois grupos; e o reconhecimento de direitos territoriais, não só para os indígenas como também para os afrodescendentes.

Etnia.gov: a juridicização global das reivindicações étnico-raciais e as disputas pela definição do constitucionalismo multicultural na América Latina

O despertar dos povos indígenas e negros para o direito: a escala global, regional e nacional

O surgimento das reivindicações de reconhecimento nas Constituições e nos debates políticos nacionais só é compreensível no contexto global – que já tem quatro décadas – da mobilização dos povos indígenas, das comunidades afro-diaspóricas e de outros grupos étnico-raciais subalternos.

O "despertar dos povos indígenas para o direito", de que fala Carlos Frederico Marés (1998), surgiu por parte da ascensão do movimento indígena transnacional.[7] As origens desse movimento remontam ao ativismo global que teve o seu primeiro destaque em 1971: a resolução da Comissão da ONU para os Direitos Humanos incumbiu a Subcomissão para a Prevenção da Discriminação e Proteção de Minorias de fazer um estudo sobre "o problema da discriminação contra as populações indígenas" e propor medidas para o eliminar.[8] Mais de uma década depois, esse encargo

[7] Para um panorama deste movimento global e dos instrumentos legais resultantes, ver Niezen (2003) e Anaya (2004).

[8] Conselho Económico e Social das Nações Unidas (Ecosoc), Res. 1589(L), 21 de maio de 1971, 50.ª Sessão, 1.º Sup., UN Doc. E/5044 (1971) 16, parágrafo 7.

deu lugar ao influente "Relatório Martínez Cobo",[9] que foi seguido pela mobilização dos povos indígenas e das organizações não-governamentais (ONG) de direitos humanos para a criação da instituição pioneira do direito internacional contemporâneo sobre a matéria: o Grupo de Trabalho sobre Populações Indígenas das Nações Unidas. Estabelecido em 1982, o Grupo de Trabalho produziu, em 1994, o primeiro esboço da Declaração sobre os Direitos dos Povos Indígenas, que, após 13 anos de discussões intensas e numerosos ajustes, daria lugar à Declaração final adotada pela Assembleia Geral das Nações Unidas em 2007 (ONU, 2008) – o ícone da globalização dos direitos indígenas. Com efeito, juntamente com a mencionada Convenção 169 da OIT, de 1989, a Declaração é hoje o ponto de referência central do direito internacional sobre o assunto. O *leitmotiv* do movimento global foi a reivindicação do direito à autodeterminação por parte dos povos indígenas (Anaya, 2004: 97). Consagrada apenas parcialmente nos seus instrumentos jurídicos – e mais nuns (como a Declaração) do que noutros (como a Convenção 169) –, a legislação substancial que deriva do princípio da autodeterminação marca um contraste com a legislação procedimental da governação. De um ponto de vista político e cultural, ainda que as reivindicações indígenas geralmente não incluam a separação, implicam graus de autonomia sobre os territórios e seus recursos, incluindo a sua utilização de acordo com diferentes conceções da economia e desenvolvimento.

No âmbito nacional, o direito global dos povos indígenas infiltrou-se rapidamente nas cartas constitucionais, especialmente nos países do Sul global que estavam a atravessar transições políticas e que o foram adotando em novas Constituições. A América Latina é o exemplo mais vivo dessa tendência. A Constituição da Guatemala, de 1985, inaugurou uma onda regional de constitucionalismo multicultural à qual se uniram – com graus muito diversos de reconhecimento e de aplicação real do princípio da autodeterminação – as novas cartas ou reformas constitucionais da Nicarágua (1987), Brasil (1988), Colômbia (1991), Paraguai (1992), Peru (1993), Argentina (1994), México (1994), Venezuela (1999) e, especialmente, Equador (2008) e Bolívia (2009).[10] A convergência do movimento global pelos direitos indígenas e o constitucionalismo multicultural latino-americano

[9] Subcomissão das Nações Unidas para a Prevenção da Discriminação e Proteção das Minorias, *Study of the Problem of Discrimination against Indigenous Populations*, E/CN.4/Sub.2/476 (1981).

[10] Ver Clavero (2008). Para um balanço desta e de outras tendências recentes do constitucionalismo latino-americano, ver Uprimny (2011).

é evidente não só nas diversas Constituições que incorporaram as regras da Convenção 169 da OIT (1989), mas também no facto de os dez países deste grupo que ratificaram a Convenção[11] serem responsáveis por quase metade das ratificações que esta recebeu em todo o mundo.

Através das novas Constituições, surgiu a judicialização dos conflitos relacionados com direitos coletivos, que é outra componente-chave do constitucionalismo multicultural. Por toda a América Latina, os tribunais tornaram-se atores centrais da juridicização das identidades étnico-raciais à medida que as reivindicações políticas do movimento indígena se foram convertendo em centenas de processos judiciais perante os tribunais constitucionais e as instituições do sistema interamericano de direitos humanos.

O exemplo mais claro dessa tendência é a Colômbia, onde a judicialização desses conflitos foi tão profunda que o uso do direito constitucional passou a ser uma estratégia determinante do movimento indígena (Lemaitre, 2009). "Foi por isso que nós, os líderes indígenas colombianos, começámos a estudar direito e a tornar-nos advogados após a Constituição de 1991", disse-nos numa entrevista o secretário-geral da Organização Indígena da Colômbia (ONIC). Juntamente com algumas decisões marcantes do Tribunal Interamericano de Direitos Humanos e, acima de tudo, da nova Constituição do Equador e da Bolívia (baseadas explicitamente no princípio da plurinacionalidade) (Santos, 2010), o direito constitucional colombiano é o que foi mais longe na adoção de alguns dos corolários do princípio da autodeterminação reivindicado pelo movimento indígena global (Rodríguez Garavito e Orduz, 2010: 34–35). Uma amostra disso é, por exemplo, a promulgação, em outubro de 2014, do decreto de autonomia indígena na Colômbia. O decreto 1953, de 2014, concede às entidades indígenas recursos do sistema geral de participação para administrar e organizar, entre outros, o seu próprio sistema de saúde e de educação (Rodríguez Garavito e Baquero, 2014), criando uma das políticas públicas mais protetoras do direito da autonomia indígena na região.

Um processo paralelo de ativismo internacional e juridicização das reivindicações políticas é evidente no movimento afrodescendente. O seu ponto alto foi a Conferência Mundial contra o Racismo – em Durban, em 2001 –, que serviu de ponto de encontro para as organizações e coligações antirracistas de todo o mundo. Tal como na mobilização indígena, a América Latina teve um papel central em Durban, onde uma das delegações mais numerosas e ativas foi a brasileira. Igualmente importante foi o processo prévio à Conferência de 2001, incluindo uma reunião regional preparatória,

[11] A única exceção é a Nicarágua.

no Brasil, na qual convergiram movimentos de base e organizações negras que, 12 anos depois, continuam a colaborar em ações e encontros para promover a implementação da Declaração de Durban.

Embora a Declaração de 2007 (ONU, 2008) tenha um estatuto jurídico inferior ao do instrumento vinculativo central do direito étnico internacional – a Convenção 169 (OIT, 1989) – e, ao contrário deste, não ser apoiada por uma organização intergovernamental que impulsione o seu cumprimento, continua a ser a referência do "direito brando" à qual recorrem os governos, os ativistas e os tribunais para enquadrar as normas nacionais contra a discriminação racial. De facto, a Declaração é citada com frequência nas inúmeras leis de penalização do racismo que, como se verá, têm proliferado na região, bem como nas muito mais raras normas e políticas de ação afirmativa. Estas normas, por sua vez, têm sido fundamentais no desenvolvimento do multiculturalismo contra-hegemónico que será estudado nas secções seguintes.

O mesmo impulso de juridicização da justiça racial é reconhecível no direito interamericano. Por um lado, a Comissão Interamericana de Direitos Humanos elaborou, em 2005, o Relatório sobre os Direitos dos Afrodescendentes e contra a Discriminação Racial, que, embora timidamente, impulsionou a definição de padrões regionais acerca deste assunto. Por outro lado, em meados de 2013, a Organização dos Estados Americanos adotou um dos principais avanços no reconhecimento da discriminação racial, a Convenção Interamericana contra o racismo, a discriminação racial e formas relacionadas de intolerância, que impõe aos Estados a obrigação de tomar medidas para eliminar tal discriminação. A judicialização da causa antirracista tem sido menos abundante do que a das reivindicações étnicas. Em parte, devido à falta de instrumentos jurídicos e ações judiciais fortes, e, em parte – como se verá –, devido aos efeitos contraproducentes da fuga da legislação antirracista em direção ao direito penal; daí, os julgamentos judiciais em casos de racismo serem muito raros. Continuando com o país utilizado como exemplo na discussão anterior para ilustrar a judicialização massiva da etnia, na Colômbia contam-se literalmente pelos dedos das mãos os processos judiciais relativos à discriminação racial. Visto que o Tribunal Constitucional julgou apenas quatro casos deste tipo desde a sua criação em 1992 (Rodríguez Garavito, Alfonso e Cavelier, 2009), até 2015 não havia nenhuma sentença penal pelos atos de racismo contemplados numa lei de 2011.

Recentemente, a lei sobre a discriminação na Colômbia foi objeto de uma ação por inconstitucionalidade. O argumento central dos queixosos é que a lei criou um género penal por discriminação que deixou de fora as pessoas com deficiência. Ou seja, a discriminação em função da deficiência não é penalizada como a discriminação com base na raça, opção sexual ou religiosa. Durante a audiência pública realizada pelo Tribunal Constitucional em 31 de julho de 2014, o debate sobre a discriminação racial fundiu-se com as outras formas de discriminação, deixando de lado, mais uma vez, a discussão sobre a causa antirracista. A situação é semelhante noutros países, como abordaremos mais à frente.

Além dos detalhes das normas e dos litígios, para os efeitos desta secção, interessa-nos enfatizar dois pontos gerais. Primeiro, os constitucionalismos multiculturais implicaram uma profunda juridicização do discurso e das estratégias dos movimentos étnico-raciais. Como mostrou o trabalho etnográfico na região, os líderes afrodescendentes e indígenas devem passar tanto tempo nos territórios indígenas e nos bairros africanos como nos espaços-chave do campo jurídico: as ONG de direitos humanos, as agências governamentais, os tribunais constitucionais, a Comissão Interamericana de Direitos Humanos em Washington ou as sedes dos órgãos especializados das Nações Unidas em Genebra (como o Comité para a Eliminação da Discriminação Racial ou o Relator Especial sobre Povos Indígenas).[12]

Em segundo lugar, a regulamentação dos direitos étnico-raciais é altamente discutida. Quer nos textos constitucionais e legais, quer na prática jurídica, convivem diferentes conceções e combinações de reivindicações de reconhecimento e redistribuição. Trata-se de perspetivas teóricas e jurídicas contrastantes no que diz respeito à relação entre igualdade e diversidade e que fazem parte dos debates conceptuais mais amplos e globais, como veremos abaixo.

Teorizar e enquadrar a juridicização do reconhecimento: a etnia.gov[13]

O auge latino-americano dos conflitos jurídicos de reconhecimento não é gratuito nem está isolado. Pelo contrário, faz parte de todo um *zeitgeist*: o da globalização neoliberal do fim do século XX e início do século XXI. Como mostraram os antropólogos sul-africanos Jean e John Comaroff, uma componente essencial desta era é a centralidade do direito ou, nos

[12] Entrevista com Luis Evelis Andrade, diretor da ONIC, Genebra, 11 de agosto de 2009; entrevista com Javier de la Rosa, advogado para assuntos indígenas do Instituto de Defesa Legal, Lima, 10 de agosto, 2010.

[13] Esta secção é uma versão revista e ampliada de um excerto de Rodríguez Garavito (2012).

seus termos, do "fetichismo do direito",[14] da fé global "na capacidade do constitucionalismo e do contrato, dos direitos e das soluções jurídicas, de se alcançar a ordem, a civilidade, a justiça, o empoderamento" (Comaroff e Comaroff, 2001: 38). A expansão planetária do direito é visível em toda parte: na avalanche de novas Constituições no Sul global, no crescente poder dos juízes por todo o mundo (Hirschl, 2004; Sassen, 2006), na proliferação de programas de "lei e ordem" e de "cultura da legalidade" (Comaroff e Comaroff, 2009a: 33) nas cidades, na judicialização da política através de programas de anticorrupção liderados por juízes e procuradores, na explosão de regulações privadas como os padrões voluntários de responsabilidade social empresarial, ou na transformação das lutas dos movimentos sociais em litígios de direitos humanos, como teorizou e documentou Julieta Lemaitre (Santos e Rodríguez Garavito, 2007).

A extensão deste processo para o campo das identidades étnico-raciais é o que chamamos sinteticamente *etnia.gov* (Rodríguez Garavito, 2012). Trata-se da juridicização das reivindicações coletivas sobre a autodeterminação, a identidade cultural, as reparações históricas, os territórios e os recursos naturais; reivindicações levantadas pelos povos indígenas, as comunidades afrodescendentes e outros grupos étnicos, tanto na América Latina como noutras partes do mundo. Com esse conceito, tentamos capturar, então, a dimensão jurídica constitutiva da "política da cultura", como a designaram Álvarez, Dagnino e Escobar (1998).

Referimo-nos a este processo com o termo etnia.gov para criar um paralelismo literal que revele o seu profundo envolvimento com o outro processo fundamental de reconfiguração das identidades étnico-raciais em tempos de globalização, que Comaroff e Comaroff (2009b) batizaram de "etnia.Inc". Este último consiste no "processo de mercantilização da cultura e da transformação empresarial da identidade em que está inserido" (Comaroff e Comaroff, 2009b: 20). Está incorporado em fenómenos tão diversos como a exploração económica da pertença cultural (evidente, por exemplo, no *boom* do turismo ecológico-cultural na Amazónia ou nos territórios ancestrais das comunidades africanas da costa do Atlântico e do Pacífico) ou a proteção comercial do conhecimento tradicional (visível, por exemplo, na patenteação da medicina indígena).

Da mesma forma que a "etnia.Inc [é] [...] uma projeção do sujeito empreendedor do neoliberalismo no plano da existência coletiva" (Comaroff e Comaroff, 2009b: 140), a etnia.gov é a projeção do sujeito jurídico

[14] Para outra abordagem desta questão, ver Lemaitre (2009).

neoliberal no plano dos direitos coletivos. Este é o sujeito jurídico ao qual se reconhecem três direitos liberais principais: a liberdade contratual, a igualdade formal e o processo equitativo. Como veremos ao analisar a figura da consulta prévia, livre e informada (CPLI), estamos perante um sujeito jurídico constituído para participar em deliberações e consultas que transformam os conflitos coletivos em processos de negociação regidos (pelo menos no papel) pelos princípios do processo equitativo (publicidade, transparência, celeridade, etc.). E o que é crucial, em sintonia com a ficção liberal encarnada nas instituições do processo equitativo e da liberdade contratual, neste tipo de legalidade assume-se desde logo que o sujeito coletivo étnico (por exemplo, um povo indígena ou uma comunidade negra) está em pé de igualdade com os restantes sujeitos que entram nas consultas e nas negociações (por exemplo, as empresas e entidades estatais interessadas em explorar economicamente o território indígena ou afrodescendente). Com isto, fica patente a afinidade entre os sujeitos da etnia.Inc e da etnia.gov. Esta é ainda maior quando as reivindicações coletivas com base em injustiças estruturais históricas – como as reparações e ações afirmativas para contrariar o legado da escravatura de mais de 12,5 milhões de africanos e seus descendentes levados à força para as Américas, ou o despojo e genocídio dos povos indígenas – são tratadas mediante soluções jurídicas individuais (por exemplo, o castigo penal contra o autor de um ato de racismo) ou reduzidas à igualdade formal (por exemplo, a proibição da discriminação).

Em todas estas variações diluídas das reivindicações de reconhecimento, o sujeito da etnia.gov é o mesmo "sujeito empreendedor" da etnia.Inc, mas vestido com o traje jurídico de "parte contratante" e separado da sua identidade coletiva e das suas reivindicações de reparação e redistribuição. A afinidade é tal que, se a quiséssemos destacar de uma forma ainda mais literal, poderíamos chamar os dois processos, em termos de convenções de Internet, "etnia.com" e "etnia.gov" respetivamente.

No entanto, ao contrário das terminações dos sítios da Internet, usamos o sufixo ".gov" não para denotar governo (*government*), mas, sim, governação (*governance*). A juridicização da etnia ocorre não só através do "direito duro" dos governos (ou dos Estados em geral) mas também através de uma ampla gama de regras de "direito brando", como os princípios operativos que os bancos multilaterais e privados impõem às companhias que operam em territórios étnicos, ou os códigos de conduta das companhias mineiras que exploram esses territórios. Por conseguinte, a etnia.gov é atravessada pelo fenómeno do pluralismo jurídico e compreende também várias manifestações de "governação sem governo". Em suma, a juridicização das reivindicações de reconhecimento que chamamos etnia.gov é dominada por um tipo específico de legalidade: o paradigma da governação, que, como Santos (2007) argumentou, é a matriz jurídica da globalização neoliberal. Outros autores referiram as manifestações concretas deste paradigma como "multiculturalismo neoliberal", ou seja, o regime jurídico que reconhece os direitos culturais, mas nega, *de facto* ou *de jure,* "o exercício do controlo sobre os recursos que é necessário para o gozo desses direitos" (Hale, 2005: 13). Em termos das reivindicações de redistribuição e de reconhecimento, esta abordagem implica uma clara separação entre elas. Trata-se da variante que predomina nos países latino-americanos que se uniram à onda do constitucionalismo multicultural (Sieder, 2002). Daí que nos refiramos a ele, daqui em diante, como multiculturalismo hegemónico, para evitar a contradição empírica que consiste no facto de mesmo os Estados críticos do neoliberalismo económico que foram mais longe na consagração dos direitos étnico-raciais nas suas Constituições (como o Equador e a Bolívia) aplicarem, na prática, uma variedade de multiculturalismo semelhante ao de outros Estados com governos com um modelo político contrário (como o Chile, o México e a Colômbia). Basta recordar as agressivas políticas de exploração mineira do Equador[15] e da Bolívia (García Linera, 2012) nas suas áreas amazónicas e consequente confronto aberto com as exigências de consulta e consentimento prévio das populações indígenas afetadas por projetos como a exploração de petróleo nos territórios do povo sarayaku e da Terra Indígena e Parque Nacional Isiboro-Secure (Tipnis), respetivamente.

Reconhecimento e redistribuição: três abordagens jurídicas

A definição dos direitos dos grupos étnico-raciais subalternos é alvo de intensa polémica nos campos jurídicos da região. As conceções em conflito podem ser agrupadas em três tipos ideais, cujos princípios, mecanismos, figuras jurídicas e atores estão compilados na Tabela 14.1. Começando pela variável dominante, o multiculturalismo hegemónico separa nitidamente as reivindicações de redistribuição e as reivindicações de reconhecimento. A sua variante de Direita – como a Argentina do "menemismo" ou o Peru do "fujimorismo" – implica ao mesmo tempo uma versão minimalista da redistribuição e do reconhecimento. A sua versão de Esquerda – da qual se aproximam hoje em dia o Equador, a Venezuela, a Nicarágua ou a Bolívia – combina a afirmação da redistribuição em detrimento do reconhecimento, como mostra a prioridade de as rendas mineiras financiarem as políticas sociais à custa das reivindicações culturais e territoriais dos povos indígenas.

[15] Rafael Correa, "Ecuador's Path", entrevista em *New Left Review*, 77, 2012.

Nesses e noutros países (tais como o México, Brasil e Peru), esta abordagem resulta numa interpretação restrita do direito à CPLI, que não implica capacidade de decisão dos povos afetados quando a sua sobrevivência física ou cultural está em causa.

Tabela 14.1. Abordagens sobre os direitos étnico-raciais

	Liberalismo integracionista	**Multiculturalismo hegemónico**	**Multiculturalismo contra-hegemónico**
Reivindicação central	Liberdade/igualdade formal	Diversidade/igualdade formal	Diversidade/igualdade material
Princípio orientador	Assimilação sem discriminação	Diversidade com participação	Autodeterminação com reparações
Paradigma jurídico	Regulação	Governação	Reparação
Estatuto jurídico de indígenas e afrodescendentes	Objetos de políticas	Objetos de políticas/sujeitos de direitos individuais	Sujeitos de direitos coletivos
Tempo privilegiado	Futuro	Presente	Passado-futuro
Instituições jurídicas representativas	Proibição de discriminação	Consulta não vinculativa, penalização do racismo	Consentimento prévio, ações afirmativas
Fontes	Convenção 107 da OIT, Constituições nacionais	Constituições multiculturais, Convenção 169 da OIT (interpretação restrita)	Declaração de direitos indígenas da ONU; Declaração de Durban; jurisprudência (CIDH, Colômbia, Brasil); Constituições pluriculturais (Bolívia, Equador); Convenção 169 (interpretação expansiva)
Atores centrais	Governos	Governos, tribunais, OIT, empresas transnacionais, ONG	Organizações indígenas e africanas, órgãos da ONU (relatores para povos indígenas e afrodescendentes, CEDR)

Nesta tipologia ideal, incluímos também as abordagens dominantes do tratamento jurídico do racismo, por duas razões. Em primeiro lugar, a clara tendência da fuga em direção ao direito penal implica diluir as exigências estruturais de reparações históricas – por exemplo, as ações afirmativas para a população negra – em exigências de castigo individual para autores de atos específicos de racismo. Ao longo do caminho, perde-se a aspiração redistributiva da demanda de reconhecimento. Em segundo lugar, para manter a separação entre redistribuição e reconhecimento, o multiculturalismo hegemónico reinterpreta as demandas de igualdade material das vítimas de racismo em termos da promoção da "diversidade". Enquanto nos Estados Unidos a ideologia do pós-racialismo – a ideia de um presidente negro e uma classe média negra implicarem o racismo como uma coisa do passado – está subjacente à jurisprudência constitucional, contrária às ações afirmativas; na América Latina, o pré-racialismo – a negação histórica do racismo e da afirmação da América Latina como uma "democracia racial" – faz com que o quadro aceitável para falar dos afrodescendentes seja a diversidade: a exaltação jurídica do seu contributo para a cultura nacional, sem que isso acarrete consequências redistributivas de qualquer tipo. Por todas estas razões, o tempo certo é o presente e, de acordo com os seus termos, tornam-se inviáveis as exigências de reparações materiais que elevam os indígenas e os afrodescendentes através das expropriações históricas de que foram vítimas.

Duas abordagens contrastam com o multiculturalismo hegemónico. Por um lado, o paradigma liberal clássico, com a sua ênfase na unidade da nação e na assimilação como caminho para a cidadania de indígenas e afrodescendentes. Enraizada na oposição entre "civilização" e "barbárie", sugerida pelos ideólogos e letrados de nacionalidades latino-americanas – desde Domingo Faustino Sarmiento a Alejo Carpentier –, esta aproximação traduz e atualiza em termos jurídicos o predomínio da "civilização" (branco/mestiça) nessa luta pela identidade nacional. Para que isso aconteça, protege o direito à igualdade formal dos outros – "os negros", "os índios" e demais grupos subalternos que compreendem "o reverso da nação, o seu negativo", como disse a antropóloga Margarita Serje (2011) – como mecanismo de integração de uma cidadania cega à cor. Ao fazê-lo, privilegia o futuro que determina (a unidade nacional) sobre o passado (a memória da desapropriação dos grupos subalternos e as ações que seriam necessárias para a reparar).

Embora o seu auge no direito internacional e nos ordenamentos nacionais tenha diminuído indiscutivelmente com o advento do constitucionalismo cultural na década de 1990, o liberalismo integracionista continua vivo nas normas e práticas jurídicas da região. É evidente, por exemplo, nos argumentos de intelectuais e juristas que, à Esquerda e à Direita, criticam as leis e os programas de ação afirmativa por estes criarem distinções raciais que supostamente não existem no subcontinente da miscigenação e da convivência racial. Em vez de ações afirmativas, dizem os críticos liberais (incluindo alguns intelectuais de elite negros), devemos concentrar-nos em aplicar o princípio da igualdade formal e da proibição da discriminação.

Por outro lado, uma terceira abordagem tenta resolver a tensão entre as aspirações de redistribuição e as aspirações de reconhecimento mediante um híbrido em que a realização das segundas exige uma redistribuição de bens e oportunidades materiais a favor de indígenas e afrodescendentes. Trata-se do multiculturalismo contra-hegemónico – que Santos teorizou a propósito dos recentes processos constituintes da Bolívia e do Equador –, marcado pelo "duplo direito humano pós-colonial: temos o direito de ser iguais quando a diferença nos inferioriza; temos o direito de ser diferentes quando a igualdade nos descaracteriza" (Santos, 2010: 66).[16] No caso dos povos indígenas e de algumas comunidades negras (como as quilombolas brasileiras e as do Pacífico colombiano), este duplo direito está ancorado no princípio da autodeterminação. O seu marco temporal é duplo, visto que olha para o passado para reconfigurar as possibilidades do futuro. Ao destacar o legado do genocídio, da escravatura e da expropriação, este princípio formula demandas jurídicas de reparação material – por exemplo, mediante a atribuição aos povos indígenas de territórios coletivos que restaurem pelo menos uma sombra dos seus territórios ancestrais, ou mediante ações afirmativas que abram as oportunidades negadas aos afrodescendentes pela história do racismo.

Como qualquer tipologia, a da Tabela 14.1. dá forma e sublinha, para fins de clareza analítica, as distinções entre as categorias de interesse (neste caso, as três abordagens dos direitos dos indígena e afrodescendentes). Na prática, evidentemente, os instrumentos jurídicos internacionais, as decisões judiciais nacionais, as legislações e os demais artefactos jurídicos situam-se muitas vezes no meio caminho entre os três tipos ideais. Na verdade, como temos destacado ao longo desta secção, as interpretações e aplicações da Convenção 169 (OIT, 1989) situam-se num intervalo que vai desde as versões claramente integradas no multiculturalismo hegemónico (por exemplo, a de todos os governos da região e tribunais constitucionais, como o do Equador) até àquelas que, ao estabelecer rigorosos requisitos processuais ou combinar a consulta com o consentimento, assumem elementos do multiculturalismo contra-hegemónico (por exemplo, a da Declaração da ONU e a da jurisprudência e recomendações de órgãos como o TIDH e os organismos de direitos indígenas da ONU).

Para dar suporte empírico à tipologia conceptual que propomos, dedicamos o resto do capítulo a documentar os cruzamentos entre os três tipos de abordagem nos debates jurídicos centrais acerca dos direitos étnicos e raciais na América Latina. Do lado dos direitos étnicos, concentramo-nos

[16] Sobre o direito e a globalização contra-hegemónica, ver Santos e Rodríguez Garavito (2007).

nas disputas relativas à CPLI. Do lado da justiça racial, focamo-nos nos debates sobre o direito antirracismo na sua versão penal individual (ou seja, a criminalização do racismo) e na sua versão reparadora (ou seja, as ações afirmativas).

A justiça racial: entre a penalização individual e as reparações estruturais

As reivindicações de reparação estrutural: as ações afirmativas e os direitos territoriais

Como vimos, a perspetiva liberal clássica que transparece na fuga para o direito penal coexiste com as abordagens às reivindicações de reconhecimento que acompanharam a ascensão do constitucionalismo multicultural nas últimas duas décadas. Nesta secção, ocupamo-nos dos contextos de criação e debates jurídicos sobre a desigualdade racial propostos pela versão hegemónica e contra-hegemónica dessas abordagens: as leis e decisões relativas às ações afirmativas para afrodescendentes e indígenas, e as primeiras tentativas de estabelecer territórios coletivos negros.

Na versão defendida pela maioria dos setores do movimento afro-latino-americano, as propostas de regulação das ações afirmativas e direitos territoriais representam os princípios do multiculturalismo contra-hegemónico. São inspiradas, explícita ou implicitamente, numa demanda de reparação histórica (Mosquera, 2007) – devido à injustiça radical do genocídio indígena e da deportação forçada de 12,5 milhões de africanos para as Américas, durante 366 anos – que constitui "um dos maiores crimes contra a humanidade da história", tal como concluiu o historiador David Brion (2010). Essas ações também são fundamentadas na situação de desigualdade em que vive a população afrodescendente perante o resto da sociedade. Por exemplo, no caso da Colômbia, 61% da população africana é pobre e quase um quinto da população vive na miséria. Estes números são mais elevados do que os da população mestiça, que tem números mais baixos nos dois indicadores: 54% vive na pobreza e 18% vive na miséria (Rodríguez Garavito, Alfonso e Cavelier, 2009).

Ao contrário da penalização do racismo, as propostas de ações afirmativas e territórios coletivos só se concretizaram em alguns – poucos – países da região. Nesses locais, tem-se enfrentado uma grande resistência por parte de setores, quer da Direita, quer da Esquerda, que partilham elementos das abordagens liberais integracionistas e multiculturais hegemónicas em relação à justiça racial.

Em relação às *ações afirmativas*, o Brasil tomou novamente a iniciativa. Por essa razão, nesse país, tem sido mais visível e prolongado o debate acerca da justiça racial. Embora o governo de Fernando Henrique Cardoso já tivesse impulsionado algumas iniciativas deste tipo, foi o governo do PT que as levou para o centro da atenção pública através de um projeto de lei por quotas (PL-73, de 2003), que ordenava que 50% dos lugares nas universidades públicas fossem para alunos de escolas públicas, incluindo indígenas e africanos, de acordo com a proporção que representavam da população relevante. A virulenta polémica que eclodiu mostrou que as ações afirmativas tocavam num nervo sensível da identidade brasileira (o mito da democracia racial), que os críticos do projeto defendiam contra a suposta racialização da sociedade que implicaria quotas importadas do regime racial e jurídico estadunidense (Ikawa, 2008). Os que se opunham às ações afirmativas argumentavam que a implementação da política criaria discriminação em relação à população afrodescendente e indígena. Basicamente, enfatizavam que se geraria uma rejeição por parte da sociedade maioritária, uma vez que, quebrando o sistema meritocrático, a população étnica teria acesso à educação sem cumprir com os mesmos requisitos atribuídos à população mestiça.

Apesar da polémica, mais de 100 universidades de todo o país tomaram a iniciativa de abrir programas de quotas ou outras formas de ação afirmativa. Um desses programas (na Universidade de Brasília) foi precisamente o principal alvo de litígio perante o Supremo Tribunal Federal, que viria a prolongar-se por vários anos. Entretanto, o governo, com a aprovação de uma lei do Congresso, promoveu a partir de 2005 um extenso programa de bolsas para afro-brasileiros, o que facilitou o acesso de mais de um milhão de jovens africanos ao ensino superior. O ProUni – Programa Universidade para Todos – também foi alvo de uma demanda de inconstitucionalidade perante o STF.

Depois de quase dez anos de debate público, o Estado brasileiro adotou, em 2012, o quadro jurídico mais ambicioso da região para reduzir as lacunas históricas de afro-brasileiros, indígenas e outros grupos marginalizados, através de programas de ação afirmativa no ensino superior. Primeiro, houve a decisão unânime do STF que apoiava a constitucionalidade do programa da Universidade de Brasília. Em seguida, o mesmo tribunal confirmou a viabilidade do ProUni. Finalmente, o Congresso aprovou a Lei de Quotas, que inclui elementos da proposta de 2003 e reserva 50% das vagas universitárias para grupos marginalizados, incluindo os afro-brasileiros e indígenas, na proporção da sua presença na população do Estado em causa. O mito da democracia racial e a crítica às ações afirmativas eram evidentes na intensa polémica sobre a proposta inicial da Lei de Quotas e do programa

ProUni. Do lado opositor às ações afirmativas, 114 intelectuais (incluindo figuras do progressismo cultural e académico) assinaram a "Carta aberta ao Congresso Nacional: Todos têm direitos iguais na República democrática", que reivindicava explicitamente a ideia da democracia racial e a inconveniência de importar medidas de países onde não existe este regime. Além disso, a solicitação argumentava que a regulamentação das identidades raciais por parte do Estado poderia, por si só, promover o ódio racial entre os Brasileiros, que desconhecem o problema do racismo legalizado que existiu noutros países.

A reação foi um manifesto, assinado por 421 intelectuais, a apoiar as quotas como mecanismo para alcançar uma igualdade efetiva de oportunidades para negros e brancos no Brasil, dada a persistência da discriminação estrutural.[17] Esta posição acabou por prevalecer no direito e na jurisprudência brasileira, que, nesta frente, se aproxima mais do que qualquer outro ordenamento nacional das fortes aspirações de reconhecimento que incentivam o multiculturalismo contra-hegemónico.

Assim o sugerem os argumentos dos analistas, litigantes e juízes que apoiaram as quotas e outros programas de oportunidades educativas. Por exemplo, a natureza reparadora das ações afirmativas e a relação entre passado e futuro proposta pelo multiculturalismo contra-hegemónico foram articuladas por Oscar Vilhena, um dos académicos mais ativos na defesa das quotas perante o STF. Comentando as decisões de 2012, argumentou que "a escravidão e a omissão republicana em enfrentar a questão racial criaram distorções na forma como brancos e negros se beneficiaram do processo de desenvolvimento da sociedade brasileira" (Vilhena, 2012). Da mesma forma, o magistrado relator no caso do ProUni, Ricardo Lewandowski, criticou os limites da igualdade formal liberal, enquanto o juiz Luiz Fux estabeleceu de forma explícita a conexão entre as demandas de redistribuição e as de reconhecimento como base para a constitucionalidade das ações afirmativas.

O resultado é um ordenamento jurídico em que as instituições técnicas e de ensino superior devem reservar pelo menos 50% das vagas no processo de admissão para estudantes que tenham realizado toda a sua educação nas escolas públicas. Dentro dessa quota de 50%, a participação dos afro-brasileiros e indígenas deverá ser pelo menos igual à que têm na população – registada no censo realizado pelo Instituto Brasileiro de Geografia e Estatística – da região onde se encontra a instituição de ensino. A lei exige

[17] *O Globo*, 30 de junho de 2006.

que as instituições de ensino superior implementem de imediato pelo menos 25% da quota. A totalidade deveria ter sido aplicada em 2016.

Ainda que o direito das ações afirmativas seja muito mais tímido no resto da região, programas afins ao brasileiro (e às vezes explicitamente inspirados nele) estão a ser discutidos no Congresso do Uruguai e no da Colômbia. Da mesma forma, existem formas marginais de ação afirmativa na educação para a população afrodescendente da Costa Rica, Equador, Guatemala, Honduras, Peru e Venezuela.

Por exemplo, na Costa Rica, uma lei de 1997 ordenou ao Conselho Superior de Ensino Público que erradicasse qualquer tipo de discriminação e que, como na Colômbia, incluísse nos sistemas de ensino os princípios e a história dos diferentes grupos étnicos que compõem a nação (art.º 5, Lei 7711/1997). No Equador, avançou-se mais um passo porque foi criado o programa de financiamento da educação para a população afrodescendente (art.º 7, Lei 275/2006). De facto, a Lei Orgânica do Ensino Superior, de 2010, ordenou a criação de programas de ação afirmativa para a população afrodescendente (art.º 74), que ainda não foram implementados. Uma obrigação semelhante, que também não foi cumprida, foi definida nas Honduras, onde o Decreto Executivo Número PCM-09-2007 ordenou à Secretaria de Estado a criação de um programa de bolsas de estudo para a população afro-hondurenha.

Uma reivindicação híbrida de reconhecimento e redistribuição também fica evidente nas crescentes demandas jurídicas quanto aos *direitos territoriais* dos afro-latino-americanos. Trata-se do cruzamento entre etnia e raça, visto que tais exigências são direcionadas para a titulação de territórios *coletivos* e fundamentadas em argumentos não apenas económicos mas também culturais. Por outras palavras, além de serem defendidas como formas de reparação material, também o são como mecanismos de manutenção da diversidade cultural de comunidades negras que habitaram os mesmos territórios desde o tempo da escravatura e que mantêm práticas culturais e económicas ancestrais. Nessa medida, apresentam um claro paralelismo com as reivindicações étnicas indígenas.

O ordenamento jurídico no qual a causa indígena e a consequente etnicização da justiça racial chegaram mais longe é o colombiano. A partir da Assembleia Constituinte de 1991, as reivindicações de reconhecimento dos afrodescendentes foram incluídas nas provisões constitucionais que deram direitos aos povos indígenas. Isso explica a extensão original – no mesmo texto constitucional e na jurisprudência posterior – do direito à consulta prévia aos afrodescendentes. Também explica a concessão de direitos territoriais coletivos às comunidades negras, primeiro num artigo transitório da Constituição (art.º 55) e, em seguida, na lei que o desenvolveu (Lei 70 de 1993) (Rodríguez Garavito, Alfonso e Cavelier, 2009).

A inclusão do Artigo 55 na Constituição cumpriu duas funções. Por um lado, tornou realidade uma meta política e, por outro, foi um mecanismo de reparação das comunidades negras. O artigo 55 foi a resposta à mobilização que tinha sido realizada pelas comunidades afro-colombianas do Pacífico em busca da titulação coletiva. As reivindicações apresentadas, no final da década de 1980, pela ACIA (Asociación Campesina Integral del Atrato [Associação Camponesa Integral do Atrato]) e pelas organizações aliadas transformaram-se em direito constitucional, cumprindo o objetivo histórico de transformação do sistema jurídico. O Artigo 55 também foi um mecanismo de reparação para "os descendentes daqueles que tinham sido capturados em África tanto para tráfico como para preservação da população indígena" (Arocha, 2005: 80–108), ao proporcionar-lhes segurança jurídica sobre os territórios que lhes haviam sido negados.

A etnicização da justiça racial na Colômbia não tem estado isenta de dificuldades. Em primeiro lugar, o gozo efetivo dos direitos coletivos tem sido limitado, uma vez que os territórios têm sido desejados por poderosos atores económicos, legais e ilegais, que têm impulsionado o *boom* mineiro e de produção de coca na Colômbia. Em segundo lugar, o protagonismo do enquadramento étnico pode ter desencorajado as reivindicações jurídicas e os esforços analíticos e específicos sobre a injustiça racial. Em terceiro lugar, perante o domínio do enquadramento étnico e a eficácia da mobilização indígena que foi evidente no processo constitucional, o movimento afro-colombiano depende hoje, em grande medida, do sucesso das estratégias jurídicas e políticas indígenas, tal como aconteceu no processo constituinte de 1991.

O outro país onde a justiça racial tomou a forma adicional de direitos territoriais foi o Brasil. A partir da Constituição de 1988, e através de disposições transitórias, estipulou-se que às comunidades negras (quilombos) que estivessem a ocupar as suas terras deveria ser reconhecida a propriedade definitiva mediante títulos coletivos (art.º 68). No entanto, ao contrário da Colômbia, a componente territorial da justiça racial tem sido muito menos eficaz. Passaram 13 anos até o governo brasileiro regulamentar o procedimento para a titulação coletiva dos territórios quilombolas através do Decreto 3912 de 2001. Mas a incerteza jurídica continua até hoje, porque este decreto foi revogado pelo Decreto 4887 de 2003, cuja constitucionalidade está a ser contestada perante o STF. Tudo indica que o STF vai declará-lo inconstitucional, argumentando que a Constituição deve ser aplicada por uma lei, e não por um decreto, como afirma o voto do magistrado Cezar Peluso. Dada esta incerteza, não é surpreendente o impacto limitado que teve a promessa constitucional dos direitos territoriais para os afro-brasileiros.

Ainda que no resto da América Latina os afrodescendentes não gozem de direitos territoriais coletivos, o assunto tem ocupado gradualmente um lugar importante nas reivindicações jurídicas do movimento negro. Parcialmente influenciadas pela experiência colombiana, as organizações de afrodescendentes de países como a Bolívia, o Equador, Peru e Panamá têm posto essa exigência em cima da mesa, combinada com a que procura alargar o direito à consulta prévia às comunidades negras. Por exemplo, nesses países houve grandes avanços constitucionais no reconhecimento dos direitos territoriais da população africana. É o caso da Constituição Política boliviana de 2009, que conferiu os direitos territoriais e o direito à consulta prévia às comunidades afro-bolivianos através do reconhecimento dos mesmos direitos dados à população indígena e à camponesa. No caso do Equador, a Constituição também reconheceu os direitos territoriais dos afro-equatorianos. Por sua vez, o facto de a lei equatoriana em relação à consulta ter acolhido a reivindicação das comunidades negras de terem direito à consulta mostra que este pode ser um caminho para a juridicização da justiça racial se vir a expandir nos próximos anos.

Além dessas tendências, o que importa para completar o argumento desta secção e do capítulo é que as crescentes demandas afro-latino-americanas relacionadas com os direitos territoriais fornecem uma reinterpretação conceptual e jurídica das reivindicações de reconhecimento e redistribuição que contrasta quer com a liberal, quer com a do constitucionalismo multicultural convencional. O liberalismo integracionista reinterpretou a justiça racial mediante a reafirmação do princípio da não discriminação e da igualdade formal. O multiculturalismo hegemónico, desconfortável com instituições e debates focados explicitamente na raça, tendeu a converter os conflitos sobre as desigualdades raciais numa celebração da diversidade cultural. Como demonstrou Emiko Saldívar no caso do México, esta mudança "foi fundamental para a ideia de que o racismo não é um problema relevante no México e para a deslocação da discussão sobre o racismo para a das relações étnicas" (Saldivar, 2012: 53).

Em suma, as ações afirmativas e os direitos territoriais, juntamente com a interpretação ampla do direito à consulta prévia, ilustram o potencial de ferramentas jurídicas que aprofundam simultaneamente a redistribuição e o reconhecimento. Para isso, a estrutura teórica e a evidência sociojurídica apresentadas ao longo deste capítulo apontam para caminhos analíticos e lições institucionais que, sem renunciar à justiça social, incorporam com igual força a justiça étnico-racial no pensamento e na prática do direito.

Referências bibliográficas

Álvarez, Sonia; Dagnino, Evelina; Escobar, Arturo (org.) (1998), *Cultures of politics, politics of cultures: re-visioning Latin American social movements*. Oxford: Westview Press.

Anaya, James (2004), *Indigenous peoples international law*. Nova Iorque: Oxford University Press.

Arocha Rodríguez, Jaime (2005), "Metrópolis y puritanismo en Afrocolombia", *Antípoda*, 1, 80–108.

Baquero, Carlos Andrés; Kauffman, Celeste; Rodríguez Garavito, César (2014), "Informe de derechos humanos apoyando reclamación del Sindicato Mapuche de Panificadores Mapuches", *Dejusticia*, de 14 de janeiro. Disponível em: <http://www.dejusticia.org/#!/actividad/1904>.

Brion, David (2010), *Atlas of the transatlantic slave trade*. New Haven, CT: Yale University Press.

Brysk, Alison (2000), *From tribal village to global village*. Stanford, CA: Stanford University Press.

Castellanos, Alicia; Landázuri, Gisela (orgs.) (2012), *Racismos y otras formas de intolerancia de Norte a Sur en América Latina*. Bogotá: Universidad Autónoma Metropolitana.

Centro de Información de la Consulta Previa (s/d), *Casos emblemáticos*. Disponível em: <http://www.consultaprevia.org/#!/regional/2>.

Clavero, Bartolomé (2008), *Geografía jurídica de América Latina: pueblos indígenas entre constituciones mestizas*. México: Siglo XXI.

Comaroff, Jean; Comaroff, John (2001), "First thoughts on a second coming", *in* Jean Comaroff e John Comaroff (orgs.), *Millennial capitalism and the culture of neoliberalism*. Durham, NC: Duke University Press, 1-56.

Comaroff, John; Comaroff, Jean (2009a), "Reflections on the anthropology of law, governance and sovereignty", *in* Franz von Benda-Beckmann, Keebet von Benda-Beckmann e Julia Eckert (orgs.), *Rules of law and laws of ruling: on the governance of law*. Farnham: Ashgate, 31–59.

Comaroff, John; Comaroff, Jean (2009b), *Ethnicity, Inc.* Chicago: The University of Chicago Press. DOI: <https://doi.org/10.7208/chicago/9780226114736.001.0001>.

Contesse, Jorge (2010), "Consulta y pueblos indígenas: el caso de Chile", *Aportes DPLF*, 3(14), 32–33.

Escobar, Arturo (2010), *Territorios de diferencia: lugar, movimientos, vidas, redes*. Popayán: Envión.

Fraser, Nancy (2003), "Social justice in the age of identity politics: Redistribution, recognition, participation", *in* Nancy Fraser e Axel Honneth (orgs.), *Redistribution or recognition? A political-philosophical exchange*. Londres: Verso.

García Linera, Álvaro (2012), *Geopolítica de la Amazonía, poder hacendal-patrimonial y acumulación capitalista*. La Paz: Vicepresidencia del Estado Plurinacional de Bolivia. Disponível em: <https://www.vicepresidencia.gob.bo/IMG/pdf/geopolitica_de_la_amazonia.pdf>.

Hale, Charles (2005), "Neoliberal multiculturalism: The remaking of cultural rights and racial dominance in Central America", *PoLAR*, 28(1), 10-19. DOI: <https://doi.org/10.1525/pol.2005.28.1.10>.

Hirschl, Ran (2004), *Towards juristocracy: The origins and consequences of the new constitutionalism*. Cambridge, MA: Harvard University Press.

Ikawa, Daniela (2008), *Ações afirmativas em universidades*. São Paulo: Lumen Juris.

Lemaitre, Julieta Ripoll (2009), *El derecho como conjuro*. Bogotá: Uniandes e Siglo del Hombre.

Marés, Carlos Frederico (1998), *O renascer dos povos indígenas para o direito*. Curitiba: Juruá.

Mosquera, Claudia (2007), *Afrorreparaciones*. Bogotá: Universidad Nacional de Colombia.

Niezen, Ronald (2003), *The origins of indigenism: human rights and the politics of identity*. Berkeley, CA: University of California Press. DOI: <https://doi.org/10.1525/california/9780520235540.001.0001>.

OIT – Organização Internacional do Trabalho (1989), *Convenção n.º 169 da OIT sobre povos indígenas e tribais*. Genebra: OIT. Disponível em: <http://www.ilo.org/wcmsp5/groups/public/@ed_norm/@normes/documents/publication/wcms_100907.pdf>.

ONU – Organização das Nações Unidas (2008), *Declaração das Nações Unidas sobre os direitos dos povos indígenas*. Rio de Janeiro: Nações Unidas. Disponível em: <http://www.un.org/esa/socdev/unpfii/documents/DRIPS_pt.pdf>.

ONU (2009), *Informe del Relator Especial sobre la situación de los derechos humanos y las libertades fundamentales de los indígenas, S. James Anaya: Observaciones sobre la situación de los pueblos indígenas de la Amazonía y los sucesos del 5 de junio y días posteriores en las provincias de Bagua y Utcubamba, Perú (Misión a Perú en 2009)*, A/HRC/12/34/Add.8, 18 de agosto de 2009. Disponível em: <http://acnudh.org/wp-content/uploads/2010/12/2-2009.pdf>.

ONU (2010), *Declaración pública del Relator Especial sobre los derechos humanos y libertades fundamentales de los indígenas, James Anaya, sobre la "Ley del derecho a la consulta previa a los pueblos indígenas u originarios reconocido en el Convenio No. 169 de la Organización Internacional de Trabajo" aprobada por el Congreso de la República del Perú*, 7 de julho. Disponível em: <http://www.politicaspublicas.net/panel/re/nws/632-declaracion-consulta-peru.html>.

Rodríguez Garavito, César (2012), *Etnicidad.gov. Los recursos naturales, los pueblos indígenas y el derecho a la consulta previa en los campos sociales minados*. Bogotá: Dejusticia.

Rodríguez Garavito, César; Alfonso, Tatiana; Cavelier, Isabel (2009), *Raza y derechos humanos en Colombia*. Bogotá: Observatorio de Discriminación Racial. Disponível em: <http://www.odracial.org/files/r2_actividades_recursos/276.pdf>.

Rodríguez Garavito, César; Baquero, Carlos Andrés (2014), "Un paso hacia la ciudadanía indígena", *El Espectador*, de 11 de outubro. Disponível em: <http://www.elespectador.com/noticias/nacional/un-paso-ciudadania-indigena-articulo-521762>.

Rodríguez Garavito, César; Orduz, Natalia (2010), "La paradoja de la consulta previa en Colombia", *Aportes DPLF*, 3(34), 34-35.

Saldívar, Emiko (2012), "Racismo en México: apuntes críticos sobre etnicidad y diferencias culturales", *in* Alicia Castellanos e Gisela Landázuri (orgs.), *Racismos y otras formas de intolerancia de Norte a Sur en América Latina*. Cidade do México: Universidad Autónoma Metropolitana, 49–76.

Santos, Boaventura de Sousa (2007), "Más allá de la gobernanza neoliberal", *in* Boaventura de Sousa Santos e César Rodríguez Garavito (orgs.), *El derecho y la globalización desde abajo*. Barcelona: Anthropos, 31–60. Disponível em: <http://www.boaventuradesousasantos.pt/media/El%20derecho%20y%20la%20globalizaci%C3%B3n%20desde%20abajo_Anthropos.pdf>.

Santos, Boaventura de Sousa (2010), *Refundación del Estado en América Latina: Perspectivas desde una epistemología del Sur*. Lima: Instituto Internacional de Derecho y Sociedad. Disponível em: <http://www.boaventuradesousasantos.pt/media/Refundacion%20del%20Estado_Lima2010.pdf>.

Santos, Boaventura de Sousa; Rodríguez Garavito, César (2007), "El derecho, la política y lo subalterno en la globalización contrahegemónica", *in* Boaventura de Sousa Santos e César Rodríguez Garavito (orgs.), *El derecho y la globalización desde abajo*. Barcelona: Anthropos, 7–28. Disponível em: <http://www.boaventuradesousasantos.pt/media/El%20derecho%20y%20la%20globalizaci%C3%B3n%20desde%20abajo_Anthropos.pdf>.

Sassen, Saskia (2006), *Territory, authority, rights: From medieval to global assemblages*. Princeton, NJ: Princeton University Press.

Serje, Margarita (2011), *El revés de la nación*. Bogotá: Uniandes.

Sieder, Rachel (org.) (2002), *Multiculturalism in Latin America: Indigenous rights, diversity, and democracy*. Basingstoke: Institute of Latin American Studies.

Sierra, María Teresa; Hernández, Rosalva Aída; Sieder, Rachel (orgs.) (2013), *Justicias indígenas y Estado: violencias contemporáneas*. México: FLACSO.

Uprimny, Rodrigo (2011), "Las transformaciones constitucionales recientes en América Latina: tendencias y desafíos", *in* César Rodríguez Garavito (org.), *El derecho en América Latina: Un mapa para el pensamiento jurídico del siglo XXI*. Buenos Aires: Siglo XXI, 109–137. Disponível em: <http://www.justiciaglobal.net/files/actividades/fi_name_recurso.8.pdf>.

Van Cott, Donna Lee (2000), *The friendly liquidation of the past: The politics of diversity in Latin America*. Pittsburgh, PA: University of Pittsburgh Press.

Vilhena, Oscar (2012), "Cotas raciais para acesso a universidades públicas", *Estadão*, de 29 de maio. Disponível em: <http://educacao.estadao.com.br/noticias/geral,cotas-raciais-para-acesso-a-universidades-publicas,879207>.

Yrigoyen Fajardo, Raquel (2011), "El derecho a la libre determinación del desarrollo, la participación, la consulta y el consentimiento", *in* Marco Aparicio (org.), *Los derechos de los pueblos indígenas a los recursos naturales y al territorio. Conflictos y desafíos en América Latina*. Barcelona: Icaria.

CAPÍTULO 15

Existindo, resistindo e reexistindo: mulheres indígenas perante os seus direitos[*,1]

Begoña Dorronsoro

Introdução

Cada povo e cada cultura foram criando, ao longo da história, uma série de códigos de conduta que encurtam, delimitam e marcam o admissível e o não admissível dentro das relações que se estabelecem no seio de cada sociedade, assim como as possíveis sanções ou castigos para quem infringir as normas assim estabelecidas. Na sua *Crítica da Razão Indolente*, Boaventura de Sousa Santos propõe a metáfora de entender estes sistemas como espelhos (Santos, 2000: 49–50) – metáfora principal também do projeto ALICE. Num texto anterior, questionava-me sobre a possibilidade de essa mesma Alice que nos acompanha atravessando espelhos poder atravessar prismas (Dorronsoro, 2015), brincando com a difração usada por Donna Haraway (2004), ao mesmo tempo e em simultâneo com a reflexão especular proposta por Santos, e encontro-me novamente na circunstância de aprofundar a metáfora dos prismas. Poderíamos usar a metáfora dos prismas e o espectro múltiplo e diverso que forma a luz ao atravessá-los como exemplo de pluriversos (Maturana, 1997; Escobar, 2012) mais próximos

[*] Tradução de Carla Lopes.

[1] A investigação que está na base deste capítulo é cofinanciada pelo Fundo Social Europeu através do POPH – Programa Operacional Potencial Humano – e pelos Fundos Nacionais através da FCT – Fundação para a Ciência e a Tecnologia – no âmbito da Bolsa de Doutoramento com a referência SFRH/BD/52252/2013 do Programa de Pós-Colonialismos e Cidadania Global do CES – Centro de Estudos Sociais da Universidade de Coimbra, Portugal.

da realidade coletiva de algumas sociedades e culturas, como a da maioria dos povos indígenas? É possível que a ensimesmação da sociedade eurocêntrica e etnocentrada reflita o narcisismo de quem só se contempla a si mesma no espelho, excluindo todos/as e tudo o resto? Aqueles espelhos que os invasores ocidentais obsequiavam podem ser a metáfora dos presentes mais envenenados que lhes fizeram chegar com a imposição das suas instituições de matriz eurocêntrica e individualista: a religião, a ciência e o direito ocidentais? Enquanto a religião definiu os critérios morais e a ciência os revestiu de objetividade e verdade absoluta, o direito outorgou a legitimidade imposta perante a lei, a justiça e o Estado. Religião, ciência e direito estão articulados dentro da matriz colonial, mas, neste capítulo, vou centrar-me no direito por causa dos impactos específicos que essa legitimação das imposições e dos abusos provoca.

O direito como disciplina e estudo – e, inclusivamente, como ciência, como defendem muitos dos que trabalham neste âmbito – normaliza as relações sociais e deve ter um âmbito de aplicação universal a todas as pessoas que compõem o tecido social que as elaborou. No entanto, o papel que o direito adjudica a estas pessoas, seja como objetos de direito, seja como sujeitos do mesmo, seja como ambas as figuras, ou seja como nenhuma, marcará possíveis exclusões ou discriminações no seu objetivo de universalidade. Estas exclusões e discriminações foram denunciadas por diferentes grupos sociais, étnicos e racializados, que sentiram como este direito talvez os tenha tido em conta na hora de lhes exigir uma série de deveres a cumprir, mas que não refletiu as suas exigências, nem os considerou como sujeitos de direitos que podem ser exercidos para satisfazer essas exigências. Além disso, é necessário assinalar as diferenças entre o direito criado ou legislado e o direito aplicado ou interpretado (Campos, 2008: 11). Quem sente a exclusão e discriminação da norma, questiona-se, no mínimo, sobre a alegada objetividade não só na interpretação das leis mas também no próprio processo de criação dessas leis. É precisamente num desses grupos excluídos do direito oficial durante séculos – os povos indígenas (embora com normas e jurisdições próprias que não eram reconhecidas por quem os colonizou, constituindo um direito próprio indígena) – que quero centrar o presente capítulo. E, dentro desses povos indígenas, quero focar-me especialmente nas mulheres indígenas devido aos impactos específicos que elas sentem.

Mas, apesar das diversas discriminações, ou talvez precisamente por causa delas, homens e mulheres indígenas têm lutado e continuam a lutar pelo seu reconhecimento como sujeitos de direito e por concretizar as suas exigências num direito inclusivo que as atenda, promova e defenda, não só no contexto individual mas também coletivo, e que, sem essa consideração coletiva, não podem ser adequadamente atendidas (Santos, 2013: 22), correndo o risco de desaparecerem como indivíduos e como grupos. Sabem precisamente pela prática que para alcançar os seus objetivos têm de lutar em muitas frentes; e a frente judicial e legislativa – embora, por vezes, possa parecer a menos flexível, a mais lenta e procelosa no seu caminho – pode promover e propiciar mudanças mais duradouras ou consistentes, inclusive noutras instituições políticas e sociais. Há toda uma dimensão emancipadora no direito, não tanto pelo direito *per se*, que se costuma aplicar e entender de maneira hegemónica, mas pela capacidade de se poderem usar formas contra-hegemónicas do próprio direito hegemónico (Santos, 2003a, 2006), passando de uma globalização cosmopolita para um cosmopolitismo insurgente e subalterno (Santos, 2006: 406), onde os grupos subalternizados podem exercer equitativamente e sem distinção qualquer tipo de direito e jurisdição nas mesmas condições e com as mesmas oportunidades.

O meu ponto de partida é abordar as diferentes estratégias que os povos indígenas e, em especial, as mulheres desenvolveram para sobreviver a nível individual e coletivo como parte das epistemologias do Sul (Santos e Meneses, 2009) – analisando, num primeiro ponto, como existem, tendo por base tanto o direito indígena como o direito alheio que os exclui; olhando, num segundo momento, para as suas resistências aos colonialismos e às colonialidades a partir do direito indígena e perante o direito hegemónico imposto que lhes provocou grandes perdas e retrocessos; e observando, por fim, as suas formas de reexistência, exercendo a sua jurisdição inclusive além da jurisdição imposta. As existências e resistências situam-nos num foco da sociologia das ausências e as reexistências apontam para uma sociologia das emergências (Santos, 2002: 239). Essas três partes que compõem este capítulo não devem ser entendidas como fases ou etapas sucessivas num espaço-tempo linear. Em todo o caso, tentam ser o reflexo de algumas das estratégias que as mulheres indígenas adotaram simultaneamente em muitas ocasiões, entretecidas ou sobrepostas de acordo com momentos e circunstâncias em espaços e contextos diversos.

Existindo individual e coletivamente no direito próprio e perante o direito alheio

Existir no e perante o direito implica o exercício e a defesa de um direito indígena que lhes é próprio desde a sua constituição como povos, sociedades e comunidades que se outorgaram a si mesmas como instituições, organismos e entidades cujas relações políticas, sociais, culturais e religiosas se ordenavam mediante uma série de princípios, normas e regras que permitiam a convivialidade e a convivência. Mas também se existe perante o outro direito, o direito dominante e imposto pelo Estado, o direito que chegou pela mão das invasões coloniais expandindo uma visão de matriz eurocêntrica como se fosse um localismo globalizado (Santos, 2003a; Santos, 2006), impondo as suas regras, normas e definições sobre quem pode ser sujeito de direito e quem não pode. Um direito que os negou, excluiu, submeteu, e se sobrepôs aos seus ordenamentos anteriores, chegando a legislar não só sobre a legalização das terras e dos territórios roubados e arrebatados pelos invasores (Dunbar-Ortiz, 2014: 173) como também sobre a vida pública e privada dos homens e das mulheres indígenas colonizados, inclusive sobre quais as formas de sexualidade, relações de parentesco e filiação permitidas e quais deixaram de ser admitidas e, portanto, sancionadas e condenadas.

As invasões coloniais levaram ao confronto físico de quem era colonizado, mas também à confrontação das suas cosmovisões, estruturas e instituições sociais, culturais e políticas e formas de regular a convivência das suas sociedades. Os povos indígenas também tinham as suas normas e códigos de conduta antes da chegada da colonização e da imposição de normas e leis alheias. Falar de direito indígena implica assumir que o direito é uma conceção que vai além do direito criado no Ocidente e que é mais do que o direito do Estado (Santos, 1984: 98). Mas também implica entender que os direitos humanos não são universais – nem na sua formulação, nem na sua aplicação – tal como foram pensados no e a partir do Ocidente (Santos, 2006: 409). Na verdade, deparamos com o facto de os homens e as mulheres indígenas fazerem parte da grande maioria dos que não são sujeitos de direito, mas que são objeto de discursos de direitos humanos (Santos, 2013: 13).

Na sua luta e resistência ativa durante mais de 500 anos, os povos indígenas decidiram optar por não se afastarem de nenhuma via, incluindo a do direito, para poder fazer ouvir as suas vozes num pedido de justiça para os seus povos e em defesa do respeito pelos seus direitos. Século após século, primeiro perante as invasões coloniais, depois nos Estados-nação criados após as independências e lutas de libertação das elites crioulas, ficaram sob o domínio de outros, como seres inferiores, como menores, e viram como até os acordos e tratados conseguidos em certas ocasiões acabavam por ser desrespeitados e violados. Nessa luta contínua e alcançando o século XX, os povos indígenas chegaram mesmo a apresentar as suas exigências a instituições internacionais, sem obter resposta nas primeiras tentativas. Como principais marcos dos êxitos obtidos, são de mencionar:

- O Convénio 169 da OIT (1989) sobre populações indígenas e tribais, menos assimilacionista do que o anterior Convénio 107

(1957) e o primeiro instrumento jurídico internacional sobre povos indígenas;

- A participação na Convenção sobre a Diversidade Biológica (1992) com um grupo de trabalho específico em torno do Artigo 8j e disposições conexas que os afetam de maneira específica;
- A Primeira e a Segunda Décadas Internacionais dos Povos Indígenas do Mundo, de 1994 a 2004 e de 2005 a 2015;
- As mulheres indígenas como requerentes de direitos juntaram as suas exigências às dos seus povos indígenas, mas, além disso, desde a década de 1980 que começaram a perceber que a sua condição e posição de mulheres aprofunda as injustiças e desigualdades a que são submetidas como indígenas; e inclusive, em 1995, chegaram a constituir uma Plataforma de Ação de Mulheres Indígenas para participar na IV Conferência Internacional sobre a Mulher, celebrada em Pequim;
- O Fórum Permanente da ONU para as Questões Indígenas, que foi instituído em 2001 no âmbito do ECOSOC[2] como seu órgão assessor e das diferentes agências das Nações Unidas;
- Em 2001, também foi aprovada a figura do Relator Especial sobre a situação dos direitos humanos e das liberdades fundamentais dos indígenas, com o mandato de monitorizar a situação dos povos indígenas e apresentar relatórios públicos ao ECOSOC elaborados com base em visitas aos países onde habitam esses povos, e mantendo comunicações estreitas com os próprios povos indígenas, ONG e governos. Das três pessoas que ocuparam esse cargo desde então, só o primeiro não era indígena – o antropólogo Rodolfo Stavenhagen –, sendo a atual relatora uma mulher indígena, Victoria Tauli-Corpuz, com uma vasta trajetória em diferentes coordenações locais, regionais e internacionais;
- E, por último – embora cronologicamente tenha implicado um grande trabalho de mais de 20 anos de *lobby* e diplomacia indígena e de um trabalho de definição e concretização cujos principais atores foram os povos indígenas –, foi aprovada, em 13 de setembro de 2007, na Assembleia Geral das Nações Unidas, a *Declaração Universal sobre os Direitos dos Povos Indígenas*, onde se reúnem muitas das suas principais exigências quanto a direitos individuais e coletivos.

[2] O ECOSOC é o Conselho Económico e Social das Nações Unidas que assiste diretamente a Assembleia Geral em determinadas matérias.

Um desses direitos mais reclamados pelos povos indígenas, e que também provoca mais reservas aos Estados e governos dos países onde habitam, é o direito à livre determinação, autodeterminação ou autonomia. Nem todos os povos indígenas procuram o mesmo grau ou a mesma forma de poder exercer a sua própria autoridade livremente, querem, sim, ter o controlo sobre os espaços de poder e de tomada de decisões quanto às suas terras e territórios, as suas vidas, as suas cosmovisões, as suas estruturas sociais, políticas, religiosas e culturais. E este foi precisamente um dos argumentos de oposição à aprovação da *Declaração Universal sobre os Direitos dos Povos Indígenas* que alegaram os governos que votaram contra (EUA, Canadá, Nova Zelândia e Austrália, países que deram, por fim, a sua aprovação em 2010) – o medo de, no exercício desse direito de autodeterminação, se quebrarem fronteiras políticas de Estados impostos aos povos indígenas, Estados-nação que não querem perder o controlo sobre esses territórios.

No contexto americano, também não podemos esquecer outros marcos importantes como é o caso do trabalho paralelo na OEA[3] para chegar a um consenso de uma *Declaração dos Direitos dos Povos Indígenas* no âmbito dos Estados que formam essa organização, assim como os avanços conseguidos em algumas exigências apresentadas à Comissão Interamericana de Direitos Humanos (CIDH), sendo um dos casos mais emblemáticos e bem-sucedidos o caso Awas Tingni contra a Nicarágua (2001), no qual o povo mayangna (sumo) conseguiu que a Comissão concluísse que o governo da Nicarágua violou os direitos da comunidade indígena ao outorgar a uma empresa transnacional uma concessão para a exploração florestal dentro do território tradicional mayangna sem o consentimento livre, informado e prévio dos seus habitantes, e sem responder às exigências de titulação do território ancestral que reivindicavam enquanto povo indígena.

Outro grupo social que também lutou e continua a lutar pela sua inclusão como sujeito de direito é o das mulheres. E, a partir dos feminismos, estabelece-se uma crítica ao direito que convém rever devido à incidência que terá sobre os povos indígenas e especificamente sobre as suas mulheres. Desde que Olympe de Gouges formulou a primeira *Declaração dos Direitos da Mulher e da Cidadã* no século XVIII, que lhe custou a condenação na guilhotina, passou muito tempo até as mulheres conseguirem ser reconhecidas como sujeitos de direito, no qual, atualmente, ainda não estão completamente refletidas. As críticas feministas aos direitos resumem-se em três focos: o direito é sexista, o direito é masculino e o direito tem género (Campos, 2008: 10).

[3] Organização dos Estados Americanos.

A primeira crítica baseia-se em assumir que o direito é sexista ao estabelecer hierarquias desiguais e assimétricas através de dualismos sexualizados onde o masculino se autodesigna como dominante, ativo e racional, e se identifica com o próprio direito, perante o feminino dominado, passivo e irracional (Campos, 2008: 16–29) num exemplo claro do exercício da monocultura da naturalização das diferenças (Santos, 2002: 247). Perante um direito sexista que considera os homens superiores e melhores em relação às mulheres, as normas e leis dele emanadas, assim como a sua aplicação, prejudicam as mulheres e criam-lhes desvantagens. Se o homem é considerado como o verdadeiro sujeito de direito, então a figura que representam as mulheres deve ser semelhante, de modo que possam ser tratadas como iguais e, portanto, questionar a alegada neutralidade do direito. Perante este modelo de igualdade simétrica, há quem propugne um modelo de igualdade assimétrica, no qual as diferenças entre homens e mulheres são utilizadas para alcançar uma igualdade efetiva e se propõem diferentes estratégias como a criação de direitos especiais ou específicos para as mulheres. A segunda crítica baseia-se na presunção de que o direito é masculino (Campos, 2008: 29–43) e que, a partir dele, se alarga ao feminino, tomando a parte pelo todo como acontece na razão metonímica (Santos, 2002: 240). O sujeito de direito é o homem, assim como a maioria daqueles que fazem, executam, interpretam e aplicam as leis; e a norma é masculina, onde o homem é o parâmetro ou modelo de referência do universal humano. Nirmal Puwar denomina-a norma somática universal num sujeito corporizado disfarçado de universal (Puwar, 2004: 8): o homem como exemplo para tudo. A terceira crítica diz que o direito tem género (Campos, 2008: 43–50), no qual o âmbito jurídico não está tão distante do político e do moral – ocorrendo interações e influências entre eles –, acabando por normalizar e julgar com base no considerado correto e adequado pela sociedade maioritária, impondo-se a qualquer outra visão ou consideração a ela alheia.

As mulheres indígenas partilham necessidades comuns às dos seus povos, como a sua identidade étnica, os conflitos sobre terras e territórios, a organização tradicional e a cultura, mas vivem todos de uma maneira diferente e específica. Neste sentido, a condição de género dos homens e das mulheres dos diferentes povos indígenas é uma criação histórica fruto das relações internas específicas de cada povo e do seu vínculo às sociedades dos Estados-nação onde estão integradas. Homens e mulheres indígenas não só enfrentam a discriminação e exclusão da sociedade dominante, como ainda, no interior de muitos povos indígenas, as mulheres estão em desvantagem em relação às possibilidades e oportunidades que os homens têm, devido, na maioria dos casos, ao impacto maior e diferenciado que a experiência colonial tem tido, e tem, nelas. Para María Lugones (2008) e as feministas indígenas comunitárias (Cabnal, 2010, 2012; Paredes, 2010, 2011), devem ter-se estabelecido cumplicidades entre os homens colonizadores e colonizados numa junção de patriarcados (Cabnal, 2010: 15) através da qual as opressões das mulheres e o seu deslocamento dos órgãos de decisão e poder ocorressem a partir de fora, mas também de dentro das próprias comunidades. Mas o heteropatriarcado inscrito na matriz colonial capitalista, fazendo parte dela, é que gerou e gera os impactos mais negativos aos quais me refiro neste capítulo.

Também não é fácil o processo que as mulheres indígenas têm de levar por diante para superar as violências e aumentar a participação perante as reservas iniciais por parte dos companheiros homens e de algumas mulheres nas suas próprias comunidades indígenas ao acreditarem que questionar as relações de poder e a cultura como algo estático e imóvel é ir contra as tradições e o sentido coletivo de existência e de luta dos povos indígenas. Ainda é mais complicado quando, por vezes, essas mesmas mulheres que são consideradas as guardiãs, garantes e transmissoras das suas culturas representam obstáculos para defender as suas exigências enquanto mulheres, além de indígenas. Tanto a cultura como a identidade são elementos que se transmutam. No seu processo identitário, todas as comunidades acabam por ser comunidades imaginadas (Anderson, 1991: 7) ou imaginárias (Stavenhagen, 2010: 46). No entanto, definir esses processos como inventados não é bem aceite pelas próprias comunidades: "para alguns setores do movimento indígena latino-americano, conceitos como "identidades construídas" ou "invenção de tradições" podem inclusivamente ser ofensivos por serem considerados como uma crítica à autenticidade ou legitimidade das suas identidades" (Hernández Castillo, 2008: 24). Nestes espaços, as tradições inventam-se (Linnekin, 1991: 446) e reinventam-se (Hernández Castillo, 2001a), a soberania reimagina-se (Brown, 2007: 173), as culturas não são estáticas e as tradições mudam (Trask, 1999: 128).

> Não se trata de uma luta pelo reconhecimento de uma cultura essencial, mas pelo direito de reconstruir, confrontar ou reproduzir essa cultura nos termos delimitados pelos povos indígenas no enquadramento dos seus próprios pluralismos internos e não pelos que o Estado estabeleceu. (Hernández Castillo, 2008: 30)

As tradições, os usos e os costumes são reformulados por colonizadores e colonizados (Ranger, 2000: 212), mas com mais restrições para as mulheres, que têm ainda de zelar pelo seu cumprimento.

Um dos elementos comuns nas vivências das mulheres indígenas é a invisibilidade de que foram objeto. "As mulheres, muitas vezes, ocultam a sua subordinação para evitar o debilitamento dos movimentos indígenas" (VELASCO e CALFIO, 2005: 505). Uma das maiores dificuldades que os povos enfrentam, mas especialmente as mulheres indígenas, é lidar com essa diversidade e diferença dentro da coletividade, em especial quando essa diversidade implica opções e identidades sexuais diferentes das aceites como norma, ou nas relações inter-raciais mais sancionadas para as mulheres indígenas – um equilíbrio difícil nas "suas lutas por serem a ponte entre um movimento indígena que se nega a reconhecer o seu sexismo e um movimento feminista que se recusa a reconhecer o seu etnocentrismo" (HERNÁNDEZ CASTILLO, 2001b: 207).

Como assinala Aída Hernández Castillo, "a narrativa da igualdade produziu paradoxalmente o aprofundamento da desigualdade" (HERNÁNDEZ CASTILLO, 2004: 289) e, no enquadramento do universalismo liberal, "em nome da igualdade, nega o direito à equidade, e de um relativismo cultural que, em nome do direito à diferença, justifica a exclusão e marginalização das mulheres" (HERNÁNDEZ CASTILLO, 2001b: 220). Quando a diferença é um sinal para identificar o/a outro/a como não-eu, e não semelhante a mim, podem perpetuar-se as discriminações, exclusões e negações. Pelas palavras de Santos: "temos o direito a ser iguais quando a diferença nos inferioriza; temos o direito a ser diferentes quando a igualdade nos descaracteriza" (SANTOS, 2003b: 458).

Nessa diferença e especificidade dos povos indígenas, as mulheres são as cuidadoras de muitos dos conhecimentos tradicionais, práticas e inovações; e os direitos de acesso e controlo sobre as terras, os territórios e os recursos são, portanto, essenciais para a sua gestão sustentável enquanto povos e culturas assentes nas suas terras e nos seus territórios. Elas sofrem a violência da globalização neoliberal de uma forma mais direta na negação dos seus direitos ao acesso e à gestão de recursos, e na violação dos seus direitos à terra e ao território – violência partilhada com os homens indígenas na sua luta por não serem expulsos/as das suas terras. Mas são também as principais vítimas das violências geradas pela militarização e pelos conflitos armados em territórios indígenas, assim como a violência sexual que esses atores exercem como parte do seu espólio de guerra e como forma de humilhação coletiva.

Resistindo aos colonialismos e às colonialidades a partir do direito indígena e apesar do direito maioritário

Resistir no e apesar do direito compromete o exercício do direito próprio, inclusive quando em alguns casos este não é reconhecido pelo direito maioritário ou, sendo reconhecido, é o direito maioritário que se apresenta como garante e salvaguarda de que não haverá abusos por parte do direito indígena, tratando, portanto, as suas instituições e os homens e as mulheres indígenas como inferiores e como menores incapazes de legislar equitativamente sem uma supervisão do direito oficial, que se arroga o papel de superioridade ética, moral e científica. Resistir implica, deste modo, exercer o direito a partir do próprio, transitar também pelo direito alheio e procurar a melhor maneira de poder reivindicar, obter, defender, garantir, promover e conservar os direitos próprios individuais e coletivos quando o direito maioritário não os contempla ou os ignora.

Como mencionava na introdução na metáfora das instituições colonizadoras enquanto espelhos que chegaram como presentes envenenados aos povos e às comunidades indígenas, os invasores usaram-nas como uma das estratégias para dividir e submeter, acabando com o comunal e coletivo. Embora seja certo que na Europa houve experiências coletivas preexistentes e outras que surgiram também no seio de impérios totalitários, absolutistas e feudais, a sua sobrevivência foi quase impossível perante a acusação de heréticas por parte das igrejas cristãs e a consequente perseguição, encarceramento e execução dos seus membros. Este distanciamento entre as visões de colonizadores e colonizados das diferentes formas de ser e estar, de se autorreconhecerem e autorrepresentarem, pode ter um paralelismo com as visões especulares narcisistas e ensimesmadas dos invasores perante algumas visões prismáticas onde a diversidade, a diferença e a multiplicidade individual constituem parte de um todo coletivo pluriversal nas comunidades indígenas invadidas. O importante nas comunidades pluriversais de visão prismática não é a identificação no igual idêntico, mas, sim, no desigual complementar onde a soma das desigualdades e diferenças dá conta de um todo que é coletivo e equilibrado através de relações de distribuição e reciprocidade, um coletivo como igual na essência, mas não idêntico. Talvez as dádivas dos espelhos, sem ter uma intenção premeditada, tentassem impor esse olhar individualista e fragmentado, e as instituições que o representavam.

Para poder explicar e entender como as mulheres indígenas acabaram ainda mais excluídas do que os homens, creio ser necessário analisar a confluência do colonialismo e do patriarcado num capitalismo incipiente (Federici, 2010: 90) que precisava da exploração das mulheres e dos homens indígenas nas colónias, da reclusão das mulheres europeias no espaço doméstico e da exploração da sua força produtiva e reprodutiva, tal como assinala Silvia Federici.

Independentemente da preexistência ou não de patriarcados entre as diferentes sociedades que, após a invasão, acabaram por ser denominadas como povos indígenas, o que se pode constatar é que o patriarcado de matriz eurocêntrica e etnocêntrica implicou maiores impactos e perdas, tanto na condição como na posição das mulheres indígenas. Uma das primeiras e principais estratégias utilizadas pelos colonizadores consistia em destruir a família alargada e todas as redes de reciprocidade, muitas das quais eram e são sustentadas por mulheres, estabelecem relações de apoio mútuo e servem como sistemas de controlo para evitar que qualquer desigualdade dentro de sistemas duais com diferenças internas acabe por criar discriminações, prejuízos ou, caso surjam, serem mitigados, compensando as desigualdades e prevenindo o aparecimento de violências dentro das comunidades.

Após as invasões colonizadoras, são constatáveis as perdas na posição de liderança e participação pública das mulheres indígenas nas instituições sociais e políticas de diferentes povos e comunidades. Em Aotearoa/Nova Zelândia, as mulheres indígenas chegaram a confrontar o tribunal de Waitangi (constituído com base no tratado com o mesmo nome com a Coroa Britânica) quanto a uma legislação que eliminou as mulheres do tratamento de chefes *rangatira*, que antes gozavam na mesma condição que os homens (Smith, 1999: 46). Ocorreram também retrocessos e perdas na sua situação e condição entre as mulheres nativas do Havai (Trask, 1999: 93) e das Primeiras Nações do Canadá (Brownlie, 2005: 166) e dos Estados Unidos (Dunbar-Ortiz, 2014: 27). Havia sociedades indígenas onde, embora os chefes só pudessem ser homens, eram as mulheres que os elegiam (Ackerman, 2002: 34). Para fortalecer a divisão genérica que reafirmava a eliminação do comunal e da comunitariedade, os colonizadores só entravam em diálogo e negociação com instituições controladas e exercidas por homens colonizados e assim se recompensava esse papel de liderança dos homens indígenas e a sua colaboração (Trask, 1999: 94).

Os colonizadores atacavam as instituições que organizavam e estruturavam a vida dos povos indígenas nas suas aldeias e comunidades controlando as formas de produção e reprodução social, controlando a sexualidade e as formas admissíveis de parentesco e de constituição das famílias e decidindo que descendência podia ser considerada indígena e qual é que não. A percentagem de sangue ou *blood quantum* passa a definir quem é indígena e quem não é (Trask, 1999: 104; Dunbar-Ortiz, 2014: 170) por meio de instrumentos legais como a lei Indian Citizenship Act de 1924 nos EUA (Dunbar-Ortiz, 2014: 169). No Canadá, era a Indian Act – uma lei da época colonial que as mulheres indígenas só em 1985 conseguiram modificar parcialmente – que negava a condição e o estatuto de indígena a todas as mulheres que contraíam matrimónio com um homem não indígena, negação de identidade que também passava para os filhos e as filhas fruto dessas uniões; enquanto os homens indígenas que se casavam com mulheres não indígenas não só não perdiam essa identidade como ainda a podiam outorgar às suas esposas não indígenas e aos seus filhos e às suas filhas (Green, 2007: 146). Atacaram-se especialmente as estruturas de descendência e os padrões de herança para as mulheres indígenas, fortalecendo vínculos patrilineares e patrilocais em detrimento de filiações matrilineares e residências matrilocais, tanto em zonas andinas (Silverblatt, 1993: 53) como nas planícies da América do Norte (Henning, 2007: 193). Na Europa, as mulheres sámi da Noruega, após a imposição da Reindeer Herding Act, viram negados – a favor dos homens – os seus direitos e propriedade das manadas de renas e das atividades pastorícias relacionadas, nas quais tradicionalmente tinham um papel principal (Kuokkanen, 2007: 79).

O controlo das relações de parentesco e filiação incluía não só as relações maritais consentidas, ou não, mas também um controlo completo da sexualidade, em especial das mulheres indígenas. Eram regras sobre a sexualidade com inclinação sexista (Santos, 2003c: 27): no caso das invasões coloniais espanhola e portuguesa, pareciam mais permissivas quando a relação ocorria entre um homem branco e uma mulher racializada; enquanto no contexto das colónias inglesas e francesas se promoviam casamentos de mulheres brancas com homens indígenas numa política de branqueamento, de absorção biológica (Ellinghaus, 2006: 17) como parte da política assimilacionista que pretendia eliminar o índio para salvar o homem.[4] Eliminação do índio que, no caso das mulheres indígenas, teve impactos negativos especiais na saúde sexual e reprodutiva de gerações de mulheres mediante as práticas das esterilizações forçadas, da imposição da medicina ocidental e da violência obstétrica, difamando e eliminando o ofício das parteiras e das formas do trabalho de parto tradicionais e pondo ainda em risco a vida de mulheres e recém-nascidos que tão-pouco acedem a outro tipo de assistência médica.

O controlo sobre a sexualidade alargava-se à proibição de qualquer relação marital que não se adequasse à família nuclear entre um homem e uma mulher, tendo sido abolida qualquer outra forma de parentesco e, em especial, a poligamia (Carter, 2005: 131). Os agentes representantes do governo foram, deste modo, mandatados de um poder total para decidir que relações eram aceitáveis ou não, que casais eram considerados legalmente casados e, portanto, que descendência se considerava legítima ou não (Carter, 2005: 141), e centraram a sua atenção especialmente nas mulheres indígenas que contrariavam alguma destas regras e que eram ameaçadas de

[4] *Kill the indian, save the man.* (Matem o índio, salvem o homem.)

ficar sem os filhos caso não mudassem de atitude (Brownlie, 2005: 163). Controlo e suspeitas das suas condutas que ainda hoje persistem em muitos sistemas de serviços sociais em diferentes Estados-nação, onde qualquer mãe indígena, especialmente se for a única cabeça de casal, é considerada como incapaz e inadequada para cuidar da sua descendência e, por isso, está sob a ameaça constante de perder a tutela para o Estado a qualquer momento que este considerar justificado. A estigmatização e demonização do colonizado atinge o seu paroxismo quando é uma mulher (Santos, 2003c: 43) e, deste modo, as mulheres indígenas são hipersexualizadas e objetificadas (Trask, 1999: 17; Brownlie, 2005: 164; Gerson e Strong-Boag, 2005: 47), mesmo sendo meninas. São concebidas como objetos que podem ser usados, abusados e eliminados, sendo ainda culpabilizadas de provocar esses abusos. Até mesmo hoje em dia, e em contextos tão diferentes como o Bangladeche e o Canadá, ser mulher indígena implica um maior risco e vulnerabilidade de ser violada e assassinada, em especial por homens não indígenas. No Bangladeche e na Índia, o sistema de castas oficioso continua a hierarquizar e estratificar sociedades onde os povos indígenas nem sequer são considerados dentro do sistema e, por isso, homens e mulheres indígenas de povos como os Adivasi, Naga ou Chakma estão à margem e abaixo do resto das castas, e as suas meninas e mulheres partilham com as mulheres da casta mais inferior, a dos Dalits, uma maior vulnerabilidade a serem violadas e assassinadas por qualquer homem de uma das castas superiores que as veem como objetos à sua disposição, como não-seres. No Canadá, centenas de meninas e mulheres indígenas foram reportadas como assassinadas e desaparecidas nas últimas décadas, com a suspeita de, muitas delas, terem sido traficadas e violadas fora das suas comunidades. Em todos esses e outros casos, as mulheres indígenas estão a reivindicar os seus direitos e a visibilidade das violências que enfrentam, acabando até na prisão por denunciar contra homens e instituições das sociedades dominantes. Quanto à perda de direitos sexuais e reprodutivos, há que contemplar também a perseguição e estigmatização de qualquer identidade não heteronormativa, e que em inúmeros povos indígenas se assumia de forma diferente do binário sexual de oposição antitética de matriz colonial europeia. O termo *two-spirit people* engloba uma série de realidades identitárias genéricas (Ackerman, 2002; Stewart, 2002; Carter, 2005) assentes em dualidades e complementaridades – como no caso do povo diné (navajo), que chegava a contemplar quatro géneros diferentes onde a mesma pessoa podia transitar com fluidez ao longo da sua vida.

Em todo o caso, as mulheres indígenas, além de participarem juntamente com os homens indígenas nos processos de criação de legislação a nível estatal, regional e internacional, também avançam com coordenações para poderem reivindicar, desenvolver e exercer os direitos que lhes são próprios como mulheres. O ECMIA[5] funciona desde 1993, gerando um espaço próprio de troca para as mulheres indígenas de Abya Yala[6] partilharem experiências e procurarem soluções conjuntas para os seus problemas através de processos e eventos regionais de formação e capacitação, de modo que seja dada mais visibilidade e voz às mulheres indígenas dentro das instâncias internacionais. Participam em debates sobre as diferentes temáticas que as afetam como mulheres indígenas, individual e coletivamente, em espaços como a OEA, a ONU e, dentro dela, conseguiram uma menção e um espaço próprio na convenção da CEDAW.[7] O FIMI[8] nasceu em 1995 durante a IV Conferência Mundial sobre a Mulher, organizada pelas Nações Unidas em Pequim, como uma rede de mulheres indígenas que trabalham para articular as agendas, fortalecer a unidade, desenvolver capacidades de liderança e defesa, aumentar a participação nos processos de tomada de decisão a nível internacional e avançar nos direitos humanos das mulheres indígenas. Juntamente com elas, a RMIB,[9] criada em 1998 no contexto da CDB,[10] e outros instrumentos internacionais, tem um trabalho centrado no meio ambiente, em que procura enfatizar o papel vital que as mulheres indígenas desempenham na proteção do meio ambiente e promover e garantir a sua participação ativa em todos os fóruns relevantes sobre o meio ambiente a nível internacional, onde os povos indígenas continuam a estar infrarrepresentados.

Reexistindo a partir do direito indígena, no direito maioritário e além dele

Reexistir em e mais além do direito implica mudar, renovar, inovar. As mulheres indígenas realizam mudanças e inovações no direito próprio indígena, nas formas de o exercer e na sua participação nos órgãos, nas instituições e assembleias onde se exerce; mas também apropriam e reinterpretam o direito maioritário a partir da realidade indígena. E as reexistências não se esgotam

5 ECMIA – Enlace Continental de Mulheres Indígenas da América.

6 Abya Yala é um termo com origem no povo Guna do Panamá e Tule da Colômbia, para designar o continente americano.

7 CEDAW – Convenção para a Eliminação de todas as Formas de Discriminação contra as Mulheres.

8 FIMI – Fórum Internacional de Mulheres Indígenas.

9 RMIB – Rede de Mulheres Indígenas sobre Biodiversidade.

10 CDB – Convenção sobre Diversidade Biológica.

no direito, antes podem e vão além dele. As mulheres estão especialmente preocupadas em como a prática da sua justiça ancestral lhes pode ser útil para defender os seus direitos e, sobretudo, que a sua prática favoreça uma justiça equitativa no seio das comunidades. Reclamam acesso à justiça própria e à maioritária, mas também transformações em órgãos e leis que, tanto numa como na outra, não respondam adequadamente aos seus pedidos.

Quando os infratores são não-indígenas ou não pertencem à comunidade, a justiça indígena depara com obstáculos por parte da justiça maioritária que dificultam e acabam por impedir o seu julgamento, não só na justiça indígena mas, por vezes, também na justiça oficial. Inclusive nos Estados onde a justiça ordinária reconhece e apoia a legitimidade da justiça indígena para exercer o seu poder e julgar de acordo com a lei própria, esse poder costuma estar circunscrito aos seus territórios reconhecidos e não é aplicável ao resto do âmbito nacional, bem como costuma impor limitações para poderem ser julgadas pessoas não indígenas segundo esse enquadramento legal. Porém, estes Estados-nação que permitem e legitimam no melhor dos casos a convivência de ambas as justiças definem a justiça ordinária como garante para assegurar que não se vão cometer excessos nem falhas por parte da justiça indígena (Santos, 2012: 38). Há uma demonização da justiça indígena (Santos, 2012: 15), um racismo difuso que a define como justiça selvagem e bárbara (Santos, 2012: 21). E quem assegura que a justiça ordinária na sua aplicação aos homens e mulheres indígenas não comete excessos nem falhas? Enquanto ambas as justiças não estiverem em igualdade de condições na sua aplicação, enquanto a justiça maioritária assumir que hierarquicamente é superior e, por isso, pode e deve impor os seus critérios à justiça indígena, não poderemos falar de pluralismo jurídico inclusive onde a justiça indígena é reconhecida, muito menos nos Estados onde nem sequer é tida em conta ou se percebe como uma ameaça para os três princípios fundamentais do direito moderno eurocêntrico, como o princípio de soberania, o de unidade e o de autonomia (Santos, 2012: 16), que se entende só poderem ser exercidos pelo Estado-nação.

Os problemas de acesso, participação e obtenção de justiça para as mulheres indígenas não ocorrem apenas no direito próprio; tentar conseguir justiça no direito maioritário pode ser mais difícil ou até mais perigoso. Já é complicado, quando não impossível, o simples facto de apresentar a denúncia perante forças de segurança do Estado, como polícias e exércitos, que em muitos casos são quem exerce maior violência e repressão contra as mulheres indígenas e as suas comunidades. Resolvido esse trâmite, também não está garantida a justiça num sistema que não tem em conta a necessidade de um acesso diferenciado quanto à língua materna da pessoa que exige justiça, com uma maior percentagem de monolinguismo no seu idioma próprio entre as mulheres indígenas. Se o acesso é complicado, a obtenção de justiça é-o ainda mais com leis e instituições que entendem e aplicam o direito maioritário a partir de enviesamentos racistas, sexistas e classistas.

Mas homens e mulheres indígenas, além de existirem e resistirem, têm reexistido elaborando uma série de estratégias para reverter estas situações e conseguir aumentar e melhorar o acesso, a participação e o ressarcimento num e noutro sistema jurídico. Nessas coordenações, também foram estabelecidas alianças com organizações feministas e de mulheres não indígenas, por vezes com desencontros, mas outras com uma estratégia de unidade – como no caso em que se decidiu pôr de lado os debates onde havia mais desacordo, de modo que se conseguissem incorporar direitos fundamentais e necessários para mulheres indígenas e não indígenas no processo da Assembleia Constituinte para a consecução do Estado plurinacional na Bolívia. E foi fundamental o seu papel na consecução de novos direitos para essas outras entidades e gerações (Santos, 2006: 431), como a natureza, a Pacha Mama, no quadro das novas constituições do Equador (2008) e da Bolívia (2009).

Estão a desenvolver-se novas alianças com ONG e associações de advogados e antropólogas feministas enquanto elementos de reexistência que situam ambos os direitos em zonas de contacto (Santos, 2003a: 43) onde podem surgir interlegalidades e híbridos jurídicos (Santos, 2012: 37) que permitam avançar para uma ecologia de saberes jurídicos (Santos, 2012: 36) e onde se abre um grande campo de investigação e ação para a antropologia jurídica (Aragón Andrade, 2011). Peritagens culturais, como as realizadas pela antropóloga mexicana Rosalva Aída Hernández Castillo nos casos das violações sexuais a duas mulheres indígenas me'phaa por parte de efetivos do exército mexicano e que se resolveram perante a CIDH (Hernández Castillo, 2015: 11), permitem ainda incorporar elementos de exigências de reparações coletivas, inclusive nos casos de violações sexuais em que a justiça ordinária entendia só poderem ocorrer de forma individual às mulheres agredidas, mas que elas reivindicaram como necessárias para a comunidade que também se vê afetada e lesada – são necessidades de reparações coletivas incluídas também entre as recomendações apresentadas pela relatora especial das Nações Unidas sobre os direitos dos povos indígenas, Victoria Tauli-Corpuz (2015, 2016). Estas peritagens culturais e acompanhamentos para a divulgação de leis e direitos – como o realizado no Brasil pela antropóloga Rita Laura Segato para divulgar e informar acerca da Lei Maria da Penha contra a violência doméstica (Segato, 2015: 73) – são exemplos destas redes e coordenações que estão a avançar em número e importância.

Mas as reexistências não se esgotam no direito próprio ou alheio e reinventam-se em processos organizativo-participativos a partir de um exercício autónomo no qual as mulheres indígenas têm desempenhado um papel fundamental em projetos políticos com vocação anticapitalista e descolonizadora (SANTOS, 2012: 13), como a autonomia zapatista exercida através das administrações de bom governo promovidas pelo EZLN – Exército Zapatista de Libertação Nacional, onde mulheres como as comandantes Ramona, Esther ou Susana têm simbolizado as mulheres indígenas que em Chiapas estão a abrir novos caminhos, concretizados na Lei Revolucionária das Mulheres Zapatistas, e que continuam a avançar nesse processo. As mulheres indígenas também têm feito parte essencial de levantamentos e protestos contra os maus governos do México, tendo sido especialmente reprimidas em Atenco e Oaxaca, onde algumas foram objeto de violações e abusos sexuais, e continuam a liderar outros processos autónomos e de resistência em Cherán e Guerrero, entendendo a dimensão que o direito também tem como arma política (ARAGÓN ANDRADE, 2015: 79) que se promove em instituições judiciais próprias e alheias, mas que, sobretudo, se cimenta, apoia e defende a partir das lutas políticas – antes, durante e depois dos próprios processos. Foram também mulheres indígenas que lideraram, a partir de 2012, as mobilizações que sob o lema *Idle No More* fizeram frente à nova lei[11] que o então primeiro-ministro do Canadá, Stephen Harper, queria aprovar afetando legislações e ordenamentos prévios que incidiam negativamente em matérias económicas, ambientais e de recursos sobre os povos indígenas (THE KINO-NDA-NIIMI COLLECTIVE, 2014). Mobilizações herdeiras de todas as lutas anticoloniais desde os inícios da invasão, que em Turtle Island[12] tiveram grande incidência nas décadas de 1960 a 1980, e com abordagens inovadoras que defendem políticas de desconhecimento (COULTHARD, 2014; SIMPSON, 2014) perante Estados- nação como o Canadá e os EUA, cujas políticas de reconhecimento das últimas décadas continuam com a estratégia assimilacionista dos homens e das mulheres indígenas.

E são também mulheres indígenas que advertem de maneira especial para os riscos de cair excessivamente ou de maneira acrítica na linguagem dos direitos humanos, acabando por querer assemelhar-se ao colonizador; processo experimentado, em especial, por homens indígenas que decidem participar na política partidária dentro de governos de Estados-nação e que acabam por relegar ou esquecer a luta de base na qual resistem mais mulheres no seu papel de garantes das culturas e tradições e com menor acesso ao

[11] Bill C-45.

[12] Turtle Island é um termo nativo americano para fazer referência à América do Norte.

âmbito político oficial (Trask, 1999: 88). Corre-se ainda o risco de poder perder de vista princípios de autodeterminação que lhes permitam pensar e pensar-se como povos fora ou apesar da realidade dos Estados-nação. Rauna Kuokkanen (2011) efetuou um estudo baseado em entrevistas a mulheres sámi dos diferentes Estados-nação onde têm representação e parlamento próprio[13] e elas reconhecem que o desenvolvimento desses parlamentos e legislações enquanto exercício de autonomia dentro de cada um dos Estados a que pertencem foi prejudicial ao desenvolvimento de um projeto como o do povo sámi transestatal, transnacional e transfronteiriço.

Em jeito de conclusão

Inventam-se e reinventam-se as culturas e as tradições, transforma-se o direito e, em todos esses âmbitos, os homens e as mulheres indígenas também existem, resistem e reexistem de acordo com as oportunidades em cada um dos diferentes contextos em que vivem. Não usam, portanto, uma única estratégia onde podem ter mais opções, conscientes da necessidade que a luta política defendida e levada a cabo a partir das bases e das comunidades tem de estabelecer e fortalecer alianças, inclusive fora das mesmas, e de usar o campo de batalha legal de maneira paralela, simultânea ou posterior à luta política.

Uma das principais estratégias da colonização para eliminar, submeter e, por fim, assimilar e integrar os povos indígenas foi acabar com processos de comunalidade, comunitariedade, complementaridade e reciprocidade que lhes permitem enfrentar os colonialismos e as colonialidades e que estabelecem relações e redes de apoio mútuo onde as mulheres desempenham um papel fundamental. Recuperar esses elementos beneficiará um maior e melhor equilíbrio entre todos os membros dos povos e das comunidades indígenas, homens e mulheres, diversos e diferentes, que de modo individual e coletivo formam pluriversos de olhar especular e prismático.

Referências bibliográficas

Ackerman, Lillian A. (2002), "Gender equality in a contemporary Indian community", *in* Lisa Frink, Rita S. Shepard e Gregory A. Reinhardt (orgs.), *Many faces of gender. Roles and relationships through time in indigenous northern communities*. Boulder, CO: University Press of Colorado, 27–36.

[13] O povo sámi vive na Noruega, Suécia, Finlândia e Rússia, mas tem parlamento próprio só nos primeiros três países.

Anderson, Benedict (1991), *Imagined communities. Reflections on the origin and spread of nationalism*. Londres: Verso.

Aragón Andrade, Orlando (2011), "Antropología jurídica y pluralismo jurídico en México. Hacia una propuesta teórica para estudiar la oficialización de las justicias indígenas en Michoacán", *Oficina do CES n.º 373*. Disponível em: <http://www.ces.uc.pt/publicacoes/oficina/index.php?id=4643>.

Aragón Andrade, Orlando (2015), "El derecho después de la insurrección. Cherán y el uso contra-hegemónico del derecho en la suprema corte de justicia de México", *Sortuz: Oñati Journal of Emergent Socio-legal Studies*, 7(2), 71–87. Disponível em: <http://opo.iisj.net/index.php/sortuz/article/view/702>.

Brown, Michael F. (2007) "Sovereignty´s betrayals", *in* Marisol de la Cadena e Orin Starn (orgs.) *Indigenous experience today*. Oxford: Berg, 171–194.

Brownlie, Robin Jarvis (2005), "Intimate surveillance: Indian affairs colonization, and the regulation of aboriginal women's sexuality", *in* Katie Pickles e Myra Rutherdale (orgs.), *Contact zones. Aboriginal and settler women in Canada's colonial past*. Vancouver: UBC Press, 160–178.

Cabnal, Lorena (2010), "Acercamiento a la construcción de la propuesta de pensamiento epistémico de las mujeres indígenas feministas comunitarias de Abya Yala", *in* Lorena Cabnal, *Feminismos diversos: El feminismo comunitario*. Madrid: Acsur–Las Segovias, 10–25. Disponível em: <http://suds.cat/wp-content/uploads/2016/01/Feminismos-diversos-feminismo-comunitario.pdf>.

Cabnal, Lorena (2012), "Documento en construcción para aportar a las reflexiones continentales desde el feminismo comunitario, al paradigma ancestral originario del 'Sumak Kawsay' Buen Vivir". Consultado a 20.05.2016. Disponível em: <http://amismaxaj.files.wordpress.com/2012/09/buen-vivir-desde-el-feminismo-comunitario.pdf>.

Campos Rubio, Arantza (2008), "Teoría feminista del derecho. Aportaciones iusfeministas a la revisión crítica del derecho y a la experiencia jurídica", *in* Jasone Astola Madariaga (org.), *Mujeres y derecho: Pasado y presente. I Congreso multidisciplinar de centro-sección de Bizkaia de la facultad de derecho*. Biscaia: Universidad del País Vasco, 167–226. Disponível em: <https://dialnet.unirioja.es/servlet/libro?codigo=353688>.

Carter, Sarah A. (2005), "Creating 'semi-widows' and 'supernumerary wives': Prohibiting polygamy in prairie Canada's aboriginal communities to 1900", *in* Katie Pickles e Myra Rutherdale (orgs.), *Contact zones. Aboriginal and settler women in Canada's colonial past*. Vancouver: UBC Press, 131–159.

Coulthard, Glen Sean (2014), *Red skin white masks. Rejecting the colonial politics of recognition*. Minneapolis, MN: University of Minnesota Press. DOI: <https://doi.org/10.5749/minnesota/9780816679645.001.0001>.

Dorronsoro, Begoña (2015), "Alicia a través del prisma: Caminando por el pluriverso", *in* Boaventura de Sousa Santos e Teresa Cunha (orgs.), *Actas do colóquio internacional epistemologias do sul: Aprendizagens globais sul-sul, sul-norte e norte-sul.*

Volume 1: Democratizar a Democracia. Coimbra: CES – Centro de Estudos Sociais, Universidade de Coimbra, 999–1016. Disponível em: <http://alice.ces.uc.pt/coloquio_alice/index.php/actas/>.

Dunbar-Ortiz, Roxanne (2014), *An indigenous peoples' history of the United States*. Boston: Beacon Press.

Ellinghaus, Katherine (2006), *Taking assimilation to heart. Marriages of white women and indigenous men in the United States and Australia, 1887–1937*. Lincoln, NE: University of Nebraska Press. JSTOR: http://www.jstor.org/stable/j.ctt1djmhvp

Escobar, Arturo (2012), "Más allá del desarrollo: Postdesarrollo y transiciones hacia el pluriverso", *Revista de Antropología Social*, 21, 23–62. DOI: <https://doi.org/10.5209/rev_RASO.2012.v21.40049>.

Federici, Silvia (2010), *Calibán y la bruja. Mujeres, cuerpo y acumulación originaria*. Madrid: Traficantes de Sueños. Disponível em: <https://www.traficantes.net/sites/default/files/pdfs/Caliban%20y%20la%20bruja-TdS.pdf>.

Gerson, Carole; Strong-Boag, Veronica (2005), "Championing the native: E. Pauline Johnson rejects the squaw", *in* Katie Pickles e Myra Rutherdale (orgs.), *Contact zones. Aboriginal and settler women in Canada's colonial past*. Vancouver: UBC Press, 47–66.

Green, Joyce (2007), "Balancing strategies. Aboriginal women and constitutional rights in Canada", *in* Joyce Audry Green (org.), *Making space for indigenous feminism*, Londres: Zed Books, 140–159.

Haraway, Donna (2004), *Testigo_modesto@segundo_milenio: Hombrehembra©_conoce_oncoratón®: Feminismo y tecnociencia*. Barcelona: UOC.

Henning, Denise Kiona (2007), "Yes, my daughters, we are Cherokee women", *in* Joyce Audry Green (org.), *Making space for indigenous feminism*. Londres: Zed Books, 187–198.

Hernández Castillo, Rosalva Aída (2001a), *La otra frontera: Identidades múltiples en el Chiapas poscolonial*. Cidade do México: CIESAS/Miguel Ángel Porrúa.

Hernández Castillo, Rosalva Aída (2001b), "Entre el etnocentrismo feminista y el esencialismo étnico. Las mujeres indígenas y sus demandas de género", *Debate Feminista*, 24, 206–229. JSTOR: http://www.jstor.org/stable/42625410

Hernández Castillo, Rosalva Aída (2004), "La diferencia en debate: La política de identidades en tiempos del PAN", *in* Rosalva Aída Hernández Castillo; Sarela Paz e María Teresa Sierra (orgs.), *El Estado y los indígenas en tiempos del PAN: Neoindigenismo, legalidad e identidad*. Cidade do México: CIESAS, 287–306.

Hernández Castillo, Rosalva Aída (2008), *Procesos contemporáneos de conformación de identidades indígenas en la frontera sur de Chiapas*. Cidade do México: CDI.

Hernández Castillo, Rosalva Aída (2015), "Violencia y militarización en Guerrero: Antecedentes de Ayotzinapa", *Ichan Tecolotl*, 293, 11–13. Disponível em: <https://ciesas.wordpress.com/2015/01/27/ichan-tecolotl-de-enero/>.

Kuokkanen, Rauna (2007), "Myths and realities of Sami women. A post-colonial feminist analysis for the decolonization and transformation of Sami society", *in* Joyce Audry Green (org.), *Making space for indigenous feminism*. Londres: Zed Books, 72–92.

Kuokkanen, Rauna (2011), "Self-determination and indigenous women – 'Whose voice is it we hear in the Sámi parliament?'", *International Journal on Minority and Group Rights*, 18(1), 39–62. DOI: <https://doi.org/10.1163/157181111X550978>.

Linnekin, Jocelyn (1991), "Cultural invention and the dilemma of authenticity", *American Anthropologist*, 93(2), 446–449. DOI: <https://doi.org/10.1525/aa.1991.93.2.02a00120>.

Lugones, María (2008), "Colonialidad y género", *Tabula Rasa*, 9, 73–101. Disponível em: <https://pt.scribd.com/document/71742411/Colonialidad-y-Genero-Maria-Lugones>.

Maturana, Humberto (1997), *La objetividad. Un argumento para obligar*. Santiago do Chile: Dolmen.

Paredes, Julieta (2010), *Hilando fino desde el feminismo comunitario*. La Paz: Comunidad Mujeres Creando Comunidad. Disponível em: <http://mujeresdelmundobabel.org/files/2013/11/Julieta-Paredes-Hilando-Fino-desde-el-Fem-Comunitario.pdf>.

Paredes, Julieta (2011), *Una sociedad en Estado y con Estado despatriarcalizador*. Cochabamba: PNUD e FBDM. Disponível em: <https://pt.scribd.com/document/360805387/PAREDES-Julieta-Una-sociedad-en-estado-y-con-estado-despatriarcalizador-pdf>.

Puwar, Nirmal (2004), *Space invaders. Race, gender and bodies out of place*. Oxford: Berg.

Ranger, Terence (2000), "The invention of tradition in colonial Africa", *in* Eric Hobsbawm e Terence Ranger (orgs.), *The invention of tradition*. Cambridge: Cambridge University Press, 211–262.

Santos, Boaventura de Sousa (1984), "From customary law to popular justice", *Journal of African Law*, 28(1–2), 90–98. DOI: <https://doi.org/10.1017/S0021855300005271>.

Santos, Boaventura de Sousa (2000), *A crítica da razão indolente: Contra o desperdício da experiência*. Porto: Afrontamento.

Santos, Boaventura de Sousa (2002), "Para uma sociologia das ausências e uma sociologia das emergências", *Revista Crítica de Ciências Sociais*, 63, 237–280. DOI: <https://doi.org/10.4000/rccs.1285>.

Santos, Boaventura de Sousa (2003a), "Poderá o direito ser emancipatório?", *Revista Crítica de Ciências Sociais*, 65, 3–76. DOI: <https://doi.org/10.4000/rccs.1180>.

Santos, Boaventura de Sousa (2003b), "Por uma concepção multicultural de direitos humanos", *in* Boaventura de Sousa Santos (org.), *Reconhecer para libertar:*

Os caminhos do cosmopolitismo multicultural. Rio de Janeiro: Civilização Brasileira, 426–461.

Santos, Boaventura de Sousa (2003c), "Entre Próspero e Caliban: Colonialismo, pós-colonialismo e inter-identidade", *Novos Estudos Cebrap*, 66, 23–52. Disponível em: <https://estudogeral.sib.uc.pt/handle/10316/81691>.

Santos, Boaventura de Sousa (2006), *A gramática do tempo: Para uma nova cultura política*. Porto: Afrontamento.

Santos, Boaventura de Sousa (2012), "Cuando los excluidos tienen Derecho: Justicia indígena, plurinacionalidad e interculturalidad", *in* Boaventura de Sousa Santos e José Luis Exeni Rodríguez (orgs.), *Justicia indígena, plurinacionalidad e interculturalidad en Bolivia*. Quito: Abya Yala e Fundación Rosa Luxemburg, 13–50. Disponível em: <http://www.boaventuradesousasantos.pt/media/Justicia_Indigena_Ecuador.pdf>.

Santos, Boaventura de Sousa (2013), *Se Deus fosse um activista dos direitos humanos*. Coimbra: Almedina.

Santos, Boaventura de Sousa; Meneses, Maria Paula (orgs.) (2009), *Epistemologias do Sul*. Coimbra: Almedina.

Segato, Rita Laura (2015), *La crítica de la colonialidad en ocho ensayos y una antropología por demanda*. Buenos Aires: Prometeo Libros.

Silverblatt, Irene (1993), "Mujeres del campesinado en el Alto Perú bajo el dominio español", *in* Verena Stolcke (org.), *Mujeres Invadidas. La sangre de la conquista de América*. Madrid: Horas y horas, 47–65.

Simpson, Audra (2014), *Mohawk interruptus: Political life across the borders of settler states*. Durham, NC: Duke University Press. DOI: <https://doi.org/10.1215/9780822376781>.

Smith, Linda Tuhiwai (1999), *Decolonizing methodologies. Research and indigenous peoples*. Londres: Zed Books.

Stavenhagen, Rodolfo (2010), *Los pueblos originarios: El debate necesario*. Buenos Aires: CLACSO. Disponível em: <http://biblioteca.clacso.edu.ar/clacso/coediciones/20101117084419/Stavenhagen.pdf>.

Stewart, Harry (2002), "*Kipijuituq* in Netsilik society: Changing patterns of gender and patterns of changing gender", *in* Lisa Frink, Rita S. Shepard e Gregory A. Reinhardt (orgs.), *Many faces of gender. Roles and relationships through time in indigenous northern communities*. Boulder, CO: University Press of Colorado, 13–26.

Tauli-Corpuz, Victoria (2015), "Informe de la relatora especial de Naciones Unidas sobre los derechos de los pueblos indígenas, Victoria Tauli Corpuz", *A/HRC/30/41*. ONU: Consejo de Derechos Humanos. Consultado a 20.05.2016. Disponível em: <http://unsr.vtaulicorpuz.org/site/images/docs/annual/2015-annual-hrc-a-hrc-30-41-sp.pdf>.

Tauli-Corpuz, Victoria (2016), "Observaciones sobre cómo fortalecer el acceso a la justicia y la protección frente a la violencia en el caso de las mujeres indígenas". Comunicação apresentada no *Seminario sobre Experiencias en litigio de los casos de violencia contra las mujeres y el acceso de las mujeres a la justicia en Centroámerica*, Guatemala, fevereiro. Consultado a 20.05.2016. Disponível em: <http://unsr.vtaulicorpuz.org/site/index.php/es/declaraciones-comunicados/114-guatemala-women-justice>.

The Kino-nda-niimi Collective (2014), *The Winter we danced. Voices from the past, the future, and the idle no more movement*. Winnipeg: ARP Books.

Trask, Haunani-Kay (1999), *From a native daughter. Colonialism and sovereignty in Hawai'i*. Honolulu: Latitude 20, University of Hawai'i Press.

Velasco, Luisa Fernanda; Calfio Montalva, Margarita (2005), "Mujeres indígenas en América Latina: Brechas de género o de etnia?", *in* Fabiana Del Popolo e Magaly Avila Salinas (orgs.), *Pueblos indígenas y afrodescendientes de América Latina y el Caribe: información sociodemográfica para políticas y programas*. Santiago do Chile: ONU/CEPAL, 501–520. Disponível em: <http://repositorio.cepal.org/handle/11362/4010>.

CAPÍTULO 16

O direito à cidade perante as epistemologias do Sul: reflexões sobre o processo brasileiro de construção do direito à cidade[*,1]

Eva Garcia Chueca

Os "condenados da cidade"

Atualmente, mais de metade da população mundial é urbana. E as previsões sugerem que esta tendência não irá senão acentuar-se nas próximas décadas. De entre as diversas consequências da hiperurbanização do planeta, merece destaque a emergência de novas formas de "fascismo do *apartheid* social", ou seja, a "segregação social dos excluídos pela divisão das cidades em zonas selvagens e zonas civilizadas" (Santos, 2009a: 560). Os atuais tecidos urbanos são "cidades de muros" (Caldeira, 2007), tanto em termos materiais como simbólicos, que dividem a população entre aqueles que usufruem de níveis de hiperinclusão ("a sociedade civil íntima"), aqueles que têm acesso a alguns direitos ("a sociedade civil estranha") e aqueles que estão desprovidos de qualquer direito de cidadania (a "sociedade civil incivil") (Santos, 2009a: 563–566). Estes últimos estão situados sob o limiar do humano, na "zona do não-Ser" (Fanon, 2002), seja pela sua condição socioeconómica, étnico-racial, de género ou de qualquer outra índole. São, parafraseando Fanon (2002), os condenados da cidade.

Este é o lado mais cruel das cidades pós-modernas e da consequência da sua submissão a lógicas capitalistas e neoliberais e, em suma, a um modelo urbano excludente, cuja contestação originou precisamente o direito

* Tradução de Paulo Rocha.

1 Agradeço a Santi Suso Ribera, Giovanni Allegretti e Lorena Zárate pelas sugestões e pelos comentários feitos a versões prévias deste texto.

à cidade. Na América Latina, e muito particularmente no Brasil, o direito à cidade ergueu-se a partir do final da década de 1980 como uma importante bandeira política que articulou a voz de um conjunto diverso de agentes da sociedade civil que reclamava uma reforma urbana. Além da experiência brasileira, que o presente capítulo abordará, países da região, como a Colômbia ou o Equador, aproveitaram em maior ou menor medida elementos provenientes desta narrativa e integraram-nos nos respetivos sistemas legais.[2] O movimento altermundialista também tem divulgado este conceito desde a sua origem em 2001, com resultados como a Carta Mundial pelo Direito à Cidade, em 2005, ou a Plataforma Global pelo Direito à Cidade (2015).[3]

A energia social e política que conseguiu mobilizar o direito à cidade na América Latina e no movimento altermundialista contribuiu para que esta narrativa começasse a ser usada noutros países como a África do Sul,[4] a Alemanha ou a Turquia, e por outros agentes como as redes municipais globais, a academia ou as Nações Unidas. Esta pluralidade de atores e geografias implicou uma diferente aceção do termo, nalguns casos com uma considerável simplificação do seu significado. Algumas destas questões já foram abordadas por mim noutras publicações (Garcia Chueca, 2013; Garcia Chueca e Allegretti, 2015: 69–144). Neste capítulo, pelo contrário, analisarei o direito à cidade através do olhar das epistemologias do Sul, explorando-o primeiro na sua dimensão teórica, para depois analisar a forma como foi reivindicado e operacionalizado no Brasil. É especialmente importante compreender a experiência brasileira não só por este país ter sido pioneiro na articulação social da luta pelo direito à cidade mas também por ser aquele que obteve resultados políticos mais relevantes.

É possível uma outra cidade?

Génese teórica do direito à cidade

O direito à cidade é um conceito surgido em finais da década de 1960 pela mão da filosofia e da sociologia crítica de Henri Lefebvre (1901-1991). Nas obras *Le droit à la ville* (2009 [1968]) e *La production de l'espace* (2000 [1974]), Lefebvre critica o modelo de desenvolvimento urbano que

2 Sobre o caso colombiano, consultar Romeiro, Guimarães e Koetz (2015: 37-65). Sobre o caso equatoriano, consultar o artigo 31.º da Constituição da República do Equador (Asamblea Constituyente, 2008), Correa Montoya (2010) e Pinto Valencia (2013).

3 Consultar em <www.righttothecityplatform.org.br/>.

4 Para mais detalhes, consultar Pithouse (2010).

se impusera na Europa (bem como noutras regiões do mundo), baseado num urbanismo funcional para os interesses económicos. A origem deste fenómeno remonta à Revolução Industrial, quando surgiram diversos avanços tecnológicos que inovariam as formas de produção, transporte, serviços urbanos, comunicação e a vida doméstica em geral (Herce, 2013). Estes avanços desenvolverão uma cidade diferente, que se tornará progressivamente indissociável do capitalismo. Por um lado, porque a cidade se convertia paulatinamente no lugar de concentração dos meios de produção, em particular do capital e da mão-de-obra. E, por outro, porque o lucro gerado a partir da construção de infraestruturas urbanas iria fundar um novo sistema económico baseado no capital imobiliário e no território enquanto fatores criadores de mais-valias. A nova cidade industrial, espaço de concentração da produção e da reprodução do capital, atrairia um volume ingente de pessoas provenientes do campo, provocando um *boom* demográfico nas cidades que resultaria em graves problemas de massificação, precariedade e insalubridade das habitações e dos locais de trabalho. A preocupação da classe dominante de assegurar a saúde da mão-de-obra e procurar atenuar eventuais revoltas sociais originou as reformas urbanas higienistas do século XIX (com Haussmann como máximo expoente), que se traduziram na construção de redes de saneamento e de abastecimento de água e na criação das primeiras grandes avenidas. Estas reformas inauguraram o urbanismo moderno, que se transformaria numa importante ferramenta ao serviço do sistema capitalista, proporcionando-lhe segurança económica e jurídica ao antecipar onde e como ocorreria o crescimento urbano e ao organizar as diferentes áreas da cidade sob uma ótica funcional. Esta última característica, instaurada por Le Corbusier, representou a fragmentação da cidade (e da vida urbana) em lugares destinados ao trabalho, à habitação ou ao lazer.

Perante esta realidade, Lefebvre constrói uma forte crítica a este modelo de urbanismo, propondo o direito à cidade como ferramenta para o combater. O filósofo enfatiza que a cidade é composta por duas dimensões fundamentais: uma dimensão material e uma dimensão social. A dimensão material é referente aos elementos prático-sensíveis das cidades, como a arquitetura, as praças, as ruas ou as instituições. A dimensão sociomorfológica tem que ver com tudo aquilo considerado como construção social: o modo de vida dos habitantes, a sua ocupação do tempo, as suas relações, o imaginário coletivo, a memória, o lúdico ou a arte. Esta segunda dimensão foi comprometida pelo urbanismo moderno e pela lógica mercantilista. Por um lado, porque impuseram à cidade uma forma racional que ordena a vida das pessoas, limitando o espontâneo e o imprevisto. E, por outro, porque "destruíram a rua" (Lefebvre, 1971: 181), ou seja, os elementos de sociabilidade. Além disso, o próprio crescimento urbano como fator gerador de mais-valias e a segregação espacial das camadas mais pobres da população originaram a proliferação de periferias "desurbanizadas e desurbanizantes". Estão "desurbanizadas" porque carecem dos elementos constitutivos da vida urbana, como os espaços públicos, as áreas lúdicas ou as infraestruturas. E são "desurbanizantes" porque a falta destes elementos materiais priva da possibilidade de encontro e de relação social e, por conseguinte, de ação em termos de produção da cidade. Com esta estratégia de periferização desurbanizada e desurbanizante, o "viver" (*l'habiter*) foi reduzido ao *habitat* (*l'habitat*) (Lefebvre, 2009: 14-17), como se a vida na cidade consistisse unicamente em dispor de um espaço físico onde encontrar abrigo. Este processo de "urbanização desurbanizada" teve um impacto não apenas espacial mas também temporal, pois a especialização funcional do tecido urbano e a periferização de determinadas camadas da população obrigam a uma mobilidade constante, que incide enormemente na distribuição do tempo. E foi assim que a cidade ficou dominada pelo valor de troca sobre o valor de uso (Lefebvre, 2009: 70-76).

Em contraposição a esta tendência, o direito à cidade ambiciona recuperar a dimensão sociomorfológica da cidade e devolver aos habitantes urbanos a sua capacidade de ação, de produção social da cidade. O direito à cidade é, assim, o "direito à vida urbana", entendendo "o urbano" como a atividade criadora e de ação (*le droit à l'œuvre*) dos sujeitos, através da simultaneidade e dos encontros nas ruas e praças (Lefebvre, 2009: 79, 108). Para isso, a participação, a intervenção direta e até a autogestão dos habitantes nas questões urbanas são indispensáveis:

> Enquanto não existir intervenção direta no urbanismo, enquanto não existir a possibilidade de autogestão à escala das comunidades urbanas locais, [...] enquanto os interessados não tomarem a palavra para expressar não apenas o que necessitam mas também o que desejam, [...] enquanto não informarem continuamente sobre a sua experiência do habitar a quem se arroga como especialista, faltará sempre um dado essencial para a resolução do problema urbano. (Lefebvre, 1971: 213)

Impacto do direito à cidade na Europa

Lefebvre teorizou o direito à cidade pouco antes de rebentarem as revoltas sociais de finais da década de 1960 em França (e noutras cidades europeias e norte-americanas), conhecidas como "Maio de 68". Com esta primeira vaga de protestos surgiram os primeiros movimentos sociais urbanos, que expuseram a crise do fordismo e do modelo de zonamento e suburbanização das cidades. Num contexto assim, poderia pensar-se que o clima social era propenso a que uma bandeira como o direito à cidade se enraizasse e fosse usada por estes novos atores políticos. Mas o certo é que não foi assim. As incipientes mobilizações urbanas lutaram por questões setoriais (como a habitação, os serviços públicos ou os equipamentos para jovens), mas não expressaram uma crítica integral ao modelo urbano, o que provavelmente teria suscitado maior interesse por um conceito amplo como o direito à cidade. De modo que o conceito acabou por ir caindo no esquecimento no continente europeu, tanto numa perspetiva social, como política e académica.

A única tentativa de o pôr em prática ocorreu em França mais de uma década depois de o termo ter sido cunhado. Com a chegada ao poder do Partido Socialista, em 1981, o novo governo impulsionou um quadro regulatório para as políticas urbanas (inexistente até então) que procurava resolver os problemas que continuavam a provocar revoltas populares nas periferias urbanas. Para isso, foram levados a cabo projetos-piloto em vários bairros periféricos que implementaram alguns princípios próximos do direito à cidade (como a participação cidadã, a descentralização política ou uma abordagem simultaneamente material e social da questão urbana). No entanto, o quadro regulatório que acabou por ser aprovado ficou sujeito a uma lógica burocrática, afastada do conceito que Lefebvre (Dikec, 2007: 37-67) teorizou. Teria de se esperar pela década de 2000 para ver surgir lutas que assumem de forma explícita o direito à cidade na Europa (Garcia Chueca e Allegretti, 2015: 69-144) – embora tenha sido mais fruto do impacto que esta causa teve no Sul global e no seio do movimento altermundialista do que o resgate do pensamento de Lefebvre *per se*. Na realidade, ocorreu uma espécie de "retorno das caravelas" (Allegretti e Herzberg, 2004: 19), isto é, o regresso à Europa de uma narrativa usada no Sul global para repensar as cidades.

O direito à cidade perante as epistemologias do Sul

Como se mostra ao longo dos diferentes capítulos deste livro, as epistemologias do Sul constituem uma alternativa opositora às "epistemologias do Norte", isto é, à forma hegemónica de produzir conhecimentos da modernidade ocidental. Esta configurou um tipo de racionalidade que acabou por se impor no atual sistema-mundo e que resultou na contração da realidade e na invisibilização de outras realidades e de outros saberes. Perante isto, as epistemologias do Sul constituem um projeto fundamentalmente destinado ao reconhecimento de "novos" agentes epistémicos nos coletivos oprimidos historicamente pelo colonialismo, pelo capitalismo e pelo patriarcado (Santos, 2009b). Porque a modernidade, como bem mostrou o pensamento descolonial, é intrinsecamente colonial, assim como capitalista e patriarcal.[5] De modo que as epistemologias do Sul, postas em diálogo com o direito à cidade, nos interpelam a descolonizar, desmercantilizar e despatriarcalizar o urbano. Pode o direito à cidade ser uma ferramenta apropriada para alcançar estes objetivos? Ou reflete os problemas do seu paradigma fundador?

Analisado na sua dimensão teórica, o direito à cidade é efetivamente um conceito europeu, embora forjado nas suas margens. Em primeiro lugar, é um conceito de filiação marxista, pelo que está fora do centro epistemológico ocidental. Mas até em relação ao marxismo o direito à cidade é periférico: Lefebvre foi um pensador eclético e heterodoxo que não pensou em termos convencionais (Freitag, 2012: 72; Schmid, 2012: 45), tendo-se convertido num intelectual pouco compreendido na sua época, tanto pelos marxistas, como por aqueles que não o eram. O seu contributo para a sociologia urbana foi atípico, na medida em que fez uma leitura complexa do fenómeno urbano, no qual a dimensão espacial apenas adquiria toda a sua envergadura quando explorada a par da dimensão temporal. A tendência maioritária na academia francesa era privilegiar o vetor espacial na análise da cidade, enquanto noutros contextos, pelo contrário, primara historicamente a dimensão temporal, como na escola alemã (Freitag, 2012: 45). Daí que o direito à cidade deva ser entendido como um conceito situado nas "margens das margens" do paradigma moderno-ocidental. Embora, por certo, esta característica não signifique necessariamente que o conceito sofra do caráter "abissal" da razão moderno-ocidental. Para o determinar, é necessário ver em que medida o direito à cidade (in)visibiliza a voz dos corpos historicamente inferiorizados.

Como assinalei antes, o direito à cidade implica subverter a forma como a cidade moderna foi criada, reclamando a produção social da cidade, isto é, a ação dos habitantes na configuração do espaço urbano em detrimento do mercado e do urbanismo funcional-racionalista. Esta dimensão desmercantilizadora configura, de facto, o núcleo duro da narrativa de Lefebvre. E, precisamente neste ponto, a sua proposta padece do problema clássico do pensamento marxista, que é a identificação do sujeito da revolução urbana com o proletariado (Lefebvre, 2009: 103):

5 Para mais detalhes sobre o pensamento descolonial, consultar Castro-Gómez e Grosfoguel (2007).

> a classe operária, a única capaz de pôr fim à segregação dirigida essencialmente contra ela. Unicamente esta classe, enquanto classe, pode contribuir de maneira decisiva para a reconstrução da centralidade destruída pela estratégia da segregação [...]. Isto não quer dizer que apenas a classe operária consegue criar a sociedade urbana, mas que sem ela esta não é possível. (Lefebvre, 2009: 103)

Identificar a classe como a causa de segregação urbana por excelência invisibiliza outras categorias de diferenciação social que hierarquizam os sujeitos, como a raça ou o género. Além disso, como demonstrou o pensamento feminista, os fenómenos de discriminação e exclusão são, na realidade, fenómenos interseccionais, porque as diferentes identidades sociais culturalmente construídas se sobrepõem, complexificando enormemente os mecanismos de opressão, dominação e discriminação (Crenshaw, 1991). Lefebvre, no entanto, presta unicamente atenção à discriminação de classe, como também criticaram outros autores.[6]

Sobre esta questão, David Harvey, atualmente o intelectual que mais tem contribuído para teorizar o direito à cidade, assinala que hoje os agentes de mudança resultam da confluência da classe trabalhadora tradicional com os coletivos anti-imperialistas, altermundialistas, ambientalistas e aqueles que combatem a discriminação por motivos de sexo e raça (Harvey *apud* Marcuse, 2012: 30). De modo que Harvey incorpora outros agentes de mudança na proposta de Lefebvre. Ainda assim, Harvey mantém uma visão eminentemente anticapitalista na sua abordagem do direito à cidade. Para este geógrafo britânico, o principal problema do atual modelo de urbanização é estar submetido ao capitalismo, porque se converteu numa das suas condições de expansão, seja mediante a construção de infraestruturas urbanas e habitações (urbanização nova), a reurbanização (e gentrificação) de determinadas áreas ou a promoção do turismo e de um estilo de vida baseado no consumo de massas. Por este motivo, o principal objetivo do direito à cidade é, para Harvey, assegurar um maior controlo democrático da produção e do uso do excedente (Harvey, 2008: 23-37). Esta é, sem dúvida, uma dimensão importante da questão urbana. No entanto, a economia política da cidade não pode ser captada em toda a sua complexidade analisando unicamente o eixo da classe e do capital. Existem outras relações de poder, como o racismo e o patriarcado, que também influem de forma decisiva nos processos da acumulação capitalista. E a cidade, enquanto lugar de intermediação entre

[6] Consultar, por exemplo, Purcell (2002: 106).

o macro e o micro, reflete e reproduz a inter-relação destas múltiplas relações de poder.

Relativamente à dimensão patriarcal da cidade, embora Lefebvre não a refira explicitamente, a sua análise esconde uma crítica ao caráter patriarcal do urbanismo moderno, que considera uma "representação do espaço" desde cima perante o direito à cidade como construção de "espaços de representação" desde baixo. Os "espaços de representação" são aqueles que se enchem de vivências e práticas sociais coletivas, de imaginação, lazer, arte e sentimento. São espaços apropriados pela quotidianidade das pessoas e repletos de comunicação não-verbal, de rituais e dos diferentes aspetos da vida na cidade. As "representações do espaço", pelo contrário, são as conceções abstratas do espaço, próprias do urbanismo racional-funcionalista, que constituem a linguagem comum de cientistas, planificadores e urbanistas. As "representações do espaço", que derivam de um modelo de pensamento associado ao masculino (a ordem, o previsível, o assético), permitem mapear e hierarquizar o espaço, tornando-o estático (Lefebvre, 2000). Perante isto, o direito à cidade persegue o resgate dos "espaços de representação" como eixos estruturantes da produção social citadina, privilegiando as atividades ou funções nas quais emergem os sentidos, as texturas, o físico e o corporal (Massey *apud* Miles, 2005: 29). Isto é, tudo aquilo que a racionalidade patriarcal hegemónica relegou para o âmbito privado.

Reconhecido este duplo potencial do direito à cidade como ferramenta desmercantilizadora e, de certo modo, despatriarcalizadora, importa explorar de que maneira dialoga com o eixo colonial. Antecipei acima que a questão racial é invisível na abordagem de Lefebvre. Contudo, é necessário determo-nos especialmente nesta questão, dada a sua complexidade. Para isso, há que determinar primeiro o que significa "descolonizar a cidade", para o que é útil recorrer ao conceito central do pensamento descolonial – a colonialidade – e à sua tripla manifestação enquanto "colonialidade do poder" (o estabelecimento de relações de autoridade hierárquica), "colonialidade do saber" (a violência epistemológica) e "colonialidade do ser" (a imposição do sentido de superioridade/inferioridade ontológica) (Castro-Gómez, 2012: 219). Farrés e Matarán fizeram uma interpretação territorial da colonialidade ao proporem a ideia de "colonialidade territorial", que entendem como "o conjunto de padrões de poder que, na práxis territorial, servem para estabelecer hegemonicamente uma conceção do território sobre outras que acabam 'inferiorizadas'" (Farrés e Matarán, 2012: 152). O urbanismo moderno é a ferramenta utilizada durante mais de um século para impor uma determinada ideia de cidade (colonialidade territorial do saber) que é funcional para os interesses da classe dominante (colonialidade territorial do poder). À definição da "colonialidade territorial" adicionaria que esta não apenas implica a imposição de uma determinada conceção do território (dimensão objetiva ou material), mas também a imposição, através da forma da cidade, de uma determinada subjetividade (dimensão subjetiva ou social).[7] Sobre esta questão, Lefebvre refletiu extensamente. O francês notou que o estilo de vida, o uso do tempo, a organização espacial da população e o imaginário coletivo permanecem moldados pela forma urbana. Por exemplo, a cidade moderna racional-funcionalista integra uma nova dimensão temporal: ao tempo de trabalho há que adicionar outro tipo de tempo, o necessário para aceder ao emprego ou a determinados serviços urbanos. Esta segunda modalidade de tempo é aquilo que Lefebvre denomina "tempo constrangido" (Lefebvre, 1971: 186): um tempo que, não sendo dedicado ao trabalho, reduz do mesmo modo o tempo para a família ou para o lazer. Outro aspeto importante relacionado com a forma da cidade é a configuração do espaço público, que desempenha um papel essencial, quer para promover quer para evitar as possibilidades de interação social. Assim, a sociabilidade gerada nos parques e nas praças públicas não é igual à que emerge dos novos "espaços públicos privatizados" destinados ao consumo de massas, como os grandes centros comerciais. O direito à cidade presta atenção a esta implicação subjetiva (ontológica) derivada da colonialidade territorial do poder/saber. Contudo, o que não se consegue ver é que a experiência da dita colonialidade difere em função do sujeito, não apenas por causa da condição de classe mas também da sua raça, género, identidade sexual, país de origem ou qualquer outro elemento de hierarquização social. Esta é a corpo-política que as epistemologias do Sul nos convidam a integrar no direito à cidade.[8]

[7] Farrés e Matarán também prestam atenção à dimensão ontológica da colonialidade territorial, mas numa outra perspetiva: enquanto imposição hegemónica "do *ser-urbano* sobre as restantes formas de existência humana [...] que a organização da sociedade mundial estrutura" (Farrés e Matarán, 2012: 153). A minha intenção é oferecer outra matização, notando que o modo como se molda esse "*ser-urbano*" está intimamente ligado à colonialidade territorial do poder/saber.

[8] Importa assinalar, no entanto, que a compreensão do direito à cidade pelo movimento altermundialista é sensível a estas questões. Consultar o artigo 1.1. da Carta Mundial pelo Direito à Cidade. Disponível em: <http://www.hic-gs.org/content/cartaderechociudad.pdf>.

O Sul como protagonista da luta pelo direito à cidade: a experiência do Brasil

Reforma urbana, já! Do processo constituinte ao Estatuto da Cidade

Enquanto na Europa o direito à cidade se transformou num paradigma periférico, na América Latina a realidade foi muito diferente, particularmente no Brasil. Neste país, o movimento de luta pela reforma urbana, que tinha começado na década de 1960, consolidou-se no final da década de 1980, após o fim da ditadura militar (1964–1985), com a criação do Fórum Nacional de Reforma Urbana (FNRU). Esta plataforma uniu movimentos populares, associações de profissionais (arquitetos, advogados, urbanistas, trabalhadores sociais, engenheiros), sindicatos, universidades, centros de investigação, organizações não-governamentais e grupos provenientes do movimento da Teologia da Libertação (Maricato, 2010: 16). Na transição para a democracia, a reforma urbana foi uma das questões que entraram em força na agenda política como consequência da revolução demográfica ocorrida entre 1960 e 1980 e das condições de vida precárias em que vivia a maior parte da nova população urbana. Depois de múltiplas reflexões e debates, a narrativa construída pela FNRU sobre a reforma urbana estruturou-se em três princípios: (i) direito à cidade e à cidadania, isto é, universalizar o acesso aos equipamentos e serviços urbanos, a condições de vida digna, bem como ao usufruto de um espaço culturalmente rico e diversificado; (ii) gestão democrática da cidade, isto é, o planeamento, a produção e o governo da cidade sob uma lógica de controlo e participação social; e (iii) função social da cidade e da propriedade, definida como a prevalência do interesse coletivo sobre o direito individual de propriedade (Grazia, 2002: 16).

Graças à mobilização protagonizada pelo movimento de reforma urbana, a nova Constituição brasileira adotada em 1988 (Assembleia Nacional Constituinte, 1988) definiu as bases da nova política urbana e estabeleceu como princípio orientador a função social da propriedade e da cidade. Este princípio operacionaliza-se através do direito de usucapião (artigo 183) e de um elenco de medidas que podem ser ativadas em caso de solo urbano não edificado, subutilizado ou inutilizado e que consistem no parcelamento e na edificação obrigatória, no imposto – gradual no tempo – sobre a propriedade urbana e imobiliária (o chamado IPTU progressivo) e a desapropriação mediante títulos de dívida pública (artigo 182, § 4). O texto constitucional também reconhece o princípio de gestão democrática das políticas urbanas mediante a adoção de planos diretores que os municípios com mais de 20 000 habitantes estão obrigados a elaborar (artigo 182, § 1).[9]

Contudo, a materialização destes preceitos inovadores ficou sujeita à adoção de uma lei federal que, lamentavelmente, demorou 13 anos a ver a luz do dia: a Lei Federal n.º 10.257/2001 (Congresso Nacional, 2001), conhecida como Estatuto da Cidade. Os trabalhos de redação desta lei começaram em 1990 e encontraram múltiplos obstáculos durante mais de uma década, em consequência da pressão do setor económico e imobiliário, que procurou impedir a sua tramitação. O FNRU foi um dos agentes essenciais na progressão da lei, exercendo uma forte pressão política que neutralizou parte das exigências dos setores conservadores e introduzindo várias das reivindicações do setor popular.[10] Em traços largos, a nova lei federal introduz as seguintes inovações: configura um novo quadro conceptual jurídico-político para o direito urbanístico com novos instrumentos para a construção de uma ordem urbana socialmente justa e inclusiva; estabelece processos políticos para a gestão democrática das cidades; e propõe instrumentos jurídicos para a regularização dos assentamentos informais (Fernandes, 2002: 8). Quanto ao direito à cidade, o Estatuto refere-se – no artigo 2.º, n.º I – "direito a cidades sustentáveis", definido como "o direito à terra urbana, à habitação, ao saneamento ambiental, à infraestrutura urbana, ao transporte e aos serviços públicos, ao trabalho e ao lazer, para as presentes e futuras gerações" (Congresso Nacional, 2001).

Aos princípios e direitos estabelecidos pela Constituição, a nova lei acrescenta o princípio de sustentabilidade no desenvolvimento urbano (artigo 2.º/I), o direito de usucapião coletivo (artigo 10) e outros direitos que visam regular a propriedade urbana, como o direito de superfície (artigos 21 a 24.º), o direito de preempção (artigos 25.º a 27.º) ou a concessão onerosa do direito de construir (artigo 28.º), entre outros. Da mesma forma, com vista a uma maior redistribuição da riqueza e dos investimentos públicos, o Estatuto da Cidade estabelece várias diretrizes, de entre as quais se destacam a adequação da política económica, tributária e financeira (artigo 2.º/X) ou o estabelecimento de um sistema variável de impostos em função da situação socioeconómica do contribuinte (artigo 47.º). Por último, sobressai o preceito relativo à regularização e urbanização das áreas

[9] Existem, no entanto, alguns pressupostos adicionais em que os municípios também estão obrigados a adotar planos diretores. Veja-se o artigo 41.º do Estatuto da Cidade.

[10] Em Grazia (2002: 19-37) pode encontrar-se um exaustivo percurso histórico dos antecedentes do Estatuto da Cidade e do longo processo de negociação necessário para a aprovação do texto e dos conteúdos defendidos pelo FNRU.

ocupadas pela população de baixos rendimentos (artigo 2.º/XIV), medida que na altura constituiu um avanço considerável ao rejeitar a orientação até então predominante de desalojar as famílias concentradas nestas áreas para reinstalá-las em parques habitacionais públicos. Ao contrário desta tendência, o Estatuto da Cidade reconhece estes assentamentos como legítimos, valorizando o papel dos setores populares na produção do espaço urbano (Osório e Menegassi, 2002: 58).

Precisamente com o objetivo de ampliar os agentes implicados na produção do espaço urbano, neste caso, a partir da vertente política, o Estatuto aborda com certa exaustividade a adoção e o teor mínimo dos planos diretores (artigos 39.º a 42.º) e estabelece outros mecanismos para garantir a gestão democrática da cidade, como o orçamento participativo ou a participação social em órgãos de gestão metropolitana (artigos 43.º a 45.º). A intervenção urbanística passa, desta forma, a ser concebida não apenas como uma intervenção na cidade material (as pontes, as ruas, as casas), mas como um espaço político de produção da cidade e de resolução de conflitos sociais (Osório e Menegassi, 2002: 52-53).

A completar o quadro de reformas destinadas a materializar o direito à cidade, foi criado o Ministério das Cidades em 2003, alguns anos depois da adoção do Estatuto da Cidade. Neste mesmo ano, começaram também a ser organizadas as Conferências Nacionais das Cidades, espaços institucionais de participação social, realizados bienalmente, que procuravam subverter a tendência do poder público de ser especialmente permeável à voz do setor privado em matéria urbana (Maricato, 2006: 215). Na primeira edição da Conferência Nacional das Cidades foram eleitos os membros do Conselho das Cidades (ConCidades), que passaria a ser um órgão deliberativo e consultivo do Ministério. A composição deste Conselho é outra vitória do movimento de luta pelo direito à cidade, visto que, dos seus 86 integrantes, 41 são representantes da sociedade civil, enquanto os restantes provêm do setor público (37 membros) e do setor privado (8). E, no segmento da sociedade civil, a voz mais forte pertence precisamente aos movimentos populares, com um total de 23 representantes.

O direito à cidade perante as epistemologias do Sul no Brasil

Como se depreende da secção anterior, a luta pelo direito à cidade no Brasil enfrentou fundamentalmente três problemáticas: a socioeconómica, a espacial e a política. A partir destas linhas, reivindicou-se um acesso igualitário ao solo urbano e aos meios de reprodução (habitação, infraestruturas urbanas, serviços básicos e transporte público), especialmente nas áreas da cidade fustigadas por maiores níveis de exclusão social, e uma maior participação democrática na definição e implementação das políticas urbanas. A estes objetivos responde grande parte das inovações jurídicas e políticas que deram origem ao direito à cidade no Brasil. Analisadas na perspetiva das epistemologias do Sul, estas reformas visam especialmente combater um fator de exclusão: aquele relativo à mercantilização da cidade. Outra questão é o facto de estas medidas terem conseguido modificar de maneira significativa o modelo de desenvolvimento urbano. A aplicação do Estatuto da Cidade esteve seriamente comprometida porque a implementação dos seus preceitos mais transgressores ficou sujeita à adoção e implementação dos planos diretores, que, num grande número de municípios, não viram a luz do dia e, quando a viram, nem sempre foram aplicados. Um dos principais obstáculos foi a permeabilidade dos eleitos locais aos interesses de proprietários e promotores. De modo que, na prática, "o Estatuto da Cidade esteve [...] mais presente no discurso de urbanistas e advogados do que no desenho e implementação de políticas urbanas inclusivas" (Maricato, 2009: 208).

Outro aspeto relevante da experiência brasileira é a tentativa de dar voz a atores historicamente silenciados através de mecanismos de participação cidadã criados para dialogar com a sociedade civil sobre as políticas urbanas. Considerando o protagonismo que neles tiveram os movimentos sociais urbanos, importa perguntar em que medida permitiram dar visibilidade a coletivos marginalizados. Os canais definidos foram amplos e numerosos: desde o âmbito local e metropolitano (planos diretores, orçamento participativo, conferências locais, participação em órgãos metropolitanos) até ao nível estadual e federal (conferências estaduais e nacionais, Conselho das Cidades, Ministério das Cidades). Trata-se de um dispositivo complexo que contribuiu para dotar a sociedade civil (e, em particular, os movimentos sociais urbanos) de maior capacidade de influência política, em detrimento do setor privado e da oligarquia dominante. No entanto, apesar de todos estes esforços, investigações recentes mostram que a participação democrática apresenta ainda sérios desafios, sobretudo na sua representatividade de género, raça ou idade, e no seu funcionamento (por vezes reproduzem padrões da cultura autoritária e conservadora dominante) (Souto e Paz, 2012). Por outro lado, determinados intervenientes do próprio movimento de reforma urbana reconhecem que a participação institucional teve como resultado a cooptação de alguns movimentos sociais, que passaram a privilegiar a luta jurídica e a agenda política do governo em detrimento da mobilização política das suas bases e dos protestos nas ruas. Também se criticou a oligarquização destes coletivos ou a defesa de interesses próprios em vez da construção de reivindicações partilhadas (Maricato, 2009: 207).

Por último, o facto de apenas os municípios com mais de 20 000 habitantes estarem obrigados a adotar planos diretores participativos estabeleceu uma categoria de hierarquização baseada no tamanho urbano, que inferioriza os núcleos urbanos mais pequenos e as suas populações.

De modo que a narrativa brasileira do direito à cidade, tanto a que ficou plasmada na nova legislação, como a gerada através dos canais de participação e das políticas públicas subsequentes, tem ainda à sua frente o desafio da despatriarcalização e da descolononização. Quanto ao primeiro, apenas se avançou timidamente numa questão concreta: a titularidade do direito de usucapião ou o direito de utilização de solo urbano com fins habitacionais é reconhecido, por mandato constitucional, de maneira indistinta a homens e mulheres (artigo 183/I).[11] Trata-se de uma medida de inegável valor jurídico, mas totalmente insuficiente para repensar as cidades sob a perspetiva de género. Em pior situação está a batalha pela descolonização, que nem sequer faz parte do horizonte de exigências reclamadas por esta bandeira política.

No entanto, antes de concluir que o direito à cidade no Brasil ignora o modo como a raça e a inferiorização de determinados sujeitos operam na cidade, proponho reorientar o olhar para outro tipo de linguagem: o artístico-cultural. O trabalho de campo realizado em São Paulo em vários períodos de 2013 e 2014 no âmbito do projeto de investigação ALICE permitiu-me observar que existia uma diferença geracional na narrativa usada para criticar a exclusão urbana e reclamar uma melhor vida na cidade. Assim, enquanto as pessoas de meia-idade entrevistadas pertenciam, de uma forma geral, a movimentos sociais urbanos articulados, em maior ou menor medida, com o FNRU e com as mobilizações históricas do direito à cidade, os jovens utilizavam outros canais de expressão e protesto: a arte e a cultura. E situavam precisamente no centro da sua narrativa a questão identitária (ao lado da questão de classe e da localização geográfica) como elemento estruturante da sua experiência da cidade. O seguinte capítulo abordará esta questão.

Descolonizando (o direito à) a cidade

As epistemologias do Sul convidam-nos a aplicar a "sociologia das ausências e das emergências" para mapear os silêncios e as aspirações que a narrativa dominante não permite pronunciar, bem como para interpretar

[11] Consultar também Alfonsin (2006).

de forma expansiva aquelas experiências embrionárias que desafiam o paradigma dominante (Santos, 2005: 69; 2009a: 574). Durante o trabalho de campo realizado em São Paulo, procurei olhar para espaços tradicionalmente marginalizados como lugares de produção de conhecimentos e de discussão de questões urbanas. Com este farol a guiar a viagem, apercebi-me de que os jovens não pertenciam, de maneira significativa, às plataformas históricas de luta pelo direito à cidade e de que se expressavam através de outras linguagens: os grafitis, o *rap*, o *break* (ou seja, o *hip-hop*) ou a poesia periférica que emanava dos saraus. Não é objetivo deste capítulo traçar a genealogia destas expressões artístico-culturais ou mapeá-las em detalhe,[12] mas, sim, mostrar que existem outras narrativas, outras formas de expressão e outros sujeitos que, embora não emerjam das análises habituais sobre o direito à cidade, são portadores de elementos de luta relevantes para esta bandeira política.

Tanto o *hip-hop* (de protesto)[13] como a poesia periférica configuraram um fenómeno cultural enormemente rico que tem vindo a denominar-se como "estéticas das periferias" (Leite, 2013: 25), uma expressão de dissidência artística, social e política através da qual sujeitos historicamente inferiorizados por serem "pretos, pobres e periféricos" se expressaram e afirmaram a sua identidade. Para isso, utilizaram a música, a literatura, as artes plásticas ou a dança (não sem antes subverter o cânone artístico hegemónico)[14] para lançar duras críticas contra a discriminação racial, a violência policial ou as más condições de vida nas periferias, entre outros temas recorrentes. As suas mensagens, elaboradas num estilo direto e tomando como ponto de partida as suas experiências de vida, refletem claramente a existência de uma "linha abissal" (Santos, 2009b) entre os sujeitos urbanos que contam e aqueles que se situam abaixo do limiar do humano. Neste sentido, o *rap* "Da ponte para cá", de Racionais MC's, relata a vivência de muitos dos habitantes da zona sul de São Paulo: a Ponte do Socorro é a demarcação de quem está num e noutro lado da linha.

[12] Para isso, consultar, por exemplo, Vaz (2008), Moassab (2011), Leite (2013) Camargos (2015).

[13] Obviamente, o *hip-hop* brasileiro não é um fenómeno monolítico. No entanto, uma das suas mais amplas tendências desde a década de 1990 foi o *hip-hop* de protesto ou engajado. "*Rap* é compromisso" anunciava o *rapper* Sabotage no título de uma das suas canções mais conhecidas (que também intitulou o álbum que publicou em 2001).

[14] O poeta Sérgio Vaz relata: "Dizem por aí que alguns sábios não estão gostando nada de ver a palavra bonita beijando gente feia" (Vaz, 2008: 117). Quanto ao *hip-hop*, Camargos descreve como, no início, não era considerado cultura por utilizar palavras de "baixo nível" e por não requerer (segundo o critério de alguns críticos musicais) conhecimentos musicais (Camargos, 2015: 59, 74).

Não adianta querer, tem que ser, tem que pá,
O mundo é diferente da ponte pra cá!
Não adianta querer ser, tem que ter pra trocar,
O mundo é diferente da ponte pra cá.
Da Ponte para cá, Racionais MC's

A presença do urbano neste *rap* não é casual. Poderiam ser apresentadas numerosas letras de *rap*, poesias ou grafites de temática eminentemente urbana. As "estéticas das periferias" são definidas pela sua ancoragem territorial, tanto quanto ao uso do espaço público enquanto espaço artístico e político, como ao facto de o território definir grande parte das suas reivindicações e da sua idiossincrasia. Daí que constituam um fenómeno extremamente relevante para a luta brasileira pelo direito à cidade. Ao contrário desta, no entanto, as "estéticas das periferias" construíram uma narrativa que expressa a "colonialidade territorial do ser" que, por sua vez, desafiam. Nestas expressões, uma das categorias modernas de hierarquização social, a raça, é incorporada numa espécie de ato antropofágico em que a negritude se converte numa opção política, numa "atitude" (Vaz, 2008: 64) adotada voluntariamente:

– Se você me perguntasse durante o questionário de trabalho como me classifico, diria que sou mestiço. Tenho consciência que sou formado como a maioria do povo brasileiro. Com a mistura de indígena, branco e negro. Sou isso tudo.

– Mas acabou de dizer que é o único negro aqui.

– Ser negro é mais do que a simples aparência, cor da pele, textura do cabelo ou formato do nariz. Ser negro é uma opção política de autoafirmação. (C., 2012: 55).

Este posicionamento político descolonial expresso através da arte e da ampla repercussão que teve nas periferias paulistas ajudou a valorizar a identidade dos seus habitantes e a subverter a cartografia urbana hegemónica, dignificando a pertença a esse outro lado da linha abissal. Este papel no campo do simbólico e do epistemológico é um terreno que a luta histórica pelo direito à cidade ainda não explorou. Os seus protagonistas centraram a sua atividade no espaço estrutural de produção de poder que Santos denominou como o da "cidadania", cuja unidade de prática social é o Estado (Santos, 2000). De modo que, historicamente, foram priorizados o diálogo com o Estado e a influência na política institucional. Pelo contrário, a arte urbana personificada pelas "estéticas das periferias" situou-se noutro espaço estrutural, o da "comunidade", a partir de onde foi (re)construída uma identidade própria através da afirmação de experiências e narrativas locais. Esta primeira divergência esconde outra de maior envergadura: enquanto os primeiros incidiram no "modo de produção do direito", os segundos contribuíram para ampliar o "modo de produção do senso comum", erguendo a diferença (racial, de classe, geracional, geográfica) em função de uma identidade ressignificada e valorizada.

Se a luta histórica pelo direito à cidade no Brasil contribuiu de forma significativa para criar uma narrativa com a qual desmercantilizar a cidade, as "estéticas das periferias" mostram como, na cidade de São Paulo, a arte e a cultura "de baixo" têm um grande potencial para a descolonização urbana. E embora não utilizem a bandeira do direito à cidade de maneira explícita, perseguem um horizonte afim, ao mesmo tempo que revelam fatores geradores de "*apartheid* urbano" que poderiam contribuir para aprofundar o potencial emancipatório do direito à cidade. O grande desafio de ambos os fenómenos, no entanto, continua a ser a despatriarcalização. A voz das mulheres é significativamente minoritária. Quanto ao movimento de reforma urbana, ainda que as bases dos movimentos estejam repletas de mulheres, estas não lideram as estruturas nem têm geralmente um papel protagonista. E, no que se refere às "estéticas das periferias", sem prejuízo de honrosas exceções (Dinha, na poesia periférica, ou Dina Di, Negra Li ou Sharylaine no *hip-hop*, entre outras), a voz que predomina é também a dos homens. Sem que a perspetiva de género esteja efetivamente integrada em qualquer projeto social, político ou cultural tido como transformador, a emancipação social continuará a ser uma utopia.

Reflexões finais

Para conseguir a transformação social, é necessário que estejam reunidas três condições: a social, a político-institucional e a cultural (Borja, 2000). A social corresponde à existência de mobilizações cidadãs. A político-institucional, à capacidade de gerar mudanças legislativas e novas políticas públicas. E a cultural refere-se a uma mudança nos valores, na mentalidade reinante ou até numa mudança de paradigma. A luta histórica pelo direito à cidade no Brasil foi fruto de fortes mobilizações sociais (eixo social) e teve um impacto importante em termos legislativos e políticos (eixo político-institucional), com o objetivo de desmercantilizar a cidade. O eixo simbólico-cultural não fez parte das exigências históricas, mas isso não significa que não tenha sido abordado. Para descobrir esse direito à cidade "não pronunciado" que contribuiu para descolonizar a cidade, é necessário olhar para outros atores que descentraram a cartografia urbana hegemónica, situando a periferia (entendida não apenas em termos geográficos, mas também sociais) no centro. A partir da experiência paulista, quis mostrar que determinadas expressões da arte urbana, como as "estéticas da periferia", têm um papel muito importante em termos simbólico-culturais na descolonização das subjetividades e do imaginário coletivo. O diálogo entre este direito à cidade "não pronunciado" e os atores históricos que agitaram esta bandeira política poderia aproximar o direito à cidade do horizonte proposto pelas epistemologias do Sul, que consiste em desmercantilizar, descolonizar e despatriarcalizar a cidade. O maior desafio que ambos os processos enfrentam é, no entanto, perseguir de forma efetiva este último objetivo: a despatriarcalização. Como nos convida a pensar Dinha a partir da zona sul de São Paulo, de nada serve libertar-se do jugo da opressão de classe e de raça se continuar a ser perpetuado o jugo que submete metade da humanidade.

> Eu queria escrever
> um poema. Um poema
> que proclamasse
> LIBERDADE A NELSON MANDELA
> mas Mandela há muito
> tempo está livre
> .eu não.
> Por isso pus no pescoço esse colar em que se lê
> LIBERDADE
> E sentei para escrever este poema.
>
> *Liberdade para Nelson Mandela*, Dinha (2008)

Referências bibliográficas

Alfonsin, Betânia (2006), "Cidade para todos/cidade para todas – Vendo a cidade através do olhar das mulheres", *in* Edésio Fernandes e Betânia Alfonsin (orgs.), *Direito Urbanístico. Estudos Brasileiros e Internacionais.* Belo Horizonte: Del Rey, 253-264.

Allegretti, Giovanni; Herzberg, Carsten (2004), *El "retorno de las carabelas". Los presupuestos participativos de América Latina en el contexto europeo.* Amesterdão: Transnational Institute.

Asamblea Constituyente (2008), "Constitución de la República del Ecuador", *Registro Oficial*, 449, de 20 de outubro. Disponível em: <https://www.corteconstitucional.gob.ec/images/contenidos/quienes-somos/Constitucion_politica.pdf>.

Assembleia Nacional Constituinte (1988), "Constituição da República Federativa do Brasil", *Diário Oficial*, 191-A, de 5 de outubro. Disponível em: <http://www.senado.gov.br/atividade/const/con1988/CON1988_05.10.1988/CON1988.pdf>.

Borja, Jordi (2000), "Los desafíos del territorio y los derechos de la ciudadanía", *La Factoría*, 10. Disponível em: <http://cite.flacsoandes.edu.ec/i/borja-j_2000_los-desafios-del-territorio-y-los-derechos-de-la-ciudadania/>.

C., Toni (2012), *O hip-hop está morto!: A história do hip-hop no Brasil.* São Paulo: Edição do autor.

Caldeira, Teresa Pires do Rio (2007), *Ciudad de muros.* Barcelona: Gedisa.

Camargos, Roberto (2015), *Rap e política: Percepções da vida social brasileira.* São Paulo: Boitempo.

Castro-Gómez, Santiago (2012), "Los avatares de la crítica decolonial", *Tabula Rasa*, 16, 213–230. Consultado a 25.05.2016. Disponível em: <http://www.revistatabularasa.org/numero-16/11entrevista-castro.pdf>.

Castro-Gómez, Santiago; Grosfoguel, Ramón (orgs.) (2007), *El giro decolonial. Reflexiones para una diversidad epistémica más allá del capitalismo global.* Bogotá: Siglo del Hombre.

Congresso Nacional (2001), "Lei n.º 10.257, de 10 de julho de 2001", *Diário Oficial*, 133, de 11 de julho, secção 1: 1-5. Disponível em: <http://www.planalto.gov.br/ccivil_03/LEIS/LEIS_2001/L10257.htm>.

Correa Montoya, Lucas (2010), "Algunas reflexiones y posibilidades del derecho a la ciudad en Colombia: Los retos de la igualdad, la participación y el goce de los derechos humanos en los contextos urbanos", *Revista Jurídica de la Universidad de Palermo,* 11(1), 31–73. Disponível em: <http://www.palermo.edu/derecho/revista_juridica/pub-11/11Juridica03.pdf>.

Crenshaw, Kimberlé (1991), "Mapping the margins: Intersectionality, identity politics, and violence against women of color", *Stanford Law Review*, 43(6), 1241–1299. DOI: <https://doi.org/10.2307/1229039>.

Dikec, Mustafa (2007), *Badlands of the Republic. Space, politics and urban policy.* Malden, MA: Blackwell.

Dinha (2008), *De passagem mas não a passeio.* São Paulo: Global (Literatura Periférica).

Fanon, Frantz (2002), *Les damnés de la terre.* Paris: La Découverte & Syros.

Farrés Delgado, Yasser; Matarán Ruiz, Alberto (2012), "Colonialidad territorial: para analizar a Foucault en el marco de la desterritorialización de la metrópoli", *Tabula Rasa,* 16, 139–159. Consultado a 25.05.2016. Disponível em: <http://www.revistatabularasa.org/numero-16/08farres.pdf>.

Fernandes, Edésio (2002), "Um novo estatuto para as cidades brasileiras", *in* Letícia Marques Osório (org.), *Estatuto da Cidade e reforma urbana: novas perspectivas para as cidades brasileiras.* Porto Alegre: Sergio Antonio Fabris, 7–13.

Freitag, Barbara (2012), *Teorias da cidade.* Campinas: Papirus.

Garcia Chueca, Eva Maria (2013), "Towards a cosmopolitan notion of human rights. Social movements and local governments: two different actors spearheading the right to the city", *in* Nancy Duxbury (org.), *Rethinking urban inclusion: spaces, mobilisations, interventions.* Cescontexto – Debates, 2, 429–442. Consultado a 25.05.2016. Disponível em: <www.ces.uc.pt/publicacoes/cescontexto/ficheiros/cescontexto_debates_ii.pdf>.

Garcia Chueca, Eva Maria; Allegretti, Giovanni (2015), "El derecho a la ciudad en Europa", *in* Plataforma Global pelo Direito à Cidade (org.), *Avanzando en la implementación del derecho a la ciudad en América Latina y a nivel internacional*. Instituto Pólis, Habitat International Coalition e Fórum Nacional de Reforma Urbana, 69–144. Consultado a 25.05.2016. Disponível em: <http://polis.org.br/wp-content/uploads/Derecho-a-la-Ciudad.pdf>.

Grazia, Grazia de (2002), "Estatuto da Cidade: Uma longa história com vitórias e derrotas", *in* Letícia Marques Osório (org.), *Estatuto da Cidade e reforma urbana: Novas perspectivas para as cidades brasileiras*. Porto Alegre: Sergio Antonio Fabris, 15–37.

Harvey, David (2008), "The right to the city", *New Left Review,* 53, 23–40. Disponível em: <https://newleftreview.org/II/53>.

Herce, Manuel (2013), *El negocio del territorio. Evolución y perspectivas de la ciudad moderna*. Madrid: Alianza.

Lefebvre, Henri (1971), *De lo rural a lo urbano*. Barcelona: Península.

Lefebvre, Henri (2000), *La production de l'espace*. Paris: Anthropos [4.ª ed.; orig. 1974].

Lefebvre, Henri (2009), *Le droit à la ville*. Paris: Economica-Anthropos [3.ª ed.; orig. 1968].

Leite, Antonio Eleilson (org.) (2013), *Graffiti em SP: Tendências contemporâneas*. Rio de Janeiro: Aeroplano.

Miles, Malcolm (2005), *Art, space and the city*. Londres: Routledge.

Marcuse, Peter (2012), "Whose right(s) to what city", *in* Neil Brenner, Peter Marcuse e Margit Mayer (orgs.), *Cities for people, not for profit. Critical urban theory and the right to the city*. Londres: Routledge, 24–41.

Maricato, Erminia (2006), "O ministério das cidades e a política nacional de desenvolvimento urbano", *IPEA. Políticas Sociais – Acompanhamento e Análise,* 12, 211–220. Disponível em: <http://www.en.ipea.gov.br/agencia/images/stories/PDFs/politicas_sociais/ensaio2_ministerio12.pdf>.

Maricato, Erminia (2009), "Fighting for just cities in capitalism's periphery", *in* Peter Marcuse *et al.* (orgs.), *Searching for the Just City. Debates in urban theory and practice*. Londres: Routledge, 194–213.

Maricato, Erminia (2010), "The statute of the peripheral city", *in* Celso Santos Carvalho e Anaclaudia Rossbach (orgs.), *The city statute. A commentary*. São Paulo: Ministry of Cities; Cities Alliance, 5–22. Disponível em: <https://www.citiesalliance.org/sites/default/files/CA_Images/CityStatuteofBrazil_English_Ch1.pdf>.

Moassab, Andreia (2011), *Brasil periferia(s). A comunicação insurgente do hip-hop*. São Paulo: EDUC.

Osório, Letícia Marques; Menegassi, Jacqueline (2002), "A reapropriação das cidades no contexto da globalização", *in* Letícia Marques Osório (org.), *Estatuto da Cidade e reforma urbana: novas perspectivas para as cidades brasileiras*. Porto Alegre: Sergio Antonio Fabris, 39–60.

Pinto Valencia, Vanessa (2013), "El derecho a la ciudad en el Ecuador, de la Constitución a la 'vida real'". Consultado a 25.05.2016, em: <http://archivo.hic-al.org/documentos.cfm?id_categoria=14>.

Pithouse, Richard (2010), "Abahlali baseMjondolo y la lucha popular por el derecho a la ciudad en Durban, Sudáfrica", *in* Ana Sugranyes e Charlotte Mathivet (orgs.), *Ciudades para tod@s. Por el derecho a la ciudad, propuestas y experiencias*. Santiago de Chile: Habitat International Coalition, 141–149 [2.ª ed.].

Plataforma Global pelo Direito à Cidade (2015), *Avanzando en la implementación del derecho a la ciudad en América Latina y a nivel internacional*. Instituto Pólis, Habitat International Coalition e Fórum Nacional de Reforma Urbana. Consultado a 25.05.2016. Disponível em: <http://polis.org.br/wp-content/uploads/Derecho-a-la-Ciudad.pdf>.

Purcell, Mark (2002), "Excavating Lefebvre: The right to the city and its urban politics of the inhabitant", *GeoJournal*, 58(2–3), 99–108. DOI: <https://doi.org/10.1023/B:GEJO.0000010829.62237.8f>.

Romeiro, Paulo; Guimarães, Irene M. S dos Santos; Koetz, Vanessa (2015), "Derecho a la Ciudad en América Latina", *in* Plataforma Global pelo Direito à Cidade (org.), *Avanzando en la implementación del derecho a la ciudad en América Latina y a nivel internacional*, 7–67. Instituto Pólis, Habitat International Coalition e Fórum Nacional de Reforma Urbana. Consultado a 25.05.2016. Disponível em: <http://polis.org.br/wp-content/uploads/Derecho-a-la-Ciudad.pdf>.

Santos, Boaventura de Sousa (2000), *A crítica da razão indolente: Contra o desperdício da experiencia*. Porto: Afrontamento.

Santos, Boaventura de Sousa (2005), *El milenio huérfano. Ensayos para una nueva cultura política*. Madrid/Bogotá: Trotta/ILSA.

Santos, Boaventura de Sousa (2009a), *Sociología jurídica crítica. Para un nuevo sentido común en el derecho*. Madrid/Bogotá: Trotta/ILSA.

Santos, Boaventura de Sousa (2009b), "Para além do pensamento abissal: Das linhas globais a uma ecologia de saberes", *in* Boaventura de Sousa Santos e Maria Paula Meneses (orgs.), *Epistemologias do Sul*. Coimbra: Almedina, 23–71.

Schmid, Christian (2012), "Henri Lefebvre, the right to the city, and the new metropolitan mainstream" *in* Neil Brenner, Peter Marcuse e Margit Mayer (orgs.), *Cities for people, not for profit. Critical urban theory and the right to the city*. Londres: Routledge, 42–62.

Souto, Anna Luiza; Paz, Rosangela (orgs.) (2012), "Novas lentes sobre a participação: Utopias, agendas e desafios", *Revista Pólis,* 52. Disponível em: <http://polis.org.br/publicacoes/novas-lentes-sobre-a-participacao-utopias-agendas-e-desafios/>.

Vaz, Sérgio (2008), *Cooperifa. Antropofagia periférica*. Rio de Janeiro: Aeroplano.

CAPÍTULO 17

O poder do racismo na academia: produção de conhecimento e disputas políticas

Marta Araújo
Silvia R. Maeso

Introdução

No contexto europeu dos últimos anos, a questão do racismo tem sido abordada com mais frequência no debate público, em particular nos média, nomeadamente através da denúncia de casos de segregação, situações de violência policial e questões de representação cultural. Não obstante, tais debates tendem a deslocar a atenção para a ponta do icebergue ao serem sustentados, e sustentarem, uma abordagem eurocêntrica do racismo, que o explica como fruto do preconceito por parte de indivíduos pouco recetivos à diferença (no planeamento urbano, nas forças policiais ou na indústria cultural). O paradigma do preconceito (Henriques, 1998) – que resiste a questionar como a diferença é produzida – invisibiliza outros entendimentos do racismo que implicam soluções políticas distintas. A sua hegemonia reproduz a ausência de um debate sobre as diferentes conceptualizações de racismo que estão subjacentes aos termos da discussão e às soluções políticas implicitamente propostas; uma ausência que tem sido naturalizada e legitimada em vários âmbitos.[1] Tal como formulado por Boaventura de Sousa Santos, a respeito de uma "sociologia das ausências",

> o que não existe é, na verdade, activamente produzido como tal, isto é, como uma alternativa não-credível ao que existe. O seu objecto empírico é considerado impossível à luz das ciências sociais convencionais,

[1] Ver também Araújo (2013).

pelo que a sua simples formulação representa já uma ruptura com elas. (Santos, 2002: 246)

Nesse sentido, pretendemos com este capítulo contribuir para questionar a conceção de racismo que circula quer no domínio académico, quer no político, e que consagra relações de poder específicas. Consideramos fulcral compreender como se têm deslegitimado as propostas de uma análise sistemática e aprofundada do racismo enquanto legado das governamentalidades raciais dos projetos imperiais europeus, institucionalizado nas democracias contemporâneas (Hesse, 2004).

Propomos que a ausência de um debate sobre a produção de conhecimento em torno do racismo, e os diferentes projetos políticos que lhe estão associados, deve ser compreendida como resultante do consenso sobre raça formado no Ocidente a partir do período entre guerras e sobretudo na década de 1950. Frank Füredi (1998), em *The Silent War: Imperialism and the Changing Perception of Race*, notou a mudança de um sentimento de confiança e superioridade racial para um de ansiedades e medos raciais no contexto da perceção de declínio do Ocidente após a crise moral associada ao reconhecimento do Holocausto. A "etiqueta racial" emergente (ilustrada pela fundação da UNESCO em 1945) exigia que se condenasse formalmente o racismo como meio de dissuasão de uma mobilização internacional em torno da raça, no contexto das lutas de libertação nacional, da Guerra Fria, do movimento dos direitos civis nos EUA e da luta contra o Apartheid na África do Sul. Ou seja, o "protocolo silencioso sobre raça" pretendeu conter a "reação" ao racismo mais do que combater este fenómeno histórico e político. Como tal, a condenação formal do racismo não foi acompanhada por um comprometimento com a mudança das estruturas sociopolíticas geradoras das desigualdades raciais existentes (Füredi, 1998).

Este contexto é particularmente relevante para a compreensão do racismo na contemporaneidade dado que a sua conceptualização hegemónica está intimamente ligada à preocupação política e académica com o fascismo e o antissemitismo. O racismo foi associado ao Holocausto como "a experiência paradigmática que garante a abstração" (Hesse, 2004: 15), apagando as formas rotineiras de governamentalidade racial desenvolvidas pelos diversos projetos coloniais europeus. Assim se deu a ascensão da ideia de "preconceito racial" – o produto de ideologias específicas que forma um conjunto de crenças (2004: 11) – que se tornou prevalecente nas abordagens académicas e debates políticos desde então (designadamente, nas várias declarações da UNESCO sobre raça e preconceito racial a partir da década de 1950 [Barker, 2002: 476; Hesse, 2004]).

A análise que apresentamos neste capítulo pretende pôr em evidência a forma como a hegemonia de uma conceção particular de racismo (e os silêncios e ausências que sustém) leva à proteção e reprodução do privilégio racial na academia, considerando os processos e debates internacionais na sua relação com o contexto português. Assim, examinamos o enquadramento teórico-metodológico do paradigma dos estudos do preconceito e a sua centralidade na pesquisa contemporânea sobre o racismo, observando mais de perto o contexto português durante a década de 2000.[2] Seguidamente, na análise, contrasta-se o efeito despolitizador do paradigma do preconceito com as abordagens críticas e descoloniais da modernidade/colonialidade e do eurocentrismo na produção de conhecimento e que, consequentemente, propõem um "antirracismo político" para lutar contra o "racismo institucional". Em particular, incidiremos nas denúncias políticas e nos debates que têm tido lugar em diferentes universidades, entre as quais a Universidade de Coimbra e a Universidade de Warwick.

O paradigma do preconceito e a despolitização do racismo na produção de conhecimento[3]

A "etiqueta racial" emergente no período entre guerras viria a fortalecer-se durante a segunda metade do século com a proliferação de abordagens quantitativas do estudo do racismo – particularmente no campo da Psicologia Social nos Estados Unidos, em busca de estatuto científico. O paradigma dos estudos do preconceito caracteriza-se, de forma geral, pelo individualismo metodológico (Cohen, 1992: 77), pelo pressuposto de uma dicotomia sociedade-indivíduo (Henriques, 1998: 60) e por uma "abordagem clínica" das atitudes sociais na procura dos indivíduos racistas

[2] Os estudos sobre racismo são relativamente escassos em Portugal e apenas a partir do final da década de 1990 podem ser considerados um campo de investigação académica. Desde cedo, este foi marcado pelos estudos da Psicologia Social, da Sociologia das Desigualdades e das Migrações e da Geografia Urbana. Embora a investigação na Sociologia das Migrações e na Geografia Urbana em Portugal não se centre tão especificamente sobre o problema do racismo, os trabalhos neste âmbito fazem interpretações deste fenómeno que nos importa aqui considerar.

[3] Esta secção resultou da revisão de literatura efetuada no projeto *TOLERACE – The semantics of tolerance and (anti-)racism in Europe: Public bodies and civil society in comparative perspective* (2010-2013, EC, ref. 244633). O projeto foi coordenado por uma equipa de investigação do Centro de Estudos Sociais liderada por Boaventura de Sousa Santos, Silvia Maeso e Marta Araújo. Para mais informações, consultar <www.ces.uc.pt/projectos/tolerace>.

e tolerantes numa dada sociedade (Bonilla-Silva, 2003: 64). Com ênfase em processos cognitivos e interpessoais do "indivíduo racista", este paradigma tornou-se hegemónico na academia e na política desde então, influenciando a proposta de respostas legais e institucionais ao racismo, focalizadas no indivíduo (como campanhas de sensibilização e a aposta na formação), e a confiança na legislação como garante da igualdade, da dignidade e dos direitos humanos.

Nesta "abordagem clínica", os estereótipos são entendidos como um viés da representação correta, como "transgressões dos limites racionais do uso da categoria, ou seja, como categorias irracionais" (Goldberg, 1990: 321). Isto resulta da diferenciação que promove entre o "processamento racional e objetivo de informação que produz uma representação perfeita" (neste caso, do "imigrante/minoria") (Henriques, 1998: 75) e as "generalizações equivocadas" (1998: 73) baseadas no preconceito. Neste paradigma, torna-se possível discernir, por um lado, uma crença na racionalidade como ideal para as sociedades democráticas e, por outro, uma conceção do indivíduo como o *locus* da desintegração dessa racionalidade (1998: 66). Assim, a sociedade é exonerada e entendida como o lugar da democracia, da tolerância e dos direitos humanos (Goldberg, 2006, 2009), apenas ocasionalmente contaminada por algumas "maçãs podres" (Henriques, 1998: 62). Por outro lado, o "sujeito racista" é concebido como estando "socialmente doente" e, portanto, como não sendo moralmente responsável (Goldberg, 1990: 318). Tal reflete-se no uso de metáforas da doença para falar do racismo (ver, também, Hesse, 2004), sendo a metáfora do cancro especialmente recorrente, sugerindo que o racismo é anormal e uma externalidade, ou seja, um intruso a um corpo – a sociedade democrática – de outro modo saudável. Igualmente, está implícita na definição do racismo como viés irracional a associação do preconceito a um problema de pessoas sem instrução ou que não estão na posse da informação "correta". Este é um pressuposto muito comum na literatura académica sobre o racismo, incluindo em Portugal: sem uma conceção de um sistema de dominação racial, o paradigma do preconceito ajuda a entender o racismo como um "viés cognitivo" – justificado pela ignorância e o medo (sobretudo em tempos de "crise") – que pode ser "curado" pela informação e o conhecimento (Henriques, 1998; Goldberg, 1990; Sarup, 1991).[4] As citações seguintes são ilustrativas:

[4] A maioria das abordagens contemporâneas partilha deste pressuposto, propondo iniciativas políticas liberais para lidar com o racismo que tendem a evadir as suas dinâmicas de poder e a incidir na necessidade de conhecer o "outro".

> Um relatório do Observatório Europeu dos Fenómenos do Racismo e da Xenofobia, apresentado em março de 2005, afirma que a maioria dos portugueses sente que há um número excessivo de estrangeiros no país [...]. Esta posição é, por vezes, interpretada na imprensa como "resistência aos imigrantes" ou até mesmo xenofobia. Mas isto não é necessariamente o caso. É importante notar que os portugueses são a favor da igualdade de direitos civis e de uma sociedade multicultural. Além disso, este sentimento geral sobre o número "excessivo" de estrangeiros deve também ser entendido no contexto da atual conjuntura económica, marcada pela contração do mercado de trabalho e um aumento do desemprego. Finalmente, tem havido uma falta de informação sobre os benefícios económicos e sociais da imigração. (Fonseca, Malheiros e Silva, 2005: 4-5)

> Esta percepção [que vê os imigrantes como consumidores dos recursos colectivos] é facilitada pelo facto de nos *media* estar ausente a informação de que os imigrantes não competem com os cidadãos dos países de acolhimento nas mesmas áreas de trabalho, bem como a informação sobre o seu contributo para o crescimento económico. (Vala, Pereira e Ramos, 2006: 223)

Neste entender, o preconceito (que levaria a ver os imigrantes como "consumidores dos recursos coletivos") explica-se pela ausência da informação correta, capaz de contradizer este mito,[5] ficando implícita a prescrição da educação e de campanhas de sensibilização para curar este mal. Esta abordagem descura que a "'ignorância' é o efeito de um conhecimento particular e não de uma ausência de conhecimento" (Lesko e Bloom, 1998: 380), marginalizando assim considerações sobre ideologia e estrutura.

No paradigma do preconceito, a investigação, quando enquadra tais indivíduos ("racistas") coletivamente, tende a fazê-lo concentrando-se nos que são considerados grupos desviantes, como as organizações extremistas. Isto ajuda a enquadrar o racismo como estando nas margens da cultura social e política, como Paul Gilroy argumentou para o contexto britânico:

> O preço de sobreidentificar a luta contra o racismo com as atividades desses grupos e pequenas fações extremistas é que, por mais que possam colocar um problema numa área particular (e eu não nego a necessidade de se combater a sua organização), eles são excecionais. Existem à margem da cultura política [...]. Um ponto de partida

[5] Para uma análise desta lógica nos discursos político-académicos em Portugal a partir da década de 2000, ver Maeso e Araújo (2013, 2014).

> mais produtivo é proporcionado se nos concentrarmos no racismo convencional e se virmos "raça" e racismo não como questões marginais, mas como uma presença volátil no centro da política britânica. (GILROY, 1992: 51)

Pelo contrário, muito do trabalho académico neste âmbito promove um entendimento estreito do racismo – reduzindo o político à atividade das organizações de extrema-direita e absolvendo os partidos mais "moderados" – pelo que apenas o reconhece nas suas expressões mais óbvias (designadamente, "a politização dos discursos anti-imigração" [MARQUES, 2007: 33]):

> Poderá dizer-se que em Portugal não só não existe um racismo assumido como são extremamente raros os casos de racismo militante. Tanto a opinião pública como as autoridades oficiais condenaram sempre com firmeza os incidentes de natureza racista ocorridos na última década. (BAGANHA e MARQUES, 2001: 70)

> Portugal é um dos países da União Europeia onde não têm praticamente expressão social ou eleitoral partidos ou forças políticas que acolham e promovam ideologias racistas ou xenófobas. (MACHADO, 2001: 53)

Isto leva, frequentemente, a eliminar a esfera do poder das preocupações académicas com o racismo, descartando-se a necessidade de investigar as suas expressões "bem-intencionadas" ou "moderadas" no centrismo político ou no topo das instituições democráticas, protegendo-se assim o privilégio racial das elites (VAN DIJK, 1993).

Por conseguinte, muito do trabalho académico neste paradigma continua a separar o racismo das formas rotineiras de governamentalidade racializada, o que por sua vez determina o que é identificado como racista, tornando o racismo dependente da motivação e intencionalidade (por exemplo, MACHADO, 2001: 6061). Isto constrói efetivamente o racismo como uma externalidade, "uma afronta ideológica aberrante aos ideais duradouros do Iluminismo e aos valores da tradição judaico-cristã" (HESSE, 2004: 22), em vez de o considerar como uma prática política inerente à constituição do Estado-nação na história da Europa. Os seguintes exemplos são ilustrativos da prevalência desta ideia do racismo como externo à Europa e às noções de europeidade:

> Nas sociedades modernas, o racismo constitui, de facto, uma traição aos valores proclamados, um afastamento significativo à norma da igualdade.
> Numa jovem democracia que se baseia no princípio da cidadania universal, construída sobre as cinzas de um regime de inspiração fascista, as manifestações racistas constituem efectivamente afastamentos

> graves aos valores da igualdade cívica, política e jurídica. (Marques, 2007: 15)
>
> O combate ao racismo faz-se de diversas formas, desde a punição exemplar dos crimes violentos de natureza racista, à afirmação dos valores civilizacionais de igualdade e respeito pela dignidade dos seres humanos. (Amâncio, 2007: 910)

Esta externalização do racismo – nas margens da "sociedade democrática" – é simultânea à naturalização do próprio preconceito e à reificação da diferença.

O Inquérito Social Europeu – um inquérito académico transnacional aplicado em 24 países – parece ter sido determinante na consolidação da abordagem do racismo enquanto atitudes sociais preconceituosas, sobretudo a partir da década iniciada em 2000. Nestes estudos, identifica-se o preconceito como ocorrendo de um "endogrupo" em direção a um "exogrupo" (Vala, Brito e Lopes, 1999), ou nas relações entre minoria e maioria, assumindo-se problematicamente a rigidez de tais grupos. As citações a seguir mostram como esta abordagem contribui, por um lado, para reduzir o racismo ao etnocentrismo e à heterofobia – naturalizando-os – e, por outro, para a essencialização das "minorias étnicas" e a deslegitimação da "perceção" de racismo:

> Ao nível das diferenças individuais de tipo psicológico, são incluídas, no nosso modelo, as seguintes variáveis: o *etnocentrismo*, ou orientação para a rejeição de exogrupos, variável que decorre dos estudos de Adorno *et al.* (1950), de acordo com os quais a discriminação de um exogrupo é, apenas, um sintoma de uma orientação mais geral para a discriminação de qualquer exogrupo. (Vala, Brito e Lopes, 1999: 182-183)
>
> Sabe-se que os guineenses de etnias muçulmanas vivem espacialmente mais concentrados do que a média, têm sociabilidades intraétnicas fortes e interétnicas fracas e são os mais contrastantes com a sociedade envolvente em termos linguísticos e religiosos (Machado, 1999). Se somarmos a isso o facto de serem também os mais visíveis na sua diferença, devido ao uso de indumentária própria que os distingue de todos os outros, não será errado pensar que possam, por esse acumulado de diferenças, ser mais vezes alvo de manifestações que tomem como racistas, e que seja justamente isso que as suas percepções reflectem. (Machado, 2001: 69)

Com esta reificação da diferença, a raça transforma-se "na força do preconceito exercida contra os recém-chegados [...] um excesso irracional"

(Goldberg, 2009: 162). A ênfase já não recai sobre o racismo, mas sobre as "outras" "culturas" e "estilos de vida" – vistos como categorias discretas e claramente identificáveis, essencializadas e abordadas como patológicas. Tal abre o caminho a uma compreensão do racismo como o medo do desconhecido e à hostilidade para com aqueles percebidos como uma ameaça "ao nosso modo de vida", ou seja, uma resposta natural ao "outro", que evoca o que Teun van Dijk designou como o "argumento da ubiquidade [...], que diz que o preconceito e a discriminação são propriedades humanas universais" (1993: 169).[6] Esta abordagem dá assim uma explicação das "atitudes racistas" como uma questão de "contraste social e cultural", reificando o "hiato" entre os "nacionais", tidos como homogéneos, e os "imigrantes/minorias" (por exemplo, Machado, 2001: 71; Marques, 2007: 50).

A naturalização da hostilidade (Barker, 1981) transforma efetivamente o problema da discriminação num problema de "integração" – dependente do tal grau de contraste social e cultural – e as suas vítimas em "potenciais objetos de tolerância" (Brown, 2006: 3):

> No caso português, [...] o racismo anticiganos é mais forte do que o antiafricanos, que é, por sua vez, mais forte do que o racismo anti-indianos, relativamente pouco comum. Ora, a minoria cigana é justamente aquela que mais contrastes sociais e culturais acumula, as várias populações africanas têm contrastes sociais acentuados, mas continuidades significativas em termos de sociabilidade, língua ou religião, ao passo que as minorias indianas combinam contrastes culturais com continuidades sociais. (Machado, 2001: 71-72)

> Inversamente ao que se passa nos países de imigração mais antiga, os imigrantes não são, por enquanto, alvos de um racismo de carácter diferencialista; o que se pode ficar a dever a várias ordens de factores: em primeiro lugar é preciso sublinhar a existência de continuidades culturais significativas entre os imigrantes de origem africana e os portugueses com os quais eles estão em contacto mais directo. Isto é, contrariamente ao exemplo dos países da Europa do Norte, não se registam contrastes culturais verdadeiramente significativos – ao nível da língua, da religião e mesmo das estruturas familiares – entre a maior parte das populações com origem na imigração e a população autóctone. (Marques, 2007: 50–51)

Apoiando-se numa visão sobre o preconceito como um conjunto de conhecimentos imprecisos sobre o "outro", esta abordagem acaba por

6 Ver também Goldberg (1990: 320-322).

transformar "o objeto de estudo da pessoa preconceituosa no objeto de estímulo" (Sarup, 1991: 56): "culpam-se as vítimas" do racismo – constituídas como o "desconhecido" –, em vez de se incidir sobre o sujeito "desconhecedor" (1991: 56) e sobre a formação desse desconhecimento. Como resultado, o problema em discussão já não é a discriminação, mas a diferença. A "prova" da vontade de integração é a solução:

> Os indivíduos naturais da Europa de Leste têm frequentemente (ou proclamam ter) qualificações de nível superior [...] embora, para muitos dos imigrantes destas proveniências, os empregos a que inicialmente podem aceder estarão sensivelmente abaixo das qualificações que realmente possuem, é de prever que, quando possuidores de um adequado domínio da nossa língua e tenham feito prova de capacidades de desempenho em trabalhos de natureza mais qualificada ou especializada, a eles venham progressivamente a ter acesso. (Rocha-Trindade, 2003: 177)

De facto, esta inversão de lógica reflete a ideia de que é a diversidade racial e cultural – e não a sua gestão política ou as lógicas do racismo – que cria tensões e conflitos, como se demonstra a seguir:

> A conflitualidade étnica ou "racial" observável nos subúrbios das principais cidades tem as suas fontes na problemática da mobilidade social, no temor da exclusão e na inquietude face à equiparação ao estatuto social de "imigrante". O racismo manifesta-se, então, através da transferência das dificuldades concretas dos autóctones para a presença próxima de populações com origem na imigração. (Marques, 2007: 41)

Consequentemente, a maioria dos estudos empíricos sobre o racismo em Portugal tem sido realizada na área metropolitana de Lisboa – onde tendem a estar localizados os "imigrantes" e as "minorias étnicas"; o espaço da sua *concentração empírica* (Machado, 2001; Ferreira, 2003). Tal pressupõe e reproduz a ideia de hostilidade ou medo como reação natural ao "contacto" com a "presença" de "imigrantes" ou "minorias", na sua maioria em "bairros desfavorecidos". Esta leitura do racismo como resultante do contacto direto com o "outro" explica-o como o contraste entre o "exotismo" do imigrante e a "modernidade" da sociedade de acolhimento (Sayyid, 2004; Hesse e Sayyid, 2006).

Significativamente, a abordagem do racismo que procurámos delinear a partir do caso português é hegemónica também noutros contextos, como analisaremos em seguida a partir de vários casos de disputas políticas em espaços universitários.

O (anti)racismo como disputa política, a universidade como espaço de luta

Em março de 2016, uma edição do programa de debate *Ce soir (ou jamais!)* – emitido por um dos principais canais públicos da televisão francesa – foi dedicada à luta antirracista e às divergências no seu seio: "Qual é o ponto da situação da luta antirracista? Tem falhado?", foram as perguntas de partida. Frédéric Taddeï, o jornalista que moderou o debate, começou por questionar os convidados: "O que tem mudado na luta antirracista?" As diferentes respostas refletem o mapa político da disputa em torno do (anti)racismo no contexto europeu, além das especificidades histórico-políticas da sociedade francesa: o fotógrafo Oliviero Toscani[7] considerou que o racismo não é relevante, pois a principal divisão é aquela entre ricos e pobres, e argumentou que se nos declaramos antirracistas, aceitamos o racismo; Emmanuel Debono, historiador, afirmou que o movimento antirracista tem estado sempre profundamente dividido, mas que tem havido uma transição do universalismo para uma forma de militância mais comunitarista; Nadia Remadna, mediadora em bairros periféricos e fundadora da associação La *brigade des* mères, destacou que hoje existe um racismo intercomunitário nos bairros onde as populações estão presas na autovitimização; Maboula Soumahoro, professora de estudos afro-americanos e organizadora das *Journées Africana*, salientou que na atualidade os racializados têm tomado a palavra e que o racismo não é uma questão de sentimentos, mas um sistema de opressão, exclusão e marginalização; Houria Bouteldja, porta-voz do Partido dos Indígenas da República, assinalou a necessidade de precisar que falaria do racismo de Estado e não do racismo intercomunitário, portanto, do antirracismo político, da luta contra o racismo estrutural perante a hegemonia do antirracismo moral; finalmente, o politólogo Thomas Guénolé afirmou que aquilo que mudou foi o facto de hoje uma grande parte do antirracismo ser racista (i.e., constituir um "racismo antibranco") e usou como exemplo o trabalho político e intelectual de Houria Bouteldja.[8] A partir deste mapa

7 Autor de campanhas publicitárias para a marca italiana *United Colors of Benetton* nos anos 1990.

8 O referido debate foi emitido no dia 18 de março de 2016. Sabrina Goldman, representante da Liga Internacional contra o Racismo e o Antissemitismo (LICRA), e a politóloga Anastasia Colosimo também participaram no debate. Consultado a 11.04.2016, em <https://www.youtube.com/watch?v=eNl7G90aaFk&nohtml5=False>. O debate teve uma grande repercussão nas redes sociais e nos fóruns de discussão política de organizações tanto de extrema-direita como de esquerda. Houria Bouteldja e Maboula Soumahoro organizaram, no dia 28 de março no espaço *La Java*, em Paris,

de posicionamentos, podemos distinguir três clivagens no debate político que mostram os legados do processo de despolitização do (anti)racismo anteriormente analisado: primeiro, frente a uma compreensão do racismo como um sistema de opressão historicamente enraizado na modernidade/colonialidade (Quijano, 2000; Hesse, 2004; Goldberg, 2006; Dussel, 2008), domina uma conceptualização centrada na ubiquidade do preconceito na generalidade das relações sociais; segundo, o combate contra os processos políticos (por exemplo: legislação, políticas públicas e política internacional), que protegem/reproduzem o privilégio branco, é marginalizado através da moralização do antirracismo, que teria por missão educar e corrigir os sujeitos racistas (Cox, 1970 [1948]: 519–538; Henriques, 1998); finalmente, a "existência política" daqueles que são racializados (Khiari, 2009: 918; Bouteldja, 2016: 111–118) é deslegitimada por esse antirracismo moral que considera a própria "consciência" racial (i.e., as lutas políticas que assumem a existência do princípio da hierarquização das raças como produto histórico-político) como reprodutora do racismo.

É, portanto, fulcral assinalar que o antirracismo é um campo político atravessado por divergências fundamentais, tanto na produção de conhecimento sobre o próprio racismo como nas propostas de transformação política. No atual contexto europeu, e desde meados da década de 1990, os contornos destas divergências têm sido configurados pela incorporação de legislação antidiscriminação e de discursos sobre "diversidade" e "interculturalidade" no contexto das políticas públicas de diversos Estados. Em conjunto com as organizações antirracistas hegemónicas e as várias "indústrias académicas" neste âmbito (desde os estudos das migrações e das minorias, aos estudos do preconceito e atitudes), tem sido fortalecida a negação do racismo estrutural e a desacreditação do antirracismo político (ver Lentin, 2004, 2008; Essed e Nimako, 2006; Araújo, 2013; Maeso e Araújo, 2014).

Ainda que marginais, as abordagens descoloniais e os estudos críticos de raça na academia e nas organizações antirracistas desafiam a forma convencional, eurocêntrica, de abordar o problema do racismo no contexto euro-americano mais amplo. Dão continuidade às lutas políticas que, pelo menos desde a década de 1940, têm desenvolvido uma crítica radical aos estudos do preconceito e às políticas de "integração" ou de reforma moral.

um debate moderado por Nacira Guénif-Souilamas, socióloga e membro da *Marche des femmes pour la dignité* (Madef), para discutir o significado do debate televisivo e as suas consequências políticas. Consultado a 11.05.2016, em <http://www.reperes-antiracistes.org/2016/04/ce-soir-ou-jamais-sur-l-antiracisme-decryptage-par-h-bouteldja-m-soumahoro-n-guenif.html>.

Estas lutas têm avançado com uma apropriação subversiva do conceito de racismo, tal como analisado por Barnor Hesse no contexto norte-americano. Para Hesse, a emergência de uma "análise negra" (*black analytics*) – ou de uma "sociologia negra" no campo académico – confrontou a conceptualização do racismo (*qua* regime nazi) como uma aberração iliberal, assim como a proteção e o silenciamento da "normatividade branca" da governamentalidade colonial sobre o não-Ocidente (Hesse, 2014: 148-156). Nesse contexto, o sociólogo Oliver Cox elaborou, em 1948, uma crítica profunda às abordagens abstratas do racismo enquanto teorias gerais sobre o etnocentrismo e o conflito, ou como um conjunto de ideias e filosofias. Cox propôs situar a compreensão histórica de raça na modernidade e na dominação colonial dos europeus sobre os não-europeus (1970 [1948]: 477-484). Foi igualmente crítico em relação à construção do "problema do Negro" segundo Gunnar Myrdal e, em particular, a sua confiança na reforma moral dos brancos. Cox considerava que, entre outros aspetos, evadia a questão da "luta pelo poder" (1970 [1948]: 534) e enquadrava o preconceito racial como um "dilema moral" para, finalmente, confiar no "tempo" como "esse grande corretor de todos os males" (1970 [1948]: 538). Também contestando a abordagem dominante do "preconceito racial" e da questão da "intencionalidade" – que subjaz atualmente à abordagem moral do (anti)racismo –, Stokely Carmichael (mais tarde conhecido como Kwame Ture) e Charles Hamilton publicaram, em 1967, o livro *Black Power: The Politics of Liberation in America*. Estes intelectuais denunciaram o racismo decorrente da "inação" de pessoas "consagradas e respeitáveis", que contribuía para manter os negros num lugar subordinado nos EUA, numa situação de colonialismo interno – por exemplo, na habitação, educação e economia (Carmichael e Hamilton, 1971: 19–22). Assim, o "racismo institucional" foi conceptualizado como sendo "mantido deliberadamente pela estrutura de poder e pela indiferença, a inércia e a falta de coragem por parte das massas brancas, bem como por funcionários insignificantes" (1971: 38). Os trabalhos de Cox, Carmichael/Ture e Hamilton ilustram como a luta pela politização do antirracismo desde a década de 1940 tornou central a questão do poder, ao contrário das abordagens hegemónicas construídas em torno da desmistificação de estereótipos.

Nos últimos anos, o debate político sobre o (anti)racismo na universidade, tanto nas relações sociais quotidianas como na produção de conhecimento, tem reemergido no contexto euro-americano e neste processo podemos reconhecer a continuidade das divergências acima assinaladas. As universidades, como os Estados, apresentam-se como espaços institucionais onde "o racismo não é permitido", uma afirmação que, no entanto, acaba por se traduzir na ideia de que "o racismo não é um problema".

Passamos a analisar dois casos de denúncias de racismo, na Universidade de Coimbra e na Universidade de Warwick, que exemplificam a ausência de uma política antirracista eficaz nas universidades, uma situação que está intimamente relacionada com a persistência de uma abordagem eurocêntrica do racismo.

Na Universidade de Coimbra (UC), em janeiro de 2014, um grupo de estudantes lançou uma campanha de denúncia de várias situações de tratamento racista, sexista e homofóbico a que haviam sido submetidos por colegas e professores.[9] A campanha seguiu o modelo utilizado internacionalmente noutras universidades nos últimos anos, designadamente nos Estados Unidos, no qual os estudantes (geralmente figurando de forma anónima) envergavam cartazes com as ofensas verbais escutadas. A notícia dos atos discriminatórios foi divulgada pela primeira vez nos média brasileiros,[10] visto que a maioria dos estudantes que apresentaram as denúncias eram do Brasil. Além da campanha lançada nos meios de comunicação social, teve lugar uma pequena manifestação, no início de 2014, e foi enviada uma carta aberta à Universidade a solicitar a abertura de um inquérito oficial e a criação de um sistema de denúncia e combate à discriminação.[11]

A UC resistiu a aceitar as denúncias e não abriu um inquérito oficial. No seu *site* na Internet foi divulgada a sua posição oficial, em 17 de fevereiro de 2014 (UC, 2014), cujo texto acabou de facto por ajudar a "culpar as vítimas", construindo os estudantes que tinham sido assediados como "suspeitos" (afirmando publicamente que vieram "levantar suspeitas da existência de comportamentos xenófobos", de algum modo implicitamente sugerindo que os "autores das suspeitas" agiram irresponsavelmente, fornecendo relatos de "alegados casos" com "grande imprecisão" [UC, 2014]). A UC, a universidade mais internacionalizada do país,[12] reagiu também com o lançamento e circulação de vídeos com depoimentos de outros estudantes brasileiros a testemunhar o quão integrados se sentiam

9 Esta campanha teve o apoio da lista R, candidata às eleições para a Direção Geral da associação de estudantes da UC (AAC – Associação Académica de Coimbra).Ver <http://resetaaac.wix.com/lista-r#!/c1iqw>, consultado a 16.10.2015.

10 Ver <http://oglobo.globo.com/sociedade/educacao/alunos-denunciam-preconceito-na-universidade-de-coimbra-11263679>, consultado a 16.10.2015.

11 Participámos neste processo de denúncia e mobilização através da rede Coimbra Contra a Opressão.

12 Jornal *i*, de 13.11.2015, consultado a 31.01.2016, em <http://www.ionline.pt/480104>.

em Coimbra e na universidade[13] – contribuindo ainda mais para a construção daqueles que denunciaram os casos de discriminação como politicamente parciais e tendenciosos e, consequentemente, para a proteção do privilégio racial. Para tal, a UC reafirmou a sua posição de Torre de Marfim, evocando a sua história de luta intelectual pela liberdade:

> A secular convivência criativa entre estudantes de inúmeras origens é uma das mais fortes marcas distintivas da Universidade de Coimbra. A liberdade, o debate de ideias e a partilha de pontos de vista diferentes constituem um património que, como Universidade, muito prezamos. [...] A Universidade de Coimbra não está naturalmente imune aos problemas de preconceito e estereótipos da sociedade em que se insere. Num universo de mais de 30.000 pessoas há sempre discordâncias e desentendimentos pontuais, provocados pelas razões mais diversas, quer entre portugueses, quer entre cidadãos de outros países, quer envolvendo pessoas de diversas nacionalidades. Nada disso pode ser confundido com a existência de um ambiente de xenofobia na Universidade de Coimbra. (UC, 2014)

Neste excerto, chamamos a atenção para o conceito eurocêntrico de racismo (Hesse, 2004) que é invocado – no paradigma do preconceito –, cujo modelo se evade das práticas rotineiras de governamentalidade racializada herdadas do colonialismo e, portanto, do racismo institucional. Destacamos três aspetos: primeiro, a apresentação da universidade como historicamente livre de racismo e marcada pela "secular convivência"; segundo, a naturalização do "[suposto] ambiente de xenofobia", entendido como constituído por um conjunto de eventos fortuitos, resultantes de um problema "normal" de relações interpessoais; e, por último, a nivelação de uma relação de poder historicamente assimétrica. Através da ênfase na tradição de liberdade e de "debate de ideias" da UC, reinterpretam-se as ofensas verbais como uma mera "troca de opiniões" envolvendo pessoas da mesma, ou diferente, nacionalidade.

Em abril de 2014, duas estudantes e uma investigadora reuniram-se com o Provedor do Estudante da UC, que expressou a sua conformidade com a posição oficial da Universidade e enfatizou como o problema da ausência de queixas formais impedia a sua intervenção. Apesar das estudantes terem assinalado que sustentar as queixas numa perspetiva individualizada colocava a responsabilidade na vítima e tornava a sua conduta no objeto da

[13] Ver, por exemplo, <https://www.youtube.com/watch?v=5tvDawkL7Jg&list=PLXU1zPdSnJEEd9cexi-zW9AoFPqlCqjou>, consultado a 16.10.2015.

discussão, o provedor mostrou-se cético perante a possibilidade de a equipa reitoral vir a adotar um protocolo de atuação. Os alunos finalmente regressaram ao Brasil sem ver a abertura de um inquérito oficial e o caso deixou de receber atenção pública, como muitas outras situações semelhantes que não chegam a ser reportadas devido à inexistência de sistemas seguros que permitam aos estudantes denunciar casos de racismo.[14] A mensagem veiculada pela UC, ainda que inadvertidamente, foi de que não havia necessidade de um espaço para a denúncia e discussão do racismo. Os mecanismos institucionais da universidade levaram a que o caso não recebesse a atenção devida, convertendo os comportamentos racistas em incidentes isolados a carecer de evidência: o fenómeno desapareceu com o regresso daqueles estudantes (politizados) ao Brasil.

No dia 5 de abril de 2016, Faramade Ifaturoti, estudante do primeiro ano na Universidade de Warwick, publicou na sua conta de *Twitter* uma fotografia – tirada na cozinha da sua residência no *campus* – de umas bananas com as palavras "macaca!" e "p★★★a!" escritas. "Acabei de entrar na cozinha e olhem para o que um dos meus companheiros da residência fez. Estou extremamente revoltada @WarwickAccomm", escreveu Ifaturoti incluindo o nome do utilizador do serviço de alojamento da universidade, *Warwick Accommodation*, para que estes tomassem conhecimento da situação. Nesse mesmo dia, o jornal estudantil da universidade, *The Boar*, publicou um artigo sobre o incidente no qual se referia que o *tweet* estava a ser amplamente partilhado – fora criada uma *hashtag* (##WeStandWithFara) para mostrar solidariedade com a estudante – e que a universidade investigaria o acontecido. A associação de estudantes *Warwick Anti-Racism Society* (WARSoc), criada em 2013, comentou ao jornal: "O manual de apoio da *Warwick Accommodation* não contém absolutamente nada em matéria de racismo, mas a instituição irá proclamar a diversidade alegremente e aos quatro ventos e apoiará a assinatura da Carta para a Igualdade Racial" (Pickard, 2016).

A WARSoc criou uma petição pública[15] solicitando que a universidade fosse responsabilizada pelo racismo que tem lugar no seu seio. O texto indicava três premências: uma revisão empenhada da política contra a discriminação racial na universidade; a transformação do currículo, que

[14] Ainda que os estudantes pudessem recorrer ao sistema de justiça, é de relembrar a sua situação de vulnerabilidade por se tratar de denúncias não só acerca de colegas, mas também de docentes, assim como por serem beneficiários de bolsas de estudo.

[15] Consultado a 10.04.2016, em <https://www.change.org/p/warwick-university-the-university-of-warwick-must-be-held-accountable-for-racism-within-its-walls?recruiter=522348992&utm_source=share_petition&utm_medium=copylink>.

perpetua o conhecimento eurocêntrico[16] e ignora quer o pensamento de intelectuais e académicos não-brancos, quer as experiências dos estudantes negros e das minorias étnicas; e uma maior representação dos estudantes negros e de minorias étnicas nas diferentes áreas da universidade.

As publicações no jornal estudantil *The Boar* e nas redes sociais nos dias seguintes evidenciaram, por um lado, as discrepâncias nas diligências da universidade, e especificamente do serviço de alojamento, em dar resposta à situação da estudante (Barker e Pickard, 2016) e, por outro, a recorrência com que o racismo é experienciado pelos estudantes na universidade.[17] *The Boar* publicou diversos testemunhos de estudantes que expunham a ausência de uma resposta institucional adequada:[18]

> Tenho sentido que a universidade pouco se importa com o bem-estar das minorias no *campus*. No meu primeiro ano, fui chamada _p***a_ por um companheiro de residência durante dois períodos académicos, outro colega etiquetou-me de terrorista e chamou-me de "menina Tâmil, suja, castanha [*brown*]". Houve alguém que me dizia que não achava que eu fosse inteligente porque era negra. Tive companheiros na residência que me diziam que nunca namorariam com mulheres negras, utilizando termos depreciativos e estereótipos racistas para justificar essas atitudes detestáveis. Reportá-lo era inútil porque não haveria consequências para os autores e o tutor da residência diria que "não havia prova nenhuma" de modo que "não podia intervir". (Anonymous Writer, 2016)

Estes dois casos não são exceções. Ainda no contexto britânico, a discussão sobre racismo e eurocentrismo no currículo tem sido abordada, desde 2014, pela campanha, e pelo filme, "Por que razão é o meu currículo

16 A WARSoc tem organizado numerosos debates sobre racismo na universidade, assim como sobre a organização política dos estudantes negros e das minorias étnicas, e o combate ao eurocentrismo e à reprodução do conhecimento colonial no currículo. Em março de 2016, teve lugar a primeira conferência dedicada à temática: "Descolonizar a nossa universidade" [*Decolonising our university*] com a participação de docentes e estudantes de Warwick e de outras instituições britânicas. Consultado a 13.04.2016, em <https://www.warwicksu.com/events/4000/13586>.

17 *The Boar*, juntamente com outros jornais estudantis, iniciou um inquérito anónimo *online* sobre racismo nas universidades britânicas. Consultado a 14.04.2016, em <https://docs.google.com/forms/d/1f92fTWumsqZ3tieP5K8QyEC5G76UjZGNpGhEI7ORGHk/viewform>.

18 Esta situação foi também reportada nos numerosos comentários dos assinantes da petição pública da WARSoc.

branco?" (*Why is my curriculum white?*), liderada pela Rede dos Estudantes Negros e das Minorias Étnicas (*Black & Minority Ethnic Students' Network*) da Universidade de Londres.[19]

No contexto holandês, foi organizado conjuntamente pelas organizações *New Urban Collective* e *University of Colour* o encontro internacional "Descolonizar a Universidade" (*Decolonizing the University*) na Universidade de Amesterdão em outubro de 2015.[20] Reunindo sobretudo ativistas políticos, estudantes e investigadores, e congregando lutas internacionais, este encontro teve como objetivo analisar o racismo e o eurocentrismo na universidade e encontrar propostas para a sua transformação.

Na África do Sul, o movimento Rhodes Deve Cair (*Rhodes Must Fall*) constituído por estudantes, professores e funcionários da Universidade da Cidade do Cabo, iniciou, em março de 2015, um debate sobre o racismo institucional na universidade e a descolonização do conhecimento. Uma das suas iniciativas foi a campanha para retirar a estátua do imperialista britânico Cecil Rhodes do *campus* universitário – inaugurada em 1934 para honrar a sua memória e o facto de ter "doado" os terrenos onde foi construída a universidade. A estátua acabou por ser retirada no dia 9 de abril de 2015.[21]

No contexto norte-americano, os movimentos de debate sobre o legado racista estão presentes em diversas universidades. Por exemplo, na Universidade de Princeton, a *Black Justice League*, começou, em 2015, um debate sobre a centralidade de Woodrow Wilson na identidade da Universidade e elaborou uma lista de demandas entre as quais figurava o reconhecimento do legado racista que Wilson representa – solicitando a retirada de um mural em sua honra e do seu nome de diversos edifícios do *campus* –, assim como a abertura de um debate público sobre a liberdade de expressão e racismo antinegro. [22]

[19] Consultado a 13.04.2016, em <https://blogs.ucl.ac.uk/events/2014/11/21/ucl-faces-race-why-is-my-curriculum-white>.

[20] Consultado a 26.01.2016, em: <http://nucnet.nl/decolonizing-the-university-conference-october-24th-2015-vu-university-amsterdam>.

[21] Consultado a 26.01.2016. Disponível em: <http://rhodesmustfall.co.za>.

[22] Consultado a 23.02.2016. Disponível em: <https://www.change.org/p/princeton-university- administration-occupynassau-meet-black-student-s-demands>. Em abril de 2016, o Conselho da Universidade decidiu manter o mural e o nome de Wilson nos edifícios; Christopher L. Eisgruber, Presidente da Universidade, declarava que a decisão tinha sido a correta, pois "a melhor maneira de alcançar a diversidade e a inclusão não é mediante o derrube de nomes do passado, mas sendo mais honestos sobre a nossa história, incluindo o lado mau da nossa história" (MARKOVICH, 2016).

Estes casos mostram a forma como a universidade protege estruturas e práticas racistas e como o racismo é uma questão central no funcionamento da instituição na sua totalidade (Law, Philips e Turney, 2004); porém, ilustram também que a disputa política em torno do antirracismo irá instalar-se no seu seio apesar das resistências nos diferentes âmbitos da sua vida institucional. Esta é uma disputa que recupera e reinscreve demandas, que têm uma longa história, pela transformação do currículo e pelo combate eficaz contra o racismo no quotidiano da vida académica. Em diversos contextos, este debate já está a pôr em causa a própria história das universidades – na sua relação com o colonialismo e os seus legados – e a colocar à prova as imagens benévolas de "convivência" e "diversidade".

Conclusões

O antirracismo deve repolitizar as origens do racismo e aquilo que ele implica, e, para isso, os seus aliados serão poucos. (Lentin, 2004: 317)

Neste capítulo, tivemos o objetivo de mostrar como – na produção académica e no contexto quotidiano da universidade – a discussão sobre o racismo efetivamente se evade da sua institucionalização. Esta ausência no debate é produzida constantemente pela operação de estruturas, processos e práticas rotineiras (Essed, 1991) que consagram uma compreensão eurocêntrica do racismo (Hesse, 2004). Assim, este é entendido como um conjunto de ideias "erradas" ou "enviesadas" sobre pessoas vistas como "diferentes", levando a atitudes "naturais" de "medo" e "hostilidade" na presença do "desconhecido". Consequentemente, ocorrem dois processos inter-relacionados: por um lado, a fixação da fronteira "nós/outros" e a reificação da diferença; por outro, a suspeita e a culpabilização das vítimas que denunciam situações de discriminação racial. O racismo institucional acaba, assim, por ser reproduzido através da sua negação, incluindo em iniciativas específicas em nome da "promoção da igualdade", da "integração das minorias" ou da "diversidade cultural", desconectando o racismo do privilégio branco e, portanto, da sua história.

Pelo contrário, e na senda quer das propostas dos movimentos antirracistas de base e descoloniais, quer das teorias críticas de raça, consideramos o racismo um fenómeno político configurado historicamente e a noção de racismo institucional fulcral para entender os preconceitos e as atitudes como sendo meramente a ponta do icebergue, refletindo-se assim as estruturas sociopolíticas como profundamente geradoras e reprodutoras de desigualdades. Tal evidencia como a identificação do sujeito racista ou preconceituoso – contra o qual tem de se procurar uma "prova" – é uma falácia. Como argumenta Philomena Essed, "o termo racismo individual é uma contradição em si, porque o racismo é, por definição, a expressão ou ativação do poder de um grupo" (1991: 37). Nesse sentido, a autora propõe uma abordagem mais produtiva que é a identificação dos modos pelos quais o racismo se reproduz e renova de maneiras rotineiras através de ideologias, processos e estruturas discriminatórias. Tal enuncia a inadequação de um diagnóstico do problema que conduza simplesmente à identificação e punição moral das pessoas ou atos racistas. Sara Ahmed, refletindo a partir do seu estudo, experiência e intervenção pedagógica sobre raça e diversidade na universidade, argumenta como esta instituição constrói um intransponível "muro de tijolo" face a acusações de racismo:

> Falar sobre racismo prejudicaria não apenas a organização, reinventada como um sujeito com sentimentos, mas também os indivíduos que se identificam com a organização. Eles seriam feridos por aquilo que é ouvido como uma acusação, de tal forma que a acusação se torna *sobre a sua* ferida. Há uma injunção implícita para não falar sobre racismo a fim de proteger a branquidade de ser ferida. Falar sobre racismo é, portanto, ouvido como uma lesão não para aqueles que falam, mas para aqueles sobre os quais se fala. (Ahmed, 2012: 147; itálico no original)

Portanto, um quadro conceptual que, nos diferentes âmbitos analisados, tivesse em consideração raça/poder, a sua história e os seus legados contemporâneos teria permitido colocar em debate diversas conceções do racismo enquanto fenómeno político que permeia a própria produção de conhecimento sobre o "problema". Só assim se poderia avançar com soluções políticas com capacidade real de mudança das estruturas e dos cânones, abandonando os discursos banalizadores da diversidade em prol de uma discussão profunda sobre a descolonização da universidade. Esta discussão, ainda que marginal, é hoje uma realidade. Como se analisou neste capítulo, as universidades, assim como outras esferas institucionais, estão numa posição de defesa face à sua "dignidade ferida". Neste contexto, o privilégio branco vai estar em jogo e, portanto, os "aliados" na luta antirracista "serão poucos".

Referências bibliográficas

Ahmed, Sara (2012), *On being included: Racism and institutional life*. Durham, NC: Duke University Press.

Amâncio, Lígia (2007), "Prefácio", *in* Rosa Cabecinhas, *Preto e branco: A naturalização da discriminação racial*. Porto: Campo das Letras, 7–10.

Anonymous Writer (2016), "Testimonials of racism on campus: It affects us all", *The Boar*, de 12 de abril. Consultado a 13.04.2016. Disponível em: <https://theboar.org/2016/04/testimonials-racism-campus>.

Araújo, Marta (2013), "Challenging narratives on diversity and immigration in Portugal: The (de)politicization of colonialism and racism", *in* Jorge Capetillo, Glenn Jacobs e Philip Kretsedemas (orgs.), *Migrant marginality: A transnational perspective*. Nova Iorque: Routledge, 27–46.

Baganha, Maria Ioannis; Marques, José Carlos (2001), *Imigração e política: O caso português*. Lisboa: Fundação Luso-Americana para o Desenvolvimento.

Barker, Martin (1981), *The new racism*. Londres: Junction Books.

Barker, Martin (2002), "Reflections on 'The problems with racism'", *in* Philomena Essed e David Goldberg (orgs.), *Race critical theories. Text and context*. Malden, MA: Blackwell Publishers, 471–480.

Barker, Matt; Pickard, Lily (2016), "Four hours, 'no response': Warwick reaction to racist incident under fire", *The Boar*, de 7 de abril. Consultado a 12.04.2016. Disponível em: <https://theboar.org/2016/04/four-hours-no-response-warwick-act-quickly-enough>.

Bonilla-Silva, Eduardo (2003), "Racial attitudes or racial ideology? An alternative paradigm for examining actors' racial views", *Journal of Political Ideologies*, 8(1), 63–82. DOI: <https://doi.org/10.1080/13569310306082>.

Bouteldja, Houria (2016), *Les Blancs, les Juifs et nous. Vers une politique de l'amour révolutionnaire*. Paris: La Fabrique.

Brown, Wendy (2006), *Regulating aversion. Tolerance in the age of identity and empire*. Princeton, NJ: Princeton University Press.

Carmichael, Stokely (Ture, Kwame); Hamilton, Charles V. (1971), *Black power: The politics of liberation in America*. Nova Iorque: Vintage [reimpressão; orig. 1967].

Cohen, Phil (1992), "It's racism what dunnit! Hidden narratives in theories of racism", *in* Ali Rattansi e James Donald (orgs.), *'Race', culture and difference*. Londres: Sage/Open University, 62–103.

Cox, Oliver C. (1970), *Caste, class and race. A study in social dynamics*. Nova Iorque: Monthly Review [orig. 1948].

Dussel, Enrique (2008), *1492. El encubrimiento del Otro. Hacia el origen del "Mito de la modernidad"*. La Paz: Biblioteca Indígena.

Essed, Philomena (1991), *Understanding everyday racism*. Londres: Sage.

Essed, Philomena; Nimako, Kwame (2006), "Designs and (co)incidents. Cultures of scholarship and public policy on immigrants/minorities in the Netherlands", *International Journal of Comparative Sociology*, 47(3–4), 281–312. DOI: <https://doi.org/10.1177/0020715206065784>.

Ferreira, Vítor Sérgio (2003), "Uma polaroid sociográfica", *in* Vítor Sérgio Ferreira, Marcus Eugêneo Lima, Diniz Lopes e Jorge Vala (orgs.), *Simetrias e identidades: Jovens negros em Portugal*. Oeiras: Celta, 23–50.

Fonseca, Maria Lucinda; Malheiros, Jorge Macaísta; Silva, Sandra (2005), "Portugal", *in* Jan Niessen, Yongmi Schibel e Cressida Thompson (orgs.), *Current immigration debates in Europe: A publication of the European migration dialogue*. Bruxelas: MPG. Consultado a 18.09.2016. Disponível em: <http://citeseerx.ist.psu.edu/viewdoc/summary?doi=10.1.1.506.1428>.

Füredi, Frank (1998), *The silent war: Imperialism and the changing perception of race*. New Brunswick, NJ: Rutgers University Press.

Gilroy, Paul (1992), "The End of Anti-Racism", *in* James Donald e Ali Rattansi (orgs.), *'Race', culture, and difference*. Londres: Sage, 49–61.

Goldberg, David Theo (1990), "Racism and rationality: The need for a new critique", *Philosophy of the Social Sciences*, 20(3), 317–350. DOI: <https://doi.org/10.1177/004839319002000303>.

Goldberg, David Theo (2006), "Racial Europeanization", *Ethnic and Racial Studies*, 29(2), 331–364. DOI: <https://doi.org/10.1080/01419870500465611>.

Goldberg, David Theo (2009), *The threat of race. Reflections on racial neoliberalism*. Malden, MA: Wiley-Blackwell.

Henriques, Julian (1998), "Social psychology and the politics of racism", *in* Julian Henriques, Wendy Hollway, Cathy Urwin, Couze Venn e Valerie Walkerdine (orgs.), *Changing the subject: Psychology, social regulation and subjectivity*. Londres: Routledge, 60–90 [2.ª ed.].

Hesse, Barnor (2004), "Im/plausible deniability: Racism's conceptual double bind", *Social Identities*, 10(1), 9–29. DOI: <https://doi.org/10.1080/1350463042000190976>.

Hesse, Barnor (2014), "Racism's alterity. The after-life of black sociology", *in* Wulf D. Hund e Alana Lentin (org.), *Racism and sociology – Racism analysis | Yearbook 5*. Berlim: LIT, 141–174.

Hesse, Barnor; Sayyid, Salman (2006), "Narrating the postcolonial political and the immigrant imaginary", *in* Nasreen Ali, Virinder S. Kalra e Salman Sayyid (orgs.), *A postcolonial people: South Asians in Britain*. Londres: Hurst, 13–31.

Khiari, Sadri (2009), *La contre-révolution coloniale en France. De de Gaulle à Sarkozy*. Paris: La Fabrique.

Law, Ian; Philips, Deborah; Turney, Laura (orgs.), (2004), *Institutional racism in higher education*. Stoke-on-Trent: Trentham Books.

Lentin, Alana (2004), *Racism and anti-racism in Europe*. Londres: Pluto.

Lentin, Alana (2008), "After anti-racism?", *European Journal of Cultural Studies*, 11(3), 311–331. DOI: <https://doi.org/10.1177/1367549408091846>.

Lesko, Nancy; Bloom, Leslie (1998), "Close encounters: truth, experience and interpretation in multicultural teacher education", *Journal of Curriculum Studies*, 30(4), 375–395. DOI: <https://doi.org/10.1080/002202798183530>.

Machado, Fernando Luís (2001), "Contextos e percepções de racismo no quotidiano", *Sociologia, Problemas e Práticas*, 36, 53–80. Disponível em: <http://hdl.handle.net/10071/408>.

Maeso, Silvia Rodríguez; Araújo, Marta (2013), "A quadratura do círculo: (Anti)racismo, imigração e a(s) política(s) da integração em Portugal nos anos 2000", *Oficina do CES*, 407. Consultado em: <https://ces.uc.pt/pt/publicacoes/outras-publicacoes-e-colecoes/oficina-do-ces/numeros/oficina-407>.

Maeso, Silvia Rodríguez; Araújo, Marta (2014), "The politics of (anti-)racism. Academic research and policy discourse in Europe", *in* Wulf D. Hund e Alana Lentin (org.), *Racism and sociology – Racism analysis | Yearbook 5*. Berlim: LIT, 207–237.

Markovich, Alexandra (2016), "Princeton board votes to keep Woodrow Wilson's name on campus buildings", *The New York Times*, de 4 de abril. Consultado a 12.04.2016. Disponível em: <http://www.nytimes.com/2016/04/05/nyregion/princeton-board-votes-to-keep-woodrow-wilsons-name-on-campus-buildings.html>.

Marques, João Filipe (2007), *Do "não racismo" dos portugueses aos dois racismos dos portugueses*. Lisboa: ACIDI.

Pickard, Lily (2016), "BREAKING: Racist incident reported in Warwick halls of residence", *The Boar*, de 5 de abril. Consultado a 10.04.2016. Disponível em: <http://theboar.org/2016/04/breaking-racist-incident-reported-warwick-halls-residence>.

Quijano, Aníbal (2000), "Coloniality of power, eurocentrism and Latin America", *Nepantla: Views from South*, 1(3), 533–580. Disponível em: <https://muse.jhu.edu/article/23906/summary>.

Rocha-Trindade, Maria Beatriz (2003), "A realidade da imigração em Portugal", in *Actas do I congresso imigração em Portugal: Diversidade, cidadania, integração*. Lisboa: ACIME, 172–183. Disponível em: <http://www.museu-emigrantes.org/docs/conhecimento/actas_Icongresso%20imigracao%20em%20portugal.pdf>.

Santos, Boaventura de Sousa (2002), "Para uma sociologia das ausências e uma sociologia das emergências", *Revista Crítica de Ciências Sociais*, 63, 237–280. DOI: <https://doi.org/10.4000/rccs.1285>.

Sarup, Madan (1991), *Education and the ideologies of racism*. Stoke-on-Trent: Trentham Books.

Sayyid, Salman (2004), "Slippery people: The immigrant imaginary and the grammar of colours", *in* Ian Law, Deborah Phillips e Laura Turney (orgs.), *Institutional Racism in Higher Education*. Stoke on Trent: Trentham Books, 149–159.

UC – Universidade de Coimbra (2014), *Posição oficial sobre alegados casos de xenofobia na UC*, de 17 de fevereiro. Consultado a 16.10.2015. Disponível em: <http://www.uc.pt/tomenota/2014/022014/17022014_2>.

Vala, Jorge; Brito, Rodrigo; Lopes, Diniz (1999), *Expressões dos racismos em Portugal*. Oeiras: Celta.

Vala, Jorge; Pereira, Cícero; Ramos, Alice (2006), "Preconceito racial, percepção de ameaça e oposição à imigração", *in* Jorge Vala e Anália Torres (orgs.), *Contextos e atitudes sociais na Europa*. Lisboa: Imprensa de Ciências Sociais, 221–250.

van Dijk, Teun (1993), *Elite discourse and racism*. Newbury Park, CA: Sage. Disponível em: <http://discourses.org/download/books>.

CAPÍTULO 18

Para uma perspetiva descolonial romanichel*

Kale Amenge

O anticiganismo/romafobia como produto da modernidade

O racismo antirroma/anticigano como produto ideológico da modernidade contemporânea e dimensão da colonialidade do poder praticada no interior da Europa tem na sua base a própria emergência dos Estados-nação modernos. Ao termo-nos centrado na emergência do primeiro Estado moderno europeu, o império espanhol, esta afirmação adquire uma maior clareza. Tomando como ponto de partida o esquema proposto pelo sociólogo Ramón Grosfoguel relativamente aos genocídios/epistemicídios sobre os quais se constrói a modernidade durante o século XVI (Grosfoguel: 2013), situamos a emergência da romafobia como uma dimensão doméstica da colonialidade do poder, do saber e do ser, que se começa a institucionalizar no Norte Global do momento, especialmente a partir do fim do século XV. Tudo isto surge à luz da aplicação da primeira pragmática anticigana promulgada pelos Reis Católicos em 1499 (España, 1805 [1499]).

Regra geral, a análise convencional sobre o anticiganismo foi desligada do contexto geopolítico em que se encontra 1499. É assim que qualquer traço de crítica descolonial sobre a dita problemática fica reduzido a um lamento culturalista relacionado com a crueldade supostamente exclusiva da pragmática em questão:

> Mandámos os egípcios que andam a vaguear pelos nossos Reinos e Senhorios com as suas mulheres e filhos, que a partir do dia em que esta lei for notificada e apregoada nas nossas cortes e vilas, lugares e

* Tradução de Ana Saldanha.

> cidades que são a cabeça do partido, até aos 60 dias seguintes, cada um viva por ofícios conhecidos e consiga superar-se estando nos lugares onde acordaram assentar ou tomar a residência de senhores a quem servem e lhes deem o que de melhor for necessário e não andem juntos a viajar pelos nossos reinos, como o fazem, ou dentro dos primeiros 60 dias saiam dos nossos Reinos e não voltem a eles de forma alguma sob pena de serem encontrados ou tomados, sem ofício, sem senhores, juntos, passados os ditos dias que deem a cada um cem chicotadas pela primeira vez e os desterrem perpetuamente destes Reinos e, pela segunda vez, que lhes cortem as orelhas e estejam 60 na sentença e os tornem a desterrar como é dito. E pela terceira vez que sejam cativos, de que farão parte toda a sua vida [...] (España, 1805 [1499]: s.p.)

Qual é então o contexto de 1499? O início dos 479 anos de opressão legal sistemática contra as comunidades ciganas no emergente Estado espanhol arranca apenas sete anos depois da Conquista de Al Andaluz, a destruição do reino nazari e a expulsão dos judeus levada a cabo em 2 de janeiro de 1492. Além disso, a dinâmica descrita não se põe em marcha senão sete anos depois da colonização e encobrimento da Abya Yala e do início do genocídio contra os povos originários propiciado a partir de 12 de outubro de 1492.

No dia 14 de fevereiro de 1502, apenas três anos depois de 1499, promulga-se a primeira pragmática para a conversão forçada dos mouriscos que culminará com a sua pretendida expulsão definitiva em 22 de setembro de 1609. Foi ao longo desta época que "começou a aumentar a quantidade de mulheres julgadas como bruxas, assim como a iniciativa da perseguição passou da Inquisição para os tribunais seculares" (Monter, 1969: 26). Foi também durante meados do século XVI que os debates entre Ginés de Sepúlveda e Bartolomé de las Casas em torno da existência ou não da alma índia e africana desembocaram no início do comércio transatlântico de pessoas africanas sequestradas e escravizadas. Trata-se do "Maafa" em suaíli, termo cunhado por Marimba Ani, antropóloga e professora do departamento de Estudos Africanos e Porto-riquenhos do Hunter College de Nova Iorque, para denominar o holocausto africano iniciado com a escravatura.

O que se produz a partir de 1492 está muito longe de representar um "choque de culturas", mas, sim, a consolidação e mundialização de uma hierarquia radical ontológica de uma (a europeia) sobre as outras. Além disso, o racismo está longe de ser uma ideologia funcional do capitalismo tardio, tratando-se, sim, de uma dimensão estrutural da modernidade sem a qual o capitalismo inicial é absolutamente inexplicável. Tal como Cedric J.

Robinson demonstrara com clareza no histórico *Black marxism: The making of the black radical tradition*, de 2000, a teoria crítica ocidental esqueceu com frequência indolente o caráter racial do capitalismo. No entanto, as novas formas de subalternização da diferença mencionadas constituíram um princípio organizador daquilo a que Marx, nos capítulos XXIV e XXV do primeiro tomo de *O Capital*, chama "acumulação primitiva ou originária do capital". Tal como ele mesmo o descreve:

> O descobrimento das reservas de ouro e prata da América, a cruzada de extermínio, a escravatura e a sepultação nas minas da população aborígene, o início da conquista e o saque das Índias Orientais, a conversão do continente africano em local de caça de escravos negros: são todos factos que assinalam os alvores da era de produção capitalista. (Marx, 1998: 461)

Apesar de o próprio Marx advertir de que "as diferentes etapas de acumulação originária têm o seu centro, por uma ordem cronológica mais ou menos precisa, em Espanha, Portugal, Holanda, França e Inglaterra" (Marx, 1998: 461), não prestou atenção alguma às dinâmicas de repressão sistémica, à exploração do trabalho e extração de riqueza levadas a cabo pelo primeiro império moderno, centrando-se assim, de forma concisa, no caso do colonialismo britânico durante o século XVIII a partir de uma perspetiva economicista.

No caso que nos ocupa, a exploração material e a inferiorização epistémica representam processos interconectados de opressão, homogeneização forçada e perseguição da diferença sobre a qual se constrói o poder moderno. O arranque do anticiganismo, como parte indissolúvel do dito processo, põe o foco das atenções na aplicação de novas formas de disciplinas consoante as necessidades inerentes às novas relações de poder no interior do Norte Global emergente.

Assim, é possível observar como o Estado, através da pragmática/sanção, acumula o seu poder no interior das suas fronteiras – negando, submetendo e, frequentemente, aniquilando a diferença cigana. A partir do século XVI, o governo espanhol começa a perseguir os Caló.[1] Os países vizinhos começam a reagir de uma forma profundamente similar. A partir do reinado de Felipe e María, em 1554, os romanichéis serão objeto de

[1] A palavra romanichel "Calé", caló e calí no masculino e no feminino, significa "negro" e é a forma original que os ciganos e ciganas peninsulares – também no Brasil, Sul da França e Finlândia – utilizam para se autodenominar, ainda que, tal como se indicou, tenha sido produzida uma reapropriação normalizada do termo "cigano/a".

uma legislação específica em Inglaterra. Sucederá o mesmo em França a partir de 1504, em 1536 na Suécia e Dinamarca, bem como na Alemanha a partir de 1577 (FERNÁNDEZ GARCÉS *et al.*, 2014: 64–67).

No entanto, é necessário advertir que o primeiro documento jurídico que faz referência aos ciganos na Europa, encontrado no arquivo do Mosteiro de Tismana, refere-se à cessão de quarenta famílias ciganas realizada em 1386 pelo príncipe Dan de Valaquia, atual Roménia, ao Mosteiro de San Antonio de Voditza (AGUIRRE FELIPE, 2006: 111–160). Os ciganos, considerados como parte da horda tártara, foram capturados, postos sob controlo do Estado e declarados escravos da Corte. Durante 500 anos, uma grande percentagem da população romanichel do dito território foi reduzida e submetida à escravatura para ser utilizada como mão-de-obra no contexto das perdas humanas ocasionadas pela peste europeia de 1346.

A utilização da exploração de mão-de-obra cigana submetida ao serviço do Estado não foi uma exceção na Europa da modernidade/colonialidade. Apenas 40 anos depois da promulgação da primeira pragmática anticigana, assinada pelos Reis Católicos em 1499, o Estado espanhol emergente modifica o conteúdo penal da mesma para aprofundar o seu sentido. Durante o reinado de Carlos I, em 1539, foi acordado capturar todo o homem cigano entre os 20 e os 50 anos que fosse encontrado sem amo e sem ofício conhecido. A condenação consistia em ser enviado para uma galé durante seis anos. Tal como assegura Manuel Martínez:

> Assim, D. João da Áustria capturou muitos ciganos "pela necessidade que existia de gente para remar", segundo expressou Felipe II. Thompson verificou como no período entre 1586 e 1589 a percentagem de ciganos destinados a galés era de 2,9% do total de galeotas, quando esta minoria não representava sequer 0,5% do total da população. (MARTÍNEZ MARTÍNEZ, 1995: 94)

De acordo com Martínez, outros estudiosos falam de uma representação cigana de 10% em galés, percentagem assustadora tendo em conta que, durante as datas mencionadas, os ciganos representavam cerca de 0,5% da população total. Por outro lado, as mulheres ciganas eram frequentemente desligadas à força dos seus companheiros, filhos, pais e amigos. Através destas pragmáticas e sanções quebrava-se a fibra moral das comunidades ciganas, destroçando as famílias e condenando as mulheres a sustentar os menores e a enfrentar a pobreza extrema numa sociedade que tinha assimilado aquela nova semântica do ódio em torno "do cigano" (MOTOS PÉREZ: 2009). Muitas destas mulheres, símbolo da resistência romanichel, vaguearam com as suas famílias em busca dos galeotes, esquivando-se valentemente à perseguição, à espera da libertação dos seus parentes e companheiros sequestrados. É possível que uma análise interseccional desta questão possa criar novas conclusões em torno da imposição colonial de novos papéis de género. Enquanto se racializavam os calós, racializavam-se e subordinavam-se as cális. Da mesma forma que se aceita que o poder gerou uma semântica de "o cigano", torna-se evidente que através do modo específico de repressão utilizado para as ciganas se contribuiu para a criação de uma identidade racializada e sexualmente subordinada através da colonialidade do género (Lugones, 2008).

Com esta mudança da legislação anticigana, pretendia-se obrigar, definitivamente, as comunidades ciganas a ligar-se à terra, a abandonar a sua diferença e a utilizar a sua força de trabalho para construir o Estado-nação. A reconsideração dos poderes do momento em volta da possível expulsão dos ciganos está relacionada com os efeitos demolidores que a expulsão dos mouriscos tinha criado na economia do recém-homogeneizado império. A partir da expulsão dos judeus e dos mouriscos, os ciganos viriam a representar o novo contraponto interior racializado à ordem desejável na sociedade moderna espanhola. E mesmo com a necessidade de desconstruir o mito da expulsão definitiva dos mouriscos – sabe-se que inúmeras comunidades sobreviveram no território ocultando a sua identidade –, "o cigano" será o novo catalisador simbólico de um complexo conjunto de imagens, preconceitos e projeções aplicadas – a partir do exterior do cigano –, que cumprirá um papel fundamental na conformação das nações europeias: a criação de uma identidade antagónica e desumanizada para disciplinar, explorar e frequentemente aniquilar.

Além disso, é sabido que a partir da introdução da mistura de mercúrio e prata nas Américas foi reativada a exploração de minas no território espanhol. As minas de Almadén, em Badajoz, albergaram uma fonte de mão-de-obra forçada procedente de condenados da Coroa entre os quais se encontrava a presença constante de ciganos até ser abolida a condenação em 1799. Através da Real Cédula de 19 de dezembro de 1572 (España, 1572), fica a saber-se que o Estado empreendeu uma perseguição e caça ativa de ciganos para os explorar nas galés do Porto de Santa Maria durante os desafios da batalha de Lepanto:

> procurem com grande diligência prender e ter bem guardado os que na sua jurisdição e distrito encontrarem [...] os ciganos que possam servir sejam levados à força para as galeras e os licenciados com um soldo moderado como habitual. (Martínez Martínez, 1995: 416)

A intenção era justificada da seguinte forma: "retirar-se-ia da república este tipo de gente tão daninha e prejudicial" (Martínez Martínez, 1995: 416).

1749, zénite do genocídio/epistemicídio caló

Apesar de serem obrigados a ligar-se à terra das formas mais insuspeitas e violentas, o discurso do poder moderno que emanava através da persistente legislação opressiva anticigana injetava a suspeita e o desprezo pela diferença romanichel nas camadas populares. Mesmo parecendo paradoxal, isto dificultava grandemente o objetivo para o qual tinha sido, supostamente, criada tal legislação: o assentar das comunidades ciganas. Devido a isto, podem intuir-se as complexas razões pelas quais "o cigano" ficará ligado à identidade espanhola, produzindo-se na dimensão identitária o que estava a acontecer na legislativa: uma semântica de integração/expulsão bipolar que marcará a situação dos ciganos de carne e osso no contexto espanhol, tanto simbólico como material, até ao momento presente. Muitas das comunidades ciganas terão de encontrar novas estratégias para sobreviver perante o clima de perseguição e desprezo geral. Para gerar a aceitação social de que não gozam, os ciganos irão envolver-se em acontecimentos que definem parte do fio vermelho que constrói a identidade nacional, tais como o repovoamento de Granada, a participação nos exércitos da Flandres e o esmagamento das sublevações mouras (Martínez Martínez, 2004)

Apesar disto, irá ver-se como, por um lado, a Coroa legisla uma e outra vez obrigando as comunidades romanichéis a assentar e a abandonar os seus ofícios tradicionais, a sua forma de vestir e a sua língua. No entanto, a nível local, o que acontece é que são expulsos uma e outra vez das localidades nas quais assentam. O nomadismo caló, longe de ser um rasgo inerente à identidade das comunidades, é aqui apresentado como uma forma clara de resistência à assimilação, ao sequestro e ao genocídio/epistemicídio, tal como era indicado por Cayetano Fernández e Ismael Cortés (2015) no seu trabalho "El nomadismo romaní como resistencia refractaria frente al racismo de Estado en la modernidad española". Não somos os primeiros a advertir que o persistente movimento cigano, apesar de ser uma e outra vez castigado, constitui um lúcido sintoma do receio e da suspeita das próprias comunidades perante a possibilidade de um genocídio definitivo e calculado, sem o qual a localização exata do seu assentamento seria impossível. Em 1586 é ditada uma nova pragmática que aprofunda o antes descrito. Desta vez, proibiam-se os calós e cális de participar nos mercados, com a desculpa de averiguar a sua exata situação:

> exigimos que nenhum deles pudesse vender coisa alguma, tanto em feiras como fora delas, se não fosse com testemunho assinado pelo Escrivão público, através do qual conste a sua vizinhança e parte e lugar onde vivem em assento. (España,1805 [1499]: 358)

Irá ver-se como perante o panorama descrito se combinam estratégias de adaptação e resistência. Entre os diversos mecanismos de adaptação postos em marcha pelas próprias comunidades, encontra-se a participação pública ativa dos ciganos em instituições e atividades religiosas tais como o batismo cristão e a correspondente confirmação, funerais e matrimónios celebrados de acordo com a ortodoxia católica. A sua incorporação inicial nas festas do Corpus ou a participação e criação de confrarias religiosas, eventos nos quais também estarão presentes os negros, obedece à necessidade de afiançar, perante a sociedade maioritária, a sua aceitação e envolvimento. Da mesma forma, a entrega de meninos e meninas ciganas a senhores feudais, mecanismo comum entre os mouriscos, aumentará consideravelmente após a sublevação destes últimos, sendo meninas ciganas a maior parte das crianças que foram objeto de entrega. Serão estes elementos de adaptação/resistência no contexto de criação "do cigano" como semântica do poder que mais tarde farão com que os setores iluministas emergentes vejam nos ciganos e ciganas de carne e osso um inimigo social que se deve combater, um elemento cultural que funciona, segundo a sua perspetiva, como suporte das bases do Antigo Regime.

Com a intenção de preparar o que seria a maior tentativa de genocídio/epistemicídio cigano planeado pelas autoridades espanholas, a partir de 1717, com Felipe V,

> criar-se-ia, para o assentamento dos ciganos, uma lista de 41 populações concretas. [...] Por outro lado, os protestos daqueles locais que viram a sua população cigana crescer inesperadamente obrigariam a ampliar a lista dos habilitados para um total de 74 e, quase de seguida, a permitir a estância das famílias em qualquer lugar onde levassem dez anos de vizinhança mais ou menos normalizada. Para evitar a concentração de ciganos, dispôs-se o limite de uma família por cada cem vizinhos, aprovando-se uma definição nuclearizada que rompia com os grupos extensos tradicionais: "Marido e mulher, com os seus filhos e netos órfãos, não estando casados, porque se estivessem, estes e os seus iriam formar uma família diferente". (Gómez Alfaro, 2010: 27)

Contribuía-se assim para a rutura das comunidades amplas, sustento da sua humanidade plena, e para um aprofundamento na codificação dos papéis de género do patriarcado moderno impostos aos sujeitos racializados. Em 1748, conveciona-se finalmente a negação do asilo religioso aos ciganos nas ermidas de província e abole-se a pena de galés, deixando o caminho livre para a consecução da Prisão Geral dos Ciganos ou Gran Redada. Em 30 de julho de 1749, sob os auspícios de um importante iluminista e secretário da Fazenda, Marinha e Índias, o Marquês da Enseada, e do governador do Conselho de Castilha, o bispo Vázquez Tablada, os poderes públicos do reinado de Fernando VI puseram em marcha a operação. O Estado espanhol tinha chegado à conclusão de que a melhor forma de levar a cabo a difícil redução social definitiva do povo cigano era privar da liberdade num só dia todos os ciganos e ciganas do reino. A intenção era reduzir para sempre toda a comunidade e eliminá-la.

Aproximadamente 12 mil pessoas foram capturadas e presas com correntes e grilhões. Os homens a partir dos 15 anos seriam destinados aos arsenais para trabalhos forçados na construção de navios. Enquanto isso, as mulheres, juntamente com os menores de 12 anos, seriam utilizadas em fábricas-prisão onde, através do seu trabalho, suportariam o seu próprio sustento e o dos seus descendentes, até à morte. A pena por tentar fugir era contundente: "ao que fugir, sem qualquer justificação, que seja imediatamente enforcado" (Martínez Martínez, 2007: 419). Os matrimónios mistos, já frequentes na época, sobretudo na Andaluzia, também foram objeto da incursão. Ainda que ao princípio se aplicasse apenas aos ciganos, "isto não se fez de forma automática, mas, sim, após diferentes verificações sobre a 'boa conduta' das esposas afetadas" (Gómez Alfaro, 2010: 28).

Os gastos da operação seriam pagos leiloando os bens das famílias ciganas detidas. Pode observar-se novamente como toda a operação destinada a submeter, disciplinar e aniquilar a diferença cigana tem uma dimensão oculta que corresponde ao que María Lugones chama de sistema de género colonial/moderno. Tal nota torna-se evidente se se tiver em conta que, além disso,

> as mulheres foram enviadas ao que se conhecia como Casas de Misericórdia, onde tentavam a sua reforma espiritual para um serviço útil à sociedade. A Casa da Misericórdia de Saragoça foi um destino onde estiveram muitas mulheres e as crónicas contam o quanto eram indomáveis perante uma situação absolutamente injusta e como não se dobravam em absoluto. (Motos Pérez, 2015: s.p.)

Disciplinadas para serem reformadas, as mulheres ciganas racializadas e sexualizadas segundo os paradigmas de género, moralizadas de acordo com a espiritualidade católica e recluídas para serem assimiladas porão em funcionamento as suas próprias estratégias de resistência. São as representantes orgulhosas da antiga tradição do antiautoritarismo radical caló:

> "em primeiro lugar, longe do barracão que lhes era destinado, ficaram nos pátios, na horta, ao ar livre, sem entrar, negando-se a obedecer a qualquer ordem". [...] As ciganas encheram as duas fossas

> lançando para dentro delas os restos das camas, as suas roupas e os enxergões. Em poucos meses, a sarna fez estragos. [...] "O desejo de voltar à sua liberdade torna-as determinadas e despeitadas e é raro o dia em que não cometem um ou outro atentado, o que nos induz ao prudente receio de que se estenda o seu arrojo e temeridade de pegar fogo à casa para frustrar a nossa providência". (Gómez Urdáñez: 2004: 17–18)

Apesar de ter sido frequentemente invisibilizado pela historiografia convencional etnocêntrica, este conato de revolta não é em absoluto uma exceção, mas, sim, uma constante. Se o povo Rom sobreviveu à perseguição, fê-lo graças à sua luta contra a assimilação forçada. As estratégias de resistência utilizadas por aquelas mulheres inscrevem-se numa tradição antiautoritária de amor radical pela própria comunidade; uma tradição política romanichel que dificilmente pode ser interpretada sem descolonizar a teoria crítica dominante. Fica pendente a ressignificação intelectual da dita genealogia de luta que, lamentavelmente, passou despercebida.

De acordo com Angela Y. Davis (2016), em *Democracia de la abolición: Prisiones, racismo y violencia*, a prisão não foi utilizada como forma predominante de castigo até ao século XVIII na Europa, momento da Gran Redada dos Ciganos, e ao século XIX nos Estados Unidos. Foi por causa da consolidação do capitalismo tardio e da aparição de uma nova classe social emergente – a burguesia – influenciada pelas ideias iluministas que a prisão se converteu numa pena em si, ao invés de representar parte do processo que desembocaria no castigo final. Com a influência do Iluminismo, começava a pensar-se que o criminoso podia ser "reformado", pelo que, talvez após um tempo de solidão atrás das grades, se produziria uma conversão moral do mesmo. Tal como a própria Davis afirma:

> Os reformistas europeus e norte-americanos propuseram-se acabar com estas penas macabras, bem como outras formas de castigo corporal tais como cepos, espancamentos, chicoteamentos, marcas ou amputações. [...] Antes de a prisão se converter numa forma de punição, os castigos eram criados para que produzissem um efeito intenso não tanto na pessoa objeto do castigo quanto na multidão de espetadores. (Davis, 2016: 56)

No entanto, os pressupostos iluministas representados pelo Marquês de la Ensenada pouco tinham que ver com aquela paradoxal vontade de reprimir e reformar os ciganos e ciganas presos. A sua intenção era exterminá-los.

Sabe-se que o sistema penitenciário cumpriu um trabalho essencial nos EUA quando a escravatura foi abolida ao fazer dos ex-escravos o alvo principal a prender. O terreno foi preparado através do que Frederick Douglass[2] chamou de "imputar o crime à cor" (Davis, 2016: 46). Os códigos da escravatura desembocaram nos novos Códigos Negros, através dos quais se continuou a aprofundar a semântica do poder sobre a imagem afroamericana de forma similar ao descrito em relação aos calós no Estado espanhol. Castigavam-se, com pena de prisão, determinadas condutas associadas à identidade afro que tinham como origem a desvalorização e subalternização radical da vida negra que havia fundamentado e justificado a escravatura. Assim,

> de acordo com os Códigos Negros, existiam crimes definidos pelas leis do Estado para os quais só podiam ser "devidamente condenadas" pessoas negras. [Tais crimes eram] o vaguear, a falta de trabalho, o incumprimento de contratos laborais, a posse de armas de fogo e os gestos ou atos insultuosos. (Davis: 2016: 45)

Os Calós como objetivo simbólico

É importante voltar a referir o facto de que a legislação anticigana e os discursos construídos pelos intelectuais do Antigo Regime contribuíram para a criação vertical "do cigano" como nova semântica do poder sobre a diferença cigana de carne e osso. Assim, "a forma de vida cigana" servirá de objetivo simbólico a disciplinar, empregando métodos demonstrativos através dos quais se conduz a população maioritária na direção de novos códigos morais, o que teve efeitos insuspeitos. Tal como Cayetano Fernández e Ismael Cortés (2015) advertem no seu trabalho, esta semântica do poder moderno em torno "do cigano" desbotará os limites étnicos do discurso jurídico:

> no caso dos textos legislativos, quando se referem aos "egiptanos", "egipcianos" ou "os que se fazem chamar por ciganos", mesmo que a partir da perspetiva dos nossos dias possa parecer que fazem referência clara a um conceito étnico/cultural que se refere a uma comunidade homogénea, a realidade é que, se nos imbuirmos no contexto da época, estes termos não são tão claros. (Fernández Ortega e Cortés Gómez: 2015: 509)

2 Frederick Douglass, que nasceu escravo (em 14-02-1818), foi um escritor, editor e orador abolicionista norte-americano, famoso enquanto reformador social. Ficou conhecido como "O Sábio de Anacostia" ou "O Leão de Anacostia" e foi um dos escritores afroamericanos mais importantes da sua época e dos mais influentes na história dos Estados Unidos. Fonte: Wikipédia <https://pt.wikipedia.org/wiki/Frederick_Douglass>.

O termo "cigano", fixado o arcaico e contraditório estereótipo que desemboca em séculos de criminalização sistemática, passará a ser um etnónimo de caráter meramente racial, a ser aplicado, além de tudo, a um conjunto de indivíduos que vivem de uma determinada forma, à margem do racionalmente desejável para a ordem dominante. Esta problemática leva a duas tensões. Por um lado, estão importantes intelectuais do Antigo Regime a negar a condição cigana, um dos rasgos fundamentais do anticiganismo moderno. Três exemplos paradigmáticos encontram-se nos escritos de Sánchez de Moncada, Salazar de Mendoza e Juan de Quiñones. Aqui estão alguns deles:

Sánchez de Moncada, catedrático de Sagradas Escrituras em Toledo:

> os que andam em Espanha não são ciganos, mas sim enxames de zangões e homens ateus e sem lei ou religião alguma.
> [...] são gente ociosa, vagabunda e inútil aos Reinos [...] vivem apenas de chupar os reinos, sustentando-se do suor dos míseros lavradores.
> [...] as ciganas são rameiras públicas. (MONCADA, 1619: s.p.)

Salazar de Mendoza, administrador do Hospital de San Juan de Toledo e canónico penitenciário da Catedral de Toledo:

> Os ciganos não saem para o campo a não ser para roubar e matar. Os ofícios que aprenderam, e exercem, são roubos e enganos. [...] Os ciganos levam com eles muitos preguiçosos e vagabundos para viverem despreocupadamente. [...] muitos dos que andam com os ciganos, homens ou mulheres, são espanhóis. [...] Não são melhores em Espanha do que na Alemanha, França ou Itália ou em quaisquer outras regiões. (SALAZAR DE MENDOZA, 1618)

Juan de Quiñones, inquisidor, catedrático e bispo de Valladolid:

> Chamamo-los de ciganos, mas é porque os imitam no torpe modo de viver e não por serem seus descendentes. [...] E assim esta vil canalha não é outro músculo que homens e mulheres detidos por delitos ou dívidas, gente amotinada e facínora [...] sendo zangões da República que não trabalham e comem. (QUIÑONES, 1631: 6v)

O doutor Juan de Quiñones, que passará à história devido ao seu *Discurso contra los Gitanos* (Discurso contra os Ciganos), atribuiu-lhes, além do mais, a inclinação para o canibalismo.

> uns ciganos que estavam a assar um quarto de pessoa humana. [...] uma quadrilha de ciganos que estava a assar a metade de um homem e

> a outra metade estava pendurada num sobreiro [...]. [...] uns ciganos mataram também um rapaz e comeram-no. (Quiñones, 1631: 10v–11)

Por outro lado, está-se perante a consideração jurídico-social dominante que equiparará "cigano" a vagabundo e posteriormente a estrangeiro, ainda que, fazendo jus das inflamadas contradições com as quais se irá gerir a diferença romanichel, lhes seja negada qualquer particularidade como povo, especialmente a partir de 1619. Em consequência disso, serão muitos os ciganos cuja situação de subalternidade nas novas sociedades do castigo será ocultada pelo ambíguo etnónimo – sem serem romanichéis de origem –, contribuindo para a solidificação do estereótipo e para a excitação racial maioritária em torno "do cigano", bem como favorecendo a adulteração jurídica criada para erradicar os ciganos do reino.

Encontramo-nos, novamente, perante um fenómeno único e exclusivo nos processos de racialização desenvolvidos nas sociedades modernas. O próprio Frederick Douglass, perante a emergência dos novos Códigos Negros posteriores à escravatura, que discriminavam a população negra através da herança semântica tradicional sobre a desvalorização da identidade afro nos EUA, adverte sobre inúmeros casos especialmente reveladores. Tal como ele mesmo relata durante a época, dispararam no Tennessee contra um homem negro durante um assalto. Quando as autoridades o capturaram, descobriram que se tratava de um cidadão branco que tinha pintado a sua cara com a intenção de escapar ao castigo. Situações similares ocorreram em Boston e na Carolina do Sul, onde um homem branco assassinou uma mulher grávida e culpou um cidadão negro anónimo e onde uma mulher branca matou os seus filhos e acusou um suposto sequestrador negro do crime. Era frequente que "às vezes muitos homens brancos tentavam escapar do castigo disfarçando-se de homens negros no momento do crime" (Davis: 2016: 46).

O termo *passing*, que foi especialmente popularizado através da obra do mesmo nome escrita pela literata afroamericana Nella Larsen, autora do histórico *Renascimento do Harlem*, faz menção à opção de "camuflagem racial" empreendida por inúmeras pessoas mestiças para não serem publicamente localizadas como negras, escapando assim às fatais consequências do racismo estrutural. Apesar disso, também existiu um *passing* realizado ao contrário, no qual inúmeras pessoas brancas assimilaram a identidade de cor com fins estratégicos como os descritos por Douglass. O ambíguo discurso epistemológico do poder sobre "o cigano" construído pelo braço jurídico e erudito do Antigo Regime contribuirá para a prática comum da camuflagem étnica por parte de inúmeras pessoas ciganas que se assemelhavam à sociedade maioritária com a intenção de passar despercebidas. Neste caso, é importante assinalar que o *passing* também será realizado de forma inversa por inúmeras pessoas não ciganas que se identificarão romântica e patologicamente com essa identidade que, na realidade, pouco tem que ver com as ciganas e ciganos de carne e osso mas, sim, com o estereótipo fixado sobre eles de forma vertical através da dimensão simbólica.[3]

Esta ambiguidade em torno da construção "do cigano" durante as épocas mencionadas foi utilizada por determinados intelectuais ocidentais próximos da pós-modernidade para aprofundar, a partir do seu inconsciente, o privilégio branco na negação tradicional da existência do povo cigano. Tal é o exemplo das reflexões de Giorgio Agamben em torno da obra *Les princes du jargon* de Alice Becker-Ho:

> do mesmo modo que o *argot* não é propriamente uma língua, mas, sim, um jargão, assim os ciganos não são um povo, mas, sim, os últimos descendentes de uma classe parcializada de uma época anterior.
> [...]
> Isto explica que os estudiosos não tenham conseguido nunca clarificar as origens dos ciganos nem chegar a conhecer verdadeiramente a sua língua e os seus costumes: a investigação etnográfica torna-se, neste caso, rigorosamente impossível porque os informadores mentem sistematicamente. (Agamben,1990: 58)

Mais tarde, o autor alarga a conclusão a um nível comum:

> os ciganos são o povo do qual o *argot* é a língua, mas, no breve instante em que a analogia se mantém, projeta uma luz fulgurante sobre a verdade que a correspondência língua-povo estava destinada a encobrir: *todos os povos são bandas e conchas, todas as línguas são jargão e* "argot". (Agamben, 1990: 59–60)

Regra geral, estes autores justificam as suas perspetivas com base na necessidade pós-estruturalista de desconstruir o relato moderno da identidade, a qual implica, além disso, uma crítica à ideia de nação, de Estado, de povo e de língua. Ditas intenções não nos parecem mais do que louváveis, interessantes e necessárias. Não obstante, perguntamo-nos sobre as razões pelas quais tal exercício de "análise" coincide misteriosamente com uma antiga e persistente tradição identitária ocidental que consiste em negar a identidade das minorias culturais, neste caso, referimo-nos ao especial afinco em "demonstrar" a inexistência do povo cigano. Para descobrir as

[3] Existirão, assim, pessoas que se identificarão e serão identificadas como ciganas, de forma horizontal, sem ser de origem caló.

razões, é necessário realizar um pequeno exercício de etnografia em relação à tradição do branco. Os pensadores ocidentais inscritos, muito a seu pesar, nos relatos identitários maioritários do caucasiano começaram a descobrir, especialmente a partir da emergência do pós-estruturalismo e da crítica europeia pós-moderna, que as identidades não eram ontológicas, mas que devem ser compreendidas como constructos socioculturais cimentados na conceção do que Benedict Anderson chamou "comunidades imaginadas".

Tal descoberta poderia servir para aprofundar, na crítica urgente, os projetos nacionalistas imperiais; contudo, é muitas vezes utilizada desonestamente para desrespeitar os esforços de grupos humanos tradicionalmente inferiorizados para reconstruir a sua humanidade a partir da sua pertença comum. É então que o que poderia representar um saudável projeto crítico para rever identidades tradicionalmente exageradas se revela um projeto colonial para jogar assepticamente com os relatos das identidades tradicionalmente negadas.

Agamben começa a sua dissertação sobre as "línguas e os povos" situando a aparição dos ciganos na Europa e o nascimento do *argot*, bem como dos bandos de malfeitores que o falam, num mesmo momento histórico relacionado com a passagem da era medieval para a era moderna. A procedência romanichel de termos *argot* demonstraria, segundo Alice Becker-Ho, que

> Os termos ciganos que passaram aos diferentes *argots* são como os próprios ciganos que, desde a sua primeira aparição, adotaram os patronímicos dos países que atravessavam – *gadjesko nav* –, perdendo de alguma forma a sua identidade cultural perante todos aqueles que acreditavam saber ler. (Becker-Ho *apud* Agamben,1990: 58)

Não é ousado insinuar que a razão da influência do romani no *argot* está relacionada com a subalternização radical das comunidades ciganas chegadas à Europa. Condenadas a viver marginalmente na zona do não-ser, o tratamento das famílias cális e daquele *proto lúmpen* emergente que vive na periferia das cidades seria comum. Dado que os poderes do momento, através de toda a sua força legislativa e simbólica, obrigaram, como já se explicou, os ciganos a sobreviver resistindo à perseguição e ao genocídio/epistemicídio, a sua diferença foi pouco a pouco considerada de um ponto de vista social racializado. A fim de continuar a justificar a perseguição, assiste-se a uma "lumpenização" da *romipén*[4] por parte do poder que se vai consolidando a partir da modernidade/colonialidade com as suas novas estratégias de opressão colonial/patriarcal/capitalista/imperialista.

[4] "Ciganidade" em romani.

Foi tal o êxito da virulência da expulsão do povo cigano para um lugar simbólico e material de uma "subclasse" desumanizada através da cristalização "do cigano" que, inclusivamente, a Esquerda europeia do século XIX tinha assimilado na totalidade o discurso medieval. O próprio Karl Marx dedicou umas palavras à definição de lúmpen numa das suas cartas a Cafiero, o editor d'*O Capital*:

> o partido das fulanas e dos ciganos, a ele só se dirigem as massas descontentes camponesas, iluminadas e esotéricas, místicas e alocadas, ou esses sarnentos lambe-botas, mendigos e sicários que inevitavelmente são tão inimigos do proletariado como a Reação [...]. Quando o Proletariado triunfar deverá esmagá-los. (González *et al.*, 2008: 56)

As comunidades ciganas, tão diferentes e, ao mesmo tempo, tão similares às não ciganas, partilhando o mesmo território, mesmo que dele expulsas uma e outra vez até à exaustão, foram racializadas a partir da fixação de um complexo pacote de ideias, estereótipos e fobias que desembocaram numa suposta forma de vida incompatível com a nova ordem; uma forma de vida perigosa que se poderia alargar ao resto das populações: "a sua vida errante e ociosa constitui uma desordem e um mau exemplo para os demais súbditos" (Motos Pérez, 2009: 67). O estrabismo intelectual de um bom número de académicos não-ciganos que, paradoxalmente, se encontram no topo da pirâmide dos *Romani Studies* a observar estes fenómenos sem as lentes descoloniais produziu teorias neocoloniais dignas da antropologia académica do século XIX. Uma das mais persistentes consiste em insinuar que a causa da ambiguidade simbólica que rodeava o etnónimo "cigano" é não ser possível falar nem dos Roma nem de sistema de opressão étnica sobre os mesmos. Cayetano Fernández Ortega responde ao anterior advertindo:

> A Academia não é imune às distorções do resto da sociedade. Sob a sua aparente neutralidade, concluímos frequentemente que os estudiosos e especialistas albergam preconceitos familiares contra os Roma. Por outro lado, os estudiosos que investigam os Roma veem-nos com frequência como um objeto a ser estudado, em vez de uma vida coletiva, sujeitos que respiram. (Fernández Ortega, 2016)

Assim, é bem certo que, tal como já se referiu, "o cigano" irá aplicar-se durante determinada época a determinados comportamentos indesejáveis, desde o jurídico – "ociosidade, delinquência" –, ao religioso – "ímpios, feiticeiros obscurantistas, desconhecedores da doutrina" –, à moral – "incestuosos, amancebados, dominados pela injúria, exército da prostituição, etc." –, que afetarão também as "pessoas que imitavam 'traje, língua e modos'"

dos calós (Gómez Alfaro, 2010: 569). A intenção da Prisão Geral dos Ciganos de 1749 fica fora de todas as dúvidas perante as palavras do seu principal arquiteto, o Marquês de la Ensenada: "A prisão há de ser num mesmo dia e numa mesma hora. [...] Estas gentes a que chamam de ciganos não têm religião; colocá-los na prisão irá ensiná-los e acabará de vez com a sua malvada raça" (Fernández Ortega e Cortés Gómez, 2015: 511). A Prisão Geral ou Gran Redada dos Ciganos utilizou marcadores raciais para:

> se aprisionarem ciganos e ciganas que precisamente tinham cumprido as leis de viver nas cidades onde era permitido e que se inscreveram no registo correspondente. Ou seja, era a cidadania cigana que "melhor" convivência apresentava com o resto da sociedade. (Motos Pérez, 2015: s.p.)

Apesar da ambiguidade étnica e social do termo "cigano", a legislação anticigana desenvolvida durante 479 anos através de 2500 leis foi criada para reduzir e exterminar, de forma aleatória e inclusivamente simultânea, a população cigana, tanto na sua corporalidade como na sua cosmovisão/episteme.

Paradoxalmente, durante a segunda metade do século XVIII, produz-se uma importante alteração quanto à ambivalência "do cigano" que provocará a emergência paulatina de uma literatura *ciganófila* desenvolvida pelos viajantes românticos, pelos costumbristas e poetas, que penetra nos espaços anti-iluministas. Como efeito de tal, algumas investigações desembocaram na descoberta, por parte dos estudiosos do indo-europeu, de que aquele "jargão" que mencionavam os intelectuais do Antigo Regime era uma antiga língua neo-sânscrita de raiz indo-europeia, ligada a línguas atuais como o bengali, gujarati, hindi, cachemiro, marati ou o punjabi, denominada pelos próprios ciganos e ciganas como romani (Jiménez, 2009). Foi a partir de tais descobertas que se começou a aprofundar a hipótese da origem indiana dos Roma.

Por outro lado, a emergência de um certo "ciganismo" cujo motor principal é o fortalecimento de grande parte dos estereótipos exóticos atribuídos aos ciganos pela sociedade maioritária servirá de sinal para as classes poderosas continuarem a disciplinar e a oprimir os Calós. Os deslocamentos filosófico-económicos derivados do colonialismo do século XVIII desembocaram no aumento das pressões iluministas perante o monopólio económico ostentado pela nobreza e pelo clero. Ditos setores reagiram vigorosamente protegendo os seus interesses, reafirmando-se na defesa das suas idiossincrasias e redobrando-se perante os ameaçadores avanços das ideias iluministas. É através dessa reação perante o iluminado como bandeira identitária que a nobreza encontra no "cigano" uma semântica aliada.

Apesar de serem desprezados e inferiorizados, os ciganos, os negros e os mestiços do século XVIII eram contratados com frequência para dançar e cantar nas festas das classes dominantes espanholas; ou seja, representavam por isso, e entre outras razões, parte do sustento sobre o qual edificavam o seu poderio. Os ciganos, bem como os negros, só podiam ascender e ser socialmente importantes convertendo-se em divos e heróis no quadro dos papéis subalternos atribuídos no Antigo Regime. Tal como escreve Antonio Gómez Alfaro:

> Sem o propor de forma consciente aos ciganos, a sua programada e secular rejeição não impediria que acabassem por se converter num paradigma simbólico do país castiço. Durante os anos da Guerra da Sucessão, corriam na Catalunha romances de cordel nos quais uma cigana se encarregava de celebrar a chegada do arquiduque Carlos e abominar as pretensões do duque de Anjou, futuro Felipe V. Na invasão napoleónica, novos romances de cordel converteriam outra cigana em porta-voz do país profundo ameaçando patrioticamente o rei José através da fingida previsão quiromântica. A partir da prosa de um caderno de textos, um autor anónimo encarregaria as ciganas de Madrid da missão de dar uma dura resposta desqualificadora ao deputado que nas constituintes de 1869 defendeu a liberdade de cultos com radicais comentários sobre os ritos católicos e a virgindade de Maria. (Gómez Alfaro, 2010: 27)

Estas tensões acompanharão os ciganos até ao presente e este será incompreensível sem uma nova interpretação do racismo antirroma/anticigano como produto da modernidade e dimensão da colonialidade do poder praticada no interior da Europa. Introduzir a perspetiva descolonial na análise sobre a situação dos Roma implica reconsiderar a história e o presente das suas comunidades a partir de outro ponto de vista. Quisemo-nos centrar em determinadas estratégias através das quais o Estado moderno tentou integrar, suprimir e dobrar a diferença caló desde 1499. A legislação anticigana no Estado espanhol ocupa 479 longos anos e foi totalmente suprimida em 1978. Nenhum governo reconheceu a história de opressão a que foi submetida a sua minoria nacional mais antiga e numerosa. As novas formas de racismo diferencialista, paternalismo neocolonial e assistencialismo panegirista, quando não são maus-tratos diretos generalizados, continuam a dominar as relações de poder que as administrações não apenas espanholas mas também europeias põem em marcha para "gerir" a diferença romani no seu território. A romafobia goza de extraordinária saúde na Europa contemporânea. Os relatórios da Amnistia Internacional, da Associação Pró-Direitos Humanos, do Roma Rights Center e de outras organizações pouco suspeitas de serem consideradas descoloniais asseguram que os Estados europeus não cumprem os seus deveres relativamente ao respeito pelos direitos humanos dos romanichéis da Europa.[5]

Referências bibliográficas

Agamben, Giorgio (1990), "Las lenguas y los pueblos", *Medios sin fin*. Valência: Pre-textos, 57–62. Disponível em: <http://www.pieflamenco.com/wp-content/uploads/2013/11/Las-lenguas-y-los-pueblos.pdf>.

Aguirre Felipe, Javier (2006), *Historia de las itinerancias gitanas. De la India a Andalucía*. Saragoça: Institución Fernando el Católico.

Davis, Angela Y. (2016), *Democracia de la abolición. Prisiones, racismo y violencia*. Madrid: Trotta.

España (1572), "Real Cédula de 19 de diciembre de 1572", *Cámara de Castilla, Diversos*, 28 (I), (II). Simancas: Archivo General de Simancas.

España (1805 [1499]), "Título XVI. De los gitanos, su vagancia y otros excesos", in *Novísima recopilación de las leyes de España*, Tomo V, livro XII. Madrid: [s.n.], 357–369. Disponível em: <http://fama2.us.es/fde/ocr/2006/novisimaRecopilacionT5.pdf>.

Fernández Garcés, Helios; Jiménez González, Nicolás; Motos Pérez, Isaac (2014), *Guía de recursos contra el antigitanismo*. Valência: Federación Autonómica de Asociaciones Gitanas de la Comunidad Valenciana (FAGA). Disponível em: <http://gitanizate.com/panel/data/adjuntos/27042015204308.pdf>.

Fernández Ortega, Cayetano (2016), "Two milestones put Romani cultural discourse in the hands of Roma themselves", *Open Society Foundations*, de 15 de janeiro. Disponível em: <https://www.opensocietyfoundations.org/voices/two-milestones-put-romani-cultural-discourse-hands-roma-themselves>.

Fernández Ortega, Cayetano; Cortés Gómez, Ismael (2015), "El nomadismo romani como resistencia refractaria frente al racismo de Estado en la modernidad española", *in* Colectivo Guindilla Bunda (org.), *Memorias del 50.º Congreso de Filosofía Joven Horizontes de Compromiso: LA VIDA*. Granada: Asociación de Jóvenes Investigadores en Ciencias Sociales, 498–517. Disponível em: <https://horizontesdecompromiso.wordpress.com/revista-libro-del-congreso>.

Gómez Alfaro, Antonio (2010), *Escritos sobre gitanos*. Madrid: Asociación de Enseñantes con Gitanos. Consultado a 29.02.2016. Disponível em: <http://aecgit.pangea.org/pdf/30jornadas/LIBRO_ALFARO.pdf>.

Gómez Urdáñez, José Luis (2004), "La Real Casa de Misericordia de Zaragoza, cárcel de gitanas (1752-1763)", *in* Máximo García Fernández e María de los Ángeles

[5] Pedimos desculpas de antemão aos irmãos e irmãs do resto do mundo. Este capítulo centra-se no caso espanhol como paradigma da modernidade europeia.

Sobaler Seco (orgs.), *Estudios en homenaje al profesor Teófanes Egido*, vol 1. Valladolid: Junta de Castilla y León, 329–343.

González, Ángel; Romero, Pedro G.; Labanyi, Jo; García, Miguel Ángel; Blake, Jody; Didi-Huberman, Georges (2008), *La noche española: flamenco, vanguardia y cultura popular 1865-1936*. Madrid: Museo Nacional Centro de Arte Reina Sofía.

Grosfoguel, Ramón (2013), "Racismo/sexismo epistémico, universidades occidentalizadas y los cuatro genocidios/epistemicidios del largo siglo XVI", *Tabula Rasa*, 19, 31–58. DOI: <https://doi.org/10.25058/20112742.153>.

Jiménez González, Nicolás (2009), *I Romaní Chib, la lengua de los gitanos*. Valladolid: Casa de la India.

Lugones, María (2008), "Colonialidad y género", *Tabula Rasa*, 9, 73–101. Disponível em: <http://www.redalyc.org/pdf/396/39600906.pdf>.

Martínez Martínez, Manuel (1995), "Los gitanos en el sureste peninsular de los siglos XV y XVI", *Boletín del Instituto de Estudios Almerienses*, 14, 91–102. Disponível em: <https://dialnet.unirioja.es/servlet/articulo?codigo=81803>.

Martínez Martínez, Manuel (2004), "Los gitanos en el reinado de Felipe II (1556-1598). El fracaso de una integración", *Chronica nova: Revista de historia moderna de la Universidad de Granada*, 30, 401–430. Disponível em: <https://dialnet.unirioja.es/servlet/articulo?codigo=1464990>.

Martínez Martínez, Manuel (2007), *Los forzados de Marina en el siglo XVIII. El caso de los gitanos (1700–1765)*. Almeria: Universidad de Almería.

Marx, Karl (1998), *El Capital*. México: Siglo XXI.

Moncada, Sánchez (1619), "Discurso octavo", in *Restauración política de España*. Alicante: Biblioteca Virtual Miguel de Cervantes. Disponível em: <http://www.cervantesvirtual.com/obra-visor/restauracion-politica-de-espana--0/html>.

Monter, E. William (1969), *European Witchcraft*. Nova Iorque: John Wiley.

Motos Pérez, Isaac (2009), "Lo que no se olvida: 1499–1978", *Anales de Historia Contemporánea*, 25, 57–74. Disponível em: <https://dialnet.unirioja.es/servlet/articulo?codigo=2921598>.

Motos Pérez, Isaac (2015), "De la luz sobre la oscuridad. La Gran Redada española", Entrevista realizada por Patricia Caro Maya, *Museu Virtual del Poble Gitano de Catalunya*, 30 de setembro. Disponível em: <http://www.museuvirtualgitano.cat/es/2015/09/30/de-la-llum-sobre-la-oscuritat-la-gran-batuda-espanyola>.

Quiñones, Juan (1631), *Discurso contra los gitanos*. Madrid: Iuan Gonçalez. Disponível em: <https://play.google.com/books/reader?id=ddFlAAAAcAAJ&hl=pt_PT&pg=GBS.PT36>.

Salazar de Mendoza, Pedro (1618), *Memorial de el hecho de los Gitanos para informar el animo de el rey nuestro Señor de lo mucho que conviene al servicio de Dios y bien de estos Reynos desterrallos de España*. Toledo: [s.n.].

CAPÍTULO 19

Direitos, confinamento e libertação: a teoria da retaguarda e a Freedom of Movements*

Julia Suárez-Krabbe

Introdução

A 26 de janeiro de 2016, o governo dinamarquês aprovou uma lei a que chamou de "lei dos bens de migrantes", que lhe permite confiscar os bens dos migrantes. Ao mesmo tempo, a Freedom of Movements – uma organização política antirracista sediada em Copenhaga e constituída por imigrantes, requerentes de asilo, refugiados e cidadãos legalizados – promovia uma manifestação com o objetivo de apelar à solidariedade com os requerentes de asilo do campo de deportação de Sjælsmark, a norte de Copenhaga. Uma vez que a lei de confisco de bens é mais uma medida do Estado dinamarquês no sentido de reforçar a criminalização sistemática dos requerentes de asilo e imigrantes, a Freedom of Movements apresentou estas 11 exigências:

1. Exigimos não ser transferidos à força para Ikast [uma prisão em Jylland].
2. Não somos criminosos. Exigimos que os serviços prisionais dinamarqueses e o serviço responsável pela execução de penas (*Kriminalforsorgen*) não decidam sobre as nossas vidas.
3. Exigimos o fim das deportações forçadas, quer secretas, quer públicas. Somos refugiados e os nossos países estão em guerra.
4. Exigimos o direito ao trabalho.
5. Exigimos alojamento adequado. Nem sequer temos água quente.

* Tradução de Sara Reis.

6. Exigimos o direito a medicamentos e tratamentos adequados às nossas necessidades.
7. Exigimos asilo na Dinamarca.
8. Exigimos a responsabilização das autoridades. Com quem podemos falar sobre os nossos casos? Quanto tempo teremos de esperar em Sjælsmark?
9. Exigimos o fim das *motivationsfremmende foranstaltninger*: as medidas que se destinam a "motivar-nos" a ir embora através da desumanização e da humilhação.
10. Exigimos a liberdade de circulação e a liberdade de ficar. Exigimos o direito a ter direitos!
11. Por fim, exigimos a abolição de campos como o de Sjælsmark.

Enquanto "ação de intervenção teórica intimamente ligada à vida das pessoas", neste capítulo foco-me na teoria da retaguarda (Santos, 2014: 13) conjugada com a ação da Freedom of Movements e pretende contribuir para o esclarecimento quanto à presença do racismo na Dinamarca, centrando-se nos campos de detenção de migrantes e nos campos de deportação, mais concretamente no caso de Sjælsmark. Para isso, aliam-se perspetivas sobre a abordagem do Complexo Industrial-Prisional ao trabalho de Boaventura de Sousa Santos no campo da sociologia do direito e à *necropolítica* de Achille Mbembe.

Neste capítulo, a principal preocupação é o racismo, um sistema globalizado de opressão intimamente ligado ao capitalismo. Este sistema globalizado produz realidades desiguais para diferentes pessoas e tem expressões locais distintas, apesar de interligadas. Todavia, de acordo com o pensamento dominante no mundo académico, nos média e nas conversas do dia-a-dia, a globalização parece estar associada à circulação e às interligações, tanto culturais como tecnológicas, económicas e políticas. A relação entre a globalização e a deslocação forçada, o confinamento, a privação de liberdade e a exploração tende a ser convenientemente ignorada. Não obstante, o facto é que, historicamente, a globalização hegemónica tem funcionado nos dois sentidos: se, por um lado, tem permitido as interligações e a circulação entre as elites globais, por outro, também contribui para deslocar pela força, limitar e restringir populações racializadas com o objetivo de as controlar, explorar e/ou erradicar. O primeiro exemplo desta forma de globalização é o comércio esclavagista transatlântico. Aclamado pelas elites do seu tempo por aumentar a produção nas colónias (Cox, 1959: 332), o comércio esclavagista implicou a deslocação forçada, o confinamento e a desumanização de pessoas em grande escala. Esta prática tornou-se rapidamente numa instituição mundial basilar para o capitalismo global. À medida que aumentava o tráfico humano e se multiplicavam os bens que o trabalho forçado permitia produzir, também melhoravam consideravelmente o estilo de vida das elites e as condições sociais das suas sociedades. Esta melhoria foi possível à custa da degradação das condições sociais e de subsistência das populações racializadas. O comércio esclavagista transatlântico e a institucionalização global da escravatura ocorreram, enquanto parte integrante do colonialismo, em simultâneo com as práticas da mobilidade voluntária, as melhorias económicas e o aumento das condições de vida de alguns através da opressão e da desumanização generalizada da maioria das populações mundiais.

Na sua forma atual, a globalização hegemónica envolve, muito provavelmente, mais interligações: a nível económico, através do comércio; a nível cultural, através das tecnologias da comunicação e das viagens; e a nível político e legal, através de instituições transnacionais. No entanto, tal como na época colonial, estas interligações são um privilégio de uma pequena parte da população mundial, enquanto a maioria continua a ser deslocada à força, confinada, explorada e desumanizada. A produção dos bens que as elites globais consomem, bem como a sua qualidade de vida, dependem diretamente deste sistema. Para o manter, populações inteiras têm de permanecer miseráveis: só assim pode ser garantida a mão-de-obra barata e não qualificada, bem como as matérias-primas necessárias para manter intacta a qualidade de vida das elites. A existência continuada destas práticas é racismo, ou seja, "a produção e exploração aprovadas pelo Estado, e/ou extralegais, de vulnerabilidades à morte prematura de grupos diferenciados, em geografias políticas distintas, mas profundamente interligadas" (Gilmore, 2007: 28). Por outras palavras, o racismo é central para o capitalismo, pois ambos funcionam à escala global. Os principais atores responsáveis por assegurar este sistema de opressão são as elites globais, ou seja, as pessoas com poder para definir, defender e aplicar medidas e quadros jurídicos nacionais e internacionais usados para fazer com que o sistema funcione: o projeto da morte (Suárez-Krabbe, 2015: 3-4). Na Europa, o projeto da morte materializa-se na sua relação com as populações imigrantes, sendo as suas formas mais cruéis a detenção de migrantes e os campos de deportação. Para fundamentar este argumento, o presente capítulo está organizado do seguinte modo: a secção seguinte apresenta brevemente o campo de deportação de Sjælsmark, incluindo os quadros jurídicos mais relevantes que se aplicam às pessoas sujeitas à vida nesse campo, bem como uma visão geral sobre o modo como os problemas semelhantes ao caso de Sjælsmark são abordados e que perspetivas são defendidas em trabalhos académicos. Partindo da sociologia do direito de Boaventura de Sousa Santos e da *necropolítica* de Achille Mbembe, a segunda parte deste capítulo dedica-se a explicar a relação entre os direitos e a morte, tomando os Direitos Económicos, Sociais e Culturais (DESC) como ponto de partida. A relação entre direitos e morte será desenvolvida e fundamentada na terceira parte, relativa ao direito, à democracia e à liberdade, por oposição ao confinamento (prisões e campos), partindo essencialmente da teoria de Angela Davis. Na última parte, conclui-se que, dado o problema das prisões e dos campos de detenção e deportação, e a estreita ligação entre o direito e a exclusão, direitos e morte, as lutas para abolir estas prisões e campos oferecem alternativas poderosas enquanto práticas de liberdade.

Prisões e campos: o centro de deportação de Sjælsmark

Partindo da definição de racismo de Ruth Gilmore – "a produção e exploração aprovadas pelo Estado, e/ou extralegais, de vulnerabilidades à morte prematura de grupos diferenciados, em geografias políticas distintas, mas profundamente interligadas" (2007: 28), referida na introdução – argumenta-se que, na Europa, as medidas e quadros jurídicos que permitem pôr este sistema em prática – o projeto da morte – se materializam na sua relação com as populações imigrantes. Nesta secção, aborda-se a relação entre as prisões e os campos face ao sistema global do racismo, explorando a sua relevância no que toca ao modo específico como o racismo toma forma no Centro de Deportação de Sjælsmark, na Dinamarca. Este Centro situa-se numa área isolada a cerca de 25 km a norte de Copenhaga, perto de instalações militares numa zona militar ativa, a 2 km do centro para requerentes de asilo. Estabelecido em fevereiro de 2015 especialmente com este propósito, o Centro de Deportação de Sjælsmark (Udrejsecenter Sjælsmark, em dinamarquês) alberga cerca de 150 homens e mulheres solteiros a quem foi negado asilo na Dinamarca. No entanto, devido à guerra, violência, terrorismo, convicções políticas, credos, raça ou sexo, muitas das pessoas presentemente detidas no Centro não podem regressar aos seus países de origem. Não podem deixar a Dinamarca e procurar asilo noutro país devido às regras da Convenção de Dublin, que declara que os casos dos requerentes de asilo devem ser resolvidos no primeiro país onde os mesmos se registaram. Assim, estas pessoas estão encurraladas: não podem sair nem ficar na Dinamarca. O resultado é uma situação de não-lugar, uma espécie de estado de exceção permanente (cf. Agamben).

Aliada à gravidade dos problemas enfrentados pelas pessoas que estão confinadas a este Centro – tal como pelos requerentes de asilo em geral –

está a incerteza relativamente ao período de tempo que terão de passar nestas condições. De facto, uma característica central das condições vividas por estas pessoas diz precisamente respeito à incerteza temporal, isto é, a falta de informação e de respostas quanto ao período durante o qual terão de estar sujeitas àquelas condições específicas de desumanização. De acordo com a primeira exigência da Freedom of Movements, as pessoas de Sjælsmark enfrentam, atualmente, a incerteza de não saberem se serão transferidas à força para uma prisão – Ikast – numa área ainda mais isolada. Esta prisão foi recentemente esvaziada com o objetivo de a tornar operacional enquanto campo de deportação. Neste momento, é incerto o modo como os planos para aumentar a capacidade de Sjælsmark, das atuais 150 pessoas para 400, se integrarão neste arranjo, que parece fazer parte da expansão global do complexo industrial-prisional (Ryan, 2010). No contexto do caso dinamarquês, a definição de crime – intimamente ligada ao nacionalismo e ao racismo que o constitui – junta-se à defesa do capitalismo, mais especificamente no que diz respeito à aplicação de medidas austeras nos serviços públicos ligados à educação e à saúde, ao mesmo tempo que encoraja e protege as empresas transnacionais. Se, por um lado, as prisões dinamarquesas pertencem ao Estado, por outro, a expansão do complexo industrial-prisional no país é previsível, na medida em que as empresas nele envolvidas são transnacionais e muito poderosas. O investimento neste complexo, especialmente em prisões privadas, é altamente atrativo para as elites globais. Na Dinamarca, o complexo industrial-prisional envolve empresas que produzem vedações e material de construção, bem como empresas ligadas à segurança e ao fornecimento de refeições, além das ONG, da indústria humanitária e afins.

Um estudo recente conduzido por três antropólogos dinamarqueses (Larsen, Whyte e Olwig, 2015) sobre as consequências para as comunidades locais da Dinamarca rural dos centros para requerentes de asilo sugere que os centros têm contribuído para melhorar a qualidade de vida das comunidades onde estão inseridos, através de novos empregos, melhorias económicas e afluxo populacional a áreas caracterizadas pela diminuição da população devido à migração para as cidades. Curiosamente, este estudo foca-se na realidade social a partir de uma perspetiva dominante e unilateral; é evidente que as "comunidades locais" não incluem as pessoas confinadas aos centros, e as suas realidades são apenas vagamente mencionadas. Além disso, no seu esforço para realçar os aspetos económicos positivos dos campos nas áreas rurais dinamarquesas, o estudo acaba por pactuar com o projeto da morte: os asilos são, de facto, uma das maneiras através das quais o Estado dinamarquês expõe as pessoas a uma morte prematura. Embora inadvertidamente, o estudo confirma que a expansão global do complexo industrial-prisional está também a ocorrer na Dinamarca, apesar de ainda em fase de adaptação e, portanto, de instabilidade:

Se há sete anos existiam apenas sete centros para requerentes de asilo, no início de 2015 havia já um total de 67. A diretora de um dos centros da Cruz Vermelha contou[-nos] que tinha participado pessoalmente na abertura e no encerramento de mais de 100 asilos durante a sua carreira. Há várias razões que explicam esta impressionante variabilidade. A causa primária prende-se com o facto de o número de requerentes de asilo na Dinamarca ter vindo a variar dramaticamente. Esta variação acompanha sobretudo o número de refugiados no mundo, dependendo também do tempo que estes casos demoram no sistema dinamarquês de requerimento de asilo. Além disso, o Serviço de Imigração Dinamarquês e as organizações que gerem os asilos procuram continuamente tornar o sistema mais eficiente, um processo que pressupõe a abertura e o encerramento de campos. O resultado global é a criação de um estado generalizado de provisoriedade que traz consequências para os requerentes de asilo, para os funcionários dos centros e para as comunidades locais circundantes. (Romme, Whyte e Olwig, 2015: 17)

Angela Davis afirma que "[a prisão] diminui o peso da responsabilidade de nos comprometermos seriamente com os problemas da nossa sociedade, especialmente os que advêm do racismo e, cada vez mais, do capitalismo global" (Davis, 2003: 16). Tal como no estudo mencionado, muitos outros neste âmbito tendem a minimizar ou ignorar completamente o racismo e o capitalismo global (Black, 1998; Golash-Boza, 2009a, 2009b; Gill, Conlon e Moran, 2013; Moran, 2015). Outros especialistas, apesar de reconhecerem os problemas do racismo e do capitalismo global, tendem a dissolver as responsabilidades numa clara perspetiva agambeana e/ou deleuze-guattariana, na qual o racismo parece tornar-se um assunto nebuloso destituído de agentes responsáveis e de relações de poder desiguais (Tesfahuney e Dahlstedt, 2008; Mirza, 2014; Rembis, 2014).[6] Assim sendo, muitas das contribuições referidas começam, e acabam, com a afirmação de que os campos de detenção de migrantes e/ou refugiados são locais onde o estado de exceção agambeano se encontra em vigor e que os imigrantes e refugiados são "vidas expostas", *homo sacer*. Também abundam as abordagens jurídicas à situação dos campos de detenção de migrantes. Nesta área, a maioria dos estudos sublinha as diferentes dimensões dos

[6] Para uma crítica semelhante de tendências pós-estruturalistas que desmaterializam e despolitizam problemas sociais, atuando do ponto de vista teleológico, ver Flynn (2015). A análise e o argumento de Flynn poderiam ser melhorados significativamente se tivessem em conta a análise seminal do Complexo Industrial-Prisional de Ruth Gilmore (2007).

quadros jurídicos relativos aos requerentes de asilo na Europa, descrevendo o modo como quadros nacionais e internacionais podem colidir. Estes estudos alertam para o facto de o recurso à detenção no contexto da aplicação da lei da imigração ter aumentado em todos os Estados-membros europeus, e de

> a prática institucionalizada da detenção de imigrantes se ter tornado inerente a um conjunto de políticas cujo objetivo principal é impedir a entrada de futuros migrantes e retirar os que já se encontram em território nacional o mais rápida e eficazmente possível. (Cornelisse, 2010: 2)

Há também uma falta generalizada de transparência no tratamento dos imigrantes detidos, tanto a nível legal como no que diz respeito às condições a que estão sujeitos e às instâncias a responsabilizar (Cornelisse, 2010: 2). Além desta falta de transparência, verifica-se que muitas das instalações usadas para a detenção de imigrantes, como o centro de Sjælsmark e a prisão de Ikast, estão situadas em áreas remotas ou isoladas, sendo, na prática, virtualmente invisíveis para a maioria da população; há terminologia legal complexa e/ou obscura no que se refere à detenção;[7] os imigrantes e requerentes de asilo na Europa estão sujeitos, na sua maioria, ao direito administrativo, e não ao civil, que muitas vezes se sobrepõe à legislação dos direitos humanos (Flynn, 2012: 44-45). Como defendem Flynn e Cannon num artigo do Projeto para a Detenção Global (Global Detention Project) intitulado "The Privatization of Immigration Detention" (A Privatização da Detenção de Imigrantes),

> as pessoas detidas em instalações de detenção de imigrantes [pela Europa fora] não são, geralmente, criminosos condenados nem presos preventivos que aguardam julgamento. Em vez disso, são detidos administrativos, ou seja, pessoas que – sem que tenham sido acusadas de qualquer crime – o Estado decidiu deter para cumprir procedimentos administrativos, como deportações ou pedidos de asilo. (Flynn e Cannon. 2009: 3)

Devido à pouca clareza dos quadros jurídicos aplicados às situações dos requerentes de asilo e refugiados, Michael Flynn propõe a seguinte definição de detenção de imigrantes: "a privação da liberdade de não-cidadãos devido ao seu estatuto" (2012: 42). A definição de privação da liberdade, na sua perspetiva, é a seguinte: "confinamento forçado num

[7] Por exemplo, entre a "privação da liberdade" e a "limitação da liberdade pessoal". Para uma discussão aprofundada destas questões, ver Cornelisse (2010).

espaço fechado durante um qualquer período" (2012: 45). Segundo a definição de Flynn, o paralelo estabelecido neste capítulo entre prisões e campos não seria possível: de acordo com a sua perspetiva, só as instalações que "impedem fisicamente as pessoas de sair" podem ser consideradas de detenção de migrantes. A reflexão de Flynn está ancorada no pensamento jurídico, logo, num enquadramento limitado do entendimento do que é a liberdade. Voltaremos a esta questão na terceira parte. Para já, o que é importante mencionar é o facto de – pelo menos no caso das pessoas do centro de deportação de Sjælsmark – a lei ser o elemento fulcral na privação da sua liberdade. Na verdade, tal como todos os outros requerentes de asilo na Dinamarca, as pessoas de Sjælsmark não estão autorizadas a trabalhar ou a estudar. Porém, ao contrário dos requerentes de asilo, aqueles cujos casos foram rejeitados pelo Estado dinamarquês não recebem qualquer mesada, nem podem cozinhar a sua própria comida. Têm direito a uma cama em dormitórios partilhados e a comida três vezes por dia. A comida servida aos refugiados de Sjælsmark é de fraca qualidade, por vezes malcozinhada, e inadequada para pessoas doentes (diabéticas, com alergias, etc.).

São estas as condições de vida desumanas referidas mais explicitamente na quarta, quinta e sexta exigências da Freedom of Movements. Estas condições devem ser entendidas como parte das medidas legais adotadas pelo Estado dinamarquês e conhecidas por *motivationsfremmende foranstaltninger* (literalmente, medidas para aumentar a motivação), sendo referidas na nona exigência. O objetivo explícito desta medida é "motivar" a deixar o país as pessoas consideradas pelo Estado dinamarquês como indesejadas, violentas ou não cooperantes. Estas medidas de "aumento da motivação" foram aprovadas enquanto alterações à Lei dos Estrangeiros dinamarquesa no verão de 1997 (secção 34, § 2 e secção 42a, § 5 e 6 – Lei n.º 407, de 10 de junho de 1997), substituídas pela Lei n.º 473, de 1 de julho de 1998 (pela inclusão da secção 42a, § 7), incluindo várias alterações e leis dos últimos anos, sendo a mais recente a chamada lei de confisco de bens dos migrantes, mencionada na introdução. Entre as medidas mais graves, a lei declara que um requerente de asilo não pode candidatar-se ao reagrupamento familiar durante os seus primeiros três anos na Dinamarca e confere à polícia e às autoridades o direito de revistar a roupa e a bagagem dos requerentes a qualquer altura (também quando integrados no sistema de centros de requerentes de asilo) e a confiscar tanto bens como dinheiro no valor de, aproximadamente, 1340 Euros (10 000 coroas dinamarquesas). Os bens dos requerentes de asilo podem ser confiscados caso estes não sejam capazes de explicar o valor sentimental que esses bens têm para si, comprovando assim que não estão na sua posse pelo seu valor de mercado. Também na Alemanha, Holanda e Suíça estão já em vigor medidas semelhantes. Quanto às medidas de "aumento da motivação", as partes mais relevantes da Lei dos Estrangeiros dinamarquesa são as secções 34, § 2, e 42a, § 4–11. Estes parágrafos referem que a polícia pode exigir apresentações aos requerentes que forem considerados não cooperantes, se não se apresentarem nas reuniões com as autoridades relativas ao seu caso, se tiverem apresentado comportamento violento, se não permanecerem onde foram colocados pelo Serviço de Imigração Dinamarquês, ou se a polícia está a tratar da sua deportação e os requerentes não colaboram.

A Lei dos Estrangeiros afirma, na secção 42a, § 5, que o Ministério dos Negócios Estrangeiros dinamarquês é responsável pela gestão global dos centros, incluindo questões relacionadas com o alojamento, a entrega de mesada (que não se aplica aos casos dos requerentes de asilo rejeitados – cf. secção 42a, § 11 e 12) e o financiamento para os custos de vida, comida, educação, atividades e saúde. O Ministério pode atribuir estas responsabilidades ao Serviço de Imigração (dependente do Ministério dos Negócios Estrangeiros), à Cruz Vermelha, à Agência de Gestão de Emergências, ao Conselho dos Refugiados (uma ONG) e às autoridades locais. Como sugere a segunda exigência da Freedom of Movements, no caso de Sjælsmark, a responsabilidade foi atribuída aos serviços prisionais e de execução de penas dinamarqueses, o que reflete o esforço sistemático do governo para criminalizar os requerentes de asilo. Além disso, a secção 42a, § 6, refere que é o Ministro da Administração Interna a decidir os critérios de responsabilidade financeira, incluindo o modo como as instituições cobrem os custos associados aos centros para requerentes de asilo; por outro lado, os parágrafos 7 e 9 declaram que o requerente a asilo ou o requerente rejeitado que não pode "ser devolvido", respetivamente, têm de viver onde o Serviço de Imigração ditar, e que o requerente não deverá colocar entraves sob a forma de violência ou ameaça às pessoas que trabalham no local onde se encontra alojado.[8]

Além do que está contido nas 11 exigências, durante a manifestação de 26 de janeiro em Sjælsmark os refugiados reforçaram a ideia de que não são criminosos. No entanto, como se viu atrás, o Estado dinamarquês tem tomado diversas medidas concretas para criminalizar os requerentes de asilo. De facto, um dos pontos-chave da abordagem do Complexo Industrial-Prisional reside no modo como o próprio sistema gera formas específicas

[8] Informação compilada a partir de retsinformation.dk, um *site* estatal onde todos os textos jurídicos dinamarqueses estão disponíveis para consulta. O texto relevante para este caso é: "Bekendtgørelse af udlændingeloven": <https://www.retsinformation.dk/forms/R0710.aspx?id=164258> (consultado a 27.01.2016).

de criminalidade enquanto ignora outras, sobretudo crimes de colarinho branco e crimes contra os direitos humanos perpetrados por figuras destacadas das elites mundiais, por exemplo, no âmbito da sua responsabilidade pelas guerras no Iraque e Afeganistão – os mesmos crimes que provocaram o deslocamento de muitas pessoas, incluindo aquelas que se encontram atualmente confinadas em Sjælsmark. Este facto, por si só, torna pertinente a análise das ligações entre as prisões e os campos. A secção seguinte apresenta uma discussão mais aprofundada sobre o modo como o direito é parte do problema.

Direitos e morte

O problema dos limites dos direitos humanos, e do direito em geral, está a ser debatido intensamente no seio de vários movimentos sociais e em certas áreas de investigação, como a das perspetivas descoloniais e a sociologia do direito, especialmente no trabalho de Boaventura de Sousa Santos. Segundo este autor (1998: 198-214), a sociologia do direito tem demonstrado interesse pelo estudo das formas pelas quais o próprio sistema jurídico está incorporado em contextos sociais mais vastos, tendo dedicado especial atenção aos obstáculos que dificultam o acesso das populações marginalizadas ao sistema jurídico. Esta perspetiva demonstrou que há uma ligação intrínseca entre as condições sociais, culturais e económicas das pessoas e o seu acesso à justiça. Por outras palavras, o sistema jurídico não é democrático para pessoas em circunstâncias de desfavorecimento social, cultural ou económico. É necessário sublinhar dois elementos neste contexto. Em primeiro lugar, os estudos críticos em sociologia do direito sugerem uma ligação próxima entre os Direitos Económicos, Sociais e Culturais e o sistema jurídico, isto é, a ligação entre pessoas em desvantagem económica, social e cultural e os mecanismos não democráticos do sistema jurídico. Em segundo lugar, uma das condições sociais que despertou a atenção da sociologia do direito para os problemas relacionados com as dimensões procedimentais, institucionais e organizacionais do direito foram as lutas sociais lideradas por quem está em posições sociais desvantajosas, como em lutas pelo que hoje chamamos de Direitos Económicos, Sociais e Culturais (DESC) e pela democratização dos direitos.

Mais concretamente, os estudos na sociologia do direito concluíram o seguinte em relação às obstruções económicas, sociais e culturais ao acesso do sistema jurídico (Santos, 1998: 202): os entraves económicos estão relacionados com os custos que advêm do acesso à justiça para se fazer uma denúncia ou levar um caso a tribunal (1998: 202-203). As barreiras sociais e culturais estão relacionadas com: a) a falta de conhecimento sobre os direitos; b) a falta de recursos sociais e emocionais para levar um caso a tribunal; c) a falta de confiança ou resignação perante os tribunais ou os problemas enfrentados; d) o medo de represálias; e e) a falta de uma colaboração social em rede – especialmente de peritos legais – que possa ajudar a tornar os processos jurídicos mais eficientes (1998: 204-205). Com base nisto, segundo Santos (1998: 214), uma das atividades de investigação mais importantes no âmbito da sociologia do direito prende-se com a democratização do poder jurídico dominante. De facto, o sistema jurídico é visto como:

> Uma dimensão fundamental para a democratização da vida social, económica e política. Esta democratização tem duas vertentes: A primeira refere-se à constituição interna do processo [jurídico] e [a] segunda à democratização do acesso à justiça. (Santos: 1998: 214)

Todavia, o argumento de Boaventura de Sousa Santos é o seguinte: embora seja uma medida importante, a democratização da justiça só poderá atingir o objetivo de "equilibrar os mecanismos de reprodução das desigualdades" (1998: 214). Consequentemente,

> quanto mais pormenorizada é a lei que protege os interesses populares e emergentes, maior é a probabilidade de a mesma não ser aplicada. A luta democrática pelo direito tem de ser, neste contexto, pela aplicação do direito existente assim como pela sua reforma. (Santos: 1998: 215)

Por outras palavras, os direitos e o direito têm limitações significativas: fazendo parte do sistema que gera desigualdade, o direito pode, no máximo, tentar minorar algumas das consequências desse sistema. Porém, não está ao seu alcance corrigir o próprio sistema. Para o poder fazer, é necessário reformar o direito.

A questão que interessa a Boaventura de Sousa Santos é o modo como a reforma da lei pode concretizar-se de modo que não se limite a "acrescentar direitos" a um sistema injusto, mas que contribua significativamente para desmantelar esse mesmo sistema injusto. Na sua conceptualização da "linha abissal", Santos (2014: 118-135) aborda elementos constitutivos do nosso injusto sistema atual. Estes elementos incluem a racionalidade, a temporalidade e a prática política ocidental, que se promovem, de facto, enquanto conhecimento "verdadeiro" e política "justa", excluindo, ao mesmo tempo, todos os outros e legitimando tal exclusão. Boaventura de Sousa Santos não pensa estes problemas enquanto racismo. Todavia, sob esta perspetiva, a sua análise permite a exposição de algumas das principais características deste sistema de opressão global. No contexto jurídico, as suas ideias sobre a linha abissal ajudam a compreender de que forma os entraves económicos, sociais e culturais anteriormente referidos – que podem ser muito duros para as classes sociais mais baixas – são agravados quando se tem em consideração os problemas do racismo.

No caso dos indivíduos racializados, a norma não é a regulamentação e a emancipação face aos conflitos, mas a violência e a apropriação (Santos, 2014: 118-135). Como se referiu no caso de Sjælsmark, para os indivíduos racializados, "os códigos legais, como os direitos laborais, direitos humanos ou direitos das mulheres, são suspensos; os discursos de emancipação como os da igualdade, autonomia, liberdade e dignidade individual ou humana não são reconhecidos" (Grosfoguel e Suárez-Krabbe, 2013: 82). Na sua análise da *necropolítica*, Achille Mbembe (2010) apresenta um argumento semelhante, mas ainda mais devastador, segundo o qual o racismo se manifesta como estado de exceção e estado de sítio. O racismo não é apenas a decisão dos Estados soberanos sobre quem vive e quem deve morrer, tal como foi conceptualizado no *biopoder* de Foucault. Em vez disso, o *necropoder* manifesta-se na criação de mundos de morte: "novas e únicas formas de existência social no âmbito das quais vastas populações são sujeitas a condições de vida que lhes conferem o estatuto de *mortas-vivas*" (Mbembe, 2010: 40). Entre outros fatores, o estabelecimento contemporâneo dos mundos de morte – locais específicos onde, devido às más condições que os caracterizam, não se fomenta a vida, mas a morte – provoca o deslocamento forçado. Seja devido às guerras imperiais, a circunstâncias económicas, à degradação ambiental ou a problemas de saúde – e muitas vezes em resultado da conjugação destes fatores – o deslocamento forçado é um efeito direto do projeto da morte: o conjunto de práticas hegemónicas em que o racismo, o capitalismo e o patriarcado, bem como a espoliação da natureza, estão intimamente ligados (Suárez-Krabbe, 2015: 4). Para sujeitar as pessoas aos mundos de morte, o projeto da morte conjuga poder militar e económico com poder político, jurídico e ideológico. Ao passo que Mbembe retrata o funcionamento do racismo nalgumas das suas formas mais cruéis – e, ainda assim, aprovadas pelo Estado –, o trabalho de Boaventura de Sousa Santos lembra que o pensamento e a racionalidade são, eles próprios, parte do problema. Na verdade, e ao contrário da visão de Mbembe, de acordo com Santos, o exercício do poder não ocorre primeiramente à margem da lei; aliás, a legalidade, ao estar intimamente ligada aos interesses dos colonizadores do passado e do presente, é usada para anular as pessoas, tanto legal como politicamente (Santos, 2014). Conforme foi mencionado, uma parte importante do problema reside tanto no direito como nas suas instituições, bem como no pensamento ocidental dominante e nas suas instituições.

Como se poderão estabelecer ligações entre o confinamento físico e a restrição ao pensamento no contexto da globalização hegemónica? E de que modo está isto ligado aos campos para requerentes de asilo? Antes de trazer à discussão a abordagem de Angela Davis e Ruth Gilmore relativa ao Complexo Industrial-Prisional, é importante regressar às barreiras enumeradas pela sociologia do direito no acesso das pessoas ao direito, tornando-as mais complexas com a inclusão de considerações sobre o racismo enquanto estrutura global de opressão, como consta abaixo:

- **(a)** Além da discussão sobre a falta de conhecimento dos sujeitos racializados em relação aos seus direitos, é necessário falar simplesmente da falta de direitos e, em alguns casos até, de sujeitos racializados cuja existência é, em si mesma, uma violação da lei, no mesmo sentido que "ilegal" e "terrorista" (cf. Gordon, 1999). Quem não tem direitos ou quem viola a lei simplesmente por insistir em ter direitos, em ser tratado com dignidade e respeito e em ter uma voz política está social e politicamente morto. Neste sentido, ao conceptualizar os problemas do direito, é também necessário desviar a atenção das "vítimas", enquanto pessoas a quem falta algo e colocar o foco nos problemas do sistema que produz os mundos de morte.
- **(b, c, e)** A falta de recursos sociais e emocionais para levar um caso a tribunal e a falta de confiança ou resignação perante os tribunais ou os problemas enfrentados deverão ser vistas à luz da falta dos direitos mencionada acima e, como tal, encaradas enquanto expressões específicas de morte social e política. Também é importante ter em conta a negação do racismo em quase toda a Europa – incluindo nas instituições jurídicas incumbidas de auxiliar sujeitos racializados e estabelecer a ponte com o sistema jurídico –, a "alterização" sistemática dos sujeitos racializados nos média e nas campanhas políticas[9] e os efeitos sociopsicológicos devastadores que estes processos estruturais provocam em sujeitos racializados (DuBois, 1903; Fanon, 1967; Gordon, 1999).
- **(d)** Em vez do medo de represálias, é necessário discuti-las enquanto problema que precisa de ser encarado. Efetivamente, enquanto as represálias podem constituir uma exceção para pessoas

[9] Todos estes problemas têm sido abordados em profundidade nos últimos anos através de um projeto de investigação de âmbito europeu denominado "TOLERACE: the Semantics of Tolerance and (Anti-)Racism in Europe". Disponível em: <https://www.ces.uc.pt/ces/projectos/tolerace>.

> consideradas "nativas" ou que não sejam alterizadas na Europa, para os sujeitos racializados, as represálias são a norma. Estas podem ser de natureza económica, social ou cultural (desde acusar as pessoas de "se fazerem de vítimas de racismo" a rotulá-las de "fundamentalistas" ou "terroristas") e podem ser violentas a nível físico (como em ataques de movimentos de extrema-direita, assédio policial, detenções arbitrárias, confinamento em campos de detenção ou deportação). Na maioria destes casos, as pessoas não são sujeitos de direitos. Em vez disso, o sistema jurídico é usado para as manter sem direitos.

Estas preocupações dão lugar a várias questões. A mais óbvia é a seguinte: como podem os sujeitos racializados esperar que as várias nações europeias garantam os seus direitos humanos mais básicos quando a alterização sistemática das comunidades continua a ser uma realidade, apesar dos diversos instrumentos jurídicos que deveriam proteger do racismo as populações marginalizadas? A segunda questão está ligada à primeira: será possível garantir às populações marginalizadas os seus direitos básicos em contextos em que o problema do racismo enquanto prática sistemática e histórica é negada ou em que os instrumentos legais criados para proteger essas populações são geralmente desdenhados por quem tem a responsabilidade da sua aplicação – ou mesmo anulados por outras medidas legais consideradas mais urgentes, como as leis antiterrorismo? Tal como se afirma na proposta de relatório intitulada "Direitos económicos, sociais e culturais das crianças migrantes e filhas de pais migrantes",

> a xenofobia e o racismo afetam os DESC dos migrantes de muitas formas, incluindo: (i) a aprovação de leis e políticas públicas de raiz xenófoba que negam ou limitam arbitrariamente os direitos humanos dos migrantes (documentados e indocumentados); (ii) a disseminação e perpetuação da convicção errada de que os migrantes ilegais não têm direitos sociais, como a educação e a assistência médica; (iii) as restrições de cariz xenófobo no acesso dos migrantes aos serviços públicos, incluindo o acesso das crianças à educação; (iv) os impactos negativos da xenofobia no sucesso escolar das crianças e adolescentes migrantes e também dos filhos de pais migrantes que podem levar a um aumento das taxas de abandono escolar; e (v) os impactos negativos da xenofobia no acesso de adolescentes migrantes ao emprego e à formação profissional. Importa ter em consideração que, no âmbito do contexto atual de crise económica, a xenofobia e a discriminação aumentaram em paralelo com os respetivos impactos negativos nos

> direitos económicos e sociais dos trabalhadores migrantes e das suas famílias. (UNICEF e National University of Lanos, 2010: 8)

Além de evidenciar os problemas relacionados com o facto de nem sempre se usar a palavra "racismo", privilegiando antes um termo menos claro – "xenofobia" –, este documento realça, porém, alguns dos aspetos que, analisados na sua totalidade, oferecem uma visão clara do modo como os mundos de morte são gerados e mantidos, não necessariamente em locais específicos (como um típico estado de exceção ou um estado de sítio), mas sob a forma de condições temporalmente irrestritas e sem localização específica (ver Mbembe, 2010) que se manifestam nas práticas quotidianas. Como se referiu na secção anterior, os campos para requerentes de asilo constituem restrições de natureza temporal e espacial. O que leva a uma terceira questão: quais serão as possibilidades de luta dos sujeitos racializados no âmbito do complexo funcionamento deste racismo sistemático? O trabalho de Angela Davis e de Ruth Gilmore oferece elementos importantes a considerar numa resposta a esta questão.

Direito, democracia e liberdade

O trabalho das ativistas e pensadoras Angela Davis e Ruth Gilmore sobre o complexo industrial-prisional permite aprofundar a compreensão dos pontos de contacto entre racismo, capitalismo e patriarcado, e do modo como o sistema jurídico e o complexo industrial-prisional são fundamentais para o sistema global de opressão. Angela Davis é um dos membros fundadores do movimento Critical Resistance, um projeto antirracista e abolicionista a longo prazo que procura formar uma coligação abrangente contra o complexo industrial-prisional. Este movimento procura chamar a atenção para a emergência e expansão de um complexo industrial-prisional cada vez mais repressivo, bem como para as agendas económicas, políticas e ideológicas da indústria da punição, as quais têm gerado relações semelhantes às suscitadas pelo complexo industrial-militar (Davis, 2012: 55). As prisões são fulcrais para a manutenção das desigualdades sociais e para a criação de cidadãos de segunda, tanto nos EUA como a nível global. Por sua vez, é a criação de cidadãos de segunda que sustenta o complexo industrial-prisional e constitui a sua razão de ser. Uma análise séria do sistema prisional obriga a refletir sobre o estado da democracia nas nossas sociedades (2012: 138). Por exemplo, Davis notou que o termo

> "direitos civis" refere-se aos direitos de todos os cidadãos. Porém, uma vez que a própria natureza da cidadania nos EUA foi sempre

> perturbada pela recusa em conferir a cidadania a grupos subordinados – povos indígenas, escravos africanos, mulheres de todos os contextos raciais e económicos – tende-se a pensar em certas pessoas como representando os cidadãos "modelo", arquétipos de cidadão cujos direitos civis nunca são questionados [...] ao passo que outras pessoas têm de lutar pelo direito a serem vistas como cidadãs. Para além disso, a cidadania está completamente fora do alcance de alguns indivíduos, tais como os imigrantes indocumentados ou "presumivelmente" indocumentados, e os ex-criminosos ou "presumíveis" ex-criminosos. (Davis, 2012: 181-182)

O argumento de Davis é o de que o uso da prisão como forma de punição pressupõe que as pessoas são detentoras de direitos e liberdades que lhes podem ser retirados (2012: 182). Esta é uma observação-chave que não diz respeito apenas ao complexo industrial-prisional mas também às ideias que suportam o sistema jurídico e às leis mencionadas na segunda secção deste capítulo.

Segundo Davis, esta forma de pensar a punição como a privação dos direitos e liberdades fundamentais das pessoas é altamente problemática. É equiparável à pena de morte, no sentido em que é uma aplicação *de facto* de uma morte civil e política. As prisões são máquinas de morte (2012: 58), "são instituições totalitárias, tal como a pena de morte é uma forma obsoleta e totalitária de punição" (2012: 56). Na sua busca pelo sentido da liberdade, Davis coloca a seguinte questão: "o que significa viver em democracia quando há instituições fechadas que adotam práticas repressivas e totalitárias?" (2012: 61). Significa que não existe democracia e que esta é uma ilusão que sustenta uma falsa sensação de segurança promovida pelo complexo industrial-prisional (2012: 110-112). Na prática, o que acontece é o seguinte:

> o sistema de justiça criminal envia números cada vez maiores de pessoas para a prisão depois de lhes roubar a habitação e o acesso a cuidados de saúde, educação e apoios sociais, para mais tarde as punir quando participam em economias paralelas. O que devemos pensar de um sistema que, por um lado, sacrifica os serviços sociais, a compaixão humana, o acesso à habitação, a boas escolas, a cuidados de saúde mental e ao emprego, quando, por outro lado, desenvolve um sistema prisional cada vez mais alargado e rentável que sujeita números cada vez maiores de pessoas a regimes de coerção e abusos diários? (Davis, 2012: 62)

Este sistema, esta sociedade, em vez de investir em serviços com vista à sua democratização e providenciar melhores condições de vida para os seus cidadãos, usa o dinheiro para construir e gerir prisões. Isto significa que o complexo industrial-prisional "reproduz as condições da sua própria expansão, criando uma síndrome de autoperpetuação" (Davis, 2012: 67).

Como referido anteriormente, a definição de crime liga-se à lei. Segundo Davis, "a definição legal basilar de crime é a de uma ação que viola a lei" (2012: 67), o que significa que, sempre que violamos a lei, cometemos um crime. Mas o que acontece quando a própria lei serve apenas para proteger os interesses e direitos de uma minoria porque, entre outras razões, essa minoria depende do complexo industrial-prisional e da condenação à morte social de grandes segmentos da população? E onde fica a própria lógica da lei, por exemplo, das leis que protegem a propriedade privada? Não são estas leis intrinsecamente ideológicas? (2012: 67-69). Como já foi claramente comprovado por diversos investigadores, a ideia de propriedade privada e as leis que a suportam radicam nos esforços dos antigos poderes coloniais para justificar e legalizar a sua exploração de pessoas e territórios nas Américas, estando também intimamente ligadas à ideia de que certos grupos de pessoas podem, eles próprios, ser propriedade privada de outras pessoas. Por sua vez, esta ideia está relacionada com a racialização e, mais especificamente, com a escravatura.

Na verdade, o racismo tem sido associado à morte desde os tempos da escravatura (Davis, 2012: 175). Davis usa a definição de racismo proposta por Ruth Gilmore que, como se citou na introdução deste capítulo, envolve "a produção e exploração aprovadas pelo Estado, e/ou extralegais, de vulnerabilidades à morte prematura de grupos diferenciados, em geografias políticas distintas, mas profundamente interligadas" (Gilmore, 2007: 28). Segundo Davis, "a morte a que Gilmore se refere é multidimensional, abrangendo a morte física, social e civil" (2012: 175). A ideia a reter é a de que, desde o seu início, a instituição da prisão tem estado ligada à ordem política da democracia porque demonstra a centralidade dos direitos e liberdades individuais em termos negativos (2012: 175). O complexo industrial-prisional reproduz estas lógicas e dá continuidade a estas práticas. Usando a expressão de Mbembe, a prisão e os campos são mundos de morte (2010). Retome-se por um momento o problema da morte social. Um dos aspetos mais importantes da escravatura era o da condenação à morte social, a qual incluía a morte civil e política. Por outras palavras, as pessoas escravizadas não podiam participar na vida política ou civil. Quais são os efeitos da encarceração e da não-cidadania? As consequências são as mesmas: impede-se que as pessoas participem na vida política e civil. Deste modo, são sujeitas a uma morte política e civil *de facto*, sobretudo no que se refere a populações racializadas (Davis, 2012: 165-176).

Pode talvez argumentar-se que a ideia por detrás da vida política e civil é a de que esta não inclui a participação de criminosos e de que não podemos permitir que estes participem na vida política e civil. O problema reside em que, se a criminalidade, ou a sua ausência, for um critério para decidir se uma pessoa pode ou não participar na vida política e civil, então esse critério não está a ser aplicado. Na verdade, muitos governos mundiais incluem criminosos – sejam eles pessoas que legitimam e cometem crimes contra a humanidade, pessoas que ameaçam, matam e raptam para alcançar ou manter o poder, pessoas que lucram com o tráfico de droga, pessoas que defendem a violência contra as mulheres, entre outras. Em todo o caso, todas elas participam alegre e impunemente na vida política e civil. Ao mesmo tempo, existem prisões e campos destinados a encarcerar as pessoas que se organizaram politicamente contra alguns dos problemas acima mencionados: elas fizeram o que estava ao seu alcance para alterar a sua situação de desvantagem e exclusão. Ao passo que o primeiro grupo – as elites – desfruta das suas liberdades à custa das liberdades e do bem-estar dos outros grupos, lucrando com a exploração de pessoas levada a cabo em todo o mundo por empresas transnacionais, transformando os sistemas de saúde – incluindo os sistemas de saúde mental – em sistemas que funcionam contra a saúde da grande maioria das pessoas, aumentando os números da população desfavorecida e retirando às crianças a possibilidade de um futuro digno, é o último grupo, o dos destroçados pelo sistema, que será a maioria dentro do complexo industrial-prisional, incluindo os campos. A morte social atribuída à população encarcerada e gerada pela falta de acesso a cuidados de saúde, educação de qualidade, alimentação e um futuro digno será complementada por uma morte civil e política. A falta de um futuro, a falta de liberdade efetiva fora e dentro da prisão e dos campos e a derradeira morte civil e política dentro da prisão são equivalentes à morte social, civil e política que se verificou durante a escravatura.

Outro aspeto importante no que se refere ao funcionamento do complexo industrial-prisional e do combate à imigração é a ideia de segurança. O complexo industrial-prisional vende uma ideia de falsa segurança: apresenta-se como uma instituição destinada a proteger-nos do crime. Contudo, o crime e, por consequência, a lei protegem os interesses da minoria à custa da liberdade e dignidade da maioria. Esta ideia de segurança é falsa porque se baseia na ideia de que o crime é algo intrínseco ao ser humano, em vez de considerar que as estruturas sociais geram o crime quando retiram às pessoas a sua dignidade e as suas possibilidades de vida, de educação e de cuidados de saúde. A geração de crime é parte integrante do sistema capitalista, racista e patriarcal, no qual o complexo industrial-prisional é um elemento decisivo. A mesma geração de crime faz parte do sistema que produz cidadãos de segunda, que são candidatos à encarceração e à morte civil e política (Davis, 2012: 39-44). Quando o movimento Critical Resistance se pronuncia sobre o complexo industrial-prisional – e não apenas sobre o sistema prisional –, fá-lo para se referir a um conjunto de relações políticas e económicas que suportam o sistema penal. Este conjunto tem uma dimensão global. A expressão "complexo industrial-prisional" é usada "para referir que existe uma proliferação global de prisões e prisioneiros que se relaciona mais claramente com estruturas e ideologias políticas e económicas do que com a conduta criminal individual e os esforços para reduzir a criminalidade" (2012: 147). Este movimento chama a atenção para o facto de a expansão global do complexo industrial-prisional coincidir com a expansão global das empresas transnacionais (2012: 42-44). As pretensas guerras pela democracia levadas a cabo pelos poderes ocidentais no Sul global equiparam a democracia ao capitalismo (2012: 145). Mais precisamente, é uma "democracia que usa o capitalismo como o seu modelo e que vê o mercado livre e a concorrência como os paradigmas da liberdade" (2012: 145-146). Esta ideia está intimamente ligada à morte social anteriormente referida, uma vez que o conceito neoliberal de liberdade económica exige que o Estado se retire de todas as funções sociais. Segundo esta lógica, a liberdade surge quando o mercado determina a distribuição da educação e da saúde, entre outros serviços, como que por providência divina (2012: 146). Para o movimento Critical Resistance, esta lógica de liberdade é intrinsecamente assassina, racista, antidemocrática e patriarcal.

Libertação e a Freedom of Movements

Como se viu anteriormente, esta perspetiva sobre o complexo industrial-prisional permite detetar vários problemas graves relacionados com o sistema judiciário. Assim, vale a pena refletir sobre as condições enfrentadas pelas pessoas confinadas a campos de detenção de imigrantes, incluindo o campo de deportação de Sjælsmark. Em primeiro lugar, o quadro de pensamento de onde emerge o sistema de justiça exclui a maioria da população mundial. Em segundo lugar, na prática, as ideias de "liberdade", "igualdade" e "dignidade" protegem os privilégios da minoria à custa da liberdade, igualdade e dignidade da maioria. Estas ideias são responsáveis pela morte civil, social e política da maioria excluída. Em terceiro lugar, como parte fundamental do sistema jurídico, o complexo industrial-prisional, incluindo os campos, assenta sobre o legado da escravatura, dando continuidade à sua lógica racista e reproduzindo a segregação. Por último, o complexo industrial-prisional e o sistema jurídico encarceram o futuro. O complexo industrial-prisional fá-lo ao encarcerar grande número de pessoas que, de outro modo, poderiam participar em ações de ativismo político em defesa de futuros alternativos e justos. Este complexo é concebido para destruir sonhos, desintegrar comunidades e despolitizar pessoas. O sistema jurídico e o complexo industrial-prisional trabalham em conjunto para monopolizar o exercício de direitos. Para tal, entre outros meios, forçam as lutas sociais a adaptar-se à linguagem e à lógica dominante dos direitos. Isto significa que os projetos políticos, os futuros sonhados e desejados pelos grupos sociais excluídos não têm espaço para se afirmar dentro do sistema judiciário, que funciona principalmente como imposição política dirigida às lutas dos oprimidos.

O trabalho do movimento Critical Resistance oferece um contributo importante para compreender a complexidade do sistema global de injustiça. Este trabalho aponta a *uni-versalidade* do pensamento contemporâneo sobre direitos: centra-se numa única lógica, aquela que realça o sistema racista, capitalista e patriarcal. Esta *uni-versalidade* é indissociável do sistema jurídico, o qual, juntamente com o complexo industrial-prisional, gera o "crime" para se poder perpetuar. Quando Angela Davis afirma que alguns "futuros só são possíveis através da luta" (2012: 36), fá-lo com base na análise multidimensional do complexo industrial-prisional. Davis aponta, pelo menos, duas preocupações fundamentais. Por um lado, refere o modo como o sistema opera para destruir o futuro de muitas pessoas ao condená-las à morte social. Na melhor das hipóteses, as vítimas de morte social – todos os desprovidos de acesso a cuidados de saúde, alimentação e compaixão humana – lutarão contra o mesmo sistema que as condena a esta morte. Este é o caso dos requerentes de asilo envolvidos no trabalho da Freedom of Movements. Neste caso, a sua própria luta funciona como resistência à morte social e constrói o seu direito de participar na vida política e civil. Por outro lado, na pior das hipóteses, as vítimas de morte social serão presas ou morrerão fisicamente antes de entrarem na prisão. A ideia a reter é a de que a própria luta contra as investidas racistas, capitalistas e patriarcais é um exercício de liberdade e uma afirmação de vida. Neste sentido, Davis vê "a natureza da liberdade como tendo sido forjada por aqueles que mais tinham a perder na luta pela libertação" (2012: 196).

Para Davis, a luta do movimento Critical Resistance contra o complexo industrial-prisional é uma luta por uma mudança radical que não se limita à abolição das prisões, incluindo também a construção de instituições que apoiem a proteção da saúde, da educação, da vida social e da dignidade das pessoas – de todas as pessoas (2012: 115). No mesmo sentido, a décima primeira reivindicação da Freedom of Movements diz respeito à abolição dos campos. A luta contra as prisões e os campos permite pensar a liberdade como algo infinitamente mais rico e complexo do que a liberdade neoliberal que é gerada à custa da morte dos outros. A luta contra estas lógicas e contra o sistema de opressão abre fissuras no próprio sistema e permite pensar nos direitos através não apenas de uma única lógica e de um único interesse lucrativo, mas antes considerando as diferentes realidades geradas, em primeiro lugar, pelo próprio sistema. Pensar além destas realidades, isto é, pensar em ultrapassar o sistema de opressão racista, capitalista e patriarcal implica construir instituições que apoiem a construção das condições fundamentais necessárias para a existência de diferentes futuros e projetos de vida, sem que a existência de uns se faça à custa da existência dos outros. Estas instituições apoiariam a liberdade no sentido que lhe é dado por Davis: a liberdade como a procura coletiva da democracia verdadeira, entendendo assim a liberdade como a verdadeira prática da democratização da democracia. Freedom of Movements: movimentos sociais, políticos, económicos e epistemológicos.

Referências bibliográficas

Black, Richard, (1998), "Putting Refugees in Camps", *Forced Migration Review*, 2, 4–7. Disponível em: <http://www.fmreview.org/camps.html>.

Cornelisse, Galina (2010), "Introduction: Immigration Detention in Contemporary Europe", *in* Galina Cornelisse, *Immigration Detention and Human Rights: Rethinking Territorial Sovereignty*. Leiden: Martinus Nijhoff Publishers, 1–30. DOI: <https://doi.org/10.1163/ej.9789004173705.i-384.6>.

Cox, Oliver Cromwell (1959), *Caste, Class and Race. A Study in Social Dynamics*. Nova Iorque: Monthly Review Press.

Davis, Angela (2003), *Are Prisons Obsolete?* Nova Iorque: Seven Stories Press.

Davis, Angela (2012), *The Meaning of Freedom and other Difficult Dialogues*. São Francisco: City Lights.

DuBois, W. E. B. (1903), *The Souls of Black Folk. Essays and Sketches*. Chicago: A. C. McClurg & Co.

Fanon, Frantz (1967), *Black Skins White Masks*. Londres: Grove Press.

Flynn, Michael (2012), "Who Must Be Detained? Proportionality as a Tool for Critiquing Immigration Detention Policy", *Refugee Survey Quarterly*, 31(3), 40–68. DOI: <https://doi.org/10.1093/rsq/hds008>.

Flynn, Matthew (2015), "Bureaucratic Capitalism and the Immigration Detention Complex", *Global Detention Project Working Paper No. 9*. Genebra: Global Detention Project. Disponível em: <https://www.globaldetentionproject.org/bureaucratic-capitalism-and-the-immigration-detention-complex>.

Flynn, Michael; Cannon, Cecilia (2009), "The Privatization of Immigration Detention: Towards a Global View", *Global Detention Project Working Paper No. 1*. Genebra: Global Detention Project. Disponível em: <http://www.globaldetentionproject.org/content/privatization-immigration-detention-towards-global-view-0>.

Gill, Nick; Conlon, Deirdre; Moran, Dominique (2013), "Dialogues Across Carceral Space. Migration, Mobility, Space and Agency", *in* Dominique Moran, Nick Gill e Deirdre Conlon (orgs.), *Carceral Spaces: Mobility and Agency in Imprisonment and Migrant Detention*. Farnham: Ashgate, 239–247.

Gilmore, Ruth (2007), *Golden Gulag. Prisons, Surplus, Crisis and Opposition in Globalizing California*. Los Angeles: University of California Press.

Golash-Boza, Tanya (2009a), "A Confluence of Interests in Immigration Enforcement: How Politicians, the Media, and Corporations Profit from Immigration Policies Destined to Fail", *Sociology Compass*, 3(2), 283–294. DOI: <https://doi.org/10.1111/j.1751-9020.2008.00192.x>.

Golash-Boza, Tanya (2009b), "The Immigration Industrial Complex. Why We Enforce Immigration Policies Destined to Fail", *Sociology Compass*, 3(2), 295-309. DOI: <https://doi.org/10.1111/j.1751-9020.2008.00193.x>.

Gordon, Lewis (1999), *Bad Faith and Antiblack Racism*. Nova Iorque: Humanity Books.

Grosfoguel, Ramón; Suárez-Krabbe, Julia (2013), "Letter to the European White Left", *in Cartas a@s Europe@s*. Coimbra: Projeto ALICE e Universidade Popular dos Movimentos Sociais, 74–90. Disponível em: <http://alice.ces.uc.pt/en/wp-content/uploads/2013/06/Letter-to-the-europeans-Book.pdf>.

Larsen, Birgitte Romme; Whyte, Zachary; Olwig, Karen Fogh (2015), *Den nye landbefolkning. Asylcentres betydning og konsekvens for lokale fællesskaber.* Copenhaga: Forfatterne og Institut for Antropologi, Københavns Universitet. Disponível em: <https://anthropology.ku.dk/research/research-projects/completed_projects/den- nye-landbefolkning>.

Mbembe, Achille, (2010), "Necropolitics", *Public Culture*, 15(1), 11-40. DOI: <https://doi.org/10.1215/08992363-15-1-11>.

Mirza, Mansha (2014), "Refugee Camps, Asylum Detention, and the Geopolitics of Transnational Migration: Disability and Its Intersections with Humanitarian Confinement", *in* Liat Ben-Moshe, Chris Chapman e Allison Carey (orgs.), *Disability Incarcerated: Imprisonment and Disability in the United States and Canada*. Nova Iorque: Palgrave Macmillan, 217–236. DOI: <https://doi.org/10.1057/9781137388476_12>.

Moran, Dominique (2015), *Carceral Geography. Spaces and Practices of Incarceration*. Farnham: Ashgate.

Rembis, Michael (2014), "The New Asylums: Madness and Mass Incarceration in the Neoliberal Era", *in* Liat Ben-Moshe, Chris Chapman e Allison Carey (orgs.), *Disability Incarcerated: Imprisonment and Disability in the United States and Canada*. Nova Iorque: Palgrave Macmillan, 139–159. DOI: <https://doi.org/10.1057/9781137388476_8>.

Ryan, Mary K, (2010), "The Future of the Global Prison Industrial Complex", *Journal for the Study of Peace and Conflict, 2009-2010*, 1–12. Disponível em: <http://www.uwsp.edu/cols-ap/WIPCS/Pages/journal.aspx>.

Santos, Boaventura de Sousa (1998), *De la mano de Alicia. Lo social y lo político en la postmodernidad*. Bogotá: Siglo del Hombre Editores y Uniandes Ediciones.

Santos, Boaventura de Sousa (2014), *Epistemologies of the South. Justice Against Epistemicide*. Londres: Routledge.

Suárez-Krabbe, Julia (2015), *Race, Rights and Rebels. Alternatives to Human Rights and Development from the Global South*. Londres: Rowman & Littlefield.

Tesfahuney, Mekonnen; Dahlstedt, Magnus (2008), "Maze of Camps: (Im)mobilities, Racism and Spaces of Exception", *in* Maria Holmgren Troy e Elisabeth Wenö (orgs.), *Space, Haunting, Discourse*. Newcastle: Cambridge Scholars Publishing. 172–201.

UNICEF e National University of Lanus (2010), *Economic, Social and Cultural Rights of Migrant Children and Children Born to Migrant Parents: Challenges, Good Practices and Recommendations*. United Nations Children's Fund (UNICEF) e National University of Lanus, Argentina. Consultado a 15.11.2013. Disponível em: <http://www.ohchr.org/Documents/Issues/MHR/Consultation2010/3a.UNICEF_ESCR_Migrants.pdf>.

CAPÍTULO 20

Desalinhar abismos no reverso do moderno: perspetivas feministas pós-coloniais para um "pensamento alternativo das alternativas"

Catarina Martins

Introdução

A minha reflexão neste capítulo parte de um diálogo com o desafio fundamental colocado por Boaventura de Sousa Santos em "Para Além do Pensamento Abissal: das Linhas Globais a uma Ecologia de Saberes" (2010).[1] Santos apresenta a ideia de "pensamento abissal" para caracterizar o "pensamento moderno ocidental", de cariz colonial. O pressuposto deste pensamento, que se manifesta no "conhecimento e direito modernos", consiste no estabelecimento de "linhas radicais que dividem a realidade social em dois universos distintos: o universo 'deste lado da linha' e o universo 'do outro lado da linha'", correspondendo o primeiro às sociedades metropolitanas e o segundo aos territórios colonizados (Santos, 2010: 23-24). Segundo Santos:

> A divisão é tal que "o outro lado da linha" desaparece enquanto realidade, torna-se inexistente, e é mesmo produzido como inexistente. Inexistência significa não existir sob qualquer forma de ser relevante ou compreensível. Tudo aquilo que é produzido como inexistente é excluído de forma radical porque permanece exterior ao universo que a própria concepção aceite de inclusão considera como sendo

[1] Cito a segunda edição do volume *Epistemologias do Sul* (Santos e Meneses, 2010), apesar de este trabalho de Santos ter conhecido edições anteriores e posteriores em várias línguas. O meu primeiro contacto com o texto foi através da sua publicação na *Revista Crítica de Ciências Sociais*, 78, outubro de 2007: 3–46. Uma versão revista, em inglês, pode ser encontrada em Santos (2014).

o Outro. A característica fundamental do pensamento abissal é a impossibilidade da co-presença dos dois lados da linha. Este lado da linha só prevalece na medida em que esgota o campo da realidade relevante. Para além dela há apenas inexistência, invisibilidade e ausência não-dialética. (Santos, 2010: 23-24)

Assim, como se lê acima, tudo o que está do outro lado da linha é produzido como inexistente, ininteligível, um domínio onde se aplicam as lógicas da apropriação e violência, por oposição à dicotomia regulação/emancipação em vigor deste lado da linha, onde há ainda lugar para o direito e o contrato social, por oposição ao caos do estado de natureza primitiva, de sub-humanidade do mundo colonizado (Santos, 2010: 30-31).

Na perspetiva de Santos, esta linha abissal, que sofreu uma contração com as independências do mundo colonizado nos anos 1960, não só se prolonga como se fortalece na atualidade, em que o colonial – o domínio da exclusão radical ao qual continua a ser aplicada a lógica da apropriação e violência – penetra nas sociedades metropolitanas, nomeadamente através dos migrantes indocumentados, dos trabalhadores escravizados em espaços à margem do direito do trabalho, ou dos aprisionados em diferentes Guantanamos. Santos sublinha que, em termos epistemológicos e políticos, esta penetração do colonial apenas reforça a universalidade da narrativa moderna, que sustém a sua hegemonia na produção cada vez mais intensa de inexistências e invisibilidades. Esta produção apoia-se, grandemente, na criação de visibilidades deste lado da linha, que, aqui e só aqui, parece fazer surgir cada vez mais matizes diferenciadores e as correspondentes possibilidades de transformação e emancipação social. Como afirma Santos, estas dependem da invisibilidade do outro lado da linha ou, diria eu, dependem de um reverso do moderno que, apesar de produzido como não-existência, permanece presente como o outro lado do espelho (metáfora com a qual Santos trabalha abundantemente) sobre o qual a modernidade persiste na sua edificação epistemicida, injusta e violenta:

> Sendo que os territórios coloniais constituíam lugares impensáveis para o desenvolvimento do paradigma da regulação/emancipação, o facto de este paradigma lhes não ser aplicável não comprometeu a sua universalidade. O pensamento abissal moderno salienta-se pela sua capacidade de produzir e radicalizar distinções. Contudo, por mais radicais que sejam estas distinções e por mais dramáticas que possam ser as consequências de estar de um ou do outro dos lados destas distinções, elas têm em comum o facto de pertencerem a este lado da linha e de se combinarem para tornar invisível a linha abissal na qual

> estão fundadas. As distinções intensamente visíveis que estruturam a realidade social deste lado da linha baseiam-se na invisibilidade das distinções entre este e o outro lado da linha. (Santos, 2010: 24)

No sentido de construir um pensamento crítico da modernidade que constitua uma resistência epistemológica à injustiça social e à injustiça cognitiva que aquela produziu e produz, Santos propõe e tem vindo a exercer um "pensamento alternativo de alternativas", um pensamento pós-abissal, descentrado, que procura situar-se do outro da linha, ou na zona que o sociólogo tem vindo a designar como Sul, mais num sentido metafórico do que geográfico:

> A emergência do ordenamento da apropriação/violência só poderá ser enfrentada se situarmos a nossa perspectiva epistemológica na experiência social do outro lado da linha, isto é, do Sul global não-imperial, concebido como a metáfora do sofrimento humano sistémico e injusto provocado pelo capitalismo global e pelo colonialismo. (Santos, 2010: 44)

O caminho para as "epistemologias do Sul" (Santos e Meneses, 2010; Santos, 2014) – que convocam toda uma série de epistemologias críticas, das quais se salienta a teoria pós-colonial e a teoria decolonial – fundamenta-se numa crítica da razão moderna, que Santos apelidou de "razão indolente", e que decompôs em quatro vertentes: "razão impotente", "razão arrogante", "razão metonímica" e "razão proléptica". Segundo explana Santos (2002, 2014), a razão metonímica comporta uma vertente de arrogância patente na reivindicação de se constituir como "única forma de racionalidade", a qual, por conseguinte, "não se aplica a descobrir outros tipos de racionalidade" (2002: 241–242). É um tipo de pensamento "obcecado pela ideia de totalidade" e pela formulação de uma lógica única que explique o comportamento do todo e das partes. Além disso, esta lógica assenta, sobretudo, na dicotomia, na qual "o todo é uma das partes transformada em termo de referência para as demais" (2002: 242), como, por exemplo, nos binómios "cultura científica/cultura literária"; "conhecimento científico/conhecimento tradicional"; "homem/mulher"; "cultura/natureza"; "civilizado/primitivo"; "branco/negro"; "Norte/Sul"; "Ocidente/Oriente" (2002: 242). Para o sociólogo, estas dimensões da razão moderna tiveram como consequência um desperdício da experiência e de saberes canibalizados ou invalidados (ou seja, colocados do outro lado da linha abissal) pelo paradigma epistemológico da ciência ocidental moderna, desperdício ao qual pretende responder com uma "razão cosmopolita", composta por uma "sociologia das ausências", uma "sociologia das emergências", e por processos de tradução intercultural no sentido de "ecologias dos saberes" (SANTOS, 2014: 188).

A melhor forma de responder ao imperativo de justiça cognitiva colocado por Santos e ao repto, profundamente instigante, desta linha de pensamento e dos seus pilares conceptuais estruturantes é, por um lado, propor caminhos para um alargamento fértil nos pontos em que os limites da teoria configurem também focos de possibilidades, bem como, por outro lado, explorar novos campos de aplicação da teoria.

Assim, proponho-me fazer, em primeiro lugar, uma reflexão crítica sobre a própria teoria de Santos, a partir de um ponto de vista feminista e pós-colonial/decolonial. Trata-se de desalinhar o olhar dual sobre a linha abissal, linha que, na realidade, se desdobra em estratificações complexas e se desloca para acomodar caminhos emancipatórios que, para sua própria consolidação, escondem quer o próprio cariz abissal quer as lógicas de regulação que intrinsecamente os acompanham. Trata-se de contribuir para a radicalização dos processos de emancipação, no sentido de procurar a transformação nas opressões mais profundas e persistentes, aquelas que ocupam os lugares últimos de invisibilidade, de negação ontológica, de apropriação e violência produzidos pelas linhas abissais.

Em segundo lugar, interessa-me convocar a dimensão arrogante e metonímica da razão moderna para uma reflexão pós-abissal sobre os feminismos e as teorias feministas, que Santos, com razão, refere como um dos paradigmas críticos que contribuiu para a crítica da razão moderna e a sua abertura a mais domínios da experiência social (SANTOS, 2002: 240), mas que, como demonstrarei, preserva traços de colonialidade que importa contrariar. No mesmo texto, o sociólogo sublinha a importância das "práticas científicas alternativas que se têm tornado visíveis através das epistemologias feministas e pós-coloniais" para a "ecologia de saberes, enquanto epistemologia pós-abissal" (SANTOS, 2010: 48). É precisamente a este ponto de vista que pretendo dar força e substância.

Dos abismos nos abismos – versos e reversos do moderno

Peau noire, masques blancs [Pele negra, máscaras brancas] (1952) de Frantz Fanon é um texto abissal. Nele encontramos uma reflexão em grito que ecoa dos abismos, transferindo para a materialidade do texto, na sua densidade e na sua cadência, o dilema do negro, no vaivém entre a pele pela qual palpavelmente se conhece e as máscaras que o esvaziam ontologicamente e o fixam discursivamente. Fanon apresenta o corpo do negro como o próprio abismo, o "buraco negro" da não-existência não-dialética de que fala Santos em relação à sub-humanidade que encontramos do outro lado da linha abissal produzida pelo pensamento ocidental moderno na sua ambição universalizante e colonial. Todavia, paradoxal e pessoanamente, este corpo é também o "nada que é tudo" para alguém que não pode ambicionar a condição humana, a não ser que interrogue. Não por acaso, o apelo que encerra o livro dirige-se ao corpo enquanto instância que permite o questionamento: "Oh, corpo meu, faz de mim sempre um homem que interroga!" (FANON, 1995: 188). A interrogação a partir do abismo do corpo feito negação é, para o negro, a possibilidade de humanização, ou seja, a possibilidade de encontrar uma forma de existência noutros termos, a qual, no fundo, contraria o que a metáfora do abismo contém como sugestão de uma condição irresgatável ou definitiva. Na realidade, é só a partir do momento em que ouvimos a voz que provém do abismo que podemos reconhecer a produção ocidental moderna da linha abissal. Ou seja, esta voz do outro lado do espelho – e, nesse sentido, uma voz pós-abissal – é também a condição de possibilidade para uma "sociologia das emergências", um "pensamento alternativo das alternativas" e da própria "ecologia dos saberes", segundo o conjunto de conceitos proposto por Santos. Para um pensamento pós- abissal, a metáfora do abismo reconfigura-se, assim, de algum modo, como um espaço de criação, preservação ou reconfiguração de outros modos de existência imperscrutáveis e ininteligíveis para aqueles cujas formas de ser se esgotam nas configurações do lado de cá da linha, mas que atestam da vida resistente que se pode desenrolar e efetivamente se desenrola do lado de lá.

Se, como o grito de Fanon atesta à saciedade, a "condição negra" é sentida e vivida como um abismo, nomeadamente na dimensão da apropriação e da violência, este não é um absoluto, isento de atravessamentos e de deslocamentos das próprias fronteiras e limiares. Na realidade, configura-se como uma construção necessária, a partir de ambos os lados da linha, para a legitimação do discurso da dominação e do discurso da resistência, os quais, num processo de reificação e de homogeneização do que se encontra "para cá" e "para lá" (seja qual for o lado, a partir do qual se fala), se tornam efetivamente manchas que ocultam outros abismos de profundidade diversa, linhas de cruzamentos e deslocamentos complexos, que perturbam a separação entre as lógicas de emancipação e regulação, por um lado, e de apropriação e violência, por outro.

Parece-me importante a referência a *Peau noire, masques blancs* de Fanon, não apenas devido ao facto de constituir um dos mais importantes marcos da teoria do racismo e do anticolonialismo, mas também, e sobretudo pela forma como materializa o abismo das relações coloniais num corpo – o corpo físico do negro e o corpo textual da sua voz desesperada que, em círculos, interroga. Incapaz de romper a linha abissal, produzida pela exclusividade ontológica do branco, através da argumentação (a racionalidade abissal branca), dado o seu lugar de enunciação não dialético (como reconhece na polémica acusação a Sartre), é o tecido das palavras em vórtice, qual corpo em permanente agitação, que se ergue como alternativa. Preso no paradoxo de alguém, cujo corpo é esvaziado, mas que permanece só e apenas "corpo", segundo a lógica de apropriação e violência que nega a ontologia do negro para tornar a preenchê-la discursivamente dentro dos parâmetros do colonialismo e do racismo, Fanon encontra na materialidade do texto um corpo resistente, o fundo abissal que se torna fundamento para a formulação da resistência. Fanon constrói, assim, um corpo físico e um corpo discursivo – o corpo negro – que se tornam o signo por excelência do "outro lado" da linha abissal, ou seja, do extremo da sub-humanidade e do modo como se delineiam e configuram as estratégias de resistência.

Ora, esta fixação, que não por acaso ostenta um corpo, carece de uma matização feminista, no sentido em que não se trata do "corpo negro", mas, na realidade, do "corpo do homem negro", um corpo masculino e heteronormativo, como, aliás, toda a reflexão de Fanon sobre o desejo inter-racial vem confirmar.[2] Por oposição ao "corpo do negro" enquanto signo do abismo e do discurso de oposição, o "corpo da negra" introduz desestabilizações necessárias na conceção da "linha abissal" que é preciso ter em conta.[3]

Em primeiro lugar, é preciso contemplar no desenho do abismo um desnível mais profundo, no qual se encontram as mulheres negras, cuja opressão é múltipla e diferente, e cujos corpos são esvaziados e preenchidos discursivamente de formas distintas das do "corpo do homem negro" no âmbito dos parâmetros do sexismo e do racismo. É preciso ainda compreender que as lógicas de apropriação e violência não se exercem apenas ao longo da linha colonizador-colonizado, mas que elas existem "do outro lado da linha" e que os corpos apropriados e violentados podem ser, eles próprios, agentes de apropriação e violação material e discursiva, como acontece com os homens negros colonizados sobre as mulheres negras colonizadas.

2 Refiro-me aos capítulos "La femme de couleur et le Blanc" [A mulher de cor e o Branco] e "L'homme de couleur et la Blanche" [O homem de cor e a Branca] (FANON, 1995).

3 Desestabilizações adicionais e pertinentes adviriam de uma reflexão a partir de "corpos *queer*" ou "corpos trans", dos quais não me posso ocupar neste capítulo.

Falta, pois, um travejamento do conceito de linha abissal a partir das teorias feministas e de uma crítica de género, o qual permita descortinar os cruzamentos complexos das dinâmicas de emancipação e regulação e apropriação e violência que não configuram dicotomias e, muito menos, se distribuem dicotomicamente e de forma rígida entre os dois lados da linha. Na verdade, é importante transcender quer a ideia de "linha", quer a fixação da fronteira abissal exclusivamente entre as sociedades metropolitanas e o mundo colonizado, como manifestações de um androcentrismo intrínseco à dimensão colonial do pensamento ocidental moderno, que reifica e homogeneíza estes dois campos, produzindo outras camadas concomitantes de invisibilidades, ou abismos nos abismos. Cabe a um pensamento pós- abissal, por um lado, dar conta da multímoda complexidade das relações de colonialidade produzidas pelo pensamento ocidental moderno de um e do outro lado da linha, nomeadamente na dimensão de género, abrindo lugar para as vozes das subalternas (as mulheres negras apagadas pelo "negro" fanoniano como figuração da subalternidade) que são, na realidade, o foco da reflexão do texto seminal de Gayatri Spivak (1988), *Can the Subaltern Speak?* [Pode o Subalterno falar?]. Trata-se, no fundo, de corresponder ao imperativo analítico enunciado pelo pensamento feminista pós-colonial que, pelo menos desde os anos 1990, com Anne McClintock (1995) e Ann Laura Stoler (1995), caracteriza detalhadamente o projeto colonial ocidental como um projeto heteropatriarcal do macho branco, no que diz respeito às relações de poder, quer materiais, quer discursivas e simbólicas, ou do pensamento feminista decolonial que, através da argentina Maria Lugones (2008), acrescenta ao conceito de colonialidade, na formulação de Aníbal Quijano (2000), o conceito de colonialidade de género:

> Tanto o dimorfismo biológico, o heterossexualismo, como o patriarcado são característicos do que chamo o lado claro/visível da organização colonial/moderna do género. O dimorfismo biológico, a dicotomia homem/mulher, o heterossexualismo, e o patriarcado estão inscritos com maiúsculas e hegemonicamente no próprio significado do género. Quijano não tomou consciência da sua própria aceitação do significado hegemónico do género. Ao incluir estes elementos na análise da colonialidade do poder, trato de expandir e complicar o enfoque de Quijano que considero central ao que chamo o sistema de género moderno/colonial. (Lugones, 2008: 78)

Por outro lado, o pensamento pós-abissal deve ir mais longe sob o ponto de vista epistemológico, desvendando as relações de poder assentes no género, que não somente acompanham, como sustentam a definição e os deslocamentos da linha abissal colonizador-colonizado, a cada momento e em cada contexto, numa reconfiguração recíproca e móvel, que vai contornando discursivamente identidades e lugares de dominação e subordinação com base na codificação e preenchimento semântico de corpos e sexualidades. Ou seja, não se trata apenas do objetivo essencial de visibilizar as mulheres colonizadas, mas de tornar clara a própria dimensão sexuada heteropatriarcal intrínseca à razão moderna, às suas características e ao seu funcionamento, enfrentando o modo como a linha abissal definida por Santos e as distinções visíveis e invisíveis que produz dependem de um reverso constante, um outro lado do espelho sempre oculto, que é a condição da existência do primeiro regime de visibilidades e invisibilidades, isto é, o abismo por detrás das abissalidades contempladas na teoria de Santos. É verdade que Santos tem em consideração o deslocamento da linha abissal, nomeadamente quando afirma que "historicamente, as linhas globais que dividem os dois lados têm vindo a deslocar-se" e considera os "dois abalos tectónicos" sofridos pelas linhas globais nos últimos sessenta anos (Santos, 2010: 32): em primeiro lugar, as lutas coloniais e os processos de independência das antigas colónias nos anos 1960-70, e, em segundo lugar, desde os anos 1970 e 1980, "o movimento principal de regresso do colonial e do colonizador, e o contra-movimento, de cosmopolitismo subalterno" (Santos, 2010: 33). É necessário, contudo, acrescentar à análise destes "abalos" e "movimentos", que concernem dinâmicas na oposição colonizador-colonizado, a forma como, paralelamente, no seu reverso, se reconfiguram relações de poder de género, bem como o modo como são as rematerializações das identidades sexuais que sustentam discursivamente a própria possibilidade de construção e perceção da linha e dos seus deslocamentos, no âmbito das dinâmicas intrínsecas de funcionamento da razão moderna.

De facto, é o binómio heteropatriarcal homem/mulher e toda uma codificação discursiva da semântica e do lugar de corpos e sexualidades (em particular, na sua relação com a ideia de violência), e da respetiva diferença e hierarquia, que permitem o alinhamento das dicotomias estruturantes do funcionamento da razão moderna ocidental. Assim, como é consabido, a própria racionalidade é conotada com o masculino, bem como os seus derivados "de sinal positivo" – cultura, civilização, ciência, Ocidente, branco, e até o humano (enquanto "cidadão", ideia que surge como excluindo as mulheres) –, ao passo que, pelo contrário, o lado "negativo" do binómio é conotado com o feminino: irracionalidade (emoção, sensibilidade, histeria), natureza, primitivo, tradição, Oriente, não branco, e sub-humano (ou não incluído numa ideia de cidadania plena). Assim, ao contrário do que sucede na enumeração das dicotomias estruturantes da razão moderna, acima citada a partir de Santos (2002: 241-242), o binómio homem/mulher não é apenas um entre muitos, mas o único que atravessa e possibilita o estabelecimento dos restantes, fornecendo-lhes a própria matriz da diferença, da lógica binária e o respetivo código de valores hierarquizante. Se, como disse, esta ideia é recorrente nos feminismos pós-coloniais, é importante recordar que nem as transformações nas relações de poder de género, nem os deslocamentos da linha colonial desfizeram a lógica sexuada na base da produção de abismos civilizacionais, incluindo aquele que sustém a própria definição de Ocidente e todo um normativo liberal europeu que se expandiu globalmente. Por exemplo, os projetos nacionalistas e de independência dos países colonizados reproduziram conceitos de cidadania masculina, configurando aparelhos de direitos que habilmente excluíam as mulheres da igualdade plena, através da construção de edifícios discursivos que recolocaram a dicotomia civilização e modernidade/natureza e tradição – que antes separava não só homem/mulher, mas também branco/negro – na linha que passou a separar homem negro/mulher negra (Boehmer, 2005: 22). Isto parece indicar que os homens negros passaram para o lado das distinções visíveis (emancipação e regulação), enquanto as mulheres negras continuaram a ocupar o domínio invisível do fora da lei, o que significa que é o regime de género que define o outro lado que sustenta as distinções visíveis deste lado da linha. De facto, os "abalos tectónicos" considerados por Santos como os deslocamentos recentes e marcantes da linha abissal carregaram consigo o reverso de género, o qual parece materializar, por conseguinte, o eterno negativo, o lugar último e necessário da apropriação e violência. A perpetuação deste reverso do moderno deve-se e atesta a ductilidade das matrizes discursivas que convenientemente se alteram para, no fundo, assegurarem a manutenção da lógica de dominação que assim se apresenta como a mais intrínseca e irresgatável do paradigma ocidental moderno. Um pensamento pós-abissal radical teria, pois, de enfrentar este reverso – um verdadeiro labirinto transformista de linhas abissais com cruzamentos e estratificações várias que complicam a dicotomia proposta por Santos. A desconstrução da base dicotómica de género que sustenta as restantes dicotomias do pensamento ocidental moderno é, porém, fundamental não somente para tornar visíveis as subalternidades que ocupam os abismos nos abismos, mas para tornar mais clara e sustentada a ideia de Santos relativa ao modo como emancipação e regulação não somente se convertem, mas são constituídas à partida e se consolidam sobre a apropriação e a violência.

Feminismos indolentes e feminismos contra a indolência

Tal como referi anteriormente, uma das tarefas da teoria feminista tem sido, sobretudo, a desconstrução daquele que considera ser o binómio basilar da lógica dicotómica da razão moderna – "homem/mulher". A crítica do heteropatriarcalismo tem sido feita por duas vias: em primeiro lugar, fazendo o questionamento do conhecimento, do direito e do poder que têm o primeiro elemento da dicotomia como ponto de referência. Estes compõem uma totalidade que exclui os saberes, as práticas e as subjetividades produzidos e vividos por mulheres, incluindo uma nova série de racionalidades que a razão metonímica moderna excluiu e que derivam das experiências sociais e da formulação de ideias a partir de lugares de enunciação associados a um "feminino" socialmente construído e, por isso, descartado como conhecimento irrelevante ou não-conhecimento. Em segundo lugar, usando o conceito de "género" como instrumento de crítica epistemológica transdisciplinar e transversal às realidades e dinâmicas sociais, desconstruindo a própria lógica binarista da dicotomia homem/mulher, típica da razão metonímica, de modo a incluir uma miríade de possibilidades de construções identitárias no espectro sexual e das sexualidades. A operatividade desconstrutiva do género (na dupla aceção de crítica e construção de novas configurações) surge como um pensamento pós-abissal, no sentido em que permite descortinar as invisibilidades – pelo menos algumas – em que assentava a distinção homem/mulher visível do lado de cá de uma linha que, não sendo colonial *stricto sensu*, representa também uma linha de colonialidade, uma vez que o que é deixado do outro lado da linha – todas as identidades sexuais não binárias ou experiências não normativas das identidades cisgénero – estariam sujeitas à lógica de apropriação e violência de que fala Santos.

Muito embora o já mencionado conceito de "colonialidade de género" (Lugones, 2008) diga respeito à articulação de identidades sociossexuais com identidades racializadas ou etnicizadas do mundo colonial, creio que poderemos usá-lo também relativamente a estes casos, com a consciência de que as invisibilidades estabelecidas pela linha abissal da razão moderna através da dicotomia homem/mulher se ampliam e se complexificam profundamente se a reflexão crítica cruzar, atravessando-as, múltiplas linhas abissais, nomeadamente as produzidas pelos colonialismos. Na verdade, é aqui que creio que a teoria feminista – em tudo o que tem de crítico e de criativo e na sua profunda dimensão desconstrutiva, assente, como se disse, no operador conceptual que é o género, em particular na vertente da teoria *queer* – se torna, de alguma forma, indolente, arrogante e metonímica.

De facto, parece-me que as formulações conceptuais, as molduras hermenêuticas e os quadros teóricos usados pelas teorias feministas do Norte, mesmo quando se articulam com propostas críticas oriundas dos feminismos pós-coloniais, carecem de uma autocrítica mais radical, uma vez que, no fundo, se revelam incapazes de abandonar premissas de base da racionalidade ocidental moderna, operando com modelos categorizantes, dicotómicos (mesmo quando multiplicados) e com intenções totalizadoras mais ou menos evidentes. Este facto pode ser vista como a produção ativa de não existências do outro lado de uma linha abissal por parte da teoria feminista convertida, ela própria, em razão metonímica e colonial, e culpada, assim, do desperdício de saberes, de experiências sociais e culturais, e da invisibilização de modos outros de conceber o poder, a emancipação, a resistência e a construção das subjetividades. É imperativo, pois, descolonizar as diferentes dimensões do pensamento e da ação política que radicam neste paradigma, resgatando a sua vertente emancipatória e ampliando-a através da interrogação e da aprendizagem do que poderá ser o Sul, ou do que tenho vindo a chamar o "reverso do moderno". Apesar de se apresentar como pensamento crítico do androloogocentrismo moderno, o feminismo também tem de ser continuamente objeto de um exame crítico. Este deve interrogar, sobretudo, o modo como várias das construções teóricas feministas se filiam naquele paradigma epistemológico e como este facto se manifesta na paradoxal colonialidade de uma teoria que se entende como prioritariamente emancipatória.

De facto, para que a voz das subalternas que falam se possa ouvir, desafio colocado no texto seminal de Spivak (1988), há que enfrentar não apenas as dinâmicas opressoras de capitalismo, colonialismo e patriarcado, como também as dimensões igualmente opressoras de processos de emancipação como os feminismos, quer na vertente de intervenção e luta, quer na vertente epistemológica. Há que ouvir a denúncia, insistente nas vozes das mulheres do Sul, do imperialismo que há no feminismo e levá-la a sério, no sentido da formulação de um "pensamento alternativo das alternativas", na senda de Santos, cuja radicalidade impeça a queda nas armadilhas abissais que os feminismos do Norte constroem para si e para as Outras.[4]

Uma destas armadilhas é a ideia da universalidade da opressão patriarcal, repetidamente contestada pelas feministas de diversos Suis como

[4] Não se trata, de forma alguma, de negar as conquistas dos diversos feminismos do Norte mas, sim, de pensar para lá deles, aprofundando-os a partir de uma autocrítica que me parece um imperativo ético em todos os domínios da produção do conhecimento.

uma construção colonial, e entendida por estas como violência material e simbólica, por duas razões: em primeiro lugar, como denuncia Chandra Mohanty (1988), a representação estereotipada das Mulheres do Sul como pobres, sujeitas a violência extrema, ignorantes e presas a uma tradição tida invariavelmente como mais patriarcal e mais coerciva do que as culturas do Norte. De facto, estas representações das Outras assentam sempre na prévia construção discursiva e igualmente estereotipada de edifícios culturais não-ocidentais que aparecem como rígidos e imutáveis, uma vez que são colocados no abismo de uma a-temporalidade atávica. Estas representações fazem *tabula rasa* das conceções pós-estruturalistas de cultura como processos dinâmicos, abertos e evolutivos, aparentemente apanágio exclusivo das culturas do Norte. Acresce que, como expliquei acima, a linha abissal que constrói o Outro não-ocidental é atravessada por códigos discursivos binários de género, segundo a matriz heteropatriarcal ocidental, mobilizando ideias de corpo, sexualidade e violência para materializar simbolicamente a diferença entre Ocidente branco civilizado e o outro lado da linha, acabando por criar abismos nos abismos.[5] Assim, as mulheres não ocidentais, como a "mulher muçulmana" ou a "mulher negra", enquanto representações icónicas, têm um correspondente masculino: o terrorista barbudo de pele escura e turbante, ou o negro gigantesco, musculado, hipersexualizado. Estes estereótipos complementam-se e é a sua identidade sexual que sustém os papéis distintos na diferença abissal que os separa do Ocidente: o homem deve ser objeto de ódio, uma vez que personifica a barbárie e selvajaria de uma natureza inalterável, primitiva, que constitui uma ameaça à própria ideia de civilização; a mulher será objeto de compaixão, especialmente por ser apresentada como vítima e prova da selvajaria do macho. Ou seja, quaisquer capacidades de agência e dinâmicas de resistência destas mulheres são invisibilizadas pelas representações que se lhes sobrepõem no discurso ocidental e que as amputam, reduzindo-as a dois ou três traços simplificados, sempre relativos ao controle do corpo e da sexualidade, que se tornam as marcas de uma subalternidade quase naturalizada e evocada com contornos voyeurísticos de horror: o véu islâmico ou a burca, os crimes de honra, as delapidações

[5] Como explica Lugones (2010: 744), o sistema ocidental moderno colonial de sexo/género impôs a corpos identificados como machos ou fêmeas, segundo a norma binária própria da norma heteropatriarcal ocidental, identidades masculinas e femininas que, no entanto, não equivaleriam ao estatuto de "homem" ou "mulher", uma vez que a dimensão racial e de colonizados mantinha estes indivíduos numa condição sub- humana. Esta ambiguidade permite os paradoxos e cruzamentos nas materializações discursivas das identidades mobilizadas pelos abismos coloniais e de género que aqui descrevo.

para a "mulher Muçulmana", a mutilação genital feminina, a poligamia, o casamento precoce, o lobolo para a "mulher Africana" (Martins, 2017).

Estas mulheres não existem para lá da função icónica que não serve um conhecimento mais adequado do lado de lá da linha, mas, sim, a afirmação de poder colonial, através de representações que reforçam o discurso da superioridade civilizacional do Ocidente. É interessante perceber com mais minúcia o cruzamento paradoxal de linhas presente nesta fronteira abissal que mobiliza a ideia da ausência ou presença da dominação patriarcal como divisor: o não-branco é construído como selvagem por oprimir violentamente as mulheres, o que faz com que esta opressão surja como prática intrinsecamente não-ocidental – logo, o patriarcalismo é produzido como não existente deste lado da linha, o que constitui uma forma engenhosa de o patriarcado branco usar uma ideia de emancipação, articulada com a apropriação e violência do outro lado da linha, para canibalizar e neutralizar as lutas feministas deste lado da linha, onde, afinal, "as mulheres já são emancipadas" e os feminismos "já não são necessários". Por outro lado, as mulheres não-brancas "dão corpo" à tradição e não passam de objetos, cuja sexualidade, igualmente conotada com uma natureza irreprimível, de algum modo justifica a ação masculina. Logo, por oposição às mulheres não-brancas, que parecem irremediavelmente condenadas a uma condição de objeto, os homens não-brancos poderão ser convertíveis à modernidade, por via da noção de agência (são sujeitos em relação às mulheres não-brancas) e da identidade sexual que copiam do homem branco (Lugones, 2010: 744). Igualmente, a identidade sexual partilhada por mulheres brancas e não-brancas permite o reforço da sua subalternidade por ambos os patriarcados, a despeito, como é evidente, de diferenças hierárquicas fundadas na raça.

Na realidade, a construção de um patriarcado negro e árabe bárbaro e selvático é a razão de fundo para a representação da Mulher não-ocidental como a vítima que, ainda segundo Spivak, coloca "homens brancos a salvar mulheres castanhas de homens castanhos" (Spivak, 1988: 297) – ou seja, trata-se de uma disputa colonial entre patriarcados na qual as mulheres são objetificadas e instrumentalizadas, sem que algum dia se tornem visíveis as suas vivências concretas ou audíveis as suas vozes, e cuja consequência será sempre o reforço da opressão sobre elas.

Neste quadro de múltipla fixação, as mulheres do Sul aparecem como eternas vítimas, que aguardam o resgate pelo Norte, e que nunca acederão a um estatuto de sujeito. Estes estereótipos culturalistas masculinos e femininos são recorrentes num espectro ideológico que se estende da direita conservadora e xenófoba aos próprios feminismos progressistas bem-intencionados e aos seus programas de ajuda ao desenvolvimento. Desde o início, nos anos

1980, o paradigma *Gender and Development* [Género e Desenvolvimento] é alvo de crítica acesa por parte dos feminismos do Sul como uma imposição imperialista de modelos de emancipação do Norte que não têm em conta nem a especificidade das sociedades em que são implementados, nem as próprias mulheres do Sul que, enquanto objeto de ajuda, não são tidas como capazes de conhecer e descrever as suas necessidades, muito menos de formular soluções para as opressões sofridas (McFadden, 1992; Lewis, 2004; Mama, 2001, 2011; Martins, 2016). Muitos destes programas são denunciados como ineficazes ou prejudiciais, ou até perpetuadores de violências materiais e simbólicas, em particular quando abordam questões cuja prioridade é definida pelos doadores, e que exigiriam uma atenção especial às dinâmicas culturais sensíveis e específicas que as envolvem, atenção obviamente ausente de intervenções que agem como uma missão civilizadora ao estilo colonial, legitimada pelas ficções de culturas atávicas que mencionei (Tamale, 2011; Imam, 2013). Por exemplo, a recorrência da temática da "mutilação genital feminina" (MGF) quando se evoca as meninas e mulheres tem motivado uma reação forte das feministas africanas que, inclusivamente, rejeitam a própria designação MGF por perpetuar a ideia das mulheres de África como amputadas. A nigeriana Obioma Nnaemeka afirma: "A alargada sensacionalização da clitoridectomia nos média e no saber académico ocidentais conduz a uma crença igualmente alargada na incompletude da maioria das mulheres Africanas, uma crença que, fundamentalmente, coloca em causa a nossa humanidade" (Nnaemeka, 2005: 60–61). O desenho de programas de intervenção do Norte, como a ação "adote um clitóris", iniciada em 2006 pela organização norte-americana Clitoraid, motivou uma forte reação coletiva, que, de facto, não surpreende (Tamale, 2011: 20). O que está em causa não é uma preocupação com a plenitude subjetiva das mulheres africanas, através do direito ao corpo e ao prazer – convém não esquecer que a sexualidade das mulheres negras preserva ainda hoje, em grande parte, o caráter ameaçador que o discurso colonial lhe conferiu e que o patriarcado pós-colonial prolongou (Tamale, 2006: 89) –, mas a reiteração e amplificação da existência de práticas "selvagens" de opressão masculina em África, dentro de um quadro discursivo colonial e racista, que homogeneíza e despolitiza os contextos específicos para reforçar a linha abissal Norte-Sul.

Abordando especificamente a sexualidade, a feminista ugandesa Sylvia Tamale (2008) chama a atenção para a forma como a ideia da conquista de direitos para as mulheres africanas se faz, recorrentemente, segundo um discurso jurídico do feminismo liberal que os coloca em oposição à cultura – ou seja, a garantia dos direitos para as mulheres do Sul, em particular dos chamados "direitos sexuais", depende de um processo de destruição de culturas tradicionais ou do resgate destas mulheres das culturas em que nasceram e cresceram e que, no fundo, constituem os referentes identitários que conhecem e que permitem fazer sentido das suas vidas:

> As feministas da corrente dominante apresentam muitas vezes os dois conceitos de "cultura" e "direitos" como conceitos distintos, invariavelmente opostos e antagónicos. Somos levados a acreditar que os conceitos "cultura" e "direitos" são polos opostos e que não há nenhuma possibilidade de localizar um terreno comum onde possam ser desenvolvidas novas sinergias para a transformação social. Isto verifica-se particularmente no caso das teóricas dos direitos das mulheres africanas, em que a cultura é vista como sendo intrinsecamente hostil às mulheres. O problema é exacerbado por interpretações estreitas de cultura que a fundem com "costumes" ou "tradição", e que partem do pressuposto de que estes são naturais e inalteráveis. (Tamale, 2008: 47–48)

Este discurso, além de reforçar a colonialidade do poder do Norte e do patriarcado do Sul (que enuncia a tradição como o lugar das mulheres, reservando para os homens o acesso à modernidade e aos direitos), parte de uma conceção de cultura como uma formação estática fora do tempo e materializada no corpo feminino (Tamale, 2008: 51). Este corpo torna-se signo de uma certeza de impossibilidade de transformação, que produz como inexistentes as dinâmicas de agencialidade, negociação, ou resistência das mulheres, e que descredibiliza até mesmo leituras contextualmente sustentadas e, por isso, mais rigorosas, dos múltiplos significados de determinadas práticas, como a circuncisão feminina ou os ritos de iniciação sexual. Tamale observa como a Organização Mundial de Saúde inclui no conjunto de intervenções sobre os órgãos genitais femininos que designa de MGF e, por isso, de prejudiciais, a prática do alongamento dos *labia minora* das mulheres (Tamale, 2008: 62). A teórica ugandesa contesta uma classificação colonial que ignora a heterogeneidade das intervenções nos órgãos genitais nas mulheres do Sul, condenando-as sumariamente, ao mesmo tempo que exclui desta patologização práticas análogas realizadas no Ocidente. No entanto, o alongamento dos *labia minora* é considerado pelas mulheres africanas como propiciador do prazer feminino e de um sentimento de empoderamento não somente estético como decorrente do aumento de uma capacidade de sedução (Tamale, 2008: 62; Arnfred, 2011: 141). Como a socióloga dinamarquesa Signe Arnfred (2011: 139) confirma relativamente às mulheres macua de Moçambique, esta capacidade de sedução é entendida como controle sobre o homem e sobre a descendência, tendo sobrevivido dos tempos coloniais ao presente, como parte importante dos ritos de iniciação, valorizados pelas mulheres como o momento da constituição e do reforço da sua identidade social. Para além disso, tanto Tamale como Arnfred salientam a dimensão emancipadora destes rituais em culturas que, longe de serem rígidas, demonstram uma enorme versatilidade e se transformam a partir da iniciativa das mulheres para acompanharem os novos tempos de realidades modernas, urbanas e globalizadas. Sylvia Tamale recusa, por isso, um debate sobre direitos que se polarize entre posições universalistas e de relativismo cultural, preferindo olhar as culturas como multímodas, versáteis e porosas, o que permite que nelas se desenvolvam caminhos emancipatórios (e não apenas dinâmicas de opressão):

> Não precisamos de nos limitar (porque ambas são posições reducionistas) ou ao "campo universalista" ou ao "campo relativista". Afinal, [...] as culturas são fluidas e interativas em vez de distintas umas das outras. Estão num fluxo constante, adaptando-se e reformando-se. As forças económicas e sociopolíticas internas e externas conduzem-nas. As culturas são, de muitas maneiras, estruturadas por – e um reflexo das – dinâmicas de poder de uma dada sociedade [...]. Em suma, as culturas emprestam e pedem emprestado; tanto podem ser opressoras, colonizadas, exploradas, subalternizadas e depreciadas como podem ser libertadoras e empoderadoras. (Tamale, 2008: 48)

Tamale observa como as conselheiras Ssenga dos Baganda do Uganda, responsáveis tradicionais pela iniciação sexual das mulheres, não agem apenas em contextos rurais de secretismo místico, mas se afirmam numa lógica profissionalizada, comercial e através dos média e da Internet em contextos urbanos e modernizados (Tamale, 2005: 9–10). Assim, a iniciação sexual no Uganda não perde a vinculação a toda uma série de lógicas ditas tradicionais, entre as quais o papel preponderante das mulheres conselheiras – geralmente as tias paternas (Tamale, 2005: 9) –, num saber que é transmitido ritualmente de geração em geração, mas que cada vez mais abrange mulheres e homens com exigências de prazer para as duas partes (Tamale, 2006: 93). Mais do que isso: tornou-se possível construir, no âmbito dos ritos de iniciação, toda uma série de novas identidades para as mulheres, a partir da ressignificação das sexualidades. Longe de uma posição de submissão numa ideia de sexo para procriação, estas mulheres usam o sexo e o erotismo como lugar de poder:

> Obviamente, estas mulheres rejeitam a ideologia que privilegia os homens sobre as mulheres. Também desafiam a imposição da maternidade

> como a autoidentidade paradigmática das mulheres Baganda. As exigências no sentido de os homens também receberem formação sobre como dar prazer sexual às suas parceiras é um movimento radical da parte das jovens mulheres Baganda. Sobretudo, aponta para o facto visível de que consideram que o sexo não tem como fim primeiro a procriação, mas, sim, o lazer e o prazer, relocalizando o sexo do plano medicalizado/reprodutivo para o domínio do erótico. Assim, o erótico como recurso age como um instrumento de empoderamento para as mulheres Baganda [...]. Incluída no currículo de muitas Ssengas está a mensagem de controlar e manipular os homens através do sexo. Por outras palavras, encorajam as mulheres, através do sexo, a destruir o poder patriarcal por detrás de uma fachada de subserviência total. (Tamale, 2006: 93-94)

Tamale sublinha ainda como as mulheres sábia e estrategicamente alargam as suas reivindicações emancipatórias a outros domínios da vida privada e pública, como a autonomia financeira, nestes novos espaços mediáticos que atravessam eles próprios a divisão privado/público, tradição/modernidade, e mesmo fronteiras abissais entre magia e conhecimento (Tamale, 2006: 92). Além disso, como pioneira no tratamento das questões *queer* em África, Sylvia Tamale insiste na desconstrução da ideia, consagrada nas Constituições de vários países do continente, de que a homossexualidade e as identidades trans não são um fenómeno africano, apontando para a naturalidade e frequência com que orientações sexuais não heteronormativas e identidades sexuais não binárias marcavam presença em sociedades tradicionais (Tamale, 2011: 20; Ekine e Abbas, 2013). A exclusão destas pessoas deve-se, mais uma vez, a lógicas coloniais, prolongadas pelo patriarcado que tomou o poder no período pós-independência, e que impuseram em contextos africanos o próprio conceito de género e a centralidade do corpo e da sua visualidade.

Trata-se, no fundo, da segunda armadilha abissal dos feminismos do Norte, decorrente da primeira que enunciei: a universalidade da categoria de género como estruturante das organizações sociais. De facto, como afirma Maria Lugones (2010), as categorias homem-mulher foram introduzidas nas culturas colonizadas por reprodução da ordem patriarcal das sociedades colonizadoras e como mecanismo de repressão e controle dos corpos, nas colónias como nas metrópoles. Esta colonialidade de género produz como invisíveis organizações sociais onde a categoria género era inexistente, sujeitando-as forçadamente a inteligibilidades engendradas, manifestas, inclusivamente, na introjeção da flexão de género em línguas sem essa marca gramatical, para a descrição de papéis sociais que, na origem, não possuíam especificação de género, mas que são lidos como masculinos e femininos por analogia com as estruturas patriarcais ocidentais (Oyewùmí, 1997, 2015). A antropóloga nigeriana Ifi Amadiume (1987), em *Male Daughters and Female Husbands* [Filhas macho e maridos fêmea], descreve sociedades pré-coloniais Igbo em que os papéis sociossexuais eram flexíveis, podendo determinadas funções, quer de ordem política, quer económica, religiosa, social ou dentro do agregado familiar, ser desempenhadas por pessoas de ambos os sexos. Daqui decorria, por exemplo, segundo Amadiume, a possibilidade de, em relação a um patriarca, descendentes do sexo feminino poderem desempenhar as funções sociais geralmente ocupadas por descendentes do sexo masculino, ou o facto de mulheres exercerem os direitos e poderes geralmente apanágio do sexo masculino no âmbito de ligações de cariz conjugal com pessoas do mesmo sexo, sem que estas implicassem relações sexuais, as quais ocorriam heterossexualmente, noutras uniões com parceiros escolhidos para funções essencialmente reprodutivas.

Já a socióloga Oyèrónké Oyewùmí (1997), também nigeriana, em *The Invention of Women. Making an African Sense of Western Gender Discourses* [A invenção das mulheres, dando um sentido africano aos discursos ocidentais de género], contesta o que, na sua perspetiva, é um essencialismo biológico do Ocidente, um conjunto de culturas em que domina a visualidade e que constrói identidades através de "um olhar que produz diferenças". Uma vez que as diferenças visíveis são as do corpo, este torna-se categoria definidora de identidades, posições e papéis sociais (Oyewùmí, 1997: 1–2). Para esta teórica, muito embora o feminismo ocidental postule o conceito de género como construção culturalmente específica, na prática, o que acontece é a sua essencialização e universalização por via da distinção visual do corpo masculino e do corpo feminino, o que torna o feminismo nortecêntrico cego para o facto de, por exemplo, ter havido sociedades onde a categoria "mulheres" não existia enquanto grupo, já que o princípio fundamental de organização era a idade ou a geração (maior poder, privilégios e responsabilidades dos mais velhos) e a linhagem (o momento de entrada numa determinada linha de sucessão, matrilinear ou patrilinear, determinava a hierarquia).

Apercebi-me de que a categoria fundamental "mulher" – que é fundacional nos discursos ocidentais sobre o género – simplesmente não existia no território Yorubá antes do seu contacto prolongado com o Ocidente. Não havia um grupo assim, caracterizado por interesses e desejos partilhados ou por uma posição social comum. A lógica cultural das categorias sociais ocidentais é baseada num determinismo biológico: a conceção de que a biologia fornece a lógica para a organização do mundo social. Por isso, esta lógica cultural é, na realidade, uma "bio-lógica". [...]

se quiséssemos aplicar esta "bio-lógica" ocidental ao mundo social Yorubá (i.e., usar a biologia como uma ideologia para organizar o mundo social), teríamos primeiro que inventar a categoria "mulher" no discurso Yorubá. (Oyewùmí, 1997: ix–x)

Ao contrário da estabilidade do conceito de género, que se "fixa" a um corpo, estas categorias sociais eram relativas e flexíveis, estabelecendo uma rede de complexidades que uma apreensão segundo categorias de género destrói. De resto, Oyewùmí contesta a colonialidade dos estudos sobre as sociedades Yorubá que, ao aplicarem um modelo apriorístico de género, invisibilizaram um sistema político de governação dual, em que homens e mulheres exerciam o poder em domínios diferentes, mas hierarquicamente paralelos. De igual forma, em *What gender is motherhood? Changing Yorùbá's ideals of power, procreation and identity in the age of modernity*. [De que género é a maternidade? Transformando os ideais Yorubá de poder, procriação e identidade na modernidade], Oyewùmí (2015) sustenta que a aplicação de modelos epistemológicos de género e o próprio conceito de "maternidade", tal como é entendido no Ocidente – sujeição das mulheres-enquanto-esposas –, impediram a perceção da "maternidade" na cultura Yorubá como um princípio de emancipação e poder que se sustenta mais na linhagem do que na anatomia feminina dos sujeitos. A maternidade deve ser lida no âmbito do complexo de saberes denominado Ifá, que o pensamento ocidental coloca no domínio da magia, tornando-se incapaz, por conseguinte, de enxergar a forma como este sustenta a organização social e as especificidades dos lugares e papéis de pessoas com anatomia masculina e anatomia feminina.

A despeito das múltiplas críticas que suscitaram,[6] creio que, para a teoria feminista em geral, o desafio pós-abissal que Amadiume e Oyewùmí

[6] As chamadas tendências etnográficas dos feminismos africanos foram alvo de diversas críticas, que apontaram, por um lado, o "africanismo" do feminismo etnográfico, cuja idealização da pré-colonialidade não somente carece de maior fundamento no plano da análise historiográfica (MCFADDEN 1992: 170) e linguística (um acento exagerado na ausência de flexão de género das línguas consideradas), como incorre no erro que denuncia nas velhas práticas da antropologia de cariz colonial, nomeadamente a construção essencializada de uma África única e de uma "mulher africana" "autêntica", com base, inclusive, em categorias bebidas nesse mesmo paradigma de estudos, como as noções de parentesco, linhagem, família e hierarquia. Essencializar implica, ainda, negar a possibilidade de transformação histórica e fixar a África numa alteridade irredutível semelhante àquela que é construída abissalmente pelo Norte (LEWIS, 2004: 29). Como explico noutro local (MARTINS, 2016: 264 ss.), as respostas de um feminino pós-africano (MEKGWE, 2010) e de perspetivas mais transnacionalistas (MAMA, 2011; MCFADDEN, 2007) permitem ultrapassar algumas destas questões e ainda ter em conta formas de, estrategicamente, incluir agendas

colocam é pensar a possibilidade de uma organização social em que o sexo não seja estruturante. Ou seja, estes estudos, nem que seja em tese, revelam o quão profunda e intrínseca é a dimensão sexuada das sociedades ocidentais e do modelo epistemológico que fizeram hegemonizar pela via do colonialismo, e pela via paradoxal do feminismo colonial. Este opera um epistemicídio ao anular o potencial utópico ou revolucionário no sentido pós-patriarcal ou pós-género que poderia germinar do conhecimento de sociedades com estruturas e dinâmicas de poder onde as mulheres não são subalternas, e de papéis sociais dissociados da anatomia dos corpos. A própria centralidade da ideia de corpo e da sua visualidade, inclusivamente na dimensão de uma materialização performativa, deve ser periferizada como uma ideia ocidental, sem correspondência noutras culturas, em que o "que não é dito" e "o que não se vê", o invisível e os silêncios, têm igual ou maior valor (Tamale, 2011: 13). Esta periferização – por oposição à imposição universalizante de uma série de categorias de opressão que, a despeito do seu potencial analítico e crítico, sustêm inteligibilidades abissais – ou seja, a atenção ao reverso do moderno, poderá ser um caminho bem mais amplo de libertação, na medida em que revela, igualmente, o normativo regulador a que os próprios processos emancipatórios das mulheres do Norte estão sujeitos.

Ouvir a subalterna que fala é, pois, aceitar em pleno o desafio de atravessar as múltiplas dimensões de modelos de pensamento que, para consolidar o seu potencial emancipador, reificam dualidades em novos abismos que necessitam de ser desvendados através da potenciação recíproca de paradigmas epistemológicos críticos como o pós-colonial e o feminista. Nesta medida, o pensamento pós-abissal implica o constante movimento de despojamento conceptual e teórico ou de "desaprender e desconstruir", enfrentando o risco do abalo das nossas certezas – incluindo as que foram libertadoras nalgum lugar ou momento. Ou, pelo menos, ter como único dado seguro que há sempre novos caminhos, o que pode ser fonte de enorme esperança no sentido último da justiça cognitiva e da justiça social.

Referências bibliográficas

Amadiume, Ifi (1987), *Male Daughters, Female Husbands. Gender and Sex in an African Society*. Londres: Zed Books.

locais de pesquisa e ativismo nos projetos de financiamento exterior por doadores filiados no paradigma Gender in Development.

Arnfred, Signe (2011), *Sexuality and Gender Politics in Mozambique. Rethinking Gender in Africa.* Woodbridge/Uppsala: James Currey/The Nordic Africa Institute.

Boehmer, Elleke (2005), *Stories of Women. Gender and Narrative in the Postcolonial Nation.* Manchester: Manchester University Press. DOI: <https://doi.org/10.2307/j.ctt155j4ws>.

Ekine, Sokari; Abbas, Hakima (orgs.) (2013), *The Queer African Reader.* Dakar/Nairobi/Oxford: Pambazuka Press.

Fanon, Frantz (1995), *Peau noire, masques blancs.* Paris: Editions du Seuil.

Imam, Ayesha (2013), "Como afirma el Corán: 'Las mujeres y los hombres son protectores los unos de los otros'", *Africana. Aportaciones para la descolonización del feminismo.* Barcelona: Oozebap, 91–102.

Lewis, Desiree (2004), "African Gender Research and Postcoloniality: Legacies and Challenges", *in* Signe Arnfred *et al.* (org.), *African Gender Scholarship: Concepts, Methodologies and Paradigms.* Dakar: CODESRIA, 27-41.

Lugones, Maria (2008), "Colonialidad y Género", *Tabula Rasa*, 9, 73–101. Disponível em: <http://www.scielo.org.co/pdf/tara/n9/n9a06.pdf>.

Lugones, Maria (2010), "Toward a Decolonial Feminism", *Hypatia*, 25(4), 742–759. DOI: <https://doi.org/10.1111/j.1527-2001.2010.01137.x>.

Mama, Amina (2001), "Talking about Feminism in Africa", *Agenda*, 16(50), 58–63. Consultado a 17.09.2013. Disponível em: <http://www.wworld.org/programs/regions/africa/amina_mama.htm>.

Mama, Amina (2011), "What does it mean to do feminist research in African contexts?" *Feminist Review*, 98(Suppl. 1), e4–e20. DOI: <https://doi.org/10.1057/fr.2011.22>.

Martins, Catarina (2016), "Nós e as Mulheres dos Outros. Feminismos entre o Norte e a África", *in* António Sousa Ribeiro e Margarida Ribeiro (orgs.), *Geometrias da Memória: Configurações pós-coloniais.* Porto: Afrontamento, 251–277.

Martins, Catarina (2017), "The west and the women of the rest", *in* Isabel Caldeira, Graça Capinha e Jacinta Ramos (orgs.), *The edge of one of many circles: homenagem a Irene Ramalho Santos.* Coimbra: Imprensa da Universidade de Coimbra, 75–86.

McClintock, Anne (1995), *Imperial leather. Race, gender and sexuality in the colonial context.* Londres: Routledge.

McFadden, Patricia (1992), "Sex, Sexuality and the Problems of AIDS in Africa", *in* Ruth Meena (org.), *Gender in Southern Africa. Conceptual and Theoretical Issues.* Harare: Sapes Books, 157–195.

McFadden, Patricia (2007), "African Feminist Perspectives of Post-Coloniality", *The Black Scholar*, 37(1), 36–42. DOI: <https://doi.org/10.1080/00064246.2007.11413380>.

Mekgwe, Pinkie (2010), "Post Africa(n) Feminism?", *Third Text*, 24(2), 189–194. DOI: <https://doi.org/10.1080/09528821003722116>.

Mohanty, Chandra Talpade (1988), "Under western eyes: Feminist Scholarship and Colonial Discourses", *Feminist Review*, 30(1), 61–88. DOI: <https://doi.org/10.1057/fr.1988.42>.

Nnaemeka, Obioma (2005), "Bringing African Women into the Classroom: Rethinking Pedagogy and Epistemology", *in* Oyèronké Oyewùmí (org.), *African Gender Studies. A Reader*. Nova Iorque: Palgrave MacMillan, 51–65. DOI: <https://doi.org/10.1007/978-1-137-09009-6_3>.

Oyewùmí, Oyerónké (1997), *The Invention of Women. Making an African Sense of Western Gender Discourses*. Londres/Minneapolis, MN: University of Minnesota Press.

Oyewùmí, Oyerónké (2015), *What Gender is Motherhood? Changing Yorùbá's ideals of power, procreation and identity in the age of modernity*. Nova Iorque: Palgrave/MacMillan.

Quijano, Anibal (2000), "Colonialidad del poder, eurocentrismo y América Latina", *in* E. Lander (org.), *La colonialidad del saber: Eurocentrismo y Ciencias Sociales. Perspectivas Latinoamericanas*. Caracas: CLACSO, 201–245. Disponível em: <http://biblioteca.clacso.edu.ar/clacso/sur-sur/20100708034410/lander.pdf>.

Santos, Boaventura de Sousa (2002), "Para uma sociologia das ausências e uma sociologia das emergências", *Revista Crítica de Ciências Sociais*, 63, 237–280. DOI: <https://doi.org/10.4000/rccs.1285>.

Santos, Boaventura de Sousa (2010), "Para Além do Pensamento Abissal: das Linhas Globais a uma Ecologia de Saberes", *in* Boaventura de Sousa Santos e Paula Meneses (orgs.), *Epistemologias do Sul*. Coimbra: CES/Almedina, 23–71 [2.ª ed.].

Santos, Boaventura de Sousa (2014), *Epistemologies of the South. Justice against Epistemicide*. Boulder, CO: Paradigm Publishers.

Santos, Boaventura de Sousa; MENESES, Paula (org.) (2010), *Epistemologias do Sul*. Coimbra: CES/Almedina [2.ª ed.].

Spivak, Gayatri C. (1988), "Can the Subaltern Speak?", *in* Cary Nelson e Lawrence Grossberg (orgs.), *Marxism and the Interpretation of Culture*. Urbana, IL: University of Illinois Press, 271–313.

Stoler, Ann Laura (1995), *Race and the Education of Desire. Foucault's History of Sexuality and the Colonial Order of Things*. Durham, NC: Duke University Press.

Tamale, Sylvia (2005), "Eroticism, sensuality and 'women's secrets' among the Baganda: A critical analysis", *Feminist Africa 5. Sexual Cultures*, 9–36.

Tamale, Sylvia (2006), "Eroticism, sensuality and 'women's secrets' among the Baganda", *IDS Bulletin*, 37(5), 89–97. DOI: <https://doi.org/10.1111/j.1759-5436.2006.tb00308.x>.

Tamale, Sylvia (2008), "The right to culture and the culture of rights: a critical perspective on women's sexual rights in Africa", *Feminist Legal Studies*, 16(1), 47–69. DOI: <https://doi.org/10.1007/s10691-007-9078-6>.

Tamale, Sylvia (2011), "Researching and theorizing sexualities in Africa", *in* Sylvia Tamale (org.), *African Sexualities. A Reader*. Cidade do Cabo: Pambazuka Press, 11–35.

CAPÍTULO 21

Fronteiras à Humanidade: o nosso Mediterrâneo comum construído como limite dos Direitos Humanos na UE[*,1]

Ángeles Castaño Madroñal

O governo inumano

Num universo criado pela Marvel Comics, nasceu Tritão, pertencente à Família Real Inumana. Aos 18 anos, tornou-se explorador dos inumanos, vigiando o tráfego oceânico dos humanos em volta de Attilan, de onde os inumanos eram naturais. Segundo a história da Marvel, Attilan, ameaçada por indefiníveis perigos, é retirada dos fundos marinhos e depositada nos Himalaias, depois transportada para a ilha de Atlantis, para de seguida passar para o lado azul da Lua e, dali, flutuar para sempre no espaço. Pessoalmente, parece-me um lugar magnífico e o único possível para quem não quer viver com os humanos.

No Mediterrâneo, navegam frios radares, rastreadores e inumanos. Algo que é incompreensível para a humanidade humanitária e, por isso, um insulto à inteligência humana. Chama-se "Tritão" e é a operação da agência Frontex para a vigilância marítima de controlo e detenção de imigrantes em águas italianas, nascida nas frias salas olímpicas da pós-modernidade neoliberal onde se criam as políticas da UE. Isto acontece no coração de uma velha

* Tradução de Carla Lopes.

1 Este capítulo foi concebido através das redes de reflexão científica com o CES e dos encontros de trabalho e debates sobre as fronteiras globais e o Mediterrâneo, num clima enriquecedor de colaboração mútua com a minha companheira e amiga Paula Meneses, durante 2015 e 2016, e partilhados com o nosso companheiro e amigo Juan Carlos Gimeno.

Europa com graves achaques de senilidade, que não é capaz de entender nem reconhecer boa parte dos seus netos e bisnetos: seus herdeiros, filhos da sua colonização. Rejeita-os, enclausura-os e expulsa-os para lá do perímetro escasso no qual os seus olhos com cataratas ainda conseguem discernir, mais mal do que bem, algo da desordem de que se foi rodeando ao longo da vida.

A criação da Marvel encontra-se em fase de projeto de uma versão para o grande ecrã de *Inhumans*, que supostamente passará para os circuitos globais das indústrias culturais em 2019. A criação da UE já foi produzida e materializada, e faz parte dos circuitos e práticas políticas de controlo de fronteiras, também globais. Este curioso parentesco poderia dar lugar a um sugestivo argumento de universos paralelos de códigos universais identificáveis, para um apaixonante videojogo que prendesse a atenção das novas gerações da interface cibernética (Manovich, 2005), nesta urbanidade submersa no ecrã-esfera global da cultura-mundo universal (Lipovetsky e Serroy, 2010), consumada descodificadora de neomitologias reinventadas nas estéticas da colonialidade digital que se constrói sobre a radicalização das bases herdadas da modernidade.[2] É um paralelismo simbólico mais real do que parece à primeira vista. É surpreendente as poucas vezes que a fantasia é capaz de superar a realidade, ou as muitas vezes que a realidade acaba por materializar as mais fantásticas fantasias humanas. Seduzida pela sugestão plástica destes paralelismos entre as políticas e os produtos culturais resultantes do nosso imaginário moderno-colonial, acabei por me focar na situação alcançada no que antropologicamente considero "o nosso Mediterrâneo comum", com uma análise em que procuro ir além do caráter descritivo e genealógico das políticas que levaram os povos mediterrânicos a esta situação. Dado o alto cariz trágico dos horrores das práticas políticas e o drama da representação mediática, vou tentar mostrar nestas páginas o contexto e as persistências da colonialidade que fazem com que no século XXI se consolide uma divisão e separação tanto física como simbólica no Mediterrâneo, tornando as nossas costas em chocantes funerárias e o nosso mar numa dolorosa vala comum, que nos afunda numa nova vergonha mundial – território de novos crimes contra a humanidade, que ficarão inscritos na história das violências genocidas da Europa.

2 Entendo a modernidade a partir dos aspetos descritos na perspetiva da modernidade/colonialidade do poder/saber/ser desenvolvida nos trabalhos de Dussel (2000), Lander (2000), Quijano (2000) e Mignolo (2003). E a partir da importância da revelação dos seus processos – que permite estabelecer um ponto de partida para fixar as bases de uma nova cultura política e a produção de uma sociologia das ausências e das emergências – para entender e visibilizar os processos contemporâneos, que Santos (2005) desenvolve nas suas linhas de trabalho.

É curiosa a forma como se alinhavam as ações da *realpolitik* e os impulsos do imaginário socializado e partilhado entre todos os consumidores, incluindo, evidentemente, os tecnocratas da UE, e que confirmam a persistência de uma tradição apreendida no modo como, enquanto europeus, nos relacionamos com o mundo (Said, 1991, 1996). Essas materializações, que relacionam as práticas do poder na era global com o duro contorno dicotómico do imaginário totalitário que o universo Marvel mostra, revelam a persistência de um imaginário duplo e contraposto, reflexo pragmático do pensamento abissal (Santos, 2010) e dos produtos culturais do seu imaginário, onde permanecem escassos interstícios para escolher outras possibilidades inexploradas; essas muitas outras possibilidades que nos mostram os cidadãos incómodos e profundamente inquietos, denominados "ativistas" no discurso *realmediatik*, que se lançaram ao Egeu para resgatar os humanos à deriva. Um resgate que não compete à operação Egeu, que cumpre com a mesma função em águas gregas que Tritão nas italianas.

Por acaso, ou não – inclino-me para a segunda opção –, o universo Marvel e o universo da UE construíram os seus inumanos, uns adaptados aos estilos de consumo da indústria cultural e os outros aos consumos das políticas transnacionais da pós-modernidade neoliberal, ambos de projeção global. Se para o mundo fictício da banda desenhada, Tritão é o defensor da segurança contra os humanos no mundo inumano de Attilan, para a *realpolitik*, a Frontex é o escudo inevitável para defender a "Fortaleza Europeia" da insegurança nas costas mediterrâneas, que produzem os não-europeus desumanizados neste contexto de nova *weltpolitik*. Trata-se basicamente de impedir que os não-europeus se acomodem ao coração da "Fortaleza Europeia": é um paradoxo da história o facto de os colonizadores se autoconsiderarem colonizados e/ou invadidos. A modernidade totalitária da cultura *comic*(a) alimenta massivamente, melhor do que as narrativas nacionais das comunidades imaginadas (Anderson, 1993) contidas nos aborrecidos manuais de história da escola, os neofascismos nacionalistas europeus da pós-modernidade. Este pensamento deixa a sua marca nas práticas políticas do século XXI, que continuam a representar e a reproduzir um mundo dicotómico nos eixos de um pensamento abissal estéril para a interculturalidade deste mundo globalizado. E arrasta nos depósitos jurídicos e políticos que constroem o espaço único de segurança europeu, "a linha abissal global que define a exclusão radical e a inexistência jurídica" num contexto "colonial abissal novo" (Santos, 2009: 33-34).

"Tritão" é uma criação fantástica, e também um dispositivo de vigilância de uma política fantástica. Fantástico é tudo aquilo que não tem uma base real nos seus pressupostos e se constrói sobre o imaginado. A representação eurocêntrica das migrações e a diversidade cultural na UE tem esta marca, mais própria das mitologias do que do mundo real.

Ambas as construções são fictícias na dupla dimensão que ambas as entidades homónimas projetam: um ser sobredotado de um mundo de fantasia que a Marvel condena ao cataclismo na sua saga cómica; e uma estratégia política prepotente e mal adaptada para construir a UE na geopolítica de blocos económicos da globalização. Assim, vai-se evidenciando a agência Frontex como um marco para a gestão coordenada entre os Estados-membros das fronteiras exteriores, que tem entre as suas atividades a segurança, o controlo de fluxos e o impedimento de entradas clandestinas de pessoas do Sul global pelo Mediterrâneo para o espaço europeu.

A operação Tritão intervém desde novembro de 2014, altura em que o primeiro-ministro italiano Renzi decidiu suprimir um dispositivo de resgate marítimo financiado com orçamento italiano e que se chamava "Mare Nostrum". Um nome para um passado partilhado. A UE considerava, perante os pedidos de cofinanciamento do dispositivo de resgate que Renzi lhe solicitava, que as atividades deste dispositivo não faziam parte do espaço Schengen, portanto, não podia ser cofinanciado. E, certamente, foi assim que se estruturou este pilar das migrações neste "espaço único" partilhado. Por outro lado, a operaçãoTritão custa à Itália somente 38% do custo total da operação de controlo, o resto é cofinanciado pela UE e pelas contribuições do resto dos Estados-membros. Desaparecido o "Mare Nostrum", as mortes por naufrágio foram aumentando de forma alarmante,[3] mas Lampedusa ficava tão, tão, tão longe de Bruxelas (*away... far, far, away...*) e é tão diminuta na imensidade do seu mar que se pode explicar perfeitamente que seja invisível para a UE. Claro que como os humanos têm um instinto de sobrevivência genético e uma plasticidade adaptante, por fim chegaram, em lamentáveis bandos humanos de excluídos a fugir da extinção. Aos milhares, alcançam as fronteiras exteriores e danificam as retinas mediatizadas dos cidadãos. Tanto por mar como por terra, e quase com todas as possíveis fragilidades que ocorrem nos confins da zona oriental e na extensa e fragmentada fronteira marítima, chegam: pelo Egeu, ao solo grego de Lesbos; por Idomeni, até à fronteira com a Macedónia; a partir de Röszke e Tomba, à Hungria; por Ceuta, até ao Estreito de Gibraltar; pela Líbia, até Lampedusa. E por ar, apesar de os *checkpoints* de segurança aeroportuária continuarem intencionalmente invisibilizados na *realmediatik* do ecrã-esfera global.

[3] A Organização Internacional para as Migrações (OIM) comunicou em 5 de julho de 2016 que 222 316 migrantes e refugiados chegaram à UE pelo Mediterrâneo: às costas gregas, italianas, cipriotas e espanholas. Morreram no mar 2920 pessoas, em relação às 1828 que morreram em 2015. Dos que pereceram, foram 2499 nas ilhas italianas, 376 no Egeu e 45 no Estreito de Gibraltar. Consultado a 09.07.2016. Disponível em: <https://www.iom.int/es/node/76195>.

As fronteiras analógicas e as fronteiras digitais (Lask e Winkin, 1995) constroem contextos e espaços onde se concretiza de maneira evidente a renacionalização dos Estados nos paradoxos da transnacionalidade económica e política. A tecnologização alcançada nestes ambientes de transição territorial e simbólica entre confins formata e reformula as heranças da modernidade: são as primeiras a desenhar o mapa neocolonial. As segundas são as fronteiras construídas para um mundo e um estilo de vida privilegiado que se autorrepresenta pretensamente blindado perante a miséria mundial que, articulada com a globalização, permeia o solo e o coração dos seus centros hegemónicos. Estas fronteiras radiografam, desde o microcosmo, o mesocosmo e o macrocosmo, os corpos em movimento. Radares, satélites e *scanners* de onda milimétrica e de retrodispersão vasculham espaços e corpos. Hoje, as fronteiras revelam como nenhuma outra construção a fragmentação sistémica. Inclusive quando se liquidificam, os radares do Tritão deambulam e navegam nelas. Nas fronteiras, revelam-se os privilégios e as exclusões, as existências e inexistências, os circuitos de vasos comunicantes e os espaços estanques, o valor de câmbio, os insumos e os resíduos de todo o tipo de mercadorias e todo o tipo de corpos. Seja qual for a natureza do corpo que as atravessa. E, com isso, as inconsistências cálcicas do esqueleto estatal investido de anacronismo moderno e hipoplasia espiritual.

Talvez Schengen consiga invisibilizar que as fronteiras da globalização quebraram os *topos* da modernidade. No espaço único, novas topografias fronteiriças fragmentam as nossas cidades globais, mostrando os mundos que as múltiplas expulsões sistémicas (Sassen, 2015) constroem também para o interior da sociedade em que vivemos. Custa perceber, na sobressaturação informativa da interface mediática em que estamos imersos, as desestruturações do fracassado Estado de bem-estar e os desmantelamentos no Estado de direito que ocorreram na última década, concretamente desde a crise financeira de 2008.

Então, a imagem dominante projeta que os "Outros" ficam lá fora, a rondar perante o Tritão vigilante. Humanos à espreita de vida não inquietam a *pax* virtual. O governo inumano pretende garantir uma segurança lunática. Mas segurança, pelo menos! – pensam ou sonham os mutantes cibernéticos. Eles oferecer-nos-ão, se for preciso, não a Lua toda, mas o seu lado azul.

A construção de um espaço único

Attilan é um reflexo *comic*(o) do pensamento abissal e das suas representações culturais. Este tipo de pensamento assenta nas construções eurocêntricas de europeísmo imaginado perante a alteridade antagónica do resto do mundo, que não partilha do novo projeto civilizador. Attilan é um produto da epistemologia dicotómica com a qual o Ocidente construiu e aprendeu uma noção bipolar de mundo herdada da modernidade. Representação de uma civilização gasta que se sente assediada. Um mundo de atlantes inumanos sobredotados que se defendem das arbitrariedades desestabilizadoras dos humanos infradotados que os circundam. Não é curioso o reflexo do espelho de uma UE que se concebe superior – em termos civilizadores e tecnológicos – e que se protege da humanidade migrante e deslocada, que considera inferior e potencialmente desestabilizadora da sua essência cultural, através de todo um sistema político neocolonial interno/externo que se sustenta em relações políticas, económicas e culturais, para uma Nova Ordem do Sistema-Mundo na qual tenta manter as suas hegemonias o mais inalteradas possível? Como interpretar o paralelismo simbólico entre as sugestões incitadas por Attilan da Marvel Comics e a correlação de ideias das mentes tecnocratas da UE que colocou Tritão a patrulhar o Mediterrâneo do século XXI? Porque, e como, persistem e se reproduzem nos instrumentos políticos contemporâneos estes reducionismos, aparentemente anacrónicos, de produtos culturais do século XX, e como se articulam nos mecanismos expulsivos da era global?

A entrada em vigor do tratado de Maastricht, em 1992, levou o governo dos EUA a proclamar os riscos da "síndrome de Fortaleza Europeia", principalmente pelos obstáculos e dores de cabeça que podia provocar à fluidez económica necessária para os seus interesses estatais específicos. O quarto de século decorrido fixou as bases para eliminar estes medos estruturais do neoliberalismo, mas também está a mostrar-nos os significados muito diferentes que o sentido de "fortaleza" alcança perante o aumento de vários tipos de expulsões no limite do sistema – pessoas, economias e espaços vitais –, como analisa Sassen, no contexto das crises multidimensionais na atual fase do capitalismo predatório. Uma fase marcada pelos extremos ambientais, as violências económicas, as violências institucionais e políticas, as guerras, a mudança de valores e o movimento e reformulação dos paradigmas de pensamento. Um momento em que "o limite do sistema é fundamentalmente distinto da fronteira geográfica no sistema interestatal" e se caracteriza por uma mudança do keynesianismo para o globalismo marcado por "privatizações, desregulamentação e fronteiras abertas para alguns", implicando uma mudança de fase – de uma que se estruturava tentando atrair gente para o interior de uma sociedade de consumo para outra que empurra e expulsa gente para fora (Sassen, 2015: 236). Para mim, o "limite do sistema" e as fronteiras geográficas e sociais partilham uma característica análoga: são lugares onde a entrada-saída do próprio contexto que os cria e produz posiciona a vida em presentes simultâneos que existem, embora não sejam considerados nos parâmetros dominantes científicos, e que reclamam existência e conceptualização para fazer emergir conhecimentos de outros modos possíveis que cada vez são mais e fazem parte da outra globalização (Santos, 2005; Santos e Meneses, 2009; Gimeno e Castaño, 2014; Martins, 2016; Meneses, 2016).

Os conteúdos marvelianos estão implícitos nesta UE de cidadãos cosmopolitas que têm o privilégio de se poderem mover livremente pelo mundo no imaginário de europeísmo que surge com o Acordo de Schengen. Na origem de Schengen encontra-se a pedra fundacional dos conteúdos ideológicos de europeísmo imaginado, que repousa numa biopolítica seletiva, que distingue naturezas culturais diferenciadas, corporalmente situadas nas pessoas que participam nos movimentos demográficos produzidos na globalização – uma primeira pedra insuperável das suas bases e das suas raízes históricas, que constrói os sentidos de europeísmo opondo a diversidade dos europeus nacionais à diversidade dos imigrantes extracomunitários do Sul global que são vistos como desestabilizadores. Este Acordo fundacional estabeleceu um "espaço único" supranacional, unificador e exclusivo para dentro, e excludente e expulsivo para fora. Neste sentido, considero o Acordo de Schengen um marco na mudança de natureza política dos movimentos demográficos na Europa.

Partilho com Arango a ideia de que a natureza política das migrações na Europa deu uma volta ideológica na segunda metade da década de 1970, quando se fecharam as fronteiras no contexto da guerra do Yom Kippur e a segunda crise do petróleo, com o aparecimento do "paradigma de imigração zero" e a noção de uma admissão controlada de imigrantes, de acordo com considerações sobre os limites sustentáveis de acolhimento para os Estados de bem-estar europeus (Arango, 2005: 1920). Este contexto foi construído na década da transformação – 1980 –, consolidou-se operativamente a partir de 1992 com a entrada em vigor do Tratado de Maastricht e criou o seu molde em 1995 com as políticas de fronteiras e circulação interna/externa na UE, materializando-se um facto paradoxal: constrói-se o direito e a sua negação. Consegue instituir-se um direito humano como um privilégio só para cidadãos europeus, e negar um direito humano a pessoas que, por migrarem, ficam inscritas nos sentidos circulantes da desumanização. Constrói-se o privilégio da livre circulação para os cidadãos europeus e a ausência de direito para aqueles que não têm este crédito de cidadania, procedentes do Sul global. Mas os processos consolidam uma ordem onde a livre circulação deste novo *homo europaeus*, tal como se tinha produzido na modernidade, permanece como um facto do passado, e "o controlo e a seleção de pessoas é o objetivo" (ARANGO, 2005: 18). A partir de agora, acrescento. De seguida, tentarei explicar as razões que originaram esta situação paradoxal para os europeus.

Com a construção do espaço Schengen, produz-se uma mudança semântica que afeta de maneira central o modo de conceber as migrações a partir da modernidade, tendo em conta que talvez possa ser a atividade mais inevitável à qual a maior parte da humanidade está exposta nos limites ambientais em que nos encontramos.

Refugiados e detenções

A partir de uma noção foucaultiana do poder, presente nos conteúdos biopolíticos consumados sob as ordens da modernidade, encontro certos paralelismos entre os auges sistémicos predatórios da história passada, ainda recente, e os desajustes atuais. Se nos focarmos no nazismo, e outros "ismos" dos regimes totalitários europeus, a biopolítica racial que estabelecia os limites entre super-raça e infrarraça era um dos eixos da lógica sistémica da modernidade no seio dos Estados-nação coloniais. Estas ideologias construíram a ideia de nação sobre a super-raça hispânica nacional-católica, no caso espanhol, ou a super-raça ariana germânica, no caso alemão, para citar alguns exemplos. Considero que aquilo a que Sassen chama "o limite do sistema" como um "espaço de expulsões" na era global (2015: 248) se constrói a partir da biopolítica – que continua a ser estrutural no sistema que expulsa pessoas "para o outro lado da linha" daquilo que é construído como existente (SANTOS, 2010: 12) – e que uma parte dos instrumentos políticos usados mantém paralelismos com esses momentos-auge predatórios e violentos. As políticas de fronteira e de imigração mostram a persistência dos conteúdos biopolíticos que assinalo e as suas ressemantizações. Estas políticas, longe de conseguirem voltar a incluir as pessoas na linha do Ser, parcelam-nas, por tempo indefinido, nesses lugares de invisibilidade e inexistência. A biopolítica, embora reformulada nos seus discursos e nas suas semânticas, continua a atuar sobre os antigos espaços coloniais nas novas formas de confinamento, e também sobre os corpos que migram para as nossas cidades desde esses espaços, praticando-se mecanismos de encarceramento físico, mental e político. As limitações políticas executam-se através das "leis de imigração" que impõem obstáculos às medidas de integração; e as limitações mentais e ideológicas fazem com que os não-seres situados do outro lado da linha continuem conotados pelos sentidos construídos na diferença colonial: o selvagem africano preto, da tribo, da economia recoletora de subsistência, acampa nas nossas cidades sob a nova versão de semisselvagem, empenhado na recolha de uma retribuição monetária mínima a vender lenços junto aos semáforos, à saída do metro ou nas imediações dos estacionamentos, que são os não-lugares de passagem para os seres nas selvas urbanas da cidade global. E o mouro mercador burlão e manhoso acampa nos seus guetos de bairro, movendo-se nos enquadramentos possíveis de uma economia endógena submersa – seja nas suas próprias redes étnicas ou nos fluxos e trocas de interesses e recursos com as redes de autóctones empobrecidos – nos nichos de trabalho precário que os trabalhadores partilham nesta crise brutal. Schengen estabelece de forma evidente outros mecanismos estruturais supranacionais, definindo a fronteira sul do Mediterrâneo, afetando especialmente as migrações africanas pretas e/ou muçulmanas africanas/orientais nos confins do seu "espaço único", através das políticas de controlo migratório e de segurança interna na UE. Nestes confins, o encarceramento materializa-se atuando sobre os corpos e assume a forma de centros de detenção para estrangeiros e/ou acampamentos "humanitários".

Numa das suas vertentes extremas, os nazismos e fascismos do século XX centraram-se no extermínio, e nas reclusões massivas em prisão ou ao ar livre, por questões raciais e/ou dissidência ideológica, com uma lógica de exploração – também extrema – de pessoas desumanizadas, para serem exploradas na produção de bens e na construção de infraestruturas, com um mínimo de desperdício energético, até à aniquilação. Caçavam-se e estabulavam-se grupos de humanos infra-humanizados ou desumanizados, vedando-os à fuga migratória e ao exílio.

Em lugares diferentes do mundo, encontramos pessoas que ultrapassaram o limite do sistema e estão presas em espaços estanques, chamam-se campos de refugiados ou centros de detenção – como os CDE, Centros de Detenção para Estrangeiros. Lugares estanques "humanitários" onde passam um longo tempo das suas vidas, por vezes anos, e outras vezes gerações.[4] O eufemismo que impera perante os diferentes tipos de inexistências,

[4] Segundo o ACNUR, em 2014, mais de 59,5 milhões de pessoas eram refugiados. Esses casos, que se pretende serem exceções no mudo, vão aumentando, sendo atualmente 25 o número total de campos de refugiados, muitos deles indefinidos – embora nenhum dos casos mencionados neste relatório alcance as dimensões de Gaza enquanto zona estanque muralhada (ACNUR, *Mundo en Guerra. Tendencias Globales. Desplazamiento Forzado en 2014*). Em Espanha, existem atualmente oito CDE que podem recluir os imigrantes sem documentos durante 18 meses, segundo a diretiva europeia de retorno (2008/115/CE). A constante degradação destes centros e a flagrante violação de direitos são denunciados pelo movimento civil Grupo de Trabalho Fronteira Sul e Direitos Humanos, que realiza a campanha estatal para o encerramento dos CDE desde 2015. Consultado a 03.06.2015. Disponível em: <https://fronterasurderechoshumanos.wordpress.com>.

produzidas e construídas, considera estes lugares de reclusão "humanitários", porque subsistem entre a ajuda humanitária institucionalizada e as transferências e atividades económicas informais, embora numa invisibilidade total, e em ambientes de acesso controlado para operações "humanitárias" e "ativistas". Não são explorados, e não são necessários como produtores e consumidores na era global. São completamente irrelevantes no sistema. Esta é a diferença.

Antes da II Guerra, o provérbio popular "pernas para que vos quero" podia ser uma solução possível, que resultou para muita gente, porque o sistema de identificação e registo massivo da população ainda não estava sistematizado e era frágil; e migrar era uma forma de morte social – e, portanto, de morte política e, consequentemente, de morte simbólica – com que se saldavam as dívidas contraídas com a sociedade: inexistências no presente coletivo vivido, não podem Ser. Assim, migrar podia ser uma transição para uma reencarnação noutro lugar. A América foi, desde 1492, uma grande terra prometida para o morto social ou político, embora também para o cidadão "de bem" empreendedor que procurava glória e benefícios. Os que retornavam ricos das Américas continuavam a ser elites no imaginário espanhol do século XX. Estes confins de promissão rapidamente foram sucedidos ou completados por outros na expansão colonial de uma Europa que não conseguia caber em si mesma desde o século XVII. A Austrália foi, primeiro, uma prisão de envergadura continental para o moderno darwinismo social anglo-saxónico, antes de se transformar em terra prometida e de se proceder à sua "conquista". A África, que foi considerada mais indómita e inalcançável, recebeu também os europeus que se aventuraram num processo secular, embora acelerado a partir do século XVIII. Por outro lado, sobre a Ásia construiu-se um imaginário que se situou no Extremo Oriente, civilizações milenares enclausuradas em si mesmas e privadas por autoisolamento da promessa Ocidental. Os asiáticos tão-pouco podiam saber o que perdiam! Nesta narrativa, migrar foi, durante 500 anos, uma possível solução para os homens brancos, ou um grande empreendimento de pioneiros. Nada parecia ter suficiente poder para o impedir.

Numa fase da vida em movimento, podia ser-se "estrangeiro", "estranho", "forasteiro", antes de chegar a ser-se reconhecido com o tempo como "local": "próprio do lugar". Mas, evidentemente, estas semânticas definidoras da proximidade separavam sempre a descendência colonial e "nacional" dos novos Estados independentes desde o século XIX das conotações (in)civilizadoras que "nativo" e "indígena" definiam para os povos pré-colombinos e respetivos descendentes. Em espanhol, estas denominações coexistem com outras repletas de sentidos construtores de diferença colonial e todo o tipo de fronteiras físicas e mentais, que adquirem o seu total significado multidimensional na trama socio-histórica hipercontextual e situada. As articulações que se estabelecem no âmbito local permitem esmiuçar a semântica da linguagem, muito rica e conotada, que deixou a sua marca até à contemporaneidade. Por exemplo, os sentidos biologicistas e essencialistas nos quais a origem cultural mourisca, cigana e marrana estabelecia os limites e os estigmas etnogenéticos (Perceval, 1986, 2010; de Zayas, 2006) na população dominada, através de uma espécie de determinismo biológico do cultural, ou uma particular racialização da cultura, numa progressão histórica que se articula desde o século XV com o fim das cruzadas ocidentais no Al-Andalus e a posterior atlantização dos impérios ibéricos.

Em plena expansão planetária dos impérios coloniais europeus, e com 85% da superfície terrestre conquistada (Said, 1991: 64), a Primeira Guerra Mundial representou um primeiro colapso ocidental entre os impérios coloniais, que deu origem, juntamente com os movimentos massivos de deslocados pela guerra, à noção de "refugiado" – através de uma agência criada pela Liga das Nações que se concretizou em 1921 como Gabinete do Alto Comissariado para os Refugiados (Mariño, 1983). Uma noção que sofreu várias etapas de reformulação até à Convenção de Genebra de 1951 sobre o Estatuto do Refugiado, no rescaldo do grande colapso colonial seguinte, a Segunda Guerra Mundial. No entanto, não posso deixar de mencionar que estas formulações coexistiam com outras práticas completamente contrárias: estes momentos de progresso nos direitos das pessoas em situação de extrema vulnerabilidade devido às violências dos Estados-nação modernos conviviam com crimes contra a humanidade perpetrados pelos mesmos Estados. Muito semelhante a este momento histórico – no qual o totalitarismo existente para impor a estratégia na era global implica a violação dos direitos humanos pelos Estados – é a degradação dos direitos civis e do Estado de bem-estar, enquanto a luta dos cidadãos se centra em defendê-los.

Os contextos bélicos na modernidade colonial deram lugar às primeiras estabulações ou reclusões massivas de população em grandes espaços amuralhados e massificados já desde o século XVIII,[5] que se denominam

[5] No século XVIII, os russos já haviam estabulado polacos para os deportar para a Sibéria. Na última fase da Guerra dos Bóeres, foram construídos pelos britânicos na África do Sul 45 campos de concentração para os bóeres e 65 para os africanos negros, onde morreram mais de 25% das mais de 100 000 pessoas reclusas. Mais tarde, no princípio da Primeira Guerra Mundial, Thalerhof passou para a história como sendo o primeiro campo de concentração austro-húngaro para civis não combatentes, com 20 000 pessoas em situação de tortura e maltrato até à morte. A reclusão de civis em massa é uma invenção moderna dos impérios coloniais.

campos de concentração ou de detenção. E esta prática da modernidade colonial supõe os primeiros vestígios históricos de negação do direito de migrar ou de mobilidade a vastos coletivos civis identificados como inimigos da ordem pública e da segurança do Estado; infra-humanos simplesmente pela diferença colonial, estigma racial, étnico, ou inclusive por qualquer deficiência que a eugenia ajudou a construir como defeito genético, ou patologias psíquicas, mas que acabou por também afetar os/as marcados/as pela divergência ideológica. A Segunda Guerra Mundial, neste sentido, foi o momento auge de êxtase totalitário, mas não uma conjuntura de exceção, apesar da diferença de escala na sua dimensão sistémica. Daí que estas práticas não fossem excecionalmente localizadas, e que se recorresse a elas em muitos dos Estados coloniais a partir do século XVIII. Fazem parte dos registos históricos da fase do nazismo/fascismo os campos de detenção de mais de meio milhão de exilados republicanos espanhóis nas praias francesas mediterrânicas[6] e nos Pirenéus franceses, ou os campos de exploração de prisioneiros políticos no protetorado espanhol marroquino e em diferentes lugares da Espanha franquista.

Mas, imediatamente depois do segundo grande colapso sistémico, a reconstrução urbana, política, social e económica de uma Europa assolada por todos estes excessos produziu a gestão organizada e a promoção política de migrações procedentes do espaço colonial europeu em África, Ásia e das periferias europeias emissoras mediterrânicas, como a Grécia, Itália e Espanha, e atlânticas, como a Irlanda e Portugal. O colonialismo interno em diferentes partes da Europa, e nas colónias, enquadrou as deslocações populacionais, as políticas migratórias e as práticas de controlo, regulação, captação e mobilização de pessoas encaradas como recursos.[7] Esta dinâmica faz das migrações modernas um sistema transnacional complexo (Castles e Kosack, 1984; Castaño, 2003; Sassen, 2013), articulado com a colonialidade das políticas estatais (Castaño, 2016) e supranacionais dos Estados-nação

[6] O movimento da memória histórica em Espanha está a ser revelado à luz das inexistências historiográficas do Estado-nação espanhol, que considero enterradas no jogo de interesses da geopolítica estatal da Transição espanhola, articulado ao contexto de reconfiguração da Europa na década de 1980. Uma ferramenta é a plataforma www.todoslosnombres.org e uma das obras de destaque na antropologia audiovisual andaluza é a de Del Río (2014).

[7] O colonialismo interno em Espanha no período franquista induziu as migrações internas sul-norte em direção à Catalunha, Madrid e País Basco, com alguns mecanismos de regulação estatal que permitem entender a sua dimensão sistémica e os efeitos que produziu na Andaluzia. Adoto o colonialismo interno dos trabalhos de González Casanova (1965) e Stavenhagen (1968).

europeus na globalização, e sujeito a diferentes fatores da economia política. As relações sistémicas entre as deslocações humanas e as migrações no capitalismo foram uma realidade nos impérios coloniais esclavagistas, na modernidade do século XIX, durante as conjunturas bélicas e pós-bélicas do século XX, e uma nota dominante a partir das décadas de 1950 e 1960, e praticamente até metade da década de 1970. Assim, a forma de tratar a população, e de a gerir, quer sejam nacionais ou estrangeiros dominados, nos grandes eixos diacrónicos da história continua a mostrar o lugar que, como recurso económico, desempenha na biopolítica do capitalismo. Um lugar muito distinto do enquadramento dos ideais dos Direitos Humanos.

O Acordo de Schengen é mais uma volta nas construções jurídico-políticas sobre as pessoas e não-pessoas, que transforma e transmite as heranças moderno-coloniais no espaço europeu, alterando a noção de cidadania nacional pela europeia, e introduzindo profundas mudanças numa certa liberdade de movimentos que se pode observar durante a fase do keynesianismo. É ilustrativo das persistências que, em alguns países, as leis adaptadas ao novo espaço vinculante não ajustem de forma adequada os seus diplomas, persistindo na sequela histórica da sua tradição nacional pré-UE. Como é o caso em Espanha da Lei Orgânica 4/2000, de 11 de janeiro, sobre direitos e liberdades dos estrangeiros em Espanha e a sua integração social, a que há que acrescentar a alteração de 30 de outubro de 2015 e entrada em vigor a 1 de janeiro de 2016 – para clarificar uma longa saga de adaptações recorrentes quase anuais –, conhecida como "lei dos estrangeiros" desde a década de 1990. Porém, na realidade, afeta, com os seus aspetos e efeitos negativos, não tanto os estrangeiros em particular, mas a "nova imigração" procedente de países do Sul, ou seja, as pessoas alheias ao espaço europeu e ocidental estabelecido em Schengen. Ou, dito mais claramente, foi criada para as pessoas migrantes que não são cidadãs nacionais reconhecidas e acreditadas por algum Estado da UE ou dos seus sócios preferenciais, e que provêm especificamente de qualquer lugar pobre do Sul global. Na linguagem, mantêm-se as marcas do imaginário moderno do estrangeiro que está nos nossos lugares a conviver com os autóctones, mas os atuais textos jurídicos constroem categorias hierárquicas, gradações de subalternidade, obrigações, direitos e privilégios que distinguem pessoas de natureza jurídica diversa a partir do facto de terem escolhido residir entre nós e não no seu país natal. E a distinção fundamental baseia-se na noção de "imigrante" – elaborada conceptualmente para pessoas que estão nas nossas cidades devido à "imigração" com origem em países pobres do Sul global como processo que nada tem que ver com "o nosso" Norte. Esta imigração passou a ser um facto social total, no sentido conceptual maussiano, tal como está definido nos textos jurídicos: como fenómeno objeto de política de intervenção e com um aparelho jurídico específico; enquanto fenómeno concebido como se fosse capaz de alterar por si mesmo a natureza cultural das nossas sociedades europeias. Deste modo, graças à performatividade do discurso político, o "imigrante" daí resultante, como pessoa que se deslocou da sua terra natal até aqui, perde a sua natureza de potencial sujeito político- social e adota a do fenómeno: torna-se em objeto de intervenção.

Este modo de pensar é muito diferente da noção de "estrangeiro", etimologicamente diferente de "imigrante". "Estrangeiro" aplicava-se aos estranhos chegados de lugares distantes e a sua semântica repleta de sentidos clássicos greco-latinos, com potencialidades positivas e negativas, conotava sujeitos que tinham de construir o seu próprio futuro em Estados europeus que, no rescaldo da Segunda Guerra Mundial, ainda não se podiam considerar de bem-estar. A noção sustentava, por sua vez, a construção do nacional, por contraste com a natureza política, sobre a base do *jus sanguinis* e/ou do *jus soli*. Um sentido ilustrado de nação e nacionalidade unívoco e homogeneizante (De Lucas, 2001), cimentado na tradição política dos Estados-nação modernos europeus desde o século XVIII. Os sentidos vertidos sobre os estrangeiros não-nacionais permitiam ainda uma certa liberdade de movimento para exilados políticos, resultantes da agitada história europeia do século XX, com o aparecimento da noção de refugiado. Refugiados espanhóis, italianos, portugueses, da Alemanha Oriental, russos, polacos, entre outros, fizeram escala nas metrópoles europeias, como Paris ou Berlim, fecundando de seiva nova as mais significativas obras da ciência e das artes do século passado, e que são emblemas atuais do progressismo europeu e da sua representação de liberdade, democracia, justiça e desenvolvimento. Mas concordo com Balibar (1994) quanto ao facto de o acesso ao estatuto jurídico de cidadania ter constituído, do passado ao presente, um instrumento de exclusão e encalhado a complexidade da construção de cidadania na UE na articulação das heranças modernas na transnacionalidade que transformou profundamente os Estados-nação.

Na década de 1980, iniciou-se a grande transformação e, em 1995, Schengen produz uma reviravolta semântica vertiginosa enquanto nova biopolítica das migrações. Os estrangeiros, que são cidadãos europeus que se movem livremente e com poder para escolher residir em qualquer lugar do espaço único, permaneceram invisibilizados pelos imigrantes. Uma noção (a segunda) repleta da sua procedência científica de racionalidade eurocêntrica, contaminada de sentidos que constroem o objeto, que é tomada como fenómeno para políticas intervencionistas que se sobrepõem no eixo do Acordo. A imigração é um fenómeno socioeconómico e um problema político, não são pessoas com nome próprio, experiências de vida, conhecimentos e aspirações.

Imobilidades duplas

Esta política permite também, na sua construção das fronteiras, traçar um novo imaginário do mapa europeu, uma nova ideia de espaço único, uma reformulação de diversidade comum e uma nova ideia de soberania transnacional. O Acordo de Schengen constrói o espaço único no mundo globalizado e o seu imaginário reformulado. A "Europa dos Povos" pretende partilhar a tradição num novo mapa que delimita e desenha o seu traçado externo, como marca de segurança perante o Sul global, e nega a existência das divisões internas.

Já são um lugar-comum, na produção das ciências sociais, os textos em que se abordam, a partir de diferentes focos, as políticas na EU-ropeização para a análise de diversos temas económicos, educativos, sobre migrações, fronteiras... É inevitável. Já não somos simplesmente Estados-nações mais ou menos soberanos num território de vizinhança. O processo que constrói a UE como espaço político e económico globalizado e transnacional consuma-se no compasso sucessivo de políticas criadas na década de 1980, após o impasse da crise do petróleo de 1979, cujos efeitos entre meados de 1978 e 1981 produziram um choque de insegurança no Ocidente. Surge, assim, uma reordenação estratégica que consolida esta nova etapa dos Estados-nação europeus. O nascimento da Ata Única Europeia de 1986 inicia uma nova "valsa" política na qual a CEE se reinventa, maquilha e reposiciona na nova geopolítica de blocos económicos, mudando todo um acervo político destinado a alcançar um espaço económico sem fronteiras internas, para o qual será necessário alcançar um "estado de segurança" imaginado no Acordo de Schengen. Um espaço de segurança imaginado que está a explodir nos olhos mediatizados desta sociedade da (des)informação eurocêntrica. Está a construir-se um espaço que, na última ampliação de 2011, alcançava uma fronteira exterior comum de 42 673 km de fronteiras marítimas e 7721 km de fronteiras terrestres. Ambivalente por dentro e por fora, de privilégios e expulsões, e ambíguo nos seus centros de exclusividades e periferias de exclusões.

O Acordo contribuiu para construir um território duplo na UE – sobrepondo-se às heranças históricas de diversidade cultural e às potenciais desigualdades económicas e políticas. Uma periferia mediterrânica construída como fronteira sul perante as migrações, fluxos e tráfegos que atravessam o Sul globalizado; e uma Europa central e nórdica que graças a este cinto exterior recebe uma imigração mais retardada e como segunda trajetória experiencial do processo migrante das pessoas que chegam aos seus Estados, já previamente regularizadas e geridas durante vários anos na periferia mediterrânea. Ambos os territórios desenvolvem um papel diferente a nível geopolítico: os mediterrânicos estão condicionados ao seu papel de fronteira e de controlo e regulação de fluxos e "tráfegos" – estatuto que foi assumido por estes Estados e consolidado nestas duas últimas décadas com legislações estatais duplas que dão primazia ao controlo sobre a integração. Esta realidade constrói uma política dupla de desigualdade e colonialidade interna, também no seio dos próprios Estados mediterrânicos, onde a integração das pessoas não é uma prioridade e o controlo se transforma em terra fronteiriça. As fronteiras da UE estabelecem os confins da colonialidade nos Estados-nação implicados. Formou-se um "Modelo Mediterrânico" (Finotelli, 2007) das políticas migratórias na UE definido pela dualidade: tanto nas políticas migratórias como na representação territorial do lugar de fronteira que ocupam as periferias no colonialismo interno dos Estados- nação euromediterrâneos, como é o caso da Andaluzia. Um dos resultados observáveis dos desajustes do modelo é o facto de, segundo a dinâmica das migrações e a conveniência política e económica, as representações dos imigrantes e das migrações mostrarem uma tendência ciclotímica nas representações mediáticas e nos discursos do poder – oscilando entre o racismo cultural, e até mesmo biológico, e a interculturalidade outorgada e institucionalizada como panaceia para todos os males da multiculturalidade imigrada (Castaño e Periáñez, 2012; Castaño, 2016).

A **interculturalidade outorgada** transferiu uma ideologia genealogicamente situada nos eixos do multiculturalismo europeu para as periferias euro-mediterrânicas, que se concretizam no discurso vazio das políticas de integração. Esta interculturalidade enfatiza as interações sociais quotidianas que se estabelecem nos espaços públicos de contacto e sociabilidade urbana, como, por exemplo, as zonas de contacto nos contextos de procura e acesso aos serviços sociais junto da Administração Pública – situando-se muito longe da consideração de diversidade epistemológica e de pluriversidade que se apresentam nas epistemologias do Sul, e no valor da tradução (Santos e Meneses, 2009), e suportando a carga dos sentidos assimilacionistas que giram em torno das noções de **adaptação** cultural das minorias e da sua **normalização**. A transnacionalização deste discurso eurocêntrico de interculturalidade não se traduz numa política com impacto na integração, pois o controlo migratório é o lugar político preeminente a partir do qual se constrói a diferença e desigualdade nestes Estados. Quando Merkel anunciou, em 2010, perante os meios de comunicação, que o multiculturalismo tinha fracassado na Alemanha e que era partidária da revisão de Schengen, estabeleceu-se definitivamente um contexto divergente e de abandono da integração, deixando no contexto da crise financeira e dos cortes uma única política centrada no controlo fronteiriço sobre o Mediterrâneo.

Considero, como Martínez (2015), que, vinte anos depois da entrada em vigor do espaço Schengen, nada mudou e que as dinâmicas de expulsão e degradação dos imigrantes se perpetuam ou agravam – o que a produção crítica das ciências sociais tinha salientado no final da década de 1990 está a perpetuar-se e a agravar-se. As ciências sociais ocuparam-se a enfatizar a articulação distorcida entre o Acordo de Schengen e o enquadramento político para as migrações (Mestre, 2000; De Lucas, 2001; Gil, 2001, 2003; Álvarez, 2002; Castaño, 2003; entre outros), frisando que se situava nos mesmos eixos do tráfico ilícito de diversas mercadorias, ligados ao crime organizado e às migrações. O salto da objetivação científica para a objetificação política que a tecnocracia dá sobre a ação de migrar não implica simplesmente um modo de desnaturalização, mas contribui para a desumanização das pessoas migrantes, criminalizando estes movimentos mediante a transposição semântica que realizam em (in)segurança pública e internacional – um processo que julgo ser parecido com o que implicou a transposição de sentidos na construção sociológica de raça pelo "darwinismo de segunda ordem" a partir do final do século XIX (Said, 1991). Uma transposição construída sobre o imaginado, a partir da qual se produziu ciência, sociologia, economia e política, segundo pressupostos eugenésicos, e que também se derramou sobre as migrações da primeira metade do século XX (García e Álvarez, 2007). Duas décadas depois de entrar em vigor, demonstra-se o que é correto naqueles primeiros estudos que citámos, que apontaram o Acordo de Schengen como enquadramento de desigualdade e exclusão. Para mim, é a ideia supranacional que molda os sentidos biopolíticos e a natureza fenoménica e problemática da segurança que contêm as migrações do Sul. Um enquadramento tendencioso e reformulador. O molde construtor de sentidos sobre as migrações e o espaço único, que penetra através das legislações específicas para os Estados-nação da União.

Essa produção científica assinalou que as políticas estatais derivadas de Schengen constroem categorizações de imigrantes segundo a sua origem nacional: cidadãos comunitários com direitos de livre circulação e migrantes extracomunitários com direitos restringidos pelas políticas migratórias que concedem ou não direito de residência e trabalho nos seus espaços soberanos. As críticas feitas à noção de "ilegais", que estigmatiza pessoas que circulam sem documentos e transforma em delito a ação de migrar e em delinquente o migrante nesta situação, continuam a ser atuais passadas duas décadas, assumindo um cariz genocida quando a ilegalização cai sobre refugiados de guerra. Estas políticas de fim de século estabelecem uma relação entre imigração desregulada e delito, numa sinédoque retórica de conceitos encadeados sem solução de continuidade entre migrações – trata de pessoas –, delinquência internacional organizada – narcotráfico e tráfico de armas – e terrorismo internacional. Duas décadas depois deste clamor, continua a não haver uma reformulação da sua semântica excludente e totalitária.

Os imigrantes procedentes de países extracomunitários do Sul global formam uma categoria específica de pessoas estigmatizadas que encarnam a parte do todo coletivo cultural de origem localizado no extremo oposto pelas heranças do sistema moderno-colonial e, como tal, situadas do outro lado do privilégio de livre movimento, que se salvaguardou para o nacional europeu. Estes imigrantes carregam estigmas culturais que se somam a estes depósitos políticos que formaram um imaginário do imigrante na Europa (Hesse e Sayyd, 2006), o que limita as possibilidades de integração e que, em absoluto, circula fora dos âmbitos estabelecidos, apesar de os reforçar. Este imaginário do imigrante dominado pela distorção islamófoba, depositado e transmitido na cultura material e política europeia (Said, 1991), emerge com recorrente virulência nos contextos de terrorismo global, como se voltou a ver nos atentados de Paris em 2015: *Charlie Hebdo*, em janeiro, e o de 13 de novembro. E faz parte das justificações – por motivos de segurança – para vedar as fronteiras interestatais de Estados-membros periféricos perante a chegada de requerentes de asilo de zonas de guerra como a Síria, o Afeganistão e o Iraque. De facto, é um desmantelamento parcial de Schengen: a vedação das fronteiras nacionais interiores, que os governos ultranacionalistas consideram demasiado fluidas diante da implosão de violências que os desajustes globais estão a produzir.

A rutura com os ideais estabelecidos nos Direitos Humanos e a Convenção de Genebra de 1951 torna-se cada vez mais insustentável. Nos primeiros momentos da chegada de refugiados ao solo europeu no contexto da guerra na Síria em 2014, a tendência nas representações discursivas era estabelecer uma divergência política entre o estatuto dos imigrantes e o dos refugiados. O drama dos refugiados mobilizou um discurso humanitário que tinha como bandeira a memória histórica da Segunda Guerra Mundial para exigir uma resposta política no âmbito da Convenção. Parecia que se estabeleciam duas categorias de pessoas com direitos diferentes: os legitimados pela Convenção e os degradados por violação institucional dos Direitos Humanos. De acordo com os dados quantitativos, foram equiparados ambos os tipos de fluxos ao longo de 2015 e foi produzida uma simbiose entre ambas as noções, bem como o mesmo tratamento político. Na crise terrorista, a islamofobia dominou as representações dos refugiados e a assimilação dos imigrantes. À imagem das fronteiras estatais que bailam sobre o território em função das possibilidades de expulsão "a quente" que ignoram os vestígios legais, como acontece nas fronteiras espanholas em Ceuta, sucederam-se os naufrágios "inevitáveis" de Lampedusa, seguidos da exportação de vedações com arame farpado fabricadas em Múrcia, que se instalaram nas fronteiras da Macedónia e Hungria como resultado de "boa prática" – dado o seu êxito em Espanha no cumprimento do objetivo –, e, depois, na construção de campos de refugiados como o de Idomeni, na fronteira macedónia, onde se deu o ataque militar com gases lacrimogéneos. O auge da perversão produz-se nos discursos políticos que pretendem que a operação de controlo no Mediterrâneo se articule com os eixos do "humanitarismo bélico", apesar do oximoro da expressão, considerando atuar "seletivamente" contra as máfias como efeito dissuasivo no uso que os imigrantes fazem dela e vice-versa. A "guerra humanitária" é uma inovação do totalitarismo neoliberal global que não parou de ser formatada nos últimos tempos, desde que a NATO, situada no "eixo do bem", organizou uma guerra contra o "eixo do mal" para levar "a democracia e a liberdade" ao Iraque, em 2003. O recurso mítico às máfias que traficam pessoas em fronteiras militarizadas transferiu-se para os refugiados e tem um enorme efeito asséptico sobre a violência estatal que blinda fronteiras à humanidade.

O tráfico mundial mostra a enorme violência das contradições que esta fase da globalização encerra: a liberalização dos fluxos globais de mercadorias e tráfegos financeiros acabou com os limites nacionais e as soberanias, consolidando grandes regiões de transição económica e paraísos fiscais, ao mesmo tempo que construiu a estanquidade regional ou estatal dos seres e não-seres (humanos). Os seres estão confinados às regiões de segurança do Norte porque a implosão do caos produzido pelos desajustes sistémicos e a polarização socioeconómica, sobre a qual se constrói a interdependência estatal neocolonial, produz violências multilocalizadas pelo "terrorismo global" em grandes regiões do Sul. Alguns destes alvos de violência têm sido cenários turísticos construídos como paraísos exóticos alcançáveis no processo de turistificação global da diversidade cultural. A impressão de um mundo em guerra transcende os relatórios do ACNUR, e deitar-se na praia de um hotel é considerado turismo de risco em muitos lugares do Sul depois do assassinato de 39 turistas nas praias da Tunísia – num hotel espanhol – por um atirador solitário do Estado islâmico, no dia 26 de junho de 2015. Estamos, assim, numa encruzilhada, em que se pode afirmar que, deste lado da linha do ser, se produziu um estado de "imobilidade involuntária" (Carling, 2002) devido aos efeitos de degradação dos direitos humanos, que provocam os privilégios brancos na era global.

Os não-seres encontram-se numa estanquidade estatal através da solidificação e blindagem militar das fronteiras exteriores em amplas zonas de transição para o Norte, como acontece no Mediterrâneo e na fronteira mexicana. Ambas as fronteiras a Sul delimitam zonas geoestratégicas de transição Sul-Norte, embora não sejam as únicas fronteiras vedadas. Os não-seres foram excluídos do privilégio de livre circulação para o, ou pelo, Norte, o que impede o seu movimento para lá das fronteiras interestatais vizinhas submetidas a outros quadros políticos e simbólicos empreendidos na pós-colonialidade do Sul. Então, pode também afirmar-se que o ataque moderno à liberdade de circulação constrói a era da imobilidade involuntária (Carling, 2002) e que as expulsões sistémicas (Sassen, 2015) criam os resíduos humanos (Bauman, 2005) corporizados nos ninguéns (Galeano, 1993) internos e nos infra-humanos externos que aguardam uma oportunidade de vida no outro lado das múltiplas fronteiras.

Referências bibliográficas

Álvarez, Ignasi (2002), "La construcción del inintegrable cultural", *in* Javier de Lucas e Francisco Torres (orgs.), *Inmigrantes, ¿cómo los tenemos?: algunos desafíos y (malas) respuestas.* Madrid: Talasa, 168–195.

Anderson, Benedict (1993), *Comunidades imaginadas.* Cidade do México: Fondo de Cultura Económica.

Arango, Joaquín (2005), "Dificultades y dilemas de la política de inmigración", *Arbor,* 181(713), 17–25. DOI: <https://doi.org/10.3989/arbor.2005.i713.439>.

Balibar, Etienne (1994), "¿Es posible una ciudadanía europea?", *Revista internacional de filosofía política,* 4, 22–40. Disponível em: <https://dialnet.unirioja.es/servlet/articulo?codigo=2704649>.

Bauman, Zygmunt (2005), *Vidas desperdiciadas: la modernidad y sus parias.* Barcelona: Paidós Ibérica.

Carling, Jørgen (2002), "Migration in the age of involuntary immobility: Theoretical reflections and Cape Verdean experiences", *Journal of Migration and Ethnic Studies,* 28(1), 5–42. DOI: <https://doi.org/10.1080/13691830120103912>.

Castaño, Ángeles (2003), "Inmigración y relaciones interétnicas. ¿particularidades locales o procesos globales?", *in* Sandra Gil e Mohammed Dahiri (orgs.), *Movimientos migratorios en el Mediterráneo occidental, ¿un fenómeno o un problema?* Córdova: Ayuntamiento de Córdoba, 169–182.

CastañO, Ángeles (2016), "Colonialidad interna y europeidad en la política para la inmigración en Andalucía", *Revista Andaluza de Antropología,* 10, 192–222. Disponível em: <http://www.revistaandaluzadeantropologia.org/uploads/raa/n10/castano.pdf>.

Castaño, Ángeles; Periáñez, Iván (2012), "Digital press discourses and representations on immigration, Islam and immigrant students in Andalusia", *Working Paper no. 5.*

Projeto TOLERACE, 7th EU Framework Programme. Disponível em: <http://www.ces.uc.pt/projectos/tolerace/media/Working%20paper%205/Digital%20Press%20Discourses%20and%20Representations%20on%20Immigration%20Islam%20and%20Immigrant%20Students%20in%20Andalusia.pdf>.

Castles, Stephen; Kosack, Godula (1984), *Los trabajadores inmigrantes y la estructura de clases en la Europa Occidental.* Cidade do México: Fondo de Cultura Económica.

De Lucas, Javier (2001), "Hacia una ciudadanía europea inclusiva. Su extensión a los inmigrantes", *Revista Cidob d'Afers Internacionals*, 53, 63–75. Disponível em: <http://www.cidob.org/es/media2/publicacions/afers/53/lucas_53>.

De Zayas, Rodrigo (2006), *Los moriscos y el racismo de estado. Creación, persecución y deportación (1499–1612).* Córdova: Almuzara.

Del Río, Ángel (2014), *Memoria de las cenizas: Andaluces en los campos nazis.* Sevilha: Aconcagua.

Dussel, Enrique (2000), "Europa, modernidad y eurocentrismo", *in* Edgardo Lander (org.), *La colonialidad del saber: eurocentrismo y ciencias sociales. Perspectivas Latinoamericanas.* Buenos Aires: CLACSO, 24–33. Consultado a 8.05.2014. Disponível em: <http://bibliotecavirtual.clacso.org.ar/clacso/sur-sur/20100708034410/lander.pdf>.

Finotelli, Claudia (2007), "Italia, España y el modelo mediterráneo en el siglo XXI", *Demografía, Población y Migraciones Internacionales, ARI Nº 58.* Consultado a 30.06.2014. Disponível em: <http://www.realinstitutoelcano.org/wps/wcm/connect/56378e804f0187a4bd7ffd3170baead1/ARI58-2007_Finotelli_Inmigracion_Italia_Espana.pdf?MOD=AJPERES&CACHEID=56378e804f0187a4bd7ffd3170baead1>.

Galeano, Eduardo (1993), *El libro de los abrazos.* Madrid: Siglo XXI.

García González, Armando; Álvarez, Raquel (2007), *Las trampas del poder. Sanidad, eugenesia y migración. Cuba y Estados Unidos (19001940).* Madrid: CSIC.

Gil, Sandra (2001), "Políticas migratorias de la Unión Europea: desplazando las fronteras", *Revista Viento Sur*, 56, 81–88. Disponível em: <http://vientosur.info/spip.php?article2004>.

Gil, Sandra (2003), "Las migraciones en las políticas de la fortaleza. Sobre las múltiples fronteras de la Europa comunitaria", *in* Sandra Gil e Mohammed Dahiri (orgs.), *Movimientos migratorios en el Mediterráneo occidental, ¿un fenómeno o un problema?* Córdova: Ayuntamiento de Córdoba, 31–58.

Gimeno, Juan Carlos; Castaño, Ángeles (2014), "Antropología y descolonialidad. Desafíos etnográficos y descolonización de las metodologías", *Periferias, Fronteras y diálogos. Actas del XIII Congreso de Antropología de la FAAEE.* Tarragona: Universitat Rovira i Virgili, 34323446. Disponível em: <http://digital.publicacionsurv.cat/index.php/purv/catalog/book/123>.

González Casanova, Pablo (1965), "Internal Colonialism and national development", *Studies in Comparative International Development,* 1(4), 27–37. DOI: <https://doi.org/10.1007/BF02800542>.

Hesse, Barnor; Sayyid, Salman (2006), "Narrating the postcolonial political and the inmigrant imaginary", *in* Nasreen Ali, Virinder S. Karla e Salman Sayyid (orgs.), *A postcolonial people. South Asians in Britain*. Londres: Hurst, 1331.

Lander, Edgardo (org.) (2000), "Ciencias sociales: saberes coloniales y eurocéntricos", *in* Edgardo Lander (org.), *La colonialidad del saber: eurocentrismo y ciencias sociales – perspectivas latinoamericanas.* Buenos Aires: CLACSO, 4–23. Consultado a 8.05.2014. Disponível em: <http://bibliotecavirtual.clacso.org.ar/clacso/sur-sur/20100708034410/lander.pdf>.

Lask, Tomke; Winkin, Yves (1995), "Avant-propos: frontières visibles/frontières invisibles", *Quaderni*, 27(1), 59–64. Disponível em: <http://www.persee.fr/doc/quad_0987-1381_1995_num_27_1_1123>.

Lipovetsky, Gilles; Serroy, Jean (2010), *La cultura-mundo. Respuesta a una sociedad desorientada*. Barcelona: Anagrama.

Manovich, Lev (2005), *El lenguaje de los nuevos medios de comunicación*. Barcelona: Paidós.

Mariño, Fernando M. (1983), "El Concepto de refugiado en un contexto de derecho internacional general", *Revista Española de Derecho Internacional*, 35(2), 337–370.

Martínez, Ubaldo (2015), "La invasión de los inmigrantes y el racismo. El eterno retorno de lo igual", *Revista Estudios y Cultura*, 72, 2431. Disponível em: <www.1mayo.ccoo.es/f4f9ae7f8d486dd6165fdf351665e8a2000001.pdf>.

Martins, Bruno Sena (2016), "Antropología y poscolonialismo. La memoria postabismal", *Revista Andaluza de Antropología*, 10, 102–118. Disponível em: <http://www.revistaandaluzadeantropologia.org/uploads/raa/n10/sena.pdf>.

Meneses, Maria Paula (2016), "Ampliando las epistemologías del Sur a partir de los sabores: diálogos desde los saberes de las mujeres de Mozambique", *Revista Andaluza de Antropología*, 10, 10–28. Disponível em: <http://www.revistaandaluzadeantropologia.org/uploads/raa/n10/meneses.pdf>.

Mestre, Ruth (2000), "Género y migración en el Estado español", *Revista Mugak*, 9/10, 11–16.

Mignolo, Walter D. (2003), *Historias Locales/diseños globales. Colonialidad, conocimientos subalternos y pensamiento fronterizo*. Madrid: Akal.

Perceval, José María (1986), "Algarabía: ¿lengua o alboroto callejero?" *Manuscrits: Revista d'història moderna*, 3, 117–127. Disponível em: <http://www.raco.cat/index.php/Manuscrits/article/view/56814>.

Perceval, José María (2010), "Repensar la expulsión 400 años después: del 'todos no son uno' al estudio de la complejidad morisca", *AWRAQ*, 1, 119–136. Disponível em: <http://www.awraq.es/indice/resumen-palabras-clave.aspx?a=43>.

Quijano, Aníbal (2000), "Colonialidad del poder, eurocentrismo y América Latina", *in* Edgardo Lander (org.), *La colonialidad del saber: eurocentrismo y ciencias sociales – perspectivas Latinoamericanas.* Buenos Aires: CLACSO, 122–151. Consultado a 8.05.2014. Disponível em: <http://bibliotecavirtual.clacso.org.ar/clacso/sur-sur/20100708034410/lander.pdf>.

Said, Edward W. (1991), *Orientalismo*. Madrid: Libertarias.

Said, Edward W. (1996), *Cultura e imperialismo*. Barcelona: Anagrama.

Santos, Boaventura de Sousa (2005), *El milenio huérfano. Ensayos para una nueva cultura política*. Madrid: Trotta.

Santos, Boaventura de Sousa (2009), "Para além do pensamento abissal: Das linhas globais a uma ecologia de saberes", *in* Boaventura de Sousa Santos e Maria Paula Meneses (orgs.), *Epistemologias do Sul*. Coimbra: Almedina, 23–71.

Santos, Boaventura de Sousa (2010), *Para descolonizar Occidente. Más allá del pensamiento abismal*. Buenos Aires: Prometeo Libros.

Santos, Boaventura de Sousa; Meneses, Maria Paula (orgs.) (2009), *Epistemologias do Sul*. Coimbra: Almedina.

Sassen, Saskia (2013), *Inmigrantes y ciudadanos. De las migraciones masivas a la Europa fortaleza*. Madrid: Siglo XXI.

Sassen, Saskia (2015), *Expulsiones. Brutalidad y complejidad en la economía global*. Madrid: Katz.

Stavenhagen, Rodolfo (1968), "Clases, colonialismo y aculturación. Ensayo sobre un sistema de relaciones interétnicas en Mesoamérica", *Cuadernos del Seminario de Integración Social Guatemalteca*, 19. Guatemala: Ministerio de Educación.

Conclusão

Boaventura de Sousa Santos
Bruno Sena Martins

Nesta obra, o objetivo pretendido foi pensar criticamente o que são e podem ser os direitos humanos se recriados dentro de um pluriverso amplo que contenha as inúmeras linguagens de dignidade que, um pouco por todo o mundo, são mobilizadas nas lutas contra o sofrimento injusto que resulta da opressão do capitalismo, do colonialismo e do patriarcado. Os trabalhos de investigação e as reflexões teóricas que reunimos neste livro permitem, de diferentes formas, repensar o futuro dos direitos humanos numa densa articulação com a proposta das epistemologias do Sul. No quadro que este livro oferece, aprender com o Sul é reconhecer que os direitos humanos são parte e reflexo da exaustão epistemológica e política que assombra o pensamento crítico eurocêntrico. Na teoria crítica moderna – onde reside o máximo de consciência possível da modernidade ocidental –, a humanidade foi imaginada como um dado adquirido e não como uma aspiração. Acreditou-se que toda a humanidade poderia ser emancipada através dos mesmos mecanismos e de acordo como os mesmos princípios, através da reivindicação perante instituições credíveis baseadas na ideia de uma igualdade formal perante a lei. No coração desta imaginação modernista sempre esteve a ideia da humanidade como um todo alicerçada num projeto comum: os direitos humanos universais.

Neste livro, procurou-se mostrar os limites dessa imaginação modernista na base dos direitos humanos convencionais. Para as epistemologias do Sul, contra o desperdício da experiência, é essencial um olhar capaz de pensar criticamente os direitos humanos, sinalizando os seus limites, mobilizando-os, ao mesmo tempo, para um diálogo intercultural com outras narrativas de dignidade e conceções de humanidade construídas nas diferentes regiões do mundo. Esta perspetiva convoca-nos a acreditar que os direitos humanos podem ser resgatados para diálogos profícuos contra as conceções hierarquizantes de humanidade, ressituando a renovação da emancipação social em ontologias políticas que exprimem humanidades insurgentes.

Ao encontro das aprendizagens globais sobre o sentido político de se ser humano, a "ecologia dos saberes" e a "tradução intercultural" afiguram-se como os dois procedimentos das epistemologias do Sul que mais notavelmente respondem a um sentido político e ontológico pós-abissal da dignidade humana. A ecologia dos saberes mostrou-se fundamental pelo modo como convida a transformar processos de desumanização e epistemicídio na validação dos saberes não eurocêntricos, que são assim entendidos como potenciais ensinamentos, carregados de passado e plenos de futuro. Falamos dos conhecimentos que, à luz da ciência moderna ocidental e na senda dos processos coloniais, foram extirpados da dignidade de uma voz capaz de sabedoria. A tradução intercultural, por seu lado, recolhe centralidade neste volume pelo modo como procura transformar a incomunicabilidade e a violência aniquiladora num diálogo difícil, mas desafiante, entre conceções de dignidade. Neste sentido, a tradução intercultural mostra-se crucial para uma agenda que concilie a justiça cognitiva e a justiça histórica. A tradução intercultural, no fundo, procura instaurar uma conversa entre mundos invalidados e o mundo que se definiu como centro capaz de invalidar, o mundo alicerçado em privilégios herdados, na exploração do outro e numa visão abissal do humano.

Neste livro, deu-se especial ênfase ao modo como as fronteiras do humano modelam os direitos humanos convencionais, ficando patente a necessidade urgente de se visibilizarem os processos históricos e políticos que produziram a sistemática desqualificação das populações definidas como menos humanas ou como sub-humanas. A construção de uma ideia moderna eurocêntrica de humano emerge, assim, situada nas linhas abissais da modernidade em que nasceu. Nesta obra, expôs-se a forma como os direitos humanos convencionais naturalizam estes abismos nas proclamações de universalidade que, aliadas aos processos coloniais e imperialistas, ou incapazes de os confrontar radicalmente, foram instrumentais para estender pelo mundo o domínio de uma versão eurocêntrica de humanidade. O vigor com que as fronteiras do humano constrangem as possibilidades para habitarmos diversamente o mundo em que vivemos foi contraposto ao vigor com que essas fronteiras são denunciadas e deslocadas por aqueles e por aquelas que não se conformam com uma realidade sem esperança. A esperança, porventura subtil nas muitas linhas em que aqui se foi insinuando, é, contudo, a presença mais exaltante neste volume. É nossa convicção que os textos dos autores e das autoras que compõem este livro, animados pelas inúmeras lutas levadas a cabo nas mais diversas regiões do mundo, contribuirão para a reinvenção pós-abissal dos direitos humanos.

Notas biográficas dos autores

Angeles Castaño Madroñal é Professora de Antropologia Social na Universidade de Sevilha, Espanha. É coordenadora do grupo "Estudios para el Desarrollo ICoDeS Medi-África" da Universidade de Sevilha. Atualmente trabalha em interculturalismo, racismo e subalternidades na Andaluzia a partir da perspetiva dos estudos descoloniais, com foco no contexto mediterrânico.

Arzu Merali é escritora, investigadora e ativista na área dos direitos humanos. Cofundadora e atualmente diretora do departamento de investigação da Islamic Human Rights Commission (IHRC), foi editora-chefe do *Palestine Internationalist*, um jornal *online* dedicado a questões sobre a luta pela libertação da Palestina e do povo palestiniano.

Begoña Dorronsoro é doutoranda do programa "Pós-colonialismos e Cidadania Global" do Centro de Estudos Sociais da Universidade de Coimbra.

Boaventura de Sousa Santos é Doutorado em Sociologia do Direito pela Universidade de Yale (1973), Professor Catedrático Jubilado da Faculdade de Economia da Universidade de Coimbra e Distinguished Legal Scholar da Universidade de Wisconsin-Madison. É diretor do Centro de Estudos Sociais da Universidade de Coimbra e diretor do projeto de investigação "ALICE – Espelhos estranhos, lições imprevistas", financiado pelo Conselho Europeu de Investigação.

Bruno Sena Martins é investigador do Centro de Estudos Sociais da Universidade de Coimbra. É cocoordenador do Programa de Doutoramento "Human Rights in Contemporary Societies" e membro da equipa coordenadora do projeto "ALICE – Espelhos estranhos, lições imprevistas", dirigido por Boaventura de Sousa Santos e financiado pelo Conselho Europeu de Investigação.

Carlos Andrés Baquero Díaz é investigador do Centro de Estudos sobre Direito, Justiça e Sociedade (Dejusticia) na Colômbia. A sua investigação centra-se em questões relacionadas com os direitos étnicos.

Catarina Martins é Professora Auxiliar do Departamento de Línguas, Literaturas e Culturas da Faculdade de Letras da Universidade de Coimbra e Investigadora do Centro de Estudos Sociais. Foi leitora, durante vários anos, na Universidade Cheikh Anta Diop de Dakar.

Cecília MacDowell Santos é Professora de Sociologia e Diretora do Programa de Estudos Latino-Americanos da Universidade de San Francisco. É investigadora do Centro de Estudos Sociais da Universidade de Coimbra e cocoordenadora do programa de Doutoramento "Human Rights in Contemporary Societies".

César Rodriguez Garavito é diretor executivo do Centro de Direito, Justiça e Sociedade (Dejusticia) e professor associado da Universidade dos Andes, em Bogotá, na Colômbia. Atualmente é professor visitante em várias universidades de diferentes países e membro do conselho editorial da *Review of Law and Social Science*.

Eva Garcia Chueca participou como investigadora do projeto "ALICE – Espelhos estranhos, lições imprevistas", dirigido por Boaventura de Sousa Santos. Doutora em "Pós-colonialismos e Cidadania Global" pela Universidade de Coimbra.

João Arriscado Nunes é Professor de Sociologia na Faculdade de Economia e Investigador do Centro de Estudos Sociais da Universidade de Coimbra. É cocoordenador do Programa de Doutoramento "Human Rights in Contemporary Societies" e membro da equipa coordenadora do projeto "ALICE – Espelhos estranhos, lições imprevistas", dirigido por Boaventura de Sousa Santos e financiado pelo Conselho Europeu de Investigação.

Juan José Tamayo é Professor Titular da Universidade Carlos III de Madrid e dirige a Cátedra de Teologia e Ciência das Religiões Ignacio

Ellacuría na referida universidade. É cofundador e atual secretário-geral da Associação de Teólogos Progressistas João XXIII.

Jason Keith Fernandes é investigador do Centro de Estudos Internacionais – Instituto Universitário de Lisboa (CEI-IUL).

Julia Suárez-Krabbe é Professora Associada de Cultura e Identidade na Universidade de Roskilde, Dinamarca, e investigadora associada do Centro de Estudos Sociais da Universidade de Coimbra. Publicou recentemente *Race, Rights and Rebels: Alternatives to Human Rights and Development from the Global South.*

Kale Amenge é uma organização Roma independente que, a partir de uma perspetiva descolonial, pretende contribuir para a emancipação coletiva do povo cigano.

Khalid Anis Ansari é Professor Assistente de Sociologia na Glocal Law School. É membro fundador do grupo de investigação-ativismo The Patna Collective (2006) e tem estado envolvido em movimentos democráticos no Norte da Índia como interlocutor e ativista do conhecimento.

Mahmood Mamdani é diretor do Makerere Institute of Social Research (MISR), Herbert Lehman Professor of Government na School of International and Public Affairs da Universidade de Columbia (EUA) e Professor de Antropologia, Ciência Politica e Estudos Africanos na referida universidade.

Maria Paula Meneses é investigadora do Centro de Estudos Sociais da Universidade de Coimbra. É cocoordenadora do Programa de Doutoramento "Pós-colonialismos e Cidadania Global" e membro da equipa coordenadora do projeto "ALICE – Espelhos estranhos, lições imprevistas", dirigido por Boaventura de Sousa Santos e financiado pelo Conselho Europeu de Investigação.

Marta Araújo é investigadora do Centro de Estudos Sociais da Universidade de Coimbra. É professora convidada da Black Europe Summer School (International Institute for Research and Education – IIRE, Amesterdão) e tem estado ativamente envolvida em atividades de extensão, quer com movimentos de base, quer com escolas.

Nelson Maldonado-Torres é Professor Associado do Departamento de Estudos Latino-Caribenhos e do Programa de Literatura Comparada da Universidade Rutgers (EUA). Presidiu à Caribbean Philosophical Association de 2008 a 2013 e foi Diretor do Center for Latino Policy Research da Universidade da Califórnia, em Berkeley (2009–2010).

Pratiksha Baxi é Professora Associada do Centre for the Study of Law and Governance da Universidade Jawaharlal Nehru (Índia). O seu livro *Public Secrets of Law: Rape Trials in India* foi publicado pela Oxford University Press em 2014. Esta etnografia dos tribunais reúne o seu interesse pela sociologia do direito, teoria feminista e violência.

Silvia Rodríguez Maeso é investigadora principal do Centro de Estudos Sociais. Foi-lhe atribuída recentemente uma bolsa "Consolidator Grant" pelo Conselho Europeu de Investigação para o projeto "POLITICS – A política de antirracismo na Europa e na América Latina: produção de conhecimento, decisão política e lutas coletivas".

Tshepo Madlingozi é professor da Faculdade de Direito da Universidade de Pretória. É membro da Comissão Editorial da *African Human Rights Law Journal*, da Comissão de Gestão da Pretoria University Law Press e do Conselho de Curadores do Khulumani Support Group and Zimbabwe Exiles Forum.

Este livro foi composto com tipografia Bembo e impresso
em papel Off White 70 g/m² na Formato Artes Gráficas.